COLLECTION DES PRINCIPAUX CODES ÉTRANGERS

CODE CIVIL PORTUGAIS

DU 1ER JUILLET 1867

Ce volume est publié par le Comité de législation étrangère institué près le Ministère de la Justice avec le concours de la Société de législation comparée. Il a été imprimé aux frais de l'État, sur l'ordre de M. le Garde des Sceaux.

M. de Rozière, membre de l'Institut, membre du Comité de législation étrangère, a suivi l'impression en qualité de commissaire responsable.

MINISTÈRE DE LA JUSTICE

CODE CIVIL PORTUGAIS

DU 1ER JUILLET 1867

TRADUIT ET ANNOTÉ

PAR

G. LANEYRIE
JUGE-PRÉSIDENT DE SECTION
AU TRIBUNAL CIVIL DE LA SEINE

JOSEPH DUBOIS
SECRÉTAIRE-ADJOINT
DU COMITÉ DE LÉGISLATION ÉTRANGÈRE

PARIS

IMPRIMERIE NATIONALE

M DCCC XCVI

TABLE DES MATIÈRES.

PREMIÈRE PARTIE.

DE LA CAPACITÉ CIVILE.

LIVRE UNIQUE.

DEUXIÈME PARTIE.

DE L'ACQUISITION DES DROITS.

LIVRE PREMIER.

Des droits primordiaux [*originarios*] et de ceux qu'on acquiert par son fait et sa volonté propres, indépendamment de la coopération d'autrui.

LIVRE DEUXIÈME.

Des droits qu'on acquiert par son fait et sa volonté propres, avec la coopération d'autrui.

IMPRIMERIE NATIONALE.

TROISIÈME PARTIE.

DU DROIT DE PROPRIÉTÉ.

LIVRE UNIQUE.

QUATRIÈME PARTIE.

DE LA VIOLATION DES DROITS ET DE LEUR RÉPARATION.

LIVRE PREMIER.

DE LA RESPONSABILITÉ CIVILE.

LIVRE DEUXIÈME.

DE LA PREUVE DES DROITS ET DE LEUR RÉTABLISSEMENT.

INTRODUCTION.

Le Code civil portugais est en vigueur depuis le 22 mars 1868; postérieur de près de trois ans au Code du royaume d'Italie, il a précédé de plus de vingt ans le Code espagnol.

La codification des lois civiles est toujours œuvre laborieuse : il semble qu'en Portugal, où elle n'était pas entravée par la difficulté de concilier des coutumes très diverses, puisque toutes les matières du droit étaient depuis longtemps réglées par les ordonnances royales, elle dût s'accomplir plus aisément et plus tôt qu'ailleurs.

Les rois portugais, des premiers en Europe, avaient réussi à doter leurs États de lois codifiées.

Quand le droit wisigoth, qui avait régi la péninsule ibérique du VIIe au Xe siècle, eut disparu dans le désordre du moyen âge, le droit canonique devint, en Portugal, après l'expulsion des Maures, la principale, sinon l'unique règle des rapports civils; les décrétales de Grégoire IX, publiées en 1234, furent traduites en portugais et appliquées par les tribunaux séculiers; puis le droit romain de Justinien, ressuscité, reprit son rang dans l'ancienne province romaine de Lusitanie; bientôt il fut enseigné par ordre du roi Diniz à l'Université de Lisbonne, et les *leis partidas* de Castille furent traduites pour servir au jugement des causes civiles. Mais les actes de la royauté se multiplièrent et, dès le siècle suivant, la législation, puisée à ces diverses sources, était si confuse, que le roi Jean Ier, à la demande des États, ordonna de réunir en un seul recueil toutes les lois en vigueur. Ce recueil fut achevé en 1446 et publié, par ordre d'Alphonse V, sous le nom d'ordonnances (*ordenações do Reino*); ce fut le premier Code général du droit portugais.

Le livre IV, consacré au droit civil, réglait l'acquisition, la conservation et la transmission de la propriété; il contenait plusieurs titres sur l'emphytéose, la vente, le louage, les successions, les donations, les testaments et les tutelles. La plupart des dispositions de ce livre étaient empruntées au droit romain : d'ailleurs une règle générale prescrivait au juge de recourir subsidiairement au droit romain et au droit canonique, ce dernier seul applicable dès que le salut des âmes était intéressé (*nos casos que involvessem peccado*): à défaut de loi romaine ou canonique, on devait juger conformément à la glose d'Accurse ou à celle de Bartole.

Un deuxième Code, dû au roi Manuel, fut promulgué en 1521; ces nouvelles ordonnances ne différaient des anciennes que par l'addition des lois récentes.

En 1569, une compilation des textes postérieurs aux ordonnances Manuélines, faite par le juge Duarte Nuñes de Leão, reçut d'un édit royal force de loi.

Le dernier recueil officiel des lois civiles fut l'œuvre du roi Philippe II (Philippe III d'Espagne); il est daté de l'an 1603. C'est une réédition des ordonnances Manuélines, avec quelques additions; le droit romain, le droit canonique, les opinions d'Accurse et de Bartole sont encore déclarées applicables subsidiairement; mais cette prescription fut de moins en moins observée : la jurisprudence devait désormais prendre un rôle prépondérant.

En 1747, une nouvelle édition des ordonnances Philippines fut faite par les soins des religieux de Saint-Vincent; elle est connue sous le nom de *Vicentine*.

La codification des lois était donc la tradition portugaise; le marquis de Pombal tenta, lui aussi, de refondre en un seul corps la législation modifiée par ses soins; il ne put accomplir que des réformes partielles, qui ne survécurent pas à la réaction qui suivit sa chute. Cependant l'édit du 18 août 1769 (*a lei da boa razão*) avait rompu avec l'esprit des ordonnances. Le droit canonique fut désormais sans valeur légale devant les tribunaux laïques; les gloses et opinions des docteurs furent destituées de toute autorité, même à titre subsidiaire; le droit romain lui-même ne dut plus être appliqué, dans le silence des ordonnances, qu'à la condition de ne contrarier ni l'équité, ni les coutumes nationales, ni les convenances du gouvernement et du pays. Ces principes nouveaux subsistèrent, et le Portugal eut désormais un droit national. Le même édit, par une autre disposition remarquable, préparait l'unité de législation en donnant force de loi aux arrêts interprétatifs du Tribunal supérieur appelé *Casa de supplicação*.

Après les remaniements successifs de la législation qui suivirent le règne de Joseph Ier (1750-1777), les ordonnances, édits, arrêtés et autres décisions royales s'étaient multipliés à ce point, qu'il devint très difficile, non seulement de les connaître, mais même de les recueillir.

La reine Maria Ire, en 1778, chargea une commission de jurisconsultes de préparer un nouveau Code; mais cette tentative n'aboutit qu'à un projet partiel concernant les successions et les tutelles. En 1783, le professeur Paschoal Jose de Mello, auteur renommé d'un excellent manuel de droit civil, fut désigné pour reviser et refondre les livres II et V des ordonnances; son travail terminé fit l'objet d'un rapport d'une commission spéciale; mais les événements politiques rendirent inutiles ces travaux. Le temps était venu des transformations sociales qui ont ouvert l'ère moderne pour toutes les nations de l'Europe occidentale; le droit portugais de l'ancien régime ne devait point avoir d'autre expression que les ordonnances; il fallait que les bases du nouvel édifice politique fussent établies avant que la législation civile fût remaniée et fixée dans un monument durable; on sait que la révolution portugaise ne fut achevée qu'à la fin de la première moitié du XIXe siècle.

En vain la loi du 3 septembre 1822 mit-elle au concours un projet de Code civil; un nouveau concours, institué par décret du 25 avril 1835, resta encore sans résultat; les travaux qu'il provoqua ne furent pas même examinés.

C'est le décret du 8 août 1850 qui fut le point de départ de la réforme réalisée en 1867. La guerre civile qui amena la restauration, par dom Pedro, de sa fille Maria II, avait enfin doté le Portugal d'institutions libérales : l'auteur de la Charte avait reconnu la nécessité d'en développer les principes et d'en assurer l'exécution; par ses décrets dictatoriaux de 1832, il rompit avec le passé et consomma la révolution.

La séparation des pouvoirs fut établie; l'organisation judiciaire, modelée sur celle de la France, assura l'uniformité de la justice et l'indépendance des tribunaux; le droit des biens fut profondément modifié; le décret du 30 juillet 1832 abolit les dîmes, celui du 13 août suivant les *foraes* (privilèges locaux en matière de juridiction et d'impôts); un régime hypothécaire fondé sur la publicité fut institué par décret du 26 octobre 1836. Le décret du 21 mars 1841 sur l'administration de la justice simplifia les formes de la procédure civile; la loi du 19 mai 1863 effaça l'un des derniers vestiges du régime féodal, en supprimant les majorats; la loi du 1er juillet suivant organisa la publicité de tous les droits réels immobiliers. Le Code civil pouvait désormais être élaboré. La tâche était encore lourde: discerner ce qui pouvait être conservé, réformer sans témérité ce qui exigeait des changements, innover où manquaient les précédents, concilier, en un mot, au mieux de l'intérêt public les règles traditionnelles avec les idées nouvellement admises; cette haute mission fut confiée à M. Antonio Luis de Seabra, professeur à l'Université de Coïmbre.

Le décret de 1850 le chargeait de rédiger un projet de Code sur des bases à déterminer d'accord entre plusieurs jurisconsultes; le projet, présenté en 1859, fut soumis à l'examen d'une commission spéciale de dix membres, qui siégea du 9 mars 1860 au 30 août 1865 et proposa au gouvernement un projet revisé.

Ce dernier projet fut soumis au Parlement le 9 novembre 1865; après avoir été de la part des commissions parlementaires l'objet de longues discussions, dont les procès-verbaux ne sont pas publiés, il fut voté en une seule séance, tant par la Chambre des députés que par la Chambre des pairs, les 22 et 26 juin 1867; il fut sanctionné et pro-

IMPRIMERIE NATIONALE

mulgué le 1er juillet suivant, pour être exécuté à partir du 22 mars 1868.

Il contient 2,538 articles; mais il règle des matières qui font, en France, l'objet de lois spéciales : la chasse, la pêche, les brevets d'invention, la propriété industrielle, artistique et littéraire, l'emphytéose, une sorte de jouissance indivise appelée *quinhão,* les sociétés de famille, la vaine pâture, etc.

Il est ordonné sur un plan qui se recommande à la fois par sa valeur scientifique et son originalité : abandonnant l'ordre indiqué par la tradition romaine, l'auteur a fait de la personne, sujet du droit, le pivot de sa classification; il commence par définir sa capacité juridique et, la considérant dans l'exercice de son activité, il détermine à quelles conditions elle acquiert des droits, en jouit, les conserve et les défend. De là procède la division du Code en quatre parties : la première est relative à la capacité civile; la deuxième, à l'acquisition des droits, soit par notre fait personnel ou par le fait d'autrui, ou par notre fait personnel en même temps que par le fait d'autrui, ou enfin par la seule force de la loi; la troisième est consacrée à la propriété et à ses démembrements; la quatrième, à la responsabilité civile et à la preuve des droits. La justesse des subdivisions rend les recherches faciles.

Quels que soient les mérites de l'œuvre, on ne peut s'empêcher de regretter l'absence de documents relatifs aux travaux préparatoires.

Le projet primitif fut critiqué par certains jurisconsultes et défendu par son auteur, et nombre d'études sur les diverses innovations proposées furent publiées en brochures et donnèrent lieu à des réponses ou apostilles de M. de

Seabra; les plus notables sont dues à MM. Moraes Carvalho, Teixeira de Freitas, N. Paes da Silva; mais ces documents, quelle qu'en soit la valeur, ne peuvent remplacer un exposé des motifs émanant de l'auteur du projet, un procès-verbal détaillé des séances de la Commission de revision, des rapports aux Chambres législatives, une discussion parlementaire; or on sait que les Chambres ont voté sans débat le projet revisé. M. de Seabra n'a fait précéder son projet, imprimé à Coïmbre en 1859, d'aucune explication. Les rapports des Commissions des Chambres ne contiennent que des avis favorables à l'adoption du projet, sauf deux amendements proposés à la Chambre des députés touchant la nationalité et le mariage. Quant aux discussions prolongées, minutieuses et réitérées auxquelles se sont livrés les commissaires reviseurs, il n'en a été tenu ou il n'en reste que des notes trop succinctes pour mériter le nom de procès-verbaux. Ces notes mêmes n'avaient pas été publiées avant 1869; à cette époque, pour répondre aux vœux du public, le Gouvernement consentit à en ordonner la publication, mais le décret qui ouvrit le crédit nécessaire prescrivit la plus stricte économie, et il fut ponctuellement obéi; les 700 pages du volume publié sous le titre de *Procès-verbaux des séances de la Commission de revision* ne contiennent guère d'autres indications que celles des dates des séances, des noms des membres présents, des numéros des articles examinés et des règles principales admises en cas de modification du projet. Cette insuffisance de documents relatifs à la préparation du Code portugais est du moins compensée dans une certaine mesure par la perfection relative de l'œuvre; la concision du style produit rarement l'obscurité du sens; si l'auteur du projet, littérateur distingué, a parfois cédé au désir de varier la forme, oubliant que les termes techniques n'ont pas d'équivalents parfaits, il a multiplié les définitions et les distinctions propres à guider l'interprète. D'ailleurs, le Code ne fait souvent qu'emprunter au droit romain, au droit canonique, aux coutumes nationales ou aux lois étrangères des règles dont la jurisprudence a depuis longtemps fixé la portée, et, de fait, son application ne paraît pas avoir donné lieu à de graves difficultés.

La commission de jurisconsultes, qui avait été instituée par l'article 7 de la loi de promulgation pour signaler les modifications urgentes dont le Code serait susceptible, ne paraît pas avoir publié le résultat de ses travaux; la jurisprudence et la doctrine ont donc suffi pour résoudre les questions qu'a fait naître l'application du nouveau droit.

Le Code civil a eu, dès la première heure, des commentateurs autorisés; le plus éminent est M. Jose Dias Ferreira, jurisconsulte distingué et orateur remarquable, professeur de droit à Coïmbre, avocat à Lisbonne, qui a été plusieurs fois ministre, et dont l'ouvrage, en cinq volumes in-8°, publié en 1870, est un chef-d'œuvre d'analyse, d'interprétation et de critique. Une mention spéciale est due aussi au *Manuel de droit civil portugais* de Bruschy (1869), ainsi qu'à l'*Appréciation des principales innovations du Code civil*, qu'a fait paraître, en 1871, M. A.-A. de Moraes Carvalho.

Le Code civil n'a subi, jusqu'à ce jour, que des modifications de détail, mais plusieurs de ses articles ont été interprétés législativement; quelques-unes des institutions destinées à assurer l'exécution de dispositions nouvelles ont été organisées ou réglementées : ainsi les conseils de tutelle, le tribunal de famille chargé d'instruire les procès en séparation de corps, l'office d'enregistrement des brevets d'invention, les registres de l'état civil. Cette législation est indiquée en note sous les articles qu'elle intéresse; on doit cependant signaler ici le décret du 30 septembre 1892, rendu en vertu d'une autorisation du Parlement, qui a provisoirement rétabli la sous-emphytéose et permis le rachat des redevances emphytéotiques les moins élevées (voir ci-après, p. 731).

La codification et la réforme du droit civil rendaient nécessaires celles des lois sur la procédure; aussi M. de Seabra avait-il incorporé à son projet nombre de dispositions relatives à la compétence des tribunaux, à l'exercice des actions et à l'exécution des sentences, mais la Commission de revision décida que ces matières seraient réservées pour faire l'objet d'un Code spécial. Ce Code a été publié le 8 novembre 1876; il est en vigueur depuis le mois de mai 1877; il contient 1,174 articles répartis en quatre titres dont le premier, sous la rubrique : De la Procédure en général, règle les matières qui ont été retranchées du projet de Code civil.

Il ne sera pas inutile de rappeler ici les traits généraux de l'organisation administrative et judiciaire du Portugal, qui n'a pas été profondément modifiée depuis 1867.

Le royaume comprend une partie continentale et des colonies ou possessions d'outre-mer; au continent sont légalement assimilées *les Îles*, dites *adjacentes*, souvent appelées simplement les Îles, qui sont les trois Açores et Madère. La législation des colonies est fixée par décrets royaux; aussi la loi de promulgation du Code (art. 9) autorise-t-elle le

Gouvernement à le rendre exécutoire dans les colonies sous les modifications qui lui paraîtront convenables.

Les règles générales du droit administratif portugais sont codifiées depuis plus d'un demi-siècle. Elles ont été souvent remaniées : le premier Code est celui du 10 mars 1842, le second est du 21 juillet 1870, le troisième du 6 mai 1878, le quatrième du 17 juillet 1886, le dernier du 2 mars 1895; mais le plan emprunté à la France par le Code de 1842, qui était en vigueur lors de la promulgation du Code civil, a toujours été maintenu dans ses lignes essentielles.

Le continent et les îles adjacentes sont divisés en vingt et un districts, dont quatre insulaires; les districts se divisent en communes (*concelhos*) et celles-ci en paroisses (*parochias*). Les villes de Lisbonne et de Porto comprennent des quartiers (*bairros*), qui constituent autant de *concelhos*. Chaque district est sous l'autorité d'un gouverneur civil, magistrat investi du pouvoir exécutif, et qui représente le Roi; d'un corps délibérant qui était, jusqu'au mois de mars 1895, un conseil général (*junta geral*) et qui est actuellement une commission de district, et d'un conseil de district adjoint au gouverneur civil et qui était naguère juge du contentieux administratif. Les autorités du *concelho* sont l'administrateur et la chambre municipale; celles de la paroisse sont le *regedor* et la *junta de parochia*. Les corps délibérants sont électifs, même depuis la réforme de 1895.

Le service de la justice, en matière civile, était organisé, lors de la promulgation du Code civil, par le décret du 21 mai 1841, connu sous le nom de *Novissima reforma judiciaria;* cette organisation, dont les bases avaient été posées par Mousinho da Silveira (décrets des 18 mai 1832 et

12 décembre 1833) et par Manuel Passos (décrets des 29 novembre 1836 et 13 janvier 1837), n'a pas subi de changements notables. Le Portugal est divisé en trois districts judiciaires, dont deux sont sur le continent; au chef-lieu de chaque district (à Lisbonne, Porto et Ponta Delgada) siège un tribunal supérieur composé de plusieurs juges, la *relação;* les trois districts comprennent ensemble cent soixante *comarcas*, qui se divisent elles-mêmes en justices de paix.

Les juridictions inférieures étaient nombreuses autrefois; le décret de 1841 maintint encore des juges ordinaires, des juges de paix et les juges élus, mais une loi du 29 juin 1867 ne laissa plus subsister que les juges de paix, leur conférant les attributions des juges élus et partageant entre eux et les tribunaux des *comarcas* celles des juges ordinaires; un décret du 29 juillet 1886 a autorisé la création, dans certaines villes, de justices municipales, mais cette institution est déjà menacée de disparaître. Les juges de paix, qui sont électifs, exercent avant tout les fonctions de conciliateurs; ils ne statuent jamais au contentieux qu'en premier ressort.

Le tribunal de la *comarca* est la juridiction ordinaire; il est constitué par un juge unique appelé *juiz de direito,* qui connaît en première instance de toutes les affaires civiles et, en dernier ressort, des actions mobilières jusqu'à la valeur de 30,000 *reis* (156 francs), et des actions immobilières jusqu'à 20,000 *reis* (112 francs); qui, de plus, statue sur l'appel des décisions des juges inférieurs, exerce la haute tutelle de l'État sur les incapables, veille aux intérêts des absents et supplée, le cas échéant, par des autorisations, au consentement des maris, des femmes et des mandataires légaux des mineurs et des interdits. Un décret du 2 décembre 1891 [1] a encore élargi les attributions de ce magistrat en le chargeant, dans la plupart des cas, du contentieux administratif à la place des tribunaux spéciaux établis en 1886 et désormais supprimés. La population justiciable d'une *comarca* est, en moyenne, de 32,000 habitants.

Les *relações*, comparables à nos cours d'appel, prononcent en deuxième et dernier ressort sur les recours formés contre les jugements des juges *de droit* et les sentences arbitrales; elles décident de la responsabilité pour faits de charge des magistrats et officiers de justice des *comarcas*.

Au sommet de la hiérarchie judiciaire est le Tribunal suprême de justice, investi des attributions de cour de cassation et de conseil supérieur de la magistrature [2].

Les fonctions du ministère public sont remplies, près du Tribunal suprême, par le procureur général de la Couronne; près de chaque *relação*, par un procureur du roi, et près des tribunaux des *comarcas*, par des délégués du procureur du roi; ces délégués sont, en outre, spécialement chargés de protéger les incapables; ils exercent, à cet effet, les fonctions qui sont confiées, à Lisbonne et à Porto, aux curateurs généraux des orphelins.

Ce n'est pas ici le lieu d'une analyse détaillée ni d'un commentaire critique du Code portugais, mais il convient d'indiquer sommairement quelles dispositions lui donne

[1] Voir *Bull. Soc. législ. comp.*, t. XXI, p. 507. — [2] Un décret du du septembre 1892 a transporté les attributions disciplinaires et de garantie du Tribunal suprême à un Conseil élu par lui parmi ses membres.

sa physionomie propre, quelles innovations importantes il a introduites, quelles différences le distinguent des Codes des autres pays latins.

Le premier livre du Code, qui règle la capacité civile, ne contient qu'un petit nombre de dispositions originales. La nationalité dépend, en principe, du lieu de la naissance : c'était la règle posée par la charte constitutionnelle de 1826, art. 7 ; aussi la disposition du projet qui déclarait étranger l'enfant né en Portugal de père étranger a-t-elle été repoussée par les Chambres; mais si l'enfant, dont il s'agit, naît Portugais, il peut revendiquer, dans l'année de sa majorité, la nationalité de son père. Et l'enfant né à l'étranger d'un Portugais, même banni, est Portugais, si, devenu majeur, il réclame la nationalité portugaise et s'établit en Portugal.

L'étranger jouit, au Portugal, des droits civils comme les nationaux eux-mêmes; la loi n'exige pas du demandeur étranger la caution *judicatum solvi;* elle n'établit pas de formalité comparable à notre admission à domicile.

Les personnes morales sont expressément reconnues, mais elles sont soumises, quant à la jouissance des droits civils, à des règles qui varient suivant leur nature et le but de leur institution.

Aux corporations perpétuelles est interdite toute acquisition, à titre onéreux, d'immeubles autres que les rentes consolidées sur l'État; les immeubles acquis à titre gratuit doivent être convertis en rentes dans l'année, sous peine de confiscation; les corporations d'institution ecclésiastique sont spécialement déclarées incapables de recevoir, à cause de mort, plus du tiers de la quotité disponible ordinaire des biens du testateur, et, pour assurer l'effet de cette disposition, l'article 1775 annule, au delà de cette limite, les legs à employer en messes ou prières pour le salut de l'âme du testateur; déjà l'usage, autrefois répandu, d'instituer son âme héritière avait été proscrit par la loi du 9 septembre 1769, et la loi du 19 mai 1863 avait défendu l'institution de *capellas*, c'est-à-dire les legs de biens déclarés inaliénables, et dont le revenu devait être affecté en partie à des œuvres pies et le surplus aux besoins du légataire; l'article 1836 dispose enfin que le legs pour des œuvres pies sera réputé fait en faveur des pauvres, représentés par les établissements de bienfaisance. La sévérité de ce régime s'explique assez par le souvenir des maux que l'excessive accumulation des biens de mainmorte entre les mains du clergé avait causés au Portugal.

Le Code n'admet qu'avec peine la restriction de la capacité civile des personnes réelles. Il fixe à vingt et un ans l'âge de la majorité, que le droit antérieur reculait jusqu'à vingt-cinq ans. Il autorise la cessation de la minorité par l'émancipation dès l'âge de dix-huit ans; le mineur émancipé est, en effet, complètement assimilé au majeur; l'émancipation est irrévocable; elle ne peut d'ailleurs avoir lieu sans le consentement du mineur. Le mineur de plus de quatorze ans peut disposer, par testament, de tous ses biens, comme un majeur. L'interdiction du prodigue n'est admise que s'il est marié ou s'il a des descendants ou des ascendants, et ces parents, ou le ministère public, sont seuls recevables à la provoquer. L'étendue de l'incapacité dépend des circonstances; elle est déterminée par le jugement qui l'établit; elle peut, du reste, être complète et réduire le prodigue à la condition du mineur. Dans tous les cas, l'intérêt des tiers est protégé par une publicité sérieuse (art. 344 *C. civ.* et 424 *C. pr. civ.*); le jugement d'interdiction n'est opposable aux tiers qu'après avoir été inscrit sur le registre des tutelles et publié par la voie de la presse.

Le Code, plus soucieux de la liberté individuelle que notre loi de 1838, défend l'internement des aliénés, même dans un établissement public, sans décision de justice rendue sur avis du conseil de famille et conclusions du ministère public.

L'organisation de la tutelle a fait l'objet de dispositions détaillées qui témoignent d'une vive sollicitude pour les intérêts des mineurs.

La tutelle n'est jamais déférée au survivant des père et mère, qui conserve jusqu'à la majorité de l'enfant la puissance paternelle avec tous ses attributs.

Le droit nouveau s'est écarté de la tradition romaine; il a craint de remettre à la famille seule le soin des intérêts du mineur : déjà le décret du 21 mai 1841, s'inspirant des législations germaniques, avait constitué la haute tutelle de l'État; il exigeait l'intervention, dans tous les litiges concernant des mineurs, des magistrats du ministère public, et créait même, à Lisbonne et à Porto, des curateurs généraux des orphelins (*orphãos*), ayant pour mission de surveiller l'administration des tutelles; cette institution est maintenue et renforcée par le Code, qui édicte formellement la responsabilité civile de tous les magistrats investis de la haute tutelle, en cas de négligence préjudiciable au mineur ou de mesures illégales touchant l'administration de ses biens (art. 158, 192, 222); il leur permet, du reste, d'exiger des tuteurs tous renseignements utiles et de contrôler leur gestion à tout moment.

L'article 226 crée de plus un conseil de tutelle composé du juge *de droit* et de ses deux premiers suppléants, et y appelle, avec voix consultative, le curateur général. Ce tribunal, dont le fonctionnement a été réglementé par le décret du 12 mars 1868 et par le Code de procédure civile (art. 792 et suiv.), connaît des recours dirigés contre les décisions des conseils de famille; ses sentences peuvent être, en certains cas exceptionnels, déférées aux cours d'appel (*relações*).

Enfin, pour faciliter la tâche de tous ceux qui participent à l'administration des tutelles, et protéger les droits des tiers, le Code prescrit la tenue, dans chaque juridiction tutélaire, d'un registre spécial, où sont mentionnés tous les actes relatifs à la gestion des biens des pupilles.

Des conseils de bienfaisance pupillaire ont été créés par l'article 286 pour diriger l'éducation des enfants abandonnés; ils ne sont pas encore organisés; le Code administratif du 2 mars 1895 n'en fait pas mention : il charge les communes (art. 49, n° 25) des soins nécessaires à ces enfants jusqu'à l'âge de 18 ans.

La constitution du conseil de famille, le mode de nomination des tuteurs et protuteurs et les attributions de chacun d'eux font l'objet de dispositions analogues à celles du droit français; mais le Code portugais veut que le mineur soit, après l'âge de 14 ans, convoqué aux réunions du conseil de famille et entendu sur toutes les affaires importantes qui l'intéressent (art. 212).

Une disposition moins heureuse est celle qui refuse au

juge, président du conseil de famille, tout droit de vote, même en cas de partage; l'assistance du curateur des orphelins, l'ouverture d'un recours devant le conseil de tutelle et l'obligation pour les membres du conseil de famille de comparaître et de délibérer en personne, sauf empêchement légitime, ne font qu'atténuer les inconvénients de ce système.

La tutelle est déférée par les père et mère du mineur, dans la forme des testaments, ou même par acte entre vifs; le tuteur peut encore être désigné par la loi, ou nommé par le conseil de famille, ou enfin par tout testateur de qui le mineur reçoit un legs dont la valeur excède celle de son patrimoine.

Les fonctions de tuteur sont obligatoires, sauf les exemptions nécessaires; le tuteur testamentaire qui s'excuse ou encourt la destitution perd les avantages qui lui sont faits par le testament. Mais les tuteurs reçoivent une rémunération, fixée par les père et mère du mineur ou par son conseil de famille, dans la limite du vingtième des revenus nets de ses biens.

La responsabilité des tuteurs, comme celle des autres personnes chargées d'administrer des biens d'incapables, est assurée par une hypothèque légale; mais le conseil de famille peut, sauf recours au conseil de tutelle, les exonérer, définitivement ou provisoirement, de cette charge, ou restreindre l'hypothèque à certains biens, fussent-ils de moindre valeur que les meubles ou les revenus de l'incapable.

La seconde partie du Code, la plus étendue, relative à l'acquisition des droits, traite en premier lieu de ceux qu'on acquiert par son fait et sa volonté propres, indépendamment de la coopération d'autrui; ces droits dérivent de l'occupation, de la possession, de la prescription et du travail.

Le législateur a cru devoir inscrire au début de ce livre quelques dispositions fondamentales qui n'appartiennent pas naturellement au droit civil; mais la liberté politique est en Portugal une conquête récente : on n'a pas craint d'affirmer, dans un corps de lois permanentes, des droits considérés comme primordiaux et inaliénables et déclarés tels.

Sans rappeler la suppression de l'esclavage, complètement réalisée dans les colonies portugaises en 1876 (voir la note sous l'article 7), le Code proclame la liberté de penser, la liberté de la presse, le droit d'association; l'article 570, répétant les déclarations des articles 362 et 363, porte que la presse est affranchie de toute censure préalable et de toute autre restriction préventive, et rappelle ainsi les fondements de la législation spéciale élaborée par la loi du 17 mai 1866.

Le Code portugais, à la différence du nôtre, contient des règles générales sur la pêche, la chasse, la propriété littéraire et industrielle et les brevets d'invention.

La chasse et la pêche sont des modes d'occupation du gibier; les textes qui s'y rapportent ont la plus étroite ressemblance avec les dispositions de nos lois spéciales de 1829 et de 1844.

Les droits et les devoirs de l'inventeur de meubles ou d'animaux perdus sont minutieusement réglés : le propriétaire doit être recherché au moyen d'annonces et d'affiches dont les frais, comme ceux de conservation, lui incombent, s'il peut être retrouvé; l'inventeur qui n'a pas fait les recherches obligatoires est indéfiniment tenu de restituer la chose, sans avoir droit au remboursement de ses dépenses; s'il s'est conformé aux prescriptions légales, il acquiert l'animal ou l'objet trouvé par l'expiration d'un délai très court, qui n'excède qu'exceptionnellement six mois.

La loi ne considère comme trésor que l'objet enfoui ou caché depuis plus de trente ans; elle n'en attribue à l'inventeur que le tiers.

Le régime des eaux et celui des mines est analogue à celui des lois françaises.

Les servitudes d'aqueduc et d'écoulement étaient établies de longue date en Portugal : la première avait été réglementée par un édit du 27 novembre 1804; elles font l'objet des articles 456 et suivants du Code.

La servitude d'appui est aussi reconnue par l'article 463, qui en déclare grevée toute propriété riveraine non bâtie, fût-elle attenante à un bâtiment.

En matière de possession, le Code substitue à l'ancien droit, qui s'en rapportait à la pratique judiciaire, assez confuse, un régime simple et rationnel. Une disposition notable, conservée des anciennes ordonnances, permet au possesseur menacé de trouble ou d'éviction de se faire protéger préventivement par le juge, au moyen d'une injonction comminatoire (art. 485); C. pr. civ., art. 21, n° 3.

La situation du possesseur évincé par le propriétaire est réglée selon l'équité : tout possesseur, même de mauvaise foi, peut enlever les ouvrages, s'ils ont amélioré la chose; le possesseur de bonne foi peut même enlever les ouvrages d'embellissement; il a, de plus, un droit de rétention pour la valeur des ouvrages qui ont conservé la chose, ou de ceux qui l'ont améliorée et dont l'enlèvement la détériorerait.

Le chapitre de la prescription contient des innovations remarquables.

Le domaine privé des personnes morales est désormais prescriptible selon le droit commun; la prescription de quarante ans, qui protégeait notamment les droits du domaine royal, est abolie.

Le droit canonique n'admettait la prescription qu'au profit du possesseur dont la bonne foi s'était maintenue durant tout le cours de sa possession, et cette règle, consacrée par les ordonnances, était encore maintenue dans le projet primitif du Code; il suffit aujourd'hui, pour prescrire, que la bonne foi ait existé au moment de l'acquisition.

Mais la disposition la plus originale est celle qui organise la publicité de la possession.

Le possesseur qui n'a pas de titre peut faire inscrire sa possession sur les registres du conservateur des droits réels, en vertu d'une décision de justice qu'il obtient à la condition de posséder depuis cinq ans; il peut, même avant ce délai, faire opérer une inscription provisoire. Celui qui possède en vertu d'un titre peut faire inscrire ce titre immédiatement. Dans les deux cas, la possession inscrite conduit à la prescription des immeubles ou droits immobiliers, qui s'accomplit par dix ans si le possesseur est de bonne foi, par vingt ans dans le cas contraire; à défaut d'inscription, la prescription n'est acquise qu'après quinze ou trente ans, selon que le possesseur était de bonne foi ou de mauvaise foi.

Ainsi la loi ne tient plus compte de la présence ou de l'absence du propriétaire : elle l'avertit par le meilleur mode de publicité, et présume, en cas d'inaction de sa part, l'abandon volontaire de son droit; ce n'est là, du reste, qu'une application du principe de la publicité des droits réels introduit dans la législation portugaise depuis 1836 pour les hypothèques, et depuis 1863 pour tous les autres droits, et généralisé par le Code.

Les modes d'interruption et de suspension de la prescription, le régime de la prescription libératoire font l'objet de dispositions analogues à celles du Code français; cependant, tenant compte des conditions de la vie moderne et respectueux des intérêts des tiers, le Code portugais abrège en mainte occasion le délai de prescription de certaines actions en rescision; ainsi ne durent que cinq ans les actions de cette nature fondées sur la minorité ou l'interdiction des contractants, un an celles qu'autorisent le dol, la violence, le défaut d'autorisation maritale, et enfin l'action paulienne.

Près de cent articles sont consacrés aux droits du travail; ils n'offrent pas toutefois d'intérêt exceptionnel. Certaines questions sont résolues en termes exprès, qui sont encore chez nous du domaine de la jurisprudence.

La propriété des lettres missives demeure à leurs auteurs; mais les destinataires, qui ne peuvent les publier, peuvent obtenir du juge permission d'en faire usage au cours d'un procès; la publication de pareilles lettres, faite à tort, n'engage au surplus que la responsabilité civile du coupable, sans l'exposer à aucune peine.

La propriété littéraire dure toute la vie de l'auteur et

IMPRIMERIE NATIONALE.

subsiste pendant cinquante ans au profit de ses héritiers ou ayants cause; elle est imprescriptible.

Le contrat d'édition oblige l'éditeur à commencer dans l'année la publication de l'ouvrage et à la continuer régulièrement; le contrat de représentation doit être exécuté dans le même délai.

Les brevets d'invention confèrent pour quinze ans le privilège de l'exploitation du produit ou du procédé qu'ils concernent. Ils ne peuvent être cédés que dans la forme authentique.

Le deuxième livre de la seconde partie règle l'acquisition des droits par convention.

On n'y trouve pas seulement recueillies et coordonnées les règles du droit romain, tel que l'ont fait en Portugal plusieurs siècles d'application et de controverses : le législateur de 1867 a notablement amélioré ce fonds commun des nations latines. Animé d'un esprit libéral, il délivre les contractants de mainte entrave inutile, tant au fond qu'en la forme, mais il assure l'effet entre les parties des conventions librement conclues; d'autre part, il protège aussi énergiquement que possible les intérêts et les droits des tiers.

Les contrats sont consensuels en principe (art. 643, 686). C'est par exception que leur validité dépend de l'observation de certaines formes. Le nombre de ces exceptions est toutefois assez élevé : la cession d'un brevet d'invention (art. 627), l'antichrèse (art. 875), le mariage et le contrat de mariage (art. 1057 et 1097 et 1165), la donation et la vente d'un immeuble de plus de 50,000 *reis* (art. 1459, 1590), la constitution de rente (art. 1646), l'emphytéose (art. 1655) et, depuis le Code, la sous-emphytéose (décret du 30 septembre 1892), ne sont valables que moyennant un acte authentique. Mais l'hypothèque est régulièrement constituée entre les parties par acte sous seing privé, quand l'immeuble grevé ne vaut pas plus de 50,000 *reis*.

Les contrats ne produisent pas seulement des obligations, ils peuvent créer des droits réels : de là dérive la nécessité de mesures propres à garantir les droits des tiers et à faciliter ainsi les transactions dans l'intérêt de l'État. Le Code a, dans ce but, sinon établi, du moins réorganisé et complété un régime de publicité analogue à celui des législations allemandes.

Tout acte créateur ou translatif de droits réels sur les immeubles, tout litige concernant les droits de cette nature doit être porté à la connaissance du public par inscription sur des registres spéciaux.

Le principe de la publicité des droits réels, et en particulier des hypothèques, a été introduit dans le droit portugais par le décret-loi du 26 octobre 1836 : la loi du 1er juillet 1863 a constitué de toutes pièces un régime foncier assis sur ce principe; le Code en a enfin déduit toutes les conséquences.

Les dispositions de ce Code, complétées par le règlement du 28 avril 1870, permettent d'espérer pour le Portugal le solide établissement du crédit immobilier quand la revision du cadastre, qui se poursuit encore à travers de sérieuses difficultés, sera achevée et le fonctionnement régulier des conservations assuré dans tout le royaume.

Le Code s'est maintenu d'ailleurs dans le domaine du droit civil; il n'a pas abordé le problème de la mobilisation du crédit réel, qui est de l'ordre économique, et n'a rien créé de semblable à la lettre foncière dont plusieurs nations allemandes font l'essai; mais ses dispositions rigoureuses s'opposent à toute modification de l'état juridique des immeubles par conventions occultes; on peut estimer que la loi civile remplit tout son rôle en procurant ce bienfait.

Aux termes de l'article 949 du Code, les actes constitutifs de droits réels n'ont d'effet à l'égard des tiers que par et depuis leur inscription sur des registres publics. On a vu que la possession elle-même est comptée parmi les droits susceptibles d'inscription; les actions réelles y sont aussi soumises, ainsi que les baux d'immeubles dont la durée excède quatre ans.

L'inscription n'est pas nécessaire pour la validité des actes entre les parties; le système contraire, qui est celui des lois prussiennes du 5 mai 1872 et qui avait été admis au Portugal en 1863, est aujourd'hui répudié. Il en est de même de celui de l'édit prussien de 1783 qui ordonnait l'inscription sous peine d'amende; l'inscription demeure facultative et n'affecte en rien les rapports juridiques des parties entre elles; elle n'est qu'un moyen d'assurer, à l'égard des tiers et au profit de tous, la publicité des mutations immobilières[1]. Mais, dans les limites qu'il s'est interdit de franchir, le Code portugais pose une règle absolue. Il ne dispense d'inscription aucune hypothèque d'aucune

[1] Le règlement de 1870, article 206, s'écarte des principes du Code pour revenir à ceux des régimes antérieurs, en subordonnant à l'inscription du titre le droit pour le créancier hypothécaire de poursuivre judiciairement l'expropriation de l'immeuble grevé; l'art. 951, C. proc. civ., maintient cette disposition anormale.

espèce; il n'admet pas que l'inscription d'un acte constitutif de droit réel en fasse remonter les effets à une date antérieure.

Le Code emploie, pour assurer en toute hypothèse la publicité des mutations immobilières un ingénieux procédé, dont l'article 958 du Code civil français contient l'idée, et qui se retrouve, généralisé, dans le système des prénotations (*vormerkungen*) des lois hypothécaires de certains pays allemands. Il autorise et prescrit en certains cas l'inscription provisoire des actes ou des faits constitutifs des droits réels. Cette inscription se fait sur les mêmes registres que les inscriptions définitives; le conservateur ne peut refuser d'y procéder; elle ne produit que des effets temporaires et doit être renouvelée chaque année; dès qu'elle est devenue définitive, elle produit rétroactivement ses effets à partir de sa date. Les tiers sont donc mis, par ce moyen, en mesure de connaître les droits éventuels qui peuvent, en cas de confirmation, primer les leurs : ainsi le possesseur dépourvu de titre peut, on l'a vu, faire inscrire provisoirement sa possession; dès qu'il possède judiciairement, il prend une inscription définitive, et si la prescription s'accomplit à son profit, il est réputé propriétaire à l'égard de tous, à compter de la date de son inscription provisoire.

L'inscription provisoire facilite spécialement les ouvertures de crédit; elle est obligatoire pour l'hypothèque légale qui garantit la dot, et pour les actions réelles.

L'inscription définitive ne se périme pas, elle dure autant que le droit lui-même auquel elle s'applique; le renouvellement décennal exigé par le décret de 1836 n'est plus nécessaire.

La spécialité des hypothèques est moins essentielle que leur publicité. Le Code admet des hypothèques légales qui grèvent ordinairement tous les biens du débiteur; sauf le droit pour celui-ci de les faire restreindre à ceux dont la valeur suffit à la garantie de la créance, il permet d'hypothéquer par convention l'ensemble des biens du débiteur. Mérite-t-il de ce chef les critiques dont il a été l'objet? On peut en douter, si l'on considère que la créance garantie par hypothèque conventionnelle est toujours certaine et déterminée, et que, dans les cas où l'hypothèque légale ne peut être restreinte, parce que les responsabilités éventuelles qui la motivent ne peuvent être limitées par avance, l'inscription seule la rend opposable aux tiers.

Le nombre des privilèges immobiliers est enfin réduit autant que possible; l'État, pour les impôts des trois dernières années, les créanciers de frais de justice ne pouvaient être privés de cette garantie; quant aux créanciers des sommes avancées pour la conservation de l'immeuble, ils n'ont de privilège que pendant trois ans et sur la cinquième partie seulement du prix de vente.

Les privilèges mobiliers eux-mêmes, qui peuvent atteindre les fruits des immeubles, ne sont accordés qu'aux créanciers préférés et parfois mesurés avec trop de parcimonie. Aucun d'eux ne garantit plus de trois années de redevances périodiques; le bailleur et l'assureur ne sont privilégiés que pour une année échue et l'année courante; toutefois le privilège emporte hypothèque légale, et le créancier peut, au moyen d'une inscription, conserver le rang de préférence qui lui était attribué par son privilège. L'hypothèque judiciaire, admise par l'ancien droit portugais (Ord. III, tit. VIII,

§ 4) et maintenue dans le projet de Code, a été supprimée; les jugements sont déclaratifs des droits des parties; ils ne peuvent créer de garanties accessoires au profit du créancier. Mais ne convenait-il pas d'éviter, même au prix d'une inconséquence, le scandale d'aliénations frauduleuses faites au mépris d'arrêts de justice? C'est ce qu'a pensé le législateur italien.

L'hypothèque portugaise protège, du moins, très utilement le créancier inscrit; c'est ainsi que, devançant notre loi de 1889 et mieux inspiré, le Code étend le droit de préférence, en cas de destruction ou de détérioration de l'immeuble grevé, aux indemnités dues soit par l'assureur, soit par toute autre personne responsable de la perte; bien plus, il substitue à l'immeuble hypothéqué celui par lequel il a été remplacé aux frais de l'auteur du dommage (art. 902); enfin il va jusqu'à permettre au créancier hypothécaire dont le gage diminue de valeur par cas fortuit d'exiger un supplément d'hypothèque ou le payement anticipé de la dette (art. 901).

Le Code portugais consacre quinze articles au droit qui appartient aux tiers d'attaquer les actes faits en fraude de leurs droits et s'approprie en général les solutions admises par la jurisprudence relativement à l'action paulienne. Il convient toutefois de remarquer les dispositions de l'article 1039, qui permet de faire annuler les payements anticipés, et de l'article 1045, qui déclare l'action en rescision prescrite par un an à compter du jugement constatant l'insolvabilité du débiteur.

Le titre II du livre II traite des contrats en particulier. Le premier rang devait appartenir au mariage à raison de son importance et de l'innovation capitale réalisée par le Code en cette matière : l'institution du mariage civil.

Un parti nombreux et puissant s'opposait à cette réforme au nom de la Constitution, dont l'article 6 déclare la religion catholique religion de l'État. L'auteur du projet primitif n'avait pas même tenté de séculariser le mariage; il avait cru faire assez pour la liberté de conscience, garantie par l'article 145, § 4, de la Charte, en permettant à tous les citoyens de contracter mariage devant des ministres de leur culte et suivant les formes de leur religion[1]. La Commission de revision, après de vifs débats qui remplirent quinze de ses séances, décida que tout Portugais, quelle que fût sa religion, et sans être tenu de la déclarer, pourrait se marier civilement. Le Gouvernement et la Commission de la Chambre des députés proposèrent de réserver le mariage civil aux non-catholiques, refusant au contraire aux catholiques le droit de se marier sans l'intervention de l'Église; cette proposition fut adoptée, comme le prouvent les articles 1057 et 1072 du Code. Cependant, par un revirement encore inexpliqué, la doctrine de la Commission de revision l'emporta : le Code permet aux catholiques eux-mêmes le mariage purement civil; les articles 1081 et 1090 ont, en effet, détruit toute la force des dispositions précédentes, l'un en interdisant à l'officier de l'état civil de s'in-

[1] Ce système, répudié par le Code, est cependant celui qui régit les mariages dans les colonies. L'article 4 du décret du 18 novembre 1869 attribue aux mariages célébrés entre non-catholiques suivant les rites de leur religion tous les effets civils que le Code reconnaît au mariage religieux.

former de la religion des contractants, l'autre en déclarant que la religion des époux ne pourra jamais entraîner l'annulation du mariage civil.

Le mariage est ainsi désormais un contrat séculier; les catholiques conservent seulement la faculté de le contracter en présence de l'Église et suivant les lois canoniques. On sait que le nouveau Code espagnol, moins libéral, ne permet aux catholiques que le mariage religieux.

Les autres dispositions du Code civil en matière de mariage diffèrent peu de celles de la loi française. On remarquera toutefois que le consentement des parents ou tuteurs n'est plus exigé, même pour les hommes, après l'âge de 21 ans. D'ailleurs, le mariage contracté par un mineur sans le consentement des parents n'est pas nul; l'article 1060 édicte seulement en pareil cas des peines civiles : il prive le mineur de l'administration de sa fortune jusqu'à sa majorité, et le répute marié sous le régime de la séparation de biens.

Le contrat de fiançailles (*esponsães, desposorios*), reconnu et réglé par l'ordonnance du 6 octobre 1784, est supprimé par le Code (art. 1067); la rupture d'une promesse de mariage ne donne plus lieu qu'à la restitution des présents reçus et au remboursement des dépenses faites en vue du mariage par l'un des fiancés sur le mandat de l'autre; toute clause pénale stipulée est nulle aux yeux de la loi.

Le Code portugais (art. 1058), à l'exemple du Code italien, prohibe le mariage entre l'époux et son complice, coupables de meurtre ou de tentative de meurtre de l'autre époux; mais il ne se borne pas à sanctionner cet empêchement par une amende infligée à l'officier de l'état civil, il impose en outre aux contrevenants le régime de la séparation de biens et les déclare incapables de se gratifier réciproquement par dons ou legs.

Le mariage n'est pas interdit, même temporairement, aux veuves ni aux femmes dont une précédente union a été déclarée nulle; les seconds mariages rencontrent toutefois des obstacles dans les dispositions de la loi (art. 1233 et suiv.) : la veuve qui veut se remarier dans les 300 jours est obligée de faire vérifier si elle est enceinte; sinon, elle perd tous les avantages que son premier mari lui avait faits, et son second mari ne peut désavouer les enfants qui viennent à naître dans les 180 jours du convol. La femme qui se remarie perd l'usufruit des biens de ses enfants du premier lit; elle n'en conserve même l'administration qu'avec la permission du conseil de famille (art. 162). L'époux remarié, lorsqu'il a déjà des enfants, ne peut donner à son nouvel époux ni apporter dans la communauté qu'il contracte avec lui plus du tiers de ses biens propres, présents ou futurs. Les droits de l'époux remarié sur les biens qu'il a recueillis dans la succession d'un enfant du premier lit sont réduits, en cas d'existence de frères ou sœurs de cet enfant, à l'usufruit de ces biens. Enfin le Code portugais, maintenant une ancienne tradition (Ord., IV, 105), déclare toute veuve qui se remarie après l'âge de 50 ans, ayant des enfants, incapable d'aliéner plus du tiers de ses biens.

Le divorce ne pouvait être admis dans le catholique Portugal. Mais le Code contient, en matière de séparation de corps, des dispositions intéressantes. C'est ainsi que, s'inspirant sans doute du souvenir de la loi française des 16-24 août 1790[1], qui soumettait à l'arbitrage les contesta-

[1] Voir aussi Code civil de la Convention, I, IV, § 2, art. 3.

tions entre parents, il institue et organise une juridiction spéciale pour connaître des procès en séparation (art. 1206 et suivants; voir aussi le règlement du 12 mars 1868). Ces procès sont instruits et jugés par un jury familial : les parents des époux, qui les connaissent intimement et qui ont intérêt à la conservation et à la prospérité du ménage, ont paru plus aptes que les tribunaux à concilier et à juger les querelles conjugales; il a semblé d'ailleurs avantageux d'éviter la publicité des débats de cette nature. L'époux demandeur requiert du *juge de droit* la convocation d'un conseil de famille, et ce conseil, après débats à huis clos, le ministère public entendu, décide s'il y a lieu d'autoriser la séparation de corps, et, le cas échéant, fixe la résidence de la femme, le montant de sa pension alimentaire et les mesures à prendre dans l'intérêt des enfants communs. Ces décisions ne sont pas susceptibles de recours, sauf en ce qui concerne le montant de la pension; mais elles sont prises à la majorité des voix, et celle du juge qui préside aux délibérations du conseil est prépondérante en cas de partage; le magistrat peut donc être assez fréquemment le véritable arbitre du litige.

L'effet le plus notable de l'institution nouvelle est l'augmentation considérable du nombre des procès en séparation, qui a décuplé dès la mise en vigueur du Code. Les époux malheureux cèdent-ils plus volontiers à leurs ressentiments, n'étant plus retenus par la crainte d'un débat public? Les conseils de famille autorisent-ils, sans preuves suffisantes des griefs allégués, la cessation de la vie commune? Ces deux explications du fait révélé par les statistiques paraissent également plausibles.

Une autre innovation fait l'objet de l'article 1210, § unique. La séparation de corps n'emporte plus séparation de biens au profit de la femme adultère, à moins que le mari n'ait commis le même délit. On peut se demander s'il convenait d'intéresser ainsi l'époux coupable à l'infidélité de l'autre, surtout après avoir décidé que l'adultère du mari, pour être une cause de séparation de corps, doit être accompagné de scandale public ou d'abandon (art. 1204, n° 2).

Le mariage met la femme en état d'infériorité et de dépendance et la rend incapable de faire, sans autorisation de son mari ou de justice, la plupart des actes de la vie civile, de s'obliger, de plaider, d'aliéner, d'acquérir. Le Code portugais considère la prééminence du mari comme intéressant l'ordre public; il ne permet pas à la femme de se réserver, par contrat de mariage, l'administration de ses propres biens, ni le droit de disposer de leurs revenus (art. 1104); il lui défend de publier, sans autorisation maritale, les ouvrages dont elle est l'auteur. Les dispositions par lesquelles il tempère l'autorité du mari sont rares et timides : il dispense la femme de suivre son mari en pays étranger; en cas d'absence ou d'empêchement de celui-ci, ou après séparation de corps, il ne l'oblige que pour l'aliénation de ses immeubles à demander l'autorisation du conseil de famille (art. 1190) ou de la justice. S'il n'accorde qu'au mari et à ses héritiers l'action en nullité des actes passés par la femme seule, et s'il déclare cette action prescrite par un an écoulé depuis la dissolution du mariage (art. 1201), c'est avant tout dans l'intérêt des tiers. Par l'ensemble de ces dispositions, on voit que l'incapacité de la femme mariée n'est pas établie seulement pour assurer les droits du chef naturel du ménage sur les biens affectés à son entretien, ni pour maintenir l'unité de direction nécessaire à la bonne gestion de la société conjugale; cette incapacité, qui survit en partie à la séparation de corps et que les conventions ne peuvent conjurer, tient aussi, pour le législateur, à la faiblesse présumée du sexe.

C'est par le même préjugé que s'explique l'infériorité de la condition de la femme non mariée. Si les filles ne sont plus primées dans les successions par les mâles, si elles ne peuvent plus être dépouillées par renonciation à des successions futures (art. 2042), ni par voie de substitution, la faiblesse du sexe sert encore de prétexte à maintes dispositions restrictives.

Ainsi la femme ne peut être témoin dans les actes authentiques, ni dans aucun testament, ni même dans les actes de l'état civil (art. 1966, 2492); elle est encore incapable de s'obliger pour tous autres que ses ascendants ou ses descendants; le sénatus-consulte Velléien, toujours maintenu par les ordonnances, n'a pas été effacé par le Code (art. 819); elle ne peut représenter en justice que ses proches parents ou son mari (art. 1354); elle ne peut être tutrice que de ses petits-enfants (art. 234); mère et veuve, elle n'exerce librement la puissance paternelle que si le testament du père ne lui a pas adjoint de conseil dont elle doive prendre les avis (art. 159); après l'âge de cinquante ans, elle ne peut plus, à la différence de l'homme, contracter un nouveau mariage qu'en subissant la réduction du droit de disposer de ses biens.

Il est cependant une amélioration très importante à tous égards, apportée par le Code à la condition de la femme :

elle consiste dans l'attribution de la puissance paternelle à la mère, qui en était privée par le droit antérieur; les articles 137 et 138 ont remis en vigueur, après des siècles d'oubli, cette règle de droit naturel, admise par les lois des Wisigoths (liv. IV, tit. v, l. 1, et liv. IV, tit. II, l. 13).

Le Code a prohibé la vente entre époux, n'autorisant que la dation en payement; mais il n'a pas cru devoir interdire les donations entre époux : il s'est contenté de les déclarer révocables au gré du donateur; il lui eût été cependant d'autant plus facile d'imiter sur ce point le Code italien, que le régime matrimonial de droit commun, en Portugal, confondant les biens des époux, diminue l'utilité des donations qu'ils peuvent se faire durant le mariage.

La famille légitime est organisée par le Code d'après des principes généralement admis dans l'Europe occidentale. Le père a, durant le mariage, le droit de garde et de correction des enfants; il ne peut cependant, en aucun cas, faire enfermer, de sa seule autorité et sans permission du juge, l'enfant rebelle (art. 143); l'internement ne peut durer plus de trente jours. Le père a l'administration et l'usufruit des biens de ses enfants jusqu'à leur majorité; mais il doit donner caution, si la justice l'ordonne, lorsque ces biens consistent en capitaux importants. La mère a les mêmes droits, concurremment avec le père, durant le mariage, et à sa place, dès qu'il est absent ou empêché; elle lui succède dans ces droits en cas de veuvage, mais elle perd l'usufruit légal en se remariant.

Le Code portugais traite avec moins de rigueur que la loi française les unions illégitimes. La recherche de la paternité naturelle est interdite, mais cette règle cesse de s'appliquer lorsque l'enfant peut invoquer la possession d'état ou un écrit émané de son père, et dans le cas de rapt ou viol commis à l'époque de la conception, déterminée suivant les présomptions légales : c'est le système de la loi française du 12 brumaire an II.

La recherche de la maternité est permise, et aucune condition spéciale de preuve n'est imposée à l'enfant demandeur (art. 131).

La reconnaissance (*perfilhação*) de l'enfant naturel peut être faite par acte ou testament authentique; elle n'a d'effet que si elle est acceptée par l'enfant; faite durant sa minorité, elle peut être attaquée par lui pendant les quatre années qui suivent sa majorité ou son émancipation.

L'enfant naturel reconnu porte le nom de son père ou de sa mère; il est soumis à la puissance paternelle, mais l'usufruit de ses biens n'est pas accordé aux parents. Il acquiert un droit à leur succession; le Code, fidèle à la tradition, est assez libéral dans la fixation de ce droit : les enfants naturels, en concours avec des enfants légitimes, ont-ils été reconnus avant le mariage, leur part est égale à la réserve des enfants légitimes, diminuée d'un tiers; reconnus depuis le mariage, ils n'ont droit, quel que soit leur nombre, qu'à cette même part, qui, dans aucun cas, ne pourra dépasser le tiers disponible (art. 1785). A défaut d'enfant légitime, l'enfant naturel, à quelque époque qu'il ait été reconnu, succède pour le tout à son père ou à sa mère, excluant tous autres parents (art. 1990); aux yeux de la loi portugaise, si l'enfant naturel ne peut être assimilé à l'enfant légitime, c'est moins pour châtier une faute qui n'est pas la sienne qu'à raison des droits du conjoint de celui ou de celle qui l'a reconnu; mais la justice n'ordonne pas et l'humanité défend de lui préférer tous les parents de son père ou de sa mère.

La succession de l'enfant naturel décédé sans postérité est dévolue, pour le tout, à son père ou à sa mère; mais l'usufruit de moitié des biens que sa succession comprend appartient à son conjoint survivant. L'enfant naturel, à moins qu'il ne soit incestueux ou adultérin, peut être légitimé par le mariage de ses parents; ce bénéfice lui est acquis lors même qu'il est reconnu durant le mariage, et les effets de la légitimation remontent, dans tous les cas, à la date même du mariage (art. 119). La légitimation par rescrit du prince a été abolie.

L'adoption n'a jamais été pratiquée en Portugal; elle n'est pas admise par le Code.

La loi reconnaît aux futurs époux le droit de régler à leur gré leurs rapports pécuniaires. Il leur est interdit sans doute de déroger par leur contrat de mariage aux lois qui concernent l'ordre des successions, de porter atteinte à la réserve, de renoncer à des droits héréditaires non encore ouverts; les cadets ou les filles ne peuvent plus abandonner à l'aîné ou à l'héritier mâle leur part d'une succession à venir; il ne peut plus être convenu que le survivant des époux ne recueillera pas dans la succession de l'enfant commun des biens provenant à celui-ci de l'époux prédécédé, ni que les futurs époux se succéderont réciproquement à l'exclusion de leurs ascendants figurant au contrat. Les futurs époux n'en sont pas moins obligés de respecter les lois sur la puissance paternelle et sur l'autorité du mari comme chef; on a vu déjà qu'une disposition empruntée au projet de Code espagnol, et sans doute inspirée par le souci d'assurer la discipline du ménage, prohibe la convention qui priverait le mari, même sous le régime de la séparation contractuelle, de l'administration des biens de la femme, et défend à celle-ci de stipuler la libre disposition de plus du tiers de ses revenus nets (art. 1104); mais, sauf ces restrictions, toutes d'ordre public, la liberté des conventions matrimoniales est entière; elle n'est pas contrariée par l'organisation de quatre régimes types (communauté universelle, communauté réduite aux acquêts, séparation de biens, régime dotal), entre lesquels les futurs époux ne sont même pas tenus de choisir.

Le régime de droit commun est la communauté universelle : c'est là une institution vraiment nationale; elle ne procède, ni du droit wisigoth qui n'admettait que la communauté d'acquêts, ni même du droit canonique, mais d'une coutume déjà générale au xve siècle et dès lors consacrée par les Ordonnances; ce régime, conforme à la conception chrétienne du mariage, est si bien entré dans les mœurs portugaises, que le Code fait de son exclusion la peine des époux qui se sont mariés au mépris des prohibitions légales de l'article 1058.

La communauté coutumière comprend tous les biens présents et futurs des époux, à l'exception des linges et hardes à leur usage personnel, des présents de noces, des biens donnés ou légués à la condition qu'ils ne seront pas communs, et de certains fonds emphytéotiques; d'importantes réserves sont faites, seulement en cas de second mariage, dans l'intérêt des enfants du premier lit. Cette communauté comprend de plus tous les acquêts du ménage, les fruits et revenus des biens propres des époux, les gains provenant du travail ou de l'industrie de chacun d'eux.

Les dettes antérieures au mariage ne grèvent que les biens propres de l'époux débiteur et sa part de communauté. Le Code décide même, modifiant en ce point le droit antérieur, que le créancier de l'un des deux époux ne peut faire liquider la part de celui-ci qu'après la dissolution du mariage ou la séparation de biens; il ne peut donc poursuivre la communauté que pour les intérêts de sa créance; la communauté conjugale diffère sous ce rapport de la société universelle, qui est tenue de toutes les dettes des associés.

La communauté a pour chef et pour administrateur nécessaire le mari; mais le droit portugais donne à la femme l'autorité suffisante pour se préserver des conséquences d'une gestion imprudente ou abusive; c'est l'un des traits caractéristiques de la législation nationale. Le mari ne peut en effet aliéner les immeubles communs, ni les grever de charges réelles, même à titre onéreux, sans le consentement de sa femme ou l'autorisation de justice (art. 1119). Bien plus, les époux communs ne peuvent que d'un commun accord, sauf décision judiciaire, aliéner ou engager leurs immeubles propres; le mari ne peut donc, de sa seule autorité, vendre ou engager sur son propre fonds, ni plaider sur des questions de propriété ou de possession immobilière (art. 1119, 1191). Enfin le mari ne peut, sans le consentement de sa femme, répudier une succession, fût-elle exclusivement composée de biens qui ne peuvent devenir communs, ni, par l'acceptation d'une succession, obliger la communauté.

Les meubles communs ne peuvent eux-mêmes être aliénés

à titre gratuit que du consentement des deux époux; cette règle est toutefois amendée par l'article 1471, qui autorise le mari à faire seul sur les biens de communauté de menus cadeaux, ou des donations rémunératoires, mais entre vifs.

L'ensemble de ces dispositions fait de la communauté portugaise une société intime où chaque époux a les mêmes droits, où la femme est tenue au courant de tous les actes importants qui intéressent le ménage et en état de s'opposer aux imprudences comme aux dissipations du mari : ce sont là des mérites de premier ordre aux yeux du moraliste. Mais, s'il est bon que les époux soient unis dans une collaboration constante, et s'il est juste que la femme subisse les conséquences de la mauvaise gestion des affaires communes, sans avoir la faculté de renoncer à la communauté, ni le privilège de compenser avec son émolument sa part des dettes, n'est-il pas à craindre que sa timidité naturelle décourage souvent l'esprit d'entreprise et paralyse l'activité du mari, peu soucieux de révéler à la justice des projets d'opérations entravés par une opposition mal fondée?

Le régime de la séparation des biens, celui de la communauté réduite aux acquêts font l'objet de règles succinctes, analogues à celles du droit français, sauf la différence essentielle qui résulte de la règle déjà mentionnée à l'article 1104.

Le régime dotal n'avait pu manquer de s'introduire en Portugal, mais il n'y avait donné lieu qu'à de rares dispositions légales, à l'insuffisance desquelles suppléait la pratique judiciaire : il est complètement organisé dans les articles 1134 à 1165 du nouveau Code. Le législateur s'est préoccupé de protéger les tiers contre les époux bien plus que d'atténuer en faveur de ceux-ci les inconvénients d'un régime qu'ils peuvent éviter de choisir. Déjà l'article 949 avait soumis à la nécessité de l'inscription, au regard des tiers, la constitution de la dot immobilière; l'article 1137 prescrit de spécifier les biens dotaux dans le contrat de mariage, ou, s'il s'agit de biens à venir, dans un acte authentique dressé dans les six mois de leur délivrance à l'époux doté; l'article 1138 exige en outre que les meubles dotaux soient estimés dans le contrat de mariage; en cas d'inobservation de ces prescriptions, les biens dont il s'agit sont tenus à l'égard des tiers pour biens de communauté. Le souci de l'intérêt des tiers a même conduit le législateur à ordonner que les deniers dotaux seraient employés, dans les trois mois du mariage, en rentes sur l'État, en titres nominatifs, ou en prêts hypothécaires; cette injonction équivaut à la prohibition de constituer une dot en espèces; on peut se demander pourquoi la femme ne pourrait mettre des capitaux à la disposition de son mari sans en perdre la moitié : on a craint sans doute que les époux fissent porter dans le contrat de mariage des dots fictives que l'hypothèque légale eût rendues opposables aux créanciers du mari; quoi qu'il en soit, le Code pourvoit à la sécurité des tiers, qui traitent avec des époux dotaux, par des précautions plus efficaces que celles de notre loi du 10 juillet 1850. Il n'a pas négligé, d'autre part, d'assurer la conservation et la restitution de la dot : les immeubles dotaux sont seuls déclarés inaliénables, mais on a vu que les deniers constitués en dot doivent être employés; en outre, les meubles dotaux aliénés peuvent être revendiqués par la femme quand le mari n'a pas de biens suffisants pour assurer le payement de leur valeur, ou quand ils ont été donnés, ou enfin quand le tiers acquéreur en a connu le caractère dotal; la restitution de la dot est encore garantie par une hypothèque légale, et peut l'être par un cautionnement contractuel; aux termes de l'article 1163, le mari qui restitue un immeuble dotal amélioré par des réparations nécessaires ou des travaux utiles n'a droit qu'au remboursement de la plus-value.

L'étranger qui constitue une dot ne doit la garantie de l'éviction que s'il s'y est expressément soumis, ou s'il a été de mauvaise foi.

Quel que soit le régime adopté, le mariage fait naître au profit du survivant des époux une créance alimentaire contre la succession du prédécédé (art. 1231); cette créance (*apanagio*), dont le montant est fixé par le juge d'après l'importance de l'hérédité, est garantie par une hypothèque légale (art. 906); dans le cas spécial où l'époux décédé était enfant naturel et n'a pas laissé de postérité, elle est remplacée par le droit à l'usufruit de moitié de la succession (art. 1995); enfin l'époux survivant succède pour le tout à son époux quand celui-ci ne laisse ni ascendants, ni descendants, ni frères ou sœurs, ou descendants d'eux (art. 2003).

Le chapitre consacré par le Code aux sociétés civiles ne contient que des règles empruntées au droit romain; on doit remarquer toutefois que l'article 1243 permet l'apport en société de biens à venir; on laisse aux tribunaux le soin d'annuler les associations fictives contractées dans le but de masquer des donations prohibées.

Mais le Code a réglementé des sociétés d'une nature toute particulière : la société familiale et la participation agricole.

La société familiale est celle qui s'établit tacitement ou par convention entre frères ou sœurs, ou entre père et mère, ou entre l'un d'eux et leurs enfants majeurs; cette sorte de communauté très fréquente en Portugal depuis fort longtemps était régie par les coutumes, auxquelles renvoyait l'Ordonnance (IV, 44); le Code a soumis à des règles uniformes toutes les sociétés de ce genre qui se formeraient sans acte écrit. La société familiale n'existe légalement qu'après avoir duré réellement une année. Son actif comprend les biens indivis, les fruits et revenus des biens personnels des associés, le produit du travail ou de l'industrie de ceux-ci; elle doit subvenir à l'entretien de tous ses membres, aux frais de culture et de répartition des biens indivis, aux charges de l'usufruit quant aux biens dont elle a seulement la jouissance; le partage du fonds social, en cas de séparation des associés, se fait en général par tête; mais si quelques-uns seulement ont participé à la culture d'un immeuble commun, les fruits de cet immeuble forment deux masses : l'une est attribuée aux propriétaires de l'immeuble et répartie en proportion de leurs droits; l'autre, destinée à rémunérer le travail, se partage par ménage : le mari reçoit une part entière, sa femme une demi-part, ses enfants des parts déterminées d'après l'importance de leurs services; si des bestiaux propres à l'un des communistes ont été employés à la culture du fonds commun, leur propriétaire a droit à une rétribution spéciale prélevée sur la masse afférente au travail : cette dernière disposition suppose que la société familiale convient surtout aux pays d'élevage, et c'est en effet dans l'Alemtejo qu'elle est le plus fréquemment pratiquée. On la retrouve dans le canton suisse de

Fribourg, où elle est soumise à des règles qui présentent avec celles du Code portugais de nombreuses analogies[1].

Le Code, sous la rubrique *Parceria rural* (De la participation agricole), traite du bail à colonat partiaire. Il le déclare soumis aux usages locaux, mais il établit quelques règles générales auxquelles il ne pourra être dérogé.

Le fonds social peut être un immeuble ou un troupeau; dans le premier cas, le contrat, appelé *parceria agricola*, est personnel; il prend fin par la mort de l'une des parties, mais les héritiers du propriétaire doivent continuer la participation pendant le temps nécessaire au métayer pour profiter de ses travaux et frais de culture, ou l'indemniser de sa perte. Le métayer doit avertir le bailleur avant la récolte, sous peine de lui payer double part; si le bailleur est absent, le partage doit se faire en présence de deux témoins. Le prix des semences est, sauf convention contraire, à la charge du métayer; le contrat est, pour le surplus, soumis aux règles du louage. En cas de bail à cheptel (*parceria pecuaria*), l'article 1310 déclare nulle la convention qui mettrait toutes les pertes fortuites à la charge du cheptelier (*parceiro pençador*); à défaut de convention, il met à la charge du bailleur la perte survenue par cas fortuit de tout ou partie du troupeau; il échappe ainsi à la critique qui peut être adressée à l'article 1810 du Code français. Les créanciers du colon ne peuvent saisir le cheptel; les créanciers du bailleur ne peuvent le faire vendre qu'à la charge d'entretenir le bail. Enfin le propriétaire ne peut revendiquer son troupeau vendu indûment, si la vente

[1] Code civil de Fribourg du 23 novembre, 1839, liv. III, tit. III : *De l'indivision entre frères et sœurs et leurs descendants*, art. 1088 à 1107.

a eu lieu aux enchères; le droit commun (art. 534) permettrait la revendication, à charge de rembourser à l'acquéreur son prix d'achat.

Le chapitre du mandat contient quelques règles spéciales aux procureurs et aux avocats. Ainsi l'article 1355 exige qu'ils soient constitués par acte public; d'autres concernent la discipline de leurs professions, tels l'article 1358 qui leur interdit le pacte *de quota litis*, l'article 1361 qui punit de destitution ceux qui révéleraient à l'adversaire les secrets de leur partie. Ces dispositions, qui seraient mieux à leur place dans une loi spéciale, ne sont même pas suffisantes : on doit recourir pour les compléter au Code pénal (art. 188-289), à la loi du 18 juillet 1855, aux décrets des 17 février 1858 et 12 novembre 1859.

Le chapitre IV, sous la rubrique *Du contrat de prestation de services*, contient, réparties en sept sections, les règles relatives au louage d'ouvrage ou d'industrie, aux entreprises, au transport, à l'apprentissage et au dépôt.

Les droits et devoirs des domestiques qui servent chez autrui et vivent avec leurs maîtres sont minutieusement définis; le Code n'a pas craint de conserver au maître le privilège d'être cru sur son serment pour le payement des gages échus (art. 1387) : l'instruction primaire n'est pas assez répandue au Portugal pour qu'il soit possible aux maîtres de se faire donner quittances écrites; d'ailleurs, si le maître qui oppose la prescription peut recourir au serment, pourquoi n'en serait-il pas de même avant que la prescription ne soit acquise?

Les salariés sont les ouvriers qui travaillent pour une rétribution fixée par jour ou par heure de travail; ils peuvent s'embaucher pour un ouvrage déterminé ou pour un certain nombre de journées; en pareil cas, si le contrat est résilié par force majeure, ils ont droit au prix des travaux exécutés (art. 1395).

L'article 1399 limite à cinq ans la durée de la responsabilité de l'entrepreneur quand l'édifice périt par vice de construction ou par le vice du sol; l'entrepreneur d'un travail mobilier jouit d'un droit de rétention pour assurer le payement de son prix.

Les aubergistes ou hôteliers ne répondent de la perte ou de la détérioration des effets des voyageurs, causées par d'autres voyageurs, que s'ils ont reçu ceux-ci sans se conformer aux règlements de police; ils ne répondent du fait des étrangers allant et venant dans l'hôtel que dans les termes du droit commun; ils ne répondent enfin du vol ou de la perte des objets de petit volume et faciles à soustraire que s'ils ont été spécialement chargés de les garder (art. 1420); au moyen de cette disposition, qui paraît s'appliquer aux espèces monnayées et aux titres, la loi portugaise évite la limitation empirique contenue dans notre loi du 18 avril 1889. Les aubergistes peuvent traduire les voyageurs devant le juge du lieu et leur faire consigner la somme qu'ils demandent (art. 1423); mais cette faculté est à peu près illusoire, les bagages du voyageur consistant le plus souvent en effets, qui ne peuvent être retenus, ni même saisis (*C. proc. civ.*, art. 815, n° 11); l'aubergiste français trouve dans la saisie foraine des garanties plus efficaces.

Le contrat d'apprentissage est très sommairement réglé; du moins, l'article 1427, en réglant la durée journalière du travail des apprentis, a-t-il provoqué la réglementation du travail des femmes et des enfants dans les ateliers et manufactures (décret du 14 avril 1891).

La disposition la plus notable en matière de dépôt est celle de l'article 1442 : le dépositaire qui vient à découvrir que la chose déposée était volée et qui n'en connaît pas le propriétaire, est tenu d'avertir le magistrat du ministère public et n'est déchargé de toute responsabilité qu'après quinze jours écoulés sans opposition entre ses mains.

Le prêt à usage (*commodato*) et le prêt de consommation (*mutuo*) sont essentiellement gratuits; le Code fait du prêt à intérêt (*usura*) une variété du louage.

Le prêt se résout le plus souvent par la mort de l'emprunteur; la preuve du prêt et celle de la restitution ne peuvent être faites que par écrit si la chose prêtée vaut plus de 200,000 *reis*, par acte authentique si elle vaut plus du double.

Le Code, à l'imitation des Ordonnances (liv. IV, tit. L), maintient la prohibition du sénatus-consulte macédonien; il déclare le prêt fait au mineur civilement nul, même à l'égard de la caution (art. 1535).

Le jeu et le pari sont traités avec une extrême sévérité, peut-être nécessaire; le jeu de hasard ne produit même pas d'obligation naturelle. Le § 2 de l'article 1542 assimile à la créance du gagnant celle du tiers qui a prêté de l'argent au moment du jeu. L'ancien droit punissait les joueurs, mais ne réglait pas le sort du contrat; la jurisprudence n'admettait que par exception la répétition de l'enjeu Mello Freire (*Inst. juris. civ.*, IV, 3, § 25); le Code use de plus de rigueur. Mais il ne prohibe pas les loteries, qui subsistent, en effet, avec l'autorisation du Gouvernement, au profit des établissements de bienfaisance. (Voir *C. pén.*, art. 272.)

On a vu que la vente, en droit portugais, n'est pas un contrat consensuel quand elle a pour objet un immeuble d'une certaine importance (art. 1590); les autres dispositions du Code en cette matière ne diffèrent de la loi française que sur quelques points.

L'article 1565 défend aux père et mère et aux aïeuls et aïeules de vendre à l'un de leurs enfants et petits-enfants, sans le consentement de tous les autres ou l'autorisation d'un conseil de famille assemblé à cet effet; cette prohibition, d'origine ancienne, puisqu'elle était édictée par l'ordonnance Manueline (tit. 82), a été maintenue pour éviter les contestations entre parents; les enfants qui auront ratifié ou pu contredire la vente faite à l'un d'eux ne pourront la critiquer comme fictive et déguisant une donation.

Le Code permet la vente des droits litigieux, qui était interdite par les Ordonnances (IV, 10), mais il admet le retrait dans la plupart des cas (art. 786, 1557); c'est là, sans doute, une décision transactionnelle, dont l'utilité paraît contestable : les citoyens portugais ne sont-ils pas tous égaux devant la loi et la justice?

Sans défendre au copropriétaire de vendre son droit, l'article 1566 autorise le retrait d'indivision quand la chose commune est indivisible; le copropriétaire du vendeur peut se substituer à l'acheteur en payant le prix consenti par celui-ci; son droit se prescrit par six mois. Cette disposition a sa place dans l'ensemble des mesures nombreuses et importantes au moyen desquelles le législateur de 1867 a tenté de réaliser la suppression de la propriété imparfaite;

c'est dans le même but que le Code prohibe absolument la vente à réméré, qui, d'ailleurs, sert maintes fois à dissimuler un prêt usuraire.

Aucune autre exception n'est apportée, en matière de vente, au principe de la liberté des conventions : la rescision pour lésion, même énorme, ne peut plus être obtenue par l'acheteur capable, encore moins l'annulation pour lésion excessive (*enormissima*) qu'autorisaient les Ordonnances (IV, 13) infidèle au droit romain; la découverte de vices cachés de la chose vendue ne donne lieu à rescision, même en fait de vente d'animaux domestiques, que si ces vices sont de ceux dont la connaissance eût certainement empêché l'acheteur de contracter.

Le louage des choses peut avoir pour objet des immeubles, ou des meubles, ou des sommes d'argent; le contrat s'appelle *arrendamento* dans le premier cas, *aluguer* dans le second, *usura* dans le troisième.

Le bailleur d'un immeuble peut faire à sa chose les réparations indispensables et urgentes, mais à la condition d'indemniser le locataire; il n'a pas la faculté de troubler gratuitement une jouissance dont il reçoit le prix (art. 1606, n° 3).

Le locataire d'un immeuble rural y fait-il des réparations, le Code veut qu'il lui en soit tenu compte et lui donne même un droit de rétention pour le prix de ces réparations, s'il les a faites avec l'autorisation préalable du bailleur; bien plus, le fermier, dont le bail a duré moins de vingt ans, a droit au remboursement des impenses nécessaires ou utiles qu'il a faites sans le consentement du bailleur; mais il ne peut retenir l'immeuble, et il n'est admis à poursuivre le payement de sa créance, dont les intérêts sont dus de plein droit, que sur l'augmentation de revenus annuels procurée à l'immeuble (art. 1615); l'ancien droit (Ord., IV, 54, § 1) accordait au preneur, lors même que sa jouissance avait duré plus de vingt ans, l'indemnité de ses impenses utiles et le droit de rétention; le Code règle plus équitablement le sort du bailleur sans sacrifier l'intérêt de l'agriculture.

Les délais de congé sont fixés par le Code (art. 1623 et suiv.), à défaut d'usages locaux, à soixante jours pour les fonds ruraux et à quarante jours pour les maisons.

Le louage des choses fongibles et spécialement des sommes d'argent (*usura*) ne peut être prouvé que par écrit, comme le prêt de consommation, quand la chose louée vaut plus de 100,000 *reis*.

Le taux de l'intérêt n'est pas limité; l'article 1640 se borne à fixer à 5 p. 0/0, à défaut de convention, le loyer annuel des capitaux.

L'article 1642 défend l'anatocisme et fixe à cinq ans la durée de la prescription des intérêts.

Le règlement du droit de disposition à titre gratuit révèle et caractérise les profonds changements survenus depuis trois quarts de siècle dans l'état social du Portugal. Avec le régime aristocratique ont disparu les institutions qui tendaient à la conservation des biens dans les familles nobles : droit d'aînesse, majorats, substitutions, pactes sur successions futures; le Code devait confirmer et ordonner les règles sages et libérales déjà posées par les lois modernes.

Le droit de donner pour le temps où l'on ne sera plus est l'un des attributs essentiels de la propriété; le Code l'affirme et s'efforce d'en assurer le libre exercice; les articles 1749, 1782 reproduisent une disposition de l'Ordonnance (IV, 84), imitée déjà par le Code civil italien (art. 725). Arrive-t-il que quelqu'un soit mis, par dol ou violence, dans l'impossibilité de tester, l'auteur du délit, s'il est héritier *ab intestat*, est exclu de la succession, sans préjudice des peines du droit commun. (Voir aussi l'article 1937.)

Mais le droit de faire des libéralités intéresse tout spécialement la société; le Code n'hésite pas à lui assigner les limites nécessaires.

La donation entre vifs et le testament sont les deux seuls moyens désormais reconnus de faire des libéralités; la donation à cause de mort, qui crée des droits conditionnels et imparfaits, n'est plus permise que par exception, en faveur du mariage.

La donation est un contrat qui ne peut porter que sur des biens présents (art. 1452, 1453). Elle est nulle quand elle est soumise à des conditions impossibles, illicites ou immorales (art. 683); le donataire n'a pas à se plaindre, il ne devait pas accepter. Elle est irrévocable, sauf entre époux; cette règle souffre exception cependant en cas d'ingratitude du donataire ou de survenance d'enfants au donateur. Sur ce dernier point, l'ancien droit a été heureusement amendé; l'Ordonnance (IV, 65, pr.) déclarait en effet révocables pour survenance d'enfants même les donations entre époux; cette cause de révocation, contraire à l'intention des parties et d'ailleurs inutile, a disparu (art. 1182); les donations faites en faveur du mariage subsistent aussi malgré la survenance d'enfants au donateur.

La jurisprudence ancienne déclarait la donation révocable à la demande du donateur tombé dans l'indigence. Le Code, mieux inspiré, accorde au donateur une créance alimentaire proportionnée à l'importance de la donation.

Le donateur peut stipuler le retour des biens donnés.

Le testament est un acte unilatéral, révocable, par lequel on peut donner tout ou partie de son patrimoine; dans le premier cas, la disposition est une institution d'héritier; dans le second, c'est un legs; le droit portugais ne connaît pas de légataires universels : suivant la tradition romaine, il admet que la volonté de l'homme fasse un héritier, *heredes scribuntur* (art. 1735, 1736).

Le testament est un acte essentiellement personnel; il ne peut être fait pour les incapables par leurs représentants légaux; nul ne peut tester pour autrui, si ce n'est par voie de substitution pupillaire ou quasi-pupillaire (art. 1859 et 1861). Toute personne âgée de 14 ans accomplis, si elle n'est religieuse professe, peut tester dans les termes du droit commun; la quotité disponible n'est pas réduite pour les mineurs; la capacité du testateur n'est limitée ni par la puissance paternelle, ni par la puissance maritale (art. 1764). Les conditions impossibles, illicites ou immorales, n'annulent pas le testament, mais elles sont réputées non écrites, en dépit de toute clause contraire. Une hypothèque légale assure, au profit du légataire, l'exécution du testament (art. 1846).

Le Code a, d'ailleurs, réglé libéralement les formes des actes de disposition. Il n'entrave pas, par l'exigence de solennités multiples, l'exercice du droit de donner entre vifs; le don d'une chose mobilière, s'il est accompagné de tradition, peut être fait verbalement; les autres donations doivent être écrites, mais un acte authentique n'est nécessaire que si la chose donnée est un immeuble et vaut plus de 50,000 *reis*. La donation doit être expressément acceptée, mais l'acceptation peut avoir lieu sous toute forme et en tout temps jusqu'au décès du donateur; sont même dispensées d'acceptation les donations pures et simples faites à des incapables, et les donations en faveur du mariage.

Les testaments ne sont également soumis qu'aux formalités nécessaires pour l'intelligence et l'exécution des volontés du disposant, et pour la garantie de sa liberté. Ainsi plusieurs personnes ne peuvent tester par un seul et même acte; les articles 1180, 1753 prohibent pour l'avenir le testament de *mão commum* (de *manu communi*) que la coutume autorisait autrefois, particulièrement entre époux, et que validait la jurisprudence. (Mello Freire, *Inst. jur. civ.*, IV, 5, § 18.)

Les testaments, sauf les facilités spéciales accordées aux militaires, aux marins, aux voyageurs, ne peuvent être faits qu'en la forme authentique par le ministère d'un notaire assisté de cinq témoins, ou par écrit sous seing privé présenté à un notaire; dans ce dernier cas, le testament est dit *cerrado*, fermé (*clausum, sive mysticum*); il est décrit par l'officier public dans un acte dressé à la suite de son texte en présence de cinq témoins; il peut être confié à la garde de l'autorité administrative du district; s'il est trouvé, lors du décès du testateur, ailleurs que dans un dépôt public, il est ouvert et décrit par le magistrat municipal (*administrador do concelho*) et transcrit sur un registre à ce destiné.

Le testament olographe aussi bien que le testament verbal

(*nuncupativo*) permis par l'ancien droit (Ord., IV, 80) sont prohibés à l'avenir; l'inconvénient qui résulte de cette prohibition a paru compensé par la diminution des chances de perte ou de suppression des testaments.

L'action en nullité de testament se prescrit par trois ans (art. 1967).

Ainsi le droit de disposer n'est entravé, dans aucun cas, par des obstacles illogiques ou excessifs.

Mais si le Code affirme le droit de disposer à titre gratuit et dédaigne d'en entraver l'exercice par des moyens détournés, il n'hésite pas à lui assigner des limites étroites dès que l'intérêt social est en jeu.

La donation par laquelle une personne se dépouille de tous ses biens est nulle si elle n'est faite par contrat de mariage (art. 1175, 1460); aucune autre incapacité absolue de donner n'est édictée.

Le testament est interdit aux religieuses professes (art. 17, 64).

Les incapacités relatives de disposer sont plus nombreuses: l'article 1480 déclare les donations faites par un homme marié à sa concubine annulables à la requête de sa femme ou des héritiers à réserve de celle-ci, agissant dans les deux ans de la dissolution du mariage; l'article 1771 annule tout legs fait par l'époux, judiciairement convaincu d'adultère, à son complice.

On ne peut tester au profit de son tuteur, si l'on n'est son descendant, ni de son maître, médecin ou confesseur, ni du notaire ou des témoins qui ont pris part à la confection du testament, sauf à titre rémunératoire ou en cas de parenté proche.

On ne peut léguer à une religieuse professe que des aliments, de l'argent ou des meubles (art. 1779), ni à aucune corporation d'institution ecclésiastique plus du neuvième de sa succession (art. 1781).

Le Code a maintenu les règles de l'ancien droit en fait de réserve héréditaire (*legitima*). Le testateur ou le donateur ne peut priver ses enfants, ni ses père et mère, de plus du tiers, ses autres ascendants de plus de moitié de sa succession (art. 1784, 1787); on a vu déjà qu'une réserve spéciale est attribuée aux enfants naturels.

La réserve ne varie pas avec le nombre des héritiers qui y ont droit, mais seulement avec leur qualité; l'ancien droit, plus simple encore, assurait à tous les héritiers, de tous ordres, y compris les enfants naturels reconnus ou non (Ord., IV, 12), et quel qu'en fût le nombre, la même réserve des deux tiers; en distinguant entre les ascendants suivant leur degré, en réduisant la part des enfants naturels, le Code a prudemment concilié le respect des traditions, la faveur due au mariage et les droits de l'époux innocent.

La réserve est d'ordre public; il est tel cas, cependant, où la morale exige que l'héritier réservataire soit complètement exclu de la succession qui lui échoit. Le Code fait le testateur juge de la nécessité de cette exclusion; tel était l'ancien droit (Ord., IV, 88, 89); mais le nombre, autrefois excessif, des causes d'exhérédation, est désormais réduit à trois pour les descendants, à cinq pour les ascendants; l'hérésie, l'inconduite notoire n'y sont plus comprises, ni le mariage contracté sans le consentement des père et mère; la cause d'exhérédation doit être spécifiée par le testament; si elle est contestée dans les deux ans de l'ouverture de cet acte, c'est à l'héritier institué d'en prouver l'existence; en tous cas, cet héritier doit à l'exhérédé des aliments pris sur les revenus des biens qu'il recueille.

A défaut d'exhérédation, la loi déclare exclu, comme indigne, l'héritier, même réservataire, qui a été condamné pour attentat à la vie de son auteur, ou qui l'a, par vol ou violence, empêché de tester (art. 1782).

La quotité disponible entre époux est déterminée par les règles du droit commun; elle est seulement réduite en cas de second mariage d'un veuf ou d'une veuve ayant des enfants d'un premier lit.

Une autre et non moins importante restriction est apportée à la liberté de disposer à titre gratuit par la prohibition des substitutions fidéicommissaires (art. 1866 et suiv.). Ces dispositions étaient autorisées par l'ancien droit sous le nom de substitutions *compendieuses;* l'Ordonnance en limitait seulement l'effet à un degré (IV, 87, § 12); elles ne sont plus permises qu'exceptionnellement, sous trois conditions : il faut que le grevé soit l'enfant ou le neveu du disposant; que tous les enfants nés ou à naître du grevé, sans distinction de sexe ni d'âge, soient également appelés; qu'enfin la réserve héréditaire n'en soit pas atteinte. Ces substitutions peuvent être faites par testament, ou même par donation entre vifs, au moyen de la clause de réversion qu'autorise l'article 1473.

L'ancien droit autorisait, sous le nom de *capellas*, les fondations constituées par affectation perpétuelle à des œuvres pies des revenus de biens déclarés inaliénables; la constitution de majorats (*morgados*) était permise aux nobles; on sait que ces institutions, désignées par le terme énergiquement significatif de *vinculos*, avaient déjà disparu lors de la promulgation du Code civil; la loi nouvelle (art. 1836, 1872) permet encore des fondations pieuses en faveur d'œuvres de bienfaisance, mais elle déclare rachetables et transmissibles, selon l'ordre légal des successions, les biens qui en font l'objet [1].

Les règles fondamentales de la Novelle 118 sur les successions *ab intestat* ont toujours été suivies en Portugal; elles n'ont pas été répudiées par le Code. Les Ordonnances (IV, 82, 91, 96) ne tenaient compte ni du sexe des héritiers, ni de leur âge, en ce qui concernait du moins les successions roturières; la loi du 17 août 1761, qui attribuait la succession du noble à l'aîné de ses enfants mâles, à l'exclusion des filles, ne laissant à celles-ci qu'une créance d'aliments, n'avait eu qu'une existence éphémère: elle avait été révoquée par édit du 17 juillet 1778; après l'abolition des majorats, il ne restait au législateur de 1867 qu'à soumettre au droit commun la transmission des fonds emphytéotiques.

Les seuls héritiers appelés par la loi sont les parents ou l'époux du défunt; l'État ne succède qu'à leur défaut, par occupation. Ces héritiers succèdent par catégories ou classes, dans un ordre établi d'après la volonté présumée du *de cujus*. Il n'y a pas de concours entre héritiers de classes différentes; les plus anciennes Ordonnances, préférant le système du droit wisigoth à celui de la Novelle romaine, n'appelaient les frères et sœurs qu'à défaut de tous ascendants

(1) L'ancien droit en ces matières est résumé dans Mello Freire (*Inst. Jur. civ.*, liv. III, tit. IX et X.)

(Ord. Aff., IV, 107; Manuel., IV, 17; Phil., IV, 96); cette règle, toujours observée, ne reçoit exception que si le défunt laisse à la fois des héritiers légitimes et des enfants ou descendants naturels (art. 1991, 1995).

Le droit portugais, maintenu par le Code, n'a jamais admis non plus la division de l'héritage entre deux lignes : dans chaque classe d'héritiers, le plus proche exclut le plus éloigné; toutefois le bénéfice de la représentation est assuré aux descendants du défunt et aux enfants, non aux autres descendants, de ses frères et sœurs (art. 1980 et suiv.).

Le Code ne considère ni la nature, ni l'origine des biens pour en régler la transmission; on ne saurait considérer comme dérogeant à ce principe ni l'article 1473 concernant le droit de retour stipulé par un donateur, ni l'article 1236 qui prive le veuf, en cas de second mariage, de l'usufruit de certains biens déjà recueillis par lui.

Les classes d'héritiers, quand le défunt n'a pas laissé de parents naturels, sont : les descendants, les ascendants, les frères et sœurs ou descendants d'eux, l'époux survivant, les collatéraux jusqu'au dixième degré de parenté seulement. Les enfants naturels concourent avec la postérité légitime, avec des droits réduits; ils excluent tous autres parents, même les ascendants; les père et mère naturels excluent tous autres héritiers que les descendants de leur enfant, et son époux, qui recueille l'usufruit de moitié de sa succession.

Les frères et sœurs naturels succèdent à défaut de frères et sœurs légitimes ou descendants d'eux, excluant ainsi l'époux survivant. Ces dispositions modifient doublement le droit antérieur, d'après lequel l'époux survivant était exclu par les parents collatéraux et les enfants naturels des roturiers assimilés à leur postérité légitime.

Le Code, en ce qui touche à la liquidation et au partage des successions, s'est inspiré des lois françaises.

Toutefois l'héritier, même pur et simple, n'est tenu des dettes héréditaires que jusqu'à concurrence de l'actif par lui recueilli (art. 2019). Il y a là, théoriquement du moins, une importante innovation; la règle romaine, qui fait de l'héritier le représentant du défunt et l'oblige à payer sur ses propres biens toutes les dettes de la succession, avait été reçue en Portugal de longue date; elle était encore consacrée par le décret du 18 mars 1832, articles 18 et 20, et par l'article 108 de la *Novissima Reforma;* une loi du 16 juin 1855 avait toutefois décidé que le bénéfice d'inventaire appartiendrait aux héritiers même majeurs, sans qu'ils eussent à faire de déclaration expresse; le Code a dégagé cette règle, non sans difficulté, comme on le voit par l'article 1792 qui paraît maintenir l'ancien principe, mais que la jurisprudence déclare abrogé par la disposition postérieure et plus généreuse de l'article 2019; il n'y a donc plus entre l'héritier pur et simple et l'héritier bénéficiaire qu'une différence : le premier doit aux intéressés la preuve de l'insuffisance de la succession, le second est protégé par la présomption qui résulte de l'inventaire.

Le Code, imitant l'Ordonnance (IV, 95), pourvoit par des dispositions détaillées à l'administration provisoire des successions, dans l'intervalle entre leur ouverture et le partage des biens qui les composent; aux termes des articles 2067 à 2088, la personne chargée de poursuivre l'inventaire et le partage, le *cabeça de casal* (chef de maison ou représentant des droits du défunt), est désignée d'avance : c'est l'époux survivant quand il était commun en biens; à son défaut, l'enfant ou le cohéritier qui demeurait avec le *de cujus;* s'ils sont plusieurs, l'aîné des mâles est préféré, puis viennent les frères et sœurs; ces personnes ont paru devoir être au courant des affaires du défunt et intéressées à la juste liquidation de l'hérédité. Le *cabeça de casal,* tenu de suivre des formes minutieusement réglées, administre la succession jusqu'au partage; il en a la possession légale; il a droit au remboursement de ses avances en capital et intérêts; mais il ne doit pas l'intérêt des sommes par lui perçues pour le compte des héritiers (art. 2086).

Le législateur portugais ne s'est pas approprié la formule de l'article 883 du Code civil français : il s'est cru dispensé de recourir à une fiction par les dispositions des articles 896 et 1555 sur la vente de la chose d'autrui et le stellionat.

La rescision du partage ne peut être obtenue que selon le droit commun : le copartageant ne serait pas recevable à en poursuivre l'annulation pour lésion de plus du quart; il en était ainsi déjà sous le régime des Ordonnances (IV, 96, § 18).

Les partages d'ascendants faits par testament ne sont pas admis; ceux qui sont contenus dans un acte de donation ne peuvent avoir effet que comme contrats et dans les limites de la quotité disponible.

La troisième partie du Code est consacrée au droit de propriété.

Le législateur portugais s'est efforcé de faire disparaître toutes les institutions de l'ancien régime qui limitaient, dans un intérêt privé, le droit absolu du propriétaire sur son bien; il a voulu que la propriété fût désormais, dans les limites du possible, individuelle, parfaite, définitive et publique.

L'indivision est pleine de périls : le Code exige que la jouissance et l'administration des immeubles indivis soient réglées par un acte de société, passé en la forme authentique (art. 2179, 1249). Nul ne peut s'obliger à demeurer dans l'indivision pendant plus de cinq ans, sauf le cas de société contractuelle. On sait que la vente à réméré est proscrite. Le Code a résolument réduit le nombre des droits réels, qu'il désigne sous le nom de propriété imparfaite (art. 2189); profondes sont les réformes qu'il a faites en matière d'emphytéose, de rentes foncières ou constituées, de *quinhão*, de vaine pâture.

Le *quinhão* est un droit réel à une quote-part des fruits de l'immeuble d'autrui; cette sorte de servitude était communément constituée dans la région peu fertile de l'Alemtejo : quand aucun des copropriétaires ne pouvait acheter sur licitation l'immeuble indivis, on évitait de le vendre à vil prix à des étrangers ou de le partager en nature; l'un des copropriétaires (*posseiro*) se chargeait de l'exploiter, et il en partageait les fruits avec les autres (*quinhoeiros*); le droit de ceux-ci correspondait assez exactement au droit de champart non seigneurial des anciennes coutumes françaises. Le Code a supprimé pour l'avenir les *quinhões;* à l'égard de ceux qui subsistent, il établit, en cas d'aliénation, un droit de préemption au profit de chaque copropriétaire et en règle l'exercice (art. 2195); il permet en outre aux *quinhoeiros* d'exiger que l'immeuble soit affermé aux enchères publiques : leur droit réel est ainsi converti en une créance contre le fermier.

Le droit de vaine pâture, ou pâture en commun (*compascuo*), dérive de la mise en communauté des pâturages de plusieurs propriétaires. Ce droit pouvait autrefois s'acquérir par prescription (Ord., IV, 79) : il ne pourra plus être constitué que par titres formels, contrats ou testaments; il pouvait s'établir au profit d'une collectivité sur un ensemble de pâturages : il devra désormais être constitué sur des immeubles déterminés, par titres où figureront des personnes déterminées. En ce qui regarde le passé, le Code supprime, sans indemnité, tous droits établis par concession tacite; enfin il permet le rachat de ceux qui résultaient de conventions expresses (art. 2264, 2266) ; le droit de vaine pâture ne peut d'ailleurs préjudicier au droit de clôture, affirmé par l'article 2346; ce régime est plus radical que celui de nos lois des 9 juillet 1889 et 21 juin 1890.

Les rentes foncières (*censos reservativos*) sont prohibées. Celles qui existaient avant la promulgation du Code sont déclarées rachetables par voie de préemption ou de retrait, au profit tant du créancier que du débiteur de la rente (art. 1678-1681), et les effets juridiques des contrats sont assimilés sous tous les rapports à ceux des baux emphytéotiques (art. 1706 et suiv.).

La constitution de rente (*censo consignativo*) en perpétuel, avec affectation d'un immeuble à la garantie du payement des arrérages, est permise au taux fixé par le contrat, mais les rentes constituées sont désormais rachetables; aucune convention contraire, fût-elle antérieure au Code, ne peut avoir effet que pendant vingt ans au plus. La rente est indivisible sans le consentement du crédi-rentier. L'abolition des rentes constituées est donc, sinon consommée, au moins préparée pour un avenir prochain.

L'emphytéose (*emphyteuse, emprazamento, aforamento*) était d'un usage général depuis le xve siècle; elle paraît avoir tenu en Portugal la place de la censive, beaucoup plus rarement pratiquée. L'emphytéote (*foreiro*) avait le domaine utile, moyennant une redevance périodique (*foro* ou *canon*) ordinairement assez faible, qu'il ne pouvait cesser de payer pendant trois ans de suite sans perdre son droit; cette charge était indivisible. Le titulaire du domaine direct (*senhorio*) avait le droit de préemption en cas de vente du fonds emphytéotique. Tels étaient les éléments essentiels du contrat; mais le plus souvent l'emphytéote devait encore au *senhorio*, à chaque mutation, un droit appelé *laudemio*, proportionnel au prix de vente, et que les Ordonnances fixaient, à défaut de convention, au quarantième de ce prix, soit 2 et demi p. o/o, et mettaient à la charge du vendeur (Ord., IV, 38; I, 62, § 48); parfois aussi, au décès de l'emphytéote, son héritier devait donner au seigneur le plus précieux des meubles de la succession; ce droit s'appelait *luctuosa*. L'emphytéose, autrefois, pouvait être perpétuelle ou temporaire; depuis la loi du 3 novembre 1757, elle ne pouvait plus être établie pour une durée moindre que celle de trois vies successives. Elle se transmettait par décès, soit d'après le droit commun des successions, soit à certains héritiers seulement, désignés par le contrat; souvent aussi l'emphytéote était investi du droit de déléguer son successeur (*nomear*), soit librement, soit parmi certaines catégories de personnes; elle était qualifiée, suivant le cas, de *fateusin hereditaria, pura* ou *mixta*, ou d'emphytéose de *pacto e providencia*, de *nomeação pura* ou *mixta.*

Le Code a maintenu l'emphytéose, mais il exige qu'elle soit perpétuelle; si elle était constituée à temps, elle serait soumise aux règles du louage. Le contrat doit être constaté par acte authentique; il n'est opposable aux tiers qu'après inscription sur les registres fonciers. Le droit du preneur ne pourra plus se transmettre à ses héritiers que selon le droit commun des successions; toute emphytéose *fateusin*, porte l'article 1696, devient purement et simplement héréditaire comme les biens allodiaux.

Aucune charge éventuelle, à quelque titre que ce soit, ne pourra plus être ajoutée à la redevance : le droit de préemption, qui n'appartenait autrefois qu'au propriétaire, est désormais conféré à l'emphytéote, en cas de vente du domaine direct; mais, d'autre part, ce droit est, dans tous les cas, retiré aux personnes morales (art. 1678, 1679). Ce sont là les points capitaux de la réforme. En outre, le *senhorio* ne pourra plus reprendre le domaine utile, faute de payement de la redevance; le Code ne laisse subsister qu'un cas de commise sans indemnité, celui où l'emphytéote a, par détériorations de son fait, par constitution d'hypothèques ou de charges réelles, réduit la valeur du fonds au-dessous du capital correspondant à la redevance augmentée d'un cinquième (art. 1672).

Les redevances se prescrivent par cinq ans (art. 1684). La sous-emphytéose a été abolie par le Code; en cas de sous-emphytéose ancienne, le droit de préemption est accordé par l'article 1703 d'abord au *senhorio* et, à son refus, à l'emphytéote; si c'est le fond emphytéotique qui est mis en vente, le *senhorio* et, à son défaut, le sous-emphytéote jouiront du droit de préemption. Telles sont les dispositions du Code. Mais l'abolition de la sous-emphytéose a soulevé des critiques, qui se sont traduites, dans l'enquête agricole de 1887, par des vœux unanimes tendant à son rétablissement : il a paru que cette institution pouvait contribuer à la mise en culture des immenses domaines emphytéotiques des provinces du Midi; aussi le décret du 30 septembre 1892[1], complété par un règlement du 14 décembre suivant, a-t-il permis pendant dix ans, à titre d'essai, le bail sous-emphytéotique, à condition qu'il serait perpétuel, que la redevance serait proportionnellement égale à celle due par l'emphytéote, qu'aucune charge éventuelle ne serait ajoutée à cette redevance, et que le contrat serait fait par acte authentique et dûment inscrit pour être opposable aux tiers. Les droits de préemption assurés aux parties par les articles 1702, 1703, 1704 du Code civil, en ce qui concerne les anciens contrats, appartiendront à ceux qui passeront à l'avenir des baux de ce genre. Le Code civil a reçu de ce même décret une autre atteinte, en sens contraire : on avait reculé, en 1867, devant la témérité d'une réforme consistant à déclarer obligatoire le rachat des redevances emphytéotiques. Le décret de 1892 réalise en partie cette réforme (art. 1 à 4). Pendant dix ans, si ce délai n'est prorogé par le Gouvernement, les emphytéotes dont les titres remonteront à vingt années et qui ne devront pas plus de 15,000 *reis* (84 francs) de redevance annuelle pourront contraindre le propriétaire direct à racheter le domaine utile, et réci-

[1] Voir en appendice, page 731, la traduction de ce décret.

proquement être contraints à racheter le domaine direct; le rachat pourra être fait par l'emphytéote, soit en espèces, soit au moyen de l'abandon d'une parcelle du fonds emphytéotique. La valeur du domaine direct est fixée, en vue du rachat, à vingt fois la redevance, outre le montant d'une des charges éventuelles stipulées au contrat. Ces mesures continueront-elles leur effet au delà du temps d'expérience assigné par leur auteur? Seront-elles étendues à tous les baux emphytéotiques, sans limitation de valeur? S'il en est ainsi, l'emphytéose aura prochainement succombé sous l'effort du législateur portugais, et l'œuvre de l'affranchissement de la terre, commencée en 1832 par dom Pedro et Monsinho da Silveira, continuée si hardiment par le Code civil, aura reçu sa perfection.

La quatrième et dernière partie du Code est relative à la responsabilité civile et à la preuve des droits; les règles générales sur les actions en justice que comprenait le projet primitif en ont été, comme on l'a dit, éliminées par la Commission de revision et réservées pour faire l'objet du Code de procédure civile.

Les principes de la responsabilité civile sont établis conformément aux théories partout admises; les dispositions du titre v du premier livre méritent seules une mention spéciale; elles concernent la responsabilité des fonctionnaires public et des juges. Les premiers répondent, comme les autres citoyens, des dommages par eux causés lorsqu'ils ont excédé leurs attributions régulières (art. 2400). Le Code a ainsi exclu tout privilège analogue à celui de l'article 75 de la Constitution française de l'an VIII. Les juges sont responsables de leurs décisions quand elles ont été annulées ou réformées, sur recours, comme illégales et que la sentence infirmative a expressément réservé aux intéressés leurs droits à des dommages-intérêts, ou prononcé contre leurs auteurs condamnation à des amendes ou aux dépens du procès (art. 2401). Le Code de procédure civile, dans ses articles 1092 à 1106, a tracé les formes des actions en responsabilité dirigées contre les magistrats de l'ordre judiciaire, particulièrement contre les *juges de droit*, qui siègent seuls. Enfin l'article 2403 accorde aux victimes d'une erreur judiciaire légalement reconnue le droit d'obtenir de l'État une réparation pécuniaire.

Le livre II traite de la preuve. Les règles sur la preuve par écrit, les présomptions, l'aveu, le serment ne diffèrent pas sensiblement de celles qu'admet la loi française. Mais le Code portugais, moins défiant, permet la preuve testimoniale dans tous les cas qui ne sont pas formellement exceptés; il reçoit le témoignage des mineurs dès qu'ils ont 14 ans accomplis; l'article 2512, écho de l'ancienne jurisprudence (*testis unus, testis nullus*), déclare sans valeur le témoignage unique, s'il n'est confirmé d'autre part.

Le Code a consacré près de cinquante articles aux registres de l'état civil; mais il avait prévu la nécessité d'un règlement complémentaire élaboré en 1878 et mis en pratique à partir du 1er janvier 1879. Ces dispositions détaillées ne se prêtent pas à l'analyse; on notera seulement que les femmes ne peuvent figurer comme témoins dans les actes de l'état civil, et que s'il est prescrit aux curés qui ont célébré des mariages entre catholiques de transmettre, dans les deux mois, aux officiers de l'état civil copie des actes qu'ils en ont dressés (art. 2476), aucune sanction ne garantit l'exécution de cette obligation légale dont le règlement de 1878 ne fait même plus mention.

Tel est le Code civil où se résume la vie juridique d'un petit peuple qui n'a jamais perdu dans ses fortunes diverses sa physionomie propre, qui a tenu parmi les nations un rang honorable, et dont l'esprit s'est toujours ouvert aux idées de justice et de progrès. Ce Code réflète assez exactement l'état de la science du droit dans l'Europe occidentale à l'époque de sa promulgation; il a devancé sur plusieurs points la législation française. On a pensé qu'à ces divers titres il appelait la traduction que l'on présente au public.

G. LANEYRIE.

LOI DE PROMULGATION.

Nous, Dom Luiz, par la grâce de Dieu, roi de Portugal et des Algarves, etc., faisons savoir à tous nos sujets que les *Côrtes generales* ont adopté, et que nous sanctionnons la loi suivante :

Article premier. Est approuvé le projet de Code civil qui fait partie de la présente loi.

Art. 2. Les dispositions de ce Code seront exécutoires dans tout le territoire continental du royaume et dans les îles adjacentes six mois après la publication de la présente loi dans le *Journal officiel*.

Art. 3. Ce même Code sera réputé promulgué, pour tous les effets qui y sont prévus, le jour où il sera devenu exécutoire conformément à l'article précédent.

Art. 2. — Les îles adjacentes sont : Madère, Porto Santo et les Açores. Elles sont rattachées à l'Europe et assimilées au territoire continental du royaume (*Constitution*, art. 2, § 1).

D'après la loi du 9 octobre 1841, les lois sont, en général, exécutoires à Lisbonne trois jours, et ailleurs quinze jours, après leur publication au *Journal officiel* (*Diario do Governo*). Pour le nouveau Code civil, vu son importance, un délai plus long a été adopté. La loi de promulgation ayant été publiée au *Journal officiel* le 22 septembre 1867, le Code civil est devenu exécutoire six mois après, c'est-à-dire le 22 mars 1868.

Art. 4. Toutes les dispositions du Code civil, dont l'exécution dépend absolument de l'existence d'administrations publiques ou d'autres institutions qui ne sont pas encore créées, ne seront obligatoires qu'à l'époque où fonctionneront ces institutions.

Art. 5. A compter du jour où le Code civil sera exécutoire, sera abrogée toute la législation antérieure, tant spéciale que générale, sur les matières qui font l'objet de ce même Code.

Art. 6. Toute modification du droit qui sera faite, à l'avenir, dans les matières contenues au Code civil, sera considérée comme en faisant partie intégrante, et insérée à la place convenable, soit par voie de remplacement des articles modifiés, soit par suppression des articles inutiles, ou par addition de ceux qui seraient nécessaires.

Art. 7. Une commission de jurisconsultes sera chargée par le Gouvernement, durant les cinq premières années de l'exécution du Code civil, de recevoir les pétitions, les rapports des tribunaux

---

Art. 4. — Par application de cet article, les délais fixés par le Code civil pour l'inscription des servitudes, emphytéoses, sous-emphytéoses, *censos* et *quinhões*, ont dû être successivement prorogés jusqu'à ce jour, les bureaux des conservations n'ayant pu encore être définitivement organisés.

Le service de l'état civil, créé par les articles 2441 et suiv., n'a pu fonctionner qu'en vertu du décret du 28 novembre 1878.

L'emprisonnement des mineurs par voie de correction paternelle (art. 143) n'est guère pratiqué, par suite du manque de maisons de correction spéciales (*C. pr. civ.*, art. 668, § 2). En fait cependant, au moins à Lisbonne, il est quelquefois ordonné.

Les établissements de bienfaisance pupillaire, dont la création était prévue par le Code civil (art. 284 et suiv.), n'ont pu encore être institués.

Art. 7. — Cette commission a été nommée par décret du 13 février 1868; elle n'a point publié de compte rendu des pétitions ou rapports des tribunaux qu'elle aurait pu recevoir, ni d'observations ou propositions tendant à modifier les dispositions du Code.

et toutes observations concernant l'amélioration de ce Code et la solution des difficultés que pourrait présenter son exécution. Cette commission proposera au Gouvernement toutes mesures qu'elle estimera nécessaires ou convenables pour atteindre ce but.

Art. 8. Le Gouvernement fera les règlements nécessaires pour l'exécution de la présente loi.

Art. 9. Le Gouvernement est autorisé à rendre le Code civil applicable aux provinces d'outre-mer, après avoir pris l'avis des autorités compétentes, et en y faisant les modifications que les circonstances spéciales rendraient nécessaires pour ces provinces.

Art. 10. Est abrogée toute législation contraire à la présente loi.

Mandons, en conséquence, à toutes les autorités, en tant que la connaissance et l'exécution de la présente loi les concerne, de l'observer et la faire observer et maintenir en tout son contenu.

Les ministres et secrétaires d'État des affaires ecclésiastiques et de justice et des affaires de marine et d'outre-mer la feront imprimer, publier et proclamer.

Fait au palais d'Ajuda, le 1er juillet 1867.

Art. 8. — C'est en exécution de cet article qu'ont été publiés les deux décrets du 12 mars 1868 sur les conseils de tutelle et sur la procédure de séparation de corps, et celui du 14 mai de la même année sur le registre foncier.

Art. 9. — Le décret du 18 novembre 1869 a rendu applicables aux provinces d'outre-mer le Code civil et les règlements ultérieurs rendus en vue de son application; leur mise en vigueur est fixée au 1er juillet 1870. La législation antérieure relative aux matières que touche le nouveau Code est abrogée, à l'exception des usages et coutumes des indigènes, dont il devra être fait, par les soins des gouverneurs, une codification officielle.

CODE CIVIL PORTUGAIS.

TRADUCTION FRANÇAISE.

PREMIÈRE PARTIE.

DE LA CAPACITÉ CIVILE.

LIVRE UNIQUE.

TITRE PREMIER.

DE LA CAPACITÉ CIVILE ET DE LA LOI QUI LA RÉGIT EN GÉNÉRAL.

ARTICLE PREMIER. Seul, l'homme est susceptible de droits et d'obligations. C'est en cela que consiste sa capacité juridique ou sa personnalité.

ART. 2. On entend par droit, en ce sens, la faculté morale de faire ou de ne pas faire certains actes, et par obligation la nécessité morale de faire ou de ne pas faire certains actes.

Titre I. — *C. fr.*, l. I, tit. I. — *C. esp.*, l. I, tit. I et II. — *C. ital.*, l. I, tit. I. — *C. autr.*, 1re partie, ch. I. — *C. holl.*, l. I, tit. I et II. — L. féd. suisse du 22 juin 1881. — *C. Grisons*, 1re partie, sect. I, chap. I. — *C. Zürich*, l. I, sect. I. — *Projet allemand*, l. I, sect. II, tit. I; sect. III et IV, tit. I.

Art. 1. — Voir art. 369, 2394 et 2395.

Art. 2. — Voir art. 2362.

Art. 3. Les droits et obligations qui ne concernent que les rapports mutuels des citoyens entre eux, en tant que simples particuliers, ou des citoyens avec l'État relativement à la propriété ou aux droits purement individuels, constituent la capacité civile du citoyen, s'appellent droits et obligations civils, et sont régis par le droit privé contenu dans le Code civil, excepté pour ce qui est réglé par loi spéciale.

Art. 4. Ces droits et obligations dérivent :

1° De la nature propre de l'homme;

2° De son fait et de sa volonté propres, indépendamment de la coopération d'autrui;

3° De son fait et de sa volonté propres, avec la coopération d'autrui;

4° Du seul fait et de la seule volonté d'autrui;

5° De la seule autorité de la loi.

Art. 5. La loi civile reconnaît et définit tous ces droits et obligations; elle maintient et assure la jouissance des uns et l'accomplissement des autres; elle indique les cas où le citoyen peut être empêché d'exercer ses droits, et détermine le moyen de suppléer à son incapacité.

Art. 6. La capacité juridique s'acquiert par la naissance, mais

---

Art. 3. — Voir art. 516 et 2007.

Art. 4 et **5.** — Voir art. 359 et 2169.

Il ne faut pas voir dans cette classification un simple essai d'analyse philosophique : le législateur portugais en a fait la base de sa division des droits (Voir 2e partie, *De l'acquisition des droits*, liv. I, II et III).

Art. 6. — *C. fr.*, art. 725, 1°. — *C. esp.*, art. 29. — *C. ital.*, art. 742, 1°. Voir art. 1479, 1776, 1777 et 1824.

Il faut que l'enfant naisse viable et avec figure humaine (art. 110).

l'individu, dès qu'il est conçu, est sous la protection de la loi, et il est considéré comme né quant aux effets déterminés par le présent Code.

Art. 7. La loi civile est égale pour tous et ne fait pas de distinction entre les personnes ni entre les sexes, excepté dans les cas spécialement déterminés.

Art. 8. La loi civile n'a point d'effet rétroactif; néanmoins la loi qui n'aurait d'autre but que d'interpréter une loi antérieure peut être appliquée rétroactivement, à moins qu'il ne résulte de cette application une atteinte à des droits acquis.

Art. 9. Nul ne peut se dispenser d'accomplir les obligations

Art. 7. — Voir art. 1354, 1966, n° 2, et 2492.

L'esclavage, dont la disparition dans le royaume continental du Portugal date du 16 janvier 1773, n'a été aboli dans les colonies que longtemps après (lois du 5 juillet et du 18 août 1856; arrêté ministériel du 10 mars 1857; décrets du 29 septembre 1858 et du 25 février 1869; lois du 29 avril 1875 et du 3 février 1876. — *Ann. lég. étr.*, 1876, p. 619; 1877, p. 431).

La condition d'affranchi a été supprimée par la loi du 29 avril 1875, et celle de pupille de l'État, dernier vestige de l'esclavage, a disparu le 29 avril 1878. (Voir le Règl. du 20 décembre 1875 et la loi du 22 novembre 1878.)

Art. 8. — *C. fr.*, art. 2. — *C. esp.*, art. 3. — *C. ital.*, *disp. gén.*, art. 2.

Voir art. 566, 1762.

La loi pénale, d'après les principes posés par le Code de 1886, n'a d'effet rétroactif que dans les cas où elle cesse de punir un fait qui tombait sous le coup de la législation antérieure, dans ceux où elle prononce une peine moins rigoureuse que la législation antérieure, et, en général, lorsqu'elle contient des dispositions plus avantageuses aux condamnés, sauf les droits des tiers. Ces règles, plus larges que celles du Code français, sont les mêmes que celles qui sont inscrites dans la loi italienne.

Voir *C. pén.*, art. 6.

Art. 9. — *C. esp.*, art. 2, 5. — *C. ital.*, *disp. gén.*, art. 5.

Ce double principe n'est posé nulle part d'une façon précise dans la loi française; toutefois il a pris dans la doctrine et la jurisprudence la valeur d'un axiome. Il reçoit notamment son application dans la disposition de l'ar-

imposées par la loi, sous prétexte qu'il ne la connaît pas ou qu'elle est tombée en désuétude.

Art. 10. Les actes faits en contravention aux dispositions, soit prohibitives, soit impératives, de la loi, sont nuls, sauf dans les cas où la loi elle-même en ordonne autrement.

§ unique. Toutefois la nullité peut être couverte par le consentement des intéressés, si la loi méconnue n'est pas d'intérêt ou d'ordre public.

Art. 11. La loi qui fait exception aux règles générales n'est pas applicable aux cas qu'elle n'a pas spécifiés.

Art. 12. Toute loi qui reconnaît un droit légitime les moyens indispensables pour l'exercer.

Art. 13. Celui qui en se conformant à la loi exerce son droit propre, ne répond pas du préjudice qui peut en résulter.

---

ticle 1356, d'après laquelle l'aveu judiciaire ne peut être révoqué sous prétexte d'une erreur de droit, et dans la disposition de l'article 2052, d'après laquelle les transactions ne peuvent être attaquées pour cause d'erreur de droit. En l'absence d'un texte précis, la Cour de cassation a décidé, par un arrêt du 8 janvier 1864, que les lois et règlements ne peuvent s'abroger par désuétude ou usage contraire.

Voir art. 2406.

Art. 10. — *C. fr.*, art. 6. — *C. esp.*, art. 4 et 11, § 3. — *C. ital., disp. gén.*, art. 12.

La jurisprudence modère dans la pratique la rigueur de cette disposition. Le principe est rappelé dans les articles 950, 954, 1919, 1925, 1960.

Le Code de procédure civile a réglé la matière des nullités, suivant des distinctions rationnelles. (Voir *C. pr. civ.*, art. 128-139.)

Art. 11. — *C. ital., disp. gén.*, art. 4.

Art. 12. — Voir art. 367, 486, 2354, 2367, 2370, 2535, 2536 et 2537.

Art. 14. Celui qui en exerçant son droit recherche un profit doit, en cas d'opposition, et à défaut de disposition spéciale de la loi, céder à celui qui tend à éviter une perte.

Art. 15. En cas de concours entre droits égaux ou de même nature, les intéressés doivent céder réciproquement ce qu'il faut pour que tous ces droits produisent leur effet sans nuire à l'une des parties plus qu'à l'autre.

Art. 16. Les questions relatives à des droits et obligations, qui ne pourraient être résolues ni par le texte de la loi, ni par son esprit, ni par argument tiré des dispositions d'autres lois concernant des cas analogues, seront décidées par les principes du droit naturel, eu égard aux circonstances du fait.

Art. 17. Seuls les citoyens portugais peuvent jouir pleinement de tous les droits que reconnaît et assure la loi civile.

TITRE II.

COMMENT S'ACQUIERT LA QUALITÉ DE CITOYEN PORTUGAIS.

Art. 18. Sont citoyens portugais :

1° Les individus nés en Portugal de parents portugais, ou seulement d'une mère portugaise, s'ils sont enfants illégitimes;

Art. 16. — *C. fr.*, art. 4. (Voir aussi *C. pr. civ.*, art. 506-508, et *C. pén.*, art. 185). — *C. esp.*, art. 6. — *C. ital.*, *disp. gén.*, art. 3.

Art. 17. — *C. fr.*, art. 8. — *C. ital.*, art. 1.
Voir art. 26, 30, 1966, 2492 et 2509.

Art. 18, 1°. — *C. fr.*, art. 8, 1°, modifié par la loi du 26 juin 1889. — *C. esp.*, art. 17, 1°. — *C. ital.*, art. 4, 7.

2° Les individus nés en Portugal d'un père étranger qui n'y réside pas pour le service de sa nation, à moins qu'ils ne déclarent,

---

Art. 18, 2°. — *C. fr.*, art. 8, 3°, et art. 9, modifié par la loi du 22 juillet 1893. — *C. esp.*, art. 18 et 19. — *C. ital.*, art. 5 et 8.

D'après le Code espagnol, les enfants nés de père étranger en territoire espagnol ne jouissent de la nationalité espagnole que leur confère la loi qu'à deux conditions : 1° que leur père déclare opter, en leur nom, pour cette nationalité et renoncer à toute autre; 2° qu'eux-mêmes déclarent, dans l'année qui suit leur majorité ou leur émancipation, qu'ils entendent profiter de cette déclaration.

En Italie, l'enfant né dans le royaume, d'un étranger qui y a fixé son domicile depuis dix ans, est réputé italien; il peut cependant, dans l'année qui suit sa majorité, opter pour la qualité d'étranger. Si l'étranger n'a pas fixé depuis dix ans son domicile dans le royaume, l'enfant est réputé étranger; il peut cependant devenir italien, en faisant sa déclaration dans l'année de sa majorité et en fixant son domicile en Italie.

D'après le Code civil français, l'individu né en France d'un étranger était réputé étranger; il pouvait seulement, dans l'année de sa majorité, réclamer la qualité de Français. D'après la loi du 26 juin 1889, tout individu né en France d'un étranger qui lui-même y était né, était réputé français, sauf pour lui la faculté de décliner cette qualité dans l'année de sa majorité. La nouvelle loi du 22 juillet 1893 complète cette règle de la manière suivante. Est français tout individu né en France de parents étrangers, dont l'un y est lui-même né. Si c'est sa mère qui est née en France, il conserve la faculté de décliner la qualité de Français; mais si c'est son père, il ne le peut pas : l'enfant est et doit rester français.

De plus, tout individu né en France d'un étranger, et qui à l'époque de sa majorité est domicilié en France, est réputé français, à moins que dans l'année de sa majorité il ne décline cette qualité, en fournissant la preuve qu'il a conservé une nationalité étrangère. Si à l'époque de sa majorité il n'est pas domicilié en France, il est réputé étranger, mais il peut jusqu'à 22 ans réclamer la qualité de Français.

Tout homme devant appartenir à un État, il est nécessaire qu'une nationalité lui soit attribuée dès sa naissance. Si les parents de cet homme sont nationaux du pays où il est né, il n'y a pas de difficulté. Mais s'ils sont étrangers, quelle nationalité saisira l'enfant dès sa naissance? Trois systèmes sont possibles :

eux-mêmes, après leur majorité ou leur émancipation, ou par leurs parents ou tuteurs, durant leur minorité, qu'ils ne veulent pas être citoyens portugais;

3° Les enfants d'un père portugais, même expulsé du royaume, ou d'une mère portugaise, s'il s'agit d'enfants illégitimes, quoique nés à l'étranger, pourvu qu'ils viennent établir leur domicile en Portugal, ou qu'ils déclarent eux-mêmes, après leur majorité ou leur émancipation, ou par leurs parents ou tuteurs, durant leur minorité, qu'ils veulent être Portugais;

4° Les individus nés en Portugal de parents inconnus ou de nationalité inconnue;

5° Les étrangers naturalisés, quelle que soit leur religion;

6° La femme étrangère qui épouse un citoyen portugais.

---

ou bien donner la prédominance au *jus soli* et rattacher l'enfant au pays sur le territoire duquel il est né; ou bien accorder la préférence au *jus sanguinis*, et dans ce cas, selon que l'on considère la nationalité ou le domicile des parents, assigner à l'enfant la nationalité de ces derniers, ou le rattacher au pays dans lequel ils sont domiciliés. Ce dernier système, qui avait en Espagne d'anciennes racines (*Nov. Rec.* de 1567), avait laissé en Portugal quelques vestiges : dans la législation antérieure à 1867, la qualité de national était attribuée aux enfants nés sur le territoire portugais d'un père domicilié dans le pays depuis dix ans. Tel est encore le système italien. (Consulter A. Geouffre de Lapradelle, *De la nationalité d'origine*, p. 97. Paris, 1893.)

Art. 18, 3°. — *C. fr.*, art. 9 et 10, modifiés par la loi du 26 juin 1889. — *C. esp.*, art. 17, 2°, et 24. — *C. ital.*, art. 6.

Voir la note sous l'art. 22, 3°.

Art. 18, 4°. — *C. fr.*, art. 8, 2°, modifié par la loi du 26 juin 1889. — *C. ital.*, art. 7.

Art. 18, 5°. — *C. fr.*, art. 8, 5°, modifié par la loi du 26 juin 1889. — *C. esp.*, art. 17, 3°. — *C. ital.*, art. 10.

Comp. *Charte Constitut.*, art. 7.

Art. 18, 6°. — *C. fr.*, art. 12. — *C. esp.*, art. 22. — *C. ital.*, art. 9.

§ 1. La déclaration exigée au n° 2 doit être faite devant la municipalité du lieu de la résidence du déclarant, et celle exigée au n° 3 devant les agents consulaires portugais du lieu, ou devant l'autorité étrangère compétente.

§ 2. Le mineur devenu majeur ou émancipé pourra, au moyen d'une nouvelle déclaration faite devant la municipalité du lieu qu'il choisit pour son domicile, annuler l'effet de la déclaration faite durant sa minorité par son père ou son tuteur en vertu du n° 2.

Art. 19. Peuvent être naturalisés les étrangers qui sont majeurs ou réputés majeurs, tant d'après la loi de leur pays que d'après la loi portugaise :

1° S'ils sont en état de gagner un salaire par leur travail, ou s'ils ont d'autres moyens de subsistance;

2° S'ils résident depuis une année au moins en territoire portugais.

§ unique. Néanmoins peuvent être naturalisés, sans remplir la condition indiquée au n° 2, les étrangers descendant en ligne

---

Art. 18, § 1. — *C. ital.*, art. 5, § 2.

Art. 19. — *C. fr.*, art. 8, 5°, modifié par la loi du 26 juin 1889. — *C. esp.*, art. 17, 25. — *C. ital.*, art. 10.

La loi française exige trois ans de domicile, sauf pour les étrangers admis à fixer leur domicile en France et ayant rendu des services importants, ou pour les étrangers ayant épousé des Françaises; dans ces deux cas, une seule année est exigée.

D'après l'article 8, modifié par la loi du 26 juin 1889, la naturalisation française n'est accordée qu'après enquête sur la moralité du demandeur.

Art. 19, § unique. — Cet article vise principalement les Brésiliens et a pour but de leur faciliter l'acquisition de la nationalité portugaise.

masculine ou féminine d'ancêtres portugais, s'ils viennent établir leur domicile en Portugal.

Art. 20. Le Gouvernement peut dispenser de tout ou partie du temps de résidence exigé par le n° 2 de l'article précédent l'étranger marié à une Portugaise, et celui qui a rendu ou qui est appelé à rendre à la nation un service important.

Art. 21. Les lettres de naturalisation ne produiront effet qu'après avoir été enregistrées aux archives de la municipalité (*camara municipal do conselho*) du lieu où l'étranger établit son domicile.

TITRE III.

COMMENT SE PERD LA QUALITÉ DE CITOYEN PORTUGAIS.

Art. 22. Perd la qualité de citoyen portugais :

1° Celui qui se fait naturaliser à l'étranger; mais il peut recouvrer cette qualité en rentrant en Portugal avec l'intention d'y fixer

---

Art. 20. — *C. fr.*, art. 8, 5°, modifié par la loi du 26 juin 1889.

Art. 21. — *C. esp.*, art. 25. — *C. ital.*, art. 10.

On peut rapprocher de cette disposition les articles 6, 7 et 8 du décret français du 13 août 1889.

Conselho. Le Portugal est divisé administrativement en 17 districts (*districtos*), chaque district en communes (*concelhos*), chaque commune en paroisses (*parochias*). Ces diverses circonscriptions sont administrées par un agent du pouvoir exécutif et par une assemblée élective : la commune par l'*administrador* et la *camara municipal*, la paroisse par le *regedor* et la *junte* de paroisse.

Les *juntes* générales de district ont été supprimées en août 1892 et remplacées par des commissions. Le nouveau Code administratif, du 2 mars 1895, a modifié l'ancienne organisation dans le sens d'une plus forte centralisation.

Art. 22, 1°. — *C. fr.*, art. 17, 1°, art. 18. — *C. esp.*, art. 20, 21. — *C. ital.*, art. 11, 1° et 2°, art. 13.

son domicile, et en en faisant la déclaration devant la municipalité du lieu qu'il aura choisi pour s'y établir;

2° Celui qui, sans autorisation du Gouvernement, accepte d'un Gouvernement étranger des fonctions publiques, une faveur, pension ou décoration; il peut toutefois être réhabilité par concession spéciale du Gouvernement;

3° Celui qui est expulsé par jugement, tant que durent les effets de la condamnation;

4° La femme portugaise qui épouse un étranger, à moins que son mariage ne lui confère pas la nationalité de son mari. Si son mariage est dissous, elle peut recouvrer son ancienne qualité de Portugaise, en se conformant aux dispositions de la deuxième partie du n° 1 du présent article.

§ 1. La naturalisation à l'étranger d'un Portugais marié à une Portugaise n'entraîne pas la perte de la qualité de citoyen portugais pour la femme, à moins qu'elle ne déclare qu'elle entend suivre la nationalité de son mari.

Art. 22, 2°. — *C. fr.*, art. 17, 3° et 4°, modifié par la loi du 26 juin 1889. — *C. esp.*, art. 20, 23. — *C. ital.*, art. 11, 3°, art. 13, 2°.

L'article 155 du Code pénal porte que «tout Portugais qui se fait naturaliser à l'étranger, ou qui accepte d'une puissance étrangère une décoration ou un emploi sans l'autorisation de son gouvernement, est passible de vingt ans de suspension des droits politiques; s'il accepte de servir sous pavillon étranger, dans la marine militaire ou marchande, il encourt de plus l'emprisonnement correctionnel». Voir toutefois le § 2 de l'art. 155.

Art. 22, 3°. — L'expulsion par jugement n'entraîne plus la perte de la nationalité portugaise. (*C. pén.*, art. 57, 62, 74 et suiv.)

Art. 22, 4°. — *C. fr.*, art. 19, modifié par la loi du 26 juin 1889. — *C. esp.*, art. 22. — *C. ital.*, art. 14.

Art. 22, § 1. — *C. fr.*, art. 12, 17. — *C. esp.*, art. 22. — *C. ital.*, art. 11, § 4.

§ 2. De même, la naturalisation à l'étranger d'un Portugais, même marié à une femme d'origine étrangère, n'entraîne pas la perte de la qualité de citoyen portugais pour les enfants mineurs nés avant la naturalisation, à moins que ceux-ci, devenus majeurs ou émancipés, ne déclarent qu'ils entendent suivre la nationalité de leur père.

ART. 23. Les personnes qui recouvrent la qualité de citoyen portugais en vertu des dispositions de l'article précédent ne peuvent profiter de ce droit qu'à partir du jour de leur réhabilitation.

TITRE IV.

DES CITOYENS PORTUGAIS À L'ÉTRANGER.

ART. 24. Les Portugais qui voyagent ou résident à l'étranger restent soumis aux lois portugaises concernant leur capacité civile, leur état, et leur propriété immobilière située en Portugal, quant aux actes qui doivent produire effet dans ce pays; toutefois la

---

Art. 22, § 2. — *C. fr.*, art. 12, 3°, modifié par la loi du 26 juin 1889. — *C. esp.*, art. 24. — *C. ital.*, art. 6 et 11, § 4 et 5.

Consulter : Trib. Seine, 6 décembre 1887. (*Droit*, 17 décembre 1887.)

Art. 23. — *C. fr.*, art. 20. — *C. ital.*, art. 15.

Art. 24. — *C. fr.*, art. 3, 47, 170, 999. — *C. esp.*, art. 9, 10, 11. — *C. ital.*, *disp. gén.*, art. 6, 7, 8, 9, 10, 12.

Voir art. 27, 964, 1066, 1106, 1107, 1202, 1961, 1962, 1965, 2430 et 2479.

Les traités internationaux peuvent apporter quelques dérogations à ce principe. «Attendu, dit un arrêt du tribunal de la Seine du 6 décembre 1887 (*Droit*, 17 décembre 1887), que le traité du 9 mars 1853, intervenu entre la France et le Portugal, a assuré aux citoyens et sujets des deux pays le libre accès auprès des tribunaux pour la défense de leurs droits....., que le traité précité n'ayant fait aucune réserve en ce qui concerne l'étendue de la juridiction attribuée aux tribunaux français à l'égard des Portugais, ces tribunaux ont compétence pour connaître des questions d'état et de statut personnel.»

forme extérieure des actes est régie par la loi du pays où ils ont été passés, excepté dans les cas où la loi décide expressément le contraire.

Art. 25. Les Portugais qui contractent des obligations à l'étranger peuvent être assignés en Portugal, s'ils y ont leur domicile, par les Portugais ou par les étrangers avec lesquels ils ont contracté.

TITRE V.

DES ÉTRANGERS EN PORTUGAL.

Art. 26. Les étrangers qui voyagent ou résident en Portugal

Art. 25. — *C. fr.*, art. 15.

Voir art. 28-30.

Le traité du 9 mars 1853 entre le Portugal et la France a été interprété par la jurisprudence comme conférant aux nationaux de ces deux pays le libre accès devant les tribunaux avec même traitement que les indigènes, c'est-à-dire avec dispense de fournir caution.

A dire vrai, cette interprétation paraît dépasser l'intention des puissances signataires de traités analogues, puisque quelques-unes, comme par exemple l'Espagne, concluent, malgré les traités de libre accès, d'autres conventions spéciales pour permettre aux assistés judiciaires de ne pas fournir la caution. Mais la jurisprudence en décide autrement, par cette raison que la caution est un obstacle pour les étrangers qui veulent aborder les tribunaux français, et que la liberté d'accès accordée par les traités a dû lever pour eux l'entrave résultant de cette caution. (Consulter : Seine, 8 mars 1890, *Rev. pr. dr. int. pr.*, 1890-1891, p. 113; 6 décembre 1887, *Droit*, 17 décembre 1887; 26 mars 1890, *Droit*, 27 mars 1890.)

D'ailleurs, le Code de procédure civile portugais de 1876, qui a consacré toute une section (section VIII du livre II) aux cautions, est complètement muet en ce qui concerne la caution *judicatum solvi*. Il faut en conclure, conformément à la législation antérieure, qu'en Portugal l'étranger demandeur n'est point assujetti à la nécessité de donner caution. (Voir L.-M. Jordão, dans la *Revue historique de droit français et étranger*, t. III, p. 371.)

Art. 26. — *C. fr.*, art. 11. — *C. esp.*, art. 27. — *C. ital.*, art. 3.

Les Codes italien et espagnol accordent libéralement aux étrangers la jouis-

ont les mêmes droits et les mêmes obligations civiles que les citoyens portugais, en ce qui concerne les actes qui doivent produire effet en Portugal; il en est autrement dans les cas où la loi le déclare expressément, ou lorsqu'il existe un traité ou une convention spéciale qui détermine et règle d'une autre manière les droits des étrangers.

Art. 27. L'état et la capacité civile des étrangers sont réglés par la loi de leur pays.

---

sance de tous les droits civils accordés aux nationaux, sans exiger aucune condition de domicile ou de réciprocité. Une disposition analogue, quoique moins large, avait trouvé place dans le projet de loi sur la nationalité française; elle a été écartée sous le prétexte qu'en diminuant l'intérêt qu'ils peuvent avoir à devenir Français, elle détournerait les étrangers de demander la naturalisation. (*Sénat*, séance du 4 février 1887.)

Parmi les droits civils dont la loi portugaise prive les étrangers, il faut citer notamment le droit d'être témoin instrumentaire dans les actes entre vifs ou à cause de mort. (Voir les articles 1966, 1°, et 2492, en même temps que l'exception contenue à l'article 1962.) En ce qui concerne la propriété littéraire, l'auteur étranger jouit de droits moins étendus que l'auteur portugais. (Voir art. 576-578.)

Les droits des Français en Portugal ont été réglés par les traités du 9 mars 1853, du 13 juillet 1854, du 11 juillet 1866, du 19 décembre 1881, la convention internationale du 20 mars 1883 et les dispositions des différents Codes qui concernent les étrangers.

Lorsque les traités conclus avec les puissances étrangères sont moins généreux que la loi civile et stipulent pour les étrangers en Portugal, comme pour les Portugais à l'étranger, des droits moins étendus que celle-ci ne leur en accorde, les étrangers ne peuvent se prévaloir des dispositions plus larges du droit commun, et le droit conventionnel reçoit son application. Les autres États sont ainsi intéressés à reviser les traités dans un sens plus libéral.

Art. 27. — *C. fr.*, art. 3. — *C. esp.*, art. 9. — *C. ital.*, *disp. gén.*, art. 6.

Le Code italien est le seul qui pose le principe d'une façon générale. Les Codes français et espagnol n'en font qu'une application restreinte en décidant que les lois concernant l'état et la capacité des personnes régissent les Français

IMPRIMERIE NATIONALE.

Art. 28. Les étrangers qui se trouvent en Portugal peuvent être traduits devant les tribunaux portugais pour les obligations qu'ils ont contractées envers des Portugais en pays étranger.

Art. 29. Les étrangers peuvent également être traduits par d'autres étrangers devant les tribunaux portugais pour les obligations qu'ils ont contractées en Portugal, s'ils se trouvent dans ce pays.

Art. 30. Les dispositions des deux articles précédents doivent être entendues en ce sens qu'elles ne préjudicient pas à ce qui est prescrit dans la dernière partie de l'article 26.

---

ou les Espagnols, même résidant à l'étranger. Ils sont muets en ce qui concerne le statut personnel des étrangers résidant en France ou en Espagne.

La convention du 11 juillet 1866 entre le Portugal et la France oblige les consuls à organiser la tutelle conformément aux lois du pays dont les mineurs sont nationaux.

En matière de lettres de change, le Code de commerce a décidé, par application de l'article 27, *C. civ.*, que l'étranger, incapable d'après sa loi nationale, mais capable d'après la loi portugaise, peut, bien qu'il ait souscrit la lettre en Portugal, invoquer son incapacité pour échapper à ses obligations (art. 12). L'Institut de droit international et le congrès d'Anvers, en 1885, avaient recommandé une solution contraire.

Par dérogation à l'article 27, le Code de commerce (art. 9) porte que la femme commerçante étrangère ne peut réclamer en Portugal les bénéfices qui seraient accordés par sa loi nationale aux personnes de son sexe.

Art. 28. — *C. fr.*, art. 14.

Un juge spécial, appelé juge conservateur des droits de la nation française, connaît de tous les procès intéressant un Français en Portugal. (Ferd. Gary, *De la condition juridique des Français à l'étranger*, page 299. Paris, 1890.)

Voir la note sous l'article 25.

Art. 29. — Par un arrêt en date du 21 juin 1880 (*Journ. du dr. intern. privé*, 1881, p. 177), le Tribunal suprême de justice a admis, en matière d'abordage maritime, la compétence du tribunal portugais, alors que ce tribunal était le plus proche du lieu de la collision et était en même temps celui du port de relâche pour cause d'avaries. L'affaire de la *City of Mecca*, dans laquelle cet arrêt a été rendu, avait donné lieu à quatre procès : un entre Anglais, un autre entre Français et Anglais, deux autres entre Portugais et Anglais.

Art. 31. Les jugements rendus par des tribunaux étrangers sur des droits civils entre étrangers et Portugais peuvent être exécutés devant les tribunaux portugais de la manière et dans les cas prévus par le Code de procédure civile.

Art. 31. — *C. fr.*, art. 2123, et *C. pr. civ. fr.*, art. 546. — *Ley esp. de enjuiciamento civil*, art. 923-929. — *C. ital.*, *disp. gén.*, art. 10, 12.

Avant 1876, l'exécution des jugements étrangers en Portugal était réglementée par les articles 44, 5°, et 567 de la nouvelle réforme judiciaire (loi du 21 mai 1841) et par l'article 31 du Code civil.

L'article 44, 5°, de la loi de 1841 donne aux tribunaux portugais le droit de «reviser et confirmer les jugements rendus par les tribunaux étrangers pour qu'ils puissent avoir leur exécution». Ce texte n'établit aucune distinction quant à la nationalité des plaideurs; peu importe qu'ils soient tous deux étrangers ou Portugais, ou que l'un soit Portugais et l'autre étranger. Dans tous les cas, la sentence étrangère pourra être rendue exécutoire par les tribunaux portugais après revision.

L'article 31 du Code civil porte que les décisions étrangères en matière civile, alors qu'elles auront été prononcées sur une contestation *entre étrangers et Portugais*, pourront obtenir l'*exequatur* en Portugal conformément aux règles établies par le Code de procédure civile.

Ce texte, interprété rigoureusement, semble vouloir écarter tous les jugements qui n'ont pas été rendus entre un Portugais et un étranger. Cependant «il serait absurde, écrit M. Dias Ferreira (*Codigo civil portuguez annotado*, t. I, p. 59), de refuser l'exécution, dans le royaume, d'une sentence prononcée par un tribunal étranger entre deux étrangers ou entre deux Portugais possédant des biens dans le pays». Le Code civil, d'après cet auteur, ne pouvait avoir voulu abroger les dispositions édictées par la loi du 21 mai 1841. (Dans ce sens : Cour suprême de justice, 7 août 1874, J. D. I. P. 1875, p. 54.)

Aujourd'hui, toutes les difficultés se trouvent aplanies par suite de la promulgation du Code de procédure civile voté le 8 novembre 1876. Le chapitre VI du titre III du livre III de ce Code (art. 1087-1091) est spécialement consacré à la revision des sentences prononcées par les tribunaux étrangers.

Aux termes de l'article 1087, les sentences prononcées par les tribunaux étrangers ne seront exécutoires dans le royaume qu'après avoir été revisées et confirmées par l'une des Cours de deuxième instance ou d'appel (*relações*), les parties interrogées et le ministère public entendu, sauf les stipulations qui pourraient être contenues dans des traités.

L'*exequatur* doit être demandé à la Cour du district dans lequel le défendeur a son domicile ou dans lequel sont situés les biens, si le défendeur n'a pas de domicile dans le royaume.

TITRE VI.

DES PERSONNES MORALES.

Art. 32. On appelle *personnes morales* les associations ou corporations, temporaires ou perpétuelles, constituées dans un but ou

---

La demande d'exécution pourra être combattue par un des moyens suivants : 1° s'il y a doute sur l'authenticité du document ou l'intelligence de la sentence; 2° si la sentence n'est pas passée en force de chose jugée; 3° si elle émane d'un tribunal incompétent; 4° si les parties n'ont pas été dûment citées ou si leur défaut n'a pas été légalement vérifié; 5° si le jugement étranger contient des dispositions contraires aux principes du droit public et de l'ordre public portugais; 6° si la sentence a été prononcée contre un sujet portugais contrairement aux principes du droit civil portugais, d'après lesquels l'affaire devait être jugée. Les juges portugais n'ont pas à vérifier le fond de la sentence qui leur est soumise; ils ne doivent par conséquent admettre aucun des moyens de preuve qui leur serait présenté.

Le Code de procédure a eu soin d'indiquer expressément, dans son article 1090, que les règles relatives à l'exécution des jugements étrangers devaient s'appliquer sans qu'il y ait lieu de rechercher la nationalité des parties litigantes. (Christian Daguin, *De l'autorité et de l'exécution des jugements étrangers*, p. 337-339. Paris, 1887.)

Art. 32. — *C. esp.*, art. 35-39.

Ni le Code français, ni le Code italien n'ont consacré des dispositions expresses aux personnes morales. L'un et l'autre cependant les reconnaissent implicitement. (*C. fr.*, art. 537-542, 560, 619, 768, 910, 937, 1712, 2045, 2121, 2227. — *C. ital.*, art. 425-434, 832, 932, 1060, 2214.) De plus, un grand nombre de lois spéciales ont organisé la personnalité juridique de l'État, des départements, des communes, des établissements d'utilité publique et de certaines sociétés.

Voir art. 39, 365 et 1240.

Le Code Portugais ne reconnaît comme personnes morales que les associations fondées dans un but d'utilité publique ou tout à la fois d'utilité publique et d'intérêt privé. En France, la doctrine admet généralement que les sociétés civiles d'intérêt privé ne constituent pas actuellement une personne juridique, qu'elles n'ont pas d'existence propre distincte de la personne des associés. L'article 35, 2°, du Code italien reconnaît au contraire comme personnes morales les associations d'intérêt particulier, civiles, commerciales et industrielles, et leur accorde une personnalité distincte de celle des associés.

pour un motif d'utilité publique, ou tout à la fois d'utilité publique et privée, qui dans leurs relations civiles représentent une individualité juridique.

Art. 33. Nulle association ou corporation ne peut représenter une individualité juridique, si elle n'est légalement autorisée.

Art. 34. Les associations ou corporations, qui jouissent de l'individualité juridique, peuvent exercer tous les droits civils qui concernent les intérêts légitimes en vue desquels elles sont constituées.

Art. 35. Néanmoins les associations ou corporations perpé-

Art. 33. — Parmi les associations auxquelles le législateur portugais a expressément conféré la personnalité juridique, on peut citer :

1° Les sociétés de secours mutuels (décr. du 28 février 1891. — *Ann. lég. étr.*, 1892, p. 525);

2° Les syndicats professionnels formés entre patrons, entre ouvriers, ou entre patrons et ouvriers (décr. du 9 mai 1891. — *Ann. lég. étr.*, 1892, p. 536).

Chacune de ces diverses associations doit être, au moment de sa fondation, l'objet d'une autorisation spéciale de la part du Gouvernement.

D'après l'*Annuaire statistique du Portugal* de 1884, publié en 1886 par le Ministère des travaux publics, le nombre des associations de secours mutuels, ayant eu leurs statuts approuvés par le Gouvernement, de 1839 à 1884, s'est élevé à 381.

D'après le *Journal officiel* de 1891, le nombre des mêmes associations approuvées, du 30 mars 1885 au 25 février 1891, a été de 64.

Art. 34. — *C. esp.*, art. 37, 38.

Art. 35. — *L. fr. 21 mars 1884* sur les syndicats professionnels, art. 6, 8, 9.

En droit portugais, les personnes morales peuvent recevoir par testament, soit comme héritières, soit comme légataires (art. 1781, 1872), sauf une restriction pour les associations d'institution ecclésiastique (art. 1781, § unique). D'après le Code français (art. 910), les libéralités qu'elles reçoivent doivent être autorisées par décret.

Voir articles 1477, 1554, 3°, 1561, 1604, 1669, 1°, 1679, 1775, 1781 et 1836.

Les dispositions de l'art. 35 étaient surtout dirigées contre les ordres reli-

tuelles ne peuvent acquérir à titre onéreux d'autres immeubles que des rentes consolidées; les immeubles d'une autre espèce, qu'elles acquerront à titre gratuit, seront, sauf les dispositions de lois spéciales, convertis dans l'année en rentes consolidées, sous peine de confiscation.

§ 1. La disposition de la seconde partie du présent article ne concerne pas les immeubles qui seraient indispensables pour l'accomplissement des devoirs des associations ou corporations.

§ 2. Sont considérées comme perpétuelles pour l'application du présent article :

1° Les associations ou corporations constituées pour un temps indéterminé;

2° Celles qui, bien que constituées pour un temps déterminé, n'ont point pour objet des intérêts matériels.

Art. 36. En cas d'extinction, pour quelque cause que ce soit,

---

gieux et les corporations de main morte. Le Code de commerce de 1888 (art. 162, § 2) prévoit que les sociétés, ayant pour objet l'acquisition d'immeubles, pourront en conserver la propriété et la possession pendant dix ans au moins, avec une autorisation spéciale des pouvoirs exécutif et législatif. Le Code administratif de 1886, art. 118, n° 20, permettait aux chambres municipales de décider, sauf le droit de suspension réservé à la junte générale de district, l'acquisition à titre onéreux des immeubles nécessaires au fonctionnement des services communaux. L'article 192, n° 1, du même Code donnait à la junte de paroisse le même pouvoir, sauf approbation de la chambre municipale (Cf. *C. adm.* de 1895, art. 50, § 8; 57, § 2; 191, § 8, et 194, § 3).

Une loi du 21 juin 1889 autorise l'acquisition à titre onéreux par les sociétés scientifiques et littéraires des immeubles intéressant leurs études (mines, dolmens, champs d'expériences, etc.), réservant seulement au Gouvernement le droit d'ordonner, en cas d'abus, l'aliénation de ces immeubles.

Le Code civil avait laissé en vigueur l'article 7, § 1, de la loi du 22 juin 1866, qui permettait aux hôpitaux et aux asiles (*misericordias*) de convertir en inscriptions ou obligations foncières le produit des biens désamortis; la loi du 28 août 1869 leur a retiré cette faculté.

de quelqu'une des corporations ou associations auxquelles s'applique l'article précédent, ses biens seront réunis au domaine de l'État, à moins qu'une loi spéciale ne leur ait donné une autre affectation.

Art. 37. L'État, l'Église, les chambres municipales, les juntes de paroisse et tous établissements ou fondations de bienfaisance, de piété ou d'instruction publique, sont considérés comme des personnes morales quant à l'exercice des droits civils, sauf disposition contraire de la loi.

Art. 38. Ni l'État ni aucune autre corporation ou établissement public ne jouissent du privilège de la *restitutio in integrum*.

Art. 39. Les associations d'intérêt privé sont régies par les règles du contrat de société.

Art. 37. — *C. esp.*, art. 35. — *C. ital.*, art. 2.

L'article 432 du nouveau Code administratif du 2 mars 1895 reconnaît comme personnes morales le district, la commune et la paroisse (Cf. *C. adm.* de 1886, art. 385).

Art. 38. — Voir art. 297 et 298.

Les mineurs mêmes ne jouissent pas, en droit portugais, du privilège de *restitutio in integrum* (art. 297).

Les personnes morales, qui en vertu de l'article 382, § unique, sont capables de propriété privée, sont considérées, relativement à la prescription, comme de simples particuliers (art. 516).

Art. 39. — *C. esp.*, art. 36.

Les règles du contrat de société sont contenues dans les articles 1240 et suivants du Code civil et dans les articles 104 à 223 du Code de commerce.

TITRE VII.

DU DOMICILE.

CHAPITRE PREMIER.

DISPOSITIONS GÉNÉRALES.

Art. 40. L'exercice des droits et l'accomplissement des obligations civiles sont réglés, dans certains cas prévus par la loi, par le domicile du citoyen.

Art. 41. Le domicile du citoyen est le lieu où il a sa résidence permanente.

§ unique. À l'égard des corporations ou associations, le siége de leur administration équivaut à la résidence.

Art. 42. Le domicile peut être volontaire ou nécessaire : il est volontaire lorsqu'il dépend du choix du citoyen, nécessaire lorsqu'il est déterminé par la loi.

Titre VII. — *C. fr.*, l. I, tit. III. — *C. esp.*, l. I, tit. III. — *C. ital.*, l. I, tit. II. — *C. holl.*, l. I, tit. IV. — *Projet allemand*, l. I, sect. II, tit. V.

Art. 40. — Voir sous l'art. 469 la note relative à la *vizinhança*.

L'article 1206 attache un effet juridique à la simple résidence. — Voir aussi *C. pr. civ.*, art. 21, 4°, pour les actions en séparation de corps et de biens.

Art. 41. — *C. fr.*, art. 102. — *C. esp.*, art. 40. — *C. ital.*, art. 16.

Le Code italien, comme le Code français, distingue le domicile (lieu du principal établissement) de la résidence (lieu de la demeure habituelle). Le Code portugais, comme le Code espagnol, fixe le domicile là où est la résidence permanente.

Voir art. 44.

Art. 41, § unique. — *C. pr. civ. fr.*, art. 59, § 5. — *C. esp.*, art. 41. Voir *C. pr. civ. port.*, art. 11, 18.

CHAPITRE II.

DU DOMICILE VOLONTAIRE.

Art. 43. Si le citoyen a plusieurs résidences où il habite alternativement, il sera considéré comme domicilié dans le lieu de celle où il se trouve, à moins qu'il n'ait déclaré devant la chambre municipale du lieu de l'une d'elles qu'il entend fixer son domicile en ce lieu.

Art. 44. Le citoyen peut changer, lorsqu'il le juge à propos, son domicile, en déclarant le fait de son déplacement devant les chambres municipales de la commune qu'il quitte et de celle où il se rend.

§ unique. Cette déclaration produira effet du jour où le déclarant établit son habitation réelle dans la commune qu'il a désignée.

Art. 45. Le citoyen qui n'a pas de résidence permanente est considéré comme domicilié dans le lieu où il se trouve.

Art. 46. On peut convenir d'un domicile spécial pour l'exécution d'un acte déterminé, si la loi n'y a pourvu elle-même. Cette convention doit être constatée dans un titre authentique ou authentiqué. On ne peut, d'ailleurs, faire dépendre l'élection de domicile de la volonté d'un tiers.

§ unique. En cas de décès de l'une des parties, la convention

---

Art. 44. — *C. fr.*, art. 103, 104, 105. — *C. ital.*, art. 17.

Art. 46. — *C. fr.*, art. 111. — *C. ital.*, art. 19.

Le titre authentiqué est celui qui, rédigé sous signatures privées, a été ensuite vérifié par un officier public, qui en a dressé acte en présence des parties et de deux témoins. (Voir art. 2436, § unique.)

conserve ses effets au regard de ses héritiers, s'il n'y a stipulation contraire.

CHAPITRE III.

DU DOMICILE NÉCESSAIRE.

ART. 47. Les mineurs non émancipés ont pour domicile celui du père ou de la mère, à l'autorité duquel ou de laquelle ils sont soumis, et, à défaut du père et de la mère ou en cas d'empêchement légal de l'un et de l'autre, celui de leur tuteur.

ART. 48. Les majeurs en tutelle ont leur domicile chez leur tuteur.

ART. 49. La femme mariée a pour domicile celui de son mari, lorsqu'elle n'est pas judiciairement séparée de corps et de biens, sauf ce qui sera dit au paragraphe 2 de l'article 53.

ART. 50. Les majeurs ou les mineurs émancipés, qui servent ou travaillent habituellement chez autrui, ont pour domicile celui de la personne qu'ils servent, s'ils habitent avec elle, sans préjudice des dispositions des deux articles précédents.

ART. 51. Les fonctionnaires publics, qui exercent leurs fonctions

---

Art. 47. — *C. fr.*, art. 108, § 2. — *C. ital.*, art. 18, § 2.

Art. 48. — *C. fr.*, art. 108, § 3, art. 509. — *C. ital.*, art. 18, § 3.
Il en est de même de l'interdit (art. 321).

Art. 49. — *C. fr.*, art. 108, § 1. — *C. ital.*, art. 18, § 1.
Voir art. 1184, 2°, et 1186.

Art. 50. — *C. fr.*, art. 109.

Art. 51. — *C. fr.*, art. 106, 107.
La loi française fait une distinction suivant que les fonctions publiques sont temporaires et révocables ou conférées à vie. En fait, tout se ramène à une question d'intention et résulte des circonstances.

dans un lieu déterminé, ont dans ce lieu leur domicile nécessaire. Le domicile est acquis par l'installation dans la fonction ou par l'exercice des attributions qui en dépendent.

§ unique. Si la fonction ne s'exerce pas dans un lieu déterminé, le domicile du fonctionnaire s'établit par application des dispositions du chapitre précédent.

Art. 52. Les militaires enrégimentés sont domiciliés dans le lieu où leur corps tient garnison. Les militaires non enrégimentés sont domiciliés dans le lieu où ils sont de service, à moins qu'ils n'aient ailleurs un établissement ou une demeure fixe, auquel cas ils sont domiciliés dans ce dernier lieu.

§ unique. Les marins enrôlés dans la flotte ont leur domicile à Lisbonne. Ceux qui appartiennent à l'équipage d'un navire de commerce ou d'une barque côtière ont leur domicile au port d'attache de ce navire ou de cette barque, à moins que pour autre cause ils ne soient domiciliés ailleurs.

Art. 53. Les condamnés à l'emprisonnement, à l'internement

Art. 53. — Le Code pénal de 1886 a complètement modifié l'ancien système des peines, tel qu'il avait été organisé par le Code de 1852 et les lois de 1867, revisées en 1884.

Pour toutes les peines qu'il appelle majeures (*maiores*), par opposition aux peines correctionnelles, le Code combine l'emprisonnement majeur (*prisão maior*) cellulaire avec la déportation dans une colonie pénale d'outre-mer (*degredo*), l'une succédant à l'autre. La peine la plus rigoureuse, celle qui remplace la peine de mort de 1852 et l'emprisonnement cellulaire perpétuel de 1867, consiste en huit années d'emprisonnement cellulaire, suivies de vingt ans de déportation, dont deux peuvent être remplacés, au gré du juge, par de la prison. Les peines majeures comportent quatre degrés après celui-là : huit années d'emprisonnement cellulaire suivies de douze ans de déportation, puis respectivement six et dix, quatre et huit, et enfin de deux à huit ans d'emprisonnement cellulaire sans déportation. L'emprisonnement cellulaire implique «séparation absolue et complète de jour et de

(*desterro*) ou à la déportation (*degredo*) sont domiciliés dans le lieu où ils subissent leur peine; néanmoins, en ce qui concerne les obligations contractées antérieurement au délit, ils conservent leur ancien domicile, s'ils en avaient un.

§ 1. Les coupables condamnés, tant qu'ils n'ont pas été transférés dans le lieu où ils doivent subir leur peine, sont domiciliés au lieu où ils sont actuellement détenus.

§ 2. La femme et les enfants du condamné à la déportation, s'ils ne l'accompagnent pas au lieu de l'exécution de sa peine, n'ont pas pour domicile celui de leur mari ou de leur père; ils ont leur domicile propre, qui se détermine suivant les règles établies dans les articles précédents.

Art. 54. Le domicile nécessaire cesse par la cessation du fait duquel il dépendait.

---

nuit, sans communication d'aucune sorte avec les autres condamnés, et avec travail forcé dans la cellule pour tous ceux qui ne sont pas expressément déclarés incapables de travailler à raison de leur âge ou de leur santé.»

Les peines correctionnelles sont : 1° l'emprisonnement correctionnel (*prisão*); 2° l'internement (*desterro*); 3° la suspension temporaire des droits politiques; 4° l'amende; 5° la réprimande (*C. pén.*, art. 58). L'emprisonnement est subi dans les prisons de district; le détenu est également isolé d'une façon complète et absolue de ses codétenus; il n'est pas astreint au travail, si, à part le loyer de sa cellule, il paye ses frais d'entretien. L'emprisonnement correctionnel ne dure pas plus de deux ans (art. 64). La peine de l'internement oblige le condamné à rester dans une localité désignée par le jugement et autre que celle où il a commis son délit, ou à quitter le canton (*comarca*) pour un temps n'excédant pas trois ans (*C. pén.*, art. 65).

Consulter Ernest Lehr, *Le nouveau droit pénal portugais*, dans la *Revue de dr. intern. et de législ. comparée*, t. XX (1888), p. 313.

TITRE VIII.

DE L'ABSENCE.

CHAPITRE PREMIER.

DE LA CURATELLE PROVISOIRE DES BIENS DE L'ABSENT.

ART. 55. Lorsqu'une personne disparaît du lieu de son domicile ou de sa résidence, sans qu'on ait de ses nouvelles, et lorsqu'elle n'a laissé ni mandataire ni administrateur légal de ses biens, s'il y a nécessité de pourvoir à cette administration, il lui est donné par le juge compétent un curateur.

§ 1. Est compétent à cet effet le juge du domicile de l'absent.

§ 2. La disposition du paragraphe précédent ne fait pas obstacle à ce que les mesures conservatoires qui deviendraient indispensables soient prises dans les autres endroits où l'absent posséderait des biens.

ART. 56. Ont qualité pour requérir la nomination du curateur

Titre VIII. — *C. fr.*, l. I, tit. IV. — *C. esp.*, l. I, tit. VIII. — *C. ital.*, l. I, tit. III. — *C. autr.*, 1re partie, chap. IV. — *C. holl.*, l. I, tit. XIX. — *C. Grisons*, 1re partie, sect. I, A 2. — *C. Zurich*, l. IV, sect. III. — *Projet allemand*, l. IV, sect. III, tit. III.

Art. 55. — *C. fr.*, art. 112, 113, 115. — *C. esp.*, art. 181, 182, 183. — *C. ital.*, art. 20, 21.

Voir art. 139, 342, 1117, § unique, et 1189.

Dans l'ancien droit, le juge devait d'office nommer un curateur à tout absent. (*Ordes*, l. I, tit. 89. — Mello Freire, *Institut.*, II, 12, § 12.

Voir *C. pr. civ.*, art. 26, pour la détermination de la compétence.

Art. 55, § 1. — *C. fr.*, art. 112, et *C. pr. civ. fr.*, art. 859, 860. — *C. ital.*, art. 21.

Art. 56. — *C. fr.*, art. 112, 114, 116, 123, 126. — *C. esp.*, art 181. — *C. ital.*, art. 21.

Voir la note sous l'article 62.

dont il s'agit le ministère public et toute personne intéressée à la conservation des biens de l'absent.

Art. 57. Le juge, lorsqu'il choisira le curateur, donnera la préférence aux héritiers présomptifs de l'absent, et, s'il n'y en a pas, aux personnes qui ont le plus d'intérêt à la conservation de ses biens.

Art. 58. Le curateur nommé fera faire inventaire des biens de l'absent et donnera caution suffisante pour garantir la représentation des valeurs mobilières et du revenu net d'une année des biens immeubles.

§ unique. Si le curateur nommé ne peut fournir la caution dont il s'agit, le juge ordonnera la consignation des valeurs mobilières qu'il serait utile de conserver; le surplus sera vendu aux enchères publiques, et le produit de la vente ainsi que les autres capitaux seront employés en valeurs productives offrant une sécurité suffisante.

Art. 59. Les pouvoirs du curateur provisoire se bornent aux

Art. 57. — *C. fr.*, art. 120. — *C. esp.*, art. 183, 220. — *C. ital.*, art. 26.

Le Code de procédure civile (art. 684-688) détermine les formalités à suivre pour la nomination du curateur provisoire.

Art. 58. — *C. fr.*, art. 120, 126. — *C. ital.*, art. 26.

La caution peut être donnée, avec l'approbation du juge, au moyen d'une constitution d'hypothèque, d'un dépôt en espèces ou en valeurs, ou d'un cautionnement. (*C. pr. civ.*, art. 686, et Décr. 14 mai 1868, art. 154.)

Art. 58, § unique. — *C. fr.*, art. 126, § 2. — *C. ital.*, art. 27, 29.

Voir art. 69, 70, 85, 151, 186, 224, 21°, 351, 919, 1825, 2052, 2221 et 2222.

Art. 59. — *C. fr.*, art 113, 125, 127, 128, 134. — *C. esp.*, art. 183, 188. — *C. ital.*, art. 21, 29, 35.

Voir art. 74-77, 85, 91, § unique, 152, 243, 7°-9°, 249, 325, 1339, 1732, 1905, 2025, 2054, 2083-2085; — *C. pr. civ. port.*, art. 657, 659.

actes de pure administration, dont il doit rendre compte chaque année; mais il doit intenter les actions conservatoires, dont l'exercice ne peut être ajourné sans préjudice pour l'absent; il a, de plus, qualité pour représenter l'absent dans toutes les instances dirigées contre lui.

Art. 60. En cas d'instance dirigée contre un absent qui n'aurait ni curateur, ni représentant légal, il lui est nommé un curateur spécial pour défendre à cette instance.

Art. 61. Le curateur provisoire a droit à cinq pour cent de la recette nette qu'il réalise.

Art. 62. Le ministère public est chargé de veiller aux intérêts des absents et doit être entendu sur toutes les demandes qui les concernent.

Art. 63. La curatelle provisoire prend fin :

1° Par le retour de l'absent ou par la certitude acquise de son existence;

Art. 61. — Voir art. 247, 252, 253, 1892 et 2086.

L'article 522 du Code civil des Pays-Bas autorise l'administrateur à porter annuellement en compte, à titre de rétribution personnelle, deux et demi pour cent des recettes et un et demi pour cent des dépenses.

Art. 62. — *C. fr.*, art. 114, 116, 123, 126, et *C. pr. civ. fr.*, art. 83, 7°; art. 859. — *C. esp.*, art. 181. — *C. ital.*, art. 21.

Voir art. 158, 192, 220, 223 et 303.

Le Code de procédure civile (art. 684 et suiv.) charge de cette surveillance à Lisbonne et à Porto le curateur général des pupilles.

Art. 63. — *C. fr.*, art. 129, 131. — *C. esp.*, art. 190. — *C. ital.*, art. 33, 36.

Voir art. 78, 1°-3° et § unique.

2° Par la comparution d'un mandataire dûment qualifié, ou d'un représentant légal de l'absent;

3° Par la certitude acquise de la mort de l'absent;

4° Par l'établissement de la curatelle définitive.

CHAPITRE II.

DE LA CURATELLE DÉFINITIVE DE L'ABSENT NON MARIÉ.

SECTION PREMIÈRE.

DE L'ÉTABLISSEMENT DE LA CURATELLE DÉFINITIVE ET DE SES EFFETS.

Art. 64. Après quatre années révolues depuis la disparition de l'absent sans qu'on ait eu de ses nouvelles, ou depuis le jour des dernières nouvelles, ceux qui étaient, à l'époque de sa disparition ou des dernières nouvelles, ses héritiers présomptifs, légitimes ou institués par testament public, pourront, en justifiant de l'absence, le ministère public entendu, demander la délivrance de ses biens, à moins qu'il n'ait laissé un mandataire dûment qualifié; dans ce dernier cas, ils ne pourront demander cette délivrance qu'après dix ans révolus depuis la disparition de l'absent ou depuis ses dernières nouvelles.

Art. 64. — *C. fr.*, art. 115, 120, 121, 122, 129. — *C. esp.*, art. 184, 185, 187. — *C. ital.*, art. 22, 26, 36.

Le Code portugais suit les mêmes règles que le Code français. Le Code italien n'exige que trois ans d'absence, ou six ans si l'absent a laissé un mandataire. Le Code espagnol se contente, dans les mêmes hypothèses, de deux ans et de cinq ans. Les communications étant aujourd'hui plus faciles qu'autrefois, le législateur a pensé que le défaut absolu de nouvelles pendant une période de temps relativement plus courte pouvait légitimer la présomption d'absence.

Voir art. 66, 82, 90-92, 95 et 96.

Le Code de procédure civile (art. 406-418) règle les formes à suivre pour l'établissement de la curatelle définitive. — Voir aussi art. 195 et suiv.

§ unique. Les héritiers pourront néanmoins, après trois ans écoulés, dans le cas ci-dessus spécifié, demander que le mandataire, s'il y a juste raison de craindre qu'il ne devienne insolvable, fournisse caution suffisante; et s'il ne veut ou ne peut fournir cette caution, la révocation du mandat sera prononcée par justice.

Art. 65. Le jugement qui défère la curatelle définitive ne peut être rendu qu'après notifications faites à l'absent six mois à l'avance par avis publiés dans le *Journal officiel* et dans le *Journal de la Cour d'appel* et affichés aux portes de l'église paroissiale de son dernier domicile; ce jugement ne peut être exécuté que quatre mois après sa publication, faite dans les formes ci-dessus prescrites pour les avis à l'absent.

§ unique. Ces publications seront faites par extraits, dont l'exactitude sera vérifiée par le juge et certifiée par sa signature.

Art. 66. Si l'absent a laissé un testament mystique (*testamento cerrado*), le juge, avant de nommer le curateur définitif, fera procéder à l'ouverture de ce testament, afin de pouvoir le prendre en considération et s'y conformer pour l'attribution de la curatelle.

Art. 67. Après l'attribution de la curatelle définitive, les légataires de l'absent, et toutes personnes à qui son décès donnerait droit à une partie de ses biens, peuvent en demander la délivrance.

Art. 65. — *C. fr.*, art. 116, 118, 119. — *C. esp.*, art. 186. — *C. ital.*, art. 23, 24, 25, 26.

Art. 66. — *C. fr.*, art. 123. — *C. esp.*, art. 185, 2°. — *C. ital.*, art. 26. *Testamento cerrado*. Voir plus bas, art. 1920 et suiv.

Art. 67. — *C. fr.*, art. 123. — *C. esp.*, art. 185. — *C. ital.*, art. 26.

IMPRIMERIE NATIONALE.

§ unique. Dans le délai fixé par l'article 64, les intéressés, auxquels se rapporte cet article, pourront, en justifiant de l'absence dans la forme indiquée, demander la délivrance des biens auxquels ils ont droit.

Art. 68. Si, même après l'attribution de la curatelle définitive, il se présente un héritier qui dans l'ordre des successions doive exclure le curateur nommé, il pourra faire les diligences nécessaires pour que la curatelle soit enlevée à ce curateur et déférée à qui de droit.

SECTION II.

DE L'INVENTAIRE DES BIENS DE L'ABSENT ET DE LA CAUTION À FOURNIR.

Art. 69. Les biens de l'absent ne peuvent être délivrés aux héritiers et autres intéressés qu'après inventaire et moyennant caution suffisante.

Art. 70. Si la caution dont il s'agit n'est pas fournie, l'administration provisoire des biens de l'absent continuera pour le temps pendant lequel la caution est nécessaire; mais les intéressés pourront, en justifiant de l'insuffisance de leurs ressources, demander l'adjudication à leur profit de la moitié des revenus qu'ils auraient eus, s'ils avaient été mis en possession des biens.

SECTION III.

DES DROITS ET OBLIGATIONS DES CURATEURS DÉFINITIFS ET AUTRES INTÉRESSÉS.

Art. 71. Le curateur définitif peut exiger la délivrance de tous

---

Art. 68. — *C. esp.*, art. 190, 3°. — *C. ital.*, art. 32.
Voir art. 73 et 75.

Art. 69. — *C. fr.*, art. 120, 123, 126. — *C. ital.*, art. 26, § 4, art. 29.

Art. 70. — *C. ital.*, art. 27.

Art. 71. — *C. fr.*, art. 129. — *C. ital.*, art. 28.

les biens et exercer tous les droits qui appartenaient à l'absent au moment de sa disparition ou à la date de ses dernières nouvelles.

Art. 72. Les biens et les droits qui peuvent advenir éventuellement à l'absent après sa disparition ou depuis ses dernières nouvelles, s'ils sont subordonnés à la condition de son existence, sont dévolus à ceux qui seraient appelés à la succession s'il était décédé.

§ 1. Dans ce cas, le curateur définitif, ou, à son défaut, le ministère public, n'ont d'autre droit que de requérir qu'il soit fait inventaire des biens dont il s'agit, et que ceux qui les conservent ou les recueillent donnent caution suffisante, laquelle ne demeurera obligée que pendant dix ans à compter du jour de la dévolution de ces biens.

§ 2. Le droit de l'absent sur ces mêmes biens ne s'éteint que conformément aux règles générales de la prescription; mais ceux qui les auront recueillis gagneront, en cas de restitution, les fruits par eux perçus, s'il n'y a mauvaise foi.

Art. 73. Les curateurs définitifs et les autres intéressés gagne-

---

Art. 72. — *C. fr.*, art. 136. — *C. esp.*, art. 196. — *C. ital.*, art. 43.

Le texte portugais traduit littéralement semblerait signifier : *ceux qui seraient appelés à lui succéder;* mais il est certain qu'il s'agit de ceux qui succéderaient à son défaut, c'est-à-dire de ses cohéritiers, et non de ses propres héritiers.

Art. 72, § 2. — *C. fr.*, art. 137, 138. — *C. esp.*, art. 197, 198. — *C. ital.*, art. 44, 45.

Art. 73. — *C. fr.*, art. 127. — *C. esp.*, art. 194. — *C. ital.*, art. 30, 31, 33.

Le Code français fait varier, d'après le délai écoulé depuis la disparition de l'absent, la quotité des revenus que l'administrateur provisoire est tenu de restituer (le cinquième des revenus, si l'absent reparaît avant quinze ans; le dixième seulement, s'il ne reparaît qu'après quinze ans; après trente ans, la

ront, sans préjudice des dispositions de l'article précédent, à partir du jour de leur entrée en possession, le quart des revenus des biens de l'absent, si celui-ci reparaît ou si d'autres héritiers se présentent dans les dix années qui suivront le jour de la disparition ou des dernières nouvelles; après dix ans révolus et avant vingt ans, ils en gagneront la moitié; après vingt ans, la totalité des revenus leur appartiendra.

Art. 74. Le curateur définitif peut demander des comptes au curateur provisoire, s'il n'a été lui-même curateur provisoire et si les comptes n'ont été déjà régulièrement rendus; il peut, en outre, percevoir les fruits et revenus provenant de l'administration antérieure à la sienne et assigner ou être assigné en justice comme un héritier légitime de l'absent.

Art. 75. Le curateur définitif ne doit compte de son administration qu'à l'absent ou aux héritiers de celui-ci, s'il s'en présente d'autres qui justifient de leur qualité.

Art. 76. Le curateur définitif ne peut aliéner les biens immo-

---

totalité reste acquise à l'administrateur). Le Code italien prend de plus en considération le degré de parenté qui unit à l'absent les envoyés en possession : jusqu'au sixième degré, ils doivent réserver le cinquième des revenus pendant les dix premières années et le dixième pendant les vingt années suivantes. S'ils sont parents à un degré plus éloigné ou étrangers, ils doivent réserver le tiers des revenus pendant les dix premières années et le sixième pendant les vingt années suivantes. Au delà de trente ans, la totalité des revenus appartient dans tous les cas aux envoyés en possession.

Voir art. 85.

Art. 74. — *C. fr.*, art. 134. — *C. ital.*, art. 35, 41.

Art. 75. — *C. fr.*, art. 125. — *C. ital.*, art. 28.

Art. 76. — *C. fr.*, art. 128, 2126. — *C. ital.*, art. 29.

Voir *C. pr. civ. port.*, art. 657, 659.

biliers, à moins qu'il n'y ait d'autre moyen de payer une dette de l'absent, d'éviter la détérioration et la ruine d'une propriété, de faire exécuter les réparations nécessaires ou utiles pour l'amélioration des biens, ou de pourvoir à quelque autre besoin urgent.

§ UNIQUE. Dans tous ces cas, il n'agira qu'avec l'autorisation préalable du juge compétent, et la vente sera faite aux enchères publiques, en présence du ministère public.

ART. 77. Le curateur définitif ne peut également transiger sans autorisation de justice, ni répudier une succession échue à l'absent avant sa disparition ou ses dernières nouvelles, mais il doit l'accepter sous bénéfice d'inventaire.

SECTION IV.

DE LA CESSATION DE LA CURATELLE DÉFINITIVE.

ART. 78. La curatelle définitive cesse :

1° Par le retour de l'absent;

2° Par la nouvelle reçue de son existence;

3° Par la preuve acquise de son décès;

4° Par le laps de vingt années;

5° Lorsqu'il s'est écoulé quatre-vingt-quinze ans depuis la naissance de l'absent.

Art. 77. — *C. fr.*, art. 125, 2045.

Art. 78, 1°, 2°. — *C. fr.*, art. 131, 132. — *C. esp.*, art. 190, 1°, art. 194. — *C. ital.*, art. 39.

Art. 78, 3°. — *C. fr.*, art. 130. — *C. esp.*, art. 190, 2°. — *C. ital.*, art. 41.

Art. 78, 4°, 5°. — *C. fr.*, art. 129. — *C. esp.*, art. 191. — *C. ital.*, art. 36.

Les Codes français et italien exigent, dans ces deux derniers cas, un délai

§ UNIQUE. Dans le cas du n° 2, les curateurs définitifs seront considérés comme provisoires jusqu'à la comparution de l'absent lui-même ou de son représentant légal.

ART. 79. Dans chacun des trois derniers cas prévus à l'article précédent, les héritiers et autres intéressés demeurent déchargés de l'obligation de donner caution et peuvent disposer des biens de l'absent comme des leurs.

ART. 80. Après vingt ans d'absence, ou lorsqu'il s'est écoulé quatre-vingt-quinze ans depuis la naissance de l'absent, si celui-ci reparaît, ou s'il se présente un de ses descendants ou ascendants, il ne leur sera remis que les biens encore existants, dans l'état où ils se trouvent, ou ceux acquis en remploi des biens délivrés aux héritiers ou autres intéressés, ou le prix des biens vendus par ceux-ci depuis l'expiration du temps dont il s'agit.

§ UNIQUE. Le droit ainsi accordé aux descendants et ascendants se prescrit par dix ans à compter de la cessation de la curatelle définitive.

ART. 81. S'il se présente des héritiers de l'absent autres que

---

de trente ans ou une période de cent ans; le Code espagnol, trente ans et quatre-vingt-dix ans.

Voir art. 83, 87, 91 et 95.

Art. 79. — *C. fr.*, art. 129. — *C. esp.*, art. 193. — *C. ital.*, art. 36-38.

Art. 80. — *C. fr.*, art. 132. — *C. esp.*, art. 194. — *C. ital.*, art. 39.

Art. 80, § UNIQUE. — *C. fr.*, art 133. — *C. ital.*, art. 40.

Les Codes français et italien fixent à trente ans, à compter de l'envoi définitif, le terme de la prescription. Par contre, ils réservent le droit de revendication aux seuls descendants et n'y admettent pas les ascendants.

Voir art. 89 et 94.

ceux mentionnés à l'article précédent, ils ne pourront réclamer ses biens que jusqu'à l'expiration des vingt années dont il est parlé en l'article 78, n° 4.

CHAPITRE III.

DE L'ADMINISTRATION DES BIENS DE L'ABSENT MARIÉ.

SECTION PREMIÈRE.

DE L'ADMINISTRATION DES BIENS DE L'ABSENT MARIÉ QUI N'A PAS D'ENFANTS.

Art. 82. Si l'absent est marié et après que son absence aura été établie de la manière indiquée au chapitre précédent, il sera procédé, ses héritiers présomptifs dûment appelés, à l'inventaire et au partage ou à la séparation de biens, selon le régime établi par le contrat de mariage.

Art. 83. Si l'absent n'a pas laissé d'enfants, le conjoint présent conserve l'administration de tout le ménage pendant vingt ans, à compter de la disparition ou des dernières nouvelles de l'absent, ou pendant le temps à courir jusqu'à ce qu'il se soit écoulé quatre-vingt quinze ans depuis la naissance de l'absent, comme il est dit en l'article 78, n° 5.

Art. 84. L'époux présent peut disposer librement de ses biens dès qu'il a été procédé à l'inventaire et au partage ou à la séparation de biens.

Art. 82. — *C. fr.*, art. 124, 126.

Art. 83. — *C. fr.*, art. 124. — *C. esp.*, art. 188.

Art. 84. — *C. fr.*, art. 124. — *C. esp.*, art. 188.

Voir art. 86 et 89.

On doit remarquer que la femme de l'absent a des droits plus étendus que la femme séparée de corps et de biens, cette dernière n'ayant pas le droit de disposer de ses biens. (Voir art. 1215, 1216.)

Art. 85. L'époux présent a, relativement aux biens de l'absent, les mêmes droits et obligations que les curateurs définitifs, sauf que la totalité des fruits et revenus lui appartient.

Art. 86. Si l'époux absent reparaît avant l'expiration du délai fixé par l'article 83, la société conjugale continuera dans les conditions où elle avait été formée.

Art. 87. Après vingt ans écoulés, ou lorsque l'absent a atteint l'âge indiqué par l'article 78, n° 5, ou quand son décès est certain, ses héritiers reconnus peuvent entrer en possession de ses biens et en disposer librement.

§ unique. L'époux administrateur a, dans ce cas, son droit d'apanage, conformément à l'article 1231.

Art. 88. Si l'époux présent décède avant le terme fixé par l'article précédent, les biens de l'absent seront de même remis à ses héritiers, qui seront réputés curateurs définitifs, et au compte de qui s'imputera le temps de l'administration de l'époux décédé.

Art. 89. Si l'époux absent reparaît après le terme fixé par l'article 83, il reprendra ses biens dans les conditions indiquées à l'article 80; mais, si l'époux présent est encore vivant, la communauté de biens qui pouvait exister ne sera pas de plein droit rétablie; elle ne le sera que si les époux en conviennent de nouveau par acte public.

Art. 85. — *C. ital.*, art. 30.
Art. 86. — *C. fr.*, art. 124.
Art. 87. — *C. fr.*, art. 129, 130. — *C. esp.*, art. 190. — *C. ital.*, art. 34.
Art. 87, § unique. — *C. ital.*, art. 26, § 5.
Art. 89. — *C. fr.*, art. 132. — *C. esp.*, art. 194. — *C. ital.*, art. 39.

§ UNIQUE. Si des ascendants ou descendants successibles se présentaient dans le délai du présent article, il leur serait fait application des dispositions de l'article 80.

SECTION II.

DE L'ADMINISTRATION DES BIENS DE L'ABSENT MARIÉ QUI A DES ENFANTS.

ART. 90. Lorsque l'absent aura laissé un conjoint et des enfants nés du mariage, il sera procédé, comme s'il n'y avait pas d'enfants, à l'inventaire et au partage ou à la séparation de biens, avec cette seule différence que les biens formant la part de l'absent seront partagés entre les enfants.

ART. 91. Si les enfants sont majeurs ou émancipés, ils pourront être mis en possession des biens qui leur seront échus et les administrer comme leurs; ils ne pourront toutefois les aliéner qu'après dix ans écoulés depuis le jour de la disparition de l'absent ou la date de ses dernières nouvelles, sauf dans les cas et suivant le mode déterminés dans l'article 76 et son paragraphe.

§ UNIQUE. Les biens sujets à dépérissement ou à dépréciation, ou dispendieux à conserver, pourront être aliénés pour ce motif, avant l'expiration du délai dont il s'agit, avec autorisation de justice. Le prix de vente sera employé en biens productifs de revenus.

ART. 92. Si les enfants sont mineurs, les dispositions des articles 137 et suivants seront observées en ce qui concerne tant la personne de ces enfants que les biens qui leur seront échus.

Art. 89, § UNIQUE. — *C. fr.*, art. 133. — *C. ital.*, art. 40.

Art. 92. — *C. fr.*, art. 141, 142. — *C. esp.*, art. 189. — *C. ital.*, art. 46, 47.

Art. 93. Si l'absent a laissé d'autres enfants qui aient des droits à sa succession, les prescriptions des articles précédents seront observées à leur égard.

Art. 94. Si l'absent reparaît après le terme fixé par l'article 91, il recouvrera seulement les biens qui se trouveront encore en la possession de ses enfants, et ceux qui auront été acquis en remploi ou achetés avec le prix des biens vendus.

SECTION III.

DE L'ABSENCE SIMULTANÉE OU SUCCESSIVE.

Art. 95. En cas de disparition simultanée ou successive des deux époux laissant des enfants majeurs, ceux-ci pourront, en justifiant de l'absence de leurs parents, conformément à l'article 64, être mis en possession de leurs biens et les administrer librement selon les conventions faites entre eux; mais ils ne pourront les aliéner que dans les cas et selon le mode de l'article 91 et de son paragraphe.

Art. 96. Si les enfants sont mineurs, il sera procédé à l'inventaire et au partage, comme si les absents étaient décédés, sans préjudice de ce qui est ordonné dans la dernière partie de l'article précédent.

Art. 93. — *C. fr.*, art. 143.

Il s'agit ici des enfants qui ne sont pas issus du mariage, par exemple des enfants d'un premier lit ou des enfants naturels reconnus.

Art. 96. — *C. fr.*, art. 142. — *C. ital.*, art. 47.

TITRE IX.

DE L'INCAPACITÉ QUI RÉSULTE DE LA MINORITÉ ET DES MOYENS D'Y SUPPLÉER.

CHAPITRE PREMIER.

DISPOSITIONS GÉNÉRALES.

Art. 97. Sont mineurs les individus de l'un et de l'autre sexe qui n'ont pas encore l'âge de vingt et un ans accomplis.

Art. 98. Les mineurs sont incapables d'exercer les droits civils, et leurs actes et contrats ne peuvent leur imposer d'obligation juridique, sauf dans les cas formellement exceptés par la loi.

Art. 99. Les contrats passés illégalement par les mineurs ne peuvent toutefois être attaqués par les autres parties à raison de l'incapacité du mineur.

Titre IX. — *C. fr.*, l. I, tit. x et xi. — *C. esp.*, l. I, tit. ix, x et xi. — *C. ital.*, l. I, tit. ix, x, chap. i et xi. — *C. autr.*, 1re partie, chap. iv. — *C. holl.*, l. I, tit. xiv. — *C. Grisons*, 1re partie, sect. ii, chap. i. — *C. Zurich*, l. IV, sect. iii. — *Projet allemand*, l. I, sect. ii, tit. iii; l. IV, sect. iii, tit. i.

Art. 97. — *C. fr.*, art. 388. — *C. esp.*, art. 320. — *C. ital.*, art. 240. Le Code espagnol fixe la majorité à vingt-trois ans. L'ancienne législation portugaise la fixait à vingt-cinq.

Voir art. 299, 305, 311, 1433, 1535, 1536, 1764, 3°, et 2510, 3°.

Art. 98. — *C. fr.*, art. 1124, 1304, 1305, 1314. — *C. esp.*, art. 32, 200, 1263. — *C. ital.*, art. 1106, 1303.

Voir art. 299, 698, 1058, 1433, 1535, 1536, 1764, etc.

Art. 99. — *C. fr.*, art. 1125. — *C. esp.*, art. 1302. — *C. ital.*, art. 1107.

Voir art. 695, 700, 822, 1433 et 1535.

Art. 100. Il est suppléé à l'incapacité des mineurs par la puissance paternelle et, à son défaut, par la tutelle.

CHAPITRE II.

DE LA PUISSANCE PATERNELLE.

SECTION PREMIÈRE.

DES ENFANTS LÉGITIMES.

Art. 101. Sont réputés légitimes les enfants nés d'un mariage légalement contracté, après cent quatre-vingts jours écoulés depuis la célébration de ce mariage, ou dans les trois cents jours qui ont suivi sa dissolution ou la séparation des époux judiciairement prononcée.

Art. 102. La légitimité de l'enfant né dans les cent quatre-vingts jours qui ont suivi la célébration du mariage ne peut toutefois être contestée :

1° Si le mari a connu, avant le mariage, la grossesse de la femme;

2° Si le mari présent a laissé inscrire dans l'acte de naissance l'enfant comme étant de lui, ou s'il a, de toute autre manière, reconnu sa paternité.

Art. 100. — Voir art. 185 et 187.

Chapitre II. — *C. fr.*, l. I, tit. VII et IX. — *C. esp.*, l. I, tit. V et VII. — *C. ital.*, l. I, tit. VI et VIII. — *C. autr.*, 1re partie, chap. III. — *C. holl.*, l. I, tit. XIII et XIV. — *C. Grisons*, 1re partie, sect. I, chap. I, B. V, VI. — *C. Zurich*, l. IV, sect. II. — *Projet allemand*, l. IV, sect. II.

Art. 101. — *C. fr.*, art. 312, 315. — *C. esp.*, art. 108. — *C. ital.*, art. 159, 160.

Voir art. 103, 105, 1233, 1234 et 2468.

Art. 102. — *C. fr.*, art. 314. — *C. esp.*, art. 110. — *C. ital.*, art. 161.

Art. 103. La présomption de légitimité des enfants nés pendant le mariage après cent quatre-vingts jours écoulés depuis sa célébration, ou dans les trois cents jours qui ont suivi sa dissolution ou la séparation des époux, ne peut être détruite que s'il est prouvé que le mari a été dans l'impossibilité physique de cohabiter avec sa femme durant les cent vingt et un premiers jours au moins de la période de trois cents jours qui a précédé la naissance de l'enfant.

Art. 104. La présomption que l'enfant né plus de trois cents jours après la séparation des époux n'a pas pour père le mari peut être détruite; il faut pour cela prouver que cet enfant est réellement celui du mari.

§ unique. Cette preuve peut se faire par les moyens indiqués en l'article 119, nos 1 et 2 et § 1 et 2.

Art. 105. L'impuissance du mari ne peut être alléguée pour contester la légitimité de l'enfant que si elle est postérieure au mariage et si elle n'est pas imputée à la vieillesse.

Art. 103. — *C. fr.*, art. 312, § 2. — *C. esp.*, art. 108, § 2. — *C. ital.*, art. 162.

Art. 104. — *C. fr.*, art. 315. — *C. esp.*, art. 111. — *C. ital.*, art. 169.

La jurisprudence considère cet article comme applicable au cas où, durant l'instance en séparation de corps, un domicile distinct a été assigné à la femme.

Voir art. 1206, § 4, et Règlement du 12 mars 1868, art. 2, § 1, et 3, § unique.

Art. 105. — *C. fr.*, art. 313. — *C. ital.*, art. 164.

Le Code français ne fait aucune différence selon que l'impuissance est postérieure ou antérieure au mariage. Le Code italien exige que l'impuissance soit manifeste.

Le mariage catholique peut être annulé par les tribunaux ecclésiastiques pour cause d'impuissance antérieure au mariage (art. 1086); les enfants n'en sont pas moins légitimes en vertu des articles 1091 et 1092.

Art. 106. La légitimité de l'enfant ne peut être contestée que par le père ou par ses héritiers, en se conformant aux articles suivants.

Art. 107. Le mari ne peut contester la légitimité de l'enfant, dans les cas où la loi le permet, qu'à la condition de former sa demande en justice dans les soixante jours de la naissance, s'il se trouve sur les lieux à ce moment, ou, dans le cas contraire, dans les cent vingt jours après son retour.

§ unique. Si la naissance de l'enfant lui a été cachée, il pourra intenter l'action dans les cent vingt jours à compter de celui où il aura eu connaissance de la fraude.

Art. 108. Les héritiers du mari ne peuvent contester la légitimité des enfants nés durant le mariage que dans les cas suivants:

1° Si le mari, se trouvant présent, avait commencé le procès et ne s'en est pas désisté;

2° S'il est mort, étant encore dans le délai utile pour intenter l'action;

3° Si l'enfant est né après la mort du mari.

Art. 109. L'action des héritiers se prescrit par un laps de

Art. 106. — *C. fr.*, art. 317.

Art. 107. — *C. fr.*, art. 316. — *C. esp.*, art. 113. — *C. ital.*, art. 166. Les délais ne sont pas les mêmes dans les trois législations.

Art. 108. — *C. fr.*, art. 317. — *C. esp.*, art. 112. — *C. ital.*, art. 167, 169.

Art. 109. — *C. fr.*, art. 317. — *C. esp.*, art. 113. — *C. ital.*, art. 167. Le Code espagnol fait courir le délai à partir de l'inscription de la naissance sur le registre et le fait varier, comme pour le père présumé, suivant que les héritiers sont ou non présents.

soixante jours à compter de celui où l'enfant est entré en possession des biens de son père putatif, ou du jour où ils ont été troublés par cet enfant dans la possession de la succession.

Art. 110. Nul n'est considéré comme enfant, pour les effets légaux de la filiation, s'il n'est prouvé qu'il est né vivant et ayant figure humaine.

Art. 111. Le droit de l'enfant légitime de réclamer l'état qui lui appartient est imprescriptible.

Art. 112. Les héritiers de l'enfant peuvent suivre l'action en réclamation d'état commencée par lui; mais ils ne peuvent l'intenter eux-mêmes que si l'enfant qui n'a pas réclamé est mort dans les quatre ans qui ont suivi son émancipation ou sa majorité, ou s'il est tombé en démence dans le même délai et est mort en cet état.

§ unique. L'action des héritiers se prescrit par quatre ans à compter de la mort de l'enfant.

Art. 113. Dans tous les cas où la présomption de légitimité est contestée judiciairement, si l'enfant est mineur, il lui sera donné un tuteur choisi parmi les parents de la mère, s'il en existe, et celle-ci doit toujours être mise en cause.

§ unique. Le tuteur sera nommé par un conseil de famille composé de parents de la mère, ou, à leur défaut, d'amis de celle-ci.

Art. 110. — *C. fr.*, art. 314, 3°, art. 725, 2°. — *C. esp.*, art. 30, 745, 1°. — *C. ital.*, art. 161, 3°, art. 724, 2°.

Art. 111. — *C. fr.*, art. 328. — *C. esp.*, art. 118. — *C. ital.*, art. 177.

Art. 112. — *C. fr.*, art. 329, 330. — *C. esp.*, art. 118. — *C. ital.*, art. 178.

Art. 113. — *C. fr.*, art. 318. — *C. ital.*, art. 168.

SECTION II.

DE LA PREUVE DE LA FILIATION LÉGITIME.

Art. 114. La filiation légitime se prouve par les registres de naissance, et, à défaut de registres, par tout autre document authentique, et, à défaut de documents, par la possession d'état prouvée par écrits ou par témoins.

Art. 115. La possession d'état, dans ce cas, consiste dans le fait d'avoir été reconnu et traité comme enfant, tant par les père et mère que par leurs familles et par la société.

Art. 116. A défaut de registres de naissance, de documents authentiques et de possession d'état, la filiation légitime peut être prouvée par tout autre moyen, lorsqu'il y a commencement de preuve résultant d'écrits émanés du père et de la mère, soit ensemble, soit séparément.

Art. 117. Nul ne peut réclamer un état contraire à celui qui résulte des registres de naissance confirmés par la possession d'état; et réciproquement nul ne peut contester l'état ainsi établi.

Art. 118. La réclamation d'état peut être combattue par toute espèce de preuve, écrite ou testimoniale.

Art. 114. — *C. fr.*, art. 319, 320. — *C. esp.*, art. 115, 116. — *C. ital.*, art. 170, 171.

Voir art. 2445 et suiv.

Art. 115. — *C. fr.*, art. 321. — *C. ital.*, art. 172.

Art. 116. — *C. fr.*, art. 323, 324. — *C. esp.*, art. 117. — *C. ital.*, art. 174, 175.

Art. 117. — *C. fr.*, art. 322. — *C. ital.*, art. 173.

Art. 118. — *C. fr.*, art. 325. — *C. ital.*, art. 176.

SECTION III.

DES ENFANTS LÉGITIMES.

Art. 119. Le mariage légitime les enfants nés des époux avant la célébration :

1° Lorsque ces enfants sont reconnus par les père et mère dans l'acte de mariage, ou l'ont été dans leur acte de naissance, ou par testament ou acte public, antérieur ou postérieur au mariage;

2° Lorsque ces enfants prouvent leur filiation par décision de justice rendue sur leur demande.

§ 1. La reconnaissance dont il s'agit au n° 1 peut être contestée par tous ceux qui y ont intérêt.

§ 2. Les demandes dont il s'agit au n° 2 sont soumises aux dispositions des articles 130 et 133.

§ 3. Les effets de la légitimation se produisent, dans tous les cas, à compter du jour du mariage.

Art. 119, 1°. — *C. fr.*, art. 331. — *C. esp.*, art. 121. — *C. ital.*, art. 194, 199.

Le Code français n'admet pas que la reconnaissance soit faite postérieurement au mariage.

Voir art. 123, 2445, 4°, 2467, 2469, 2488, 2489 et 2491.

Art. 119, 2°. — *C. esp.*, art. 125, 126, 133. — *C. ital.*, art. 198, 200.

Les Codes espagnol et italien admettent un mode de légitimation par lettre ou décret royal, qu'admettait également l'ancien droit portugais et qui est tout à fait inconnu dans notre droit français moderne; il existe par contre dans le Code hollandais, le Code autrichien et la loi autrichienne du 9 août 1854, le Code prussien et la loi russe du 6 février 1850.

Voir la note sous l'article 121.

Art. 119, § 1. — *C. fr.*, art. 339. — *C. esp.*, art. 128. — *C. ital.*, art. 188.

Voir art. 126-128.

Art. 119, § 3. — *C. fr.*, art. 333. — *C. esp.*, art. 123. — *C. ital.*, art. 197.

Art. 120. La légitimation profite tant aux enfants qu'à leurs descendants, si lesdits enfants sont décédés antérieurement.

Art. 121. Les enfants légitimés par mariage subséquent sont assimilés, sous tous les rapports, aux enfants légitimes.

SECTION IV.

DES ENFANTS NATURELS RECONNUS.

Art. 122. Peuvent être reconnus tous enfants illégitimes, excepté :

1° Les enfants adultérins;

2° Les enfants incestueux.

§ 1. Sont adultérins les enfants nés d'une personne mariée à l'époque de la conception, et d'une autre que son conjoint.

Si la reconnaissance des père et mère a été faite postérieurement au mariage, le Code italien ne confère aux enfants les avantages de la légitimité qu'à partir du jour de la reconnaissance. De même, la légitimation par décret royal ne produit ses effets qu'à partir de la date du décret. (*C. ital.*, art. 201.)

Art. 120. — *C. fr.*, art. 332. — *C. esp.*, art. 124. — *C. ital.*, art. 196.

Art. 121. — *C. fr.*, art. 333. — *C. esp.*, art. 122, 127. — *C. ital.*, art. 194, 197, 201.

La légitimation par décret royal, admise dans les Codes espagnol et italien (voir la note sous l'article 119, 2°), produit des effets moins étendus que la légitimation par mariage subséquent. (*C. esp.*, art. 127; *C. ital.*, art. 201.)

Voir art. 1988, 1999, 2002, 2005.

Art. 122. — *C. fr.*, art. 335. — *C. esp.*, art. 119, 129. — *C. ital.*, art. 180.

Voir art. 124, 125 et 132.

Avant le Code civil portugais, les enfants naturels de père noble ne pouvaient être reconnus qu'avec l'autorisation du roi. (*Ord*[es], l. I, tit. III, § 1.)

§ 2. On entend par incestueux, pour l'application du présent article :

1° Les enfants nés de parents ou d'alliés en ligne directe à quelque degré que ce soit;

2° Les enfants nés de parents en ligne collatérale jusqu'au deuxième degré inclusivement.

Art. 123. La reconnaissance peut être faite par le père et la mère ensemble et d'accord, ou par l'un ou l'autre séparément, pourvu que ce soit dans l'acte de naissance ou par écrit, testament ou acte public.

Art. 124. Quand le père ou la mère font séparément la reconnaissance, ils ne pourront révéler dans le document écrit le nom de l'autre parent, ni indiquer les circonstances propres à le faire connaître.

Art. 125. Il suffit pour la validité de la reconnaissance, faite par le père ou par la mère séparément, qu'il ou qu'elle fût habile à contracter mariage dans les cent vingt premiers jours des trois cents qui ont précédé la naissance de l'enfant.

Art. 126. L'enfant majeur ne peut être reconnu sans son consentement.

Art. 123. — *C. fr.*, art. 334, 336, 337. — *C. esp.*, art. 129, 131. — *C. ital.*, art. 179, 181.

Art. 124. — *C. fr.*, art. 336. — *C. esp.*, art. 132. — *C. ital.*, art. 182.

Art. 125. — *C. esp.*, art. 130.

Art. 126. — *C. esp.*, art. 133.

Le décret du 29 septembre 1852 n'exigeait pas ce consentement.

Art. 127. Celui qui est reconnu durant sa minorité pourra contester la reconnaissance dans les quatre ans qui suivront son émancipation ou sa majorité.

Art. 128. La reconnaissance faite par le père ou la mère et la contestation élevée par l'enfant peuvent être attaquées par tous ceux qui y ont intérêt.

Art. 129. L'enfant reconnu volontairement ou par décision de justice acquiert le droit :

1° De porter les noms de ses père et mère;

2° De leur réclamer des aliments;

3° De leur succéder, ou de prendre une part de leur succession, conformément aux dispositions des articles 1989 à 1992.

SECTION V.

DE LA RECHERCHE DE LA PATERNITÉ ILLÉGITIME.

Art. 130. La recherche par voie d'action en justice de la paternité illégitime est interdite, excepté dans les cas suivants :

1° S'il existe un écrit dans lequel le père reconnaisse expressément sa paternité;

Art. 127. — *C. fr.*, art. 339. — *C. esp.*, art. 133, § 3. — *C. ital.*, art. 188.

Art. 128. — *C. fr.*, art. 339. — *C. esp.*, art. 138. — *C. ital.*, art. 188.

Art. 129, 1°. — *C. esp.*, art. 134, 1°. — *C. ital.*, art. 185.

Art. 129, 2°. — *C. fr.*, art. 385, 2°. — *C. esp.*, art. 134, 2°. — *C. ital.*, art. 186, 187.

Art. 129, 3°. — *C. fr.*, art. 338, 723, 756. — *C. esp.*, art. 134, 3°, art. 939. — *C. ital.*, art. 745.

Art. 130, 1°. — *Sic : C. esp.*, art. 135, 1°. — *Contra : C. fr.*, art. 340. — *C. ital.*, art. 189.

2° Si l'enfant a la possession d'état conformément à l'article 115;

3° Dans le cas de viol ou de rapt, si l'époque de la naissance, déterminée suivant l'article 101, coïncide avec celle du fait délictueux.

Art. 131. La recherche de la maternité est permise, mais l'enfant doit prouver, par l'un des moyens de preuve ordinaires, qu'il est identiquement le même que celui dont la prétendue mère est accouchée.

Art. 132. L'action tendant à la recherche de la paternité ou de la maternité n'est cependant pas recevable dans les cas où la reconnaissance est interdite.

Art. 133. La recherche, par voie d'action en justice, de la

Art. 130, 2°. — *Sic : C. esp.*, art. 135, 2°. — *Contra : C. fr.*, art. 340. — *C. ital.*, art. 188.

La possession d'état à laquelle cet article se réfère consiste dans le fait d'avoir été regardé et traité comme enfant, tant par le père et la mère, que par leurs familles et le public. On voit que cet état défini par l'article 115 diffère un peu de celui qu'on entend ordinairement, puisqu'il comprend la reconnaissance tacite par la famille. (V. R. de la Grasserie, *De la recherche et des effets de la paternité naturelle.* Paris, 1893.)

Art. 130, 3°. — *Sic: C. fr.*, art. 340. — *C. esp.*, art. 135, 3°. — *C. ital.*, art. 188.

Art. 131. — *C. fr.*, art. 341. — *C. esp.*, art. 136. — *C. ital.*, art. 190.

Le Code français, pour la recherche de la maternité, n'admet la preuve par témoins que s'il y a commencement de preuve par écrit. Le Code italien l'admet encore quand les présomptions et les indices résultant de faits déjà certains sont assez graves pour en déterminer l'admission. Le Code espagnol, comme le Code portugais, l'admet en toute hypothèse.

Art. 132. — *C. fr.*, art. 342. — *C. esp.*, art. 141. — *C. ital.*, art. 193.

Art. 133. — *C. esp.*, art. 137, 1° et 2°.

Dans l'hypothèse prévue au 2°, le Code espagnol fixe, pour intenter l'action, un délai de six mois à partir de la découverte du document.

paternité ou de la maternité ne peut avoir lieu que durant la vie des prétendus parents, excepté dans les cas suivants :

1° Si les père et mère sont décédés pendant la minorité de l'enfant; auquel cas celui-ci peut former sa demande même après leur décès, pourvu qu'il l'intente avant l'expiration de quatre années à compter de son émancipation ou de sa majorité;

2° Si l'enfant vient à découvrir un titre écrit et signé de ses père et mère, dans lequel ceux-ci révèlent leur paternité; dans ce cas, il peut former sa demande à quelque époque qu'il ait obtenu ce titre; le tout sans préjudice des règles générales concernant la prescription des biens.

SECTION VI.

DES BÂTARDS (*FILHOS ESPURIOS*).

Art. 134. On appelle enfants bâtards ceux qui ne peuvent être reconnus.

Art. 135. Les enfants bâtards n'ont le droit de réclamer à leurs père et mère que les aliments nécessaires; pour tout le reste, ils sont considérés comme absolument étrangers à leurs père et mère et à la famille de ceux-ci.

Art. 136. Le bâtard ne pourra agir à cette fin contre ses père et mère que si le fait de la paternité ou de la maternité se trouve établi par un procès civil ou criminel entre ses père et mère ou entre autres parties, ou dans le cas du n° 3 de l'article 130, si le fait est prouvé judiciairement.

Art. 135. — *C. fr.*, art. 762, 764. — *C. esp.*, art. 139. — *C. ital.*, art. 193, 743, 752.

Art. 136. — *C. esp.*, art. 140. — *C. ital.*, art. 193.

SECTION VII.

DE LA PUISSANCE PATERNELLE DURANT LE MARIAGE.

Art. 137. Il appartient aux père et mère de gouverner la personne des enfants mineurs, de les protéger et d'administrer leurs biens; l'ensemble de ces droits constitue la puissance paternelle.

Art. 138. La mère participe à la puissance paternelle et doit être consultée sur tout ce qui regarde les intérêts des enfants; mais c'est au père, comme chef de la famille, qu'il appartient spécialement, durant le mariage, de diriger, de représenter et de défendre ses enfants mineurs, tant en justice que partout ailleurs.

Art. 139. Lorsque le père est absent ou autrement empêché, il sera remplacé par la mère.

Art. 140. Les père et mère doivent donner à leurs enfants les

---

Art. 137. — *C. fr.*, art. 372, 384. — *C. esp.*, art. 154, 159. — *C. ital.*, art. 220, 224, 228.

Art. 138. — *C. fr.*, art. 373. — *C. esp.*, art. 154, 155. — *C. ital.*, art. 220, 224, 231.

Voir art. 155 et 322.

Le droit antérieur ne donnait pas la puissance paternelle à la mère, même après la mort du père (*Ord*[ce], liv. IV, tit. LXXXI, § 3).

Art. 139. — *C. fr.*, art. 141, 373, 381, 384. — *C. esp.*, art. 154. — *C. ital.*, art. 220, § 3.

Dans la législation française, le père seul, tant qu'il vit, a durant le mariage l'exercice de la puissance paternelle (sauf l'exception contenue à l'art. 9 de la loi du 24 juillet 1889).

Art. 140. — *C. fr.*, art. 203, 204, 385, 2°. — *C. esp.*, art. 155, 1°. — *C. ital.*, art. 147, 230, 1°.

Voir art. 243, 2°.

aliments nécessaires et une occupation convenable, selon leurs moyens et leur condition.

Art. 141. Le pouvoir des père et mère sur la personne de leurs enfants mineurs ne comporte aucune mesure de garantie préventive; mais, en cas d'abus, les père et mère pourront être, à la requête de la famille ou du ministère public, punis selon le droit commun et destitués du droit de gouverner la personne et les biens de leurs enfants.

§ unique. Si le père est destitué du gouvernement de la personne et des biens du mineur, il sera donné à celui-ci, par le conseil de famille, un tuteur ou un administrateur.

Art. 142. L'enfant doit, en tout temps, honneur et respect à ses père et mère, et, durant sa minorité, obéissance à leurs ordres en tout ce qui n'est pas illicite.

Art. 141. — *L. fr.* *24 juillet 1889*, art. 2. — *C. esp.*, art. 169, 171.

Le Code espagnol reconnaît comme cause légitime de séparation l'effort du mari ou de la femme pour corrompre leurs fils ou prostituer leurs filles, ainsi que leur connivence pour cette corruption et cette prostitution (art. 105, 5°). Et lorsque le jugement de séparation a été prononcé pour un tel motif, ses effets subsistent à l'égard des enfants, nonobstant la réconciliation intervenue ultérieurement entre les parents. Dans ce cas, si les enfants restent soumis à la puissance paternelle, le tribunal doit prendre les mesures propres à les préserver de la corruption ou de la prostitution (art. 74).

Art. 141, § unique. — *C. ital.*, art. 233.

Lire dans le *Bull. de la Soc. de Lég. comp.* de 1880 (p. 113) une étude de M. Pradines sur les limites apportées à la puissance paternelle par les législations étrangères dans les principaux pays de l'Europe.

Voir, pour la mère tutrice, art. 161 et la note.

Le Code de Proc. civ. (art. 436 et suiv.) trace les règles à suivre dans les instances en destitution de la puissance paternelle.

Art. 142. — *C. fr.*, art. 371. — *C. esp.*, art. 154. — *C. ital.*, art. 220, 221.

ART. 143. Si l'enfant est désobéissant et incorrigible, les père et mère pourront recourir à l'autorité judiciaire pour le faire détenir dans la maison de correction à ce destinée, pendant le temps que cette autorité juge convenable et qui ne pourra d'ailleurs excéder trente jours.

§ UNIQUE. Le père a toutefois la faculté de faire cesser la détention ordonnée.

ART. 144. Les père et mère ont la propriété et l'usufruit des biens acquis par l'enfant, pendant qu'il demeure avec eux, au moyen de valeurs ou capitaux leur appartenant, sauf le droit de récompenser l'enfant en lui donnant une partie de ces biens.

ART. 145. Les père et mère n'ont que l'usufruit des biens que l'enfant, demeurant avec eux, acquiert par son travail, son industrie et ses ressources propres, ou à titre gratuit.

Art. 143. — *C. fr.*, art. 375-377. — *C. esp.*, art. 156-158. — *C. ital.*, art. 222, 223.

Le Code français distingue suivant que l'enfant a plus ou moins de seize ans; les autres Codes semblent reconnaître en tout cas à l'autorité judiciaire un pouvoir d'appréciation.

Voir art. 243, 3°, et 1384, 1°.

Art. 143, § UNIQUE. — *C. fr.*, art. 379. — *C. esp.*, art. 158.

Le Code de Procédure civile (art. 668) exige l'audition du curateur des orphelins et du mineur et n'autorise la détention que des garçons, non des filles. — Voir la note sous l'art. 4 de la loi de promulgation.

Art. 144. — *C. fr.*, art. 384. — *C. esp.*, art. 161. — *C. ital.*, art. 228.

Le Code espagnol déclare que la part des profits ainsi abandonnée aux enfants ne sera pas imputable sur leur part héréditaire.

Art. 145. — *C. fr.*, art. 384, 387. — *C. esp.*, art. 159. — *C. ital.*, art. 228.

ART. 146. Les père et mère n'ont que l'administration :

1° Des biens donnés ou légués à l'enfant, sous la condition que ses père et mère n'en jouiront pas;

2° Des biens provenant à l'enfant d'une succession dont les père et mère ont été exclus pour indignité. Mais cette disposition ne concerne pas l'époux qui n'a pas été déclaré indigne.

ART. 147. Les père et mère n'ont ni l'usufruit ni l'administration :

1° Des biens que l'enfant acquiert par son travail ou son industrie, lorsqu'il vit séparément avec leur autorisation;

2° Des biens que l'enfant, demeurant ou non avec eux, acquiert par les armes, les lettres ou les arts libéraux;

3° Des biens donnés ou légués à l'enfant sous la condition qu'ils ne seront pas administrés par ses père et mère.

ART. 148. Les charges de l'usufruit des père et mère sont :

1° Celles que supporte en général tout usufruitier, sauf la caution;

Art. 146, 1°. — *C. fr.*, art. 387. — *C. esp.*, art. 162. — *C. ital.*, art. 229.

Art. 146, 2°. — *C. fr.*, art. 386. — *C. ital.*, art. 231.
Voir art. 1877 et 1979.

Art. 147, 1°. — *C. fr.*, art. 387. — *C. esp.*, art. 160. — *C. ital.*, art. 229, 4°.

Art. 147, 2°. — *C. ital.*, art. 229, 4°.

Art. 147, 3°. — *C. fr.*, art. 387. — *C. esp.*, art. 162. — *C. ital.*, art. 229, 1°.
Voir art. 1536, 2°.

Art. 148, 1°. — *C. fr.*, art. 385, 1°, art. 601. — *C. esp.*, art. 163, 166. — *C. ital.*, art. 230, 3°, art. 497, 2°.

2° Celle d'entretenir et d'élever convenablement leurs enfants, selon leur condition et leurs moyens;

3° Celle de payer toutes redevances ou intérêts en retard qui peuvent grever les biens soumis à l'usufruit.

§ UNIQUE. L'exception faite au n° 1 relativement à la caution cessera à l'égard du père, en cas de second mariage.

ART. 149. Le droit d'usufruit accordé aux père et mère s'éteint:

1° Par l'émancipation ou la majorité de l'enfant;

2° Par la condamnation criminelle des père et mère, si elle emporte destitution de la puissance paternelle;

3° Pour la mère, en cas de second mariage;

4° Pour le père ou la mère qui, après le décès de son conjoint, ne requiert pas inventaire dans le délai fixé par l'article 156;

5° Par la renonciation.

§ UNIQUE. La renonciation faite en faveur de l'enfant sera réputée comme valant donation.

Art. 148, 2°. — *C. fr.*, art. 385, 2°. — *C. esp.*, art. 155, 1°. — *C. ital.*, art. 230, 1°.

Art. 148, 3°. — *C. fr.*, art. 385, 3°. — *C. ital.*, art. 230, 2°.

Art. 148, § UNIQUE. — Voir, pour la caution que doit fournir la mère tutrice, art. 162, § unique.

Art. 149, 1°. — *C. fr.*, art. 384. — *C. esp.*, art. 167, 2°, art. 314, 320. — *C. ital.*, art. 228, 232.

Art. 149, 2°. — *L. fr. 24 juillet 1889*, art. 1, 2. — *C. esp.*, art. 169, 1°.

Art. 149, 3°. — *C. fr.*, art. 386, 395. — *C. esp.*, art. 168. — *C. ital.*, art. 232.

Art. 149, 4°. — *C. fr.*, art. 1442, § 2. — *C. esp.*, art. 264, 3°. — *C. ital.*, art. 232, 288.

Voir art. 156 et 162.

Art. 150. Les père et mère ne peuvent aliéner, hypothéquer ou autrement grever les biens de l'enfant, lorsqu'ils n'en ont que l'usufruit ou l'administration, s'il n'y a nécessité urgente ou avantage évident pour le mineur, et sans y être autorisés préalablement par justice, le ministère public entendu.

Art. 151. Si, durant l'exercice de la puissance paternelle, des biens échoient à l'enfant, et que la succession consiste en valeurs mobilières d'une importance considérable, les père et mère seront tenus de donner caution, si le juge le déclare nécessaire.

§ unique. Si les père et mère ne peuvent fournir la caution dont il s'agit, les valeurs seront mises en dépôt, ou, sur la demande des père et mère, converties en d'autres valeurs ou employées de façon productive, le plus sûrement possible, et les père et mère en percevront les revenus.

Art. 152. Les père et mère ne sont tenus de rendre compte de leur gestion que pour les biens dont ils sont seulement administrateurs.

§ unique. Ces comptes sont rendus devant le juge du lieu, tous les quatre ans, et les dispositions des articles 253, 254 et 255 sont applicables en ce qui concerne le reliquat actif ou passif.

Art. 150. — *C. fr.*, art. 457. — *C. esp.*, art. 164. — *C. ital.*, art. 224, § 2.

Aux termes de l'article 657, *C. Proc. civ.*, le mineur doit être appelé, s'il a l'âge de 14 ans; la vente ne peut avoir lieu qu'aux enchères publiques.

Art. 151. — *C. ital.*, art. 225, 226.

L'article 512, *C. Proc. civ.*, porte que le cautionnement peut être requis par tout parent et par le curateur des orphelins.

Art. 152. — *C. fr.*, art. 389.

Voir art. 224, 20°, et 255.

Art. 153. S'il s'élève entre les père et mère et leurs enfants mineurs des conflits d'intérêt dont la solution dépende de l'autorité publique, le juge compétent nommera aux enfants un tuteur *ad hoc* pour les représenter.

Art. 154. Les père et mère doivent remettre à l'enfant, dès qu'il est émancipé ou devenu majeur, s'il n'est incapable pour autre cause, tous les biens et revenus qui lui appartiennent conformément aux articles précédents.

§ unique. Les meubles dont le père avait l'usufruit seront rendus dans l'état où ils se trouvent; s'ils n'existent plus, le père en payera la valeur, à moins qu'ils n'aient été consommés par l'usage qu'en auraient fait en commun le père et l'enfant, ou qu'ils n'aient péri par cas fortuit.

SECTION VIII.

DE LA PUISSANCE PATERNELLE APRÈS LA DISSOLUTION DU MARIAGE.

Art. 155. Après la dissolution du mariage par la mort de l'un des époux, le survivant continue d'exercer la puissance paternelle, en se conformant aux règles suivantes.

Art. 156. L'époux survivant doit, dans les soixante jours qui suivent le décès de l'autre époux, requérir qu'il soit procédé à l'in-

---

Art. 153. — *C. esp.*, art. 165. — *C. ital.*, art. 224, § 3 et 4.

Le Code espagnol recommande de choisir de préférence pour cette fonction le parent du mineur à qui appartiendrait éventuellement la tutelle légitime. Voir art. 258, 1°.

Art. 154. — *C. fr.*, art. 389, § 2, art. 453. — *C. ital.*, art. 234.

Art. 155. — *C. fr.*, art. 381, 384, 390. — *C. esp.*, art. 154, 155, 159, 168. — *C. ital.*, art. 220, § 4.

Art. 156. — *C. fr.*, 451-453, 1442. — *C. esp.*, art. 264, 3°. — *C. ital.*, art. 281-284, 288.

ventaire des biens qui appartiennent au mineur ou qui doivent être partagés entre le mineur et lui.

§ UNIQUE. Faute par lui de remplir cette obligation, il perdra l'usufruit des biens de l'enfant.

ART. 157. Si, lors du décès du mari, la femme est enceinte, elle doit, dans les vingt jours, ou dès qu'elle connaît sa grossesse, faire constater son état par le juge des orphelins compétent, afin qu'il nomme un curateur au ventre, qui se charge provisoirement des biens éventuels de l'enfant à naître.

§ UNIQUE. Cette curatelle ne dure que le temps de la grossesse.

ART. 158. Le curateur des orphelins provoquera la confection et la clôture de l'inventaire, et requerra ce que de droit dans l'intérêt des mineurs, sous peine de dommages et intérêts.

ART. 159. Le père peut nommer, par son testament, un ou plusieurs conseils pour diriger ou conseiller la mère veuve dans certains cas déterminés, ou dans tous ceux où le bien de l'enfant l'exigera.

§ UNIQUE. Ce droit n'appartiendra pas au père qui est, à l'époque de son décès, destitué de la puissance paternelle.

ART. 160. Peuvent seuls être nommés conseils de la mère ceux qui peuvent être tuteurs.

Art. 157. — *C. fr.*, art. 393. — *C. ital.*, art. 236.

Art. 158. — Voir, pour la nature des fonctions de ce magistrat, la note sous l'article 220.

Art. 159. — *C. fr.*, art. 391, 392. — *C. ital.*, art. 235.

Art. 161. La mère qui, au préjudice de ses enfants, refuse de suivre l'avis du conseil nommé par le père, ou abuse en quelque façon de son autorité maternelle, pourra être privée, par délibération du conseil de famille, à la requête dudit conseil, du curateur ou de tout parent des enfants, du gouvernement de la personne et des biens de ceux-ci.

§ unique. Dans ce cas, le conseil de famille nommera un tuteur aux enfants mineurs en se conformant aux articles 185 et suivants.

Art. 162. La mère qui contracte un second mariage perdra, outre l'usufruit des biens de ses enfants mineurs, l'administration de ces mêmes biens, à moins qu'elle ne soit maintenue dans cette administration par délibération du conseil de famille; mais elle conservera la puissance maternelle sur la personne de ses enfants, et pourra exiger que le conseil de famille fixe le chiffre de la dépense mensuelle à faire pour eux.

§ unique. La mère remariée, lorsqu'elle est maintenue par déli-

---

Art. 161. — La loi portugaise a ainsi contre les abus de pouvoirs ou l'inconduite de la mère tutrice un certain caractère préventif. A l'égard du père exerçant la puissance paternelle, on pourrait croire, aux termes de l'article 141, qu'elle n'a qu'un caractère purement répressif. Ce serait mal interpréter l'intention du législateur. Le père qui abuse de son autorité peut, comme la mère, être déchu, alors même que le fait dont il s'est rendu coupable ne serait pas puni par la loi pénale. (Dias Ferreira, *Codigo civil portuguez annotado*, t. I, p. 185.)

Art. 162. — *C. fr.*, art. 395. — *C. esp.*, art. 168. — *C. ital.*, art. 237, 238.

D'après le Code espagnol, la mère qui se remarie perd de plein droit la puissance paternelle, à moins que son mari n'ait expressément décidé le contraire dans son testament.

Art. 162, § unique. — La loi hypothécaire espagnole avait pris des précautions particulières dans l'intérêt des enfants dont la mère convolait en secondes

bération du conseil de famille dans l'administration des biens de ses enfants, est tenue de fournir la caution que le conseil juge nécessaire, s'il ne croit pas convenable de l'en dispenser.

Art. 163. Si la mère remariée est maintenue dans l'administration des biens de ses enfants, son second mari sera responsable solidairement avec elle des suites dommageables de sa gestion.

§ unique. Si la mère est privée de l'administration des biens de ses enfants, le conseil de famille désignera, pour administrer ces biens, une personne qui aura les mêmes droits et les mêmes devoirs qu'a le tuteur sur les biens des mineurs.

Art. 164. Si la mère remariée devient veuve une seconde fois, elle recouvrera l'usufruit et l'administration des biens de ses enfants dans le cas où elle aurait été privée même de cette administration.

Art. 165. En cas d'annulation du mariage ou de séparation judiciaire, on observera, au sujet des enfants, les dispositions des titres respectifs.

SECTION IX.

DE LA PUISSANCE PATERNELLE À L'ÉGARD DES ENFANTS ILLÉGITIMES.

Art. 166. Les enfants reconnus sont, pendant leur minorité,

---

noces (art. 207-212). Mais les dispositions qu'elle édictait ont été déclarées abrogées par l'article 145 du règlement d'exécution d'octobre 1870, comme contraires à la loi sur le mariage civil (chap. v, sect. II, 2e part.).

Voir art. 224, 1°.

Art. 163. — *C. fr.*, art. 396. — *C. ital.*, art. 239.

Art. 163, § unique. — *C. fr.*, art. 405. — *C. ital.*, art. 238, § 2.

Art. 164. — *C. esp.*, art. 172.

Art. 166. — *C. fr.*, art. 383. — *C. esp.*, art. 154, § 2, art. 166. — *C. ital.*, art. 184-187.

soumis à la puissance paternelle de la même manière que les enfants légitimes, à moins que leur filiation n'ait été contestée par leurs père et mère et judiciairement établie contre ceux-ci. Toutefois les père et mère ne jouissent pas de l'usufruit des biens de leurs enfants reconnus.

§ UNIQUE. Dans le cas exceptionnel indiqué au présent article, le mineur sera mis en tutelle, conformément aux articles 279, 280 et 281, si ni l'un ni l'autre des père et mère ne peut exercer la puissance paternelle.

ART. 167. Les enfants non reconnus ne sont pas, durant leur minorité, soumis à la puissance paternelle; mais ils seront en tutelle, comme il est dit aux articles 279 et suivants.

SECTION X.

DE LA SUSPENSION ET DE LA CESSATION DE LA PUISSANCE PATERNELLE.

ART. 168. L'exercice de la puissance paternelle est suspendu :

1° Par l'incapacité des père et mère judiciairement déclarée;

2° Par leur absence dans les conditions de l'article 82;

3° Par leur condamnation à une peine qui emporte déchéance temporaire de la puissance paternelle.

Art. 168, 1°. — *C. fr.*, art. 511; *L. fr. 7 décembre 1874*, art. 3, et *24 juillet 1889*. — *C. esp.*, art. 170. — *C. ital.*, art. 334.

Art. 168, 2°. — *C. fr.*, art. 141, 142. — *C. esp.*, art. 170, 189. — *C. ital.*, art. 241.

Art. 168, 3°. — *L. fr. 24 juillet 1889*. — *C. esp.*, art. 169, 171. — *C. ital.*, art. 241.

Aux termes des articles 74 et suivants du Code pénal du 16 septembre 1886, il n'y a plus de peine qui entraîne comme conséquence la déchéance, même temporaire, de la puissance paternelle.

IMPRIMERIE NATIONALE.

Art. 169. Les père et mère conservent cependant leur droit à l'usufruit des biens de l'enfant mineur quand la puissance paternelle est suspendue par suite de leur démence.

Art. 170. La puissance paternelle prend fin :

1° Par le décès des père et mère, ou de l'enfant;

2° Par l'effet d'une condamnation criminelle emportant déchéance perpétuelle de la puissance paternelle;

3° Par l'émancipation ou la majorité de l'enfant.

SECTION XI.

DES ALIMENTS.

Art. 171. On entend par aliments tout ce qui est indispensable pour la nourriture, le logement et le vêtement.

§ unique. Les aliments comprennent en outre, lorsqu'il s'agit d'un mineur, l'éducation et l'instruction.

Art. 172. La dette d'aliments est réciproque entre descen-

Art. 170, 1°. — *C. fr.*, art. 373. — *C. esp.*, art. 167, 1°. — *C. ital.*, art. 220, § 4.

Art. 170, 2°. — *L. fr. 7 décembre 1874*, art. 3, et *2 juillet 1889*. — *C. esp.*, art. 169. — *C. ital.*, art. 241.

Le Code pénal de 1886 a aboli les peines perpétuelles.

Art. 170, 3°. — *C. fr.*, art. 372. — *C. esp.*, art. 167, 2°. — *C. ital.*, art. 220, § 2.

Art. 171. — *C. esp.*, art. 142.

Voir art. 178, 1231, 1247, § unique, 1285, 1°, et 1831.

Art. 172. — *C. fr.*, art. 205-207. — *C. esp.*, art. 143. — *C. ital.*, art. 139-141.

Le Code français n'impose pas l'obligation alimentaire entre frères et sœurs; les Codes espagnol et italien l'admettent lorsque, pour une infirmité physique

dants et ascendants et entre frères ou sœurs, ainsi qu'il est dit ci-après.

Art. 173. A défaut des père et mère, ou s'ils ne sont pas en état de fournir les aliments dus, ou si leurs ressources ne sont pas suffisantes, l'enfant légitime ou légitimé peut réclamer ces aliments à ses ascendants les plus proches de l'une et de l'autre ligne, selon ses droits successoraux.

Art. 174. A défaut des père et mère et des autres ascendants, l'enfant légitime ou légitimé peut réclamer des aliments à ses frères ou sœurs légitimes, germains, utérins ou consanguins, mais subsidiairement et dans l'ordre où ils viennent d'être nommés.

Art. 175. L'enfant reconnu ne peut réclamer des aliments qu'à son père et à sa mère, et à ses frères ou sœurs, selon la règle établie dans l'article précédent.

Art. 176. L'obligation de fournir des aliments se transmet avec la succession, quand ils ont été demandés en justice ou fournis.

---

ou morale ou pour toute autre cause qu'on ne saurait leur reprocher, les frères et sœurs tombés dans la misère ne peuvent se procurer leur subsistance.

Art. 173. — *C. fr.*, art. 205, 207. — *C. esp.*, art. 143, 144. — *C. ital.*, art. 138, 142.

Art. 174. — *C. esp.*, art. 143, 144. — *C. ital.*, art. 141, 142.

Art. 175. — *C. fr.*, art. 205, 207, 338. — *C. esp.*, art. 143, 4°.

Art. 176. — *Contra: C. esp.*, art. 150. — *C. ital.*, art. 146.

Ces deux Codes décident que l'obligation de fournir les aliments cesse par le décès de l'obligé, alors même que ce dernier les fournissait en vertu d'un jugement définitif.

ART. 177. L'enfant légitime, qui n'a ni père ni mère, ni ascendant, ni frère ou sœur en état de lui fournir des aliments, doit être alimenté jusqu'à l'âge de dix ans par ses autres parents jusqu'au dixième degré, à commencer par les plus proches.

ART. 178. Les aliments doivent être proportionnés à la fortune de celui qui les doit et aux besoins de celui qui a droit de les recevoir.

ART. 179. L'obligation alimentaire cesse :

1° Quand celui qui fournit les aliments ne peut continuer à les fournir, ou quand celui qui les reçoit cesse d'en avoir besoin ;

2° Dans les cas où l'exhérédation est admise.

ART. 180. L'obligation alimentaire cesse également lorsque celui qui réclame des aliments s'est mis dans le besoin par sa mauvaise conduite et pourrait s'en tirer en s'amendant. Mais si son amendement ne peut plus avoir pour résultat de faire cesser le besoin d'aliments, il ne doit être tenu compte de sa mauvaise conduite qu'à l'effet de lui assigner des aliments moindres ou de diminuer ceux qui lui auraient été assignés.

ART. 181. Les aliments assignés peuvent être réduits si la for-

---

Art. 177. — Voir art. 1231 et 1232.

Art. 178. — *C. fr.*, art. 208. — *C. esp.*, art. 146, 147. — *C. ital.*, art. 143.

Art. 179, 1°. — *C. fr.*, art. 209. — *C. esp.*, art. 147, 152. — *C. ital.*, art. 144, 146.

Art. 180. — *C. esp.*, art. 152, 5°.

Art. 181. — *C. fr.*, art. 209. — *C. esp.*, art. 147. — *C. ital.*, art. 144. Comp. art. 1831, § 2.

tune de celui qui les fournit ou si le besoin de celui qui les reçoit viennent à diminuer.

Art. 182. On ne peut renoncer à la créance alimentaire, quoiqu'on puisse s'abstenir de réclamer les aliments et faire remise des termes échus.

Art. 183. Si le débiteur d'aliments prouve qu'il ne peut les fournir en argent, mais seulement en recevant le créancier dans sa demeure, il pourra être ordonné que la dette sera acquittée de cette manière. Cette décision sera maintenue si le créancier reçu dans la demeure du débiteur la quitte sans motif légitime.

Art. 184. Les aliments assignés en argent, ou consistant en prestations périodiques, doivent être payés au commencement de chaque période pour laquelle ils sont dus.

Art. 182. — *C. esp.*, art. 151.

Voir art. 508 et 1556.

Art. 183. — *C. fr.*, art. 210, 211. — *C. esp.*, art. 149. — *C. ital.*, art. 145.

Art. 184. — *C. esp.*, art. 148.

Le Code espagnol ajoute que si l'ayant droit vient à mourir, ses héritiers ne seront pas tenus de rendre ce qui aurait été payé par avance.

Voir art. 1841.

Le Code de procédure civile dispose (art. 391 et 392) que le demandeur en pension alimentaire ou en séparation de corps peut obtenir une provision alimentaire pour la durée du procès. (Voir aussi art. 438, 961, 996.) Ainsi se trouve réparée l'omission volontaire des auteurs du Code civil.

CHAPITRE III.

DE LA TUTELLE DES ENFANTS LÉGITIMES ET ILLÉGITIMES.

SECTION PREMIÈRE.

DISPOSITIONS GÉNÉRALES.

Art. 185. A défaut ou en cas d'empêchement des père et mère, la puissance paternelle est remplacée par la tutelle.

Art. 186. La tutelle est une charge dont nul ne peut être exempté que dans les cas prévus par la loi.

Art. 187. La tutelle est exercée par un tuteur, un protuteur, un curateur et un conseil de famille.

Art. 188. Le juge du domicile du mineur est celui qui a qualité pour veiller sur sa personne et ses biens.

§ 1. Cette disposition n'empêche pas les mesures conserva-

Art. 185. — *C. fr.*, art. 390, 405. — *C. esp.*, art. 199, 200. — *C. ital.*, art. 241.

Art. 186. — *C. fr.*, art. 427. — *C. esp.*, art. 202. — *C. ital.*, art. 272.

Art. 187. — *C. fr.*, art. 405, 420. — *C. esp.*, art. 201.

Le Code espagnol porte que la tutelle s'exerce par un seul tuteur, sous la surveillance du subrogé tuteur et du conseil de famille.

Le rôle du protuteur est exactement le même que celui du subrogé tuteur dans la législation française. (Voir plus bas, art. 205 et suiv.)

Art. 188. — *C. fr.*, art. 417, 466, 467. — *C. esp.*, art. 203. — *C. ital.*, art. 249, 301.

Le Code espagnol ajoute la sanction d'une responsabilité pécuniaire à l'obligation qui incombe aux juges municipaux de protéger la personne du mineur et ses biens mobiliers.

Voir art. 2009 et 2010.

toires qui pourraient être nécessaires relativement aux biens du mineur situés dans d'autres ressorts.

§ 2. Dans ce cas, le juge du domicile et le curateur du mineur doivent être informés officiellement des mesures prises.

Art. 189. En cas de décès d'une personne dont les héritiers sont mineurs, absents ou incapables d'administrer leurs biens, le chef de maison (*cabeça de casal*) et, à son défaut, toute personne demeurant avec le défunt, devra donner avis du décès au curateur des orphelins dans le délai de dix jours, sous peine d'une amende de 5,000 à 100,000 *reis*.

Art. 190. Le curateur des orphelins requerra le juge du lieu de prendre provisoirement les mesures urgentes concernant la personne et les biens des mineurs, s'il n'est pas possible de convoquer promptement à cette fin le conseil de famille; il demandera en outre que l'inventaire soit commencé dans le mois au plus tard à compter de l'avis mentionné en l'article précédent, lequel avis devra toujours être annexé à sa requête.

Art. 191. Si le juge, avant d'être requis, apprend qu'il y a lieu de procéder judiciairement, il ordonnera sur-le-champ qu'il soit procédé, et fera citer le curateur des orphelins, lequel requerra ce que de droit contre la personne qui n'a pas donné les avis prescrits par la loi.

§ unique. Si le juge estime que la négligence est imputable au curateur des orphelins, il en informera le procureur du roi.

Art. 189. — *C. fr.*, art. 406. — *C. esp.*, art. 293. — *C. ital.*, art. 250. Voir l'art. 2067 et, sous l'art. 220, la note relative aux fonctions des curateurs des orphelins.

Art. 191. — *C. esp.*, art. 293.

Art. 192. Le curateur des orphelins qui ne provoque pas l'inventaire, et le juge qui, saisi par requête, ne procède pas conformément aux prescriptions ci-dessus, seront responsables de tout le préjudice que leur faute ou leur négligence peut causer au mineur.

SECTION II.

DE LA TUTELLE TESTAMENTAIRE.

Art. 193. Le père peut nommer, par testament ou par acte authentique entre vifs, un tuteur à son enfant mineur ou interdit, si la mère est décédée ou se trouve empêchée d'exercer la puissance paternelle.

§ unique. A défaut ou en cas d'empêchement du père, la mère a le même droit; mais si elle nomme son second mari, cette nomination sera subordonnée à l'approbation du conseil de famille.

Art. 194. Le père ou, si le père manque ou est empêché, la mère peut nommer un seul tuteur pour tous ses enfants, ou un tuteur différent pour chacun d'eux.

Art. 195. Lorsque la mère a nommé un tuteur à ses enfants à

Art. 192. — *C. esp.*, art. 203, 232.

Voir, en ce qui concerne la législation espagnole, la note sous l'article 188.

Art. 193. — *C. fr.*, art. 397, 398. — *C. esp.*, art. 206, 209. — *C. ital.*, art. 242.

Art. 193, § unique. — *C. fr.*, art. 397, 399, 400. — *C. esp.*, art. 206, § 2. — *C. ital.*, art. 243.

Voir art. 195, 224, 5°, et 277.

Art. 194. — *C. fr.*, art. 397. — *C. esp.*, art. 208. — *C. ital.*, art. 246.

Le Code espagnol contient une disposition analogue à celle du Code portugais. Au contraire, le Code italien porte que, quel que soit le nombre des enfants, il ne peut leur être nommé qu'un seul tuteur.

Voir art. 196 et 225.

raison de l'empêchement du père, et que cet empêchement vient à cesser, la nomination demeurera sans effet.

Art. 196. Si le père ou la mère a nommé plusieurs tuteurs pour se substituer les uns aux autres, la tutelle écherra successivement à chacun d'eux suivant l'ordre de nomination, à moins que la raison de préférence n'ait été autrement déterminée.

Art. 197. Celui qui laisse au mineur une succession ou un legs pourra lui nommer un tuteur, si le père ou la mère n'en a pas nommé, et si la valeur de la succession ou du legs excède celle du patrimoine du mineur. Toutefois cette nomination n'aura d'effet que si elle est confirmée par le conseil de famille.

§ unique. En tout cas, celui qui laisse par testament des biens à un mineur pourra nommer un administrateur spécial de ces biens pour la durée de la minorité.

Art. 198. Les fonctions du tuteur testamentaire auront la même durée que la minorité ou l'interdiction.

SECTION III.

DE LA TUTELLE LÉGALE.

Art. 199. Il y a lieu à tutelle légale :

Art. 196. — *C. esp.*, art. 208, § 2.

Art. 197. — *Sic : C. esp.*, art. 207, 209.

La législation française, pas plus que la législation italienne, n'admet ces tuteurs nommés par des tiers. Mais la jurisprudence admet qu'un testateur ou donateur mette à sa libéralité telle condition qu'il lui plaît, par exemple qu'il désigne une personne de son choix pour administrer les biens qu'il laisse à un incapable en tutelle. (Voir dans le même sens *C. ital.*, art. 247.)

Art. 198. — Voir art. 201, 204, 224, 2°, et 331.

Art. 199. — *C. fr.*, art. 402. — *C. esp.*, art. 211. — *C. ital.*, art. 243, 244.

Voir art. 278.

1° En cas d'empêchement, de suspension ou de perte de la puissance paternelle;

2° A défaut de tuteur testamentaire.

Art. 200. La tutelle légale appartient aux parents du mineur dans l'ordre suivant :

1° A l'aïeul paternel;

2° A l'aïeul maternel;

3° Aux autres ascendants en ligne directe, l'ascendant paternel étant toujours préféré à l'ascendant maternel du même degré;

4° Aux frères, les germains étant préférés aux consanguins, ceux-ci aux utérins, et, dans la même catégorie, l'aîné aux plus jeunes;

5° Aux frères du père ou de la mère, ceux de la ligne paternelle étant toujours préférés, s'ils ne sont pas moins capables. Entre plusieurs également qualifiés on préférera le plus âgé.

Art. 201. Les fonctions du tuteur légal dureront autant que la minorité.

§ 1. S'il y a plusieurs parents du même degré et d'égale capacité, chacun d'eux restera en fonctions pendant trois ans.

Art. 200. — *C. fr.*, art. 402-404. — *C. esp.*, art. 211. — *C. ital.*, art. 244.

Le Code français, comme le Code italien, n'admet que la tutelle légitime des ascendants. Le Code espagnol admet à cette tutelle, à défaut d'ascendants, non seulement les frères, comme le Code portugais, mais encore les frères du père ou de la mère.

Les femmes peuvent être tutrices de leurs descendants. (Voir art. 234, 3°, 284.) Tel était déjà le droit antérieur (*Nov. Ref.*, art. 429, 435).

Tandis que, pour la tutelle, les frères consanguins sont préférés aux utérins, les frères utérins doivent des aliments avant les frères consanguins (art. 174).

§ 2. La tutelle légale est subordonnée à la confirmation par le conseil de famille.

SECTION IV.

DE LA TUTELLE DATIVE.

Art. 202. Faute de tuteurs testamentaires et légaux, il y a lieu à la tutelle dative.

Art. 203. Les tuteurs datifs sont nommés par le conseil de famille.

Art. 204. Les tuteurs datifs ne sont pas tenus de conserver leurs fonctions plus de trois ans.

SECTION V.

DU PROTUTEUR.

Art. 205. Dans toute tutelle, il y aura un protuteur nommé par le conseil de famille dans la séance même où le tuteur aura été nommé ou confirmé.

Art. 206. Si le tuteur est parent du mineur, le protuteur ne

Art. 202. — *C. fr.*, art. 405. — *C. esp.*, art. 231. — *C. ital.*, art. 245.

Art. 203. — *C. fr.*, art. 405. — *C. esp.*, art. 231. — *C. ital.*, art. 245.

Art. 204. — Comp. *C. fr.*, art. 433.

Art. 205. — *C. fr.*, art. 420. — *C. esp.*, art. 233. — *C. ital.*, art. 264.

Dans les législations espagnole et italienne, le protuteur peut être désigné par celui qui a droit de nommer un tuteur; ce n'est qu'à défaut de cette désignation qu'il est nommé par le conseil de famille.

Voir art. 224, 4°, et 330.

Le protuteur s'appelait autrefois *subtutor*. (*Nov. Ref.*, art. 432). Il joue le même rôle et a les mêmes attributions que le subrogé tuteur en France.

Art. 206. — *C. fr.*, art. 423. — *C. esp.*, art. 235.

pourra être pris dans la même ligne, à moins qu'il ne soit frère germain.

§ UNIQUE. S'il n'y a de parents que dans une seule ligne et que le tuteur soit l'un de ces parents, le protuteur sera pris parmi les étrangers à la famille.

SECTION VI.

DE LA FORMATION DU CONSEIL DE FAMILLE.

ART. 207. Le conseil de famille se compose des cinq plus proches parents du mineur, résidant dans le ressort du juge de l'inventaire, trois de la ligne paternelle et deux de la ligne maternelle, les plus âgés devant être préférés parmi ceux du même degré.

§ 1. S'il n'y a de parents que dans une seule ligne, les autres membres seront pris parmi les amis des père et mère du mineur; mais, dans ce cas, la ligne où il y aura des parents, fût-elle la ligne maternelle, fournira trois membres.

§ 2. Les frères germains et les maris des sœurs germaines du mineur peuvent être tous à la fois membres du conseil de famille,

---

Art. 207. — *C. fr.*, art. 407. — *C. esp.*, art. 294. — *C. ital.*, art. 251, 252.

Le nombre des membres dont se compose le conseil de famille est de six dans la législation française, de cinq dans la législation espagnole, de quatre dans la législation italienne. Le Code portugais, en décidant que les cinq membres qui composent le conseil de famille seraient choisis, trois dans la ligne paternelle et deux dans la ligne maternelle, a eu pour but de départager les voix, en assurant la prééminence à la parenté paternelle.

Voir art. 318.

Art. 207, § 1. — *C. fr.*, art. 409. — *C. esp.*, art. 294, § 1. — *C. ital.*, art. 253.

Art. 207, § 2. — *C. fr.*, art. 408. — *C. esp.*, art. 294, § 1.

lors même qu'ils sont plus de cinq; mais, s'ils sont en nombre pair, on appellera un parent de plus.

§ 3. La nullité résultant de l'inobservation des dispositions du présent article peut être déclarée couverte par les tribunaux s'il n'y a pas eu dol ou s'il n'en est résulté pour les mineurs aucun préjudice.

Art. 208. S'il n'y a pas assez de parents résidant dans le ressort du juge de l'inventaire pour composer le conseil de famille, on appellera des personnes ayant eu des relations d'amitié avec les père et mère du mineur, et, à leur défaut, toutes autres personnes d'une probité reconnue.

Art. 209. Les parents qui résident dans d'autres ressorts que celui de la tutelle peuvent, s'ils le veulent, faire partie du conseil de famille.

Art. 210. Le conseil de famille sera convoqué d'office dans la huitaine de l'avis du décès des parents ou de la vacance de la tutelle, et, en tous autres cas, dans le délai qui paraîtra nécessaire.

Art. 207, § 3. — *C. esp.*, art. 296.

Le Code espagnol ajoute que les tribunaux devront réparer toutefois l'erreur commise dans la composition du conseil.

Les membres du conseil de famille sont nommés par le juge. (*C. pr. civ.*, art. 741, § unique, 756.) Dans le droit antérieur, ils pouvaient être désignés par le père, et ils n'étaient qu'au nombre de quatre. (*Nov. Ref.*, art. 394, 395.)

Art. 208. — *C. fr.*, art. 409. — *C. esp.*, art. 294, § 2. — *C. ital.*, art. 253, 254.

Art. 209. — *C. fr.*, art. 407, 410. — *C. esp.*, art. 297. — *C. ital.*, art. 254.

Art. 210. — *C. fr.*, art. 406, 411. — *C. esp.*, art. 293. — *C. ital.*, art. 250.

Art. 211. Le juge fera toujours indiquer dans la lettre de convocation l'objet principal qui doit être soumis à la délibération du conseil.

Art. 212. Le pupille âgé de plus de quatorze ans a le droit d'assister aux délibérations du conseil de famille et d'y être entendu, s'il s'agit d'affaires de grande importance; il sera convoqué, s'il n'est absent, dans la forme indiquée aux articles précédents, afin qu'il puisse, s'il le veut, user de ce droit.

Art. 213. Les membres du conseil de famille sont tenus de comparaître en personne.

Art. 214. Celui qui ne comparaît pas au jour et à l'heure in-

---

Art. 211. — *C. esp.*, art. 293, § 3.

Voir *C. pr. civ.*, art. 91, 3°.

Art. 212. — *C. esp.*, art. 308, § 2. — *C. ital.*, art. 251, § 3.

D'après la loi italienne, le mineur âgé de plus de seize ans a le droit d'assister au conseil de famille, sans voix délibérative.

Art. 213. — *C. fr.*, art. 412. — *C. esp.*, art. 300. — *C. ital.*, art. 255.

Les Codes français et espagnol permettent aux membres du conseil de famille de se faire représenter par un mandataire spécial; le fondé de pouvoirs ne peut représenter plus d'une personne.

Voir art. 215-219 et 259.

Le droit antérieur permettait aux membres du conseil de famille de se faire représenter. (*Nov. Ref.*, art. 397.) Le tuteur et le protuteur peuvent toujours, selon le droit commun, comparaître par mandataires. Le juge et le curateur peuvent être remplacés par leurs suppléants.

Art. 214. — *C. fr.*, art. 413. — *C. esp.*, art. 300, 306. — *C. ital.*, art. 255.

Le Code italien ajoute qu'en cas d'absence habituelle d'un membre du conseil, le préteur devra le remplacer par une autre personne, sans préjudice

diqués, et qui n'a pas allégué en temps utile de cause légitime d'excuse ou d'empêchement, sera condamné par le juge à une amende de 500 à 5,000 *reis* au profit des établissements de bienfaisance pupillaire.

Art. 215. Les curateurs des orphelins et les tuteurs doivent toujours assister aux réunions du conseil de famille, mais ils n'y auront que voix consultative.

Art. 216. Le juge préside le conseil de famille, mais il ne vote pas.

Art. 217. Le conseil de famille ne peut délibérer que si trois membres au moins sont présents.

Art. 218. Les membres du conseil de famille ne peuvent voter ni assister aux délibérations du conseil de famille sur les affaires

---

de l'amende qui pourra être prononcée contre lui par jugement civil, si l'absence n'est pas motivée par une cause juste et permanente.

Les établissements pupillaires n'ont pu encore être organisés.

Art. 215. — *C. esp.*, art. 299, 308, § 1. — *C. ital.*, art. 251, § 2.

Art. 216. — *Contra : C. fr.*, art. 416. — *C. esp.*, art. 300, 305. — *C. ital.*, art. 258.

Les Codes français, espagnol et italien donnent au juge, présidant le conseil, non seulement voix délibérative, mais encore, en cas de partage, voix prépondérante.

Dans le droit antérieur portugais, le juge avait droit de vote, et même le plus souvent les délibérations du conseil de famille n'étaient exécutoires qu'avec son approbation. (*Nov. Ref.*, art. 396.)

Art. 217. — *C. fr.*, art. 415. — *C. esp.*, art. 305. — *C. ital.*, art. 258.

Le Code français exige la présence des trois quarts au moins des membres convoqués.

Art. 218. — *C. esp.*, art. 307. — *C. ital.*, art. 259.

dans lesquelles ils ont, ou dans lesquelles leurs ascendants, leurs descendants ou leur conjoint ont un intérêt personnel et opposé à celui des mineurs; mais ils peuvent être entendus si le conseil le juge convenable.

Art. 219. Les décisions du conseil de famille sont prises à la majorité absolue des voix des membres présents.

SECTION VII.

DES CURATEURS DES ORPHELINS.

Art. 220. Les curateurs généraux des orphelins et les magistrats du ministère public qui en remplissent les fonctions sont chargés de veiller aux droits et intérêts des mineurs.

Art. 221. Les curateurs doivent être entendus sur tout ce qui se rapporte aux droits et intérêts des mineurs, et ils peuvent exiger des tuteurs et des protuteurs tous éclaircissements nécessaires pour le bien des mineurs.

Art. 222. Le curateur est responsable, solidairement avec le juge, du préjudice résultant pour le mineur des mesures illégales requises par lui et ordonnées par le juge, ou ordonnées par le juge avec l'approbation et le consentement du curateur.

Art. 219. — *C. esp.*, art. 305.

Art. 220. — Voir *Nov. Ref.*, art. 93.

Il n'y a de curateurs généraux des orphelins qu'à Lisbonne et à Porto; partout ailleurs les officiers du ministère public en remplissent les fonctions. Ces curateurs, magistrats amovibles, nommés par le Gouvernement, ont pour fonction de défendre les intérêts des mineurs, ceux des absents et ceux des interdits, aliénés, sourds-muets ou prodigues.

Voir *C. pr. civ.*, art. 419, 434, 442, 684 et suivants.

Art. 223. Le juge qui n'a pas entendu le curateur, conformément à l'article 221, est responsable pour fait de charge, lors même qu'il ne serait résulté de sa décision aucun préjudice pour les mineurs.

SECTION VIII.

DES ATTRIBUTIONS DU CONSEIL DE FAMILLE.

Art. 224. Les attributions du conseil de famille sont les suivantes :

1° Confirmer la mère remariée dans l'administration des biens de son enfant mineur ou interdit;

2° Confirmer les tuteurs légaux;

3° Nommer les tuteurs datifs;

4° Nommer un protuteur, dans les cas où cette nomination est nécessaire;

5° Confirmer la tutelle confiée par la mère, dans son testament, à son second mari;

6° Révoquer le tuteur dans les cas mentionnés aux articles 236 et suivants;

7° Déterminer la profession, le métier ou l'état que doit em-

---

Art. 224, 1°. — *C. fr.*, art. 395. — *C. esp.*, art. 168. — *C. ital.*, art. 237. Voir art. 162.

Art. 224, 3°. — *C. fr.*, art. 405. — *C. esp.*, art. 231. — *C. ital.*, art. 245.

Art. 224, 4°. — *C. fr.*, art. 420. — *C. esp.*, art. 233. — *C. ital.*, art. 264.

Art. 224, 5°. — *C. fr.*, art. 400. — *C. esp.*, art. 206, § 2.

Art. 224, 6°. — *C. fr.*, art. 446. — *C. esp.*, art. 239. — *C. ital.*, art. 271.

Art. 224, 7°. — *C. esp.*, art. 269, 2° et 4°. — *C. ital.*, art. 299, § 2. Voir art. 1389.

IMPRIMERIE NATIONALE.

brasser le mineur, et décider si celui-ci doit continuer d'exercer le commerce ou l'industrie de son père ou de sa mère, lorsque ni l'un ni l'autre n'a fait de disposition sur ce point, ou lorsqu'il y aurait grave inconvénient à se conformer à la volonté du disposant;

8° Fixer, au début de la tutelle, les sommes que le tuteur pourra dépenser pour le mineur et pour l'administration de ses biens, sous réserve d'en augmenter ou d'en diminuer le chiffre, si les circonstances l'exigent;

9° Déterminer la valeur de l'hypothèque qui doit grever les biens du tuteur, eu égard à l'importance des meubles et revenus qu'il aura à recevoir et pourra accumuler jusqu'à la fin de la tutelle; désigner les biens sur lesquels cette hypothèque devra être inscrite, et assigner un délai raisonnable pour l'inscription, et, en outre, si cela paraît opportun, dispenser le tuteur de l'hypothèque, ou seulement de l'inscription préalable et des autres formalités, et l'autoriser à entrer sur-le-champ en fonctions;

10° Vérifier la légalité des dettes du mineur, en autoriser et en régler le payement, lorsqu'il n'y a pas d'opposition de la part des intéressés;

11° Indiquer l'emploi qui doit être fait de l'argent comptant, des bijoux ou de tous autres objets précieux appartenant au mineur;

12° Autoriser le tuteur à faire détenir le mineur conformément à l'article 143 et à son paragraphe;

Art. 224, 8°. — *C. fr.*, art. 454. — *C. esp.*, art. 268. — *C. ital.*, art. 291.

Art. 224, 9°. — *C. esp.*, art. 255, 258. — *C. ital.*, art. 292, 293. Voir art. 919 et 921.

Art. 224, 10°. — Voir art. 2118.

Art. 224, 11°. — *L. fr. 27 février 1880*, art. 5. — *C. esp.*, art. 266, 269, 6°, art. 272. — *C. ital.*, art. 287, 291, 294, 298.

Art. 224, 12°. — *C. fr.*, art. 468. — *C. esp.*, art. 269, 1°.

13° Autoriser le tuteur à faire vendre les meubles qu'il n'y a pas lieu de conserver, et délibérer sur l'emploi qu'il en devra faire, s'il ne trouve pas d'acheteur;

14° Autoriser le tuteur à faire les dépenses extraordinaires d'amélioration et à louer les immeubles pour un temps supérieur à trois années, mais qui ne peut se prolonger au delà de la majorité;

15° Autoriser le tuteur à recevoir les capitaux du mineur placés à intérêts;

16° Autoriser le tuteur à emprunter, à prêter l'argent du mineur, à hypothéquer ou aliéner ses immeubles dans le cas de nécessité urgente ou d'utilité reconnue;

17° Autoriser le tuteur à accepter les donations faites au mi-

---

Art. 224, 13°. — *C. fr.*, art. 452. — *C. esp.*, art. 266, 2°. — *C. ital.*, art. 290.

Voir art. 243, 12°.

Art. 224, 14°. — *C. esp.*, art. 269, 11°. — *C. ital.*, art. 296.

Dans la législation italienne et française, le tuteur peut, sans consulter le conseil de famille, faire des locations n'excédant pas neuf ans.

Voir art. 243, 6°, 263-266 et 1602.

Art. 224, 15°. — *L. fr. 27 février 1880*, art. 6. — *C. esp.*, art. 269, 8°. — *C. ital.*, art. 296.

Art. 224, 16°. — *C. fr.*, art. 457. — *C. esp.*, art. 269, 5°, art. 270, 271. — *C. ital.*, art. 296.

Voir art. 243, 12°.

Art. 224, 17°. — *C. fr.*, art. 463, 464, 467. — *C. esp.*, art. 269, 10°, 12°, 13°, et art. 274. — *C. ital.*, art. 296.

Voir art. 243, 11°, 2025 et 2046.

Le Code de procédure civile définit les actions *conservatoires* celles qui tendent au maintien en possession ou en jouissance de droits menacés, et les actions *persécutoires* celles qui tendent à la restitution d'une chose ou à l'exécution d'une obligation (art. 2, § 3 et 4).

neur, à intenter les actions persécutoires, à faire des arrangements amiables, des transactions ou des compromis aux conditions fixées par la loi;

18° Consentir au mariage et autoriser les conventions matrimoniales du mineur, à moins que le tuteur de celui-ci ne soit son aïcul;

19° Arbitrer, lorsqu'il n'y a pas d'opposition, le chiffre de la pension ou des aliments dus par le mineur à ses frères et sœurs ou à ses ascendants;

20° Examiner et approuver les comptes de la tutelle aux époques fixées par le conseil lui-même, lesquelles ne pourront être séparées par un intervalle de plus de quatre ans;

21° Autoriser la substitution ou la réduction de l'hypothèque qui grève les biens du tuteur;

22° Émanciper le mineur à défaut du père et de la mère.

Art. 225. Le conseil de famille ne peut nommer qu'un seul

Art. 224, 18°. — *C. fr.*, art. 160, 1398. — *C. esp.*, art. 46, 1318. — *C. ital.*, art. 65, 1386.

Voir art. 1061.

Art. 224, 20°. — *C. fr.*, art. 470. — *C. esp.*, art. 279. — *C. ital.*, art. 303.

Art. 224, 21°. — *C. esp.*, art. 259. — *C. ital.*, art. 293.

Voir art. 921.

Le règlement du 14 mai 1868, art. 150, modifiant les dispositions du Code civil, permet au tuteur de s'exonérer de l'hypothèque légale, même sans l'autorisation du conseil de famille, en déposant des titres de rente; le règlement du 28 avril 1870 n'a pas retiré au tuteur cette faculté.

Art. 224, 22°. — *C. fr.*, art. 478. — *C. ital.*, art. 311.

Voir art. 304.

Art. 225. — *C. fr.*, art. 417. — *C. esp.*, art. 201. — *C. ital.*, art. 246.

tuteur à la fois. Si le mineur a des biens situés à une grande distance, l'administration de ces biens pourra être confiée à un administrateur, qui sera nommé par le juge des orphelins de la localité, sur réquisition préalable du juge de l'inventaire.

Art. 226. Les décisions du conseil de famille sont susceptibles de recours devant le conseil de tutelle de la part du tuteur, du protuteur, du curateur des orphelins et de tout parent du mineur ou de toute autre personne intéressée, sauf le cas prévu par l'article 1062.

§ 1. Le conseil de tutelle se compose du juge de droit du district (*comarca*), de ses deux premiers suppléants et du curateur des orphelins, lequel aura seulement voix consultative.

§ 2. La décision du conseil de tutelle, lorsqu'elle confirme celle du conseil de famille, ne sera susceptible d'aucun recours.

§ 3. Si la décision du conseil de famille est infirmée, un recours pourra être ouvert devant la Cour d'appel, qui statuera en dernier ressort.

§ 4. Les recours dont il s'agit ont un effet suspensif, sauf les cas où la loi déclare expressément le contraire.

Art. 226. — *C. fr.*, art. 458. — *C. esp.*, art. 242, 310. — *C. ital.*, art. 260.

Un décret du 12 mars 1868, rendu en exécution de l'art. 8 de la loi de promulgation du Code, a réglé l'organisation et les attributions du conseil de tutelle et la procédure à suivre devant cette juridiction; ces dispositions ont été confirmées et complétées par les art. 792-797 du Code de procédure civile. (Voir aussi même *Code*, art. 765, § 1, et 771, § 3.)

SECTION IX.

DES PERSONNES QUI PEUVENT ÊTRE DISPENSÉES D'ÊTRE TUTEURS, PROTUTEURS OU MEMBRES DU CONSEIL DE FAMILLE.

Art. 227. Peuvent être dispensés de la tutelle et de la protutelle :

1° Les ministres d'État en exercice;

2° Les fonctionnaires nommés par le Gouvernement:

3° Les militaires, même non brevetés; ceux qui sont réformés ne pourront toutefois se faire dispenser que s'ils sont employés à un service actif;

4° Les ecclésiastiques ayant charge d'âmes;

5° Les personnes qui sont déjà chargées d'une tutelle;

6° Celles qui ont cinq enfants légitimes vivants;

7° Celles qui sont âgées de soixante-dix ans;

Art. 227, 1°. — *C. fr.*, art. 427. — *C. esp.*, art. 244, 1°. — *C. ital.*, art. 272, 3°.

Art. 227, 2°. — *C. fr.*, art. 427. — *C. esp.*, art. 244, 5°. — *C. ital.*, art. 272, 273, 7°.

Art. 227, 3°. — *C. fr.*, art. 428. — *C. esp.*, art. 244, 6°. — *C. ital.*, art. 273, 6°.

Art. 227, 4°. — *C. esp.*, art. 244, 7°.

Art. 227, 5°. — *C. fr.*, art. 435. — *C. esp.*, art. 244, 12°. — *C. ital.*, art. 273, 5°.

Art. 227, 6°. — *C. fr.*, art. 436. — *C. esp.*, art. 244, 8°. — *C. ital.*, art. 273, 4°.

Art. 227, 7°. — *C. fr.*, art. 433. — *C. esp.*, art. 244, 11°. — *C. ital.*, art. 273, 2°.

La limite d'âge est fixée par les Codes français et italien à 65 ans, et par le Code espagnol à 60 ans.

8° Celles qu'une maladie chronique empêche de sortir de chez elles et de s'occuper personnellement de leurs propres affaires;

9° Celles que leur pauvreté met hors d'état de gérer la tutelle ou la protutelle sans en éprouver un sérieux préjudice.

Art. 228. Ceux qui ne sont pas parents du mineur ne peuvent être contraints d'accepter la tutelle, s'il y a dans le ressort des parents en état de l'exercer.

Art. 229. La dispense ne pourra être accordée que si le tuteur ou le protuteur la demandent dans la séance même où ils ont été nommés, s'ils y assistent, et, lorsqu'ils n'y assistent pas, dans les six jours à compter de celui où leur nomination leur sera notifiée.

§ unique. La dispense dont les motifs surviendraient postérieurement devra être demandée dans les trente jours qui suivront celui où ces motifs seront venus à la connaissance du requérant; passé ce délai, elle ne pourra être accordée.

Art. 227, 8°. — *C. fr.*, art. 434. — *C. esp.*, art. 244, 10°. — *C. ital.*, art. 273, 3°.

Le Code espagnol dispense également de la tutelle ceux qui, ne sachant ni lire ni écrire, ne pourraient s'occuper efficacement des affaires du mineur.

Art. 227, 9°. — *C. esp.*, art. 244, 9°.

Voir art. 230 et 233.

Art. 228. — *C. fr.*, art. 432. — *C. esp.*, art. 245, 297. — *C. ital.*, art. 274.

Art. 229. — *C. fr.*, art. 438, 439. — *C. esp.*, art. 247, 248. — *C. ital.*, art. 275.

Art. 229, § unique. — *C. fr.*, art. 431, § 1. — *C. esp.*, art. 248. — *C. ital.*, art. 276.

Voir art. 231, 1890 et 1891.

Art. 230. Ceux qui ont été dispensés de la tutelle ou de la protutelle peuvent être contraints à l'accepter lorsque le motif de la dispense a cessé d'exister.

Art. 231. Si le conseil de famille rejette l'excuse invoquée par le tuteur ou le protuteur en exercice et que ceux-ci se pourvoient contre sa décision, ils seront obligés de continuer à remplir leurs fonctions, tant qu'il n'aura pas été statué sur leur recours. S'ils refusent de se soumettre à cette prescription, le conseil de famille nommera quelqu'un pour les suppléer, et ils seront responsables de la gestion de leur suppléant, si leur pourvoi n'est pas accueilli.

Art. 232. Le tuteur testamentaire qui est dispensé de la tutelle, ou en est destitué pour mauvaise gestion, perd tout droit à ce qui lui a été légué par le testament, à moins que le testateur en ait autrement ordonné.

Art. 233. Sont applicables aux dispenses des membres du conseil de famille les dispositions des nos 7 et 8 de l'article 227 et celles des articles 228, 229 et du paragraphe unique de ce dernier article.

Art. 230. — *C. fr.*, art. 431, § 2. — *C. esp.*, art. 246. — *C. ital.*, art. 274, § 2.

Art. 231. — *C. fr.*, art. 440, 441. — *C. esp.*, art. 249, 250. — *C. ital.*, art. 275.

Art. 232. — *C. esp.*, art. 251.

Voir art. 1780, 1889, 1903, § 3, et 1909.

— Il ne faut pas voir là une pénalité à proprement parler, mais bien une sage interprétation de la volonté présumée du *de cujus*. On peut croire que la libéralité faite au profit du tuteur a eu pour but de l'indemniser des peines qu'entraînera pour lui la tutelle.

Art. 233. — *C. esp.*, art. 298. — *C. ital.*, art. 268.

SECTION X.

DES PERSONNES QUI NE PEUVENT ÊTRE TUTEURS, PROTUTEURS, NI MEMBRES DU CONSEIL DE FAMILLE.

Art. 234. Ne peuvent être tuteurs, protuteurs, ni membres du conseil de famille :

1° Les interdits;

2° Les mineurs non émancipés;

3° Les femmes, à l'exception des ascendantes du mineur;

4° Les débiteurs de sommes considérables envers le mineur;

5° Ceux qui ont, ou de qui les père et mère, les enfants ou la femme ont avec le mineur un procès pour un objet important, et ceux qui sont notoirement ennemis du mineur ou de ses père et mère;

6° Les gens de mauvaises mœurs et ceux qui n'ont pas de moyens d'existence connus;

Art. 234, 1°.— *C. fr.*, art. 442, 2°. — *C. esp.*, art. 237, 1°. — *C. ital.*, art. 268, 2°.

Art. 234, 2°. — *C. fr.*, art. 442, 1°. — *C. esp.*, art. 237, 1°. — *C. ital.*, art. 268, 2°.

Art. 234, 3°. — *C. fr.*, art. 442, 3°. — *C. esp.*, art. 237, 7°. — *C. ital.*, art. 268, 1°.

Le Code italien excepte aussi les sœurs germaines non mariées.

Art. 234, 4°. — *C. esp.*, art. 237, 10°.

Art. 234, 5°. — *C. fr.*, art. 442, 4°. — *C. esp.*, art. 237, 8° et 9°. — *C. ital.*, art. 268, 3°.

Le Code espagnol permet aux père et mère de confier la tutelle aux personnes mentionnées aux nos 4 et 5, à condition qu'ils le fassent en connaissance de cause.

Art. 234, 6°. — *C. fr.*, art. 444, 1°. — *C. esp.*, art. 237, 5°. — *C. ital.*, art. 269, 3°.

7° Ceux qui ont été destitués d'une autre tutelle pour manquement à leurs devoirs;

8° Les juges siégeant seuls et le curateur des orphelins dans le ressort duquel est établi le domicile du mineur ou dans lequel sont situés ses biens.

SECTION XI.

DES PERSONNES QUI PEUVENT ÊTRE DESTITUÉES DE LA TUTELLE.

ART. 235. Peuvent être destitués de la tutelle :

1° Le tuteur testamentaire ou légal qui s'immisce dans l'exercice de la tutelle avant la convocation du conseil de famille et la nomination du protuteur;

2° Ceux qui n'ont pas requis ni provoqué l'inventaire conformément à la loi;

3° Ceux qui s'acquittent mal de leurs fonctions, soit en ce qui concerne les personnes des pupilles, soit en ce qui concerne leurs biens;

Art. 234, 7°. — *C. fr.*, art. 445. — *C. esp.*, art. 237, 4°. — *C. ital.*, art. 269, 3°.

Art. 234, 8°. — Le Code portugais n'a pas voulu confier la tutelle aux magistrats auxquels est confiée la surveillance des opérations de la tutelle.

Il faut ajouter à cette énumération les condamnés à des peines majeures ou à l'emprisonnement correctionnel, ou au *desterro* ou à la suspension des droits politiques (*C. pén. de 1886*, art. 76, 77, 78).

Art. 235, 1°. — *C. fr.*, art. 421. — *C. esp.*, art. 238, 2°. — *C. ital.*, art. 265.

Art. 235, 2°. — *C. fr.*, art. 451. — *C. esp.*, art. 238, 3°. — *C. ital.*, art. 288.

Art. 235, 3°. — *C. fr.*, art. 444, 2°. — *C. esp.*, art. 238, 4°. — *C. ital.*, art. 269, 3°.

4° Ceux auxquels survient l'un des motifs d'exclusion indiqués dans la section précédente.

SECTION XII.

DE L'EXCLUSION OU DESTITUTION DES TUTEURS ET DES PROTUTEURS.

Art. 236. Il appartient au conseil de famille de prononcer l'exclusion ou la destitution du tuteur et du protuteur, après avoir vérifié les motifs ou l'existence des empêchements légaux, et entendu l'intéressé, si cela se peut faire sans inconvénient grave.

Art. 237. La décision du conseil de famille sera toujours motivée.

Art. 238. Si l'intéressé acquiesce à la décision du conseil de famille, il sera pourvu sur-le-champ à son remplacement.

Art. 239. Si l'intéressé forme un recours contre la décision du conseil, il y sera défendu aux frais du mineur. Le conseil ne pourra être condamné aux dépens que dans le cas de calomnie évidente.

Art. 235, 4°. — *C. fr.*, art. 442, 443, 444, 446. — *C. esp.*, art. 238, 1°. — *C. ital.*, art. 268-271.

Art. 236. — *C. fr.*, art. 447. — *C. esp.*, art. 239. — *C. ital.*, art. 271, § 3. Voir *C. pr. civ.*, art. 754; *C. pén.*, art. 76 et suiv., 405.

Art. 237. — *C. fr.*, art. 447.

Art. 238. — *C. fr.*, art. 448, § 1. — *C. esp.*, art. 240.

Art. 239. — *C. fr.*, art. 448. — *C. esp.*, art. 241, 243. — *C. ital.*, art. 271.

Il y a là une exception à la règle d'après laquelle la partie qui succombe doit supporter les frais du procès (*C. pr. civ. fr.*, art. 130).

Voir *C. pr. civ.*, art. 793-797.

Art. 240. En cas d'exclusion, le conseil pourvoira pour le mieux au soin de la personne et des biens du mineur, jusqu'à ce qu'il ait été statué définitivement sur le recours.

Art. 241. En cas de destitution, si celui qui en est frappé est dans l'exercice de ses fonctions et qu'il y ait inconvénient grave à ce qu'il continue sa gestion jusqu'à ce qu'il soit statué sur le recours, le curateur pourra requérir du juge les mesures provisoires qui paraîtraient indispensables.

Art. 242. Le tuteur ou le protuteur destitué deviendra par là même incapable d'être membre du conseil de famille.

SECTION XIII.

DES DROITS ET OBLIGATIONS DU TUTEUR.

Art. 243. Les attributions du tuteur sont les suivantes :

1° Diriger et défendre la personne du mineur, administrer ses biens en bon père de famille et le représenter dans tous les actes de la vie civile, à l'exception du mariage et des dispositions de dernière volonté;

2° Élever ou faire élever, nourrir et entretenir le mineur, selon sa condition, de la manière prescrite par le conseil de famille;

Art. 240. — *C. esp.*, art. 243.

Art. 241. — *C. esp.*, art. 243.

Art. 242. — *C. fr.*, art. 445. — *C. ital.*, art. 268.

Voir art. 234, 7°.

Art. 243, 1°. — *C. fr.*, art. 450. — *C. esp.*, art. 262, 264, 4°. — *C. ital.*, art. 277.

Art. 243, 2°. — *C. fr.*, art. 454. — *C. esp.*, art. 264, 1°. — *C. ital.*, art. 278.

3° Réprimander et corriger avec modération le mineur quand il est en faute, en ayant recours, s'il ne s'amende pas, au conseil de famille, qui agira conformément à l'article 143;

4° Requérir inventaire du patrimoine du mineur, dans la huitaine du jour de sa prestation de serment, et veiller avec soin à sa confection;

5° Requérir la convocation et l'autorisation du conseil de famille dans tous les cas où cette autorisation est nécessaire;

6° Donner à bail les immeubles du mineur pour un temps n'excédant pas trois années;

7° Pourvoir aux réparations et aux charges ordinaires des immeubles et faire cultiver les propriétés rurales, à moins qu'elles ne soient affermées;

8° Recevoir les revenus, rentes foncières (*foros*), cens «*quinhões*» et intérêts dus au mineur, poursuivre et recevoir le payement de toutes créances, sauf ce qui est dit à l'article 224, n° 15;

9° Intenter les actions conservatoires et les actions persécu-

---

Art. 243, 3°. — *C. fr.*, art. 468. — *C. esp.*, art. 263, 269, 1°. — *C. ital.*, art. 279.

Art. 243, 4°. — *C. fr.*, art. 451. — *C. esp.*, art. 264, 3°. — *C. ital.*, art. 281-291.

Art. 243, 5°. — *C. esp.*, art. 264, 5°.

Art. 243, 6°. — *C. fr.*, art. 1429, 1430, 1718. — *C. ital.*, art. 296.

Voir art. 224, 14°.

Art. 243, 8°. — Le droit désigné ici sous le nom de *quinhão* fait l'objet d'un chapitre spécial du Code (3e partie, titre IV, chap. II, art. 1290 et suiv.).

Art. 243, 9°. — *C. fr.*, art. 464. — *C. esp.*, art. 269, 13°. — *C. ital.*, art. 296.

Voir la note sous l'art. 224, 17°.

toires autorisées par le conseil de famille, et défendre à toutes actions dirigées contre le mineur;

10° Payer les dettes du mineur, s'il y a été autorisé;

11° Accepter sous bénéfice d'inventaire les successions qui échoient au mineur;

12° Provoquer la vente des biens meubles du mineur lorsqu'ils ne peuvent être conservés, et celle de ses immeubles dans les cas où elle peut être admise.

Art. 244. Il est absolument interdit au tuteur :

1° De disposer à titre gratuit des biens du mineur;

2° De prendre à bail les biens du mineur, de les acheter ou de s'en rendre adjudicataire;

3° De se rendre cessionnaire de droits ou créances contre son pupille, hors les cas de subrogation légale;

4° De recevoir aucune donation entre vifs ou testamentaire du mineur ou de l'ex-pupille, émancipé ou devenu majeur, avant

---

Art. 243, 10°. — Voir art. 2118.

Art. 243, 11°. — *C. fr.*, art. 461. — *C. esp.*, art. 269, 10°. — *C. ital.*, art. 296.

Voir art. 224, 17°.

Art. 243, 12°. — *C. fr.*, art. 452; *L. fr. 27 février 1880*, art. 5. — *C. esp.*, art. 266. — *C. ital.*, art. 290.

Voir art. 267 et 270.

Art. 244, 1°. — *C. fr.*, art. 457. — *C. esp.*, art. 275, 1°. — *C. ital.*, art. 296.

Art. 244, 2°, 3°. — *C. fr.*, art. 450, 3°. — *C. ital.*, art. 300.

Voir art. 262, 1562, 1599 et 1669, 2°.

Art. 244, 4°. — *C. fr.*, art. 907. — *C. esp.*, art. 753. — *C. ital.*, art. 769.

Voir art. 262, 1480 et 1767.

d'avoir rendu les comptes de son administration et obtenu décharge générale;

5° De passer, au nom du pupille, des contrats qui obligent ce dernier à faire personnellement des actes déterminés, à moins que cette obligation ne soit nécessaire pour son éducation, son établissement ou sa profession.

Art. 245. La disposition du n° 4 de l'article précédent n'est pas applicable aux tuteurs qui sont les ascendants ou les frères ou sœurs du mineur.

Art. 246. Le tuteur est tenu de déclarer dans l'inventaire ce qui lui est dû par le mineur, sinon il n'en pourra exiger le payement durant la tutelle, et, s'il l'exige plus tard, il devra prouver qu'il n'avait pas eu avant l'inventaire connaissance de la dette.

Art. 247. Le tuteur a droit à des honoraires, dont le montant, s'il n'a été fixé par le testament du père ou de la mère du mineur,

---

Art. 245. — *C. fr.*, art. 907. — *C. esp.*, art. 753. — *C. ital.*, art. 769.

Art. 246. — *C. fr.*, art. 451, § 2. — *C. esp.*, art. 267. — *C. ital.*, art. 285, 286.

Art. 247. — *C. esp.*, art. 276.

Le Code espagnol porte qu'en aucun cas la rétribution ne sera au-dessous de quatre pour cent, ni au-dessus de dix pour cent des revenus nets des biens; la délibération du conseil de famille fixant cette rétribution peut d'ailleurs être attaquée devant les tribunaux. La loi française considère la tutelle comme une fonction charitable, un devoir de bienfaisance, qu'on ne doit récompenser par aucun avantage matériel. Le législateur portugais, comme le législateur espagnol, a pensé au contraire que la tutelle est une lourde charge, surtout pour un étranger, et que les ennuis occasionnés par l'éducation du mineur et par l'administration de ses biens méritaient une légitime rémunération.

sera arbitré par le conseil de famille et ne pourra excéder le vingtième des revenus nets des biens du mineur.

Art. 248. Le tuteur est responsable du préjudice qu'il a pu causer au pupille par dol, faute ou négligence.

SECTION XIV.

DES COMPTES DE LA TUTELLE.

Art. 249. Le tuteur est tenu de rendre compte de sa gestion soit au conseil de famille, soit à l'ex-pupille, émancipé ou devenu majeur.

Art. 250. Les comptes présentés au conseil de famille seront examinés par une ou deux personnes compétentes, prises par le conseil parmi ses membres, si c'est possible, et ils seront approuvés ou rejetés, pour le tout ou pour partie, selon ce qui paraîtra conforme à l'équité.

Art. 251. Les comptes doivent être accompagnés des pièces justificatives, sauf en ce qui concerne les dépenses dont il n'est pas d'usage d'exiger quittance.

Art. 252. Seront allouées au tuteur toutes les dépenses légale-

---

Art. 248. — *C. fr.*, art. 450, 2°.
Voir art. 262.

Art. 249. — *C. fr.*, art. 469. — *C. esp.*, art. 281. — *C. ital.*, art. 302.

Art. 250. — *C. esp.*, art. 282. — *C. ital.*, art. 303.
Voir *C. pr. civ.*, art. 761, 762.

Art. 251. — *C. fr.*, art. 472. — *C. esp.*, art. 283. — *C. ital.*, art. 305, 3°.

Art. 252. — *C. fr.*, art. 471, § 2. — *C. ital.*, art. 305, § 3.
Les Codes français et italien exigent que les dépenses aient été utiles au mineur.

ment faites, encore que le mineur n'en ait pas profité, si ce résultat ne provient pas de la faute du tuteur lui-même.

Art. 253. Si, vérification faite des comptes, le tuteur est reliquataire, le montant du reliquat produira l'intérêt légal à compter de l'approbation des comptes.

Art. 254. Le solde en faveur du tuteur sera payé sur les premiers revenus du mineur que le tuteur pourra recevoir; cependant, s'il y a nécessité de pourvoir à des dépenses urgentes, de manière que le tuteur ne puisse être remboursé, le solde de ce qui pourra lui rester dû produira des intérêts, à moins que le conseil de famille n'assure autrement et à bref délai le payement de la dette.

Art. 255. Le tuteur reliquataire, s'il n'a pas de biens qui puissent servir à indemniser le mineur, encourt la peine édictée contre lui par la loi pénale, sans préjudice de l'obligation qui subsiste à sa charge de s'acquitter, s'il revient à meilleure fortune.

Art. 256. En cas de décès, d'absence ou d'interdiction du tuteur, les comptes seront rendus par ses héritiers ou représentants.

Art. 257. En cas d'émancipation ou de majorité, les comptes

Art. 253. — *C. fr.*, art. 474. — *C. esp.*, art. 286. — *C. ital.*, art. 308.

Art. 254. — *C. esp.*, art. 286. — *C. ital.*, art. 308.

Art. 255. — La peine appliquée est celle de l'abus de confiance (*C. pén.*, art. 453).

Art. 256. — *C. esp.*, art. 281.
Voir art. 1906.

Art. 257. — *C. fr.*, art. 480. — *C. ital.*, art. 307.

IMPRIMERIE NATIONALE.

seront rendus à l'émancipé ou au majeur, en présence du curateur et du protuteur.

§ unique. Le reliquat de ces comptes produira les intérêts légaux pour ou contre le tuteur, à partir, dans le premier cas, de la sommation de payer faite à l'ex-pupille préalablement mis en possession de ses biens, et, dans le second cas, du jour de l'approbation des comptes.

SECTION XV.

DES DROITS ET OBLIGATIONS DU PROTUTEUR.

Art. 258. Le protuteur a pour fonctions, indépendamment des autres attributions indiquées au présent Code :

1° De soutenir et de défendre les droits du mineur, en justice ou ailleurs, toutes les fois qu'ils sont en opposition avec les intérêts du tuteur;

2° De surveiller l'administration du tuteur et de porter à la connaissance du curateur et du conseil de famille tout ce qui lui paraît pouvoir nuire à la personne ou aux intérêts du mineur;

3° D'assister à l'inventaire et à la vente des biens du mineur;

Art. 257, § unique. — *C. fr.*, art. 474, 475. — *C. esp.*, art. 286, 287. — *C. ital.*, art. 308, 309.

Antérieurement au Code, l'action en reddition de compte se prescrivait par dix ans (*Nov. Ref.*, art. 451). Il ne paraît pas que le Code ait innové sur ce point (voir art. 546).

L'article 451 (*Nov. Ref.*) autorisait l'emprisonnement du tuteur jusqu'au payement du reliquat de son compte. Le Code de procédure civile (art. 611, 761) n'a pas maintenu cette disposition.

Art. 258, 1°. — *C. fr.*, art. 420. — *C. esp.*, art. 236, 2°. — *C. ital.*, art. 266, § 2.

Art. 258, 2°. — *C. fr.*, art. 446. — *C. esp.*, art. 236, 3°.
Voir art. 260.

Art. 258, 3°. — *C. fr.*, art. 451. — *C. esp.*, art. 236, 1°.

4° De provoquer la convocation du conseil de famille en cas d'abandon ou de vacance de la tutelle, et dans tous les cas où il y a lieu de prononcer l'exclusion ou la destitution du tuteur.

Art. 259. Le protuteur peut assister aux délibérations du conseil de famille et y prendre part, mais il ne peut voter.

Art. 260. Le protuteur peut exiger du tuteur, au mois de janvier de chaque année, un état de situation de l'administration des biens du mineur, et, à toute époque, la communication des livres ou cahiers relatifs à la gestion, ainsi que tous les renseignements dont il peut avoir besoin à ce sujet.

Art. 261. Le protuteur ne peut accepter du tuteur aucun mandat qui concerne la gestion de celui-ci.

Art. 262. Sont applicables au protuteur les dispositions de l'article 244, n°s 2, 3 et 4, et de l'article 248.

SECTION XVI.

DE LA LOCATION ET DE LA VENTE DES BIENS DES MINEURS.

Art. 263. Les immeubles des mineurs seront donnés à bail, à moins que le conseil de famille ne décide, y trouvant plus d'avantage, qu'ils seront administrés par le tuteur.

Art. 258, 4°. — *C. fr.*, art. 424. — *C. esp.*, art. 236, 4°. — *C. ital.*, art. 266, § 3.

Voir art. 261.

Art. 259. — *C. esp.*, art. 236, 5°, § 2, art. 308.

Art. 260. — *C. fr.*, art. 470. — *C. esp.*, art. 279.

Art. 262. — *C. fr.*, art. 426. — *C. esp.*, art. 236, 5°.

Art. 264. Les baux de trois ans au plus seront faits par le tuteur, de la façon qui paraîtra la plus avantageuse pour le mineur.

Art. 265. Les baux de plus de trois ans seront toujours faits aux enchères publiques, en présence du protuteur et du curateur.

Art. 266. Les dispositions des trois articles précédents ne sont pas applicables aux baux des biens des mineurs qui se trouvent soumis à la puissance paternelle; ces baux seront faits par le père, à son gré et au mieux, sauf ce qui concerne le terme fixé par l'article 224, n° 14.

Art. 267. La vente des biens mobiliers, lorsqu'elle devra avoir lieu, sera faite aux enchères publiques, en présence du protuteur et du curateur, à moins qu'en raison de leur peu de valeur, le conseil de famille ne charge le tuteur de les vendre à l'amiable.

Art. 268. La vente des biens immobiliers des mineurs sera toujours faite aux enchères publiques, dans les formes ci-dessus indiquées.

Art. 269. Si les biens mobiliers ou immobiliers se trouvent dans un ressort (*julgado*) autre que celui dans lequel se poursuit

---

Art. 265. — Voir art. 224, 14°; — *C. pr. civ.*, art. 760, 882.

Art. 267. — *C. fr.*, art. 452; *L. fr. 27 février 1880,* art. 1, 2, 3. — *C. esp.*, art. 272. — *C. ital.*, art. 290.

Voir art. 150, 224, 13°, 243, 12°, 1554, 1°, et 1665; — *C. pr. civ.*, art. 758, 759.

Art. 268. — *C. fr.*, art. 459. — *C. esp.*, art. 272. — *C. ital.*, art. 297, § 2.

Voir *C. pr. civ.*, art. 758, 759.

l'inventaire, la vente en sera faite aux enchères publiques dans le ressort de leur situation, à la requête du juge de la tutelle, en présence du curateur du lieu et de la personne que le conseil de famille, s'il le juge convenable, commettra pour requérir au cours de l'opération tout ce qui serait à l'avantage des mineurs.

§ UNIQUE. La disposition de cet article ne déroge pas à l'exception de l'article 267.

ART. 270. Toutes les fois qu'il y aura lieu de vendre aux enchères publiques des biens de mineurs, la valeur en sera préalablement estimée, et le conseil de famille fixera une mise à prix, qui ne pourra être inférieure à la valeur estimative.

ART. 271. Lorsque les biens auront été mis en vente pour un prix supérieur au prix d'évaluation, s'il n'y a pas d'adjudication, ils seront remis en vente au prix d'évaluation.

ART. 272. Si les biens ont été de prime abord mis en vente pour le prix de l'évaluation, et qu'il n'y ait pas d'adjudicataire, ils ne seront pas remis en vente au même prix, et le conseil de famille décidera s'il y a lieu de surseoir à l'aliénation, ou si les biens devront être de nouveau mis en vente à un prix inférieur, qui, dans ce cas, pourra être fixé par le conseil lui-même.

ART. 273. On observera, pour le surplus, les formalités ordinaires des adjudications.

ART. 274. Les dispositions des articles précédents s'appliquent

---

Art. 273. — Ces formalités sont déterminées dans la section III, chap. II, titre VI, livre II, art. 841-866, du Code de procédure civile.

à la vente des biens des mineurs qui sont soumis à la puissance paternelle, sauf que, dans ce cas, les attributions du conseil de famille sont exercées par le juge avec l'assistance du curateur des orphelins.

SECTION XVII.

DE LA TUTELLE DES ENFANTS RECONNUS.

Art. 275. La tutelle des enfants reconnus est soumise aux mêmes règles que celle des enfants légitimes, sauf les modifications suivantes.

Art. 276. Le conseil de famille sera remplacé par un conseil spécial, composé de cinq voisins choisis par le juge des orphelins parmi les amis ou parents du père ou de la mère qui aura reconnu l'enfant mineur.

Art. 277. Si le père ou la mère qui a reconnu l'enfant illégitime lui nomme un tuteur, cette nomination produira effet, lors même que l'enfant serait postérieurement reconnu par l'autre parent.

Art. 278. Il n'y aura pas de tutelle légale pour les enfants reconnus.

Art. 275. — *C. esp.*, art. 302. — *C. ital.*, art. 261. Voir art. 293.

Art. 276. — Voir la note sous l'article 469.

Art. 277. — *C. esp.*, art. 206, § 1.

Art. 278. — *C. esp.*, art. 211.

SECTION XVIII.

DE LA TUTELLE DES BÂTARDS.

Art. 279. Le père ou la mère de l'enfant bâtard mineur peut lui nommer un tuteur par acte entre vifs ou par testament, dans les cas où il est tenu de lui fournir des aliments.

Art. 280. A défaut de père et de mère, le juge des orphelins du lieu nommera une personne convenable pour se charger du mineur et pourvoir à son éducation et à son établissement au moyen des ressources que les père et mère auront fournies pour cet objet.

Art. 281. Si les père et mère n'ont rien fourni pour les aliments de l'enfant, le tuteur, qui dans ce cas sera nommé par le juge, intentera, avec l'assistance du curateur des orphelins, les actions qu'il y a lieu de suivre contre les père et mère ou leurs héritiers.

Art. 282. Dans la tutelle dont il s'agit, le juge exercera toutes les attributions du conseil de famille, et le curateur des orphelins celles qui appartiennent au protuteur. Le recours contre les décisions du juge , s'il y a lieu, sera porté devant la Cour d'appel du district.

Art. 283. Si le père ou la mère du mineur meurt insolvable, le mineur sera réputé abandonné, et on lui appliquera les dispositions de la section suivante relatives aux enfants trouvés.

Art. 279. — *C. esp.*, art. 206.

Art. 280. — *C. ital.*, art. 261.

SECTION XIX.

DE LA TUTELLE DES MINEURS ABANDONNÉS.

Art. 284. Les enfants trouvés et les mineurs abandonnés, dont les père et mère ne sont pas connus, seront, jusqu'à l'âge de sept ans accomplis, sous la tutelle et l'administration de la Chambre municipale du lieu, ou des personnes qui se seront chargées, volontairement ou gratuitement, de les élever.

§ unique. La disposition du présent article ne fait pas obstacle à l'exécution des règlements particuliers des établissements publics de bienfaisance pupillaire autorisés par la loi.

Art. 285. Dès que les enfants trouvés ou abandonnés ont l'âge de sept ans accomplis, ils seront mis à la disposition du Conseil de bienfaisance pupillaire, ou de toute autre autorité chargée de ce service par les lois administratives.

Art. 284. — France : *Décret 19 janvier 1811* et *Loi 24 juillet 1889*. — *C. esp.*, art. 212; *L. 22 juin 1822*. — *C. ital.*, art. 248, 262.

Un décret du 5 janvier 1888 a approuvé le règlement relatif au service des enfants trouvés, abandonnés et délaissés. Aux termes de ce règlement, les enfants *trouvés* sont ceux qui, nés de père et de mère inconnus, ont été abandonnés par leurs parents; les enfants *abandonnés* sont ceux dont les père et mère sont connus, mais ont disparu sans charger personne de leur garde; les enfants *délaissés* sont ceux à l'alimentation desquels les parents, par suite de mort, d'emprisonnement ou de relégation, de vieillesse, se trouvent dans l'impossibilité de subvenir, et qui n'ont aucun membre de leur famille en état de les nourrir.

L'administration de ces enfants est confiée, jusqu'à l'âge de sept ans, aux conseils municipaux et, de l'âge de sept ans à dix-huit, aux conseils généraux de district. (*Ann. lég. étr.*, 1889, p. 574.)

Art. 285. — Les conseils de bienfaisance pupillaire n'ont pas encore été organisés. Provisoirement, c'est au juge qu'incombe la tutelle des enfants trouvés ou abandonnés (art. 293), comme celle des bâtards (art. 282). Quant aux institutions qui profitent des biens attribués à ces établissements (art. 419-427), elles sont désignées par l'art. 969 du Code de procédure civile.

Art. 286. Le Conseil de bienfaisance pupillaire, ou l'autorité qui en tient lieu, donnera aux enfants exposés ou abandonnés la carrière qui leur sera la plus avantageuse, en les plaçant dans un établissement, ou en les confiant, par contrat, aux personnes qui voudront se charger de les élever et de les instruire.

Art. 287. Les personnes qui prendront à leur charge des enfants trouvés ou abandonnés en seront les tuteurs, sous la surveillance du Conseil ou de l'autorité qui en tient lieu, laquelle pourra faire résilier le contrat et donner une autre carrière au mineur en cas d'abus ou d'inobservation des conventions faites.

Art. 288. Le Conseil de bienfaisance pupillaire ou l'autorité qui en tient lieu ne peut imposer à l'enfant trouvé ou abandonné, ni stipuler en son nom des obligations pour un temps qui se prolongerait au delà de sa quinzième année.

Art. 289. Lorsqu'il aura atteint cet âge, l'enfant trouvé ou abandonné pourra être émancipé par le Conseil susdit ou par l'autorité qui en tient lieu, s'il fait preuve de la capacité nécessaire pour se conduire lui-même.

Art. 290. L'enfant trouvé ou abandonné aura la propriété et l'usufruit de tout ce qu'il acquerra durant sa minorité à quelque titre que ce soit.

Art. 291. Dès que l'enfant trouvé ou abandonné aura atteint l'âge de dix-huit ans, il sera émancipé de plein droit, et il en sera dressé acte sur le registre à ce destiné.

Art. 289. — Voir art. 291.

Art. 290. — Voir art. 292.

Art. 292. Si l'enfant trouvé ou abandonné meurt intestat et sans descendants, il aura pour héritier l'établissement de bienfaisance pupillaire.

Art. 293. On observera pour le surplus, relativement aux droits des enfants trouvés ou abandonnés, les dispositions concernant les autres mineurs, en tant qu'elles seront applicables.

SECTION XX.

DE LA TUTELLE DES ENFANTS D'INDIGENTS.

Art. 294. Les enfants mineurs de personnes indigentes, qui, par suite de la mort, de l'âge avancé ou de la maladie de leurs père et mère, ou pour toute autre cause dûment établie, ne pourront recevoir d'eux ou de leurs familles ni aliments ni secours, seront confiés aux soins et à la protection de la municipalité du lieu, qui les fera nourrir, entretenir et élever, sur les revenus de la commune jusqu'à ce qu'ils soient en âge de gagner leur vie.

Art. 295. Si les père et mère reviennent à meilleure fortune et acquièrent des ressources suffisantes, ils rembourseront la commune de ses dépenses et, sur leur demande, leurs enfants leur seront rendus.

Art. 296. La municipalité est considérée comme tutrice légale des mineurs dont il s'agit, pendant qu'ils sont à sa charge, pour tout ce qui regarde leur nourriture et leur éducation, sans préjudice des droits paternels qui subsistent pour tout le surplus conformément au droit commun.

Art. 292. — *L. fr. 15 pluv. an XIII.*

Art. 294. — Voir art. 296.

SECTION XXI.

DE LA RESCISION DES ACTES PASSÉS PAR LES MINEURS.

Art. 297. Les mineurs ne jouissent pas du privilège de la *restitutio in integrum.*

Art. 298. Les actes et contrats passés valablement par le mineur et ceux passés, avec l'autorisation nécessaire, soit par le mineur, soit par le tuteur, ne peuvent être rescindés à la requête du mineur que dans les cas prévus par le droit commun ou par une disposition spéciale de la loi.

Art. 299. Les actes passés par le mineur sans l'autorisation nécessaire sont nuls, sauf les dispositions des articles 1058 et 1059; mais le mineur ne pourra se prévaloir de cette nullité dans les cas suivants :

1° Lorsque les obligations par lui contractées se rapportent à l'art ou à la profession qu'il pratique;

2° Lorsqu'il a usé de dol afin de se faire passer pour majeur.

§ unique. La simple déclaration ou affirmation de majorité ou d'émancipation ne suffit pas dans ce cas pour caractériser le dol.

Art. 297. — Voir art. 98.

Art. 298. — *C. fr.*, art. 1305 et suiv. — *C. esp.*, art. 1291, 1°. — *C. ital.*, art. 1304 et suiv., 1308.

Art. 299. — *C. fr.*, art. 1305-1314. — *C. esp.*, art. 1300-1314. — *C. ital.*, art. 1303-1305.

Art. 299, 1°. — *C. fr.*, art. 1308.

Art. 299, 2° et § unique. — *C. fr.*, art. 1307. — *C. ital.*, art. 1305.

SECTION XXII.

DU REGISTRE DES TUTELLES.

Art. 300. Il y aura dans chaque arrondissement pupillaire (*juizo orphanologico*) un registre, coté, paraphé et visé par le juge du lieu, pour l'enregistrement des tutelles des mineurs interdits.

§ unique. Le greffier en chef sera chargé de ce registre, sur lequel il devra mentionner non seulement les tutelles de son greffe, mais aussi celles des autres, à l'effet de quoi les autres greffiers devront lui transmettre les renseignements nécessaires.

Art. 301. Les feuillets de ce registre seront divisés en colonnes ou cases dans lesquelles on indiquera :

1° La filiation, l'âge et le domicile du mineur ou de l'interdit;

2° L'importance de son patrimoine en biens mobiliers et immobiliers;

3° Les dates du commencement et de la fin de l'inventaire;

4° Les nom, profession, âge, état et domicile du tuteur, et s'il est testamentaire, légal ou datif;

Art. 300. — *C. esp.*, art. 288-292. — *C. ital.*, art. 343-349.

L'ancien droit portugais chargeait déjà l'autorité judiciaire du soin de protéger les incapables. La *jurisdicção orphanologica* a été attribuée, par le décret du 21 mai 1841 (*Nov. Ref.*, art. 84), aux juges *de droit*, avec le concours du ministère public et des curateurs des orphelins. L'arrondissement pupillaire est donc la *comarca*. (Voir l'introduction et la note sous l'art. 220.)

Art. 301. — *C. esp.*, art. 290. — *C. ital.*, art. 345.

En Espagne, le registre porte en outre mention de la pension alimentaire qui a été assignée au mineur ou à l'incapable, ou déclaration que les fruits se compensent avec les aliments. En Italie, on y inscrit la date des réunions du conseil et l'objet des délibérations prises.

5° Si le tuteur est grevé d'hypothèque ou a fourni d'autres sûretés;

6° Les dates du commencement et de la fin de la gestion du tuteur;

7° Les dates des comptes qu'il aura rendus; s'il y a un reliquat, et lequel;

8° Les observations qui paraîtront utiles.

Art. 302. Le registre, dont il est parlé dans les articles précédents, sera accompagné d'une table alphabétique des noms des tuteurs et des pupilles.

Art. 303. Le greffier ou le juge qui ne se conformera pas, en ce qui le concerne, aux dispositions de la présente section, sera responsable pour fait de charge, et passible de dommages et intérêts s'il en résulte un préjudice.

SECTION XXIII.

DE L'ÉMANCIPATION.

Art. 304. Le mineur peut être émancipé :

1° Par le mariage;

2° Par concession du père, ou de la mère à défaut du père, ou du conseil de famille, à défaut de l'un et de l'autre.

Art. 304, 1°. — *C. fr.*, art. 476. — *C. esp.*, art. 314, 1°, art. 315. — *C. ital.*, art. 310.

Art. 304, 2°. — *C. fr.*, art. 477, 478. — *C. esp.*, art. 314, 3°. — *C. ital.*, art. 311.

Le Code espagnol ne donne pas au conseil de famille le droit d'émancipation. Dans la législation française, le père ou la mère ont le droit d'émanciper leur enfant qui a atteint l'âge de quinze ans; le conseil de famille doit attendre

Art. 305. L'émancipation rend le mineur capable de disposer de sa personne et de ses biens, comme s'il était majeur.

Art. 306. Néanmoins l'émancipation par mariage ne produira ses effets légaux que si l'homme a dix-huit ans accomplis, la femme seize, et si le mariage a été régulièrement autorisé.

§ unique. Le mineur qui se marie sans l'autorisation requise continuera d'être considéré comme mineur quant à l'administration de ses biens jusqu'à sa majorité, mais il lui sera alloué, sur les revenus desdits biens, les aliments nécessaires selon sa condition.

Art. 307. L'émancipation dont il s'agit à l'article 304, n° 2, ne

---

qu'il ait atteint dix-huit ans. Le Code italien ne fait pas cette distinction et fixe uniformément à dix-huit ans l'âge auquel le mineur peut être émancipé soit par son père ou sa mère, soit par le conseil de famille.

Voir art. 306, 307 et 1060.

La législation antérieure (*Nov. Ref.*, art. 453) déclarait émancipés légalement ceux qui prenaient les ordres religieux, les bacheliers, licenciés ou docteurs, et les officiers de l'armée de terre ou de la flotte âgés de 21 ans.

Plus anciennement, l'émancipation pouvait être accordée par lettres royales (*Ord*es, liv. I, tit. LXXXVIII, § 6).

Il n'y a plus d'émancipation légale que pour l'enfant trouvé abandonné (art. 291).

Art. 305. — *C. fr.*, art. 481-487. — *C. esp.*, art. 315, 317. — *C. ital.*, art. 317-319.

Dans ces trois législations, l'émancipation ne confère au mineur la capacité de faire seul que les actes n'excédant pas la simple administration; pour les autres actes, l'autorisation des père et mère, du curateur et du conseil de famille est nécessaire. De même, le droit antérieur portugais n'accordait au mineur émancipé que des pouvoirs d'administration (*Nov. Ref.*, art. 458-460).

Art. 306. — *C. esp.*, art. 50, 3°, art. 59.

Art. 307. — *C. fr.*, art. 477. — *C. esp.*, art. 318. — *C. ital.*, art. 311.

Les Codes français et italien n'exigent pas le consentement du mineur.

Antérieurement, le mineur du sexe masculin ne pouvait être émancipé qu'à l'âge de vingt ans (*Nov. Ref.*, art. 454).

peut avoir lieu que du consentement du mineur, et lorsqu'il a dix-huit ans accomplis.

Art. 308. L'émancipation octroyée par le père ou par la mère résultera d'un simple acte ou certificat signé devant le juge du domicile de l'émancipant; celle octroyée par le conseil de famille résultera du procès-verbal de la délibération, prise en la forme ordinaire.

§ unique. Le juge fera dresser en conséquence une ordonnance conforme qui ne produira d'effet à l'égard des tiers qu'après avoir été inscrite sur le registre des tutelles.

Art. 309. Dans le cas du n° 1 de l'article 304, le mineur émancipé requerra le juge compétent, en produisant les pièces justificatives de son mariage, de son âge et du consentement exigé par la loi, de lui faire remettre l'administration de ses biens; et le juge déférera à cette requête, s'il y a lieu, sans entendre préalablement personne.

§ unique. L'ordonnance qui prescrit la remise à l'émancipé de l'administration de ses biens n'aura d'effet à l'égard des tiers qu'après avoir été inscrite sur le registre des tutelles.

Art. 310. L'émancipation, une fois accordée, ne peut être révoquée.

Art. 308. — *C. fr.*, art. 477-479. — *C. esp.*, art. 316. — *C. ital.*, art. 311, § 2.

Art. 309. — *C. esp.*, art. 326.

Voir art. 930.

Art. 310. — *Sic : C. esp.*, art. 319. — *Contra : C. fr.*, art. 485. — *C. ital.*, art. 321.

Le droit antérieur permettait de remettre en tutelle le mineur émancipé qui avait fait seul des actes d'aliénation (*Nov. Ref.*, art. 460).

SECTION XXIV.

DE LA MAJORITÉ.

Art. 311. L'époque de la majorité est fixée, sans distinction de sexe, à vingt et un ans accomplis. Le majeur a la capacité de disposer librement de sa personne et de ses biens.

Art. 312. Le majeur doit requérir, en justifiant de son âge, la délivrance des biens qui étaient administrés par autrui, et demander qu'il en soit fait mention sur le registre des tutelles.

Art. 313. Le juge, néanmoins, surseoira toujours à la délivrance des biens, s'il y a jugement d'interdiction rendu contre le requérant, ou seulement procès pendant à fin d'interdiction.

TITRE X.

DE L'INCAPACITÉ POUR CAUSE DE DÉMENCE.

Art. 314. Seront interdits de l'exercice de leurs droits civils les aliénés, et tous ceux qui, par suite de l'état anormal de leurs

---

Art. 311. — *C. fr.*, art. 488. — *C. esp.*, art. 320. — *C. ital.*, art. 323. Le Code espagnol ne fixe qu'à vingt-trois ans seulement l'époque de la majorité.

Art. 313. — *C. fr.*, art. 497. — *C. ital.*, art. 327, § 3.

Titre X-XIV. — *C. fr.*, l. I, tit. XI, chap. II et III. — *C. esp.*, l. I, tit. IX, chap. III, sect. II à IV. — *C. ital.*, l. I, tit. X, chap. II et III, et tit. IX. — *C. autr.*, 1re partie, chap. IV. — *C. holl.*, l. I, tit. XVIII, et *Loi* du 27 avril 1884 relative à la surveillance de l'État sur les aliénés. — *C. Grisons*, 1re partie, sect. I, A. 2. — *C. Zurich*, l. IV, sect. III. — *Projet allemand*, l. IV, sect. III, tit. II et III.

Art. 314. — *C. fr.*, art. 489. — *C. esp.*, art. 213. — *C. ital.*, art. 324.

facultés mentales, se montreront incapables de gouverner leurs personnes et leurs biens.

§ UNIQUE. Cette interdiction peut s'appliquer aux majeurs ou aux mineurs, pourvu, dans ce dernier cas, qu'elle soit poursuivie dans l'année qui précédera la majorité.

ART. 315. L'interdiction peut être poursuivie par tout parent successible ou par l'époux de l'aliéné.

§ UNIQUE. En pareil cas, c'est le ministère public qui sera le défenseur à l'incapabe.

ART. 316. L'interdiction sera poursuivie par le ministère public :

1° A défaut des personnes désignées dans l'article précédent;

2° En cas de démence accompagnée de fureur, ou lorsque l'aliéné aura des enfants mineurs et que les personnes ci-dessus désignées n'agiront pas.

§ UNIQUE. Dans ce cas, le juge nommera un défenseur à l'incapable.

ART. 317. La demande à fin d'interdiction sera formée devant le juge de droit du domicile de l'aliéné, dans les formes suivantes :

Art. 314, § UNIQUE. — *C. ital.*, art. 325.

Art. 315. — *C. fr.*, art. 490. — *C. esp.*, art. 214. — *C. ital.*, art. 326.

Art. 315, § UNIQUE. — *C. esp.*, art. 215, *in fine.* — Voir art. 339.

Art. 316. — *C. fr.*, art. 491. — *C. esp.*, art. 215. — *C. ital.*, art. 326.

Art. 316, § UNIQUE. — *C. esp.*, art. 215, *in fine.*

Art. 317. — *C. fr.*, art. 492-494, 496-498, 500-505 (voir *L. fr. 30 juin 1838 sur les aliénés*). — *C. esp.*, art. 216-219. — *C. ital.*, art. 327. Voir art. 319, 334 et 335.

IMPRIMERIE NATIONALE.

§ 1. Le demandeur présentera au juge sa requête, contenant articulation des faits, et en outre la liste de ses témoins et les documents propres à faire preuve de la démence;

§ 2. Le juge, ouï le ministère public, si celui-ci n'est pas demandeur, et, dans le cas contraire, le défenseur que le juge aura nommé, convoquera le conseil de famille, qui donnera son avis;

§ 3. S'il résulte de cet avis et des autres circonstances de la cause que la demande n'est pas fondée, elle sera immédiatement rejetée;

§ 4. Si l'avis du conseil de famille est favorable au demandeur, le juge ordonnera la signification à l'incapable ou à son défenseur, tant de la demande que de l'avis du conseil et des autres pièces produites, et procédera à l'interrogatoire de l'incapable, qu'il fera en outre examiner par deux médecins, le tout en présence du magistrat du ministère public compétent;

§ 5. Si de cet interrogatoire et de cet examen ne résulte pas la preuve complète de la démence de l'incapable, le juge procédera à l'audition des témoins indiqués, après avoir fait citer l'incapable ou son défenseur, qui pourront, à leur tour, faire entendre des témoins et produire des pièces;

§ 6. A la suite de cette procédure, le juge statuera sur la demande et déférera la tutelle, s'il y a lieu, à qui de droit;

Art. 317, § 4.—Le Code de procédure civile a complété cette disposition: les articles 420 et 421 tracent la procédure à suivre quand l'avis du conseil de famille est défavorable à la demande. Un interrogatoire suivi d'examen médical et, au besoin, une instruction contradictoire doivent avoir lieu. Ces mêmes articles attribuent formellement au juge le pouvoir de statuer contrairement à l'avis du conseil de famille, même lorsque cet avis n'est pas favorable à la demande.

§ 7. Le ministère public appellera devant la Cour d'appel du district de tout jugement qui prononce l'interdiction;

§ 8. Cet appel n'aura qu'un effet dévolutif, mais la tutelle déférée dans ce cas devra se borner, durant l'instance d'appel, aux actes de simple protection quant à la personne de l'incapable, et de conservation quant à ses biens et à ses droits, à moins qu'il ne survienne une urgente nécessité de faire d'autres actes, qui devront être autorisés préalablement par justice, le ministère public entendu;

§ 9. Si l'interdiction est prononcée par le Tribunal d'appel, le juge du premier degré déférera sur-le-champ la tutelle, lors même qu'un recours en revision serait formé.

Art. 318. Le conseil de famille sera constitué conformément aux dispositions du titre précédent, articles 207 et suivants; cependant ne pourront en faire partie les personnes qui auront poursuivi l'interdiction; elles pourront d'ailleurs assister aux délibérations du conseil pour donner de simples renseignements.

Art. 319. Le jugement d'interdiction, qu'il soit prononcé en première ou en seconde instance sera inscrit sur le registre des tutelles du domicile de l'interdit, et publié par extrait, au premier cas, dans l'un des journaux de l'arrondissement et au moyen d'affiches dans le lieu du même domicile, et, au second cas, dans le journal de la Cour d'appel du ressort.

§ unique. Cette inscription et cette publication se feront à la diligence du greffier de la cause.

Art. 317, § 7. — En principe, le recours en revision, qui est porté devant le Tribunal suprême de justice, est suspensif, lorsqu'il est formé contre les décisions qui concernent l'état des personnes (*C. pr. civ.*, art. 1150).

Art. 318. — *C. fr.*, art. 495. — *C. esp.*, art. 217. — *C. ital.*, art. 327, § 2.

Art. 319. — *C. fr.*, art. 501, modifié par la loi du 16 mars 1893. — *C. ital.*, art. 343.

ART. 320. La tutelle de l'interdit sera déférée dans l'ordre suivant :

1° Au conjoint, s'il est marié, sauf le cas de séparation judidiaire de corps et de biens, ou de séparation de fait par suite de mésintelligences ou de toute incapacité légale dont ce conjoint serait frappé;

2° Au père ou, à son défaut, à la mère;

3° Aux enfants majeurs, s'il y en a, en préférant le plus âgé, à moins que le juge, sur les conclusions du ministère public, n'estime qu'un des autres pourrait mieux remplir cette charge;

4° A la personne qui sera désignée par le conseil de famille. Néanmoins, dans ce cas, le soin et la garde de la personne de l'interdit ne seront pas confiés à quelqu'un qui doive lui succéder.

§ UNIQUE. Ne peut être nommé tuteur celui qui, par une conduite criminelle ou seulement répréhensible, tenue au préjudice de l'interdit, aura déterminé la démence de celui-ci.

ART. 321. L'interdit est assimilé au mineur, et les règles relatives à l'incapacité résultant de la minorité lui sont applicables, sauf les dispositions des articles suivants.

ART. 322. Dans le cas où la tutelle échoit au père ou à la mère, ceux-ci exerceront la puissance paternelle, conformément aux articles 101 et suivants.

ART. 323. Dans le cas où la tutelle échoit au mari ou à la femme, on observera les règles suivantes.

Art. 320. — *C. fr.*, art. 506, 507. — *C. esp.*, art. 220. — *C. ital.*, art. 329, 330.
— Voir art. 356.

Art. 321. — *C. fr.*, art. 509. — *C. ital.*, art. 329. — *C. esp.*, art. 200, 2°.

Art. 324. Il ne sera pas fait d'inventaire si le régime matrimonial est celui de la communauté, ni même, en cas de séparation de biens, lorsque les biens de l'interdit auront été décrits dans un acte authentique.

Art. 325. Le conjoint de l'interdit n'est pas tenu de rendre compte.

Art. 326. Lorsque le mari est tuteur de sa femme interdite, il continuera d'exercer à son égard ses droits d'époux, sous les modifications suivantes :

§ 1. Le consentement de la femme aux actes du mari, dans les cas où leur validité en dépend, sera suppléé par l'autorisation de justice, donnée après audition du ministère public et du plus proche parent de la femme.

§ 2. Dans les cas où la femme peut recourir contre les actes du mari, ou assigner celui-ci pour la sauvegarde de ses droits méconnus ou mis en péril, elle sera représentée par son protuteur ou par l'un de ses parents.

Art. 327. Dans les cas où la tutelle de l'interdit est confiée à sa femme, celle-ci exercera les droits qui appartenaient au mari comme chef de famille, sauf les restrictions suivantes :

§ 1. Elle ne pourra aliéner les biens immobiliers de l'interdit sans y être autorisée dans la forme indiquée au paragraphe 1er de l'article précédent.

Art. 325. — *C. ital.*, art. 331.

Art. 326. — *C. fr.*, art. 506, 511.

Art. 327. — *C. fr.*, art. 507.

Voir art. 1190.

§ 2. En cas de mauvais traitements, de négligence des soins dus à l'interdit en raison de son état, ou de gestion ruineuse de ses biens, la femme pourra être destituée de la tutelle, à la requête du protuteur ou de tout parent de l'interdit, le conseil de famille préalablement entendu.

Art. 328. Si le tuteur de l'interdit est l'une des personnes désignées à l'article 320, nos 3 et 4, on suivra les règles établies pour la tutelle des mineurs, en tant qu'elles pourront recevoir leur application.

Art. 329. Si l'interdit est célibataire, ou veuf, et qu'il ait des enfants mineurs, légitimes ou reconnus, le tuteur de ces enfants sera le tuteur de l'interdit lui-même.

Art. 330. Dans tous les cas d'interdiction, excepté lorsque l'interdit se trouve confié aux soins de ses père et mère, il sera nommé par le conseil de famille un protuteur chargé de veiller à ses droits et d'assurer le bon traitement de sa personne, et de signaler au ministère public ce qu'il peut y avoir lieu de requérir pour le bien de l'interdit dans les limites légales.

Art. 331. La tutelle des époux, des ascendants et des descendants durera autant que l'interdiction même.

Art. 332. Les revenus de l'interdit et ses biens eux-mêmes, en

---

Art. 328. — *C. ital.*, art. 329.

Art. 329. — Une disposition analogue se trouve dans le Code hollandais (art. 507).

Art. 331. — *C. fr.*, art. 508. — *C. ital.*, art. 333.

Art. 332. — *C. fr.*, art. 510.

cas de nécessité, seront employés de préférence à l'amélioration de son état.

Art. 333. L'interdit ne peut être privé de sa liberté individuelle, ni enfermé dans une maison particulière, ou dans un établissement de quelque nature que ce soit, ni transporté hors du royaume, ou même hors de la province, sans autorisation préalable donnée par justice, après avis du ministère public et du conseil de famille.

§ unique. La disposition du présent article ne s'oppose pas à l'emploi de la force, lorsqu'il est nécessaire d'y recourir pour contenir l'aliéné en fureur, mais cette contrainte ne devra durer que le temps strictement indispensable pour en référer à l'autorité compétente.

Art. 334. Tous les actes et contrats faits par l'interdit depuis le jour de l'enregistrement et de la publication du jugement d'interdiction seront nuls de droit, si ce jugement acquiert l'autorité de la chose jugée.

Art. 335. Les actes et contrats faits par l'interdit avant le jugement ne peuvent être annulés que s'il est établi qu'à cette

---

Art. 333. — *C. fr.*, art. 510, § 2; *L. fr. 30 juin 1838 sur les aliénés*, art. 8, 14, 29, 38.

La loi du 4 juillet 1889 a organisé l'assistance publique en ce qui concerne les aliénés. Elle divise le territoire portugais en quatre circonscriptions (Lisbonne, Coïmbre, Porto, Açores), dont chacune doit entretenir les établissements nécessaires pour recueillir et soigner les aliénés de la région.

Art. 334. — *C. fr.*, art. 502. — *C. ital.*, art. 335.

Le Code italien porte que la nullité ne peut être proposée que par le tuteur, l'interdit, ses héritiers ou ses ayants cause.

Art. 335. — *C. fr.*, art. 503, 504. — *C. ital.*, art. 336, 337.

époque la cause de l'interdiction existait déjà notoirement, ou était connue de l'autre partie contractante.

Art. 336. Si la cause de l'interdiction vient à cesser, il en sera donné mainlevée par jugement, en observant les formalités prescrites pour parvenir à l'interdiction.

TITRE XI.

DE L'INCAPACITÉ DES SOURDS-MUETS.

Art. 337. Les sourds-muets qui n'auront pas la capacité nécessaire pour gérer leurs biens seront mis en tutelle.

Art. 338. L'étendue et les limites de cette tutelle seront déterminées par le jugement qui l'établit, selon le degré de l'incapacité du sourd-muet.

Art. 339. Cette tutelle peut être requise par les personnes désignées aux articles 315 et 316, n° 1, et on observera pour le surplus, en tant qu'elles pourront s'appliquer, les dispositions du titre précédent.

Art. 336. — *C. fr.*, art. 512. — *C. ital.*, art. 338.
Voir art. 352 et *C. proc. civ.*, art. 431, 432.

Art. 337. — *C. esp.*, art. 218. — *C. ital.*, art. 340.
Voir art. 1751, 1917, 1924, 2026 et 2510, 2°.

Art. 338. — *C. esp.*, art. 218. — *C. ital.*, art. 339, 340.
Voir art. 344, 357.

Cette interdiction partielle des sourds-muets, dont les tribunaux ont la faculté d'étendre ou de limiter les effets suivant l'incapacité réelle de ceux qu'elle doit atteindre, semble préférable à l'interdiction absolue que permet seulement la législation française.

Art. 339. — Voir *C. pr. civ.*, art. 423.

TITRE XII

DE L'INCAPACITÉ DES PRODIGUES.

Art. 340. Les personnes majeures ou émancipées, qui par leur prodigalité habituelle se montreront incapables d'administrer leurs propres biens, pourront être interdites de l'administration desdits biens, si elles sont mariées, ou si elles ont des ascendants ou des descendants légitimes.

§ unique. Il appartiendra au juge de décider, dans sa prudence, par appréciation des circonstances, si les faits allégués sont ou non de nature à caractériser la prodigalité.

Art. 341. Cette interdiction peut être poursuivie par les ascendants ou les descendants du prodigue, par sa femme, par tout parent de celle-ci, ou par le ministère public, si le prodigue a des descendants mineurs ou interdits.

Art. 342. La demande en interdiction sera formée devant le juge de droit de l'arrondissement dans lequel le prodigue aura son domicile.

Art. 343. La procédure de la demande en interdiction sera

Art. 340. — *C. fr.*, art. 513. — *C. esp.*, art. 221. — *C. ital.*, art. 339.

Art. 341. — *C. fr.*, art. 514. — *C. esp.*, art. 222. — *C. ital.*, art. 339, § 2, art. 326.

Art. 342. — *C. fr.*, art. 514.

Art. 343. — *C. esp.*, art. 223.

La loi française exige que le défendeur soit entendu. (Art. 496, 514. — Cass., 26 janvier 1848.)

Voir art. 345, § 1 et 2.

Le Code de procédure civile, dans ses art. 424 et 425, a réglé les détails de la procédure à suivre pour l'interdiction du prodigue, en laissant subsister l'inexplicable prohibition d'entendre le défendeur en personne.

sommaire, le défendeur ne sera pas cité. Il ne peut être acquiescé à cette demande.

§ UNIQUE. Sont applicables à cette demande les dispositions de l'article 317, § 1, 2 et 3.

ART. 344. Le jugement, suivant la gravité des faits établis au procès, privera le prodigue de l'administration de ses biens en général, ou la lui conservera en lui défendant seulement de faire certains actes sans l'autorisation préalable de son curateur.

§ UNIQUE. Ce jugement sera inscrit sur le registre des tutelles et publié, par extraits, dans l'un des journaux de l'arrondissement, ou, s'il n'y en a pas, par affiches apposées dans le lieu du domicile de l'interdit.

ART. 345. Le prodigue conserve toutefois la libre disposition de sa personne et tous les autres droits civils, et il pourra former opposition au jugement qui l'aura privé de l'administration de ses biens ou lui aura interdit de faire certains actes sans l'approbation de son curateur; il pourra aussi faire appel de ce jugement.

Art. 344. — *C. fr.*, art. 513. — *C. esp.*, art. 221, § 2. — *C. ital.*, art. 339.

Art. 344, § UNIQUE. — *C. fr.*, art. 501, modifié par la loi du 16 mars 1893.

Art. 345. — *C. esp.*, art. 224.

En France, la jurisprudence a décidé que la défense faite à l'individu pourvu d'un conseil judiciaire de plaider sans l'assistance de ce conseil ne s'applique pas au cas d'une demande en interdiction : celui qui est pourvu d'un conseil judiciaire peut, sans l'assistance de ce conseil, défendre à une telle action et même interjeter appel du jugement qui l'a accueillie (Cass., 15 mars 1858).

Voir *C. pr. civ.*, art. 428, 429, 996, 11°.

§ 1. L'opposition ne suspendra pas l'exécution du jugement, et l'appel n'en sera reçu qu'avec effet dévolutif.

§ 2. Le jugement, qui déboute le prodigue de son opposition, sera aussi susceptible de recours par voie d'appel.

Art. 346. Dès que le jugement sera passé en force de chose jugée, si l'administration est enlevée au prodigue, elle sera remise à son père, ou à défaut de père, à sa mère, avec le consentement, dans ce dernier cas, du conseil de famille. Si le prodigue n'a ni père ni mère qui puisse se charger de l'administration, le juge nommera un administrateur, après avoir entendu le conseil de famille et le ministère public.

§ unique. Si le prodigue administre les biens de ses enfants mineurs ou interdits, ces biens seront compris dans l'administration dont il s'agit ci-dessus.

Art. 347. Si le prodigue est marié sous le régime de séparation de biens, la femme conservera l'administration de ses biens personnels, qu'elle ne pourra pas aliéner sans autorisation de justice, dans les cas où le consentement du mari est nécessaire.

Art. 348. En cas d'interdiction générale, il sera mis à la disposition de l'interdit des sommes suffisantes pour ses dépenses ordinaires, selon sa condition et ses moyens.

§ 1. Ces sommes seront fixées, après examen, par le juge, le ministère public et le conseil de famille entendus.

Art. 346. — *C. esp.*, art. 227.

Art. 346, § unique. — *C. esp.*, art. 225.
Voir art. 349 et 350.

Art. 347. — *C. esp.*, art. 225.

§ 2. L'interdit pourra néanmoins, s'il survient des nécessités imprévues, recourir de nouveau au juge, qui statuera, dans les formes ci-dessus prescrites, selon qu'il appartiendra.

Art. 349. Après la publication du jugement d'interdiction, général eou spéciale, un curateur provisoire sera nommé à l'interdit, pour l'autoriser à faire les actes dont il aura été déclaré incapable, et qui deviendraient nécessaires; l'interdit, en cas de refus de consentement de la part de son curateur, pourra recourir au juge, qui prononcera définitivement, le ministère public entendu. Les actes faits par l'interdit sans l'autorisation requise seront nuls de droit, si le jugement acquiert l'autorité de la chose jugée.

Art. 350. L'interdit pourra recourir au juge de l'interdiction, s'il estime que son curateur abuse en quelque façon de ses pouvoirs. Le juge statuera comme de droit, après avoir entendu le ministère public, et, s'il y a lieu, le conseil de famille. Ses décisions seront susceptibles de recours devant la Cour d'appel du district, qui prononcera en dernier ressort.

Art. 351. Les administrateurs des biens du prodigue ont les mêmes droits et sont tenus des mêmes obligations que les curateurs provisoires des biens des absents, sauf les modifications suivantes :

1° Lorsque la curatelle se trouve être à la charge du père ou de la mère, il ne sera pas donné caution;

Art. 349. — *C. fr.*, art. 502, 513. — *C. esp.*, art. 226. — *C. ital.*, art. 341.

Le Code italien décide que la nullité ne peut, dans ce cas, être opposée que par l'incapable, ses héritiers ou ayants cause.

Art. 351. — Voir *C. pr. civ.*, art. 658.

2° Les comptes annuels seront rendus en présence de l'interdit.

Art. 352. Le prodigue, après cinq ans écoulés, pourra demander la mainlevée de l'interdiction, et il l'obtiendra, si le conseil de famille et le ministère public y consentent.

§ unique. Si le prodigue n'obtient pas la mainlevée de l'interdiction, il pourra la demander de nouveau jusqu'à ce qu'elle lui soit consentie, pourvu qu'entre le rejet de chaque demande et la présentation de la demande suivante il y ait un intervalle de cinq ans au moins.

TITRE XIII.

DE L'INCAPACITÉ ACCIDENTELLE.

Art. 353. Les actes et contrats faits par une personne qui se trouverait accidentellement privée, à ce moment, de l'usage de sa raison par l'effet d'un accès de délire, de l'ivresse, ou pour toute autre cause de même nature, pourront être rescindés, si, dans les dix jours à compter de son rétablissement, cette personne proteste devant notaire en présence de deux témoins, et forme sa demande en justice dans les vingt jours suivants.

§ unique. Cette demande ne pourra être formée par les héritiers de la personne dont il s'agit que si celle-ci est décédée sans avoir recouvré la raison, ou avant l'expiration des dix jours dans lesquels elle devait protester, et, en outre, à la condition de l'intenter dans les vingt jours du décès.

Art. 354. La disposition de l'article précédent ne fait pas obstacle à toutes autres actions qui pourraient être intentées contre la validité des actes et contrats qui y sont mentionnés.

Art. 352. — *C. fr.*, art. 512, 514. — *C. ital.*, art. 342. Voir *C. pr. civ.*, art. 432, 435.

TITRE XIV.

DE L'INCAPACITÉ QUI RÉSULTE D'UNE CONDAMNATION PÉNALE.

ART. 355. Les criminels ne peuvent être privés d'aucun de leurs droits civils qu'en vertu d'un jugement passé en force de chose jugée.

ART. 356. Lorsqu'une personne est privée de droits civils par jugement rendu sur une poursuite criminelle ordinaire et passé en force de chose jugée, il lui sera donné un curateur.

§ UNIQUE. La curatelle sera déférée suivant l'ordre établi pour la tutelle des aliénés.

ART. 357. L'étendue et les effets de cette curatelle dépendent de la nature des droits enlevés au condamné.

Art. 355. — *C. pén. fr.*, art. 29, et *L. fr. 31 mai 1854.* — *C. esp.*, art. 228. — *C. pén. ital.*, art. 20.

Voir art. 1764, 2°, 1779, 2°, 1966, 7°, et 2511, 6°.

Art. 356. — *C. pén. fr.*, art. 29. — *C. esp.*, art. 230.

La procédure *ordinaire*, qui fait l'objet du titre XXI, art. 854 à 1249, de la *Novissima Reforma judiciaria*, est solennelle et compliquée. La procédure *correctionnelle*, réglée par les articles 1250 et suivants du même décret, plus simple et moins lente, est suivie pour les délits dont la peine n'excède pas six mois d'emprisonnement et dans les cas, de plus en plus nombreux, où la loi l'ordonne expressément. (Voir Décret 10 décembre 1852 et Loi 18 août 1853.)

Art. 357, 358. — *C. pén. fr.*, art. 30; *L. fr. 30 mai 1854*, art. 12. — *C. esp.*, art. 229.

Le Code pénal, dans ses articles 74 à 83, a énuméré limitativement les effets des condamnations pénales. (Voir art. 254, 1764, 2°, 1779, 1966.)

Art. 358. La curatelle dont il s'agit ne durera que pendant la durée de la peine.

§ unique. Si la peine prend fin par suite de la revision et de l'annulation du jugement, les actes faits par le condamné à l'époque où il en était incapable seront valables, à moins que leur validité ne porte atteinte à des droits acquis.

Art. 358, § unique. — Le recours en revision (*revisão* ou *revista*) est analogue au pourvoi en cassation du droit français; il est ouvert contre les arrêts des tribunaux d'appel et même contre les décisions de toute juridiction, lorsqu'il est fondé sur l'incompétence ou l'excès de pouvoir. (Voir *Nov. Ref. jud.*, art. 1191 et 1262).

DEUXIÈME PARTIE.

DE L'ACQUISITION DES DROITS.

LIVRE PREMIER.

DES DROITS PRIMORDIAUX (*ORIGINARIOS*) ET DE CEUX QU'ON ACQUIERT PAR SON FAIT ET SA VOLONTÉ PROPRES INDÉPENDAMMENT DE LA COOPÉRATION D'AUTRUI.

TITRE PREMIER.

DES DROITS PRIMORDIAUX.

Art. 359. On appelle droits primordiaux ceux qui dérivent de la nature humaine elle-même, et qui sont reconnus et protégés par la loi civile comme étant la source et l'origine de tous les autres. Ces droits sont :

1° Le droit à l'existence;
2° Le droit à la liberté;
3° Le droit d'association;
4° Le droit d'appropriation;
5° Le droit de défense.

Art. 359. — Les principes consacrés dans ce titre sembleraient, par leur caractère de généralité philosophique, mieux placés, soit dans une constitution politique, soit même dans un code pénal, en tant qu'ils se réfèrent à la violation ou à la méconnaissance des droits énumérés à l'art. 359.

IMPRIMERIE NATIONALE.

Art. 360. Le droit à l'existence s'étend non seulement à l'existence et à l'intégrité de la personne, mais aussi à son bon renom et à sa réputation, qui constituent sa dignité morale.

Art. 361. Le droit à la liberté consiste dans le libre exercice des facultés physiques et intellectuelles; il s'étend à la pensée, à l'expression et à l'action.

Art. 362. La pensée humaine est inviolable.

Art. 363. Le droit d'expression est libre comme la pensée; mais celui qui en abuse au préjudice de la société ou d'autrui sera responsable dans les termes de la loi.

Art. 364. Le droit d'action consiste dans la faculté d'accomplir librement tous les actes, mais celui qui en abuse pour attenter aux droits d'autrui ou de la société sera responsable dans les termes de la loi.

Art. 365. Le droit d'association consiste dans la faculté de mettre en commun les ressources ou les efforts individuels en vue d'un objet quelconque, sans porter préjudice aux droits d'autrui ni à ceux de la société.

Art. 366. Le droit d'appropriation consiste dans la faculté d'acquérir tout ce qui peut être utile pour la conservation de l'existence et pour le maintien et l'amélioration de la condition personnelle de chacun. Ce droit, considéré objectivement, est ce qu'on appelle la propriété.

Art. 366. — Voir art. 567-569, 2167-2175, 2187, 2188, 2286, 2287, 2315, 2316, 2339, 2357-2359.

§ unique. Le droit civil ne reconnaît l'appropriation que lorsqu'elle s'opère par titre ou mode légitime.

Art. 367. Le droit de défense consiste dans la faculté de s'opposer à la violation des droits naturels ou des droits acquis.

Art. 368. Les droits primordiaux sont inaliénables et ne peuvent être limités que par une loi formelle et expresse. La violation de ces droits produit l'obligation de réparer l'offense.

TITRE II.

DES CHOSES QUI SONT SUSCEPTIBLES D'APPROPRIATION ET DE LEURS DIFFÉRENTES ESPÈCES PAR RAPPORT À LEUR NATURE OU AUX PERSONNES À QUI ELLES APPARTIENNENT.

Art. 369. On appelle chose, en droit, tout ce qui est dépourvu de personnalité.

Art. 370. Sont susceptibles d'appropriation toutes les choses qui ne sont pas hors du commerce.

Art. 371. Les choses peuvent être hors du commerce par leur nature, ou par disposition de la loi.

Art. 368. — Voir art. 439, 537, 565, 592, 2361, 2382 et 2383.

Titre II. — *C. fr.*, l. II, tit. I. — *C. esp.*, l. II, tit. I. — *C. ital.*, l. II, tit. I. — *C. autr.*, 2e partie, *Dispos. prélim.* — *C. holl.*, l. II, tit. I. — *C. Grisons*, 2e partie, *Dispos. prélim.* — *C. Zurich*, l. II, sect. I. — *Projet allemand*, l. III, sect. I.

Art. 369. — *Comp. C. fr.*, art. 516. — *C. ital.*, art. 406.
Voir art. 1.

ART. 372. Sont hors du commerce, par leur nature, les choses qui ne peuvent être possédées exclusivement par personne, et par disposition de la loi, celles que la loi même déclare non susceptibles de propriété privée.

ART. 373. Les choses sont immeubles ou meubles.

ART. 374. Sont immeubles, soit par leur nature, soit par le fait de l'homme, les fonds ruraux et urbains.

§ UNIQUE. Par fonds rural on entend le sol ou terrain, et par fonds urbain tout édifice incorporé au sol.

ART. 375. Sont immeubles par disposition de la loi :

1° Les produits et les parties intégrantes des fonds ruraux, ainsi que les parties intégrantes des fonds urbains, qui ne peuvent en être séparées sans diminution de l'utilité qu'elles doivent procurer, à moins qu'elles ne soient distraites par le propriétaire même du fonds;

2° Les droits inhérents aux immeubles mentionnés à l'article précédent;

3° Les fonds consolidés qui ont été immobilisés à perpétuité ou pour un temps.

Art. 372. — Voir art. 479, 482, 3°, 506, 593, 615, 671, 1°, 856, 889, 1553, 1633 et 1811, 2°.

Art. 373. — *C. fr.*, art. 516. — *C. esp.*, art. 333. — *C. ital.*, art. 406.

Art. 374. — *C. fr.*, art. 518, 519. — *C. esp.*, art. 334, 1°. — *C. ital.*, art. 408, 409.

Art. 375, 1°. — *C. fr.*, art. 518-524, et *Décr. 16 janv.* et *1er mars 1808.* — *C. esp.*, art. 334. — *C. ital.*, art. 410-414.

Art. 375, 2°, 3°. — *C. fr.*, art. 526. — *C. ital.*, art. 415.
Voir art. 890.

§ UNIQUE. La disposition du présent article ne fait pas obstacle aux immobilisations décrétées par des lois spéciales dans un but certain et déterminé.

ART. 376. Sont meubles par leur nature tous les objets matériels non désignés dans les deux articles précédents, et par disposition de la loi tous les droits non mentionnés sous le n° 2 de l'article 375.

ART. 377. Lorsque dans la loi civile ou dans les actes et contrats sera employée l'expression « biens immobiliers ou choses immobilières » (*bens ou cousas immobiliarias*) sans autre détermination, elle comprendra tant ceux qui sont immeubles par leur nature ou par le fait de l'homme que ceux qui le sont par disposition de la loi. Lorsqu'on emploiera simplement l'expression « immeubles, choses ou biens immeubles » (*immoveis, cousas ou bens immoveis*), elle signifiera seulement ceux qui sont immeubles par leur nature ou par le fait de l'homme.

§ UNIQUE. De même, l'expression « biens ou choses mobilières » (*bens ou cousas mobiliarias*) comprendra, tant les meubles par leur nature que les meubles par disposition de la loi; et par les mots « meuble, choses ou biens meubles » (*movel, cousas ou bens moveis*), on entendra seulement les objets matériels qui sont meubles par leur nature.

Art. 376. — *C. fr.*, art. 527-532. — *C. esp.*, art. 335-337. — *C. ital.*, art. 416-420.

Voir art. 590 et 626.

Art. 377. — *C. esp.*, art. 346, § 1.

Voir art. 1461.

Art. 377, § UNIQUE. — *C. fr.*, art. 533-535. — *C. esp.*, art. 346, § 2. — *C. ital.*, art. 422-424.

Art. 378. Toutes les fois que dans les actes et contrats on emploiera l'expression « les meubles de telle maison ou de tel fonds », on ne devra l'entendre que de ce qui s'appelle mobilier, ustensiles, meubles meublants (*alfaias*), à moins qu'il ne soit reconnu que les parties l'ont entendu autrement.

Art. 379. Les choses, considérées par rapport aux personnes qui en ont la propriété, ou qui peuvent en tirer profit librement, sont dites *publiques*, *communes* ou *privées*.

Art. 380. Sont publiques les choses naturelles ou artificielles que l'État et les corporations publiques se sont appropriées ou ont produites et entretiennent par leur administration, et desquelles il est permis à tous, individuellement ou collectivement, de se servir, sous les restrictions imposées par la loi ou par les règlements administratifs. Font partie de cette catégorie :

1° Les routes, ponts et viaducs construits et entretenus aux frais de l'État, des municipalités ou des paroisses;

2° Les eaux salées des côtes, rades, baies, havres, embouchures et estuaires, et leur lit;

3° Les lacs et étangs, et les canaux et cours d'eau douce, navi-

---

Art. 378. — *C. fr.*, art. 533-535. — *C. esp.*, art. 346, § 2. — *C. ital.*, art. 422-424.

Voir art. 1832.

Art. 379. — *C. fr.*, art. 537. — *C. esp.*, art. 338. — *C. ital.*, art. 425, 432, 435.

Voir art. 382.

Art. 380. — *C. fr.*, art. 538, 540, 541. — *C. esp.*, art. 339, 340, 343, 407. — *C. ital.*, art. 427-430.

Voir art. 395, 429, 431, 432, 468, 471, 472, 2293, 2294 et 2297.

Il n'y a que le Tage, en Portugal, qui remplisse les conditions exigées par cet article pour être rivière navigable.

gables ou flottables, avec leurs lits ou plafonds, et les sources publiques.

§ 1. On entend par cours d'eau navigable celui qui, durant tout le cours de l'année, convient à la navigation, pour les besoins du commerce, de bateaux de n'importe quelle forme, construction et dimension; et par cours d'eau flottable, celui sur lequel, à la date de la promulgation du présent code, se pratiquerait effectivement l'usage de faire dériver des objets flottants, durant tout le cours de l'année, pour les besoins du commerce, ou qui pourrait être, à l'avenir, déclaré tel par l'autorité compétente.

§ 2. Lorsqu'une rivière n'est pas tout entière navigable ou flottable, mais si elle l'est en partie, c'est uniquement à cette partie que s'appliquera l'une ou l'autre qualification.

§ 3. On entend par lit ou plafond la portion de terrain que couvre le cours d'eau, sans déborder sur le sol qui est naturellement et ordinairement à sec.

§ 4. Les faces ou talus et les couronnements des digues, levées, barrages de défense, murs de terre ou de pierre et ciment élevés artificiellement sur le sol naturel de la rive ne font pas partie du lit ou plafond du cours d'eau et ne sont pas du domaine public, à moins qu'à la date de la promulgation du Code civil, ils ne fussent déjà entrés dans ce domaine par un moyen légal.

Art. 381. Sont communes les choses naturelles ou artificielles, qui ne sont la propriété privée de personne, et desquelles il n'est permis de profiter, en se conformant aux règlements adminis-

---

Art. 381. — *C. fr.*, art. 542, 714. — *C. esp.*, art. 343, 344, 408. — *C. ital.*, art. 432.

Voir art. 434-436, 469, 473, 2263 et 2295.

tratifs, qu'aux personnes dépendant d'une circonscription administrative, ou faisant partie d'une corporation publique déterminée.

Appartiennent à cette catégorie :

1° Les terres incultes, municipales et paroissiales;

2° Les cours d'eau non navigables ni flottables, qui, après avoir traversé des terrains municipaux ou paroissiaux, ou des propriétés particulières, vont se jeter dans la mer en se confondant avec un cours d'eau navigable ou flottable, les lacs ou étangs situés sur des terrains municipaux ou paroissiaux, et les réservoirs, fontaines ou puits construits aux frais des communes (*concelhos*) ou des paroisses.

§ 1. Le cours d'eau navigable qui cessera, durant cinq années consécutives, de servir à la navigation passera dans la catégorie des cours d'eau flottables.

§ 2. Le cours d'eau flottable qui cessera, durant cinq années consécutives, de servir à la flottaison sera compris dans la catégorie des cours d'eau à usage commun.

§ 3. Le lit ou plafond du torrent ou cours d'eau à usage commun, qui traverse une propriété privée, ou qui s'y réunit à un autre cours d'eau, ou qui y naît, fait partie intégrante de cette propriété.

§ 4. La propriété du lit ou plafond de tout torrent ou cours d'eau à usage commun, qui passe entre deux ou plusieurs fonds, est attribuée à ces fonds, dans les limites et avec les charges indiquées au présent Code.

§ 5. Chaque fonds de terre comprend, en vertu de la loi, la portion du lit ou plafond comprise entre la rive et la ligne qu'on suppose tracée au milieu de ce lit ou plafond, et entre les deux lignes perpendiculaires élevées sur la ligne médiane par les points extrêmes de la rive, en amont et en aval.

§ 6. Les portions des lits ou plafonds des torrents ou cours d'eau à usage commun, qui sont attribuées aux fonds riverains, restent sujettes à toutes les servitudes que les règlements de police générale pourraient leur imposer pour la conservation et le curage desdits lits ou plafonds, ou pour assurer le libre écoulement des eaux.

§ 7. Les lacs naturels d'eau douce entourés de propriétés privées, ou à la fois de propriétés privées et de terres incultes publiques, municipales ou paroissiales, sont régis par les dispositions de tous les paragraphes précédents qui ne sont pas incompatibles avec la nature de leurs eaux non courantes.

Art. 382. Sont privées les choses dont la propriété appartient à des individus ou à des personnes collectives, et dont nul autre ne peut tirer profit sans leur consentement.

§ unique. L'État, les municipes et les paroisses, considérés comme personnes morales, sont capables de propriété privée.

TITRE III.

DE L'OCCUPATION.

CHAPITRE PREMIER.

DISPOSITIONS GÉNÉRALES.

Art. 383. Il est permis à chacun de s'approprier par occupation les animaux et autres choses qui n'ont jamais eu de maître,

---

Art. 382. — *C. fr.*, art. 537. — *C. esp.*, art. 345. — *C. ital.*, art. 435.

Art. 382, § unique. — *C. fr.*, art. 537, § 2, art. 542. — *C. esp.*, art. 340, 344, § 2. — *C. ital.*, art. 428, 432.

Titre III. — *C. esp.*, l. III, tit. I. — *C. ital.*, l. III, tit. I. — *C. autr.*,

ou qui ont été abandonnées ou perdues, sauf les déclarations et restrictions contenues dans les chapitres suivants.

CHAPITRE II.

DE L'OCCUPATION DES ANIMAUX.

SECTION PREMIÈRE.

DE LA CHASSE.

Art. 384. Il est permis à tout le monde, sans distinction de personnes, de chasser les animaux sauvages, en se conformant

---

2e partie, 1re sect., chap. III. — *C. Grisons*, 2e partie, sect. I, chap. I, B. — *C. Zurich*, l. II, sect. III, chap. III, A. — *Projet allemand*, l. III, sect. IV, tit. III, V.

Contrairement aux C. fr. et ital., le Code portugais traite des modes d'acquérir la propriété avant d'étudier les modifications dont elle est susceptible.

Art. 383. — *C. esp.*, art. 610. — *C. ital.*, art. 711.

Le Code français ne reconnaît pas l'occupation parmi les modes d'acquisition de la propriété (art. 711-714); mais il l'admet implicitement. Ce n'est que par l'occupation qu'on peut jouir des choses qui n'appartiennent à personne et dont l'usage est commun à tous (art. 714); c'est encore par l'occupation que le gibier appartient au chasseur, le poisson au pêcheur, le trésor à l'inventeur, etc.

Voir art. 400, 404, 411, 413 et 430.

Art. 384. — *C. fr.*, art. 715; *L. fr. 3 mai 1844* et *22 janvier 1874*. — *C. esp.*, art. 611 et *L. 30 janvier 1879*. — *C. ital.*, art. 712; lois spéciales dans les différentes provinces.

Voir art. 391, 392, 394, 396, 398 et 399.

Ajoutez *C. pénal port.*, art. 254, et *C. admin.* de 1895, art. 51, 2°.

On étend, par analogie, aux terres paroissiales ce qui est dit des terres communales, quant à la faculté accordée à chacun d'y chasser; par contre, les terres des corporations ou établissements publics, qui ne dépendent pas de l'État, telles que les terres des confréries, des sociétés de secours, etc., doivent être considérées comme des propriétés privées. (J. Dias Ferreira, *Codigo civil portuguez annotado*, t. I, note sous l'article 384, p. 395.)

aux règlements administratifs qui déterminent le mode et le temps de la chasse :

1° Sur ses propres terres, cultivées ou non;

2° Sur les terres publiques ou communales non cultivées, ni encloses, ni exceptées par les règlements administratifs;

3° Sur les terres des particuliers, non cultivées ni encloses.

§ UNIQUE. La disposition du n° 1 comprend, outre le propriétaire, les personnes qu'il autorise à chasser.

ART. 385. Sur les terres cultivées et non encloses, qu'elles soient publiques, communales ou privées, lorsqu'elles sont ensemencées de céréales, ou qu'il s'y trouve quelque autre ensemencement ou plantation annuelle, on ne pourra chasser qu'après l'achèvement de la récolte.

ART. 386. Sur les terres plantées de vignes ou d'autres arbres à fruits, vivaces et à basse tige, il ne sera permis de chasser que pendant le temps compris entre la cueillette des fruits et le moment où les arbres commencent à bourgeonner. Les chambres municipales fixeront les limites de la période pendant laquelle, chaque année, la chasse est interdite.

ART. 387. Sur les terres non encloses plantées d'oliviers ou d'autres arbres fruitiers de grande espèce, on pourra chasser en tout temps, excepté celui compris entre l'époque où les fruits commencent à mûrir et la récolte.

ART. 388. Le chasseur devient propriétaire de l'animal par le

---

Art. 385. — *L. fr. 3 mai 1844*, art. 9, 11.

Art. 388. — Le chasseur qui abandonne la poursuite de l'animal blessé, sans chercher à l'achever, est censé renoncer à tout droit sur lui. (J. Dias Ferreira, *op. cit.*, t. I, note sous l'article 390, p. 396.)

fait de l'appréhension, mais il acquiert un droit sur l'animal qu'il a blessé, tant qu'il est à sa poursuite, sauf la disposition de l'article suivant.

§ UNIQUE. On considère comme appréhendé l'animal qui est mort par le fait du chasseur au cours de la partie de chasse, ou qui a été pris dans les engins du chasseur.

ART. 389. Si l'animal blessé se réfugie sur un fonds clos de fossés, de murs, ou de haies le chasseur ne pourra l'y poursuivre sans la permission du propriétaire. Mais si l'animal va mourir sur ce fonds, le chasseur pourra exiger que le propriétaire ou son représentant, s'il est sur les lieux, le lui remette, ou lui permette d'aller le chercher, mais seul et sans aucune suite.

ART. 390. Dans tous les cas, le chasseur est responsable du dégât qu'il a causé, et il doit indemnité du double s'il a agi en l'absence du propriétaire ou de son représentant.

§ 1. S'il y a plusieurs chasseurs, ils seront tous solidairement responsables des dégâts.

§ 2. L'entrée, sur un fonds clôturé, de chiens de chasse à la poursuite d'un animal qui a pénétré sur ce fonds, ne donne lieu, si elle est indépendante de la volonté du chasseur, qu'à l'obligation de réparer simplement les dégâts commis.

Art. 389. — Un emprisonnement de trois à trente jours et l'amende correspondante (qui ne peut être moindre de 100 *reis*, ni supérieure à 2,000 *reis* par jour, *C. pén.*, art. 67) est infligée, mais à la requête seulement du possesseur, au chasseur qui a pénétré sur un terrain entouré de murs, de fossés ou de clôtures, sans le consentement de ce possesseur (*C. pén.*, art. 254).

Art. 390. — *L. fr. 3 mai 1844,* art. 11.

§ 3. L'action en réparation du dégât se prescrit par trente jours à compter de celui où le dégât a été commis.

Art. 391. Le propriétaire ou possesseur d'un fonds clos de murs ou de haies faisant obstacle au libre passage des animaux peut y chasser par tous moyens et en tout temps.

Art. 392. Il est permis aux propriétaires et cultivateurs de détruire, en tout temps, sur leurs terres, les animaux sauvages qui porteraient préjudice à leurs ensemencements ou plantations.

§ unique. Ils ont le même droit à l'égard des volailles (*aves domesticas*) durant le temps où les champs sont ensemencés ou portent des céréales ou autres fruits pendants, qu'elles pourraient endommager.

Art. 393. Il est absolument défendu de détruire sur les fonds d'autrui les nids, œufs ou nichées d'oiseaux, de quelque espèce qu'ils soient.

Art. 394. Les lois et règlements administratifs, outre les ar-

---

Art. 391. — *L. fr. 3 mai 1844*, art. 2.

Art. 392. — *L. fr. 3 mai 1844*, art. 9, et *4 avril 1889*, art. 4, 7.

Art. 393. — De la rédaction du texte, il semblerait résulter que cette interdiction ne concerne pas le propriétaire, qui demeurerait libre de détruire sur son terrain, selon son bon plaisir, les nids, les œufs, ou les couvées d'oiseaux ; mais cette interprétation paraîtrait peu conforme au but que s'est proposé le législateur. (J. Dias Ferreira, *op. cit.*, note sous l'article 393, p. 399.)

Art. 394. — *L. fr. 3 mai 1844*, art. 3, 9.

Il appartient à l'autorité administrative de prendre des mesures pour assurer la sécurité publique, par exemple en imposant des conditions pour l'usage des armes à feu ou pour prévenir la destruction du gibier. Il est loisible aux conseils municipaux d'imposer aux chasseurs l'obligation de se munir d'une licence pour chasser sur les terres communales et sur les propriétés privées

rêtés municipaux, détermineront le temps pendant lequel la chasse, ou certaine chasse sera prohibée soit absolument, soit à l'aide de certains moyens spéciaux, ainsi que les amendes qui seront encourues soit pour contravention à ces lois et règlements, soit pour violation des droits définis au présent titre.

SECTION II.

DE LA PÊCHE.

Art. 395. Il est permis à tout le monde, sans distinction de personnes, de pêcher dans les eaux publiques et communes, sauf les restrictions imposées par les règlements administratifs.

Art. 396. Nul ne peut s'introduire sur les terres riveraines,

---

où le droit de chasse peut s'exercer librement. Ces licences sont annuelles et la délivrance en donne lieu au payement d'une taxe, dont le montant est fixé par les conseils (*C. admin.* de 1895, art. 75, § 5). — Voir J. Dias Ferreira, *op. cit.*, note sous l'article 384, p. 392.

Quiconque chasse pendant le temps où l'exercice de la chasse est interdit par les arrêtés municipaux ou par des règlements d'administration publique, ou chasse en temps permis à l'aide de moyens ou de procédés prohibés, est passible des peines portées par l'article 254 du Code pénal (voir la note sous l'article 389, et *C. adm.*, art. 73, § 1, 18°, et § 3, 4°).

Dans le district de Lisbonne, la loi sur la chasse actuellement en vigueur est due à la commission exécutive de la *Junta geral*, ainsi que l'avait décidé cette même *Junta* dans sa session du 31 mai 1884. L'article 11, § unique, de cette loi a été modifié par un édit du 19 mai 1888.

En ce qui concerne les autres districts, les prescriptions relatives à la chasse se trouvent : pour le municipe de Vizeu, dans le Code des Ordonnances municipales du 24 mai 1876 (chap. XV, *Caça et Pesca*); — pour le municipe d'Elvas, au chapitre XXIX du *Regimento de policia municipal para o concelho d'Elvas;* — pour le municipe de Porto, dans le *Codigo de Pasturas do municipio do Porto* de 1889, chapitre VIII; — enfin pour le municipe de Coïmbre, dans une ordonnance du 18 décembre 1890 modifiant l'article 35 du Code des Ordonnances municipales. On trouvera la traduction de ces différentes dispositions dans le *Recueil des Lois sur la chasse en Europe et dans les principaux pays d'Amérique, d'Afrique et d'Asie,* par Ernest Demay, p. 607-613. Paris, 1894.

Art. 395. — *C. fr.*, art. 715; *L. 15 avril 1829* et *31 mai 1865*. — *C. esp.*, art. 611; *L. 3 mai 1834*. — *C. ital.*, art. 712; *L. 4 mars 1877*.
Voir *C. pén.*, art. 255, et *C. adm.* de 1895, art. 51, 3°.

pour y exercer son droit de pêche, que dans les cas où la chasse y est permise, en conformité des articles 384, 385, 386 et 387.

Art. 397. Le droit de pêche dans les eaux du domaine privé appartient exclusivement aux propriétaires des fonds où ces eaux se trouvent ou coulent.

Art. 398. L'exercice du droit de pêche, quant aux moyens, aux époques et aux amendes correctionnelles, sera réglé par l'administration en ce qui concerne les eaux publiques, et, relativement aux eaux communales ou privées, par les chambres municipales.

Art. 399. L'exercice du droit de pêche dans les réservoirs et viviers privés, où le poisson ne peut entrer et d'où il ne peut sortir librement, ne saurait être l'objet de règlements administratifs ou municipaux.

SECTION III.

DE L'OCCUPATION DES ANIMAUX SAUVAGES QUI ONT EU UN MAÎTRE.

Art. 400. Il est permis à chacun de s'approprier les animaux sauvages, qui, ayant eu un maître, auraient recouvré leur liberté naturelle, sans préjudice des dispositions des articles 384 et suivants, et des restrictions et déclarations énoncées dans la présente section.

Art. 401. Les animaux sauvages accoutumés à un certain refuge ménagé par l'industrie de l'homme, qui émigreraient dans un

---

Art. 397. — *L. fr. 15 avril 1829*, art. 2.

Art. 401 — Le Code français (art. 564), le Code espagnol (art. 613) et le Code italien (art. 462) font l'application de ce principe aux pigeons, lapins, poissons, qui passent dans un autre colombier, garenne ou étang.

autre refuge appartenant à un propriétaire différent, deviendront la propriété de celui-ci s'ils ne peuvent être individuellement reconnus; dans le cas contraire, leur ancien maître peut les reprendre, pourvu que ce soit sans causer aucun dommage à l'autre.

§ UNIQUE. S'il est prouvé néanmoins que les animaux ont été attirés par la fraude et les artifices du propriétaire du nouveau refuge où ils se sont retirés, celui-ci sera tenu de les restituer à leur ancien maître, ou de lui en payer la valeur au double s'il ne peut les rendre, et cela sans préjudice des peines correctionnelles qu'il peut encourir.

ART. 402. Il est permis à chacun d'occuper les essaims d'abeilles qu'il découvre le premier :

1° S'ils ne sont pas poursuivis par le propriétaire de la ruche d'où ils ont essaimé;

2° S'ils ne se sont pas abattus sur un fonds appartenant au propriétaire de cette même ruche, ou dans un bâtiment, ou dans les limites d'un fonds sur lequel il n'est pas permis de chasser.

§ UNIQUE. Mais si l'essaim est poursuivi par le propriétaire de la ruche, le propriétaire du fonds sera tenu de lui permettre de le reprendre, ou de lui en payer la valeur.

ART. 403. Les animaux féroces et dangereux, qui s'échapperaient de la cage où leur maître les retenait, pourront être abattus ou occupés librement par quiconque les rencontrera.

Art. 401, § unique. — Ces peines sont celles du vol (*furto*). [Voir *C. pén. port.*, art. 421.]

Art. 402. — *L. fr. 28 septembre-6 octobre 1791*, tit. I, sect. III, art. 5. — *C. esp.*, art. 612. — *C. ital.*, art. 713.

SECTION IV.

DE L'OCCUPATION DES ANIMAUX DOMESTIQUES ABANDONNÉS, PERDUS OU ÉGARÉS.

Art. 404. Les animaux domestiques qui auraient été renvoyés ou abandonnés par leur maître pourront être occupés librement par le premier qui les trouvera.

Art. 405. Les animaux perdus ou égarés ne peuvent être occupés que dans les conditions suivantes.

Art. 406. Si celui qui trouve un animal perdu ou égaré sait à qui il est, il devra le rendre, ou faire savoir à son maître qu'il est retrouvé, dans les trois jours au plus tard, si ce maître est domicilié ou résidant dans la commune même de la trouvaille.

Art. 407. Si le maître n'a pas son domicile ou sa résidence dans la même commune, l'auteur de la trouvaille, qui ne pourrait se conformer à la disposition de l'article précédent, devra faire savoir à l'autorité administrative de la localité, dans ledit délai de trois jours, que l'animal est retrouvé, afin que son maître en soit averti.

Art. 408. Si celui qui trouve un animal perdu ou égaré ne sait pas à qui il est, il devra sans retard le remettre à l'autorité administrative de la paroisse où il l'a trouvé.

§ 1. L'autorité administrative fera constater l'espèce, les signes

---

Art. 404. — *C. esp.*, art. 612, § 3. — *C. ital.*, art. 713, § 2.

Art. 405. — *L. fr. 4 avril 1889*, art. 5. — *C. esp.*, art. 612. — *C. ital.*, art. 713.

Voir art. 414-422.

IMPRIMERIE NATIONALE.

distinctifs, l'état et la valeur apparente de l'animal et le lieu où il a été trouvé, et le fera remettre en dépôt à la personne qui l'a trouvé ou, sur son refus, à une autre.

§ 2. Si l'animal trouvé est un volatile, la même autorité fera publier la trouvaille le premier dimanche qui suit, à la porte de l'église paroissiale, à l'heure de la grand'messe (*missa conventual*), et si, dans la quinzaine, le maître ne se présente pas, l'animal appartiendra à la personne qui l'a trouvé.

§ 3. Si l'animal trouvé est un mouton, une chèvre, un porc ou tout autre quadrupède compris dans le menu bétail, ou même si, étant d'une autre espèce, il n'a pas une valeur qui excède 6,000 *reis*, on observera les dispositions du paragraphe précédent, sauf que le délai assigné sera de trente jours, et que les publications seront répétées de huit jours en huit jours.

§ 4. Si l'animal trouvé est une tête de gros bétail, ou un quadrupède de grosse espèce, dont la valeur excède 6,000 *reis*, on observera pareillement les dispositions des paragraphes 1 et 2, sauf les modifications suivantes :

1° Outre les publications, celui qui a trouvé l'animal fera insérer l'avis de sa trouvaille dans la gazette de la Cour d'appel du lieu;

2° L'animal trouvé n'appartiendra à l'occupant qu'après trois mois écoulés.

§ 5. Les délais fixés seront comptés à partir du jour des premières publications.

§ 6. Les diligences prescrites seront toujours gratuites, à l'ex-

---

Art. 408, § 4. — Les gazettes des Cours d'appel n'existaient pas en 1867. Une ordonnance du 21 avril 1868 a autorisé les procureurs royaux à passer des traités provisoires avec les propriétaires des journaux judiciaires de Lisbonne (*Gazeta dos tribunães*), de Porto (*Nacional*) et de Ponta Delgada (*Gazeta da relação*).

ception des publications, qui seront à la charge du propriétaire, ou, s'il ne se présente pas en temps utile, de l'auteur de la trouvaille.

§ 7. Si la personne chez laquelle l'animal a été déposé n'avait pas les moyens de le nourrir, ou si l'animal était exposé à subir une dépréciation, cette personne pourra demander qu'il soit vendu et le prix déposé.

§ 8. Dans ce cas, seront applicables à la somme déposée les dispositions des paragraphes ci-dessus.

Art. 409. Le propriétaire de l'animal perdu ou égaré sera tenu de rembourser les frais occasionnés par cet animal, sauf ce qui est ordonné par l'article précédent, si mieux il n'aime l'abandonner.

Art. 410. Celui qui, ayant trouvé un animal, ne se conformera pas aux obligations qui lui sont imposées, sera tenu, outre sa responsabilité civile et pénale, de rendre au propriétaire, à quelque époque qu'il se présente, l'animal lui-même ou sa valeur, sans pouvoir réclamer aucune indemnité pour les dépenses que cet animal lui aura occasionnées.

CHAPITRE III.

DE L'OCCUPATION DES CHOSES INANIMÉES.

SECTION PREMIÈRE.

DE L'OCCUPATION DES CHOSES MEUBLES ABANDONNÉES.

Art. 411. Les choses meubles abandonnées peuvent être librement occupées par quiconque les trouve le premier.

Art. 410. — Voir *C. pén.*, art. 98 et 423.

Art. 411. — *C. fr.*, art. 717, § 2; *décr. 13 août 1810.* — *C. esp.*, art. 610. — *C. ital.*, art. 711.

Art. 412. En ce qui concerne l'occupation ou la remise des choses meubles abandonnées dans les stations des entreprises de transport ou de roulage (*viação*), ou dans les douanes, ou dans tous autres bureaux du fisc, on observera les prescriptions des règlements spéciaux des chemins de fer, postes, malles-poste, douanes et autres.

SECTION II.

DE L'OCCUPATION DES CHOSES MEUBLES PERDUES.

Art. 413. Les choses meubles perdues peuvent être occupées dans les cas et aux conditions que déterminent les articles suivants.

Art. 414. Celui qui trouve une chose perdue, lorsqu'il sait à qui elle est, doit se conformer aux dispositions des articles 406 et 407.

Art. 415. Celui qui trouve une chose perdue, lorsqu'il ne sait pas à qui elle est, doit, dans le délai de trois jours, en avertir l'autorité administrative de la paroisse sur laquelle la chose a été trouvée, en indiquant la nature de l'objet, sa valeur approximative, le jour et l'endroit de la trouvaille, afin que ladite autorité fasse afficher aux portes de l'église paroissiale avis du fait.

§ unique. L'autorité dont il s'agit tiendra un registre coté, parafé et visé, sur lequel seront transcrits les avis ci-dessus mentionnés, avec indication du jour de l'affichage, le tout certifié et signé par l'autorité.

Art. 416. Si la valeur de la chose excède 3,000 *reis*, l'autorité

Art. 412. — Voir art. 428.

Art. 415. — *C. esp.*, art. 615. — *C. ital.*, art. 715, 716.

administrative paroissiale, en même temps qu'elle fait afficher l'avis mentionné en l'article précédent, en adressera un exemplaire à la gazette de la Cour d'appel du district, pour insertion.

Art. 417. Les formalités mentionnées aux deux articles précédents seront remplies d'office et gratuitement.

Art. 418. Le propriétaire de la chose payera tous les frais que celui qui l'aura trouvée aura faits pour la conserver, si mieux il n'aime l'abandonner.

Art. 419. Celui qui trouve une chose la fera sienne aux conditions suivantes :

§ 1. Lorsque la valeur de la chose n'excède pas 3,000 *reis*, s'il ne se révèle pas de propriétaire dans les quarante-cinq jours de la date de l'affichage de l'avis;

§ 2. Lorsque la valeur de la chose est supérieure à 3,000 *reis* et n'excède pas 6,000 *reis*, s'il ne se révèle pas de propriétaire dans les trois mois de la date de l'insertion dans la gazette de la Cour d'appel du lieu ;

§ 3. Lorsque la valeur de la chose est supérieure à 6,000 *reis* et n'excède pas 12,000 *reis*, s'il ne se révèle pas de propriétaire dans les six mois de la même date;

§ 4. Lorsque la valeur de la chose excède 12,000 *reis*, elle n'appartiendra à celui qui l'a trouvée qu'après un an écoulé à partir de la même date, et sous réserve du tiers de sa valeur, tous frais déduits, qui sera attribué au Conseil de bienfaisance pupil-

Art. 418. — *C. ital.*, art. 717.

Art. 419. — *C. esp.*, art. 616. — *C. ital.*, art. 718.
Voir la note sous l'article 285.

laire de l'arrondissement de la trouvaille, ou de l'autorité qui en tiendra lieu.

Art. 420. Ceux qui trouveraient un objet perdu et omettraient de faire les diligences qui leur sont imposées seront tenus de rendre au propriétaire la chose trouvée ou sa valeur, sans pouvoir se faire tenir compte d'aucune dépense, et ils seront en outre soumis à la responsabilité civile et pénale.

Art. 421. Lorsqu'on ne saura pas avec certitude si la chose est perdue ou abandonnée, on la présumera perdue.

SECTION III.

DE L'OCCUPATION DES TRÉSORS ET DES CHOSES CACHÉES.

Art. 422. Quiconque découvre dans la terre ou dans une cachette un dépôt d'or, d'argent ou d'autres objets de quelque valeur, dont le propriétaire n'est pas connu, doit se conformer aux dispositions des articles 406 et 407.

Art. 423. Celui qui trouve un pareil dépôt, s'il ne sait à qui il est, et qu'on ne puisse reconnaître avec certitude si ce dépôt remonte à plus de trente ans, fera annoncer sa trouvaille dans la gazette de la Cour d'appel du district, et si le propriétaire de la chose ne se présente pas dans les deux ans, elle demeurera la propriété de l'inventeur, pour le tout ou pour partie, selon ce qui est ordonné dans l'article suivant.

§ unique. Outre l'obligation qui lui est imposée par le présent

---

Art. 420. — Voir *C. pén. port.*, art. 423.

Art. 422, 423. — *C. fr.*, art. 716, § 1. — *C. esp.*, art. 352, 614. — *C. ital.*, art. 714, § 2.

article, l'inventeur aura encore celle d'avertir de sa trouvaille l'autorité administrative de la paroisse dans le délai de trois jours à compter de celui où ladite trouvaille a eu lieu. L'autorité administrative, avertie du fait, fera immédiatement publier la trouvaille au moyen de placards et d'annonces dans un journal, afin que toute personne ayant droit à la chose vienne la réclamer dans les deux ans, sous peine de la perdre, conformément au présent article.

Art. 424. Lorsque le propriétaire de la chose n'est pas connu et qu'il est évident, à l'inspection du dépôt, qu'il remonte à plus de trente ans, il appartiendra en totalité au propriétaire du fonds où la chose a été enfouie ou cachée, si c'est lui personnellement qui l'a trouvée; et si c'est une autre personne qui la trouve, deux tiers appartiendront au propriétaire du fonds et un tiers à l'inventeur.

§ unique. Si le fonds dans lequel le dépôt est trouvé est emphytéotique ou sous-emphytéotique, l'emphytéote ou le sous-emphytéote sera assimilé, pour l'application du présent article, au propriétaire lui-même.

Art. 425. Il n'est permis à personne de rechercher des trésors dans la propriété privée d'autrui sans autorisation du propriétaire, sous peine de perdre, au profit de celui-ci, tout ce qui serait trouvé, et d'être tenu de tous dommages-intérêts.

Art. 426. Il n'est permis à personne de rechercher des trésors dans les propriétés des communes ou de l'État, de manière à les

---

Art. 424. — *C. fr.*, art. 716. — *C. esp.*, art. 351, 352. — *C. ital.*, art. 714.

Ces trois Codes partagent le trésor par moitié entre le propriétaire et l'inventeur.

Voir art. 2216.

détériorer, sans permission de la municipalité ou de l'administration publique compétente, sous les peines énoncées dans l'article précédent.

Art. 427. Quiconque s'approprie un trésor ou une chose cachée au préjudice des droits d'un tiers, tels qu'ils sont définis dans les articles précédents, perdra la part qui autrement lui fût revenue, laquelle sera attribuée aux établissements de bienfaisance pupillaire de l'arrondissement où le trésor aura été trouvé.

SECTION IV.

DE L'OCCUPATION DES EMBARCATIONS ET DES AUTRES OBJETS NAUFRAGÉS.

Art. 428. Tout ce qui concerne les embarcations naufragées, leur cargaison, ou toutes marchandises ou objets du domaine privé que la mer rejetterait sur les côtes, ou qui seraient recueillis en pleine mer, sera réglé par les dispositions du Code de commerce et des lois administratives.

CHAPITRE IV.

DE L'OCCUPATION DES OBJETS ET PRODUITS NATURELS COMMUNS OU N'APPARTENANT EN PROPRE À PERSONNE.

SECTION PREMIÈRE.

DISPOSITIONS GÉNÉRALES.

Art. 429. L'occupation des substances animales de toute nature,

---

Art. 427. — Voir la note sous l'article 285.

Art. 428. — *C. fr.*, art. 717, § 1. — *C. esp.*, art. 617. — *C. ital.*, art. 719.

Le Code de commerce a réglé dans le titre VIII du livre III (art. 676-691) la matière du sauvetage et de l'assistance en cas de naufrage ou autre fortune de mer. Comp. *C. comm. allem.*, art. 742 et suiv.

Art. 429. — *C. fr.*, art. 717, § 1. — *C. esp.*, art. 617. — *C. ital.*, art. 719.

provenant des eaux publiques ou communes, qui viennent échouer sur les côtes ou sur les plages, sera réglée par ce qui est ordonné dans les articles 468 et 469 relativement aux substances végétales aquatiques.

Art. 430. Il est permis à tout le monde d'occuper tous objets ou produits naturels qui ne sont pas la propriété exclusive d'autrui, sauf les dispositions et restrictions contenues au présent Code.

SECTION II.

DES EAUX.

SOUS-SECTION PREMIÈRE.

DES EAUX PUBLIQUES ET SPÉCIALEMENT DES EAUX NAVIGABLES ET FLOTTABLES.

Art. 431. Il est permis à tout le monde de se servir de toutes eaux publiques, en se conformant aux règlements administratifs.

§ 1. Si ces eaux sont navigables ou flottables, le droit d'usage doit être exercé sans nuire aux intérêts de la navigation ou du flottage.

§ 2. Les conflits qui s'élèveront entre les intérêts de la navigation ou du flottage et les intérêts de l'agriculture ou de l'industrie seront résolus administrativement.

Art. 432. Lorsque l'usage qu'on se proposera de faire des eaux publiques, navigables ou flottables nécessitera des ouvrages ou constructions d'un caractère permanent, ces ouvrages ou constructions ne pourront être faits sans autorisation préalable de l'autorité administrative compétente.

Section II. — *C. esp.*, art. 409-411, 425, 553, et *L. esp. 13 juin 1879*. Ajout. *Lois esp.* du 7 mai 1880 sur *les eaux de mer* et du 27 mai 1883 sur *les canaux d'arrosage*. (Sur le régime des eaux en Espagne, lire une étude de M. de Loménie dans le *Bull. de la Soc. de lég. comp.*, 1886, p. 415.)

Art. 433. Lorsque, pour rendre utile le droit d'occupation, il sera nécessaire de faire des ouvrages permanents, si l'usage de ces ouvrages vient à être ensuite abandonné pendant plus de cinq ans, le droit de s'en servir sera prescrit au profit des personnes qui auront fait des ouvrages analogues incompatibles avec les premiers.

SOUS-SECTION II.

DES COURS D'EAU NON NAVIGABLES NI FLOTTABLES.

Art. 434. Les propriétaires ou possesseurs de fonds traversés par un cours d'eau non navigable ni flottable ont le droit d'user de cette eau pour l'utilité de leurs fonds, à condition de ne pas la faire refluer de manière à nuire aux fonds situés en amont, et de ne pas changer, en aval, le point de sortie de l'eau non employée.

§ unique. On entend par point de sortie celui où l'une des rives du lit cesse d'appartenir au fonds traversé.

Art. 435. Le propriétaire du fonds traversé par un cours d'eau a le droit d'en modifier ou déplacer le lit ou plafond sous les conditions déterminées par l'article précédent pour l'usage des eaux.

Art. 436. Lorsque les cours d'eau passent entre deux ou plusieurs fonds, l'usage des eaux sera réglé de la manière suivante :

§ 1. Si l'eau est surabondante, chacun des propriétaires ou

Sous-section II. — Cette matière est réglée en France par les lois du 29 avril 1845 et du 11 juillet 1847 sur les *irrigations* et par la loi du 10 juin 1854 sur *le libre écoulement des eaux provenant du drainage.* (Voir aussi la loi du 21 juin 1865 sur les *Associations syndicales.*)

Art. 434. — *C. fr.*, art. 644. — *C. esp.*, art. 408, 5°, art. 410. — *C. ital.*, art. 543.

possesseurs des fonds riverains de l'un et de l'autre bord pourra en employer telle quantité qu'il lui convient.

§ 2. Si l'eau n'est pas surabondante, chacun des propriétaires ou possesseurs des fonds riverains aura le droit d'en employer une quantité proportionnelle à l'étendue et aux besoins de son fonds.

§ 3. Chacun des propriétaires ou possesseurs des fonds dont il est parlé au paragraphe précédent pourra détourner la quantité d'eau qui lui est dévolue en tel point qu'il veut de sa rive, sans que l'autre, sous prétexte de la détourner en amont, puisse le priver de tout ou partie de cette eau.

§ 4. On applique relativement à la sortie des eaux non employées, s'il y en a, la disposition de l'article 434.

Art. 437. Les propriétaires ou possesseurs des fonds bordés ou traversés par des eaux courantes, lorsqu'ils adjoindront à ces fonds d'autres fonds n'ayant pas le même droit, ne pourront employer sur ces derniers lesdites eaux au préjudice du droit de leurs voisins.

Art. 438. Les dispositions des articles précédents ne préjudicieront pas aux droits qui seraient acquis, à l'époque de la promulgation du présent Code, sur certaines eaux déterminées, en vertu de la loi, de l'usage ou de la coutume, d'une concession expresse, d'un jugement ou de la prescription.

§ unique. La prescription, néanmoins, ne pourra être admise pour l'application du présent article que lorsqu'elle aura pour point de départ une opposition sur laquelle il n'aura pas été suivi, ou la

---

Art. 438. — *C. ital.*, art. 637, 638.
Voir art. 444, § unique, et 453, § unique.

construction sur le fonds supérieur d'ouvrages exécutés dans des conditions qui peuvent faire présumer l'abandon du droit primitif.

Art. 439. Néanmoins le droit des propriétaires à l'usage des eaux qui traversent ou baignent leurs fonds sera dorénavant imprescriptible, et ne pourra être aliéné que par écrit ou acte public.

Art. 440. Les propriétaires riverains d'un cours d'eau, quel qu'il soit, ne peuvent empêcher leurs voisins d'en utiliser la quantité nécessaire pour leurs usages domestiques, sauf à se faire indemniser du préjudice que le passage sur leurs fonds pourrait leur causer.

§ 1. Cette servitude n'aura lieu que s'il est prouvé que les voisins dont il s'agit ne peuvent trouver d'eau autre part sans inconvénient ou difficulté considérable.

§ 2. Les contestations qui s'élèveront à ce sujet, sauf en ce qui concerne les indemnités, seront décidées administrativement.

§ 3. Le droit d'usage auquel se rapporte le présent article est imprescriptible, mais il s'éteint dès que, par suite de la construction d'une fontaine publique, les personnes auxquelles il appartient peuvent trouver, sans inconvénient ou difficulté considérable, l'eau dont elles ont besoin.

Art. 441. Celui qui a droit à l'usage d'une eau courante ne peut altérer ou corrompre la portion de cette eau qu'il ne consomme pas, de manière à la rendre insalubre, inutile ou nuisible pour ceux qui ont également le droit de s'en servir.

Art. 440. — *C. fr.*, art. 643, et *L. fr. 29 avril 1845*, art. 1 et suiv. — *C. esp.*, art. 554, 557, 558.

Voir art. 447, 448 et 2313.

Art. 442. Les propriétaires ou possesseurs des fonds que traverse ou baigne une eau courante sont tenus de ne faire aucun acte qui puisse en obstruer le libre cours, et de faire disparaître les obstacles à ce libre cours, lorsqu'ils proviennent de leurs fonds, de manière que les voisins ne ressentent aucun préjudice de ces actes ou obstacles, soit par la stagnation ou le reflux des eaux, soit par leur ralentissement ou leur diminution, à moins toutefois, dans ces deux derniers cas, que le préjudice ne résulte de l'usage licite de l'eau.

§ unique. Si l'obstacle au libre cours des eaux ne provient pas de l'un des fonds riverains ni du fait de son propriétaire, le moyen de le faire disparaître sera réglé par la législation administrative.

Art. 443. Faute par les propriétaires de remplir les obligations qui leur sont imposées par les deux articles précédents, s'il en résulte un préjudice pour les tiers, les travaux, tant d'assainissement que de conservation, seront exécutés à leurs frais, et ils seront en outre tenus des dommages et intérêts, et aussi des amendes qui pourraient leur être imposées par les règlements de police municipale.

SOUS-SECTION III.

DES FONTAINES ET DES SOURCES.

Art. 444. Le propriétaire du fonds où se trouve une fontaine ou une source d'eau peut s'en servir et disposer à sa volonté de

---

Art. 442. — *C. fr.*, art. 640, § 2 et 3. — *C. esp.*, art. 413, 421, 552, § 2. — *C. ital.*, art. 536, § 2 et 3, art. 537-539, 545.

Art. 443. — *C. esp.*, art. 422.

Art. 444. — *C. fr.*, art. 641. — *C. esp.*, art. 412, 415, et *L. esp. 13 juin 1879*. — *C. ital.*, art. 540, 541.

l'usage dont elle est susceptible, sauf le droit que les tiers pourraient avoir acquis, par juste titre, à cet usage.

§ UNIQUE. Sont applicables aux eaux que le présent article concerne les dispositions des articles 438 et 439.

ART. 445. Si les eaux dont il s'agit à l'article précédent sont médicinales, l'usage en pourra être réglé par l'administration selon les exigences de l'intérêt public, à condition que le propriétaire soit indemnisé du préjudice qu'il éprouverait.

ART. 446. Le propriétaire, qui, par ses travaux, découvre dans son fonds une source nouvelle, ne pourra en diriger le cours sur les fonds des voisins sans le consentement de ceux-ci, à moins qu'il n'y soit autorisé par justice, et moyennant indemnité.

ART. 447. Le propriétaire d'une source ne pourra en changer le cours habituel lorsqu'elle sert aux besoins des habitants d'une agglomération quelconque ou d'une ferme (*povoação ou casal*).

ART. 448. Si les habitants que concerne l'article précédent n'ont pas acquis par juste titre l'usage des eaux dont il s'agit, le propriétaire de la source aura droit à une juste indemnité.

§ UNIQUE. Cette indemnité sera proportionnée au préjudice résultant pour le propriétaire de la privation du libre usage de ses eaux, sans qu'il soit tenu compte du profit que les habitants peuvent retirer de cet usage.

Art. 445. — *L. fr.* 22 *juillet* 1856.

Art. 446. — *C. fr.*, art. 640, § 1 e 3. — *C. esp.*, art. 552.
Voir art. 2282 et 2327.

Art. 447, 448. — *C. fr.*, art. 643. — *C. esp.*, art. 423, 555. — *C. ital.*, art. 542.

ART. 449. Si le propriétaire du fonds où naissent les eaux change le cours qu'elles ont suivi durant les cinq dernières années, en les dirigeant sur les fonds d'autres voisins, ceux-ci pourront le contraindre à rendre ces eaux à leur ancien cours.

§ UNIQUE. Cette action ne pourra être intentée que dans les deux années qui suivront le jour de l'innovation.

ART. 450. Tout propriétaire a le droit de rechercher des eaux sur son fonds au moyen de puits, mines ou autres fouilles, à condition de respecter les droits que les tiers auraient acquis, par juste titre, sur les eaux de ce fonds.

ART. 451. Quiconque altère ou diminue, de quelque manière que ce soit, les eaux d'une source ou d'un réservoir, destinées à l'usage du public, sera tenu de rétablir les choses dans leur état antérieur.

ART. 452. Chacun peut creuser des mines ou des puits dans les terrains publics, municipaux ou paroissiaux, pour rechercher des eaux souterraines, mais avec l'autorisation préalable de l'autorité administrative ou municipale compétente.

SOUS-SECTION IV.

DES EAUX PLUVIALES.

ART. 453. Les eaux pluviales des torrents et ruisseaux qui courent dans les terrains, chemins ou rues du domaine public, peuvent être occupées, au passage, par tout propriétaire riverain, en se conformant aux règlements administratifs.

Art. 450. — *C. esp.*, art. 417. — *C. ital.*, art. 578.
Voir art. 2288, 2321-2324 et 2338.

Art. 452. — *C. fr.*, art. 552. — *C. esp.*, art. 417. — *C. ital.*, art. 447.

Art. 453. — *C. esp.*, art. 416. — *C. ital.*, art. 591.

§ unique. Ce droit ne peut être prescrit que dans les termes de l'article 438.

Art. 454. Les eaux pluviales qui tombent directement sur un fonds rural ou urbain peuvent être librement occupées et utilisées par le propriétaire de ce fonds, mais il n'a pas le droit de les détourner de leur cours naturel pour leur en donner un autre, sans le consentement exprès des propriétaires des fonds auxquels ce changement pourrait nuire.

Art. 455. Les propriétaires des fonds servants ne peuvent acquérir par prescription le droit de recevoir lesdites eaux.

SOUS-SECTION V.

DES CANAUX, AQUEDUCS PRIVÉS ET AUTRES OUVRAGES RELATIFS À L'USAGE DES EAUX.

Art. 456. Il est permis à chacun de conduire par des canaux souterrains ou à ciel ouvert, pour les besoins de sa culture ou de son industrie, les eaux sur lesquelles il a droit, à travers les fonds ruraux d'autrui autres que les fonds enclos de murs, les parcs, jardins potagers, cours attenantes à des fonds urbains, moyennant indemnité préalable du préjudice qui en résulterait pour ces fonds.

§ unique. Les propriétaires des fonds servants ont aussi le droit de se faire indemniser du préjudice qui viendrait à résulter, par la suite, des infiltrations ou des fuites, ou des dégradations survenues aux ouvrages faits pour conduire les eaux.

Art. 454. — *C. fr.*, art. 640. — *C. esp.*, art. 413. — *C. ital.*, art. 536.

Art. 456. — *L. fr. 29 avril 1845*, art. 1 et 2, et *11 juillet 1847*. — *C. esp.*, art. 557-559. — *C. ital.*, art. 598-606, 614.

Voir art. 461 et 462; — *C. proc. civ.*, art. 544 et suivants.

Art. 457. Les questions relatives à la direction, à la nature et à la forme des aqueducs, ainsi qu'au montant de l'indemnité, seront résolues sommairement par l'autorité judiciaire, à défaut d'arrangement amiable entre les parties.

Art. 458. Les propriétaires des fonds servants ont droit à tous les produits naturels des berges et des levées (*marachões e motas*). Ils ne sont obligés qu'à donner accès pour les visites de l'aqueduc ou pour l'exécution des réparations nécessaires; ils doivent en outre s'abstenir de rien faire qui puisse, en quoi que ce soit, nuire à l'aqueduc ou à l'écoulement des eaux.

Art. 459. Les propriétaires des fonds servants peuvent, d'autre part, à toute époque, exiger que l'aqueduc soit transporté sur un autre endroit du même fonds, si ce déplacement leur est avantageux et ne nuit pas aux intérêts du propriétaire de l'aqueduc, et à condition de faire opérer ce déplacement à leurs propres frais.

Art. 460. Lorsqu'un aqueduc a été construit, si les eaux ne sont pas en totalité nécessaires à leurs propriétaires, et qu'un autre propriétaire demande une part de l'excédent, cette part lui sera concédée moyennant indemnité préalable, et à la charge de payer en outre une quote-part proportionnelle de la dépense faite pour conduire les eaux jusqu'au point où la prise doit être pratiquée.

§ unique. En cas de concours entre plusieurs personnes réclamant l'excédent dont il s'agit, préférence sera donnée aux propriétaires des fonds servants.

Art. 461. Les propriétaires des fonds inférieurs à celui sur lequel aboutit l'aqueduc sont obligés de recevoir les eaux qui s'en

---

Art. 457. — *L. fr. 29 avril 1845*, art. 4. — *C. esp.*, art. 553.

Art. 459. — Voir art. 2278.

IMPRIMERIE NATIONALE.

écoulent, ou de leur donner passage, moyennant indemnité du préjudice qui peut en résulter pour eux.

§ UNIQUE. Est en outre applicable à ces fonds la disposition du paragraphe unique de l'article 456.

ART. 462. Les dispositions des articles précédents sont applicables aux eaux provenant de fouilles, fausses rigoles, fossés, drains (*guardamatos*), canaux (*alcorcas*), ou de tout autre moyen d'assèchement, lorsque ces eaux ont à traverser le fonds ou les fonds d'autrui pour aboutir à un cours d'eau ou à toute autre voie d'écoulement.

ART. 463. Lorsque le possesseur d'un fonds riverain d'un cours d'eau, ayant droit à l'usage des eaux, ne peut profiter de ce droit qu'en faisant une retenue, un barrage (*açude*) ou autre ouvrage analogue, et en l'appuyant sur le fonds d'un autre voisin, celui-ci ne pourra s'opposer à la construction de l'ouvrage, pourvu qu'il soit indemnisé préalablement du préjudice qu'il en pourrait éprouver.

§ UNIQUE. Les fonds urbains ne sont pas assujettis à la servitude dont il s'agit au présent article.

ART. 464. Mais si le voisin, assujetti à la servitude dont il s'agit à l'article précédent, veut utiliser l'ouvrage pour son profit, il pourra le rendre commun en payant une part de la dépense proportionnelle au profit qu'il en retire.

Art. 462. — *L. fr.* 29 *juillet* 1845, art. 3, et 10 *juin* 1854. — *C. ital.*, art. 606-609.

Guardamatos. On appelle de ce nom les rigoles pratiquées à la lisière des bois, quand le terrain y est en pente très forte, pour éviter que l'eau ravinant le sol ne déracine les arbres.

Art. 463. — *L. fr.* 11 *juillet* 1847, art. 1. — *C. esp.*, art. 554. — *C. ital.*, art. 613.

Art. 464. — *L. fr.* 11 *juillet* 1847, art. 2.

SECTION III.

DES MINÉRAUX.

ART. 465. Chacun a le droit de rechercher et d'exploiter les minéraux, sans avoir besoin d'autorisation du Gouvernement, sur les fonds ruraux qu'il possède.

ART. 466. Il est également permis de faire des recherches su les fonds ruraux d'autrui, avec le consentement du propriétaire; ce consentement, d'ailleurs, peut, en cas de refus, être suppléé par les voies de droit. Néanmoins l'exploitation, dans ce cas, ne peut avoir lieu qu'en vertu d'une concession préalable.

ART. 467. La désignation des substances qui doivent être considérées comme des minéraux, pour que la législation sur la matière soit applicable à leur recherche et à leur exploitation, les limites assignées aux droits mentionnés par les articles précédents, l'indication des formalités préalables et des conditions nécessaires pour exercer ces droits, le mode d'exercice de ces mêmes droits, comme aussi la détermination des droits des possesseurs du sol et des inventeurs des mines, en cas de concession, feront l'objet de lois spéciales.

Art. 465. — *C. fr.*, art. 552, et *L. fr. 21 avril 1810* et *24 juillet 1880*. — *C. esp.*, art. 426, 427, et *L. esp. 6 juillet 1859, 4 mars* et *29 décembre 1868*. — *C. ital.*, art. 440, et *L. ital. 20 novembre 1859*.

Comp. : pour l'Autriche, *C. civ.*, art. 287, et loi du 22 mai 1854; pour l'Espagne, la loi du 6 juillet 1859.

Ajouter, pour le Portugal, le décret du 31 décembre 1852 modifiant la législation antérieure relative aux mines.

Art. 466. — *C. esp.*, art. 426.

Voir art. 2213.

Art. 467. — Voir les décrets du 22 décembre 1852, du 31 décembre 1852, du 1er décembre 1853 et du 15 avril 1862.

SECTION IV.

DES SUBSTANCES VÉGÉTALES AQUATIQUES OU TERRESTRES.

SOUS-SECTION PREMIÈRE.

DES SUBSTANCES AQUATIQUES.

Art. 468. Les substances végétales de toute nature qui croissent dans les eaux publiques, qu'elles se trouvent au sein de ces eaux, ou qu'elles soient roulées et déposées sur les côtes ou plages, peuvent être occupées librement par quiconque veut en tirer parti, sauf les dispositions des règlements administratifs.

Art. 469. Les substances végétales qui croissent dans les eaux communes, qu'elles se trouvent au sein de ces eaux, ou qu'elles soient roulées et déposées sur les rives, ne peuvent être occupées que par les habitants (*vizinhos*) de la commune ou de la paroisse du

---

Art. 468. — *C. fr.*, art. 717, et lois particulières. — *L. esp. 9 mai 1835 et 7 mai 1880.*

Voir art. 380.

Art. 469. — Voir art. 381.

La qualité de *vizinho* n'appartient qu'à certains habitants qui se rattachent à un centre de population par un lien spécial d'où résultent des devoirs et des droits (voir art. 472, 1206, 1°, 2482, 2483). Le Code civil, n'ayant pas réglé la matière de la *vizinhança*, laisse subsister sur ce point les dispositions de l'ordonnance Philippine, l. II, tit. LVI, qui déclare *vizinhos* d'une commune ou d'une paroisse ceux qui y sont nés, — ou qui y vivent d'une occupation régulière, — ou qui y résident depuis quatre ans, — ou qui s'y sont mariés et y habitent sans esprit de départ, et les enfants reconnus des *vizinhos*. La loi de désamortisation du 28 août 1869 (art. 11, § unique) autorise le partage entre les seuls *vizinhos* des terres vagues des communes et paroisses. Mais le Code civil, tout en reconnaissant la *vizinhança*, n'emploie pas toujours le mot *vizinho* dans son sens propre. (Voir, par exemple, art. 276, 437, 440, 463, 464.)

lieu, à moins que la chambre municipale n'en permette l'occupation par d'autres, ou qu'il n'y ait ancien usage et coutume contraire.

Art. 470. Les substances végétales mentionnées aux deux articles précédents, lorsqu'elles sont roulées et déposées par les eaux sur un fonds privé, appartiendront au propriétaire de ce fonds.

Art. 471. Le Gouvernement ou les chambres municipales, suivant que les eaux seront du domaine public ou du domaine communal, feront les règlements nécessaires pour que le droit d'occupation s'exerce de telle manière que les substances végétales soient convenablement utilisées, et qu'il ne soit aucunement préjudicié à la propagation et à la croissance du poisson, ou à tout autre intérêt public.

SOUS-SECTION II.

DES SUBSTANCES VÉGÉTALES TERRESTRES.

Art. 472. Les pâturages, broussailles, bois et autres substances végétales qui croissent sur les terrains de l'État ne peuvent être occupés qu'avec la permission du Gouvernement, en se conformant aux règlements sur la matière.

Art. 473. Les pâturages, broussailles, bois et autres substances végétales qui croissent dans les terres incultes, ou les terrains municipaux ou paroissiaux, appartiennent exclusivement aux habitants (*vizinhos*) des communes ou paroisses, mais ne peuvent être occupés que conformément aux anciens usages et à la coutume, ou aux règlements faits par les chambres municipales.

Art. 470. — Voir art. 2291.

Art. 473. — *Vizinhos.* (Voir art. 469 et note.)

TITRE IV.

DES DROITS QUI S'ACQUIÈRENT PAR SIMPLE POSSESSION OU PRESCRIPTION.

CHAPITRE PREMIER.

DE LA POSSESSION.

Art. 474. On appelle possession la détention ou la jouissance d'une chose ou d'un droit.

§ 1. Les actes de pure faculté ou de simple tolérance ne constituent pas de possession.

§ 2. La possession se conserve tant que dure la détention ou la jouissance de la chose ou du droit, ou la possibilité de la continuer.

Art. 475. La possession, en tant que moyen d'acquérir, peut être de bonne ou de mauvaise foi.

Art. 476. La possession de bonne foi est celle qui se fonde sur

---

Titre IV. — *C. fr.*, l. III, tit. xx. — *C. esp.*, l. II, tit. v, et l. IV, tit. xviii. — *C. ital.*, l. II, tit. v, et l. III, tit. xxviii. — *C. autr.*, 2e partie, 1re sect., chap. i; 3e partie, chap. iv. — *C. holl.*, l. II, tit. ii; l. IV, tit. vii. — *C. Grisons*, 2e partie, sect. i, chap. i, D; 3e partie, 2. — *C. Zurich*, l. II, sect. ii. — *Projet allemand*, l. III, sect. ii; l. I, sect. vii.

Art. 474. — *C. fr.*, art. 2228. — *C. esp.*, art. 430. — *C. ital.*, art. 685.

Art. 474, § 1. — *C. fr.*, art. 2232. — *C. esp.*, art. 444, 1942. — *C. ital.*, art. 688.

Art. 476. — *C. fr.*, art. 550. — *C. esp.*, art. 433, 435, 1951. — *C. ital.*, art. 701 et suiv.

Voir art. 478 et 495, § 4.

un titre, dont les vices ne sont pas connus du possesseur; la possession de mauvaise foi est celle qui a lieu dans l'hypothèse inverse.

Art. 477. La possession produit, en faveur du possesseur, une présomption de propriété, à laquelle on peut s'attacher plus ou moins, selon les circonstances.

Art. 478. La possession est présumée de bonne foi jusqu'à preuve contraire, excepté dans les cas où la loi exclut formellement cette présomption.

Art. 479. Ne peuvent faire l'objet de la possession que les choses et les droits certains et déterminés, lorsqu'ils sont en outre susceptibles d'appropriation.

Art. 480. Peuvent acquérir la possession tous ceux qui ont l'usage de leur raison, et même ceux qui ne l'ont pas, s'il s'agit de choses susceptibles de libre occupation.

§ unique. En ce qui concerne les choses qui sont entrées dans le domaine privé, ceux qui n'ont pas l'usage de leur raison peuvent néanmoins en acquérir la possession par l'intermédiaire de leurs représentants légaux.

Art. 477. — *C. fr.*, art. 2230, 2262. — *C. esp.*, art. 448, 1949. — *C. ital.*, art. 687, 2105, 2106.

Art. 478. — *C. fr.*, art. 2268. — *C. esp.*, art. 434, 435. — *C. ital.*, art. 702.

Art. 479. — *C. fr.*, art. 2229. — *C. esp.*, art. 437. — *C. ital.*, art. 690, 2113.

Art. 480. — *C. esp.*, art. 439, 443.

Voir art. 507.

ART. 481. On peut acquérir et exercer la possession, soit en son propre nom, soit au nom d'autrui.

§ 1. En cas de doute, on présume que le possesseur possède en son propre nom.

§ 2. Il y a présomption que la possession continue au nom de celui qui l'a commencée.

ART. 482. Le possesseur peut perdre la possession :

1° Par l'abandon;

2° Par la cession faite à autrui, à titre onéreux ou gratuit;

3° Par la destruction ou la perte de la chose, ou par sa mise hors du commerce;

4° Par le fait de la possession acquise par autrui, même contre la volonté de l'ancien possesseur, si la nouvelle possession a duré plus d'un an.

§ UNIQUE. L'année court de la prise de possession par le nouveau possesseur lorsqu'elle a eu lieu publiquement, ou, si elle a eu lieu clandestinement, du jour où elle a été connue du dépossédé.

ART. 483. Par la mort du possesseur, sa possession passe en vertu de la loi, avec tous ses effets utiles, à ses héritiers ou successeurs, dès l'instant de son décès.

Art. 481. — *C. fr.*, art. 2228, 2230, 2231. — *C. esp.*, art. 431, 432, 436. — *C. ital.*, art. 685, 687.

Art. 482. — *C. esp.*, art. 460-462.

Voir art. 487-489, 504 et 552, 1°.

Art. 483. — *C. fr.*, art. 2235. — *C. esp.*, art. 440, 442. — *C. ital.*, art. 2115.

Voir art. 954, 1826, 1840, 1857, 2011 et 2032.

Art. 484. Le possesseur a le droit d'être maintenu ou rétabli dans sa possession contre tout trouble ou toute violence, selon les règles suivantes.

Art. 485. Le possesseur qui a juste raison de craindre d'être troublé ou dépossédé par autrui peut recourir à l'intervention de la justice pour faire enjoindre à celui qui le menace de s'abstenir de lui faire grief, sous peine de 10,000 à 30,000 *reis* d'amende, outre les dommages-intérêts.

Art. 486. Celui qui est troublé ou dépossédé peut se maintenir ou se rétablir dans sa possession par sa propre force et de son chef, pourvu que ce soit sur-le-champ, ou recourir à la justice pour s'y faire maintenir ou rétablir.

Art. 487. Si le possesseur a été dépossédé par violence, il a le droit d'être rétabli, pourvu qu'il le requière dans le délai d'un an; et toute audience en justice sera refusée à l'auteur de la violence, tant que le rétablissement ne sera pas réalisé.

Art. 488. Si la possession dure depuis moins d'un an, personne n'y peut être maintenu ou rétabli par justice, si ce n'est à l'encontre de ceux dont la possession n'est pas meilleure.

Art. 485. — Voir art. 2355.

Art. 486. — *C. esp.*, art. 441.

Comparer art. 12, 367, 2354, 2367, 2370.

L'ordonnance Philippine, livre I, tit. LXVI, § 11, donnait aux chambres municipales le privilège de réprimer directement dans le délai d'an et jour les usurpations de servitudes, routes et rivières communales. La jurisprudence décide que le Code civil n'a pas abrogé sur ce point le droit antérieur.

Art. 487. — *C. esp.*, art. 441, 444.

§ UNIQUE. Est meilleure la possession qui s'appuie sur un titre légitime; à défaut de titres, ou en présence de titres égaux, la meilleure possession est la plus ancienne; entre possessions égales, on doit préférer l'actuelle; si les possessions sont l'une et l'autre équivoques, la chose sera mise en dépôt jusqu'à ce qu'il soit décidé à qui elle appartient.

ART. 489. Si la possession a duré plus d'un an, le possesseur y sera rétabli ou maintenu en la forme sommaire, tant qu'il n'aura pas succombé sur la question de propriété.

ART. 490. Les actions mentionnées aux articles précédents ne sont pas applicables aux servitudes continues non apparentes, ni aux servitudes discontinues, à moins que la possession ne soit fondée sur un titre émané du propriétaire du fonds servant ou de ses auteurs.

ART. 491. Est réputé n'avoir jamais été troublé ni dépossédé

Art. 484. — *C. pr. civ. fr.*, art. 23-27. — *C. esp.*, art. 445, 446. — *C. ital.*, art. 694-700.

Art. 489. — *C. fr.*, art. 2223. — *C. esp.*, art. 446.

Le Code de procédure civile (art. 493, 494) applique aux actions possessoires une partie des règles de la procédure ordinaire.

Art. 490. — Voir art. 2272 et 2273.

L'art. 608 du Code civil des Pays-Bas décide également que l'action en maintenue n'a pas lieu en matière de servitude, à moins qu'il ne s'agisse de la possession d'une servitude continue et apparente.

Art. 491. — *Sic : C. esp.*, art. 466.

Même principe dans le Code hollandais (art. 616), sauf en ce qui concerne les fruits.

D'ailleurs, toutes les fois que le trouble ou l'éviction a duré moins d'un an (et les actions en complainte ou en réintégrande doivent s'intenter dans ce

celui qui a été maintenu ou rétabli dans sa possession par décision de justice.

Art. 492. Celui qui est maintenu ou rétabli dans sa possession doit être indemnisé du préjudice que lui a causé le trouble ou la violence, conformément aux prescriptions des articles suivants

Art. 493. Le rétablissement sera fait dans le lieu de la violence, et aux frais de celui qui l'a commise.

Art. 494. Le possesseur de bonne foi n'est pas responsable de la détérioration ou de la perte de la chose, lorsqu'elle n'est pas arrivée par sa faute.

Art. 495. Le possesseur de bonne foi fait siens les fruits naturels et industriels que produit la chose et qui sont perçus avant le jour où a cessé la bonne foi, et les fruits civils en proportion du temps qu'a duré la même possession de bonne foi; mais si, à l'époque où cesse la bonne foi, il y a des fruits naturels ou industriels à percevoir, le possesseur aura droit aux dépenses par lui faites pour les produire, et, en outre, à une part du produit net proportionnelle à la durée de sa possession comparée au temps qui sépare deux récoltes.

§ 1. Les charges seront réparties de la même manière entre les deux possesseurs.

---

même délai), les Codes français, espagnol, italien considèrent la possession comme n'ayant pas été interrompue (*C. fr.*, art. 2243; *C. esp.*, art. 1944; *C. ital.*, art. 2124. — Voir aussi *C. port.*, art. 552, 1°).

Art. 494. — *C. fr.*, art. 1302. — *C. esp.*, art. 457.

Voir art. 496.

Art. 495. — *C. fr.*, art. 549. — *C. esp.*, art. 451, 452.

Art. 495, § 1. — *C. esp.*, art. 452, § 2.

§ 2. Le propriétaire de la chose peut, s'il le veut, permettre au possesseur de bonne foi d'achever la culture et de faire la récolte des fruits pendants, à titre d'indemnité pour la part qui lui revient dans les frais de culture et dans le produit net; le possesseur de bonne foi qui, pour quelque motif que ce soit, refuse de profiter de cette permission, perdra le droit de se faire indemniser autrement.

§ 3. On appelle fruits naturels ceux que la chose produit spontanément; fruits industriels, ceux qu'elle produit moyennant le travail de l'homme; fruits civils, les loyers ou intérêts qui en proviennent.

§ 4. La bonne foi est réputée avoir cessé dès que les vices de la possession ont été judiciairement notifiés au possesseur, par acte introductif d'instance, ou dès qu'il est prouvé qu'ils ont été connus de lui.

§ 5. L'auteur de la dépossession violente est toujours présumé de mauvaise foi.

Art. 496. Le possesseur de mauvaise foi répond de la perte ou de la détérioration, à moins qu'il ne prouve qu'elle ne résulte

---

Art. 495, § 2. — *C. fr.*, art. 555. — *C. esp.*, art. 452, § 3.

Art. 495, § 3. — *C. fr.*, art. 583, 584. — *C. esp.*, art. 355. — *C. ital.*, art. 444.

Art. 495, § 4. — *C. esp.*, art. 435.

Art. 495, § 5. — *C. fr.*, art. 2233. — *C. esp.*, art. 441.

Voir art. 497, 1164, 2202-2205, 2211, 2252 et 2253.

Art. 496. — *C. fr.*, art. 1302. — *C. esp.*, art. 457. — *C. ital.*, art. 1298.

Le Code espagnol porte que le possesseur de mauvaise foi répond de la détérioration ou de la perte dans toutes les circonstances, et même des cas de force majeure, lorsqu'il a différé de livrer la chose à son possesseur légitime.

pas de sa faute ou de sa négligence; et il répond même de la perte ou de la détérioration arrivée par cas fortuit, lorsqu'il est établi qu'elle ne se serait pas produite si la chose eût été en la possession de celui qui l'a évincé.

Art. 497. Le possesseur de mauvaise foi est tenu de rendre les fruits que la chose a produits ou aurait pu produire pendant qu'il la détenait.

Art. 498. Le possesseur de bonne foi comme le possesseur de mauvaise foi ont droit l'un et l'autre au remboursement de ce qu'ils ont dépensé pour la conservation de la chose; mais le possesseur de bonne foi jouit seul du droit de rétention jusqu'à ce qu'il ait reçu payement.

§ 1. Sur le montant de ces dépenses s'impute le revenu net des fruits perçus.

§ 2. Lorsque la restitution comprend plusieurs choses distinctes, on n'admet la rétention qu'à l'égard de celles qui ont été améliorées.

Art. 499. Le possesseur de bonne foi comme le possesseur de mauvaise foi ont le droit, l'un et l'autre, d'enlever les ouvrages d'amélioration utiles qu'ils ont construits sur la chose, lorsqu'ils peuvent le faire sans la dégrader.

§ 1. On appelle améliorations utiles (*bemfeitorias uteis*) celles

---

Art. 497. — *C. fr.*, art. 549. — *C. esp.*, art. 455. — *C. ital.*, art. 703.

Art. 498. — *C. esp.*, art. 453.

Art. 499. — *C. fr.*, art. 555. — *C. esp.*, art. 454, 455. — *C. ital.*, art. 449, 450.

qui, sans être indispensables pour la conservation de la chose, en augmentent toutefois la valeur.

§ 2. Lorsqu'il peut résulter quelque dégradation de l'enlèvement des améliorations, le propriétaire en payera la valeur à l'évincé, au moment de la remise de la chose; faute de quoi, l'évincé jouira du droit de rétention, s'il a possédé de bonne foi.

§ 3. La possibilité de la dégradation sera appréciée par le propriétaire.

§ 4. La valeur des améliorations sera comptée au prix qu'elles ont coûté, s'il n'excède pas la plus-value de la chose au moment de la remise. Dans le cas contraire, l'évincé ne pourra rien recevoir au delà de cette plus-value.

Art. 500. Le possesseur de bonne foi peut enlever les améliorations voluptuaires qu'il a faites, pourvu qu'il n'en résulte aucune dégradation de la chose; dans le cas contraire, il ne peut ni les enlever ni en réclamer la valeur.

§ 1. Les améliorations voluptuaires sont celles qui, sans augmenter la valeur de la chose à laquelle elles s'incorporent, ne servent qu'à l'agrément du possesseur.

§ 2. La possibilité de la dégradation sera appréciée par experts choisis d'accord entre les parties.

Art. 501. Les améliorations se compensent avec les détériorations.

Art. 502. Le possesseur de mauvaise foi perd, au profit de

Art. 500. — *C. esp.*, art. 454.

Art. 502. — *C. esp.*, art. 455.

celui qui l'évince, les améliorations voluptuaires qu'il a faites à la chose dont il est évincé.

Art. 503. Les augmentations de valeur qui ne sont pas du fait du possesseur évincé profitent à celui qui l'évince.

Art. 504. L'action en maintien et celle en rétablissement de possession peuvent être intentées par la victime du trouble ou de la dépossession, ou par ses héritiers et représentants, la première, contre l'auteur du trouble seulement, sauf l'action en dommages-intérêts contre ses héritiers ou représentants; la seconde, non seulement contre l'auteur de la dépossession, mais aussi contre ses héritiers et représentants, ou contre les tiers auxquels il aurait transmis la chose à quelque titre que ce soit.

§ unique. L'action en maintien se prescrit par un an à compter du trouble; l'action en rétablissement se prescrit par le même temps à compter de la dépossession ou, si elle a été commise clandestinement, du jour où l'intéressé en a eu connaissance.

CHAPITRE II.

DE LA PRESCRIPTION.

SECTION PREMIÈRE.

DE LA PRESCRIPTION EN GÉNÉRAL.

Art. 505. Les choses et les droits s'acquièrent par le fait de la

---

Art. 503. — *C. esp.*, art. 456.

Voir art. 758, § 2, 860, 3°, 1163, 1349, 1407, 1414, 1450, 2097, 2217, 2220 et 2251.

Art. 504. — *C. pr. civ. fr.*, art. 23. — *C. esp.*, art. 446. — *C. ital.*, art. 694, 695.

Art. 505. — *C. fr.*, art. 2219. — *C. esp.*, art. 1930. — *C. ital.*, art. 2105.

possession; de même les obligations s'éteignent par le fait que leur exécution n'est pas exigée. La loi détermine les conditions et le laps de temps qui sont nécessaires pour que chacun de ces effets se produise. C'est là ce qu'on nomme prescription.

§ UNIQUE. L'acquisition de choses ou de droits par la possession s'appelle *prescription positive;* la libération d'obligations résultant de ce que l'exécution n'en est pas exigée s'appelle *prescription négative.*

ART. 506. Sont susceptibles de prescription toutes choses, droits et obligations, qui sont dans le commerce, et pour lesquelles la loi n'a pas fait d'exception.

ART. 507. La prescription profite à tous ceux qui peuvent acquérir, et même aux incapables, lorsqu'elle est négative.

§ UNIQUE. En cas de prescription positive, les incapables peuvent acquérir par leurs représentants légaux.

ART. 508. Il n'est pas permis de renoncer par avance au droit d'acquérir ou de se libérer par la prescription; mais on peut renoncer au droit acquis par ce moyen.

ART. 509. Les créanciers, et tous ceux qui ont un intérêt légi-

---

Art. 506. — *C. fr.*, art. 2226. — *C. esp.*, art. 1936. — *C. ital.*, art. 2113.

Art. 507. — *C. esp.*, art. 439, 443, 1931, 1932, § 2.

Art. 508. — *C. fr.*, art. 2220-2222. — *C. esp.*, art. 1935. — *C. ital.*, art. 2107, 2108.

Art. 509. — *C. fr.*, art. 2225. — *C. esp.*, art. 1937. — *C. ital.*, art. 2112.

time à ce que la prescription produise ses effets, peuvent la faire valoir, alors même que le débiteur ou le propriétaire aurait renoncé au droit acquis par ce moyen.

Art. 510. Celui qui possède pour autrui ne peut acquérir par prescription la chose possédée, à moins que le titre de la possession ne se trouve interverti, soit par le fait d'un tiers, soit par suite de la contradiction opposée par le possesseur lui-même au droit de celui pour lequel il possède, sans que ce dernier l'ait détruite; mais, en pareil cas, la prescription commencera à courir de cette interversion du titre.

§ unique. On appelle titre interverti celui qui est remplacé par un autre titre susceptible de transférer la possession ou la propriété.

Art. 511. La prescription acquise par un co-possesseur, en ce qui regarde l'objet principal de la possession et les actes qui l'étendent, profite aux autres.

Art. 512. Pareillement profite aux autres la prescription acquise par un co-propriétaire, en ce qui regarde les actes qui étendent la propriété.

Art. 513. La prescription acquise par un co-débiteur solidaire profite aux autres, à l'exception de ceux qui ne se trouvent pas dans les conditions nécessaires pour prescrire. Néanmoins le créancier ne peut exiger de ceux-ci le payement de l'obligation que dé-

---

Art. 510. — *C. fr.*, art. 2236-2238. — *C. ital.*, art. 2115, 2116.

Art. 511. — *C. esp.*, art. 1933.

Art. 512. — *C. esp.*, art. 1933.
Voir art. 2281.

Art. 513. — Voir art. 554, 556 et 558.

IMPRIMERIE NATIONALE.

duction faite de la part qui incomberait au débiteur libéré par prescription, si la dette avait été répartie.

§ UNIQUE. La prescription acquise par le débiteur principal profite toujours aux cautions.

ART. 514. La prescription, en tant que moyen de défense, ne peut être opposée que par voie d'exception, conformément au Code de procédure civile.

ART. 515. Le juge ne peut suppléer d'office le moyen résultant de la prescription, lorsque les parties ne l'invoquent pas.

ART. 516. L'État, les chambres municipales et tous établissements publics ou personnes morales sont assimilés aux particuliers relativement à la prescription des biens et droits qui sont susceptibles de propriété privée.

SECTION II.

DE LA PRESCRIPTION POSITIVE.

SOUS-SECTION PREMIÈRE.

DE LA PRESCRIPTION DES BIENS IMMEUBLES ET DES DROITS IMMOBILIERS.

ART. 517. La possession, pour conduire à la prescription, doit être :

Art. 515. — *C. fr.*, art. 2223. — *C. ital.*, art. 2109.

Art. 516. — *C. fr.*, art. 2227. — *C. esp.*, art. 1931, 1932. — *C. ital.*, art. 2114.

En France, la loi de finances du 29 janvier 1831 (art. 9) a créé une déchéance de cinq ans opposable aux créanciers de l'État.

Cette loi ne s'applique qu'à l'État; ni les départements, ni les communes, ni les établissements publics ne peuvent s'en prévaloir.

Art. 517. — *C. fr.*, art. 2229. — *C. esp.*, art. 1940, 1941. — *C. ital.* art. 686, 2106.

1° Fondée en titre;

2° De bonne foi;

3° Paisible;

4° Continue;

5° Publique.

§ unique. La disposition du présent article ne reçoit d'exception que dans les cas formellement prévus par la loi.

Art. 518. La possession fondée en titre est celle qui s'appuie sur un juste titre; on appelle juste titre tout mode légitime d'acquisition, indépendamment du droit du cédant.

Art. 519. Le titre ne se présume pas; son existence doit être prouvée par celui qui l'invoque.

Art. 520. La bonne foi n'est nécessaire qu'au moment de l'acquisition.

Art. 521. La possession paisible est celle qui s'acquiert sans violence.

Art. 518. — *C. fr.*, art. 550. — *C. esp.*, art. 1952, 1953. — *C. ital.*, art. 701.

Art. 519. — *Sic : C. esp.*, art. 1954.

Le même Code décide cependant (art. 448) que celui qui possède à titre de propriétaire a en sa faveur la présomption légale qu'il possède un juste titre, qu'on ne peut le forcer à produire.

Art. 520. — *Sic : C. fr.*, art. 2269. — *C. ital.*, art. 702, § 2.

Le Code espagnol (art. 436) établit la présomption que la possession se continue dans la même pensée que celle existant au moment où elle a été acquise, mais autorise la preuve contraire. Et l'article 435 explique que la possession acquise de bonne foi perd son caractère dans le cas, et à partir du moment, où il existe des actes prouvant que le possesseur ne possède pas la chose d'une façon incontestée.

Art. 521. — *C. fr.*, art. 2233. — *C. esp.*, art. 441. — *C. ital.*, art. 689.

ART. 522. La possession continue est celle qui n'a pas été interrompue de la manière indiquée par les articles 552 et suivants.

ART. 523. On appelle possession publique celle qui a été dûment inscrite, ou qui a été exercée de manière à pouvoir être connue des intéressés.

ART. 524. La simple possession ne peut être inscrite que sur le vu d'un jugement passé en force de chose jugée, rendu sur les conclusions du ministère public après citation des intéressés inconnus par voie d'annonces, et duquel il résulte que la possession a été paisible, publique et continue pendant le laps de cinq années.

ART. 525. L'inscription de la simple possession peut être faite provisoirement lorsque la justification est requise, et elle est convertie en inscription définitive par la mention faite du jugement, dont les effets rétroagiront à la date de l'inscription provisoire.

ART. 526. Les immeubles et les droits immobiliers peuvent être prescrits :

1° En cas d'inscription de la simple possession, par le laps de cinq années;

Art. 522. — *C. fr.*, art. 2242 et suiv. — *C. esp.*, art. 1943 et suiv. — *C. ital.*, art. 2123 et suiv.

Art. 523. — *C. fr.*, art. 2229. — *C. esp.*, art. 1941, 1949. — *C. ital.*, art. 686.

Voir, pour l'inscription sur le registre de la propriété, art. 949 et suiv.

Art. 525. — Voir art. 949, 5°.

Art. 526-528. — *C. fr.*, art. 2265. — *C. esp.*, art. 1949, 1957. — *C. ital.*, art. 2137.

Tandis que le Code civil français a conservé les anciens délais fixés, en matière de prescription, par les constitutions de Théodose II et de Justinien.

2° En cas d'inscription du titre d'acquisition, par le laps de dix années, à compter, dans l'un et l'autre cas, de la date de l'inscription.

Art. 527. Dans l'un comme dans l'autre des deux cas spécifiés à l'article précédent, si la possession a duré dix ans ou plus, outre les délais fixés par ce même article, la prescription sera accomplie sans qu'on puisse alléguer la mauvaise foi ou le défaut de titre, sauf la disposition de l'article 510.

Art. 528. Les immeubles ou droits immobiliers, à défaut d'inscription de la possession ou du titre d'acquisition, ne peuvent être prescrits que par une possession de quinze ans.

Art. 529. Lorsque, néanmoins, la possession des immeubles

---

les Codes modernes ont une tendance générale à les abréger. «Dans tous les pays scandinaves, les Codes du XVII° et du XVIII° siècle ont fixé à vingt ans la durée de la prescription libératoire et acquisitive. En Suède, le délai de la première a été réduit à dix ans par une loi de 1800. En Angleterre, toutes actions tant réelles que personnelles ont été longtemps soumises à la même prescription uniforme de vingt ans. Ce délai a été réduit à douze ans par un statut de 1874 en vigueur depuis 1879... En Russie, le délai uniforme de toutes les prescriptions est aujourd'hui de dix ans. S'il y a juste titre suivi de mise en possession, le possesseur devient propriétaire en deux ans. L'action en nullité du titre se prescrit par le même laps de temps... Le Code italien, qui a supprimé toutes les causes de suspension, réduit à cinq ans la durée des actions rescisoires et révocatoires, de trois à deux ans celle de la revendication des meubles. Enfin il renferme dans un délai uniforme de dix ans la prescription par la possession avec juste titre et bonne foi, sans doubler ce délai au profit des absents. — Le Code espagnol de 1889 a suivi l'exemple du Code italien. Il n'admet aucune suspension de la prescription et réduit la durée des actions personnelles à quinze ans au maximum.» R. Dareste, *De la prescription en droit civil,* p. 19 et 20. Paris, 1894.

Art. 529. — *C. fr.,* art. 2262. — *C. esp.,* art. 1959. — *C. ital.,* art. 2135.

Voir art. 952, 994, 2241, 4° et 2279, 2°.

ou des droits immobiliers, dont il est parlé à l'article précédent, aura duré pendant le laps de trente ans, la prescription sera accomplie, sans qu'on puisse alléguer la mauvaise foi ou le défaut de titre, sauf la disposition de l'article 510.

Art. 530. Les dispositions des articles précédents en ce qui concerne la prescription des droits immobiliers ne reçoivent d'exception que dans les cas où la loi le déclare expressément.

Art. 531. Les droits qui sont de nature à ne s'exercer que rarement peuvent être prescrits selon le mode et par le délai fixés pour la prescription, lorsqu'il est prouvé que, durant ce temps, ils ont été exercés, sans opposition, toutes les fois que cela s'est trouvé nécessaire pour la jouissance normale et complète des avantages que la chose comportait, d'après sa nature ou son caractère particulier.

SOUS-SECTION II.

DE LA PRESCRIPTION DES BIENS MEUBLES.

Art. 532. Les biens meubles peuvent être prescrits par la possession de trois ans, lorsqu'elle est continue, paisible et accompagnée de juste titre et bonne foi, ou par la possession de dix ans, indépendamment de la bonne foi et du juste titre.

§ unique. Le juste titre et la bonne foi se présument toujours.

Art. 533. Si le bien meuble a été perdu par son propriétaire ou obtenu au moyen d'un crime ou d'un délit, et qu'il passe entre

---

Art. 531. — Voir art. 1686 et 2017.

Art. 532. — *C. fr.*, art. 2279. — *C. esp.*, art. 1955. — *C. ital.*, art. 707, 2146.

les mains d'un tiers de bonne foi, il n'est prescrit au profit de celui-ci qu'après six ans accomplis.

Art. 534. Celui qui revendique la chose, dans le délai utile, contre la personne qui l'a achetée au marché ou aux enchères publiques, ou chez un marchand de choses similaires ou du même genre, est tenu de payer au tiers de bonne foi le prix que celui-ci en a donné, sauf son recours contre l'auteur du vol ou de la violence, ou contre celui qui l'a trouvée.

SECTION III.

DE LA PRESCRIPTION NÉGATIVE.

Art. 535. Celui qui est grevé, au profit d'autrui, de l'obligation de donner ou de faire quelque chose, peut se libérer de cette obligation, lorsque l'exécution n'en a pas été poursuivie pendant l'espace de vingt années, et que le débiteur se trouve être de bonne foi à l'expiration du temps de la prescription; ou pendant trente années, sans distinction de bonne ou de mauvaise foi, sauf dans les cas pour lesquels la loi contient des dispositions spéciales.

§ unique. La bonne foi, dans la prescription négative, consiste dans l'ignorance de l'obligation. Cette ignorance ne se présume pas chez ceux qui ont originairement contracté l'obligation.

Art. 536. Le délai de cette prescription court du moment où

Art. 534. — *C. fr.*, art. 2280. — *C. esp.*, art. 1956. — *C. ital.*, art. 708, 2146.

Art. 535. — *C. fr.*, art. 2262. — *C. esp.*, art. 1961 et suiv. — *C. ital.*, art. 2135.

Voir art. 2162 et la note sous les art. 526-528.

Art. 536. — *C. esp.*, art. 1969-1972.

l'obligation est devenue exigible, à moins qu'une autre date n'ait été spécialement fixée par la loi comme point de départ du temps requis.

Art. 537. Ne sont pas prescriptibles les obligations qui correspondent à des droits inaliénables, ou qui ne sont pas susceptibles d'être limitées par le temps.

Art. 538. Se prescrivent par le laps de six mois :

1° Les créances des auberges, hôtelleries, restaurants, boucheries, ou autres boutiques de détail ou de boissons, lorsqu'elles ont pour cause une fourniture de logement, de nourriture ou de boissons livrées à crédit;

2° Les salaires des ouvriers et de tous artisans manuels travaillant à la journée;

3° Les gages des domestiques qui se louent au mois.

Art. 539. Se prescrivent par le laps d'un an :

1° Les honoraires des professeurs et maîtres particuliers de toutes sortes d'arts ou de sciences, qui enseignent au mois;

2° Les honoraires des médecins et chirurgiens pour leurs visites ou opérations;

3° Les émoluments des fonctionnaires publics;

Art. 537. — *C. esp.*, art. 1965.

Art. 538. — *C. fr.*, art. 2271 (six mois). — *C. esp.*, art. 1967 (trois ans). — *C. ital.*, art. 2138, 2139 (six mois et un an).

Voir art. 544, 1387, 1388, 1391 et 1393.

Art. 539. — *C. fr.*, art. 2271, 2272 (six mois et un an). — *C. esp.*, art. 1967, 1968 (un an et trois ans). — *C. ital.*, art. 2140 (trois ans).

Voir art. 541 et 1387, § unique.

4° Les créances des marchands au détail pour les objets vendus à des particuliers non marchands;

5° Les gages des domestiques qui se louent à l'année;

6° La dette civile d'indemnité pour injure verbale ou écrite, ou pour tout dommage causé par un animal ou par une personne pour qui le débiteur est responsable;

7° La dette civile d'indemnité pour simple infraction à des règlements municipaux.

§ 1. La prescription court contre les médecins et chirurgiens, pour les visites consécutives et se rapportant à la même personne et à la même maladie, du jour de la dernière visite; et pour les visites isolées, du jour où chacune d'elles a été faite.

§ 2. La prescription des émoluments des fonctionnaires publics court de la sentence ou décision définitive ou du jour de l'acte auxquels ils sont attachés, s'il s'agit d'un acte isolé.

§ 3. La prescription des gages des domestiques qui se louent à l'année court du jour où le domestique sort de la maison de son maître.

Art. 540. Se prescrivent par le laps de deux ans les honoraires des avocats, les salaires des mandataires judiciaires et les avances faites par ces derniers.

§ unique. Cette prescription commence à courir contre les avocats et mandataires du jour où le mandat prend fin.

Art. 541. Se prescrivent par le laps de trois ans :

1° Les honoraires des maîtres et professeurs particuliers de

Art. 540. — *C. fr.*, art. 2273 (deux ans). — *C. esp.*, art. 1967 (trois ans). — *C. ital.*, art. 2140 (trois ans).

toutes sortes d'arts ou de sciences, qui enseignent par abonnement à l'année;

2° Les appointements ou autres rétributions annuelles pour services de toute nature, sauf les cas qui font l'objet de quelque prescription spéciale.

Art. 542. Celui auquel on oppose l'une des prescriptions mentionnées dans les articles de la présente section pourra requérir que la personne qui l'oppose déclare, sous serment, si la dette a été payée ou non, et qu'il soit jugé, dans ce cas, selon le serment prêté, sans que le serment puisse être référé.

Art. 543. Se prescrivent par le laps de cinq ans :

1° Les redevances emphytéotiques, sous-emphytéotiques ou censitaires, loyers, prix de louage, intérêts et toutes autres prestations échues, qui, dans l'usage, se payent à époques fixes et déterminées;

2° Les pensions alimentaires échues;

3° L'obligation de réparer le préjudice résultant de délits correctionnels et de payer des amendes judiciaires quelconques.

Art. 544. On ne peut opposer aux prescriptions mentionnées dans les articles 538 et suivants l'exception de la mauvaise foi, lorsque les délais fixés par ces articles et, en sus, un tiers de ces mêmes délais se sont écoulés.

Art. 545. Pour les obligations productives d'intérêts ou de

Art. 542. — *C. fr.*, art. 2275. — *C. ital.*, art. 2142.

Art. 543. — *C. fr.*, art. 2277 (cinq ans). — *C. esp.*, art. 1966 (cinq ans). — *C. ital.*, art. 2144 (cinq ans).

Art. 544. — Voir art. 1642, 1684 et 1695.

Art. 545. — *C. esp.*, art. 1970.

loyer, le délai de la prescription du capital commence à courir du jour du dernier payement.

Art. 546. La prescription de l'obligation de rendre compte court du jour où celui qui en est tenu a cessé sa gestion; et la prescription du reliquat net du compte court du jour de l'apurement par convention ou jugement passé en force de chose jugée.

Art. 547. Les dispositions de la présente section doivent être appliquées sans préjudice de toutes autres prescriptions spéciales établies par la loi.

SECTION IV.

DISPOSITIONS COMMUNES À L'UNE ET À L'AUTRE PRESCRIPTION.

SOUS-SECTION PREMIÈRE.

DE LA SUSPENSION DE LA PRESCRIPTION.

Art. 548. La prescription peut commencer et courir contre toute personne quelconque, sauf les restrictions suivantes.

Art. 549. La prescription ne peut commencer ni courir contre les mineurs ou les aliénés, tant qu'ils n'ont pas un représentant ou un administrateur de leurs biens.

Art. 546. — *C. esp.*, art. 1972.

Art. 547. — *C. fr.*, art. 2264. — *C. esp.*, art. 1938. — *C. ital.*, art. 2147.

Voir art. 635, 688-690, 1045, 1201, 2°, 1480, 1490, 1503, 1522, 1596, 1884 et 1967.

Art. 548. — *C. fr.*, art. 2251. — *C. esp.*, art. 1932.

Voir art. 559.

Art. 549. — *C. fr.*, art. 2252. — *C. esp.*, art. 1932. — *C. ital.*, art. 2120.

Art. 550. La prescription ne court contre les mineurs que de la manière suivante :

§ 1. La prescription positive ne s'accomplit qu'après un an écoulé depuis la cessation de l'incapacité du mineur.

§ 2. La prescription négative ne s'accomplit, si ce n'est dans les cas prévus aux articles 538, 539, 540, 541 et 543, qu'après un an écoulé depuis la cessation de l'incapacité du mineur.

§ 3. Les dispositions des paragraphes précédents sont applicables aux aliénés, avec cette différence que l'incapacité sera censée avoir pris fin, quant aux effets de la prescription, après trois ans écoulés depuis l'expiration du temps requis, selon le droit commun, pour prescrire, à moins que cette incapacité n'ait pris fin auparavant.

Art. 551. La prescription ne peut ni commencer ni courir :

1° Entre époux;

2° Entre les pupilles et leurs tuteurs, les incapables et leurs administrateurs, tant que dure la tutelle ou l'administration, ni tant que subsiste la puissance paternelle, dans les cas où l'action du mineur rejaillirait contre ses père et mère;

3° Entre les tiers et la femme mariée : 1° relativement aux biens dotaux, à moins que la prescription n'ait commencé à courir avant le mariage; 2° à l'égard des biens immeubles du ménage aliénés par le mari sans le consentement de la femme, mais seulement pour la part qui revient à celle-ci dans ces biens; 3° dans les cas où l'action de la femme contre le tiers réfléchirait contre le mari;

Art. 551. — *C. fr.*, art. 2253-2256, 2258-2259. — *C. esp.*, art. 1934. — *C. ital.*, art., 2119, 2120.

Art. 551, 3°. — Voir art. 1152.

4° Contre ceux qui sont absents du royaume pour le service de la nation;

5° Contre les militaires en activité de service en temps de guerre à l'intérieur du royaume ou à l'étranger, sauf dans les cas spécifiés aux articles 538, 539, 540, 541 et 543;

6° Entre la succession et l'héritier sous bénéfice d'inventaire qui se trouve en possession effective de cette succession, tant que l'inventaire n'est pas clos.

SOUS-SECTION II.

DE L'INTERRUPTION DE LA PRESCRIPTION.

Art. 552. La prescription est interrompue :

1° Lorsque le possesseur est privé durant une année de la possession de la chose ou du droit;

2° Par la citation en justice donnée au possesseur ou débiteur, à moins que le demandeur ne se désiste de l'action intentée ou que le défendeur n'obtienne gain de cause, ou que l'instance ne soit périmée;

3° Par la saisie (*arresto*), par la citation en conciliation, ou par l'interpellation (*protesto*) judiciaire, à partir du jour de leur date, pourvu que, dans le mois de l'acte qui s'y rapporte, le demandeur introduise son action devant le juge du fond;

Art. 551, 6°. — Voir art. 800.

Art. 552, 1°. — *C. fr.*, art. 2243. — *C. esp.*, art. 1944. — *C. ital.*, art. 2124.

Art. 552, 2°. — *C. fr.*, art. 2244, 2246, 2247. — *C. esp.*, art. 1973. — *C. ital.*, art. 2125.

Art. 552, 3°. — *C. fr.*, art. 2245. — *C. esp.*, art. 1973. — *C. ital.*, art. 2125.

Voir *C. pr. civ.*, art. 357, 363, 390.

4° Par la reconnaissance expresse, faite verbalement ou par écrit, du droit de la personne à qui la prescription peut nuire, ou par tout fait qui implique nécessairement cette reconnaissance.

Art. 553. Si la citation dont il est parlé dans l'article précédent est annulée pour incompétence de la juridiction ou pour vice de forme, elle produira néanmoins son effet, si la nullité est couverte dans le mois, à compter du jour où l'irrégularité aura été juridiquement reconnue.

Art. 554. Les causes qui interrompent la prescription à l'égard de l'un des débiteurs solidaires l'interrompent à l'égard des autres.

§ unique. Mais si le créancier, en consentant à la division de la dette à l'égard de l'un des débiteurs solidaires, n'exige de lui que la part dont il est tenu, la prescription ne sera pas réputée interrompue à l'égard des autres co-débiteurs.

Art. 555. La disposition de l'article précédent est applicable aux héritiers du débiteur, que celui-ci fût obligé solidairement ou non.

Art. 552, 4°. — *C. fr.*, art. 2248. — *C. esp.*, art. 1973. — *C. ital.*, art. 2129.

Art. 553. — *C. fr.*, art. 2246, 2247. — *C. ital.*, art. 2125, 2128.

Les Codes français et italien décident que la citation régulière, même faite devant un juge incompétent, interrompt toujours la prescription. Au contraire, la citation nulle pour vice de forme est considérée comme non avenue.

Art. 554, 555. — *C. fr.*, art. 2249. — *C. esp.*, art. 1974. — *C. ital.*, art. 2130.

Voir art. 557, 757 et 2115.

Art. 556. L'interruption de la prescription contre le débiteur principal a les mêmes effets contre sa caution.

Art. 557. La prescription d'une obligation ne peut être interrompue à l'égard de tous les co-débiteurs non solidaires que par la reconnaissance ou par la citation en justice de chacun d'eux.

Art. 558. L'interruption de la prescription en faveur de l'un des créanciers solidaires profite également à tous.

Art. 559. L'effet de l'interruption est de rendre inutile pour la prescription tout le temps antérieurement couru.

SOUS-SECTION III.

DU CALCUL DU TEMPS REQUIS POUR LA PRESCRIPTION.

Art. 560. Le temps de la prescription se compte par années, mois et jours, et non d'heure à heure, excepté dans les cas où la loi le décide expressément.

§ 1. L'année se règle par le calendrier grégorien.

§ 2. Le mois est toujours compté de trente jours.

Art. 561. Lorsque la prescription se compte par jours, la durée

---

Art. 556. — *C. fr.*, art. 2250. — *C. esp.*, art. 1975. — *C. ital.*, art. 2132.

Art. 557. — *C. fr.*, art. 2249. — *C. esp.*, art. 1974. — *C. ital.*, art. 2130.

Art. 558. — *C. fr.*, art. 1199, 2249. — *C. esp.*, art. 1974. — *C. ital.*, art. 2130.

Art. 560. — *C. fr.*, art. 2260. — *C. esp.*, art. 1960. — *C. ital.*, art. 2133.

du jour est de vingt-quatre heures, que l'on commence à compter à partir de la première heure qui suit minuit.

Art. 562. Le jour où la prescription commence à courir est compté tout entier, quand bien même il n'est pas complet, mais le jour où la prescription finit n'est compté que s'il est achevé.

Art. 563. Lorsque le dernier jour du délai est férié, la prescription ne sera réputée accomplie que le premier jour non férié qui suit.

SOUS-SECTION IV.

DISPOSITIONS TRANSITOIRES.

Art. 564. Les prescriptions qui auront commencé à courir avant la promulgation du présent Code seront régies par les lois antérieures sous les modifications suivantes.

Art. 565. La prescription n'aura pas lieu quand le droit que l'on avait commencé à prescrire aura été déclaré imprescriptible.

Art. 566. Si les prescriptions commencées antérieurement à la promulgation du présent Code ne pouvaient être acquises qu'au moyen d'un délai plus long que celui qu'il a fixé, c'est d'après ses dispositions que serait réglée la longueur du délai.

§ unique. Si les prescriptions commencées exigent moins de temps, elles ne pourront en aucun cas s'accomplir sans qu'il ne se soit écoulé un laps de trois mois au moins, à compter de la promulgation dudit Code.

Art. 562. — *C. fr.*, art. 2261. — *C. esp.*, art. 1960, 3°. — *C. ital.*, art. 2134.

Art. 564. — *C. fr.*, art. 2281.

TITRE V.

DU TRAVAIL.

CHAPITRE PREMIER.

DISPOSITIONS GÉNÉRALES.

Art. 567. Il est permis à tout le monde d'appliquer son travail et son industrie à la production, à la mise en œuvre et au commerce de tous objets.

§ unique. Ce droit ne peut être limité que par une loi formelle, ou par les règlements administratifs autorisés par la loi.

Art. 568. Mais quiconque, dans l'exercice de son droit de travail et d'industrie, lésera les droits d'autrui, sera responsable, conformément aux lois, du préjudice causé.

Art. 569. Toute personne est propriétaire du produit ou de la valeur de son travail ou industrie licite, et cette propriété est régie par le droit commun, s'il n'y a pas d'exception formelle en sens contraire.

CHAPITRE II.

DU TRAVAIL LITTÉRAIRE ET ARTISTIQUE.

SECTION PREMIÈRE.

DU TRAVAIL LITTÉRAIRE EN GÉNÉRAL.

Art. 570. Il est permis à tout le monde de publier par la voie de l'impression, de la lithographie, de l'art scénique ou tout autre

Titre V, chapitre II. — En France, la propriété littéraire et artistique est réglée par des dispositions législatives spéciales : leur grand nombre nous empêche de les citer toutes ici. La première en date est celle du

art analogue son propre travail littéraire, indépendamment de toute censure préventive, de tout cautionnement ou de toute autre restriction qui puisse directement ou indirectement entraver le libre exercice de ce droit, sans préjudice de la responsabilité qui peut être encourue conformément à la loi.

§ UNIQUE. La disposition du présent article est applicable au droit de traduction.

ART. 571. Il est permis à tout le monde de publier les lois et règlements et tous autres actes publics officiels, en se conformant ponctuellement à l'édition authentique, lorsque ces actes ont déjà été publiés par le Gouvernement.

ART. 572. Sont compris dans la disposition de l'article précédent les discours faits dans les chambres législatives et tous autres discours prononcés officiellement. Néanmoins l'ensemble des discours d'un orateur déterminé, ou la réunion d'une partie de ces discours, ne peut être publié que par lui-même ou avec son autorisation.

---

19 juillet 1793; les plus importantes sont les lois du 3 août 1844, du 8 avril 1854 et du 14 juillet 1866.

En Espagne, les articles 428, 429 du Code civil renvoient à la loi spéciale du 10 janvier 1879, qui a remplacé la loi du 10 juin 1847 sur la propriété intellectuelle. Cette loi a été suivie, comme le prescrivait son article 57, d'un décret relatif à son exécution, qui porte la date du 3 septembre 1880.

(Consulter : Lyon-Caen et Delalain, *Lois françaises et étrangères sur la propriété littéraire et artistique,* 3 vol. Paris, 1889 et 1896.)

Art. 570. — Voir art. 1187.

La matière était régie autrefois en Portugal par un décret du 3 juillet 1851, qu'a abrogé le Code civil. Les dispositions pénales sur la contrefaçon se trouvent dans le Code pénal de 1886 (art. 457, 458 et 460).

Art. 573. Les cours des maîtres et professeurs de l'enseignement public et les sermons ne peuvent être reproduits par d'autres que leurs auteurs, si ce n'est par extraits, mais jamais intégralement, à moins que les auteurs n'y consentent.

Art. 574. L'ouvrage manuscrit est la propriété de son auteur, et ne peut en aucun cas être publié sans son consentement.

Art. 575. Les lettres missives ne peuvent être publiées sans permission de leurs auteurs ou des personnes qui les représentent, si ce n'est pour être produites en justice.

Art. 576. Le Portugais auteur d'un écrit publié en Portugal par la voie de la presse ou de la lithographie, ou par tout autre moyen semblable, jouit, sa vie durant, de la propriété de son œuvre et du droit exclusif de la reproduire et de la négocier.

§ 1. Les auteurs de tous écrits ont toutefois le droit de se citer réciproquement et de copier les articles ou les passages qui servent à traiter leur sujet, à la condition d'indiquer l'auteur, le livre ou le journal auquel ces articles ou passages sont empruntés.

§ 2. Les articles qui ont originairement paru dans les journaux ou qui font partie d'un ouvrage ou d'une collection peuvent être imprimés à part par leurs auteurs, s'il n'y a convention contraire.

Art. 577. Les droits d'auteur qui font l'objet de l'article précédent comprennent aussi le droit de traduction. Mais si l'auteur est étranger, il ne jouira, en Portugal, de ce droit que pendant dix ans, à compter de la publication de son ouvrage, et à la condition qu'il commence à en user avant la fin de la troisième année.

Art. 575. — Voir art. 610.

Art. 576. — Voir art. 578, 579, 582, 583 et 584.

§ 1. En cas de cession, tous les droits de l'auteur sont transmis au traducteur, s'il n'y a convention contraire.

§ 2. Le traducteur, soit portugais, soit étranger, d'un ouvrage déjà tombé dans le domaine public, jouit, durant trente ans, du droit exclusif de reproduire sa traduction, sauf pour toute autre personne la faculté de faire à son tour une autre traduction du même ouvrage.

Art. 578. Est assimilé aux auteurs portugais l'écrivain étranger dans le pays duquel l'auteur portugais est assimilé aux nationaux.

Art. 579. Après la mort d'un auteur, ses héritiers, cessionnaires ou ayants cause conservent pendant une durée de cinquante ans le droit de propriété dont il est parlé dans l'article 576.

Art. 580. L'État et tout établissement public qui fera publier pour son propre compte un ouvrage littéraire jouira du droit dont il s'agit pendant une durée de cinquante ans, à compter de la publication du volume ou fascicule qui termine l'ouvrage.

§ unique. Si l'ouvrage consiste en une collection d'écrits ou de mémoires sur des sujets divers, les cinquante ans seront comptés pour chaque volume du jour de sa publication.

Art. 581. Lorsqu'un ouvrage a plusieurs auteurs et que chacun d'eux y a collaboré au même titre et en son nom personnel, la propriété de cet ouvrage résidera dans la personne de chacun de ses co-auteurs, et la première période de la durée de cette propriété s'étendra jusqu'au décès du dernier collaborateur survivant, lequel,

---

Art. 578. — Le traité du 11 juillet 1866 réglemente les droits de propriété littéraire et artistique des Français en Portugal.

toutefois, doit partager les profits de cette propriété avec les héritiers des collaborateurs décédés; et la seconde période commencera au décès de ce dernier collaborateur.

§ unique. Si l'œuvre collective à la composition de laquelle se sont employés plusieurs écrivains a été entreprise, rédigée et publiée par une seule personne et en son seul nom, ce n'est qu'à la mort de cette personne que commencera la seconde période mentionnée au présent article.

Art. 582. Les règles établies par les articles qui précèdent, relativement aux auteurs, sont applicables aux éditeurs à qui les auteurs ont transmis la propriété de leurs ouvrages, sans préjudice de l'observation des conventions intervenues.

§ unique. Dans ce cas, néanmoins, la période dont il est parlé dans l'article 579 commencera au décès de l'auteur.

Art. 583. Les dispositions relatives aux ouvrages publiés sous le nom de leurs auteurs s'appliquent tant aux ouvrages anonymes qu'à ceux publiés sous un pseudonyme, du moment que l'existence de l'auteur ou celle de ses héritiers ou ayants cause est reconnue et prouvée.

Art. 584. L'extension donnée par l'article 579 à la durée de la propriété littéraire après la mort de l'auteur, durée qui était moindre d'après la législation antérieure au présent Code, profite aux héritiers de ce même auteur, nonobstant la transmission antérieure, totale ou partielle, de la propriété littéraire de ses écrits.

Art. 585. L'éditeur d'un ouvrage posthume, dont l'auteur est connu, jouit des droits d'auteur pendant un laps de cinquante ans, à compter de la publication de cet ouvrage.

ART. 586. L'éditeur d'un ouvrage inédit, dont le propriétaire n'est pas encore connu et ne se fait pas connaître légalement, jouit des droits d'auteur pendant une durée de trente ans, à compter de la publication de cet ouvrage.

ART. 587. Il peut y avoir expropriation de tout ouvrage déjà publié, dont l'édition est épuisée, et que l'auteur ou ses héritiers ne veulent pas réimprimer, tant que cet ouvrage n'est pas tombé dans le domaine public.

§ UNIQUE. L'État ne peut exproprier un écrit qu'en vertu d'une loi qui autorise l'expropriation et moyennant indemnité préalable à l'auteur, et en se conformant, pour le surplus, aux principes généraux sur l'expropriation pour cause d'utilité publique.

ART. 588. L'éditeur d'un ouvrage, inédit ou imprimé, mais non encore tombé dans le domaine public, ne peut en remanier ou en modifier le texte durant la vie de l'auteur ou de ses héritiers; et il doit conserver à l'ouvrage le titre que lui a donné l'auteur, et le nom de celui-ci, sauf convention contraire.

ART. 589. L'éditeur qui a traité de la publication d'un ouvrage est tenu, s'il n'y a convention contraire, d'en commencer la publication dans le délai d'un an à compter du jour du traité, et de la continuer régulièrement, sous peine de dommages et intérêts envers son co-contractant.

§ UNIQUE. L'éditeur qui a traité pour plusieurs éditions successives du même ouvrage ne peut en interrompre la publication qu'à la condition de prouver l'existence d'un empêchement insurmontable à la vente de l'ouvrage.

Art. 587. — Voir art. 618, 2360.

Art. 590. La propriété littéraire est considérée et réglée comme toute autre propriété mobilière, sauf les modifications qu'en raison de sa nature particulière la loi lui impose expressément.

Art. 591. En cas de succession vacante, l'État ne succède pas à la propriété des écrits, et tout le monde pourra les publier et les réimprimer, sauf les droits des créanciers de la succession.

Art. 592. La propriété littéraire est imprescriptible.

Art. 593. La loi ne reconnaît pas la propriété des écrits illicites, ni de ceux qu'une décision de justice a ordonné de retirer de la circulation.

SECTION II.

DES DROITS DES AUTEURS DRAMATIQUES.

Art. 594. Les auteurs dramatiques jouissent non seulement de la propriété littéraire de leurs écrits, conformément aux dispositions de la section précédente, mais aussi des droits suivants.

Art. 595. Aucune œuvre dramatique ne pourra être représentée sur un théâtre public où l'on paye entrée sans le consentement par écrit de l'auteur ou de ses héritiers, cessionnaires ou ayants cause, ainsi qu'il va être dit.

§ 1. Lorsque l'œuvre est imprimée, ce consentement n'est nécessaire, après la mort de l'auteur, que pendant le temps où ses héritiers, cessionnaires ou ayants cause en ont la propriété.

§ 2. Lorsque l'œuvre est posthume, elle ne peut être repré-

Art. 591. — Voir art. 1663, 1969, 6°, et 2006.

Art. 594. — Voir art. 602.

sentée sans le consentement de l'héritier ou autre personne qui est propriétaire du manuscrit.

§ 3. L'autorisation de représenter une œuvre dramatique peut être donnée sans limitation, ou restreinte à un certain temps, à un certain pays, ou à plusieurs, ou à un certain nombre de théâtres.

Art. 596. Si, l'autorisation étant limitée, l'œuvre dramatique est représentée sur un théâtre auquel cette autorisation ne s'étend pas, le produit net des représentations appartiendra à celui ou à ceux de qui l'autorisation était nécessaire.

Art. 597. La partie du produit des représentations qui revient aux auteurs ne peut être saisie par les créanciers d'une entreprise théâtrale.

Art. 598. L'auteur dramatique qui a traité de la représentation de son œuvre jouit des droits suivants, s'il n'y a pas expressément renoncé :

1° Le droit de faire à son œuvre les changements et corrections qu'il estime nécessaires, à condition de ne point la modifier dans ses parties essentielles sans le consentement du directeur du théâtre;

2° Le droit d'exiger que son œuvre, lorsqu'elle est manuscrite, ne soit pas communiquée à des personnes étrangères au théâtre.

Art. 599. L'auteur qui a traité avec un directeur pour la représentation de son œuvre ne peut, dans la même localité, la céder, ni en céder une imitation, à un autre directeur, pendant la durée du traité.

Art. 600. Si la pièce n'est pas représentée dans le délai convenu, ou, à défaut de stipulation expresse sur ce point, dans le délai d'une année, l'auteur peut reprendre la disposition de son œuvre.

Art. 601. Toutes contestations entre auteurs dramatiques et directeurs de théâtre seront jugées par les tribunaux civils.

SECTION III.

DE LA PROPRIÉTÉ ARTISTIQUE.

Art. 602. Les auteurs d'œuvres de musique, dessin, peinture, sculpture ou gravure ont le droit exclusif de faire reproduire leurs œuvres par la gravure, la lithographie, le moulage, ou par tout autre moyen, conformément aux règles établies pour la propriété littéraire.

§ unique. Les dispositions édictées dans la précédente section en faveur des auteurs dramatiques sont entièrement applicables aux auteurs d'œuvres musicales en ce qui concerne l'exécution dans les théâtres ou autres lieux dans lesquels le public est admis en payant.

SECTION IV.

DE QUELQUES OBLIGATIONS COMMUNES AUX AUTEURS D'ŒUVRES LITTÉRAIRES, DRAMATIQUES ET ARTISTIQUES.

Art. 603. Pour être admis à jouir des avantages accordés par le présent chapitre, l'auteur ou le propriétaire de toute œuvre reproduite par la typographie, la lithographie, la gravure, le moulage, ou par tout autre moyen, est tenu de se conformer aux dispositions suivantes.

Art. 604. Avant que la publication d'une œuvre littéraire soit effectivement commencée par la distribution des exemplaires, deux de ces exemplaires seront déposés à la Bibliothèque publique de

Lisbonne; le bibliothécaire donnera reçu de ce dépôt, qui sera mentionné sur le registre à ce destiné, le tout sans aucuns frais.

§ 1. Pour les œuvres dramatiques ou musicales, ou les ouvrages traitant de la littérature dramatique ou de l'art musical, le dépôt des exemplaires et l'enregistrement se feront au Conservatoire royal de Lisbonne, dans les formes ci-dessus indiquées.

§ 2. Pour les œuvres de lithographie, de gravure ou de moulage, ou les ouvrages traitant de l'un de ces arts, le dépôt et l'enregistrement seront faits, dans les mêmes formes, à l'Académie des beaux-arts de Lisbonne. Dans ce cas, néanmoins, l'auteur pourra remplacer le dépôt des deux exemplaires par celui des dessins originaux.

Art. 605. La Bibliothèque publique de Lisbonne et les autres établissements désignés à l'article précédent sont tenus de publier chaque mois, dans le *Journal officiel,* des extraits de leurs registres de dépôt.

Art. 606. Les certificats d'inscription sur les registres mentionnés dans la présente section font présumer la propriété de l'œuvre avec les effets qui y sont attachés, sauf la preuve contraire.

SECTION V.

DE LA RESPONSABILITÉ DES CONTREFACTEURS OU USURPATEURS DE LA PROPRIÉTÉ LITTÉRAIRE OU ARTISTIQUE.

Art. 607. Ceux qui portent atteinte aux droits reconnus et consacrés par le présent chapitre sont responsables, ainsi qu'il est dit ci-après, des usurpations littéraires ou artistiques qu'ils commettent.

Art. 608. Quiconque publie une œuvre inédite, ou reproduit

Art. 607. — Voir art. 636.

une œuvre en voie de publication ou déjà publiée, qui appartient à autrui, sans l'autorisation ou le consentement de l'auteur ou du propriétaire, perdra, au profit de celui-ci, tous les exemplaires de contrefaçon qui pourront être saisis, et devra lui payer en outre la valeur de l'édition entière, moins lesdits exemplaires, au prix de vente des exemplaires légitimes, ou à leur prix d'estimation.

§ UNIQUE. Si le nombre des exemplaires tirés en fraude et distribués n'est pas connu, le contrefacteur payera la valeur de mille exemplaires, outre ceux qui auront été saisis.

ART. 609. Quiconque vend ou met en vente une œuvre imprimée en fraude sera responsable, solidairement avec l'éditeur, dans les termes de l'article précédent; et si l'œuvre a été imprimée à l'étranger, le vendeur sera responsable comme s'il était l'éditeur.

ART. 610. Quiconque publie un manuscrit contenant des lettres particulières sans la permission de l'auteur, durant la vie de celui-ci ou celle de ses héritiers ou ayants cause, sera responsable de tous dommages et intérêts.

§ UNIQUE. La disposition du présent article ne fait pas obstacle au droit établi dans l'article 575 relativement aux lettres particulières.

ART. 611. L'auteur ou le propriétaire d'une œuvre reproduite en fraude peut, dès qu'il a connaissance du fait, demander la saisie des exemplaires reproduits, sans préjudice de l'action en dommages et intérêts qui lui appartient, lors même que l'on ne trouverait aucun des exemplaires contrefaits.

ART. 612. Les dispositions de la présente section, relatives aux réparations civiles, n'empêchent pas les poursuites criminelles que

---

Art. 611. — Voir art. 637.

l'auteur ou le propriétaire pourra intenter contre le contrefacteur ou usurpateur.

CHAPITRE III.

DE LA PROPRIÉTÉ DES INVENTIONS.

SECTION PREMIÈRE.

DISPOSITIONS GÉNÉRALES.

Art. 613. Celui qui invente un procédé ou produit matériel

Titre V, chapitre III. — La matière des brevets d'invention est régie : en Allemagne, par la loi du 7 avril 1891; en Autriche, par les lois ou ordonnances du 15 août 1852, du 8 juin 1867 et du 27 décembre 1893; en Belgique, par les lois du 24 mai 1854, du 27 mars 1857, du 5 juillet 1884, complétées par les arrêtés royaux du 24 mai 1854, du 12 septembre 1861 et du 23 juin 1877; au Danemark, par la loi du 13 avril 1894; en Espagne, par la loi du 30 juillet 1878 (ord. roy. des 14 mai 1880, 2 août 1886, 30 juillet 1887, 11 juillet 1888); en France, par la loi du 5 juillet 1844; dans la Grande-Bretagne, par la loi du 25 août 1883 modifiée par les lois du 14 août 1885, du 25 juin 1886, du 24 décembre 1888; en Italie, par la loi sarde du 30 octobre 1859; dans le Luxembourg, par la loi du 30 juin 1880; en Norvège, par la loi du 16 juin 1885; en Suède, par l'ord. roy. du 16 mai 1884 et le rescrit du 7 novembre 1884; en Suisse, par la loi du 29 juin 1888.

(Consulter le *Recueil général de la Législation et des Traités concernant la propriété industrielle,* publié par le Bureau international de l'Union pour la protection de la propriété industrielle avec le concours de jurisconsultes de divers pays. Berne, 1896.)

Art. 613. — D'après un décret royal du 17 mars 1868, la procédure à suivre pour obtenir la concession des brevets est encore régie par l'ancienne loi du 31 décembre 1852 (art. 15 et suiv.).

Un décret du 21 mai 1892 garantit la propriété des inventions ou l'usage des produits matériels et commerciaux introduits dans les provinces d'outre-mer (*Ann. lég. étr.*, 1892, p. 451).

Un autre décret, du 30 septembre 1892, autorise le Gouvernement à accorder le monopole exclusif de la fabrication dans le pays, aux nouvelles industries.

Les droits de propriété industrielle des Français et des étrangers au Portugal sont déterminés par la convention internationale du 20 mars 1883, le Portugal étant au nombre des hautes parties contractantes.

négociable, celui qui perfectionne et améliore un produit ou procédé de même nature et déjà connu, ou qui découvre un moyen plus facile et moins dispendieux de l'obtenir, jouit de la propriété de son invention ou découverte, pendant une période de quinze années, aux conditions indiquées dans le présent chapitre.

§ UNIQUE. L'inventeur qui a obtenu un brevet à l'étranger ne peut l'obtenir en Portugal qu'aux conditions du présent Code, et pour le temps qui reste à courir jusqu'à ce que l'invention tombe dans le domaine public, dans le pays où elle a été brevetée.

ART. 614. De la propriété de l'invention dérive le droit exclusif de produire ou de fabriquer les objets qui constituent cette invention, ou dans lesquels elle se manifeste.

ART. 615. Ne sont pas susceptibles d'être brevetées les inventions ou découvertes relatives à des industries ou à des objets illicites.

ART. 616. La durée de la propriété exclusive de l'invention se compte à partir du jour de la concession du brevet.

ART. 617. La propriété exclusive est restreinte à l'objet spécifié et ne pourra jamais être étendue à d'autres objets, sous prétexte de relation ou connexion intime.

ART. 618. L'expropriation des inventions ne peut être prononcée que par une loi et seulement dans les cas où l'utilité publique l'exige.

SECTION II.

DES ADDITIONS AUX INVENTIONS.

ART. 619. Le breveté ou ses ayants cause peuvent, durant

Art. 619. — Voir art. 625.

l'existence de leur brevet, apporter à leurs inventions telles améliorations et modifications qu'il leur convient.

Art. 620. L'auteur des additions jouit, en ce qui concerne les améliorations additionnelles, des mêmes droits que ceux qu'il tient du brevet principal, mais seulement pendant la durée de ce brevet.

Art. 621. L'auteur des additions peut, toutefois, demander un nouveau brevet pour les améliorations, en se soumettant aux dispositions qui régissent le brevet principal.

Art. 622. La concession du brevet d'amélioration ne peut être faite, durant la première année du brevet concédé à l'invention correspondante, qu'à la personne qui a obtenu ce brevet.

Art. 623. Le tiers qui veut obtenir un brevet de cette espèce pourra, avant l'expiration de l'année, déposer sa demande, close et cachetée, au bureau de l'administration compétente, où il sera tenu note de ce dépôt.

§ unique. Le dépôt dont il s'agit au présent article a pour effet de conférer au déposant un droit de préférence sur toute autre personne qui se présenterait par la suite, à moins que ce ne soit le breveté lui-même, lequel est dans tous les cas préféré, pourvu qu'il le requière avant l'expiration de la même année.

Art. 624. Le tiers qui demande un brevet d'amélioration est considéré, quant à l'expédition de son titre, comme un inventeur principal.

Art. 625. Les lois et règlements administratifs pourvoiront aux moyens de rendre les inventions authentiques et d'en assurer la propriété exclusive.

SECTION III.

DE LA TRANSMISSION DE LA PROPRIÉTÉ DES INVENTIONS.

ART. 626. La propriété des inventions est régie par le droit commun de la propriété mobilière, sauf les modifications suivantes.

ART. 627. La cession du brevet, soit à titre gratuit, soit à titre onéreux, ne peut être faite que par acte public.

ART. 628. Les cessionnaires d'un brevet principal jouissent du brevet additionnel concédé à l'inventeur ou à ses ayants cause, et réciproquement, dans les cas où cela est possible, à moins qu'il n'y ait convention contraire.

SECTION IV.

DE LA PUBLICATION DES INVENTIONS.

ART. 629. Les descriptions, dessins, modèles et échantillons exigés pour la concession du brevet pourront être consultés gratuitement par toutes personnes, et toutes copies en seront délivrées à ceux qui les demanderont, à charge d'en payer les frais. Le Gouvernement est chargé de faire à ce sujet les règlements nécessaires.

ART. 630. A l'expiration de la seconde année du brevet, les dessins et descriptions seront publiés, intégralement ou par extrait.

ART. 631. Le Gouvernement est chargé de désigner officiellement les inventions qui sont tombées dans le domaine public.

Art. 628. — Voir art. 2215 et 2218.

SECTION V.

DE LA NULLITÉ ET DE LA PERTE DU BREVET.

Art. 632. Sont nuls les brevets concédés dans les cas suivants :

1° Lorsque les inventions ou découvertes étaient connues du public, pratiquement ou théoriquement, par une description technique publiée dans des écrits en portugais ou en langue étrangère, ou par tout autre moyen;

2° Lorsqu'un autre brevet a été concédé antérieurement pour le même objet;

3° Lorsque l'invention ou la découverte est jugée nuisible à la sûreté ou à la salubrité publique, ou contraire aux lois;

4° Lorsque le titre donné à l'invention s'applique à un autre objet, s'il y a fraude;

5° Lorsque la description présentée n'indique pas tout ce qui est nécessaire pour l'exécution de l'invention, ou n'indique pas les véritables procédés de l'inventeur;

6° Lorsque le brevet a été obtenu sans l'accomplissement des formalités prescrites par la loi;

7° Lorsque le brevet de perfectionnement ou d'amélioration ne porte pas sur une chose qui facilite le travail et en augmente l'utilité, mais seulement sur un changement de forme ou de proportions ou sur de purs ornements.

Art. 633. Celui qui ne mettra pas à exécution son invention dans les deux ans de la signature du brevet, ou qui cessera d'en tirer parti durant deux années consécutives, sera déchu de ce brevet, s'il ne justifie d'un empêchement légitime.

SECTION VI.

DES ACTIONS EN NULLITÉ ET EN RESCISION DE BREVET.

Art. 634. Le ministère public et aussi toutes personnes ayant un intérêt direct à la rescision du brevet peuvent former à cette fin une demande en justice. Lorsque l'instance est introduite par le ministère public, les intéressés seront admis à y intervenir comme parties jointes; mais le ministère public devra toujours intervenir dans les instances introduites par les parties intéressées.

Art. 635. L'action en nullité, dans le cas du n° 2 de l'article 632, se prescrit par un an écoulé sans opposition des intéressés; dans les autres cas, elle dure autant que subsiste le privilège attaché à l'invention.

SECTION VII.

DE LA RESPONSABILITÉ DES CONTREFACTEURS.

Art. 636. Quiconque, durant le privilège attaché à l'invention, porte atteinte à l'exercice des droits du breveté, en reproduisant, sans son autorisation, l'objet de cette invention, ou en vendant, recélant ou important, de propos délibéré, un ouvrage de l'espèce brevetée fabriqué à l'étranger, est tenu de réparer le dommage causé, sans préjudice des peines dont il est passible aux termes du Code pénal.

Art. 637. Les brevetés ou leurs ayants cause, lorsqu'ils soupçonnent une contrefaçon, ont le droit de requérir la saisie des objets contrefaits ou des instruments qui ne peuvent servir qu'à les fabriquer, à charge de donner préalablement caution.

§ unique. Dans ce cas, néanmoins, si le saisissant ne forme pas sa demande dans la quinzaine, la saisie est nulle de droit, et le saisi peut poursuivre le saisissant en dommages et intérêts.

Art. 638. Si la poursuite en contrefaçon est finalement déclarée bien fondée par la juridiction civile ou par la juridiction criminelle, les objets saisis seront adjugés au plaignant, avec imputa-

IMPRIMERIE NATIONALE.

tion sur l'indemnité qui lui sera due; mais si cette adjudication émane de la juridiction criminelle, le plaignant ne pourra demander que par action civile ce qui lui manquera pour être entièrement indemnisé.

Art. 639. La personne lésée par la contrefaçon peut intenter une action criminelle, ou seulement une action civile en dommages et intérêts; dans l'un et l'autre cas, le ministère public sera entendu.

Art. 640. Le tribunal saisi, au criminel, d'une poursuite en contrefaçon sera juge des exceptions tirées par le défendeur de la nullité du droit du demandeur ou de la déchéance encourue par lui.

LIVRE II.

DES DROITS QU'ON ACQUIERT PAR SON FAIT ET SA VOLONTÉ PROPRES, AVEC LA COOPÉRATION D'AUTRUI.

TITRE PREMIER.

DES CONTRATS ET OBLIGATIONS EN GÉNÉRAL.

CHAPITRE PREMIER.

DISPOSITIONS PRÉLIMINAIRES.

Art. 641. Un contrat est une convention par laquelle deux ou plusieurs personnes se transmettent l'une à l'autre un droit ou s'assujettissent à une obligation.

Art. 642. Les contrats sont unilatéraux ou de bienfaisance, synallagmatiques ou à titre onéreux. Un contrat est unilatéral ou de bienfaisance, quand l'une des parties promet et que l'autre ac-

---

Titre I. — *C. fr.*, l. III, tit. III. — *C. esp.*, l. IV, tit. I et II. — *C. ital.*, l. III, tit. IV. — *C. autr.*, 2e partie, 2e sect., chap. XVII. — *C. holl.*, l. III, tit. I. — *C. féd. des Obligations*, tit. I-IV. — *C. Zurich*, l. III, sect. I, chap. II. — *Projet allemand*, l. I, sect. II; l. II, sect. I.

Art. 641. — *C. fr.*, art. 1101. — *C. esp.*, art. 1254. — *C. ital.*, art. 1098.

Voir art. 645, 646, 702 et 2393.

Le livre II du Code de commerce de 1888 pose les règles applicables aux contrats commerciaux.

Art. 642. — *C. fr.*, art. 1102-1106. — *C. ital.*, art. 1099-1101.

cepte; synallagmatique ou à titre onéreux, quand les parties se transmettent et acceptent réciproquement des droits.

Art. 643. Les conditions nécessaires à la validité des contrats sont :

1° La capacité des parties;
2° Le consentement réciproque;
3° Un objet possible.

CHAPITRE II.

DE LA CAPACITÉ DES PARTIES.

Art. 644. Sont capables de contracter toutes personnes non exceptées par la loi.

Art. 645. Les contrats peuvent être faits par les parties elles-

---

Art. 643. — *C. fr.*, art. 1108. — *C. esp.*, art. 1261. — *C. ital.*, art. 1104.

Aux trois conditions énumérées par l'art. 643, les Codes français, espagnol et italien en ajoutent une quatrième : une cause licite dans l'obligation. L'article 657 du Code portugais prévoit d'ailleurs, lui aussi, le cas où l'erreur a porté sur la cause du contrat.

Art. 644. — *C. fr.*, art. 1123. — *C. ital.*, art. 1105.

Voir art. 669-671, 683, 691, 1433, 1476, 1477, 1556-1560, 1597, 1599, 1664, 1743, 1763, 1886, 2023 et 2509.

Art. 645. — *C. fr.*, art. 1119. — *C. esp.*, art. 1257, 1259. — *C. ital.*, art. 1128, 1129.

Les Codes français et italien portent qu'en principe on ne peut s'engager ni stipuler, en son propre nom, que pour soi-même. La jurisprudence reconnaît cependant comme valable l'obligation contractée envers une personne, qui, bien que stipulant en son propre nom, agissait en réalité comme mandataire et dans l'intérêt d'un tiers (Cass. 6 juillet 1842). Le Code espagnol (art. 1259, § 1) porte que nul ne peut contracter au nom d'un autre, sans avoir

mêmes ou par personnes interposées munies d'autorisation valable.

Art. 646. Les contrats faits au nom d'autrui, sans autorisation valable, produisent néanmoins leurs effets s'ils sont ratifiés avant que l'autre partie ne se rétracte.

CHAPITRE III.

DU CONSENTEMENT RÉCIPROQUE.

Art. 647. Le consentement des contractants doit être clairement manifesté.

Art. 648. Le consentement peut être manifesté verbalement ou par écrit ou par des actes d'où il se déduise nécessairement.

Art. 649. Dès que la proposition est acceptée, le contrat est parfait, sauf dans les cas où la loi exige en outre quelque autre formalité.

Art. 650. Lorsque les contractants sont l'un et l'autre présents, l'acceptation sera faite par le même acte que la proposition, sauf convention contraire.

---

reçu son autorisation ou sans être considéré par la loi comme son représentant légal; un tel contrat est nul, à moins qu'il ne soit ratifié par le tiers bénéficiaire avant que l'autre partie ne l'ait révoqué.

Art. 646. — *C. fr.*, art. 1121. — *C. esp.*, art. 1257, § 2, art. 1259, § 2. — *C. ital.*, art. 1128.

Art. 647. — Les principes exposés au début de ce chapitre ont été reproduits par le Code fédéral suisse des Obligations (tit. 1).

Art. 649. — Voir art. 858.

Art. 651. Lorsque les contractants ne sont pas présents, l'acceptation devra avoir lieu dans le délai fixé par la partie qui propose.

Art. 652. Lorsque la partie qui propose n'a point fixé de délai, la proposition ne sera censée acceptée que si l'autre partie répond dans la huitaine, outre le temps nécessaire à la poste pour aller et venir, ou, s'il n'y a pas de poste, dans le délai jugé raisonnable, eu égard à la distance et aux facilités ou aux difficultés des communications.

Art. 653. La partie qui propose est tenue de maintenir sa proposition tant qu'elle n'a pas reçu dans les délais indiqués par l'article précédent la réponse de l'autre partie, ou de réparer le préjudice causé par sa rétractation.

Art. 654. Si la réponse implique modification de la proposition, elle sera considérée comme une proposition nouvelle.

Art. 655. Si, lors de l'acceptation, la partie qui a proposé est décédée à l'insu de la partie qui accepte, les héritiers de la partie qui a proposé seront tenus de maintenir la proposition conformément à l'article 653, à moins que le contraire ne résulte de la nature de la convention.

Art. 656. Si le consentement est donné par erreur, ou extorqué par violence, le contrat est nul, ainsi qu'il est dit ci-après.

Art. 651 et suiv. — Le Code espagnol (art. 1262, § 2) porte que l'acceptation faite par lettre n'oblige celui qui a fait l'offre que du moment où il la connaît. Le contrat, dans ce cas, est présumé conclu au lieu où l'offre a été faite. En France, dans le silence des textes, la jurisprudence et la doctrine sont gravement divisées sur cette question.

Art. 656. — *C. fr.*, art. 1109. — *C. esp.*, art. 1265. — *C. ital.*, art. 1108.

ART. 657. L'erreur peut tomber :

1° Sur la cause du contrat;

2° Sur l'objet, ou sur les qualités de l'objet du contrat;

3° Sur la personne avec qui ou en considération de qui on contracte.

ART. 658. L'erreur sur la cause du contrat peut être une erreur de droit ou une erreur de fait.

ART. 659. L'erreur de droit sur la cause du contrat emporte nullité, sauf dans les cas où la loi décide le contraire.

ART. 660. L'erreur de fait sur la cause du contrat n'emporte nullité que si la partie trompée a formellement déclaré qu'elle ne contractait qu'en vue de cette cause, et si l'autre partie a formellement accepté cette déclaration.

ART. 661. L'erreur sur l'objet du contrat ou sur les qualités de cet objet n'emporte nullité que si la partie trompée a déclaré, ou s'il résulte des circonstances également connues de son co-contractant, qu'elle ne contractait qu'en vue de cet objet et non d'autre chose.

ART. 662. L'erreur sur la personne avec laquelle on contracte donne lieu à l'application des dispositions de l'article précédent

---

Art. 659. — *C. fr.*, art. 1131. — *C. esp.*, art. 1275. — *C. ital.*, art. 1109.

Art. 660-662. — *C. fr.*, art. 1110. — *C. esp.*, art. 1266. — *C. ital.*, art. 1110.

Voir art. 758, 1582, 1606, 5°, 1719, 1745, 2036, 3°, et 2413.

concernant l'objet du contrat; mais si l'erreur se rapporte à une personne étrangère au contrat, elle donne lieu à l'application des dispositions de l'article 660.

ART. 663. L'erreur produite par le dol ou la mauvaise foi de l'une des parties, ou d'un tiers ayant un intérêt direct au contrat, emporte nullité.

§ UNIQUE. Le dol dans les contrats consiste dans l'emploi d'une suggestion ou d'un artifice pour faire tomber l'un des contractants, ou le maintenir dans l'erreur; la mauvaise foi consiste à s'abstenir de signaler l'erreur de son co-contractant, après qu'on en a connaissance.

ART. 664. L'erreur commune et générale n'est point une cause de nullité.

ART. 665. La simple erreur de calcul ou de plume ne donne lieu qu'à rectification.

ART. 666. Le contrat est nul lorsque le consentement a été

Art. 663. — *C. fr.*, art. 1116. — *C. esp.*, art. 1269, 1270. — *C. ital.*, art. 1115.

Les Codes français et italien veulent, pour qu'il y ait nullité, que les manœuvres pratiquées par l'une des parties soient telles que, sans elles, l'autre partie n'aurait pas contracté. Le Code espagnol reproduit la même disposition ; de plus, le dol ne devra pas avoir été employé simultanément par les deux parties contractantes.

Voir art. 666, 668, 696, 1055, 2036, 1° et 2°, 2037.

Art. 665. — *C. fr.*, art. 2058; *C. pr. civ. fr.*, art. 541. — *C. esp.*, art. 1266, § 3.

Art. 666. — *C. fr.*, art. 1111. — *C. esp.*, art. 1268. — *C. ital.*, art. 1111.

extorqué par violence, que cette violence ait été exercée par l'une des parties ou par un tiers.

§ unique. La violence consiste dans l'emploi de la force physique, ou de tous moyens pouvant produire un mal, ou la crainte raisonnable d'un mal, pour la personne, l'honneur ou les biens du co-contractant ou d'un tiers.

Art. 667. Les considérations vagues et générales dans lesquelles les parties peuvent entrer sur les avantages ou les désavantages naturels de la conclusion du contrat n'entrent pas en ligne de compte lorsqu'il s'agit d'apprécier le dol ou la violence.

Art. 668. A l'avenir, il ne sera pas permis de renoncer d'avance au moyen de nullité tiré du dol ou de la violence. Mais si, la violence ayant cessé ou le dol étant connu, la partie violentée ou induite en erreur a ratifié le contrat, elle ne pourra plus l'attaquer comme entaché de l'un ou l'autre de ces vices.

CHAPITRE IV.

DE L'OBJET DES CONTRATS.

Art. 669. Est nul le contrat qui a pour objet une chose impossible physiquement et légalement.

Art. 670. L'impossibilité physique à considérer en matière de contrat est celle qui se rapporte à l'objet même du contrat et non celle qui n'existe que relativement à la personne de l'obligé.

Art. 666, § unique. — *C. fr.*, art. 1212-1214. — *C. esp.*, art. 1267. — *C. ital.*, art. 1112-1114.

Art. 668. — *C. fr.*, art. 1115.

Art. 669. — *C. fr.*, art. 6, 1131-1133. — *C. esp.*, art. 1272, 1274-1277. — *C. ital., disp. gén.*, art. 12, 1119-1122.

Art. 671. Ne peuvent faire légalement l'objet d'un contrat :

1° Les choses qui sont hors du commerce en vertu des dispositions de la loi;

2° Les choses ou les actes dont on ne peut déterminer la valeur exigible;

3° Les choses dont l'espèce n'est ni ne peut être fixée;

4° Les actes contraires à la morale publique ou aux devoirs imposés par la loi.

CHAPITRE V.

DES CONDITIONS ET CLAUSES DES CONTRATS.

Art. 672. Les parties peuvent insérer dans les contrats telles clauses et conditions que bon leur semble. Ces clauses et conditions font partie intégrante des contrats et sont régies par les mêmes règles, si la loi n'en ordonne autrement.

§ unique. Le présent article reçoit exception dans le cas prévu par l'article 1671.

Art. 673. Lorsque les contractants stipulent une prestation

Art. 671, 1°. — *C. fr.*, art. 1128. — *C. esp.*, art. 1271, § 1. — *C. ital.*, art. 1116.

Art. 671, 2°. — *C. fr.*, art. 1130. — *C. esp.*, art. 1271, § 2. — *C. ital.*, art. 1118.

Art. 671, 3°. — *C. fr.*, art. 1129. — *C. esp.*, art. 1273. — *C. ital.*, art. 1117.

Art. 671, 4°. — *C. fr.*, art. 6, 1131-1133. — *C. esp.*, art. 4, 1275. — *C. ital.*, *disp. gén.*, art. 12, 1119, 1122.

Art. 672. — Voir art. 708, 1649, 1652 et 1671.

Art. 673. — *C. fr.*, art. 1226, 1227. — *C. esp.*, art. 1155. — *C. ital.*, art. 1209, 1210.

déterminée pour le cas d'inexécution du contrat, la nullité du contrat entraîne celle de la clause pénale; mais la nullité de la clause pénale n'entraîne pas celle du contrat.

Art. 674. L'importance de la condition ou de la clause pénale est librement déterminée par le contrat, sauf ce qui est dit dans le paragraphe unique de l'article 672.

Art. 675. En cas d'exécution partielle de l'obligation principale, la clause pénale peut être réduite proportionnellement.

Art. 676. La partie qui exécute son obligation peut exiger de celle qui n'exécute point la sienne, non seulement la restitution de ce qu'elle a donné ou une indemnité correspondante, mais encore la peine stipulée.

§ 1. Si, les parties n'ayant encore ni l'une ni l'autre exécuté le contrat, l'une d'elles offre seule de l'exécuter, elle peut exiger de l'autre, ou l'exécution de l'obligation principale, ou l'indemnité correspondante, ou la peine stipulée, mais seulement l'une des trois choses.

§ 2. Le simple retard dans l'exécution du contrat fait encourir la peine stipulée.

Art. 674. — Voir art. 823.

Art. 675. — *C. fr.*, art. 1231. — *C. esp.*, art. 1154. — *C. ital.*, art. 1214.

Art. 676, § 1. — *C. fr.*, art. 1228, 1229. — *C. esp.*, art. 1153. — *C. ital.*, art. 1212.

Ces différents Codes portent que le créancier est libre de demander la peine stipulée ou de poursuivre l'exécution de l'obligation principale, mais qu'il ne peut demander en même temps le principal et la peine, à moins que celle-ci n'ait été expressément stipulée comme réparation du simple retard.

Art. 676, § 2. — *Contra : C. fr.*, art. 1230.

Le Code français décide que, soit que l'obligation primitive contienne ou

Art. 677. La peine stipulée n'est pas encourue si le débiteur a été empêché d'exécuter son obligation, soit par le fait du créancier, soit par cas fortuit ou par force majeure.

Art. 678. Lorsque le contrat dépend d'une condition de fait ou de temps, il est considéré, si la condition se réalise, comme ayant été pur et simple dès l'origine; mais la condition devra être tenue pour défaillie aussitôt qu'il est certain qu'elle ne pourra se réaliser.

Art. 679. La condition devra être réputée accomplie lorsque c'est le débiteur obligé sous cette condition qui en a empêché l'accomplissement, à moins qu'il n'ait agi dans les limites de son droit.

Art. 680. Lorsque le contrat est fait sous la condition qu'il sera résolu par l'arrivée d'un fait ou d'un événement déterminé, la réalisation de la condition rétablira les parties dans les droits qu'elles avaient au moment du contrat, sauf stipulation contraire.

---

ne contienne pas de terme, la peine n'est jamais encourue que lorsque le débiteur a été mis en demeure. Le Code italien (art. 1213) distingue : dans le premier cas, la peine est encourue à la simple échéance du terme; dans le second, elle n'est encourue qu'après la mise en demeure. Enfin le Code espagnol (art. 1152) se borne à dire que la peine ne pourra être exigée que si l'obligation est exigible.

Voir art. 709, 1377, 1425, 1572 et 1610.

Art. 677. — Voir art. 705.

Art. 678. — *C. fr.*, art. 1176, 1177, 1179. — *C. esp.*, art. 1117-1120. — *C. ital.*, art. 1167-1170.

Art. 679. — *C. fr.*, art. 1178. — *C. esp.*, art. 1119. — *C. ital.*, art. 1169.

Art. 680. — *C. fr.*, art. 1179. — *C. esp.*, art. 1120. — *C. ital.*, art. 1170.

Art. 681. Lorsque la résolution du contrat dépend de la volonté d'un tiers, elle devra être réputée n'avoir pas eu lieu, si ce tiers a été amené par dol à la réaliser.

Art. 682. Les parties qui ont contracté conditionnellement peuvent, même avant la réalisation de la condition, exercer tous les actes licites nécessaires à la conservation de leurs droits.

Art. 683. La nullité de la condition résultant d'une impossibilité physique ou légale entraîne la nullité de l'obligation qui en dépend.

CHAPITRE VI.

DE L'INTERPRÉTATION DES CONTRATS.

Art. 684. Un contrat est nul lorsqu'on ne peut déduire, de ses termes, de sa nature, des circonstances qui s'y rapportent, ou

---

Art. 682. — *C. fr.*, art. 1180. — *C. esp.*, art. 1121. — *C. ital.*, art. 1171.

Art. 683. — *C. fr.*, art. 1172. — *C. esp.*, art. 1116. — *C. ital.*, art. 1160.

Art. 684. — *C. fr.*, art. 1156-1164. — *C. esp.*, art. 1281-1289. — *C. ital.*, art. 1131-1139.

Le Code espagnol (art. 1289, § 2) décide, comme le Code portugais, que si le doute porte sur l'objet principal du contrat, en telle sorte qu'on ne puisse arriver à connaître quelle a été l'intention et la volonté des parties, le contrat sera nul. Cette solution est-elle conforme aux principes? Il est permis d'en douter, car la convention, dans son essence même, n'est pas viciée; elle est seulement obscure, et les vices de rédaction ne peuvent être une cause de nullité. Mieux vaudrait, semble-t-il, laisser dans ce cas la jurisprudence écarter la prétention du demandeur, lorsqu'il ne fait pas la preuve qui lui incombe aux termes des articles 2405 du Code portugais et 1315 du Code français.

Voir art. 704, 1623, 1628 et 2212.

de l'usage, de la coutume ou de la loi, quelle a été l'intention ou la volonté des parties touchant l'objet principal de ce contrat.

ART. 685. Si le doute tombe sur les accessoires du contrat et qu'on n'en puisse sortir au moyen de la règle indiquée dans l'article précédent, on observera les règles suivantes :

1° Si le contrat est de bienfaisance, le doute sera résolu dans le sens de la moindre transmission de droits et d'intérêts;

2° Si le contrat est à titre onéreux, le doute sera résolu dans le sens de la plus exacte réciprocité.

CHAPITRE VII.

DE LA FORME EXTÉRIEURE DES CONTRATS.

ART. 686. La validité des contrats ne dépend point des formalités extérieures, si ce n'est des formalités prescrites par la loi en vue de la preuve ou de celles qu'une disposition spéciale a déclarées substantielles.

CHAPITRE VIII.

DE LA RESCISION DES CONTRATS.

ART. 687. L'action en rescision pour cause de nullité résultant de l'incapacité des contractants, dans les cas où elle est autorisée par les titres du présent Code relatifs aux incapables, est recevable dans les conditions indiquées par l'article suivant.

Art. 685. — *C. esp.*, art. 1289, § 1.

Art. 686. — *C. esp.*, art. 1278.

Voir art. 627, 826, 829, 858, 875, 912, 1085, 1097, 1175, 1244, 1250, 1326-1329, 1355, 1434, 1458, 1459, 1534, 1589, 1590, 1594, 1643, 1646, 1655, 1712, 1713, 1714, 2013, 2184, 2407, 2428, 2438, 2441, 2442 et 2506.

Art. 687. — Voir art. 2163.

Art. 688. L'action en rescision pour cause d'incapacité se prescrit contre les incapables par cinq ans, qui commencent à courir :

1° En cas d'incapacité résultant de la minorité, du jour où l'incapable devient majeur ou est émancipé;

2° En cas d'incapacité résultant de l'interdiction, du jour où prend fin l'interdiction.

Art. 689. L'action en rescision pour cause d'erreur se prescrit par un an à compter du jour où la victime de l'erreur en a eu connaissance.

Art. 690. L'action en rescision pour cause de violence se prescrit par un an à compter du jour où la violence a cessé.

Art. 691. L'action en rescision pour cause de nullité, résultant de ce que la chose qui a fait l'objet du contrat était hors du commerce, est imprescriptible, hors les cas où la loi décide expressément le contraire.

Art. 692. Si le contrat a pour cause ou pour objet un acte

Art. 688. — *C. fr.*, art. 1304. — *C. esp.*, art. 1299, 1301. — *C. ital.*, art. 1300.

Le délai de prescription, qui est de dix ans dans la loi française, est de cinq ans dans la loi italienne et de quatre ans seulement dans la loi espagnole.

Art. 689. — *C. fr.*, art. 1304. — *C. esp.*, art. 1301. — *C. ital.*, art. 1300.

Ces trois législations n'ont pas cru devoir, dans l'action en rescision pour cause d'erreur, établir des délais de prescription plus courts que ceux mentionnés sous l'article précédent.

Art. 690. — *C. fr.*, art. 1304. — *C. esp.*, art. 1301. — *C. ital.*, art. 1300.

Même observation que ci-dessus.

Art. 692. — *C. esp.*, art. 1305, 1306.

criminel ou immoral, et qu'il y ait connivence des deux parties, aucune d'elles ne pourra agir en justice à raison de ce contrat; mais si l'une des parties seulement est de mauvaise foi, l'autre ne sera pas tenue d'exécuter son obligation ni de rendre ce qu'elle aura reçu, et elle pourra se faire restituer ce qu'elle aura donné.

§ UNIQUE. Dans le cas prévu par la première partie du présent article, si la cause ou l'objet du contrat est un acte, la récompense donnée ou promise sera confisquée au profit des établissements de bienfaisance pupillaire.

ART. 693. La nullité du contrat peut être opposée, par voie d'exception, à quelque époque que l'exécution en soit demandée.

ART. 694. La nullité peut être demandée par voie d'action ou d'exception, tant par le plaignant ou ses ayants cause que par les cautions, hors les cas où la loi décide expressément le contraire.

ART. 695. L'une des parties ne peut se prévaloir de la nullité résultant de l'incapacité de l'autre partie, ni alléguer l'erreur ou la violence qu'elle a contribué à produire.

ART. 696. Le contrat nul pour cause d'incapacité, d'erreur ou de violence, peut être ratifié lorsqu'a disparu le vice ou la cause

---

Art. 693. — *C. ital.*, art. 1302.

Art. 694. — *C. esp.*, art. 1302. — *C. ital.*, art. 1301.

Les représentants du créancier ne peuvent exercer ladite action que pendant le temps qui restait à leur auteur.

Voir art. 822, 846, 848, 854 et 1535.

Art. 695. — *C. esp.*, art. 1302. — *C. ital.*, art. 1307.

Art. 696. — *C. fr.*, art. 1338. — *C. esp.*, art. 1309-1314. — *C. ital.*, art. 1309.

de nullité, pourvu qu'il n'existe pas d'autre vice qui invalide la ratification elle-même.

Art. 697. La rescision du contrat donnera aux parties le droit de se faire rendre la chose qu'elles ont donnée ou sa valeur si la restitution en nature est impossible.

§ 1. En cas d'erreur n'ayant point pour cause le dol ou la mauvaise foi, il n'y a pas lieu à restitution des fruits ou intérêts.

§ 2. S'il y a eu dol ou mauvaise foi, il est dû réparation du préjudice.

Art. 698. Lorsque la nullité du contrat a pour cause l'incapacité de l'une des parties, cette partie n'est tenue de restituer que ce dont elle est encore nantie ou ce dont elle a profité.

Art. 699. Si le contrat est rescindé pour avoir été fait sans autorisation par le représentant d'un incapable, l'incapable n'aura recours contre la partie capable qui a été de bonne foi qu'après avoir discuté les biens de son propre représentant; même dans ce cas, la partie capable pourra, à son choix, indemniser l'incapable ou restituer ce qu'elle a reçu.

§ unique. Le recours dont il s'agit ne peut être exercé par l'incapable contre les tiers acquéreurs qu'à la condition de prouver contre eux leur mauvaise foi.

Art. 700. La rescision pour cause d'incapacité ne profite point

---

Art. 697. — *C. fr.*, art. 1184, 1630. — *C. esp.*, art. 1303, 1307. — *C. ital.*, art. 1165.

Art. 698. — *C. fr.*, art. 1312. — *C. esp.*, art. 1304. — *C. ital.*, art. 1307.

IMPRIMERIE NATIONALE.

aux co-intéressés capables, à moins que l'objet du contrat ne soit indivisible.

Art. 701. Dans le cas de rescision d'un contrat passé par l'un des époux sans le consentement de l'autre, les dispositions des articles 1189 et suivants doivent être observées.

CHAPITRE IX.

DE L'EFFET ET DE L'EXÉCUTION DES CONTRATS.

SECTION PREMIÈRE.

DISPOSITIONS GÉNÉRALES.

Art. 702. Les contrats légalement formés doivent être fidèlement exécutés; ils ne peuvent être révoqués ou modifiés que du consentement mutuel des parties, sauf dans les cas exceptionnels spécifiés par la loi.

Art. 703. Les droits et obligations qui résultent des contrats sont transmissibles entre vifs ou par succession, à moins qu'ils ne soient purement personnels, ou par leur nature, ou en vertu soit du contrat lui-même, soit des dispositions de la loi.

Art. 704. Les contrats obligent non seulement à ce qui y est

Art. 702. — *C. fr.*, art. 1134. — *C. esp.*, art. 1091. — *C. ital.*, art. 1123.

Art. 703. — *C. fr.*, art. 724, 1122, 1598. — *C. esp.*, art. 1112. — *C. ital.*, art. 1127, 1538.

Voir art. 1509, 1737 et 2014.

Art. 704. — *C. fr.*, art. 1135. — *C. esp.*, art. 1287. — *C. ital.*, art. 1124.

exprimé, mais encore à tout ce qui en est la conséquence d'après les usages ou d'après la loi.

Art. 705. La partie qui n'exécute pas son obligation se rend responsable du préjudice qu'elle cause à l'autre partie, à moins qu'elle n'ait été empêchée par le fait de l'autre partie elle-même, par la force majeure ou par un cas fortuit, auquel le débiteur n'a en aucune façon donné lieu.

Art. 706. L'indemnité due peut consister dans la restitution de la chose ou de la valeur qui faisait l'objet principal de l'obligation, ou dans la restitution de cette chose ou valeur, et du bénéfice dont le créancier a été privé par suite de l'inexécution du contrat; dans ce dernier cas, l'indemnité prend le nom de dommages-intérêts.

Art. 707. Les dommages-intérêts ne peuvent comprendre que ce qui est une suite nécessaire de l'inexécution du contrat.

Art. 708. La responsabilité civile peut être déterminée par convention entre les parties, sauf les cas où la loi décide expressément le contraire.

Art. 709. Lorsque le contrat est synallagmatique et que l'un

Art. 705. — *C. fr.*, art. 1147-1150. — *C. esp.*, art. 1101-1107. — *C. ital.*, art. 1218, 1220, 1225, 1226.

Art. 706. — *C. fr.*, art. 1149. — *C. esp.*, art. 1106. — *C. ital.*, art. 1227.

Art. 707. — *C. fr.*, art. 1150, 1151. — *C. esp.*, art. 1107. — *C. ital.*, art. 1228, 1229.

Art. 708. — *C. fr.*, art. 1152. — *C. ital.*, art. 1230.

Art. 709. — *C. fr.*, art. 1184. — *C. ital.*, art. 1165.

Ces deux législations décident que, même dans ce cas, le contrat n'est pas

des contractants ne remplit pas son engagement, l'autre aura le choix, ou de s'abstenir de remplir le sien, ou de faire contraindre son co-contractant par justice à l'exécution du contrat ou au payement des dommages-intérêts.

Art. 710. Tout contrat se résout dans l'accomplissement d'un fait ou la livraison d'une chose.

SECTION II.

DE L'OBLIGATION DE FAIRE.

Art. 711. Celui qui s'est obligé à l'accomplissement d'un fait et manque à l'accomplir, ou ne l'accomplit pas conformément à la convention, doit des dommages-intérêts, ainsi qu'il va être dit :

1° Si l'obligation doit être accomplie dans un délai déterminé

---

résolu de plein droit. La partie envers laquelle l'obligation n'a pas été exécutée a le choix, ou de contraindre l'autre à l'exécution du contrat, si c'est possible, ou d'en demander la résolution; cette résolution doit être demandée judiciairement, et il peut être accordé au défendeur un délai suivant les circonstances.

Art. 710. — *C. fr.*, art. 1101, 1136, 1142. — *C. esp.*, art. 1088.

Art. 711. — *C. fr.*, art. 1139, 1142, 1147, 1230. — *C. esp.*, art. 1100, 1101. — *C. ital.*, art. 1223, 1225.

Le Code italien décide, comme le Code portugais, que le débiteur est mis en demeure par la seule échéance du terme. D'après le Code français, les dommages-intérêts ne sont dus, en principe, qu'à partir du jour où le débiteur a été mis en demeure, soit par une sommation, soit par tout autre acte équivalent (même par simple lettre missive, Cass. 19 févr. 1878), à moins que la convention ne porte expressément que, par la seule échéance du terme, le débiteur sera mis en demeure. Le Code espagnol n'exige pas non plus une interpellation du créancier, lorsqu'il résulte de la nature et des circonstances du contrat que l'époque fixée pour la livraison ou la prestation a été un des motifs déterminants de l'obligation.

Voir art. 732, 1518 et 1533.

ou à jour fixe, la responsabilité est encourue dès l'expiration du délai ou du jour indiqué par le contrat;

2° Si l'obligation ne doit pas être accomplie dans un délai déterminé, la responsabilité est encourue dès que le débiteur est mis en demeure.

§ 1. La mise en demeure résulte de la sommation que le créancier fait ou fait faire au débiteur d'accomplir son obligation.

§ 2. Cette sommation peut être faite judiciairement ou par le créancier lui-même en présence de deux témoins.

Art. 712. Le créancier d'une obligation de faire peut demander, au lieu de dommages-intérêts, l'autorisation de faire exécuter l'obligation par autrui, aux frais du débiteur, pourvu que cela soit possible et qu'il n'y ait pas convention contraire.

Art. 713. Si l'obligation est de ne pas faire, le débiteur qui y contrevient doit les dommages-intérêts par le seul fait de la contravention, et le créancier peut demander que ce qui a été fait soit détruit aux dépens du débiteur.

SECTION III.

DE L'OBLIGATION DE DONNER.

Art. 714. L'obligation de donner résultant du contrat peut consister :

1° Dans l'aliénation de la propriété d'une chose déterminée;

Art. 712. — *C. fr.*, art. 1144. — *C. esp.*, art. 1098, § 1. — *C. ital.*, art. 1220.

Art. 713. — *C. fr.*, art. 1143, 1145. — *C. esp.*, art. 1098. — *C. ital.*, art. 1220, 1221.

Art. 714. — Voir art 719 et 1550.

2° Dans l'aliénation à temps de l'usage ou de la jouissance d'une chose déterminée;

3° Dans la restitution de la chose d'autrui ou la livraison d'une chose due.

Art. 715. En cas d'aliénation de choses certaines et déterminées, la translation de la propriété s'opère entre les parties par la seule vertu du contrat, encore qu'il n'y ait ni mise en possession, ni tradition réelle ou symbolique, sauf convention contraire.

Art. 716. En cas d'aliénation de choses déterminées seulement quant à l'espèce, la propriété n'est transférée que lorsque la chose a été individuellement déterminée au su du créancier.

§ unique. Si la qualité de la chose n'a pas été indiquée, le débiteur n'est pas tenu de la fournir de la meilleure qualité, mais il ne peut la fournir de la plus mauvaise.

Art. 717. Si la chose aliénée par contrat vient à périr ou à se détériorer pendant qu'elle est en la possession de celui qui l'a aliénée, les risques seront à la charge de l'acquéreur, à moins que la perte ou la détérioration n'ait eu lieu par la faute ou la négligence du détenteur.

Art. 715. — *C. fr.*, art. 1138, 1583. — *C. esp.*, art. 1450. — *C. ital.*, art. 1125, 1448.

Art. 716. — *C. fr.*, art. 1585. — *C. esp.*, art. 1452. — *C. ital.*, art. 1450.

Art. 716, § 1. — *C. fr.*, art. 1246. — *C. esp.*, art. 1167. — *C. ital.*, art. 1248.

Voir art. 718, 1549, 1578-1580 et 1827.

Art. 717. — *C. fr.*, art. 1138, 1583, 1624, 1927. — *C. esp.*, art. 1096, § 3, 1182, 1183, 1184. — *C. ital.*, art. 1125, 1449, 1480, 1843.

§ 1. Il y a perte de la chose :

1° Lorsqu'elle est détruite;

2° Lorsqu'elle est mise hors du commerce;

3° Lorsqu'elle disparaît sans qu'on puisse la retrouver ou sans qu'on sache ce qu'elle est devenue.

§ 2. Il y a faute ou négligence de la part du débiteur, lorsque celui-ci fait un acte nuisible à la conservation de la chose.

§ 3. L'appréciation de la faute ou de la négligence est laissée à la sagesse du juge, qui tient compte des circonstances de fait, de la nature du contrat et de la qualité des personnes.

Art. 718. Lorsque la chose transférée par contrat est aliénée de nouveau par le débiteur, la partie lésée peut la revendiquer en se conformant aux articles 1579 et 1580.

Art. 719. Dans les contrats où la livraison de la chose n'implique pas translation de propriété, les risques sont toujours à la charge du propriétaire, s'il n'y a faute ou négligence de la part du co-contractant.

Art. 720. Dans les obligations qui se bornent au payement d'une certaine somme d'argent, les dommages-intérêts dus pour inexécution du contrat ne peuvent excéder les intérêts fixés par la convention ou établis par la loi, sauf dans le cas de cautionnement, ainsi qu'il sera dit dans l'article 838.

Art. 718. — *C. fr.*, art. 1141. — *C. esp.*, art. 1473.

Art. 720. — *C. fr.*, art. 1153; *L. fr. 3 sept. 1807* et *12 janv. 1886.* — *C. esp.*, art. 1108. — *C. ital.*, art. 1231.

Voir art. 732, 838, 1533, 1640, 1647 et 1840.

Art. 721. La livraison doit se faire d'un seul coup et non par parties, si le contraire n'est convenu ou ordonné par la loi.

Art. 722. Si la dette est liquide pour partie et non liquide pour le reste, le créancier pourra demander et recevoir la partie liquide, quoique le reste ne puisse lui être livré.

Art. 723. Les prestations en deniers doivent être faites conformément à la convention.

Art. 724. S'il est convenu que le payement aura lieu en monnaie métallique d'une espèce déterminée, il se fera en monnaie de cette espèce, pourvu qu'elle ait cours légal, alors même qu'elle aurait changé de valeur dans l'intervalle du contrat au payement et que ce changement résulterait d'une disposition de la loi.

Art. 725. Si la monnaie avec laquelle on était convenu de payer n'a plus cours légal, le payement se fera en espèces ayant cours à l'époque de l'exigibilité; on détermine, dans ce cas, la valeur de la monnaie convenue en se plaçant à l'époque où elle a cessé d'avoir cours.

Art. 726. Les dispositions des deux articles qui précédent ne sont applicables qu'à défaut de convention sur les objets qu'ils règlent; s'il y a convention, les parties doivent l'observer.

Art. 721. — *C. fr.*, art. 1244. — *C. esp.*, art. 1169. — *C. ital.*, art. 1246.

Art. 722. — *C. esp.*, art. 1169, § 2.

Art. 724, 725. — *C. fr.*, art. 1243; *C. comm.*, art. 143. — *C. esp.*, art. 1166, 1170. — *C. ital.*, art. 1245.

Voir art. 1531, 1638 et 1639.

Art. 727. Si l'on est convenu de payer en *reis*, le débiteur se libère en payant la somme portée au contrat, alors même que la valeur de la monnaie aurait changé depuis ce contrat.

§ unique. Si à la stipulation d'un payement en *reis* s'ajoute une stipulation relative au métal qui doit servir au payement, sans que d'ailleurs son espèce ait été spécialement désignée, le débiteur se libère en payant en une monnaie quelconque ayant cours lors du payement, pourvu qu'elle soit du métal convenu.

Art. 728. Le débiteur de plusieurs dettes envers un même créancier peut indiquer, lorsqu'il paye, lesquelles de ces dettes il entend acquitter.

Art. 729. Si le débiteur ne fait pas connaître sa volonté à cet égard, le payement s'applique à la dette la plus onéreuse : toutes autres choses égales, il s'applique à la plus ancienne; et si toutes les dettes sont de même date, il s'applique à toutes au prorata de chacune d'elles.

Art. 730. Les sommes payées en raison d'une dette qui porte intérêts ne seront pas imputées sur le principal, tant qu'il est dû des intérêts échus.

Art. 728. — *C. fr.*, art. 1253. — *C. esp.*, art. 1172. — *C. ital.*, art. 1255.

Voir art. 1256, § 2.

Art. 729. — *C. fr.*, art. 1256. — *C. esp.*, art. 1174. — *C. ital.*, art. 125.

Voir art. 770.

Art. 730. — *C. fr.*, art. 1254. — *C. esp.*, art. 1173. — *C. ital.*, art. 1256.

Voir art. 867.

Art. 731. Lorsqu'il y a plusieurs débiteurs d'une même dette, chacun d'eux en sera tenu pour sa part virile, excepté :

1° S'ils sont débiteurs solidaires;

2° Si la chose due est un objet certain et déterminé et qu'elle se trouve en la possession de l'un d'entre eux, ou s'il s'agit d'une obligation de faire qui ne puisse être exécutée que par l'un d'entre eux;

3° S'il y a convention contraire.

Art. 732. La disposition de l'article 711 s'applique aux obligations de donner, sauf en ce qui touche le payement de sommes d'argent qui ne portent pas intérêts, cas auquel les dommages-intérêts ne s'ajouteront au principal de la dette, conformément à l'article 720, qu'à compter du jour de la mise en demeure.

SECTION IV.

DE L'OBLIGATION ALTERNATIVE.

Art. 733. Le débiteur d'une obligation alternative, si le choix lui appartient, sera libéré par l'accomplissement de l'un des deux faits ou la délivrance de l'une des deux choses qu'il doit; mais il ne pourra forcer le créancier à recevoir partie de l'une des deux choses et partie de l'autre.

Art. 734. Lorsque l'une des deux choses dues vient à périr, le

---

Art. 732. — *C. fr.*, art. 1136, 1153. — *C. esp.*, art. 1094, 1101, 1108. — *C. ital.*, art. 1219, 1223, 1231.

Art. 733. — *C. fr.*, art. 1189-1191. — *C. esp.*, art. 1131, 1132. — *C. ital.*, art. 1177, 1178.

Voir art. 738, 1691 et 1829.

Art. 734. — *C. fr.*, art. 1194. — *C. esp.*, art. 1136. — *C. ital.*, art. 1181.

Voir art. 1812.

choix appartenant au créancier, on distingue si elle a péri par la faute ou la négligence du débiteur, ou non. Dans le premier cas, le créancier pourra demander à son choix la chose qui reste ou le prix de celle qui a péri; dans le second cas, il sera tenu d'accepter celle qui reste.

Art. 735. Lorsque les choses dues ont péri l'une et l'autre par la faute ou la négligence du débiteur, le créancier pourra demander le prix de l'une ou de l'autre à son choix avec dommages-intérêts, ou la rescision du contrat.

Art. 736. Lorsque les deux choses dues ont péri l'une et l'autre sans faute ni négligence de la part du débiteur, on distingue ainsi qu'il suit :

1° Si le choix ou la désignation avait déjà eu lieu, la perte sera pour le compte du créancier;

2° Si le choix n'avait pas encore eu lieu, l'obligation sera éteinte.

Art. 737. Si l'une des deux choses a péri par la faute ou la négligence du créancier, celui-ci sera censé payé.

Art. 738. Les dispositions de la présente section s'appliquent à l'obligation alternative de faire.

Art. 735. — *C. fr.*, art. 1193, 1194, § 3. — *C. esp.*, art. 1135, 1136. — *C. ital.*, art. 1180, 1181.

Art. 736. — *C. fr.*, art. 1195. — *C. esp.*, art. 1136. — *C. ital.*, art. 1182.

Art. 738. — *C. esp.*, art. 1136 *in fine*.

SECTION V.

DU LIEU ET DE L'ÉPOQUE DU PAYEMENT.

Art. 739. Le payement doit être effectué dans le lieu et à l'époque fixés par le contrat, si la loi ne permet expressément le contraire.

Art. 740. Le terme de payement est toujours présumé stipulé dans l'intérêt du débiteur, à moins qu'il ne résulte du contrat lui-même ou des circonstances qui en ont accompagné la formation que le terme a été stipulé aussi dans l'intérêt du créancier.

Art. 741. Le payement, même lorsqu'un terme a été stipulé, devient exigible par la faillite du débiteur, ou lorsque, par son fait, il a diminué les sûretés qu'il avait données par le contrat à son créancier.

Art. 742. Si la dette est payable en plusieurs prestations successives, le défaut de payement de l'une des prestations donne au

---

Art. 739. — *C. fr.*, art. 1247. — *C. esp.*, art. 1171. — *C. ital.*, art. 1249.

Voir art. 743, 744, 1447, 1529, 1583, 1660, 1661 et 1843.

Art. 740. — *C. fr.*, art. 1187. — *C. esp.*, art. 1127. — *C. ital.*, art. 1175.

D'après le Code espagnol, le terme est présumé établi au profit du créancier et du débiteur tout ensemble, à moins qu'il ne résulte des circonstances qu'il a été établi dans l'intérêt de l'un ou de l'autre seulement.

Art. 741. — *C. fr.*, art. 1188. — *C. esp.*, art. 1129. — *C. ital.*, art. 1176.

Voir art. 825, 844, 2°, 860, 4°, 901, 926, § 1, et 1024.

Art. 742. — Comp. *C. fr.*, art. 1912, 1978, et *C. comm.*, art. 444.

créancier le droit d'exiger le payement de toutes celles qui sont encore dues.

Art. 743. Si l'époque du payement n'a point été fixée par le contrat, le payement doit avoir lieu dès que le créancier le demande, sauf le délai qui dérive de la nature du contrat.

§ unique. Si la dette est payable à l'époque où le débiteur sera en mesure de payer, le créancier ne peut le contraindre à payer qu'en prouvant qu'il est en mesure de le faire.

Art. 744. Si le lieu du payement n'est pas désigné et qu'il s'agisse d'un objet mobilier déterminé, le payement doit être fait dans le lieu où était, à l'époque du contrat, le meuble qui en fait l'objet; dans tous les autres cas, le payement sera fait dans le lieu du domicile du débiteur.

§ unique. Lorsque, depuis le contrat, le débiteur a changé de domicile, il doit tenir compte au créancier de l'augmentation de frais résultant pour lui de ce changement.

Art. 745. La délivrance des immeubles est réputée faite par la remise des titres.

Art. 746. Les frais du payement sont à la charge du débiteur, s'il n'y a convention contraire.

Art. 743. — *C. fr.*, art. 1244, § 2. — *C. esp.*, art. 1128. — *C. ital.*, art. 1173.

Art. 744. — *C. fr.*, art. 1247, 1609. — *C. esp.*, art. 1171. — *C. ital.*, art. 1249, 1468.

Art. 745. — *C. fr.*, art. 1605-1607. — *C. esp.*, art. 1462-1464. — *C. ital.*, art. 1464-1466.

Voir art. 1571 et 1821.

Art. 746. — *C. fr.*, art. 1248, 1608. — *C. esp.*, art. 1168, 1465. — *C. ital.*, art. 1250, 1467.

Voir art. 764, 1552, 1570 et 1842.

SECTION VI.

DE CEUX QUI PEUVENT PAYER ET DE CEUX À QUI L'ON DOIT PAYER.

Art. 747. Le payement peut être fait par le débiteur lui-même, ou par ses représentants ou par toute autre personne ayant ou n'ayant pas intérêt à payer. Mais dans ce dernier cas, si le payement a eu lieu sans le consentement du débiteur, celui-ci n'est point obligé envers le tiers qui a payé pour lui, à moins que le payement n'ait eu lieu durant son absence et ne lui ait manifestement profité.

§ unique. Toutefois le créancier ne peut être contraint à recevoir son payement des mains d'un tiers, si le contrat ne l'y oblige pas expressément, ou s'il en éprouve quelque préjudice.

Art. 748. Le payement doit être fait au créancier lui-même ou à son représentant légal.

Art. 749. Le payement fait à un tiers n'éteint pas la dette, excepté :

1° Lorsque le contrat le permet, ou lorsque le créancier y consent;

2° Dans les cas déterminés par la loi.

Art. 747. — *C. fr.*, art. 1236. — *C. esp.*, art. 1158, 1159. — *C. ital.*, art. 1238.

Art. 747, § unique. — *C. fr.*, art. 1237. — *C. esp.*, art. 1161. — *C. ital.*, art. 1239.

Voir art. 777-785, 793, 804, 839, 845, 853 et 2161.

Art. 748. — *C. fr.*, art. 1239, § 1. — *C. esp.*, art. 1162. — *C. ital.*, art. 1241, § 1.

Art. 749. — *C. fr.*, 1239, § 2. — *C. esp.*, art. 1163. — *C. ital.*, art. 1241, § 2.

Ces Codes décident en outre que le payement est valable, si le créancier en a profité.

Art. 750. S'il y a plusieurs créanciers qui aient un droit égal à recevoir le payement de la totalité de la dette, le débiteur peut payer à l'un d'entre eux, tant qu'il n'a pas été judiciairement sommé par un des autres.

Art. 751. Le créancier solidaire peut libérer le débiteur, soit en recevant le payement de la dette, soit par compensation, novation ou remise, sauf sa responsabilité envers ses co-créanciers.

Art. 752. Le créancier qui a plusieurs débiteurs solidaires peut exiger le payement de tous les débiteurs ensemble, ou de l'un d'eux seulement, sans que celui-ci puisse demander le bénéfice de division.

Art. 753. Le créancier qui exige de l'un des co-débiteurs solidaires le payement total ou partiel de la dette n'en a pas moins, en cas d'insolvabilité de ce débiteur, le droit de poursuivre les autres.

Art. 750. — *C. fr.*, art. 1198. — *C. esp.*, art. 1142. — *C. ital.*, art. 1185.

Art. 751. — *C. fr.*, art. 1197, 1198. — *C. esp.*, art. 1143. — *C. ital.*, art. 1184, 1185.

Le Code espagnol contient une disposition analogue à celle du Code portugais. Les Codes français et italien portent que la remise qui n'est faite que par l'un des créanciers solidaires ne libère le débiteur que pour la part de ce créancier.

Voir art. 809, 1444 et 2530.

Art. 752. — *C. fr.*, art. 1203. — *C. esp.*, art. 1144. — *C. ital.*, art. 1189.

Art. 753. — *C. fr.*, art. 1204. — *C. esp.*, art. 1144. — *C. ital.*, art. 1190.

Art. 754. Le co-débiteur d'une dette solidaire qui a payé pour les autres pourra répéter contre chacun de ceux-ci sa part virile. Si l'un des débiteurs est insolvable, la perte sera répartie entre tous les autres.

Art. 755. Si la chose due périt par la faute de l'un des débiteurs solidaires, les autres ne seront point déchargés; mais celui par la faute duquel la chose a péri sera seul tenu des dommages-intérêts.

Art. 756. Le co-débiteur solidaire poursuivi par le créancier peut opposer toutes les exceptions qui lui sont personnelles et toutes celles qui sont communes à tous les co-débiteurs.

Art. 757. Les héritiers de l'un des débiteurs solidaires sont tenus conjointement de la totalité de la dette; mais chacun d'eux

---

Art. 754. — *C. fr.*, art. 1214. — *C. esp.*, art. 1145. — *C. ital.*, art. 1199.

Voir art. 840.

Art. 755. — *C. fr.*, art. 1205. — *C. esp.*, art. 1147. — *C. ital.*, art. 1191.

Les Codes français et italien contiennent la même disposition que le Code portugais. Le Code espagnol décide, au contraire, que si la chose a péri ou si la prestation est devenue impossible par la faute de l'un des co-débiteurs solidaires, ils seront tous responsables, envers le créancier, du prix, de la réparation du préjudice et du compte des intérêts, sans préjudice de l'action contre le débiteur coupable ou négligent.

Art. 756. — *C. fr.*, art. 1208. — *C. esp.*, art. 1148. — *C. ital.*, art. 1193.

Dans le Code espagnol, le co-débiteur solidaire peut opposer aux demandes du créancier les exceptions même personnelles à ses co-débiteurs, mais seulement pour la portion de la dette dont ils sont responsables.

Art. 757. — *C. fr.*, art. 1220-1225. — *C. esp.*, art. 1084, 1085. — *C. ital.*, art. 1206, 1208.

personnellement n'est obligé qu'en proportion du nombre des héritiers et de la part qu'il prend dans la succession, sauf le cas indiqué dans l'article 731, n° 2.

Art. 758. Celui qui, par erreur de fait ou de droit, telle qu'elle est définie dans les articles 657 et suivants, paye ce qu'il ne devait pas, a le droit de répétition, ainsi qu'il est dit ci-après :

§ 1. Celui qui a reçu de mauvaise foi est tenu de restituer la chose avec dommages-intérêts. Si la chose a été transmise à un tiers également de mauvaise foi, celui qui a payé par erreur peut la revendiquer; mais si la chose a été transmise à un tiers de bonne foi, celui qui l'a payée ne peut la revendiquer que si la transmission a eu lieu à titre gratuit, et si celui qui l'a transmise est insolvable.

§ 2. En ce qui concerne les impenses, on observera les articles 499 et suivants.

SECTION VII.

DES OFFRES ET DE LA CONSIGNATION.

Art. 759. Dans les cas suivants, le débiteur peut se libérer en consignant judiciairement la chose due, après sommation faite au créancier :

1° Lorsque le créancier refuse de recevoir payement;

2° Lorsque le créancier ne se présente pas, ou n'envoie pas quelqu'un pour recevoir payement à l'échéance et au lieu convenu;

3° Lorsque le créancier refuse de donner quittance;

Art. 758. — *C. fr.*, art. 1235, 1240, 1376, 1377, 1381. — *C. esp.*, art. 1895-1901. — *C. ital.*, art. 1145, 1146, 1147, 1150, 1237, 1242.

Art. 759. — *C. fr.*, art. 1257-1259. — *C. esp.*, art. 1176-1178. — *C. ital.*, art. 1259-1261.

IMPRIMERIE NATIONALE.

4° Lorsque le créancier est incapable de recevoir;

5° Lorsque le créancier n'est pas connu.

§ UNIQUE. Dans le cas du paragraphe 5 ci-dessus, le débiteur est dispensé de faire sommation.

ART. 760. S'il y a plusieurs créanciers connus, mais qu'il y ait doute sur l'étendue de leurs droits respectifs, le débiteur pourra consigner la chose due, en sommant les créanciers de faire déterminer leurs droits par les voies légales.

ART. 761. Si la consignation n'est point critiquée, la chose consignée sera aux risques du créancier, et le débiteur libéré dès le moment de la consignation; mais si la consignation est critiquée, le débiteur ne sera libéré que lorsqu'elle aura été déclarée valable par jugement passé en force de chose jugée.

ART. 762. Tant que la consignation n'est pas acceptée par le créancier, ou déclarée valable par jugement, le débiteur peut retirer la chose consignée.

ART. 763. Après jugement sur la validité, la chose consignée ne peut être retirée par le débiteur qu'avec le consentement du créancier; celui-ci, dans ce cas, perd les droits de préférence qu'il avait sur la chose, et les co-débiteurs et les cautions de la dette sont libérés.

Art. 761. — *C. fr.*, art. 1257, § 2. — *C. esp.*, art. 1176. — *C. ital.*, art. 1259, § 2.

Art. 762. — *C. fr.*, art. 1261. — *C. esp.*, art. 1180, § 2. — *C. ital.*, art. 1263.

Art. 763. — *C. fr.*, art. 1263. — *C. esp.*, art. 1181. — *C. ital.*, art. 1265.

Art. 764. Les frais de la consignation seront à la charge du créancier, à moins qu'il n'ait contesté la consignation et finalement obtenu gain de cause.

SECTION VIII.

DE LA COMPENSATION.

Art. 765. Le débiteur peut se libérer de sa dette par compensation avec celle dont son créancier est tenu envers lui, dans les cas suivants :

1° Si l'une et l'autre dette sont liquides;

2° Si elles sont l'une et l'autre également exigibles;

3° Si elles ont pour objet une somme d'argent ou une certaine quantité de choses fongibles de la même espèce et de la même qualité, ou si, l'une ayant pour objet une somme d'argent, l'autre a pour objet des choses dont la valeur puisse se liquider conformément au paragraphe 1 ci-après.

§ 1. Une dette est liquide quand le montant en est déterminé, ou peut l'être dans le délai de neuf jours.

§ 2. Une dette est exigible quand le payement peut en être demandé en justice.

Art. 766. Lorsque les deux dettes ne sont pas de la même

Art. 764. — *C. fr.*, art. 1260. — *C. esp.*, art. 1179. — *C. ital.*, art. 1262.

Art. 765. — *C. fr.*, art. 1289, 1291. — *C. esp.*, art. 1195, 1196. — *C. ital.*, art. 1285, 1287.

Voir art. 768.

Art. 766. — *C. fr.*, art. 1290. — *C. esp.*, art. 1202. — *C. ital.*, art. 1286.

quotité, la compensation s'opérera jusqu'à concurrence de la plus faible.

Art. 767. La compensation n'a pas lieu :

1° Lorsque l'une des parties a renoncé par avance à s'en prévaloir;

2° Lorsque la chose due a été enlevée par spoliation à son propriétaire;

3° Lorsque l'une des dettes est une dette d'aliments ou de choses insaisissables en vertu soit de la loi, soit du titre de créance, à moins que les deux dettes ne soient de même nature;

4° Lorsque l'une des dettes a pour cause un dépôt;

5° Lorsqu'il s'agit de dettes de l'État ou des communes, sauf dans les cas où la loi le permet.

Art. 768. La compensation s'opère de plein droit; elle éteint, dès qu'elle se réalise, les deux dettes avec toutes les obligations qui s'y rapportent.

Art. 769. Celui qui a payé une dette susceptible de compensation ne peut plus, en poursuivant le remboursement de la

---

Art. 767, 1°. — *C. ital.,* art. 1289, 4°.

Voir art. 771.

Art. 767, 2°. — *C. fr.,* art. 1293, 1°. — *C. ital.,* art. 1289, 1°.

Art. 767, 3°. — *C. fr.,* art. 1293, 3°. — *C. esp.,* art. 1200, § 2. — *C. ital.,* art. 1289, 3°.

Art. 767, 4°. — *C. fr.,* art. 1293, 2°. — *C. esp.,* art. 1200, § 1. — *C. ital.,* art. 1289, 2°.

Art. 768. — *C. fr.,* art. 1290. — *C. esp.,* art. 1202. — *C. ital.,* art. 1286.

Art. 769. — *C. fr.,* art. 1299. — *C. ital.,* art. 1295.

créance qui devait lui servir de compensation, se prévaloir, au préjudice des tiers, des privilèges et hypothèques qui garantissaient cette créance, à moins de prouver qu'il ignorait son existence.

Art. 770. Lorsqu'il y a plusieurs dettes compensables, on suit, pour la compensation, à défaut de déclaration, l'ordre établi par l'article 729.

Art. 771. On peut renoncer au droit d'opposer la compensation, soit expressément, soit par actes qui impliquent nécessairement cette renonciation.

Art. 772. La caution ne peut opposer la compensation de ce qui lui est dû par le créancier avec la dette principale; le co-débiteur solidaire ne peut opposer la compensation de ce que le créancier doit à son co-débiteur.

Art. 773. Le débiteur qui a accepté la cession que le créancier a faite de ses droits à un tiers ne peut plus opposer au cessionnaire la compensation qu'il eût pu, avant l'acceptation, opposer au cédant.

Art. 774. Toutefois la cession notifiée par le créancier au débiteur n'empêche pas celui-ci, lorsqu'il ne l'a point acceptée,

---

Art. 770. — *C. fr.*, art. 1297. — *C. esp.*, art. 1201. — *C. ital.*, art. 1293.

L'ordre dont il est parlé ici est relatif à l'imputation des payements.

Art. 771. — Comp. *C. ital.*, art. 1289, 4°.

Art. 772. — *C. fr.*, art. 1294. — *C. esp.*, art. 1197. — *C. ital.*, art. 1290.

Art. 773, 774. — *C. fr.*, art. 1295. — *C. esp.*, art. 1198. — *C. ital.*, art. 1291.

Voir art. 777 et 857.

d'opposer au cessionnaire la compensation de ce qui lui était dû par le cédant antérieurement à la cession.

Art. 775. La compensation n'a pas lieu au préjudice des droits des tiers.

Art. 776. Lorsque les deux dettes ne sont pas payables au même lieu, on n'en peut opposer la compensation qu'en faisant raison des frais de la remise.

Art. 777. Lorsque la cession de la créance n'a point été notifiée au débiteur, celui-ci peut opposer au cessionnaire la compensation de ce que le cédant lui devait avant la cession, ou a pu lui devoir depuis.

SECTION IX.

DE LA SUBROGATION.

Art. 778. Le tiers qui paye pour le débiteur, avec le consentement de celui-ci, exprès ou manifesté par des actes qui l'impliquent clairement, est subrogé aux droits du créancier.

Art. 779. Le tiers qui paye pour le débiteur, sans le consen-

---

Art. 775. — *C. fr.*, art. 1298. — *C. esp.*, art. 1196, 5°. — *C. ital.*, art. 1294.

Art. 776. — *C. fr.*, art. 1296. — *C. esp.*, art. 1199. — *C. ital.*, art. 1292.

Par *frais de la remise*, il faut entendre sans doute non seulement les frais de transport au lieu de payement, suivant les termes du Code italien, mais encore, comme l'explique le Code espagnol, les frais de change.

Art. 777. — *C. fr.*, art. 1295. — *C. esp.*, art. 1198, 3°. — *C. ital.*, art. 1291.

Art. 778. — *C. fr.*, art. 1249. — *C. esp.*, art. 1209. — *C. ital.*, art. 1251.

Art. 779. — *C. fr.*, art. 1250, 1°, art. 1251. — *C. esp.*, art. 1210. — *C. ital.*, art. 1252, 1°, art. 1253.

tement de celui-ci, n'est subrogé aux droits du créancier que dans les cas ci-après :

1° Lorsque celui qui paye est caution, ou intéressé par quelque autre cause au payement de la dette;

2° Lorsque le créancier, recevant son payement d'un tiers, lui cède ses droits, conformément à la section X, ou l'y subroge expressément et par l'acte même de libération.

Art. 780. Lorsque le débiteur paye lui-même avec de l'argent emprunté d'un tiers à cet effet, le prêteur ne pourra être subrogé dans les droits du créancier que si l'emprunt est constaté par acte authentique et s'il est déclaré dans l'acte que la somme a été empruntée pour faire le payement.

Art. 781. Celui qui est subrogé au créancier peut exercer tous les droits de celui-ci, tant contre le débiteur que contre les cautions.

Art. 782. Le créancier qui n'a reçu payement que d'une partie de la dette peut exercer ses droits pour ce qui lui reste dû, par préférence au subrogé.

§ unique. Toutefois ce droit de préférence n'appartient qu'au créancier originaire ou à son cessionnaire, et non pas aux autres tiers subrogés.

Art. 780. — *C. fr.*, art. 1250, 2°. — *C. esp.*, art. 1211. — *C. ital.*, art. 1252, 2°.

Art. 781. — *C. fr.*, art. 1252. — *C. esp.*, art. 1212. — *C. ital.*, art. 1254, § 1.

Art. 782. — *C. fr.*, art. 1252. — *C. esp.*, art. 1213. — *C. ital.*, art. 1254, § 2.

Voir art. 784.

Art. 783. Il ne peut y avoir subrogation partielle lorsque le payement n'est pas divisible.

Art. 784. Lorsque plusieurs personnes ont été subrogées dans diverses portions d'une même créance, si elles ne peuvent être payées toutes en même temps, elles le seront dans l'ordre successif des subrogations.

SECTION X.

DE LA CESSION DES CRÉANCES.

Art. 785. Le créancier peut céder son droit ou sa créance, à titre gratuit ou à titre onéreux, sans le consentement du débiteur.

§ unique. Toutefois les créances ou droits litigieux ne pourront être cédés, de quelque manière que ce soit, aux juges, soit collectivement, soit individuellement, ni aux autres autorités dans le ressort desquelles la contestation se poursuit. Toute cession faite en contravention du présent paragraphe sera nulle de droit.

Art. 786. Le débiteur d'une dette litigieuse cédée à titre onéreux peut se libérer en remboursant au cessionnaire le prix de la cession, avec les intérêts et les frais de son acquisition, à moins que la cession n'ait été faite :

1° Au co-héritier ou au co-propriétaire du droit cédé;

Art. 785. — *C. fr.*, art. 1598, 1689. — *C. ital.*, art. 1538.

Art. 785, § unique. — *C. fr.*, art. 1597. — *C. esp.*, art. 1459, 5°. — *C. ital.*, art. 1458.

Voir art. 747, 1557, 1563 et 1635.

La transmission des titres de créance commerciaux est réglée par les articles 483 et suivants du Code de commerce.

Art. 786. — *C. fr.*, art. 1699, 1701. — *C. esp.*, art. 1535, 1536. — *C. ital.*, art. 1546, 1548.

2° Au possesseur de l'immeuble qui fait l'objet du droit cédé;

3° Au créancier du cédant en payement de ce qui lui est dû.

Art. 787. Le mode de libération autorisé par l'article qui précède ne peut être employé qu'autant que le litige n'est pas encore terminé par un jugement passé en force de chose jugée.

Art. 788. Un droit est considéré comme litigieux pour l'application des règles ci-dessus, lorsqu'il est contesté au fond, par la voie contentieuse, devant les tribunaux, par une personne intéressée.

Art. 789. A l'égard du cédant, le droit cédé passe au cessionnaire par le fait même du contrat; mais à l'égard du débiteur ou des tiers, la cession ne peut produire son effet qu'après qu'elle a été signifiée au débiteur ou portée à sa connaissance par tout autre moyen, pourvu que ce soit dans la forme authentique.

Art. 790. Si plusieurs cessions sont signifiées au débiteur ou portées à sa connaissance le même jour, les droits des différents cessionnaires seront tenus pour égaux, à moins que l'heure de chaque notification n'ait été indiquée d'une façon précise, auquel cas la première cession aura la préférence.

Art. 791. Tant que la cession n'a point été notifiée au débi-

---

Art. 788. — *C. fr.*, art. 1700. — *C. esp.*, art. 1535, § 2. — *C. ital.*, art. 1547.

Art. 789. — *C. fr.*, art. 1689, 1690. — *C. esp.*, art. 1526. — *C. ital.*, art. 1538, 1539.

Voir art. 791 et 792.

Art. 791. — *C. fr.*, art. 1691. — *C. esp.*, art. 1527. — *C. ital.*, art. 1540.

teur ou portée à sa connaissance, le débiteur peut se libérer en payant au cédant, et celui-ci peut exercer tous ses droits contre le débiteur; le cessionnaire peut seulement pendant ce temps prendre contre le cédant les mesures nécessaires à la conservation de son droit.

Art. 792. Les créanciers du cédant peuvent également exercer leurs droits sur la dette cédée, tant que la cession n'a pas été signifiée au débiteur cédé, ou portée à sa connaissance dans la forme ci-dessus indiquée.

Art. 793. La cession d'une créance comprend tous les droits et obligations accessoires, s'il n'y a convention contraire.

Art. 794. Le cédant doit garantir l'existence et la légitimité de la créance à l'époque de la cession, mais non la solvabilité du débiteur, à moins qu'il n'y soit obligé par le contrat.

Art. 795. Lorsque le cédant garantit la solvabilité du débiteur,

---

Art. 793. — *C. fr.*, art. 1692. — *C. esp.*, art. 1528. — *C. ital.*, art. 1541.

Le Code italien ajoute que la cession ne comprend pas les produits et intérêts échus, à moins qu'il n'en ait été stipulé autrement.

Art. 794. — *C. fr.*, art. 1693, 1694. — *C. esp.*, art. 1529. — *C. ital.*, art. 1542, 1543.

Les Codes français et italien portent que le cédant ne répond de la solvabilité du débiteur que lorsqu'il s'y est engagé et jusqu'à concurrence seulement du prix qu'il a retiré de la créance. Le Code espagnol met, en outre, à sa charge les frais du contrat.

Art. 795. — *C. fr.*, art. 1695. — *C. esp.*, art. 1530, § 1, 2. — *C. ital.*, art. 1544, § 1, 2.

Les Codes espagnol et italien contiennent la même disposition que le Code

sans indiquer le temps pour lequel il la garantit, il n'en répondra que pendant un an, à compter du jour du contrat, si la dette est déjà échue, ou à compter du jour de l'échéance dans le cas contraire.

§ UNIQUE. Si la créance cédée consiste en rentes ou redevances perpétuelles, la garantie sera due par le cédant durant dix années, sauf convention contraire.

SECTION XI.

DE LA CONFUSION DES DROITS ET OBLIGATIONS.

ART. 796. Lorsque les qualités de créancier et de débiteur relativement à une même cause se réunissent sur la tête d'une même personne, la créance et la dette sont éteintes.

ART. 797. La confusion qui s'opère dans la personne du débiteur principal profite à la caution.

ART. 798. La réunion dans la même personne des qualités de caution et de débiteur principal n'éteint pas la dette.

---

portugais. D'après le Code français, la garantie de la solvabilité du débiteur ne s'entend que de la solvabilité actuelle et ne s'étend pas au temps à venir, à moins de stipulation contraire.

Art. 795, § UNIQUE. — *C. esp.*, art. 1530, § 3. — *C. ital.*, art. 1544, § 3.

Art. 796. — *C. fr.*, art. 1300. — *C. esp.*, art. 1192. — *C. ital.*, art. 1296.

Voir art. 2241 et 2279.

Art. 797. — *C. fr.*, art. 1301, § 1. — *C. esp.*, art. 1193. — *C. ital.*, art. 1297, § 1.

Voir art. 849.

Art. 798. — *C. fr.*, art. 1301, § 2. — *C. esp.*, art. 1193. — *C. ital.*, art. 1297, § 2.

Art. 799. La confusion qui s'opère dans la personne du créancier solidaire, ou du débiteur solidaire, n'éteint la dette ou la créance que pour la part qu'ils y avaient.

Art. 800. Il n'y a pas confusion lorsque la personne en qui se réunissent les qualités de créancier et de débiteur n'a l'une de ces qualités que comme héritier sous bénéfice d'inventaire.

Art. 801. Si la confusion cesse, l'obligation revivra avec tous ses accessoires, même à l'égard des tiers, pourvu que le fait qui met fin à la confusion ait un effet rétroactif.

SECTION XII.

DE LA NOVATION.

Art. 802. La novation s'opère :

1° Lorsque le débiteur contracte envers son créancier une nouvelle dette à la place de l'ancienne, laquelle est éteinte;

2° Lorsqu'un nouveau débiteur est substitué à l'ancien, qui est déchargé;

3° Lorsqu'un nouveau créancier est substitué à l'ancien par le fait d'un nouvel engagement de l'ancien débiteur.

Art. 803. La novation ne se présume pas : il faut qu'elle soit

---

Art. 799. — *C. fr.*, art. 1301, § 3. — *C. esp.*, art. 1194. — *C. ital.*, art. 1297, § 3.

Art. 800. — *C. esp.*, art. 1192, § 2.

Art. 802. — *C. fr.*, art. 1271. — *C. esp.*, art. 1203. — *C. ital.*, art. 1267.

Voir art. 747 et 807.

Art. 803. — *C. fr.*, art. 1273. — *C. esp.*, art. 1204. — *C. ital.*, art. 1269.

Voir art. 806.

expressément stipulée, ou qu'elle se déduise nettement des termes du nouveau contrat.

Art. 804. La novation par changement de débiteur ne peut s'opérer sans le consentement du créancier; mais elle peut s'opérer sans le concours du premier débiteur, dans les cas où le payement peut être fait sans le consentement du débiteur.

Art. 805. Le créancier qui a déchargé par novation le premier débiteur en acceptant une autre personne à sa place, n'aura point de recours contre ce premier débiteur, si le nouveau devient insolvable ou est incapable, sauf toutefois convention contraire.

Art. 806. La simple indication faite par le débiteur d'une personne qui doit payer à sa place, ou par le créancier d'une personne qui doit recevoir pour lui, n'opère point novation.

Art. 807. Lorsqu'une dette est éteinte par novation, tous les droits et obligations accessoires sont également éteints, sauf le cas de réserve expresse.

§ unique. Si la réserve intéresse un tiers, le consentement de ce tiers est également nécessaire.

Art. 804. — *C. fr.*, art. 1274. — *C. esp.*, art. 1205. — *C. ital.*, art. 1270.

Art. 805. — *C. fr.*, art. 1276. — *C. esp.*, art. 1206. — *C. ital.*, art. 1272.

Les trois Codes exceptent toutefois le cas où le nouveau débiteur délégué était déjà en faillite ouverte ou tombé en déconfiture au moment de la délégation.

Art. 806. — *C. fr.*, art. 1277. — *C. esp.*, art. 1204, 1209. — *C. ital.*, art. 1273.

Art. 807. — *C. fr.*, art. 1278-1281. — *C. esp*, art. 1207. — *C. ital.*, art. 1274-1277.

Art. 808. Toutefois, lorsque la novation s'opère entre le créancier et l'un des co-débiteurs solidaires, les privilèges et hypothèques de l'ancienne créance ne peuvent être réservés que sur les biens du co-débiteur qui contracte la nouvelle dette.

Art. 809. La novation qui s'opère entre le créancier et l'un des co-débiteurs solidaires libère les autres co-débiteurs.

Art. 810. Si la première dette se trouve éteinte à l'époque où la seconde est contractée, la novation ne pourra s'opérer.

Art. 811. Lors même que la première dette est subordonnée à une condition suspensive, la novation ne dépend de l'accomplissement de cette condition qu'en vertu d'une stipulation expresse.

Art. 812. Si la première dette est absolument illégale, ou de telle nature qu'elle ne puisse être ratifiée, ou que la nullité n'en puisse être couverte, la dette qui lui est substituée sera nulle.

Art. 813. En cas de nullité de la novation, l'obligation primitive subsistera.

Art. 814. Le débiteur délégué ne peut opposer au créancier les exceptions qui appartenaient à l'ancien débiteur, mais il peut lui opposer celles qui lui sont personnelles.

Art. 808. — *C. fr.*, art. 1280. — *C. ital.*, art. 1276.

Art. 809. — *C. fr.*, art. 1281, § 1. — *C. ital.*, art. 1277, § 1.

Art. 812. — *C. esp.*, art. 1208.

Art. 814. — Comp. *C. ital.*, art. 1278.

SECTION XIII.

DE LA REMISE ET DE LA RENONCIATION.

Art. 815. Chacun peut renoncer à son droit, ou faire remise et abandon de ce qui lui est dû, excepté dans le cas où la loi l'interdit.

Art. 816. La remise accordée au débiteur principal libère les cautions; mais celle accordée à la caution ne libère pas le débiteur principal.

Art. 817. Lorsqu'il y a plusieurs cautions et qu'elles sont toutes solidaires, la remise accordée à l'une d'elles de sa part dans la la dette ne libère pas les autres.

CHAPITRE X.

DU CAUTIONNEMENT OU DE LA GARANTIE DES CONTRATS.

SECTION PREMIÈRE.

DU CAUTIONNEMENT.

SOUS-SECTION I.

DU CAUTIONNEMENT EN GÉNÉRAL.

Art. 818. L'exécution des obligations contractuelles peut être

---

Art. 815. — Voir art. 182, 1026, 2°, 1027, 3°, 2241, 5°, 2261 et 2279, 3°.

Art. 816. — *C. fr.*, art. 1287, § 1, 2. — *C. esp.*, art. 1190. — *C. ital.*, art. 1282.

Art. 817. — *C. fr.*, art. 1287, § 3. — *C. ital.*, art. 1283.

Le Code italien dit plus justement que la libération accordée par le créancier à l'une des cautions, sans le consentement des autres, leur profite pour la part de celle qui a été libérée.

Titre I, chapitre X, section I. — *C. fr.*, l. III, tit. XIV. — *C. esp.*,

garantie par un tiers qui s'oblige à y satisfaire, si le débiteur n'y satisfait pas lui-même. Cette convention s'appelle cautionnement.

Art. 819. Peuvent se rendre cautions tous ceux qui peuvent contracter, à l'exception des femmes qui ne sont pas commerçantes.

Art. 820. Toutefois le cautionnement contracté par une femme, même non commerçante, est valable :

1° Lorsqu'il se rapporte à une constitution de dot en vue du mariage;

2° Lorsque la femme a agi par dol au préjudice du créancier;

3° Lorsque la femme a reçu du débiteur la chose ou la somme qui fait l'objet de la dette cautionnée;

4° Lorsque la femme se rend caution dans son propre intérêt, ou au profit de ses ascendants ou descendants.

Art. 821. Le cautionnement peut être contracté, entre le créancier et la caution, même sans le consentement du débiteur ou de la première caution, s'il en existe une.

Art. 822. Le cautionnement ne peut exister que sur une obli-

---

l. IV, tit. xiv. — *C. ital.*, l. III, tit. xxi. — *C. holl.*, l. III, tit. xviii. — *C. féd. des Obligations*, t. XX. — *Projet allemand*, l. II, sect. vii, tit. xviii.

Art. 818. — *C. fr.*, art. 2011. — *C. esp.*, art. 1822. — *C. ital.*, art. 1898.

Voir art. 821, 827, 829, 847, 859 et 895.

Art. 821. — *C. fr.*, art. 2014. — *C. esp.*, art. 1823. — *C. ital.*, art. 1901.

Le cautionnement de la caution constitue dans le droit portugais un contrat particulier désigné sous le nom d'*abonação* et soumis d'ailleurs aux mêmes règles générales que le simple cautionnement. (Voir plus bas les art. 827 à 829.)

Art. 822. — *C. fr.*, art. 2012. — *C. esp.*, art. 1824. — *C. ital.*, art. 1899.

gation valable, à moins que la nullité ne provienne exclusivement de l'incapacité personnelle du débiteur principal.

§ 1. Dans ce dernier cas, le cautionnement subsiste, quoique le débiteur principal fasse rescinder son obligation.

§ 2. L'exception dont il s'agit ne s'applique pas au cautionnement des emprunts contractés par des fils de famille, ainsi qu'il sera dit aux articles 1535 et 1536.

Art. 823. Le cautionnement ne peut excéder la dette principale, ni être contracté sous des conditions plus onéreuses : il peut être contracté pour une partie de la dette seulement ou sous des conditions moins onéreuses. Le cautionnement qui excède la dette, ou qui est contracté sous des conditions plus onéreuses, ne sera point nul, mais seulement réductible à la mesure de l'obligation principale.

Art. 824. Le débiteur obligé à fournir une caution ne peut contraindre le créancier à accepter celle qu'il lui présente, à moins qu'elle n'ait :

1° La capacité de s'obliger;

2° Des biens immeubles libres de toutes charges, suffisants pour répondre de l'objet de l'obligation et situés dans le ressort du tribunal où le payement doit avoir lieu.

Art. 825. Si la caution fournie fait de mauvaises affaires, et

---

Art. 823. — *C. fr.*, art. 2013. — *C. esp.*, art. 1826. — *C. ital.*, art. 1900.

Art. 824. — *C. fr.*, art. 2018. — *C. esp.*, art. 1828. — *C. ital.*, art. 1904.

Art. 825. — *C. fr.*, art. 2020. — *C. esp.*, art. 1829. — *C. ital.*, art. 1906.

Ces trois Codes admettent une exception à cette règle, dans le cas où la

IMPRIMERIE NATIONALE.

qu'il y ait lieu de craindre qu'elle ne devienne insolvable, le créancier pourra en exiger une autre.

Art. 826. Le cautionnement et son extinction se prouvent par les moyens établis par la loi pour la preuve du contrat principal.

Art. 827. La solvabilité de la caution peut être garantie par une ou plusieurs personnes; le contrat s'appelle *abonação.*

Art. 828. L'*abonação* doit être contractée en termes exprès, clairs et positifs.

Art. 829. Ce contrat se prouve par les mêmes moyens que le cautionnement proprement dit, et il est soumis, pour tout le reste, aux mêmes règles, à moins que la loi ne décide expressément le contraire.

SOUS-SECTION II.

DES EFFETS DU CAUTIONNEMENT ENTRE LE CRÉANCIER ET LA CAUTION.

Art. 830. La caution ne peut être obligée à payer le créancier qu'après discussion préalable de tous les biens du débiteur, excepté :

1° Lorsque la caution s'est obligée solidairement avec le débiteur;

2° Lorsqu'elle a renoncé au bénéfice de discussion;

---

caution n'a été donnée qu'en vertu d'une convention par laquelle le créancier a exigé une personne déterminée pour caution.

Art. 830. — *C. fr.*, art. 2021. — *C. esp.*, art. 1831. — *C. ital.*, art. 1907.

Le Code espagnol admet une quatrième exception : lorsque le débiteur est en faillite ou en déconfiture.

Voir art. 837.

3° Lorsque le débiteur principal ne peut être actionné devant les tribunaux portugais.

Art. 831. Le créancier peut poursuivre en même temps le débiteur principal et la caution, sauf le recours de celle-ci contre le débiteur principal.

Art. 832. La caution assignée, soit comme simple caution, soit comme obligée solidairement au payement, peut faire assigner le débiteur pour qu'il se défende avec elle ou que tous deux soient condamnés conjointement.

Art. 833. Si le débiteur principal et la caution sont condamnés conjointement, la caution peut, lors de l'exécution du jugement, indiquer au créancier, pour la saisie, les biens du débiteur libres de toutes charges et situés dans l'arrondissement du même tribunal.

Art. 834. La transaction intervenue entre la caution et le créancier ne libère pas le débiteur principal, et celle intervenue

---

Art. 831-833. — *C. fr.*, art. 2022, 2023. — *C. esp.*, art. 1834. — *C. ital.*, art. 1908, 1909.

Le Code espagnol admet également que le bénéfice de discussion reste entier, même si la condamnation est prononcée contre les deux. La discussion précède alors, non pas le jugement, mais l'exécution, contrairement aux dispositions du Code civil français (art. 2022) et du Code italien (art. 1908), d'après lesquelles la caution ne peut requérir la discussion du débiteur principal que lors des premières poursuites dirigées contre elle.

Art. 834. — *C. esp.*, art. 1835.

Le Code espagnol décide que la transaction intervenue entre le créancier et le débiteur principal produit effet à l'égard de la caution, même malgré sa volonté.

entre le créancier et le débiteur principal ne libère pas la caution, sans le consentement du tiers, nécesssaire dans l'un et l'autre cas.

Art. 835. Lorsque plusieurs personnes ont cautionné le même débiteur pour la même dette, chacune d'elles est obligée pour le tout, sauf convention contraire; mais si l'une d'elles est poursuivie, elle peut faire assigner les autres pour qu'elles se défendent avec elle ou qu'elles soient toutes condamnées conjointement, chacune pour sa part, et, dans ce cas seulement, elle répondra pour les autres en cas d'insolvabilité.

§ unique. Le bénéfice de division entre les co-cautions n'a pas lieu dans les cas où il n'y a pas lieu à discussion contre le débiteur principal.

Art. 836. La caution qui invoque le bénéfice de division ne répondra que pour sa part de l'insolvabilité des autres cautions antérieure à la division; elle n'en répondra même pas lorsque le créancier a lui-même volontairement divisé son action, sans que la caution ait contesté cette division.

Art. 835. — *C. fr.*, art. 2025, 2026. — *C. esp.*, art. 1837. — *C. ital.*, art. 1911, 1912.

Les Codes français et italien admettent, comme le Code portugais, que toutes les cautions sont obligées chacune à toute la dette. Néanmoins chacune d'elles peut, à moins qu'elle n'ait renoncé au bénéfice de division, exiger que le créancier divise préalablement son action et la réduise à la part et portion de chaque caution. Le Code espagnol admet, au contraire, que l'obligation résultant du cautionnement se divise entre toutes les cautions. Le créancier ne peut réclamer à chaque caution que la part qu'elle doit acquitter, à moins que la solidarité n'ait été expressément stipulée.

Art. 836. — *C. fr.*, art. 2026, § 2, art. 2027. — *C. ital.*, art. 1912, § 2, art. 1913.

Art. 837. La caution de la caution (*abonador*) jouit du bénéfice de discussion, aussi bien contre la caution que contre le débiteur principal.

SOUS-SECTION III.

DES EFFETS DU CAUTIONNEMENT ENTRE LE DÉBITEUR ET LA CAUTION.

Art. 838. La caution qui a été obligée de payer pour le débiteur peut se faire indemniser par lui :

1° Du principal de la dette;

2° Des intérêts de la somme payée à compter du jour du payement, lors même que la dette ne produisait pas intérêts au profit du créancier;

3° Du dommage qu'elle a éprouvé par la faute du débiteur.

§ unique. La disposition du présent article est applicable lors même que le cautionnement a été contracté à l'insu du débiteur; mais, dans ce cas, les intérêts ne courront que du jour où la caution a fait connaître le payement au débiteur.

Art. 839. La caution qui a payé la dette est subrogée à tous les droits qu'avait le créancier contre le débiteur.

§ unique. Néanmoins la caution qui a transigé avec le créancier n'a de recours contre le débiteur principal que pour ce qu'elle a réellement déboursé, à moins que le créancier ne lui ait remis, à titre de donation, une partie de la dette.

Art. 837. — *C. esp.*, art. 1836. — *C. ital.*, art. 1914.

Art. 838. — *C. fr.*, art. 2028. — *C. esp.*, art. 1838. — *C. ital.*, art. 1915.

Art. 839. — *C. fr.*, art. 2029. — *C. esp.*, art. 1839. — *C. ital.*, art. 1916.

Art. 840. Lorsqu'il y a deux ou plusieurs débiteurs principaux solidaires d'une même dette, la caution peut répéter de chacun d'eux le total de ce qu'elle a payé.

Art. 841. Le débiteur principal, qui n'a point consenti au payement fait volontairement par la caution, peut opposer à celle-ci toutes les exceptions qu'il aurait pu, à l'époque du payement, opposer au créancier.

§ unique. Il en est de même lorsque la caution, qui a payé sur les poursuites dirigées contre elle par le créancier, n'a point fait assigner le débiteur en garantie.

Art. 842. Si le débiteur a payé une seconde fois, n'ayant pas été prévenu par la caution du payement fait par elle, celle-ci n'aura pas de recours contre le débiteur, mais seulement contre le créancier.

Art. 843. Si la dette était à terme et que la caution ait payé avant l'échéance, celle-ci n'a de recours contre le débiteur principal qu'après cette échéance.

Art. 844. La caution, même avant d'avoir payé, peut agir contre le débiteur pour qu'il paye la dette ou qu'il la décharge du cautionnement dans les cas suivants :

1° Lorsqu'elle est poursuivie en justice pour le payement;

Art. 840. — *C. fr.*, art. 2030. — *C. ital.*, art. 1917.

Art. 841. — *C. fr.*, art. 2031, § 2. — *C. esp.*, art. 1840. — *C. ital.*, art. 1918, § 2.

Art. 842. — *C. fr.*, art. 2031, § 1. — *C. esp.*, art. 1842. — *C. ital.*, art. 1918, § 1.

Art. 843. — *C. esp.*, art. 1841.

Art. 844. — *C. fr.*, art. 2032. — *C. esp.*, art. 1843. — *C. ital.*, art. 1919.

2° Lorsque le débiteur fait de mauvaises affaires et qu'il y a lieu de craindre qu'il ne devienne insolvable;

3° Lorsque le débiteur veut s'absenter du territoire portugais;

4° Lorsque le débiteur s'est obligé à rapporter à la caution sa décharge dans un certain délai, et que ce délai est expiré;

5° Lorsque la dette est devenue exigible par l'échéance du terme;

6° Au bout de dix années, lorsque l'obligation principale n'a point de terme fixe d'échéance, à moins que le cautionnement n'ait été contracté à titre onéreux.

§ unique. Dans le cas prévu sous le n° 5, la caution pourra également exiger du créancier qu'il poursuive soit le débiteur principal, soit elle-même, en lui accordant le bénéfice de discussion; si le créancier n'y consent pas, la caution cessera de répondre de l'insolvabilité du débiteur.

SOUS-SECTION IV.

DES EFFETS DU CAUTIONNEMENT ENTRE LES CO-CAUTIONS.

Art. 845. Lorsque deux ou plusieurs personnes ont cautionné le même débiteur pour la même dette, la caution qui a acquitté la dette en totalité aura recours contre les autres cautions, chacune pour sa part et portion.

§ 1. Si l'une des co-cautions est insolvable, son obligation se répartira entre toutes les autres, proportionnellement.

§ 2. Le présent article n'est applicable que si le payement a été demandé en justice, ou si le débiteur principal est tombé en faillite.

Art. 845. — *C. fr.*, art. 2033. — *C. esp.*, art. 1844. — *C. ital.*, art. 1920.

Art. 846. Dans le cas prévu par l'article qui précède, les co-cautions peuvent opposer à celle qui a payé les exceptions que le débiteur principal pouvait opposer au créancier, à moins qu'elles ne fussent purement personnelles.

Art. 847. La caution de la caution répond envers ses co-fidéjusseurs de l'insolvabilité de la caution, comme la caution répond envers ses co-cautions de l'insolvabilité du débiteur.

SOUS-SECTION V.

DE L'EXTINCTION DU CAUTIONNEMENT.

Art. 848. L'obligation de la caution s'éteint par l'extinction de la dette principale et par les mêmes causes que cette dette, sauf la disposition du paragraphe 1er de l'article 822.

Art. 849. La confusion qui s'opère dans la personne du débiteur principal et de sa caution, lorsqu'ils deviennent héritiers l'un de l'autre, ne libérera pas la caution de la caution, s'il y en a une.

Art. 850. L'acceptation volontaire que le créancier fait d'une chose quelconque en payement de la dette principale déchargera

---

Art. 846. — *C. esp.*, art. 1845. — Comp. *C. fr.*, art. 2036. — *C. ital.*, art. 1927.

Art. 847. — *C. esp.*, art. 1846.

Art. 848. — *C. fr.*, art. 2034. — *C. esp.*, art. 1847. — *C. ital.*, art. 1925.

Art. 849. — *C. fr.*, art. 2035. — *C. esp.*, art. 1848. — *C. ital.*, art. 1926.

Art. 850. — *C. fr.*, art. 2038. — *C. esp.*, art. 1849. — *C. ital.*, art. 1929.

la caution, encore que le créancier vienne dans la suite à être évincé de la chose reçue en payement.

ART. 851. Lorsque le créancier décharge l'une des cautions sans le consentement des autres, celles-ci se trouveront toutes libérées, dans la mesure de la décharge accordée.

ART. 852. La prorogation de terme accordée par le créancier au débiteur principal, sans le consentement de la caution, éteint le cautionnement.

ART. 853. Les cautions, même solidaires, seront déchargées, lorsque, par le fait du créancier, la subrogation aux droits, privilèges et hypothèques de ce dernier ne peut plus s'opérer en leur faveur.

ART. 854. La caution peut opposer au créancier toutes les exceptions extinctives de la dette, qui appartiennent au débiteur principal, si elles ne sont purement personnelles à celui-ci.

SECTION II.

DU GAGE OU NANTISSEMENT (*PENHOR*).

ART. 855. Le débiteur peut garantir le payement de sa dette

Art. 851. — *C. esp.*, art. 1850.

Art. 852. — *Sic : C. esp.*, art. 1851. — *Contra : C. fr.*, art. 2039. — *C. ital.*, art. 1930.

Art. 853. — *C. fr.*, art. 2037. — *C. esp.*, art. 1852. — *C. ital.*, art. 1928.

Art. 854. — *C. fr.*, art. 2036. — *C. esp.*, art. 1853. — *C. ital.*, art. 1927.

Titre I, chapitre X, section II. — *C. fr.*, l. III, tit. XVII. — *C. esp.*, l. IV, tit. XV. — *C. ital.*, l. III, tit. XIX. — *C. autr.*, 2e partie, 1re sect., chap. VI. — *C. holl.*, l. II, tit. XIX. — *C. féd. des Obligations*, t. VI, chap. II. —

en remettant au créancier ou à son représentant, pour lui servir de sûreté, une chose mobilière. C'est ce qu'on appelle gage ou nantissement (*penhor*).

Art. 856. Peuvent être donnés en gage tous objets mobiliers susceptibles d'être aliénés.

Art. 857. Lorsque les objets engagés sont des titres de créance autres que des actions d'une compagnie, le nantissement devra être notifié au débiteur originaire.

Art. 858. Le contrat de nantissement n'est valable entre les parties que si la chose engagée a été mise en la possession du créancier; il n'est valable à l'égard des tiers que s'il est, en outre, dressé acte authentique, ou authentiqué, constatant la somme due et l'espèce et la nature de la chose donnée en gage.

Art. 859. Le gage peut être constitué par le débiteur lui-même ou par un tiers, même sans le consentement du débiteur.

C. Grisons., 2e partie, sect. IV, chap. III. — *C. Zurich.*, l. II, sect. IX. — *Projet allemand*, l. III, sect. IX.

Art. 855. — *C. fr.*, art. 2071, 2072, § 1. — *C. ital.*, art. 1878.

Voir art. 858 et 888.

La matière du nantissement commercial est réglée par le Code de commerce (l. II, tit. XII, art. 397-402).

Art. 856. — *C. esp.*, art. 1864.

Art. 857. — *C. fr.*, art. 2075. — *C. ital.*, art. 1881.

Art. 858. — *C. fr.*, art. 2074, 2076. — *C. esp.*, art. 1863, 1865. — *C. ital.*, art. 1880, 1882.

Le titre authentiqué est celui qui, rédigé sous signatures privées, a été ensuite vérifié par un officier public, qui en a dressé acte en présence des parties et de deux témoins. (Voir art. 2436, § unique.)

Art. 859. — *C. fr.*, art. 2077. — *C. esp.*, art. 1857 *in fine*. — *C. ital.*, art. 1883.

Art. 860. Le nantissement confère au créancier le droit :

1° De se faire payer sur le prix du gage, par préférence aux autres créanciers de son débiteur;

2° De faire tous actes conservatoires de sa possession, même d'exercer des poursuites criminelles contre le voleur, fût-il le véritable propriétaire de la chose engagée;

3° De se faire indemniser de toutes les dépenses nécessaires et utiles qu'il fait pour la conservation du gage;

4° D'exiger du débiteur un autre gage ou l'exécution de l'obligation, même avant l'échéance du terme convenu, lorsque le gage vient à se perdre ou à se détériorer sans sa faute, ou lorsqu'il est réclamé par un tiers qui en est propriétaire et qui n'a pas consenti au nantissement.

Art. 861. Le créancier est tenu :

1° De conserver le gage comme sa propre chose, et il répond de la perte ou détérioration du gage survenue par sa faute ou sa négligence;

2° De restituer le gage dès que la dette est entièrement payée et qu'il est remboursé des dépenses qu'il a faites pour la conservation du gage.

Art. 860, 1°. — *C. fr.*, art. 2073. — *C. esp.*, art. 1858, 1922, 2°. — *C. ital.*, art. 1879, 1958, 6°.

Art. 860, 3°. — *C. fr.*, art. 2080, § 2. — *C. esp.*, art. 1867. — *C. ital.*, art. 1885, § 2.

Art. 861, 1°. — *C. fr.*, art. 2080, § 1. — *C. esp.*, art. 1867. — *C. ital.*, art. 1885, § 1.

Art. 861, 2°. — *C. fr.*, art. 2082. — *C. esp.*, art. 1866, 1871. — *C. ital.*, art. 1888.

Voir art. 870, 893 et 1435.

Art. 862. Le débiteur peut exiger que le créancier donne caution pour la restitution du gage, ou le dépose entre les mains d'un tiers, si le créancier fait de ce gage un usage tel qu'il puisse en résulter perte ou détérioration.

Art. 863. Lorsque le débiteur ne paye pas à l'échéance du terme, ou, s'il n'y a point de terme convenu, dès qu'il est mis en demeure, le créancier pourra faire vendre le gage en justice, en faisant citer le débiteur.

Art. 864. Le créancier ne peut disposer du gage, pour se payer de sa créance, sans estimation, ni pour l'estimation faite par lui-même; mais les parties peuvent convenir que le gage sera vendu extrajudiciairement ou que le créancier pourra en disposer

---

Art. 862. — *C. fr.*, art. 2082, § 1. — *C. esp.*, art. 1870. — *C. ital.*, art. 1887.

Art. 863. — *C. fr.*, art. 2078. — *C. esp.*, art. 1872. — *C. ital.*, art. 1884.

D'après les Codes français et italien, le créancier doit faire ordonner en justice que le gage lui demeurera en payement, et jusqu'à due concurrence, d'après une estimation faite par experts, ou qu'il sera vendu aux enchères.

D'après le Code espagnol, le créancier qui n'a pas été payé de sa créance en temps utile peut faire procéder par un notaire à l'aliénation du gage. Cette aliénation doit se faire en vente publique, et on y appelle le débiteur et le propriétaire du gage, si c'est un tiers. Si le gage n'est pas vendu dans la première adjudication, on procède à une seconde dans les mêmes formes, et si elle ne donne pas de résultat, le créancier peut s'approprier le gage. Mais, dans ce cas, il est obligé de donner quittance de la totalité de la créance.

Art. 864. — *C. fr.*, art. 2078. — *C. esp.*, art. 1859, 1872. — *C. ital.*, art. 1884.

Voir la note sous l'article précédent.

Voir art. 903.

pour la valeur qui sera déterminée par des arbitres choisis d'un commun accord entre elles.

Art. 865. Dans tous les cas indiqués par les deux articles qui précèdent, le débiteur peut faire surseoir à la vente, en offrant de payer la dette dans les vingt-quatre heures.

Art. 866. Si le produit de la vente du gage excède le montant de la dette, l'excédent sera remis au débiteur; mais si ce produit ne suffit pas pour payer intégralement le créancier, celui-ci pourra assigner le débiteur en payement de ce qui reste dû.

Art. 867. Les produits de la chose engagée se compenseront avec les dépenses qu'elle occasionne et avec les intérêts échus de la dette; si la dette ne porte pas intérêt, les produits de la chose s'imputeront sur le principal.

Art. 868. Les parties peuvent convenir que les intérêts et les produits se compenseront.

Art. 869. Le créancier ne doit pas à l'acheteur du gage garantie de l'éviction, à moins qu'il n'y ait dol de sa part, ou qu'il ne se soit expressément obligé à cette garantie.

Art. 870. Le débiteur ne peut réclamer du créancier la restitution totale ou partielle du gage qu'après avoir entièrement payé la dette, sauf convention contraire.

Art. 867. — *C. fr.*, art. 2081. — *C. esp.*, art. 1868. — *C. ital.*, art. 1886.

Art. 870. — *C. fr.*, art. 2082. — *C. esp.*, art. 1871. — *C. ital.*, art. 1888.

Art. 871. La restitution de la chose engagée fait présumer, sauf au créancier le droit de faire la preuve contraire, la remise des droits résultant du nantissement.

Art. 872. La remise des droits résultant du nantissement ne fait point présumer la remise de la dette.

SECTION III.

DE L'ASSIGNATION DE REVENUS.

Art. 873. Le contrat d'assignation de revenus est celui qui donne au débiteur la faculté de payer en plusieurs fois le principal et les intérêts de la dette, ou le principal seul, ou les intérêts seuls, en affectant à ces payements successifs les revenus de biens immeubles déterminés.

Art. 874. Les parties peuvent convenir :

1° Que les biens, dont les revenus sont assignés, resteront en la possession du débiteur;

2° Que ces biens passeront en la possession du créancier;

Art. 871. — Comp. *C. fr.*, art. 2076. — *C. esp.*, art. 1863. — *C. ital.*, art. 1882.

Art. 872. — *C. fr.*, art. 1286. — *C. esp.*, art. 1191. — *C. ital.*, art. 1280.

Art. 873. — *C. fr.*, art. 2071, 2072, § 2, art. 2085. — *C. esp.*, art. 1881. — *C. ital.*, art. 1891.

Voir art. 875.

Ce contrat portait dans le projet primitif de M. Seabra le nom d'antichrèse, que lui donne aussi le Code civil français.

Deux membres de la commission de revision (séance du 1er juillet 1867) avaient proposé la suppression de ce contrat peu usité, qui dissimule souvent des conventions usuraires.

Art. 874. — *C. fr.*, art. 2085, 2086. — *C. esp.*, art. 1882. — *C. ital.*, art. 1892.

Le Code portugais assimile le créancier antichrésiste, nanti à ce titre, au

3° Que ces biens passeront en la possession d'un tiers, à titre de location ou autrement.

§ 1. Dans tous les cas, l'assignation n'empêche pas le débiteur de disposer, à quelque titre que ce soit, des biens assignés, les droits du créancier demeurant saufs.

§ 2. Dans le cas du n° 2 du présent article, le créancier possesseur est assimilé au locataire et soumis aux règles établies par le présent Code touchant le contrat de louage, dans les limites où ces règles sont applicables.

Art. 875. Le contrat dont il s'agit, lorsqu'il a pour objet des biens immeubles, ne pourra être passé que par acte public, et ne sera opposable aux tiers que lorsqu'il aura été dûment enregistré.

---

locataire. Au contraire, les Codes français, espagnol et italien, en l'obligeant à payer les contributions et les réparations utiles et nécessaires, le traitent autrement que le fermier. Mais il convient de faire remarquer que les effets du contrat de louage ne sont pas les mêmes en droit portugais qu'en droit français. (Voir *C. port.*, art. 1608, 1615.)

Art. 875. — *C. fr.*, art. 2085.

Aux termes de l'article 2085 du Code français, l'antichrèse ne s'établit que par écrit, disposition qui doit s'interpréter simplement en ce sens, que l'antichrèse, même pour une valeur moindre que 150 francs, ne peut se prouver que par écrit, et non pas que l'écrit est un des éléments nécessaires à la formation du contrat : l'antichrèse se forme par le seul consentement. C'est, du moins, ce qui résulte du passage de l'exposé des motifs par Berlier sur ce point (Locré, t. XVI, p. 31, n. 10; Aubry et Rau, t. IV, § 437, p. 715). La loi française du 23 mars 1855 soumet à la transcription les actes constitutifs d'antichrèse.

L'art. 875 ne s'applique que lorsque l'antichrèse grève des immeubles par nature, et non lorsqu'elle grève des immeubles par destination de la loi (art. 377); la raison de cette distinction n'apparaît pas clairement.

Art. 876. L'assignation de revenus peut avoir lieu :

1° Pour un nombre d'années déterminé;

2° Sans détermination du nombre des années, pour tout le temps à courir jusqu'au payement de la somme due, laquelle, dans ce cas, doit être fixée, et des intérêts de cette somme, s'il en est dû.

§ unique. Dans le cas du n° 2 du présent article, le contrat détermine nécessairement la somme à payer à compte chaque année, que cette somme soit supérieure ou qu'elle soit inférieure au montant des revenus annuels.

Art. 877. Le contrat d'assignation prend fin par l'expiration du temps convenu, dans le cas du n° 1 de l'article qui précède; et par le payement intégral du principal de la dette et des intérêts, s'il en est dû, dans le cas du n° 2 du même article.

SECTION IV.

DES PRIVILÈGES ET HYPOTHÈQUES.

SOUS-SECTION PREMIÈRE.

DES PRIVILÈGES.

DIVISION PREMIÈRE.

DES PRIVILÈGES EN GÉNÉRAL ET DE LEURS DIVERSES ESPÈCES.

Art. 878. Le privilège consiste dans le droit conféré par la loi

---

Art. 876, 877. — *C. fr.*, art. 2087. — *C. esp.*, art. 1883. — *C. ital.*, art. 1893.

Titre I, chapitre X, section IV. — *C. fr.*, l. III, tit. XVIII. — *C. esp.*, l. IV, tit. XV, chap. III, et tit. XVII. — *C. ital.*, l. III, tit. XXIII. — *C. holl.*, l. II, tit. XVIII et XX. — *C. Grisons*, 2e partie, sect. IV, chap. II. — *C. Zurich*, l. II, sect. VII. — *Projet allemand*, l. I, sect. VII; l. III, sect. VIII.

Art. 878. — *C. fr.*, art. 2095. — *C. esp.*, art. 1926. — *C. ital.*, art. 1952, 1953.

Voir art. 888, 1005, 1006, 1012 et 1274.

à certains créanciers d'être payés par préférence aux autres, indépendamment de toute inscription de leurs créances.

Art. 879. Les privilèges sont de deux espèces : mobiliers et immobiliers.

§ 1. Les privilèges mobiliers se subdivisent :

1° En privilèges spéciaux qui portent seulement sur la valeur de certains biens mobiliers déterminés;

2° En privilèges généraux qui portent sur la valeur de tous les biens mobiliers du débiteur.

§ 2. Les privilèges immobiliers sont tous spéciaux.

DIVISION II.

DES PRIVILÈGES MOBILIERS.

Art. 880. Jouissent d'un privilège mobilier spécial sur les fruits des héritages ruraux, privilège constituant une classe unique :

1° La créance de redevances emphytéotiques, de rentes ou de

Art. 879. — *C. fr.*, art. 2099, 2100. — *C. esp.*, art. 1922, 1924. — *C. ital.*, art. 1955.

Voir art. 907, 1009, 1010 et 1013.

Les privilèges et les hypothèques sur les navires font l'objet du chap. VIII du tit. Ier du troisième livre du Code de commerce (art. 574 et suiv.).

Des créances privilégiées sur les navires sont inscrites dans le Code de commerce français (art. 191 et suiv.), dans le Code de commerce allemand (art. 757 et suiv.), dans la loi belge du 21 août 1879 (art. 4 et suiv.), dans le Code de commerce néerlandais (art. 313 et suiv.), dans le Code de commerce argentin (art. 1021), dans le Code de commerce espagnol (art. 580), dans le Code de commerce italien (art. 674 et suiv.), dans le Code de commerce mexicain, art. 646 et suiv., etc.

Art. 880. — *C. fr.*, art. 2102. — *C. esp.*, art. 1922. — *C. ital.*, art. 1958.

Voir art. 1670.

IMPRIMERIE NATIONALE.

quinhões, pour les deux dernières années échues et l'année courante;

2° La créance de loyers de biens immeubles, pour la dernière année échue et l'année courante;

3° La créance pour fournitures de semences et pour frais de culture, pour la dernière année seulement ou pour l'année courante seulement;

4° La créance des domestiques de ferme pour leurs gages pendant une année, et celle des ouvriers pour leurs salaires journaliers pendant les trois derniers mois;

5° La créance de primes d'assurances pour la dernière année échue et l'année courante.

§ 1. Les privilèges mentionnés sous les nos 1 et 2 du présent article n'ont lieu que lorsque les droits d'emphytéose, de rente, de *quinhão* ou de fermage sont inscrits.

§ 2. Ces privilèges ne datent que du jour de l'inscription sans pouvoir remonter au jour où la créance a pris naissance, lorsque ce jour est antérieur à celui de l'inscription.

§ 3. Les privilèges dont il est parlé sous les nos 3 et 4 du présent article n'ont lieu que lorsqu'on a spécifié l'héritage rural ou les héritages ruraux grevés de la dette.

Art. 881. Jouissent d'un privilège mobilier spécial sur les revenus des héritages urbains, privilège constituant une classe unique:

Art. 880, 4°. — *C. fr.*, art. 2101, 4°. — *C. esp.*, art. 1924, 2° D.

Art. 880, 5°. — *C. esp.*, art. 1923, 2°.

L'indemnité, en cas de sinistre, représentant l'immeuble, il a paru juste de considérer les frais de l'assurance comme des dépenses faites pour sa conservation. (Voir aussi la note sous l'art. 906.)

1° La créance de redevances emphytéotiques, de rentes ou de *quinhões*, pour les deux dernières années échues et l'année courante;

2° La créance de primes d'assurance, pour la dernière année échue et l'année courante.

§ UNIQUE. Le privilège mentionné sous le n° 1 du présent article est soumis à la disposition du paragraphe 1er de l'article précédent.

ART. 882. Jouissent d'un privilège mobilier spécial, constituant une classe unique :

1° La créance pour frais de transport par bêtes de somme, bateaux ou voitures, sur le prix de la chose transportée;

2° La créance de l'aubergiste pour ses fournitures, sur les effets du débiteur apportés dans son auberge;

3° La créance pour prix de tous meubles ou machines, ou pour prix de leur réparation, sur la valeur de ces meubles ou machines;

4° La créance pour loyers de biens immeubles ou pour indemnité des détériorations faites par le locataire, ou pour charges établies par le bail à loyer d'un héritage urbain, pour la dernière

---

Art. 881, 1°. — *C. esp.*, art. 1923, 1°.

Art. 881, 2°. — *C. esp.*, art. 1923, 2°.

Voir la note sous l'art. 906.

Art. 882, 1°. — *C. fr.*, art. 2102, 6°. — *C. esp.*, art. 1922, 4°. — *C. ital.*, art. 1958, 9°.

Art. 882, 2°. — *C. fr.*, art. 2102, 5°. — *C. esp.*, art. 1922, 5°. — *C. ital.*, art. 1958, 8°.

Art. 882, 3°. — *C. fr.*, art. 2102, 3° et 4°. — *C. esp.*, art. 1922, 1°. — *C. ital.*, art. 1958, 7°.

Art. 882, 4°. — *C. fr.*, art. 2102, 1°. — *C. esp.*, art. 1922, 7°. — *C. ital.*, art. 1958, 3° et 4°.

année échue et l'année courante, sur le prix des meubles garnissant cet héritage;

5° La créance de prime d'assurance de meubles ou marchandises, pour la dernière année échue et l'année courante, sur le prix des objets assurés.

§ 1. Le privilège dont il est parlé sous le n° 1 du présent article cesse lorsque la chose transportée n'est plus en la possession de celui qui s'est chargé du transport.

§ 2. Le privilège du n° 2 cesse lorsque les effets ne sont plus en la possession de l'aubergiste.

§ 3. Le privilège du n° 3 cesse lorsque les meubles ou les machines, vendus ou réparés, ne sont plus en la possession du débiteur.

§ 4. Le privilège du n° 4 cesse lorsque les meubles ne garnissent plus l'héritage.

§ 5. Le privilège du n° 5 cesse lorsque les meubles ou marchandises ont passé en la possession d'un tiers.

§ 6. Toutefois la disposition du paragraphe qui précède n'est pas applicable lorsqu'il est établi que l'enlèvement des objets dont il s'agit a eu lieu par le dol, non seulement du débiteur, mais aussi des personnes qui les ont successivement aliénés, si c'est à titre onéreux.

Art. 883. Jouissent également d'un privilège mobilier spécial, constituant une classe unique :

1° La créance pour prix des matières premières sur la valeur des produits fabriqués, alors même que ces produits ne sont pas

---

Art. 882, 5°. — *C. esp.*, art. 1923, 2°.
Voir art. 1026, 3°, et 1027, 3°.

les mêmes que ceux fabriqués à l'aide des matières premières impayées, pourvu qu'ils soient de même espèce que ceux qui pouvaient être fabriqués à l'aide de ces matières premières;

2° La créance des artisans pour leurs salaires des trois derniers mois, sur la valeur des mêmes produits;

3° La créance de primes d'assurances, pour la dernière année échue et l'année courante, sur la valeur des objets assurés.

§ 1. Le privilège dont il est parlé sous le n° 1 du présent article n'a lieu que lorsque les objets sont restés en la possession du débiteur, ou, s'ils n'y sont pas restés, lorsqu'ils en sont sortis par dol au préjudice du créancier, ainsi qu'il est dit dans le paragraphe 6 de l'article qui précède.

§ 2. Ce privilège s'éteint lorsqu'il n'est pas exercé dans l'année.

Art. 884. Un privilège général sur les meubles est attaché aux créances :

1° Pour les frais des funérailles du débiteur, selon sa condition et les usages du lieu;

2° Pour les frais de deuil de la veuve et des enfants du défunt, selon leur condition;

3° Pour frais de visites et médicaments faits à raison de la maladie du débiteur, dans les six derniers mois;

4° Pour les aliments fournis au débiteur ou aux personnes de

Art. 884, 1°. — *C. fr.*, art. 2101, 2°. — *C. esp.*, art. 1924, 2° B; *C. proc. civ.*, art. 592. — *C. ital.*, art. 1956, 2°.

Art. 884, 3°. — *C. fr.*, art. 2101, 3°. — *C. esp.*, art. 1924, 2° C; *C. proc. civ.*, art. 592. — *C. ital.*, art. 1956, 3°.

Art. 884, 4°. — *C. fr.*, art. 2101, 5°. — *C. esp.*, art. 1924, 2° E; *C. proc. civ.*, art. 592. — *C. ital.*, art. 1956, 4°.

sa famille auxquelles il devait des aliments, pendant les six derniers mois;

5° Pour traitements, gages ou salaires des domestiques et autres serviteurs, pendant une année;

6° Pour traitements ou salaires des professeurs d'arts ou de sciences, qui ont donné des leçons aux enfants du débiteur ou aux personnes dont l'éducation était à sa charge, pendant les six derniers mois.

Art. 885. Les créances pour impôts dus au trésor public jouissent d'un privilège mobilier dans toutes les classes.

Art. 886. Le créancier gagiste a un privilège, pour le payement de sa créance, sur le prix de la chose ou des choses engagées, jusqu'à concurrence de ce prix; il est assimilé, pour le reste, aux autres créanciers.

DIVISION III.

DES PRIVILÈGES IMMOBILIERS.

Art. 887. Sont privilégiées sur les immeubles, même hypothéqués, du débiteur, les créances ci-après indiquées :

1° Celle des impôts dus au trésor public pour les trois dernières années, et seulement sur la valeur des biens soumis à ces impôts;

Art. 884, 5°. — *C. fr.*, art. 2101, 4°. — *C. esp.*, art. 1924, 2° D; *C. proc. civ.*, art. 592.

Art. 884, 6°. — *C. fr.*, art. 2101, 6°.

Art. 885. — *C. fr.*, art. 2098, et lois particulières. — *C. ital.*, art. 1957.

Art. 886. — *C. fr.*, art. 2073. — *C. esp.*, art. 1922, 2°. — *C. ital.*, art. 1958, 6°.

Art. 887. — *C. fr.*, art. 2098, et lois particulières. — *C. esp.*, art. 1923, 1°. — *C. ital.*, art. 1962.

2° Celle à raison des dépenses faites durant les trois dernières années pour la conservation des héritages auxquels ces dépenses s'appliquent, pourvu qu'elles n'excèdent pas le cinquième de la valeur de ces héritages;

3° Celle des frais de justice faits dans l'intérêt commun des créanciers, sur la valeur de l'immeuble à l'occasion duquel ils ont été faits.

SOUS-SECTION II.

DES HYPOTHÈQUES EN GÉNÉRAL.

Art. 888. L'hypothèque est le droit accordé à certains créanciers de se faire payer sur le prix de certains immeubles du débi-

---

Art. 887, 2°. — *C. fr.*, art. 2103, 4° et 5°. — *C. esp.*, art. 1923, 3°.

Art. 887, 3°. — *C. fr.*, art. 2101, 1°, art. 2104. — *C. esp.*, art. 1924, 2° A. — *C. ital.*, art. 1956, 1°, art. 1961.

Voir art. 976, 1014 et 1015.

Art. 888. — *C. fr.*, art. 2114. — *C. esp.*, art. 1858, 1875. — *C. ital.*, art. 1964.

Le Code espagnol ne contient que sept articles sur l'hypothèque (art. 1874-1880) et renvoie, pour la forme, l'étendue, les effets, la constitution, la modification et l'extinction de l'hypothèque aux prescriptions de la loi hypothécaire qui continue d'être en vigueur. Jusqu'au milieu du XVIe siècle, l'Espagne ne connut que le système des hypothèques occultes. A cette époque, un système mixte commença à se développer : les hypothèques conventionnelles durent être rendues publiques; mais des hypothèques légales subsistèrent occultes. En 1855, la réforme du système hypothécaire fut mise sur le chantier; de ce travail sortit la loi organique du 8 février 1861, suivie d'un règlement d'exécution du 21 juin suivant, qui, après quelques nouvelles modifications, entra en vigueur à partir du 1er janvier 1871, par une décision des Cortès du 3 décembre 1869.

La nouvelle loi hypothécaire espagnole repose sur deux principes : la publicité de l'hypothèque, assurée par l'inscription sur les registres à ce destinés, et la spécialité de l'hypothèque, conduisant à la suppression des hypothèques générales de toute nature. «La publicité est la base du crédit immobilier; complète, elle permet d'apprécier avec certitude le bilan de la propriété et donne aux transactions la sincérité pour assiette; incomplète, elle inspire

teur par préférence aux autres créanciers, pourvu que leurs créances aient été régulièrement inscrites.

Art. 889. L'hypothèque ne peut grever que les immeubles qui ne sont pas hors du commerce.

§ unique. L'hypothèque, s'appliquant à des immeubles grevés de charges réelles, n'aura lieu que sur ce qui reste du prix de ces immeubles, après déduction de la valeur des charges inscrites avant l'inscription de l'hypothèque.

Art. 890. Sont seuls susceptibles d'hypothèque :

1° Les biens immobiliers ou immobilisés dont il est fait mention sous les nos 1 et 2 de l'article 375;

2° L'usufruit des mêmes biens;

---

une confiance fallacieuse et devient un piège pour ceux qui espéraient y trouver une lumière et une garantie. La publicité sans la spécialité porte sans pitié le coup de grâce au propriétaire grevé; nul ne voudra traiter avec lui tant que les hypothèques générales, même celles qui sont sujettes à la publicité, ne seront pas proscrites comme des parasites envahisseurs qui végètent aux dépens des autres et s'alimentent de leur plus pure substance, et rien ne se fera avec efficacité pour organiser ou pour améliorer le crédit foncier.» (Martou, *Préface* de la traduction française du projet de *Code réglementaire du Crédit foncier* en Portugal, rédigé par M. Da Silva Ferrao. — Voir sur ce projet, présenté à la Chambre des Pairs le 12 juillet 1858, l'article de M. Sagot-Lesage dans la *Revue historique de droit français et étranger*, t. 6 [1860, p. 219-253]).

Art. 889. — *C. fr.*, art. 2118. — *C. esp.*, art. 1874; *L. hyp.*, art. 108. — *C. ital.*, art. 1967.

Le Code de commerce organise une hypothèque conventionnelle sur les navires et l'assimile à l'hypothèque ordinaire sur les immeubles, en tant que le comportent et sa nature propre et certaines nécessités spéciales (art. 584-594).

Voir la note sous l'art. 879.

Art. 890. — *C. fr.*, art. 2118. — *C. esp.*, art. 1874; *L. hyp.*, art. 106-107. — *C. ital.*, art. 1967.

3° Le domaine direct et le domaine utile des biens emphytéotiques.

Art. 891. L'hypothèque s'applique :

1° Aux accessoires naturels;

2° Aux améliorations faites des deniers du débiteur, sauf les droits des tiers, pour l'augmentation de valeur qu'elles ont procurée à l'immeuble;

3° Aux indemnités dues par les assureurs;

4° Aux indemnités dues à raison de l'expropriation ou à titre de réparation d'un dommage.

Art. 892. L'hypothèque grève les biens hypothéqués et les rend directement et immédiatement responsables de l'exécution des obligations qu'elle garantit, quel que soit le possesseur de ces biens.

Art. 893. L'hypothèque est, de sa nature, indivisible; elle subsiste sur tous les immeubles hypothéqués, sur chacun et sur chaque portion de ces immeubles, à moins que le titre constitutif de l'hypothèque ne désigne la partie de l'immeuble ou des immeubles qui sera seule grevée.

Art. 891, **1°**. — *C. fr.*, art. 2118. — *C. esp.*, art. 1877; *L. hyp.*, art. 110, 111. — *C. ital.*, art. 1966.

Art. 891, **2°**. — *C. fr.*, art. 2133. — *C. esp.*, art. 1877; *L. hyp.*, art. 111, 2°. — *C. ital.*, art. 1966.

Art. 891, **3°**, **4°**. — *C. esp.*, art. 1877; *L. hyp.*, art. 110, 111, 5°. Voir art. 902.

Art. 892. — *C. fr.*, art. 2114. — *C. esp.*, art. 1876; *L. hyp.*, art. 105. — *C. ital.*, art. 1964.

Art. 893. — *C. fr.*, art. 2114, § 2. — *C. esp.*, art. 1860; *L. hyp.*, art. 122. — *C. ital.*, art. 1964, § 2.

ART. 894. Les personnes capables d'aliéner peuvent seules hypothéquer; les immeubles qui peuvent être aliénés peuvent seuls être hypothéqués.

§ UNIQUE. Les conditions auxquelles peuvent être hypothéqués les immeubles administrés par autrui sont déterminées par les titres respectifs du présent Code.

ART. 895. L'hypothèque peut être constituée par le débiteur lui-même, ou par un tiers dans l'intérêt du débiteur.

ART. 896. Celui qui possède sous condition suspensive ou résolutoire ne peut hypothéquer que sous la même condition.

§ UNIQUE. Le propriétaire sous condition devra déclarer dans le contrat la nature de son droit, s'il la connaît; faute de quoi, il encourra la peine du stellionat (*burla*), sans préjudice des dommages-intérêts.

ART. 897. Les dettes personnelles à l'héritier ne produisent en

---

Art. 894. — *C. fr.*, art. 2118, 1°, art. 2124. — *C. esp.*, art. 1857, 3°; *L. hyp.*, art. 139. — *C. ital.*, art. 1967, 1°, art. 1974.

Art. 894, § UNIQUE. — *C. fr.*, art. 2126. — *C. esp.*, art. 2157, 3°; *Instr. du 9 nov.* 1874, art. 30. — *C. ital.*, art. 1975.

Voir art. 1664-1667.

Art. 895. — *C. esp.*, art. 1857 *in fine*; *L. hyp.*, art. 140, 141.

Art. 896. — *C. fr.*, art. 2125. — *L. hyp. esp.*, art. 109. — *C. ital.*, art. 1976.

La fraude prévue par cet article ne paraît pas rentrer dans celles qui constituent le délit de *burla*, tel qu'il est défini dans l'art. 450 du Code pénal, même revisé en 1886.

Pareillement, en droit français, la doctrine admettait qu'il n'y avait pas stellionat (*C. civ.*, art. 2059) dans le fait de dissimuler la condition résolutoire de la propriété vendue.

aucun cas d'hypothèque sur les biens de la succession, au préjudice des créanciers, même simplement chirographaires, du *de cujus*.

Art. 898. L'hypothèque peut être constituée sur le domaine utile d'un fonds emphytéotique, pour la totalité de ce fonds, sans le consentement du propriétaire direct, lequel, d'ailleurs, conserve tous ses droits.

Art. 899. Lorsque la consolidation des deux domaines s'opère dans la personne du propriétaire direct, de quelque manière que ce soit, l'hypothèque constituée sur le domaine utile suit le fonds.

Art. 900. L'hypothèque qui garantit une créance productive d'intérêts, s'applique aux intérêts de la dernière année et de l'année courante, dont elle garantit le payement indépendamment de toute inscription.

§ unique. Les intérêts dus pour les années antérieures sont hy-

---

Art. 899. — Voir art. 1672-1676.

Art. 900. — *C. fr.*, art. 2151 modifié par la loi du 17 juin 1893. — *L. hyp. esp.*, art. 114, 145, 147.

Le Code français permettait au créancier d'être colloqué pour deux années seulement et pour l'année courante. La loi du 17 juin 1893 confère au créancier hypothécaire et au créancier privilégié, dont le titre a été inscrit ou transcrit, le droit d'être colloqué pour trois années. La loi espagnole déclare que l'hypothèque ne garantit, *au regard des tiers*, que les intérêts des deux dernières années et la partie échue de l'année courante. Par rapport aux parties, l'inscription prise pour sûreté du capital couvre tous les intérêts échus.

Art. 900, § unique. — *C. fr.*, art. 2151 modifié par la loi du 17 juin 1893. — *L. hyp. esp.*, art. 115.

pothéqués comme créance distincte, à la condition que cette créance soit inscrite.

Art. 901. Lorsque, pour un motif quelconque, l'hypothèque constituée devient insuffisante pour la sûreté du créancier, celui-ci peut exiger un supplément d'hypothèque; faute par le débiteur de fournir ce supplément, le créancier peut réclamer le payement intégral, comme si la dette était échue.

Art. 902. S'il arrive que l'immeuble hypothéqué périsse et que le propriétaire puisse se faire indemniser de sa perte, les droits du créancier se transportent sur l'indemnité ou sur l'immeuble réédifié aux dépens du débiteur de l'indemnité.

Art. 903. Le créancier, non payé, ne peut s'approprier l'immeuble hypothéqué; il peut seulement l'acquérir sur vente aux enchères publiques, volontaire ou judiciaire; mais il y a toujours lieu de procéder à cette vente, quelle que soit la valeur de l'immeuble et quel que soit le montant de la dette hypothécaire, si le créancier ne consent pas un autre arrangement.

Art. 904. Les hypothèques sont légales ou volontaires.

Art. 901. — *C. fr.*, art. 2131. — *L. hyp. esp.*, art. 163; *Règl. esp.* du 21 juin 1861, art. 97. — *C. ital.*, art. 1980.

Le Code de procédure civile (art. 518-523, 527) indique les formes dans lesquelles peut être obtenu judiciairement le supplément d'hypothèque. L'article 521, complétant le Code civil, dispose que le juge doit ordonner l'inscription de l'hypothèque sur tous les autres biens du débiteur lorsque la dette résulte d'une fonction publique, de certaines conventions matrimoniales, lorsqu'elle porte sur des aliments ou autres prestations périodiques, ou lorsqu'il s'agit de responsabilité future.

Art. 903. — *C. esp.*, art. 1859. — Voir art. 863, 864.

Art. 904. — *C. fr.*, art. 2116. — *L. hyp. esp.*, art. 137. — *C. ital.*, art. 1968.

L'ancienne législation espagnole reconnaissait, comme les Codes français

SOUS-SECTION III.

DES HYPOTHÈQUES LÉGALES.

Art. 905. L'hypothèque légale résulte immédiatement de la loi; elle ne dépend pas de la volonté des parties et existe par le fait même de l'existence de l'obligation qu'elle garantit.

---

et italien, trois sortes d'hypothèques : les hypothèques conventionnelles, légales et judiciaires. La loi hypothécaire a supprimé les hypothèques judiciaires en y substituant un système de prénotations (*Annotaciones preventivas*, art. 42-76). Voir *C. port.*, art. 967, 970, 978.

Les hypothèques volontaires pouvant être constituées non seulement par contrat, mais encore par testament, c'est intentionnellement que le législateur portugais, à l'imitation du législateur espagnol, a substitué le nom de volontaires à l'ancienne dénomination d'hypothèques conventionnelles.

Art. 905. — *C. fr.*, art. 2117. — *C. esp.*, art. 1875, § 2; *L. hyp.*, art. 138, 158, 160. — *C. ital.*, art. 1968 et suiv.

Voir art. 909-911, 917, 926, 927, 935 et 936.

Dans l'ancienne législation espagnole, l'hypothèque légale était également celle qui, n'étant constituée ni par contrat, ni par testament, existait en vertu de la seule disposition de la loi. Elle était toujours tacite et se trouvait constituée de fait et de droit au moment même de la passation de l'acte d'où elle découlait. La nouvelle loi hypothécaire a supprimé les hypothèques tant tacites que générales. L'hypothèque légale ne confère aujourd'hui aux personnes en faveur desquelles la loi l'établit, que le droit de demander et d'obtenir une hypothèque spéciale sur des immeubles, corporels ou incorporels, susceptibles d'hypothèque, et appartenant à la personne qui a des garanties à fournir.

De même, dans l'ancien droit grec, l'hypothèque légale, dans les cas où les législations modernes l'admettent, paraît avoir été remplacée par une hypothèque consentie volontairement. Pour l'hypothèque dotale, le grammairien Harpocration dit expressément (au mot Ἀποτιμηταὶ) que les Athéniens avaient l'habitude de demander à l'époux un gage de valeur égale à la dot. Il en était de même de l'hypothèque des mineurs : soit que le tuteur affermât les biens

ART. 906. Les créanciers qui ont une hypothèque légale pour sûreté du payement de leurs créances sont :

1° Le trésor public, les chambres municipales et les établissements publics, sur les biens de leurs fonctionnaires comptables et des cautions de ceux-ci, suivant les règles des lois fiscales et administratives, pour le payement des sommes dont ils sont débiteurs ou responsables;

2° Le mineur, l'absent, l'interdit et en général toutes les personnes privées de l'administration de leurs biens, sur les biens de leurs tuteurs, curateurs ou administrateurs, pour le payement des valeurs dont l'emploi ne serait pas justifié, dont la remise n'aurait pas été faite régulièrement ou dont la perte serait due à une faute ou à un dol;

3° La femme mariée sous le régime dotal, sur les biens de son mari, pour le payement des valeurs mobilières dotales et des épingles (*alfinetes*);

---

de son pupille, soit qu'il les administrât lui-même, le pupille n'avait qu'une hypothèque conventionnelle sur les biens des fermiers ou de son tuteur. Cette hypothèque, d'ailleurs, pouvait être générale (Dareste, Haussoullier et Reinach, *Rec. des inscr. jurid. gr.*, fasc. 1, p. 123 et 140). Voir la note sous l'art. 1219.

Art. 906, 1°. — *C. fr.*, art. 2121, 3°. — *L. hyp. esp.*, art. 168, 5°.
Voir art. 916.

Art. 906, 2°. — *C. fr.*, art. 2121, 2°. — *L. hyp. esp.*, art. 168, 2° et 3°. — *C. ital.*, art. 1969, 3°.
Voir art. 918-924 et 1002.

Art. 906, 3°. — *C. fr.*, art. 2121, 1°. — *L. hyp. esp.*, art. 168, 1°. — *C. ital.*, art. 1969, 4°.
Voir art. 908, 925, 929, 930, 968, 971, 1003 et 1139.

Alfinetes. Par ce mot d'épingles, on désigne les sommes que le contrat de mariage permet à la femme dotale de prélever sur les revenus de sa dot pour ses menues dépenses personnelles. (Voir art. 1104. — Comp. *C. fr.*, art. 1549.)

4° L'époux survivant sur les biens du prédécédé, pour le payement de l'apanage (*apanagio*) auquel il a droit;

5° Le créancier d'aliments sur les biens dont le revenu lui a été assigné, ou, à défaut d'assignation, sur tous les biens du débiteur;

6° Les établissements de crédit foncier, pour le payement de leurs créances, sur les biens désignés par leurs titres;

7° Les cohéritiers pour le payement des soultes de partage, sur les biens de la succession qui en sont grevés;

8° Les légataires de sommes ou valeurs déterminées, ou de prestations périodiques, pour le payement de leur legs, sur les biens qui en sont grevés.

Art. 907. Les créances privilégiées, à quelque titre que ce soit, emportent hypothèque légale toutes les fois qu'elles sont inscrites comme créances hypothécaires, si elles réunissent les conditions nécessaires à cet effet.

Art. 906, 4°. — Voir art. 931.

Apanagio. C'est le nom générique du droit de l'époux survivant (mari ou femme) non remarié, de réclamer des aliments sur la succession du prédécédé. Lorsque ce droit a été consacré et déterminé par le contrat de mariage et au profit de la femme, il prend le nom d'*arrhas*. (Voir art. 931, 1003 et 1231.)

Art. 906, 5°. — Voir art. 932.

Art. 906, 6°. — Voir art. 933 et 978, 5°.

Art. 906, 7°. — *C. ital.*, art. 1969, 2°.

Voir art. 934.

Art. 906, 8°. — Voir art. 935 et 1846.

La loi hypothécaire espagnole a créé, en outre, une hypothèque légale en faveur des assureurs, sur les biens assurés, pour les primes de deux années. (Art. 219, 220, 221; Instr. de 1874, art. 18.)

Voir art. 916.

§ UNIQUE. Les créances inscrites en conformité du présent article ne perdent pas pour cela le privilège qui s'y attache, et le créancier, en concours avec des créanciers hypothécaires, peut obtenir son payement, qu'il n'eût pas obtenu s'il eût concouru avec des créanciers privilégiés.

ART. 908. Les hypothèques mentionnées sous les nos 1, 2 et 3 de l'article 906 ne sont pas susceptibles de renonciation; mais on peut y substituer une autre sûreté ou en dispenser le débiteur dans les cas formellement indiqués par la loi.

ART. 909. Les hypothèques légales peuvent être inscrites sur tous les biens du débiteur, à moins que le titre constitutif n'ait spécifié les immeubles grevés; toutefois le débiteur peut exiger que l'inscription soit limitée aux biens nécessaires pour la garantie du payement, et il a la faculté de désigner tels biens qu'il veut à cet effet.

Art. 908. — Comp. *C. fr.*, art. 1692. — *C. esp.*, art. 1878; *L. hyp.*, art. 155. — *C. ital.*, art. 1541.

Art. 909. — Comp. *C. fr.*, art. 2122, 2161. — *C. esp.*, art. 1875, § 2. — *C. ital.*, art. 1969, 4°, et § 2, art. 2026, 2027.

La nouvelle loi hypothécaire espagnole a supprimé les hypothèques générales. L'hypothèque ne porte plus que sur certains biens spécialement déterminés, soit par les parties elles-mêmes, soit, à défaut d'entente, par le juge sur l'avis d'experts (art. 162). Sans aller aussi loin, le législateur portugais a cependant cherché, comme le Code français, à diminuer les inconvénients résultant des hypothèques générales qui pèsent sur tout le patrimoine, en accordant aux débiteurs grevés le droit de réclamer que l'inscription soit limitée aux biens nécessaires pour l'exécution de l'obligation et la faculté de déclarer ceux qu'ils entendent désigner à cet effet. (Voir articles 917, 920, 926, 932, § unique, 936, 937.)

SOUS-SECTION IV.

DES HYPOTHÈQUES VOLONTAIRES.

Art. 910. Les hypothèques volontaires sont constituées par contrat ou par disposition de dernière volonté.

Art. 911. Elles ne peuvent être constituées que sur des biens certains et déterminés et pour des sommes certaines et déterminées, au moins approximativement.

Art. 912. Les hypothèques volontaires, résultant des contrats, se prouvent par écrit ou acte public, ou, si la créance garantie n'excède pas 50,000 *reis* (280 francs), par acte privé écrit et signé de la personne qui l'a constituée, ou, si cette personne ne sait ou ne peut écrire, de son représentant, avec la signature de deux témoins qui apposent leurs noms sur l'acte, les signatures devant être, dans tous les cas, certifiées par un notaire.

Art. 913. L'hypothèque peut être consentie pour un temps indéterminé, et sous les conditions qu'il plaît aux parties de sti-

---

Art. 910. — *C. fr.*, art. 2117, § 3. — *L. hyp. esp.*, art. 138. — *C. ital.*, art. 1968, 1974 et suiv.

Art. 911. — *C. fr.*, art. 2129, 2132. — *C. ital.*, art. 1979. — Comp. *L. hyp. esp.*, art. 108.

Art. 912. — *Cf. r.*, art. 2127. — *L. hyp. esp.*, art. 146; *Règl.*, art. 94, 106. — *C. ital.*, art. 1978.

Le Code français exige que l'hypothèque conventionnelle soit consentie par acte passé en forme authentique devant deux notaires ou devant un notaire et deux témoins. Le Code italien autorise sa constitution par simple acte sous seing privé. La loi espagnole veut un acte authentique (*escritura publica*), le Code portugais un acte authentiqué (voir art. 2436).

IMPRIMERIE NATIONALE.

puler, sauf les effets, formalités et restrictions résultant formellement de la loi.

Art. 914. Le débiteur peut hypothéquer de nouveau son immeuble déjà grevé d'hypothèque; mais, dans ce cas, s'il paye l'une ou l'autre de ses dettes, son immeuble reste hypothéqué pour la sûreté des autres dettes, en totalité et non partiellement.

Art. 915. L'immeuble commun entre plusieurs propriétaires ne peut, sans le consentement de tous, être hypothéqué en totalité; mais si cet immeuble est divisible, chacun des propriétaires peut hypothéquer séparément la part qui lui revient, et l'indivisibilité de l'hypothèque n'a d'effet que relativement à cette part.

SOUS-SECTION V.

DE LA CONSTITUTION DES HYPOTHÈQUES.

Art. 916. L'hypothèque mentionnée sous le n° 1 de l'article 906 est constituée par le fait de la nomination du fonctionnaire conformément aux lois fiscales et administratives.

§ unique. Cette hypothèque peut être remplacée par un dépôt en espèces ou en titres.

Art. 917. Lorsqu'il n'y a ni dépôt, ni biens affectés à la sû-

---

Art. 914. — *L. hyp. esp.*, art. 107, 4°.

Art. 917. — *L. hyp. esp.*, art. 217.

Dans l'ancienne législation espagnole, les administrations publiques jouissaient d'une hypothèque générale, tacite et indéterminée, sur les biens de leurs agents comptables. La loi hypothécaire, ayant supprimé les hypothèques tant tacites que générales, ne reconnaît plus aux directions générales, gouverneurs de province et alcades, que le droit d'exiger la constitution d'hypo-

reté du trésor public ou municipal, ou des établissements indiqués sous le n° 1 de l'article 906, l'hypothèque pourra être inscrite sur tous les biens de la personne responsable, sauf à celle-ci le droit de demander la réduction de cette hypothèque à de justes limites, conformément à l'article 909.

Art. 918. L'hypothèque des mineurs et des autres personnes mentionnées sous le n° 2 de l'article 906 est constituée par le fait de la nomination des tuteurs, curateurs ou administrateurs.

Art. 919. Après la nomination du tuteur, curateur ou administrateur, le conseil de famille, eu égard à l'importance des meubles et revenus que la personne nommée devra recevoir et pourra accumuler entre ses mains, déterminera la valeur de l'hypothèque et désignera les biens sur lesquels elle devra être inscrite, ainsi que le délai dans lequel devra avoir lieu l'inscription; la délibération devra être motivée.

§ unique. Lorsque, en vertu de la loi, la nomination dont il s'agit n'est pas faite par le conseil de famille, les attributions de ce conseil seront exercées, en ce qui fait l'objet du présent article, par le juge de droit, le curateur général entendu.

Art. 920. Si le conseil de famille ne désigne pas les biens,

---

thèques spéciales sur les biens de ceux qui manient des deniers publics ou qui contractent avec l'État, les provinces ou les communes. (Voir la note sous l'art. 905.)

Art. 918. — *C. fr.*, art. 2135, 1°. — *C. esp.*, art. 252, 253. — *C. ital.*, art. 1969, 3°.

Art. 919. — *C. fr.*, art. 2141. — *C. esp.*, art. 255. — *C. ital.*, art. 292, § 2.

Art. 920-922. — *C. fr.*, art. 2136-2139, 2141, 2142. — *C. esp.*,

le tuteur, curateur ou administrateur pourra les désigner dans le délai de dix jours; s'il ne fait pas cette désignation, ou désigne des biens insuffisants, le juge désignera tous biens qu'il reconnaîtra appartenir au tuteur, curateur ou administrateur et ordonnera l'inscription de l'hypothèque sur tous ces biens.

Art. 921. Le conseil de famille pourra, lorsqu'il le juge convenable, exempter le tuteur, curateur ou administrateur par lui nommé, de l'hypothèque, ou le dispenser seulement de l'inscription et des autres formalités préalables à son entrée en fonctions, en renvoyant à une époque ultérieure l'accomplissement de ces formalités; il pourra aussi déclarer suffisante l'hypothèque de biens d'une valeur inférieure à celle des meubles et revenus de l'incapable, si le tuteur n'a pas de biens suffisants et s'il ne préfère remplacer ce tuteur par un autre.

Art. 922. L'administrateur nommé par le conseil de famille sera sommé de faire inscrire l'hypothèque dans le délai fixé et de représenter au juge le certificat de l'inscription, faute de quoi, et s'il ne justifie d'un motif d'excuse jugé valable par le conseil de famille, le juge le condamnera à une amende de 10,000 à 100,000 *reis* (56 à 560 francs), et fera, d'office, inscrire l'hypothèque aux frais de l'administrateur.

Art. 923. L'exécution des délibérations prises par le conseil de famille, ou des ordonnances rendues par le juge en vertu des articles qui précèdent, ne sera pas suspendue par le recours dirigé contre elles par le tuteur, curateur ou administrateur, par le protuteur ou par le curateur général.

---

art. 257, 258; *L. hyp.*, art. 214, 215. — *C. ital.*, art. 293, § 3, art. 1983, 1984.

Art. 923, 924. — *C. fr.*, art. 2143, 2145. — *C. esp.*, art. 255, 259. — *C. ital.*, art. 293, § 2, art. 2026.

Art. 924. S'il y a plusieurs pupilles, le tuteur ou administrateur, dès qu'il aura fait à chacun d'eux remise de ses biens et obtenu l'approbation de son compte général, pourra demander au conseil de famille l'autorisation de faire rayer l'inscription hypothécaire en tant qu'elle correspond aux valeurs dont il est déchargé.

Art. 925. L'hypothèque de la femme mariée, dont il est parlé sous le n° 3 de l'article 906, est constituée par le contrat de mariage.

§ unique. L'inscription de cette hypothèque, si elle n'est faite avant le mariage, pourra l'être pendant sa durée ou même après sa dissolution, sans préjudice des droits des tiers antérieurement inscrits.

Art. 926. L'hypothèque dont il est parlé dans l'article qui précède, lorsqu'elle grève des biens expressément affectés à la garantie de la dot, ne pourra être inscrite que sur ces biens.

§ 1. Si cette hypothèque devient insuffisante par quelque cause que ce soit, la femme et ceux qui l'ont dotée pourront demander un supplément d'hypothèque.

§ 2. Faute d'affectation expresse de certains biens, ou si le supplément n'est pas fourni, l'hypothèque sera inscrite sur tous

---

Art. 925. — *C. fr.*, art. 2135, 2°. — *C. esp.*, art. 1349. — *C. ital.*, art. 1969, 4°.

Art. 925, § unique. — Comp. *C. fr.*, art. 1572, 2135, 2° *in fine*, art. 2136, 2138, 2139. — *C. esp.*, art. 1352-1354; *L. hyp.*, art. 121, 186. — *C. ital.*, art. 1982, 1984.

Art. 926. — *C. fr.*, art. 2140, 2142. — *C. esp.*, art. 1349, 1350; *L. hyp.*, art. 169, 189. — *C. ital.*, art. 1969, 4°.

les biens du mari, sauf le droit de celui-ci d'en demander la réduction à de justes limites.

Art. 927. Si l'hypothèque constituée par contrat de mariage a été originairement inscrite sur la totalité des biens du mari, l'inscription peut être, par la suite, à la requête de celui-ci, réduite à de justes limites, de manière à ne subsister que sur une portion de ses biens suffisante pour la garantie de la dette, et à libérer le reste de son patrimoine.

Art. 928. Est nulle la renonciation faite par la femme, en faveur de son mari ou d'un tiers, au droit de faire inscrire l'hypothèque ou aux droits résultant de son inscription.

Art. 929. Lorsque des mineurs se marient sous le régime dotal, l'acte de consentement au mariage ne pourra être dressé que si, outre les autres documents dont la production est exigée par la loi, il est joint à la requête un certificat d'inscription provisoire de la dot dans le cas où elle consiste en biens immobiliers, et, s'il y a lieu, un certificat d'inscription d'hypothèque pour la garantie des valeurs dotales mobilières. Le greffier qui dresserait l'acte en contravention au présent article sera révoqué et responsable des dommages-intérêts.

Art. 930. En cas de mariage d'un mineur, la requête à fin de délivrance des biens ne peut être accueillie s'il n'est établi que

---

Art. 927. — *C. fr.*, art. 2144. — *C. esp.*, art. 1350; *L. hyp.*, art. 169, 176. — *C. ital.*, art. 2026, 2027.

Art. 928. — *C. fr.*, art. 2140 *in fine*.

Art. 929, 930. — Comp. *C. fr.*, art. 2139. — *C. esp.*, art. 1352, § 3, art. 1353; *L. hyp.*, art. 182, 183.

l'inscription provisoire de la dot et de l'hypothèque a été convertie en inscription définitive.

§ UNIQUE. Le tuteur qui, sans ordonnance du juge, fera la délivrance des biens ou des revenus, sera responsable de ces biens ou revenus, comme s'il n'en avait pas fait délivrance.

ART. 931. L'hypothèque de la veuve, dont il est parlé sous le n° 4 de l'article 906, est constituée par le titre qui lui donne droit aux épingles, arrhes ou apanages.

ART. 932. L'hypothèque des créanciers d'aliments, dont il est parlé sous le n° 5 de l'article 906, est constituée par le titre d'où résulte la créance alimentaire.

§ UNIQUE. S'il y a des biens spécialement affectés à la garantie de cette créance, l'hypothèque sera inscrite sur ces biens; s'il n'y a pas eu d'affectation spéciale, ou si l'affectation porte sur la totalité d'un patrimoine, l'hypothèque peut être inscrite sur tous les immeubles du débiteur ou sur ceux dont se compose la totalité du patrimoine affecté; sauf, dans tous les cas, le droit du débiteur de demander la réduction dans les conditions de l'article 909.

ART. 933. L'hypothèque mentionnée dans les titres des établissements de crédit foncier sera inscrite sur les biens désignés dans ces titres.

ART. 934. L'hypothèque dont il est parlé sous le n° 7 de l'article 906 est constituée par le titre légal du partage et sera inscrite sur les biens attribués aux copartageants.

ART. 935. L'hypothèque dont il est parlé sous le n° 8 de l'ar-

---

Art. 931. — Voir la note sous l'art. 906.

cle 906 est constituée par le testament et sera inscrite sur les biens assujettis au payement du legs.

ART. 936. Les hypothèques volontaires sont constituées par les contrats ou les dispositions de dernière volonté qui les établissent et ne peuvent être inscrites que sur les biens nominativement désignés par le titre, ou, à défaut de cette désignation, sur tous les biens du débiteur ou du testateur, sauf le droit de faire restreindre l'hypothèque suivant l'article 909.

ART. 937. S'il y a doute sur la valeur des biens qui doivent être hypothéqués, ces biens pourront être préalablement estimés; mais cette estimation ne se fera judiciairement que si la preuve de l'inscription provisoire de l'hypothèque est rapportée.

SOUS-SECTION VI.

DE LA PURGE DES HYPOTHÈQUES.

ART. 938. Le nouvel acquéreur d'un immeuble hypothéqué, qui veut purger l'hypothèque ou les hypothèques, peut arriver à ce résultat par l'un ou l'autre des moyens suivants :

1° En payant intégralement aux créanciers hypothécaires les dettes pour lesquelles l'immeuble était hypothéqué;

2° En consignant le prix d'adjudication de l'immeuble, lorsqu'il s'en est rendu acquéreur aux enchères publiques;

3° En déclarant en justice qu'il est prêt à remettre aux créanciers, en payement de leurs créances, son prix d'acquisition ou la

---

Art. 936. — *C. fr.*, art. 2127, 2129, 2161. — *L. hyp. esp.*, art. 9, 138; *Règl.*, art. 25. — *C. ital.*, art. 1979.

Art. 938, 1°. — *C. fr.*, art. 2181-2184. — *C. ital.*, art. 2040, 2044.

Art. 938, 3°. — Voir art. 941 et 943.

somme à laquelle il évalue l'immeuble, s'il n'est pas acquéreur à titre onéreux.

§ UNIQUE. Les dispositions du présent article reçoivent leur application dans le cas prévu par le paragraphe 1 de l'article 1484.

ART. 939. Dans tous les cas indiqués en l'article qui précède, le nouveau possesseur de l'immeuble fera citer tous les créanciers hypothécaires inscrits à comparaître en justice pour y recevoir la portion du prix qui leur revient, et pour entendre déclarer l'immeuble libéré et affranchi de l'hypothèque ou des hypothèques dont il était grevé.

ART. 940. Si la dette garantie par l'hypothèque a pour objet des prestations successives n'ayant pas le caractère de charge réelle de la propriété, la purge s'opère par la consignation faite en numéraire, en fonds publics ou en actions d'une banque légalement établie, du capital correspondant à ces prestations.

§ 1. Le capital ainsi consigné est restitué au déposant ou à ses ayants cause, dès que la dette à raison de laquelle il a été consigné se trouve éteinte par une cause quelconque.

§ 2. Tant que dure la consignation, le créancier perçoit les intérêts ou dividendes des titres consignés, dont le choix, d'ailleurs, dépend de la volonté du déposant, pourvu que celui-ci assure au créancier l'exécution intégrale de la prestation.

ART. 941. Toute personne intéressée peut poursuivre l'adjudication de l'immeuble pour un prix supérieur à celui moyennant

---

Art. 939. — Voir art. 944, 946 et 947.

Art. 940. — Comp. *L. hyp. esp.*, art. 131.

Art. 941. — *C. fr.*, art. 2185. — *C. ital.*, art. 2045.

lequel le nouveau possesseur l'a acquis, ou à la valeur qu'il lui attribue, dans les cas suivants :

1° Lorsque le nouveau possesseur ne purge pas les hypothèques suivant l'un des modes établis par l'article 938;

2° Lorsque le nouveau possesseur qui veut purger l'hypothèque par l'un des moyens indiqués au n° 3 de l'article 938 offre en payement aux créanciers une somme inférieure au montant des créances privilégiées ou hypothécaires et des charges réelles inscrites avant les hypothèques dont l'immeuble était grevé.

Art. 942. Si, dans le cas de l'article précédent, le prix dont il s'agit n'est pas couvert aux enchères, les intéressés exerceront leurs droits sur ce prix, sauf l'action contre le débiteur originaire pour ce qui reste dû.

§ unique. En ce qui touche la portion de leur créance qu'ils n'ont pu réaliser par les poursuites hypothécaires, les créanciers seront considérés comme chirographaires.

Art. 943. Même si le créancier qui a requis l'adjudication se désiste de la poursuite, la procédure n'en suivra pas moins son cours régulier, si un autre créancier s'oppose au désistement du poursuivant.

Art. 944. Il sera statué par défaut sur les droits du créancier qui ne comparaît pas, quoique régulièrement assigné, et la somme qui lui est attribuée par le jugement sera consignée.

Art. 942. — Voir art. 945, 1014 et 1016.

Art. 943. — *C. fr.*, art. 2190. — *C. ital.*, art. 2051.

Ces deux Codes décident que le désistement du créancier ne peut empêcher l'adjudication publique, si ce n'est du consentement exprès de tous les autres créanciers hypothécaires.

Art. 945. Toutefois, si cette somme ne suffit pas pour acquitter la dette en principal et intérêts, le créancier défaillant conservera, comme créancier chirographaire, tous ses droits contre le débiteur pour le surplus de sa créance.

Art. 946. Lorsque les créanciers comparants ont été effectivement payés et les sommes dues aux défaillants consignées, l'immeuble sera déclaré, par jugement, libéré et affranchi d'hypothèques, et les inscriptions seront radiées.

Art. 947. Le jugement, toutefois, ne sera jamais prononcé, que s'il est prouvé que tous les créanciers figurant sur l'état des inscriptions délivré par le conservateur ont été régulièrement assignés.

Art. 948. Le créancier inscrit qui, pour une cause quelconque, a été omis dans l'état des inscriptions délivré par le conservateur, ou qui n'a pas été cité, quoiqu'il fût porté sur l'état, conservera son droit hypothécaire, quel que soit le jugement rendu à l'égard des autres créanciers.

SOUS-SECTION VII.

DE L'INSCRIPTION.

DIVISION PREMIÈRE.

DE L'INSCRIPTION EN GÉNÉRAL.

Art. 949. Sont soumises à l'inscription :

1° Les hypothèques;

Art. 946. — *C. fr.*, art. 2186. — *C. ital.*, art. 2046.

Art. 949. — *L. fr.* 23 *mars 1855*, art. 1, 2, 3. — *C. esp.*, art. 605-608; *L. hyp.*, art. 2. — *C. ital.*, art. 1932-1934.

Voir art. 951, 966-968, 972 et 973.

2° Les charges réelles;

3° Les actions réelles qui ont pour objet des immeubles déterminés et toutes autres qui tendent à la propriété ou à la possession d'immeubles déterminés; les actions en nullité ou en radiation d'inscription; les jugements rendus sur ces mêmes actions et passés en force de chose jugée;

4° Les transmissions de propriété immobilière, à titre gratuit ou à titre onéreux;

5° La possession dans les termes de l'article 524;

6° La saisie immobilière.

§ 1. Le droit de propriété peut également être inscrit, si le propriétaire le requiert.

§ 2. Sont seuls réputés charges réelles, pour l'application du n° 2 du présent article :

1° Le droit de servitude et celui de vaine pâture (*compascuo*);

2° L'usage, l'habitation et l'usufruit;

3° L'emphytéose et la sous-emphytéose;

4° La rente (*censo*) et le *quinhão;*

5° La dot;

6° Le bail de plus d'une année s'il y a payement anticipé du loyer, ou de plus de quatre années dans le cas contraire;

7° L'affectation des revenus au payement d'une somme déterminée, ou pour un nombre d'années déterminé.

M. Da Silva Ferrao, chargé par le Gouvernement portugais de préparer un Code réglementaire du Crédit foncier, présenta le 12 juillet 1858, à la Chambre des Pairs, un projet qui consacrait de la façon la plus absolue le principe de la publicité. [Voir sur ce projet une étude de M. A. Sagot-Lesage, dans la *Revue historique de droit français et étranger*, t. VI (1860), p. 219-253.]

Compascuo : droit de pâture sur des fonds appartenant par indivis à plusieurs co-propriétaires. (Voir plus loin, art. 2262-2266.)

Pour le droit de *quinhão*, voir art. 2190-2196.

ART. 950. L'inscription doit être faite à la conservation dans le ressort de laquelle est situé l'immeuble auquel elle se rapporte, et non ailleurs, à peine de nullité.

§ UNIQUE. Si l'immeuble est situé dans les ressorts de plusieurs conservations, l'inscription doit être faite à chacune de ces conservations.

ART. 951. Les titres et droits soumis à l'inscription, lorsqu'ils n'ont point été inscrits, peuvent néanmoins être invoqués en justice par les parties entre elles, leurs héritiers ou leurs ayants cause; mais, à l'égard des tiers, ils n'ont d'effet qu'à partir de leur inscription.

§ UNIQUE. La dernière partie du présent article n'est cependant pas applicable aux mutations qui ont pour objet la propriété d'un immeuble indéterminé.

ART. 952. La possession ne peut être invoquée en justice pour faire preuve de la propriété, s'il n'est établi qu'elle est inscrite; mais, lorsqu'elle est inscrite, elle a, pour tous ses effets légaux, son point de départ à l'époque déterminée par les dispositions du présent Code.

§ UNIQUE. Il n'est point nécessaire, pour exercer les actions purement possessoires, de justifier de l'inscription de la possession.

Art. 950. — *C. fr.*, art. 2181; *L. fr. 23 mars 1855*, art. 1. — *C. ital.*, art. 1938, 1981.

Voir art. 964, 979 et 995-997.

Art. 951. — *C. fr.*, art. 2134; *L. fr. 23 mars 1855*, art. 3. — *C. esp.*, art. 606; *L. hyp.*, art. 2 (Arrêt du Trib. supr., 16 nov. 1870). — *C. ital.*, art. 1942.

C'est ce qui distingue les systèmes français, espagnol, italien et portugais du système allemand, qui comporte d'ailleurs la même organisation de registres fonciers.

Art. 952. — Voir art. 523, 524 et 949, 5°.

Art. 953. L'inscription du titre translatif de propriété sans condition suspensive implique, indépendamment de toute autre formalité, translation de la possession à la personne au profit de qui elle est faite.

Art. 954. La délivrance et l'entrée en possession judiciaire des immeubles non compris dans l'exception établie par le paragraphe unique de l'article 951, ne peuvent, en aucun cas et sous peine de nullité, avoir lieu qu'après inscription de l'acte juridique en vertu duquel elles sont requises.

Art. 955. Les actes modificatifs ou translatifs de propriété faits par l'acquéreur au titre du paragraphe unique de l'article 951, ou par ses héritiers ou ayants cause, sont nuls, à l'égard des tiers, lorsqu'après détermination des immeubles transmis, la mutation n'a point été inscrite.

Art. 956. Le rang des inscriptions se détermine par la date du jour où elles ont eu lieu : celles qui ont été requises le même jour ont toutes la même date.

§ 1. En cas de concours de plusieurs inscriptions de même espèce et de même date, le rang se déterminera par le numéro d'ordre; entre inscriptions de même date, mais d'espèces différentes, le rang se déterminera par l'ordre de la présentation à l'inscription, constaté sur le livre journal.

§ 2. La disposition du paragraphe précédent ne s'applique pas aux inscriptions hypothécaires qui concourent entre elles; ces inscriptions, lorsqu'elles ont été faites à la même date, produisent effet conformément à l'article 1017.

Art. 956. — *C. fr.*, art. 2134, 2147. — *L. hyp. esp.*, art. 25, 26, 28. — *C. ital.*, art. 2007-2009.

ART. 957. Il est tenu, dans chaque conservation des hypothèques, en vue des inscriptions :

1° Un livre journal;

2° Un registre des descriptions;

3° Un registre des inscriptions;

4° Un registre des hypothèques;

5° Un registre des mutations.

§ 1. Le livre journal est destiné à constater sommairement, jour par jour, les réquisitions d'inscriptions dans l'ordre où elles sont présentées.

§ 2. Le registre des descriptions est destiné à la description des immeubles sur lesquels inscription est prise pour la première fois, et à l'indication des additions, divisions et autres modifications que viennent à subir, par la suite, les immeubles.

§ 3. Le registre des inscriptions est destiné à l'inscription de tous les faits mentionnés dans l'article 955, excepté les hypothèques et les mutations.

§ 4. Le registre des hypothèques est exclusivement destiné à l'inscription des hypothèques.

§ 5. Le registre des mutations est destiné à l'inscription des mutations totales ou partielles qui surviennent dans chacun des

---

Art. 957. — *C. fr.*, art. 2200 modifié par la loi du 5 janvier 1875, et 2201. — *C. ital.*, art. 2071-2073.

D'après le texte primitif de la loi hypothécaire espagnole, les registres se subdivisaient en deux sections, l'une de propriété, l'autre hypothécaire. Lorsqu'on a revisé la loi de 1861, on a supprimé les registres hypothécaires spéciaux; les hypothèques s'inscrivent maintenant sur les mêmes registres que tous les autres droits réels (art. 222 et suiv.).

Voir la note sous l'art. 987.

immeubles décrits sur le registre spécial qui leur est destiné, quel que soit le mode légal suivant lequel elles s'opèrent.

§ 6. Les descriptions portées sur le registre indiqué au n° 2 devront être rattachées aux inscriptions hypothécaires ou autres, et aux mutations, et *vice versa*, par le moyen de mentions sommaires faites en marge sur chacun des registres employés, dans les formes prescrites par les règlements sur la matière.

Art. 958. Les inscriptions seront opérées par extraits sur le registre, à mesure qu'elles sont requises, conformément aux dispositions de l'article précédent.

Art. 959. L'extrait pour le registre des descriptions doit contenir :

1° Un numéro d'ordre;

2° La date à laquelle il a été dressé, par an, mois et jour;

3° Le nom, la nature et la situation, et, autant que possible, les tenants et aboutissants et la contenance de l'immeuble qu'il concerne;

4° L'évaluation de l'immeuble, lorsqu'elle est fournie, et, à défaut, sa valeur vénale, son revenu annuel ou son rendement tel que le requérant l'indique par déclaration écrite, ou tel qu'il résulte du titre ou document produit;

5° L'année et le numéro de la liasse où se trouve le titre ou la déclaration en vertu duquel ou de laquelle l'inscription a été prise, ou l'indication de l'étude ou du dépôt public où le titre est conservé.

Art. 958. — Entre les deux systèmes de la transcription et de la simple inscription des titres, le législateur portugais, comme le législateur espagnol, a opté pour le système de l'inscription, qui présente une précision suffisante, tout en étant beaucoup moins compliqué, moins long et moins dispendieux.

Art. 959. — *L. hyp. esp.*, art. 9-14; *Règl.*, art. 25.

Voir Règlem. du 28 avril 1870, art. 104. — L'article 205 de ce règlement punit de la suspension pendant un an le conservateur qui omet de porter sur le registre des descriptions l'une des indications exigées par la loi.

Art. 960. L'extrait pour le registre des inscriptions, outre un numéro d'ordre, et la date par an, mois et jour, tant du titre que de sa présentation à l'inscription, doit contenir :

§ 1. Les nom, qualités, profession et domicile :

1° Du possesseur, s'il s'agit d'une hypothèque, d'une charge réelle ou de la possession;

2° Du cédant, s'il s'agit d'une mutation;

3° Du défendeur ou condamné, s'il s'agit d'une action en justice ou d'un jugement;

4° Du saisi, s'il s'agit d'une saisie.

§ 2. Les nom, qualités, profession et domicile :

1° Des personnes au profit desquelles l'hypothèque ou la charge réelle est établie, ou la désignation du fonds dominant, s'il s'agit d'une servitude;

2° De la personne en faveur de qui la cession est faite, s'il s'agit d'une mutation de biens immobiliers;

3° Du demandeur, s'il s'agit d'une action en justice ou d'un jugement;

4° Du saisissant, s'il s'agit d'une saisie.

§ 3. Le montant de la créance garantie par l'hypothèque, ou du prix de la mutation, ou de la dette pour laquelle la saisie a été pratiquée;

§ 4. Les conditions sous lesquelles existent l'hypothèque, la mutation ou la charge réelle;

§ 5. L'année et le numéro de la liasse où se trouve le titre ou la déclaration, en vertu duquel ou de laquelle l'inscription est prise, ou l'indication de l'étude ou du dépôt public où le titre est conservé.

IMPRIMERIE NATIONALE.

Art. 961. Le conservateur, en cas d'omission de l'une des indications prescrites par l'article 959, sera suspendu de son emploi pendant un an et sera, en outre, responsable du dommage résultant de cette omission.

Art. 962. A l'égard des déclarations prescrites par l'article 960, le conservateur n'est tenu de porter sur son extrait que celles qui résultent du titre inscrit. En cas d'omission, il est passible de poursuites plus ou moins rigoureuses, selon l'importance de l'omission et la gravité du dol ou de la faute.

Art. 963. Le conservateur délivrera à la personne qui a requis l'inscription un certificat de l'inscription opérée, collationné avec l'original et signé; ce certificat fera preuve en justice de l'accomplissement de la formalité.

§ unique. Lorsque le certificat d'inscription est détruit par cas fortuit, ou perdu, le créancier peut s'en faire délivrer par le conservateur un nouveau qui aura la même valeur que l'ancien.

Art. 964. Les hypothèques constituées à l'étranger sur les biens situés en Portugal n'ont d'effet que du jour où elles ont été inscrites à la conservation d'où dépendent les biens.

Art. 965. L'effet de l'inscription subsiste tant que celle-ci n'a point été rayée.

Art. 961, 962. — *C. fr.*, art. 2197, 2198, 2202, 2203. — *L. hyp. esp.*, art. 313, 316, 320. — *C. ital.*, art. 2067, 2075.

Art. 963. — *C. ital.*, art. 1988, 2071, § 3.

Art. 965. — Voir art. 974.

DIVISION II.

DE L'INSCRIPTION PROVISOIRE.

Art. 966. Il y aura des inscriptions provisoires, lesquelles seront faites sur les mêmes registres que les inscriptions définitives.

Art. 967. Peuvent être provisoirement inscrites :

1° Toutes les hypothèques volontaires et les hypothèques légales mentionnées sous les nos 3 et 6 de l'article 906 ;

2° Les charges réelles ;

3° Les mutations opérées par contrat ;

4° Les actions en justice ;

5° Et en général tous les faits mentionnés dans l'article 949, dont le conservateur refuserait l'inscription définitive en vertu de l'article 981.

Art. 968. L'inscription provisoire est obligatoire pour les dots, pour les hypothèques qui garantissent les dots ou épingles (*alfinetes*)

Art. 966. — Les prénotations ou annotations préventives (*annotaciones preventivas*), pour employer l'expression dont se sert la loi hypothécaire espagnole (art. 42 et suiv.), ont été surtout imaginées pour remplacer lesh ypothèques judiciaires. C'est une simple mesure conservatoire. Elles ne transforment pas le droit du créancier : elles le maintiennent tel qu'il est et le sauvegardent pour le cas où la chose viendrait à périr ou le débiteur à tomber en déconfiture. On a étendu le système des prénotations pour garantir certains droits réels existants, mais non encore susceptibles d'inscription définitive, soit parce qu'ils ne sont que provisoires, soit parce que la véritable importance n'a pu encore en être déterminée, soit enfin parce que le titre présenté à l'inscription renferme quelque vice ou, du moins, quelque incertitude.

Art. 967, 4°. — *L. hyp. esp.*, art. 42, 43.

Art. 967, 5°. — *L. hyp. esp.*, art. 65, 66, 277, 278.

Art. 968. — Voir art. 1025.

dans le cas de l'article 929, et pour les actions en justice. Elle est facultative dans tous les autres cas.

Art. 969. L'inscription provisoire, dont il est parlé sous les nos 1, 2 et 3 de l'article 967, excepté celle de l'hypothèque dont il s'agit dans le no 3 de l'article 906, pourra être faite sur les simples déclarations écrites et signées du possesseur de l'immeuble qu'elle concerne, l'écriture et la signature étant certifiées par un notaire. Si le possesseur ne sait ou ne peut écrire, il pourra faire écrire par un tiers sa déclaration et la faire signer par ce tiers et par deux témoins en sa présence et en présence d'un notaire qui certifie au bas de l'acte le fait et les signatures. Ces déclarations doivent contenir toutes les particularités nécessaires à la rédaction du registre d'inscriptions, et aussi du registre de description, s'il n'en a pas encore été fait.

§ 1. L'inscription provisoire, dont il est parlé sous le no 4, sera faite sur la présentation d'un certificat établissant que l'action est introduite devant la juridiction contentieuse. La personne qui présente ce certificat doit, en outre, donner par écrit tous les renseignements nécessaires pour l'inscription; cette inscription peut également avoir lieu sur la présentation d'un certificat établissant que la procédure est annulée.

§ 2. L'inscription provisoire, dont il est parlé sous le no 5, sera faite sur le vu d'un certificat constatant le refus par le conservateur d'opérer l'inscription définitive, si celui qui l'a demandée l'exige.

Art. 970. L'inscription provisoire des faits juridiques men-

Art. 969. — Voir art. 974-976.

Art. 970. — *L. hyp. esp.*, art. 70, 85.

tionnés sous les n°s 1, 2, 3 et 5 de l'article 967 est convertie en inscription définitive sur le vu et par la mention du titre légal qui doit être enregistré; l'inscription provisoire de l'action en justice est également convertie en inscription définitive par la mention du jugement passé en force de chose jugée.

Art. 971. L'inscription provisoire de la dot, de l'hypothèque dotale et des épingles (*alfinetes*) ne peut avoir lieu que sur la présentation d'une expédition régulière ou d'un extrait du contrat de mariage; elle ne devient définitive que par la mention du certificat de mariage.

Art. 972. L'inscription provisoire est soumise aux règles établies dans la division précédente pour les formes de l'inscription définitive.

Art. 973. L'inscription provisoire devenue définitive conserve le rang qu'elle avait comme inscription provisoire.

Art. 974. L'inscription provisoire s'éteint lorsqu'elle n'est pas devenue définitive ou n'a pas été renouvelée comme provisoire dans l'année de sa date.

§ unique. Le présent article n'est pas applicable à l'inscription provisoire mentionnée dans l'article 976.

Art. 975. L'inscription provisoire de l'action en justice peut

---

Art. 972. — Comp. *L. hyp. esp.*, art. 76.

Art. 973. — *L. hyp. esp.*, art. 70.

Art. 974. — Suivant la loi hypothécaire espagnole, la prénotation ne produit généralement effet que pendant un délai de 60 jours.

Art. 975. — *L. hyp. esp.*, art. 86, 92, 93, 95, 96; *Règl.*, art. 79, 81.

être renouvelée moyennant la production d'un certificat établissant que l'instance se poursuit.

§ UNIQUE. Cette inscription peut aussi être renouvelée sur la production d'un certificat établissant l'annulation de la procédure; mais, dans ce cas, elle deviendra nulle, si l'action n'est pas reprise dans les 60 jours.

ART. 976. Peut encore être inscrite provisoirement l'hypothèque convenue pour la garantie du paiement des dépenses de construction, réparation ou amélioration de bâtiments, de défrichement, plantation, drainage ou asséchement d'héritages ruraux, pourvu que les immeubles auxquels doivent s'appliquer les dépenses soient spécifiées, ainsi que le montant de ces dépenses et le délai stipulé pour l'exécution du contrat.

§ UNIQUE. Cette inscription sera faite sur la présentation du titre constatant le contrat, et pourra être convertie en inscription définitive, à l'expiration du délai stipulé et même durant le mois qui suit, par la mention de l'acte qui prouve que le contrat a été exécuté par l'entrepreneur et que le prix des travaux lui est encore dû en tout ou partie. Dans ce dernier cas, le montant des sommes encore dues devra être indiqué, et l'inscription ne vaudra que jusqu'à concurrence de ces sommes.

ART. 977. L'inscription provisoire dont il est parlé dans l'article 971 peut être indéfiniment renouvelée, tant qu'elle n'est pas devenue définitive.

Art. 976. — *L. hyp. esp.*, art. 59-64.

La prénotation a ici pour but de conférer par contrat à l'architecte ou à l'entrepreneur qui fait des avances pour la réparation d'une maison la garantie que lui accorde la loi française sous la forme d'un privilège.

DIVISION III.

DES TITRES QUI PEUVENT ÊTRE ADMIS À L'INSCRIPTION.

Art. 978. Sont seuls susceptibles d'être inscrits définitivement:

1° Les expéditions des jugements;

2° Les procès-verbaux de conciliation;

3° Les certificats des délibérations des conseils de famille ou des ordonnances du juge, prises ou rendues dans les limites de leur compétence;

4° Les écrits, testaments ou autres documents authentiques;

5° Les titres des établissements de crédit foncier régulièrement autorisés;

6° Les actes sous seing privé constatant des conventions dont l'objet n'excède pas 50,000 *reis* (280 francs), pourvu qu'ils soient autorisés par le présent Code et que toutes les formalités qu'il prescrit aient été remplies;

7° Les baux de biens immeubles pour une durée de plus de quatre ans, ou de plus d'un an s'il y a payement anticipé de loyers.

Art. 979. L'inscription des hypothèques consenties en pays étranger ne peut avoir lieu en Portugal qu'après légalisation régulière du titre constitutif.

Art. 978. — *L. fr.* 23 *mars* 1855, art. 1, 2. — *L. hyp. esp.*, art. 2. — *C. ital.*, art. 1932-1935.

Voir art. 980, 1025, 1459 et 1590.

Art. 979. — *C. fr.*, art. 2128. — *L. hyp. esp.*, art. 5; *Règl.*, art. 9. — *C. ital.*, art. 1935, § 3, art. 1990.

Art. 980. Les titres dont il est fait mention dans l'article 978 ne pourront être inscrits que s'il est justifié du payement ou d'une garantie suffisante du payement des droits auxquels ils donnent lieu au profit du trésor public, et, lorsque la dette hypothécaire produit intérêts en vertu de la convention, si le certificat nécessaire (*manifesto*) a été fait.

§ unique. Le conservateur qui inscrit ces titres en contravention au présent article sera suspendu de son emploi pendant un an et répondra des dommages-intérêts, si l'un des intéressés fait prononcer par justice la nullité de l'inscription.

Art. 981. Le conservateur peut refuser l'inscription définitive des titres manifestement nuls ou illégaux; et, s'il s'agit d'actes sous seing privé, il peut également refuser de les inscrire, lorsque les

---

Art. 980. — Cette disposition, d'ordre fiscal, a pour but d'assurer le recouvrement de l'impôt du dixième des intérêts des créances, établi en 1654 et récemment réglementé (loi du 18 août 1887).

On appelle *manifesto* la déclaration que doit faire aux agents du fisc le débiteur de l'impôt.

Art. 980, § unique. — *C. fr.*, art. 2197, 2198, 2202, 2203. — *L. hyp. esp.*, art. 313, 316, 320. — *C. ital.*, art. 2067, 2075.

Art. 981. — *L. hyp. esp.*, art. 65, 66.

En principe, on ne doit inscrire sur le registre que des obligations régulières et pouvant produire un effet légal. Il y a toutefois lieu d'examiner si le vice dont elles sont entachées est réparable ou ne l'est pas. Dans le premier cas, c'est-à-dire si la validité du titre est compromise sans que l'obligation elle-même soit nécessairement nulle, le conservateur se borne à faire une prénotation. Dans le second cas, le conservateur refuse tout à la fois d'inscrire et de prénoter, sauf le droit des parties de se pourvoir devant les tribunaux compétents en validation tant du titre que de l'obligation. Si le conservateur a un doute, il peut en référer à ses supérieurs hiérarchiques, et alors, pour sauvegarder les droits des parties, il fait une prénotation provisoire (art. 277, 278).

signatures ne sont pas certifiées et qu'il doute de leur sincérité. Dans ce cas, le conservateur indiquera le motif de son refus et opérera l'inscription provisoire.

§ 1. Lorsque le refus est fondé sur ce que les signatures ne sont pas certifiées, l'inscription deviendra définitive dès que l'acte sera représenté muni des signatures certifiées ou que l'authenticité des signatures sera établie.

§ 2. Lorsque le refus est fondé sur la nullité ou l'illégalité du titre, la question sera tranchée par justice, sur les conclusions du ministère public, et l'inscription deviendra définitive dès que le jugement statuant en ce sens sera passé en force de chose jugée et présenté au conservateur.

Art. 982. Le conservateur n'encourt point de responsabilité en raison de son refus, lors même que le motif n'en est pas jugé valable, à moins qu'il ne soit prouvé qu'il y a eu dol de sa part.

Art. 983. Le titre à inscrire sera représenté en double exemplaire au conservateur qui vérifiera l'identité, à moins que l'original ou une copie authentique de ce titre ne soit conservé dans une étude ou dépôt public d'où il ne doive point sortir.

Art. 984. Quiconque fait inscrire l'un des actes mentionnés dans l'article 949, lorsque cet acte n'a point d'existence juridique, sera responsable de dommages-intérêts, et, s'il y a dol de sa part, encourra les peines applicables au crime de faux.

Art. 982. — Cette solution se justifie puisque, par l'inscription provisoire, les droits des parties sont sauvegardés.

Art. 984. — Voir art. 2458.

DIVISION IV.

DE LA PUBLICITÉ DES REGISTRES ET DE LA RESPONSABILITÉ DES CONSERVATEURS.

Art. 985. Les conservateurs sont tenus de communiquer leurs registres à tous ceux qui le requièrent et de délivrer les certificats positifs ou négatifs qui leur sont demandés, tant des descriptions que des inscriptions et mentions en marge relatives aux immeubles situés dans l'étendue de leurs conservations respectives.

Art. 986. Les conservateurs sont responsables, sans préjudice des peines criminelles qu'ils peuvent encourir, des dommages qu'ils occasionnent :

1° En refusant ou en tardant à recevoir les documents qui leur sont présentés pour être inscrits;

2° En omettant de faire les descriptions et les inscriptions légalement requises;

3° En refusant d'expédier promptement les certificats qui leur sont demandés;

4° En commettant des omissions dans ces certificats.

§ unique. Dans les cas prévus par les n°s 1 et 3, les intéressés doivent faire constater immédiatement par deux témoins le refus du conservateur et en faire dresser acte par un notaire ou un greffier, pour leur servir de preuve en justice.

Art. 985. — *C. fr.*, art. 2196. — *L. hyp. esp.*, art. 279-281, 288. — *C. ital.*, art. 2066.

Art. 986, 1°. — *C. fr.*, art. 2199. — *L. hyp. esp.*, art. 313. — *C. ital.*, art. 2069.

Art. 986, 2°. — *C. fr.*, art. 2197, 2202. — *L. hyp. esp.*, art. 313. — *C. ital.*, art. 2067, 2075.

Art. 986, 3°. — *L. hyp. esp.*, art. 286, 295, 296.

Art. 986, 4°. — *C. fr.*, art. 2197, 1°. — *L. hyp. esp.*, art. 284. — *C. ital.*, art. 2067, 1°, art. 2068.

ART. 987. L'organisation des conservations, les droits et les autres obligations des conservateurs feront l'objet d'un règlement spécial.

DIVISION V.

DE LA RADIATION DES INSCRIPTIONS PROVISOIRES ET DÉFINITIVES.

ART. 988. Les inscriptions peuvent être rayées du consentement des intéressés ou en vertu de la loi.

ART. 989. La radiation s'opère par la mention que fait le conservateur, en marge de l'inscription, de son annulation totale ou partielle.

ART. 990. L'inscription provisoire pourra être rayée sur la présentation d'un acte authentique ou authentiqué, émané des parties, lorsqu'il s'agit :

1° D'une hypothèque ;

2° D'une charge réelle;

3° D'une mutation de propriété résultant d'un contrat.

Art. 987. — Le règlement prévu et annoncé par cet article a été publié le 14 mai 1868; il a été modifié et complété par un décret du 28 avril 1870. Des conservations des hypothèques ont été créées dans tous les arrondissements judiciaires, en vertu d'un décret du 17 décembre 1869 et de plusieurs décrets postérieurs.

Une commission a été instituée, le 7 décembre 1882, pour reviser toutes les dispositions législatives et réglementaires concernant l'inscription des droits réels et les conservations des hypothèques. Cette commission a été dissoute par décret du 10 juin 1886; le résultat de ses travaux ne semble pas avoir été publié.

Art. 988. — *C. fr.*, art. 2157. — *L. hyp. esp.*, art. 82. — *C. ital.*, art. 2033, 2036.

Voir art. 991.

Art. 989. — *L. hyp. esp.*, art. 78. — *C. ital.*, art. 2038, § 2.

Art. 990. — *L. hyp. esp.*, art. 85; *Règl.*, art. 74.

§ 1. L'inscription provisoire d'une action en justice peut être rayée sur la présentation d'un document établissant le débouté de l'action, ou le désistement du demandeur, ou la non-recevabilité de sa demande, sauf dans le cas du paragraphe unique de l'article 975.

§ 2. L'inscription provisoire faite par suite du refus d'opérer l'inscription définitive peut être rayée sur la présentation d'un jugement définitif déclarant valables les motifs du refus du conservateur.

Art. 991. L'inscription provisoire sera rayée en vertu de la loi, lorsque le délai dans lequel elle devait être renouvelée ou convertie en inscription définitive est expiré, sans que le renouvellement ou la conversion ait été dûment requis.

Art. 992. La radiation de l'inscription définitive peut être requise par la personne au profit de laquelle cette inscription avait été prise, ou même par celle contre laquelle elle avait été prise, ou par tout autre intéressé à la radiation, à la condition de justifier, par un document authentique ou authentiqué, de l'extinction complète de la dette ou de la charge, ou de la cessation du fait qui avait donné lieu à l'inscription.

Art. 993. Les père et mère, comme administrateurs des biens de leurs enfants, les tuteurs des mineurs ou des interdits, et tous autres administrateurs, lors même qu'ils ont qualité pour recevoir payement et donner quittance, ne peuvent consentir la radiation de l'inscription de l'hypothèque appartenant à ceux qui sont sous leur tutelle ou leur administration, qu'en cas de payement effectif de la dette.

Art. 991. — *L. hyp. esp.*, art. 86, 92, 93, 96; *Règl.*, art. 79, 81.

Art. 994. Si la radiation d'une inscription définitive est requise en raison de la prescription de la dette, elle ne pourra être opérée que s'il est justifié d'un jugement passé en force de chose jugée qui déclare prescrit le droit de la personne au profit de laquelle existait cette inscription.

Art. 995. L'inscription prise par erreur ou indûment sera rayée en vertu de la demande en justice tendant à sa radiation.

Art. 996. Le juge compétent pour connaître de cette demande est celui dans le ressort duquel est située la conservation où l'inscription a été faite.

Art. 997. Lorsqu'en vertu d'un même titre, il aura été pris inscription dans plusieurs conservations, la demande doit être formée devant le tribunal dans le ressort duquel est située la partie la plus importante des biens grevés, c'est-à-dire celle qui supporte le plus de contributions directes, ou devant le tribunal du domicile du créancier inscrit, si quelqu'un des biens dont il s'agit est situé dans le ressort de ce tribunal.

Art. 998. La radiation d'une inscription définitive est nulle, si l'une des conditions ci-après fait défaut :

1° La déclaration expresse du conservateur compétent, qui certifie l'identité de la personne par qui la radiation est requise ou l'identité de deux témoins qui certifient celle de cette personne;

2° La justification du droit de cette personne à requérir la radiation et la production du document sur lequel sa réquisition est fondée;

Art. 995. — *L. hyp. esp.*, art. 79; *Règl*, art. 68.

3° L'indication des noms de toutes les personnes intéressées à la mention, et celle de la date et de la nature de l'inscription rayée.

Art. 999. La radiation sera déclarée nulle :

1° Lorsque la nullité ou la fausseté du titre, en vertu de laquelle elle a été faite, est déclarée par jugement;

2° Lorsqu'il existe un vice irrémédiable ou que la fraude est établie; mais, dans ces cas, la nullité ne pourra préjudicier aux tiers, que s'il a été formé, au sujet de cette nullité, une instance actuellement pendante et régulièrement inscrite.

DIVISION VI.

DE L'INSCRIPTION DES HYPOTHÈQUES ANTÉRIEURES À LA MISE EN VIGUEUR DU PRÉSENT CODE.

Art. 1000. Les hypothèques, qui, d'après les lois antérieures au présent Code, n'étaient pas soumises à l'inscription ou n'y étaient pas soumises relativement à des biens certains et déterminés, et qui subsisteront lors de la promulgation de ce Code, pourront être inscrites, conformément aux articles ci-après.

Art. 1001. Ces hypothèques, si elles sont spéciales, ne pourront être inscrites que sur les biens qui en sont spécialement grevés; si elles sont générales, elles pourront être inscrites sur tous les biens du débiteur, sauf le droit de celui-ci de demander la réduction.

Art. 1002. L'hypothèque destinée à assurer la responsabilité du tuteur, curateur ou administrateur pourra, dès que la valeur en

---

Art. 999. — Voir art. 1028 et 1029.

aura été déterminée conformément à l'article 919, être inscrite à la diligence du curateur, des membres du conseil de famille, s'il en existe un, ou des parents du mineur ou de l'interdit, sauf ce qui est dans l'article 984.

Art. 1003. L'hypothèque destinée à garantir la restitution de la dot ou des autres biens propres de la femme mariée, ou le payement des gains de survie (*arrhas*) ou du douaire (*apanagio*) pourra être inscrite à la requête de la femme, même non autorisée par son mari, ou d'un parent de la femme, ou de quiconque aura constitué la dot, sauf ce qui est dit dans l'article 984.

Art. 1004. Les inscriptions dont il vient d'être parlé sont régies par les dispositions de la présente sous-section, en tant qu'elles leur sont applicables.

SOUS-SECTION VIII.

DU CONCOURS ENTRE LES CRÉANCES PRIVILÉGIÉES ET HYPOTHÉCAIRES ET DE L'ORDRE DANS LEQUEL ELLES SONT PAYÉES.

Art. 1005. Il n'existe entre les créanciers, quant au payement de leurs créances sur le prix des biens du débiteur, d'autres causes de préférence que le privilège ou l'hypothèque.

Art. 1006. Le privilège confère un droit de préférence, indépendamment de l'inscription. L'hypothèque n'est une cause de préférence que lorsqu'elle est inscrite.

Art. 1003. — Voir art. 906, 3° et 4°, et la note.

Art. 1005. — *C. fr.*, art. 2094. — *C. esp.*, art. 1921 et suiv. — *C. ital.*, art. 1950.

Art. 1006. — *C. fr.*, art. 2095, 2134. — *C. ital.*, art. 1952, 1965.

DIVISION PREMIÈRE.

DU CONCOURS ENTRE LES CRÉANCES MOBILIÈRES.

ART. 1007. Les créanciers qui ont un privilège spécial sur certains meubles déterminés sont préférés à ceux qui ont un privilège général sur tous les meubles du débiteur.

ART. 1008. Le privilège mobilier du Trésor public dont il s'agit dans l'article 885 lui assure la préférence sur tous autres créanciers munis d'un privilège spécial ou général.

ART. 1009. En cas de concours entre privilèges mobiliers spéciaux de la même classe, le rang de chacun d'eux se détermine par l'ordre dans lequel les créanciers sont énumérés dans leur classe.

§ UNIQUE. La même règle s'applique en cas de concours entre privilèges mobiliers généraux.

ART. 1010. Les créanciers qui ont tous un privilège mobilier spécial sur les mêmes objets, et dont les créances ont toutes le même rang, seront payés, en cas de concours, au marc le franc sur le prix de l'objet ou des objets grevés de leurs privilèges.

§ UNIQUE. La même règle s'applique aux privilèges mobiliers généraux de même classe et de même rang.

Art. 1007. — *C. esp.*, art. 1926. — *C. ital.*, art. 1959.

Art. 1008. — *C. fr.*, art. 2098. — *C. esp.*, art. 1923, 1°, art. 1924, 1°, 2° A. — *C. ital.*, art. 1960, § 2.

Art. 1009. — *C. fr.*, art. 2096, 2102. — *C. esp.*, art. 1922. — *C. ital.*, art. 1953, § 2, art. 1960.

Art. 1010. — *C. fr.*, art. 2097. — *C. esp.*, art. 1926, 4°. — *C. ital.*, art. 1954.

Art. 1011. Chaque fois que les créanciers privilégiés, quels qu'ils soient, concourent entre eux, leur droit de préférence s'exercera sur le produit net de la chose, déduction faite des frais, prix de transport et autres, nécessités par la liquidation faite en vue du payement de ces créanciers.

DIVISION II.

DU CONCOURS ENTRE LES CRÉANCES IMMOBILIÈRES.

Art. 1012. Seront payés par préférence sur le prix des immeubles du débiteur :

1° Les créanciers qui ont un privilège immobilier;

2° Les créanciers qui ont une hypothèque inscrite.

Art. 1013. En cas de concours entre privilèges immobiliers, le rang se détermine par l'ordre dans lequel le présent Code énumère les créances qu'ils garantissent.

Art. 1014. En cas de concours entre plusieurs créanciers à raison de frais faits pour la conservation de la chose dans les circonstances indiquées sous le n° 2 de l'art. 887, si le total de leurs créances excède le cinquième dont il est parlé sous ce n° 2, la somme à payer en raison de ces frais se répartira au marc le franc entre ces créanciers, qui seront, pour ce qui leur reste dû, considérés comme créanciers chirographaires.

Art. 1012. — *C. fr.*, art. 2095. — *C. esp.*, art. 1923, 1927. — *C. ital.*, art. 1953, § 1.

Art. 1013. — *C. fr.*, art. 2096, 2103. — *C. esp.*, art. 1927. — *C. ital.*, art. 1953, § 2, art. 1961-1963.

Art. 1014. — Voir art. 1040, 1041, 1049, 3°, art. 1469 et 1470.

IMPRIMERIE NATIONALE.

Art. 1015. Il ne peut y avoir concours entre plusieurs hypothèques que lorsqu'elles grèvent le même immeuble, sans qu'il y ait à rechercher si le débiteur a ou n'a pas d'autres biens libres ou grevés.

Art. 1016. Celui ou ceux des créanciers qui, ayant concouru avec d'autres dans le cas de l'article précédent, n'ont point été payés de tout ou partie de leurs créances sur le prix de l'immeuble hypothéqué à leur profit, deviennent créanciers chirographaires pour ce qui leur reste dû, lors même que le débiteur aurait d'autres biens libres.

Art. 1017. En cas de concours entre créanciers hypothécaires, ils seront payés dans l'ordre de leurs inscriptions, et, s'ils sont inscrits à la même date, ils seront payés au marc le franc de leurs créances.

Art. 1018. Les dettes hypothécaires non inscrites, quoique légalement constituées, seront payées de la même manière que les dettes purement chirographaires, quelle que soit la cause de ces dettes et quel que soit l'acte qui en fait foi.

Art. 1019. Les hypothèques dont il s'agit dans l'article 1000 peuvent être admises à concourir avec d'autres, lors même qu'elles ne seraient pas inscrites dans l'année de la promulgation du pré-

---

Art. 1017. — *C. fr.*, art. 2147, 2166. — *C. esp.*, art. 1927, 2°. — *C. ital.*, art. 2008, 2009.

Art. 1019. — Une circulaire du 28 mars 1868 a étendu aux hypothèques déjà inscrites conformément à la législation antérieure à la loi du 1er juillet 1863 le délai d'une année prévu par l'art. 1019. Ce délai a été prolongé d'une année par le décret du 4 mars 1869; il a été l'objet de prolongations successives par l'effet de décrets ultérieurs.

sent Code, et, si elles sont inscrites dans l'année, elles primeront toutes les hypothèques constituées depuis cette promulgation, lors même que celles-ci auraient été inscrites les premières.

§ UNIQUE. En cas de concours entre plusieurs des hypothèques dont il s'agit dans l'article 1000, on observera les lois qui leur étaient applicables avant la promulgation du présent Code.

ART. 1020. Les hypothèques dont il s'agit dans l'article 1000, qui ne seraient inscrites définitivement qu'après l'expiration du délai fixé par l'article précédent, ne pourront concourir avec d'autres que dans les conditions indiquées par l'article 1017.

ART. 1021. La vente aux enchères (*arrematação*), l'adjudication, ou toute transmission d'un immeuble, par quelque moyen qu'elle s'opère, ne préjudicie point aux privilèges mobiliers spéciaux déjà constitués sur les fruits, revenus ou accessoires mobiliers de l'immeuble vendu aux enchères, adjugé ou transmis.

ART. 1022. Les charges réelles dont l'inscription est antérieure à celle de l'hypothèque d'où résulte l'expropriation, ou à celle de la transmission dont il s'agit dans l'article qui précède, suivent l'immeuble aliéné, et leur valeur se déduit de celle de cet immeuble.

ART. 1023. Les charges réelles dont l'inscription est postérieure à celle de l'hypothèque ou de la transmission ne suivent pas l'immeuble.

Art. 1021, 1022. — *C. fr.*, art. 2182, § 2. — *C. esp.*, art. 118. — *C. ital.*, art. 2012.

Voir art. 1055, 1142, 1143, 1252, 1468, 1581, 1606, 2218 et 2259.

§ UNIQUE. Néanmoins le présent article ne s'appliquera pas aux charges réelles constituées antérieurement à la promulgation du présent Code, qui auront été inscrites dans l'année de cette promulgation.

ART. 1024. L'expropriation, de quelque manière qu'elle ait lieu, rend immédiatement exigibles toutes les dettes dont l'immeuble est grevé.

ART. 1025. Il n'est fait aucune différence entre les créanciers à raison des titres en vertu desquels ils concourent, lorsque ces titres sont susceptibles d'inscription.

SOUS-SECTION IX.

DE L'EXTINCTION DES PRIVILÈGES ET DES HYPOTHÈQUES.

ART. 1026. Les privilèges s'éteignent :

1° Par l'extinction de la créance privilégiée;

2° Par la renonciation du créancier;

3° Par la prescription;

4° Dans les cas indiqués dans les paragraphes 1, 2, 3, 4 et 5 de l'article 882 et dans les paragraphes 1 et 2 de l'article 883, sans préjudice toutefois de la disposition du paragraphe 6 de l'article 882.

ART. 1027. Les hypothèques s'éteignent :

1° Par la purge (*expurgação*);

Art. 1023, § UNIQUE. — Un décret royal du 10 septembre 1868 décide que, dans l'hypothèse prévue par l'art. 1023, § unique, les droits d'emphytéose, de sous-emphytéose et de cens, pourront être valablement enregistrés dans les trois années qui suivront la promulgation du Code civil.

Art. 1024. — *C. fr.*, art. 2184.

Art. 1026, 1027. — *C. fr.*, art. 2180. — *L. hyp. esp.*, art. 79; *Règl.*, art. 66, 67. — *C. ital.*, art. 2029, 2030.

2° Par l'effet de jugements passés en force de chose jugée;

3° Par les modes indiqués sous les nos 1, 2 et 3 de l'article précédent relatifs à l'extinction des privilèges.

Art. 1028. L'extinction des hypothèques n'a d'effet qu'à partir de la mention qui en est faite en marge de l'inscription, et les tribunaux n'en peuvent tenir compte que sur la présentation du certificat qui constate cette mention.

Art. 1029. Lorsque la dette hypothécaire est éteinte par le payement, l'annulation de ce payement fera revivre l'hypothèque; mais si l'inscription a été rayée, l'hypothèque nouvelle ne prendra rang qu'à la date de la nouvelle inscription, sauf le droit pour le créancier de se faire indemniser par le débiteur du préjudice qu'il a éprouvé de ce chef.

CHAPITRE XI.

DES ACTES ET CONTRATS PASSÉS AU PRÉJUDICE DES TIERS.

Art. 1030. Les actes et contrats passés au préjudice des tiers peuvent être rescindés à la requête des intéressés, ainsi qu'il est dit ci-après.

Art. 1031. Les actes ou contrats simulés entre les parties, dans le but de frauder les droits des tiers, peuvent être annulés et rescindés à toute époque, sur la demande des personnes lésées.

§ unique. L'acte ou le contrat simulé est celui par lequel les parties déclarent ou reconnaissent faussement un fait qui ne s'est pas accompli ou une convention qu'elles n'ont pas faite.

Art. 1028. — *C. fr.*, art. 2160. — *L. hyp. esp.*, art. 525. — *C. ital.*, art. 2036, § 2.

Art. 1029. — *C. ital.*, art. 2031, 2032.

Art. 1032. Lorsqu'un acte ou contrat simulé est rescindé, la chose ou le droit sera restitué à son maître avec les fruits ou profits, s'il y en a.

Art. 1033. L'acte ou le contrat non simulé, mais passé par le débiteur au préjudice de son créancier, peut être rescindé à la requête du créancier lorsqu'il est postérieur à la créance, et qu'il a produit l'insolvabilité du débiteur.

Art. 1034. Si l'acte ou le contrat est à titre onéreux, il ne pourra être rescindé que s'il y a eu mauvaise foi, tant de la part du débiteur que de la part de l'autre partie.

Art. 1035. Lorsque l'acte ou le contrat est à titre gratuit, il peut être rescindé, lors même que les parties n'auraient pas été de mauvaise foi.

Art. 1036. Un débiteur est insolvable lorsque la somme de ses biens et créances, estimés à leur juste valeur, est inférieure à la somme de ses dettes. La mauvaise foi, dans ce cas, consiste dans la connaissance de cette situation.

Art. 1037. Si l'acquéreur originaire a transmis à un tiers la

---

Art. 1032. — *C. esp.*, art. 1295.

Voir art. 1044.

Art. 1033. — *C. fr.*, art. 1167. — *C. esp.*, art. 1111, 1291, 3°, art. 1292, 1297. — *C. ital.*, art. 1235.

Voir art. 1040, 1041, 1149, 3°, 1469 et 1470.

Art. 1034. — *C. ital.*, art. 1235, § 2.

Art. 1035. — *C. ital.*, art. 1235, § 2.

Le législateur italien veut que le débiteur soit de mauvaise foi.

chose acquise par lui, le tiers acquéreur profitera de sa bonne foi dans les termes ci-dessus, sauf le recours du créancier contre le cédant.

Art. 1038. La rescision peut avoir lieu, soit que le débiteur ait aliéné des biens qu'il possédait réellement, soit qu'il ait renoncé aux droits qui lui étaient échus et qui n'étaient pas exclusivement attachés à sa personne.

Art. 1039. Le payement fait par le débiteur insolvable avant l'échéance du terme peut également être annulé.

Art. 1040. Il n'y a plus lieu à l'action en rescision mentionnée dans l'article 1033 dès que le débiteur a satisfait à son obligation ou qu'il a acquis des biens suffisants pour se libérer.

Art. 1041. L'acquéreur poursuivi peut faire rejeter la demande en acquittant la dette.

Art. 1042. La fraude qui consiste uniquement à assurer indûment la préférence à un créancier n'a pour effet que de priver celui-ci de cet avantage.

Art. 1043. Si la partie qui prétend que le débiteur est insolvable établit le montant de ses dettes, ce débiteur est tenu de prouver qu'il a des biens de valeur égale ou supérieure.

Art. 1044. La rescision d'un acte ou contrat fait rentrer les

---

Art. 1038. — *C. fr.*, art. 1166. — *C. esp.*, art. 1111. — *C. ital.*, art. 1234.

Art. 1039. — *C. comm. fr.*, art. 446, § 3. — *C. esp.*, art. 1292. Voir art. 1042.

valeurs aliénées dans le patrimoine du débiteur, au profit de ses créanciers.

Art. 1045. L'action en rescision se prescrit par un an, à compter du jour où l'insolvabilité du débiteur a été judiciairement constatée.

CHAPITRE XII.

DE L'ÉVICTION.

Art. 1046. Lorsque l'acquéreur par contrat à titre onéreux est privé de l'objet de son acquisition par un tiers qui y a droit, il doit être indemnisé par son vendeur ainsi qu'il est dit ci-après.

Art. 1047. Le vendeur, même de bonne foi, doit rembourser intégralement :

1° Le prix de la chose ou ce ce qu'il a reçu de l'acquéreur évincé;

2° Les frais faits par l'acquéreur à l'occasion du contrat et du procès en éviction, sauf l'exception établie par l'article 1053;

3° Toutes les dépenses utiles et nécessaires dont il n'a pas été tenu compte à l'acquéreur par le vendeur évincé ou par celui qui l'a évincé.

§ 1. Si l'acquéreur a été condamné à restituer les revenus, il

---

Art. 1045. — *C. esp.*, art. 1299.

Art. 1046. — *C. fr.*, art. 1626. — *C. esp.*, art. 1475. — *C. ital.*, art. 1482.

Voir art. 1055, 1142, 1143, 1252, 1468, 1581, 1606, 4°, 2219, § 2, et 2159.

Art. 1047. — *C. fr.*, art. 1630, 1634. — *C. esp.*, art. 1478. — *C. ital.*, art. 1486, 1490.

Art. 1047, § 1. — *C. fr.*, art. 1630, 2°. — *C. esp.*, art. 1478, 2°. — *C. ital.*, art. 1486, 2°.

pourra réclamer du vendeur les revenus ou intérêts de la chose ou de la somme par lui payée.

§ 2. Si l'acquéreur n'a pas été condamné à restituer les revenus, il y aura compensation de ces revenus avec les intérêts du prix.

§ 3. Si l'acquéreur a tiré profit de la chose en la détériorant et n'a point été de ce chef condamné à des indemnités, le profit qu'il a ainsi obtenu s'imputera sur les sommes qu'il peut réclamer au vendeur.

§ 4. Si l'acquéreur a été condamné pour détériorations, le vendeur ne répondra pas de la condamnation, à moins qu'il n'ait lui-même donné lieu à ces détériorations.

§ 5. Si le vendeur a fait des améliorations à la chose avant l'aliénation, et qu'il en ait été tenu compte par celui qui a évincé l'acquéreur, le montant de ces améliorations s'imputera sur la somme à rembourser par ce vendeur.

§ 6. Le vendeur ne répond pas des impenses voluptuaires faites par l'acquéreur évincé.

Art. 1048. Le vendeur de mauvaise foi devra indemniser l'acquéreur évincé conformément à l'article qui précède, sauf les modifications suivantes :

1° Si la valeur de la chose, à l'époque de l'éviction, est supérieure au prix de vente, le vendeur sera tenu de la différence;

Art. 1047, § 3. — *C. fr.*, art. 1632. — *C. ital.*, art. 1488.

Art. 1047, § 5. — *C. fr.*, art. 1634. — *C. esp.*, art. 1478, 5°. — *C. ital.*, art. 1490.

Voir art. 1053 et 2219, § 1.

Art. 1048, 1°. — *C. fr.*, art. 1633. — *C. ital.*, art. 1489.

2° Le vendeur sera tenu des dommages-intérêts résultant de l'éviction, y compris ceux relatifs aux impenses voluptuaires.

Art. 1049. Lorsque l'acquéreur n'est privé que d'une partie de la chose ou d'une partie du droit par lui acquis, les dispositions ci-dessus reçoivent leur application pour la partie dont il est privé, sauf le droit qui lui appartient de faire rescinder le contrat ou de se faire indemniser de sa perte dans les conditions ci-dessus indiquées.

Art. 1050. Les dispositions de l'article précédent s'appliquent au cas où deux ou plusieurs choses ont été transférées conjointement, si l'une d'elles seulement est soumise à l'éviction.

Art. 1051. Le vendeur n'est pas responsable de l'éviction :

1° Lorsqu'il en est ainsi convenu entre les parties, ou lorsque l'acquéreur, averti des risques d'éviction, les a pris à sa charge;

2° Lorsque l'acquéreur, connaissant le droit du tiers, l'a dissimulé par dol au vendeur;

3° Lorsque l'éviction résulte d'une cause postérieure à l'aliénation et non imputable au vendeur, ou d'un fait de l'acquéreur, soit antérieur, soit postérieur au contrat;

4° Lorsque l'acquéreur n'a pas appelé en garantie son vendeur.

Art. 1048, 2°. — *C. fr.*, art. 1635. — *C. esp.*, art. 1478, 5°. — *C. ital.*, art. 1491.

Art. 1049, 1050. — Voir art. 1558, § unique.

Art. 1051, 1°. — *C. fr.*, art. 1627, 1629. — *C. esp.*, art. 1475, § 3, art. 1477. — *C. ital.*, art. 1483, 1485.

Art. 1051, 4°. — *C. fr.*, art. 1640. — *C. esp.*, art. 1481. — *C. ital.*, art. 1497.

Voir art. 1046, 1584, 1593, 1674 et 2160.

Art. 1052. Le vendeur est toutefois responsable de l'éviction, quoiqu'il n'ait point été appelé en garantie :

1° Lorsque les droits du tiers paraissant indubitables, l'acquéreur lui fait abandon de la chose au su et du consentement du vendeur;

2° Lorsque l'acquéreur a succédé aux droits du tiers sur la chose;

3° Lorsque l'acquéreur, pour conserver la chose, a payé les créanciers ayant hypothèque inscrite contre un autre que lui-même.

Art. 1053. Si le vendeur appelé en garantie, ou informé par un moyen quelconque de la prétention du tiers, reconnaît le droit de ce tiers et lui offre satisfaction dans les limites de sa responsabilité, il ne sera pas tenu des frais faits par l'acquéreur qui persévère dans sa résistance.

Art. 1054. Le vendeur qui, à l'époque de l'aliénation, n'était pas le véritable propriétaire de la chose, ne peut, même s'il en acquiert la propriété par la suite, évincer l'acquéreur.

Art. 1055. Les parties peuvent augmenter ou diminuer par le contrat les effets de l'éviction, mais non s'affranchir de la responsabilité de leur dol ou de leur mauvaise foi.

Art. 1055. — *C. fr.*, art. 1627, 1628. — *C. esp.*, art. 1475, § 3, art. 1476. — *C. ital.*, art. 1483, 1484.

TITRE II.

DES CONTRATS EN PARTICULIER.

CHAPITRE PREMIER.

DU MARIAGE.

SECTION PREMIÈRE.

DISPOSITIONS GÉNÉRALES.

Art. 1056. Le mariage est un contrat perpétuel fait entre deux personnes de sexe différent, en vue de constituer une famille légitime.

Art. 1057. Les catholiques célébreront le mariage en la forme établie par l'église catholique. Ceux qui ne professent pas la religion catholique célébreront le mariage devant l'officier de l'état civil, sous les conditions et dans les formes prescrites par la loi civile.

Titre II, chapitre Ier. — *C. fr.*, l. I, tit. v. — *C. esp.*, l. I, tit. iv. — *C. ital.*, l. I, tit. v. — *C. autr.*, 1re partie, chap. ii. — *C. holl.*, l. I, tit. v et vi. — *C. Grisons*, 1re partie, sect. i, chap. i, B. i-iii. — *C. Zurich*, l. IV, sect. i. — *Projet allemand*, l. IV, sect. i.

Art. 1056. — Voir art. 1069, 1070, 1072 et 1090.

Art. 1057. — *C. esp.*, art. 42.

La loi française ne reconnaît aujourd'hui que le seul mariage civil; elle exige que sa célébration précède toujours celle du mariage religieux (art. 54, *L.* du 18 germinal an x). Tout ministre du culte qui contreviendrait à cette prescription se rendrait passible des peines édictées par les articles 199 et 200 du Code pénal.

Voir art. 1069-1071, 1072 et 1090.

Dès les premiers temps du royaume, on découvre au Portugal trois formes distinctes du mariage. Le premier, *vrai sacrement*, célébré dans l'église avec toutes les cérémonies qu'elle prescrit; le deuxième, simple *contrat* entre les époux,

SECTION II.

DISPOSITIONS COMMUNES AUX DEUX ESPÈCES DE MARIAGE.

Art. 1058. Le mariage est interdit :

1° Aux mineurs de vingt et un ans, et aux majeurs privés de la disposition de leurs personnes et de leurs biens, s'ils n'ont obtenu le consentement de leurs père et mère ou de ceux qui les représentent, conformément à l'article 1061 ;

2° Entre le tuteur ou ses descendants, et les personnes soumises à sa tutelle, tant que cette tutelle n'a pas pris fin et que les comptes n'en ont pas été approuvés, à moins que le père ou la mère décédé n'ait autorisé ce mariage par son testament ou par autre acte authentique;

---

rendu *public* et *connu* de leurs parents et de leurs voisins, mais sans l'intervention de l'élément religieux; le troisième, simple *contrat* aussi, mais sans la *publicité* du deuxième. Le roi Alphonse IV, voulant abolir ces deux dernières formes de mariage, adressa le 7 décembre 1352 une lettre royale à l'évêque de Coimbra, D. George, pour ordonner que *tous* les mariages fussent célébrés à l'église en la présence du propre curé, par paroles de présent, et que le notaire en fît l'acte ou le registre civil, identifiant ainsi l'union conjugale civile avec le sacrement de l'église. Les mariages clandestins ont néanmoins continué, si bien que le roi D. Manuel dut édicter contre les époux, par la loi du 14 juillet 1499, la peine de la confiscation de tous leurs biens (Ord., liv. V, tit. XXVII). Néanmoins les ordonnances Philippines (liv. IV, tit. XLVI) reconnaissent encore la communauté de biens d'un homme et d'une femme qui vivent dans la même maison, comme mari et femme, sans être mariés à l'église. Dans la législation antérieure au Code, qui ne reconnaissait comme légitime que le mariage-sacrement, cette disposition des ordonnances pouvait être invoquée par les sujets portugais appartenant aux cultes non catholiques, dont les mariages d'ailleurs, ainsi que la religion, étaient garantis par la charte constitutionnelle.

Sur les formes du mariage en Portugal, voir une note de M. L.-M. Jordão dans la *Revue historique de droit français et étranger*, t. IV (1858), p. 143.

Art. 1058, 1°. — *C. fr.*, art. 148-151. — *C. esp.*, art. 45, 1°, art. 46-49. — *C. ital.*, art. 63-67.

Art. 1058, 2°. — *C. esp.*, art. 45, 3°.

3° Entre l'époux adultère et son complice condamné comme tel;

4° Entre l'époux condamné comme auteur principal ou comme complice du crime d'homicide consommé ou tenté sur son conjoint, et la personne qui a consommé le crime ou y a concouru comme auteur principal ou complice;

5° A ceux qui sont engagés dans les ordres religieux qui font obstacle au mariage ou dans les liens de vœux solennels reconnus par la loi.

Art. 1059. La contravention aux dispositions de l'article qui précède n'a d'autre effet que de rendre les contrevenants passibles des peines ci-après édictées.

Art. 1060. Le mineur non émancipé ou le majeur en tutelle, qui se marie sans le consentement de ses père et mère ou de ceux qui les représentent, encourt les peines suivantes :

§ 1. Le mineur non émancipé perd le droit de demander la remise de l'administration de ses biens avant sa majorité; il ne conserve que le droit de demander les aliments nécessaires jusqu'à concurrence des revenus de ces biens.

§ 2. Le majeur en tutelle ne peut avoir l'administration de ses biens que si la cause de son interdiction vient à cesser, le surplus des dispositions relatives au mineur lui étant d'ailleurs applicable.

Art. 1058, 3°. — *C. fr.*, art. 298, modifié par la loi du 27 juillet 1884.

Art. 1058, 4°. — *C. ital.*, art. 62.

Art. 1058, 5°. — *C. esp.*, art. 83, 4°.

Sur ce dernier point, en l'absence d'un texte formel, la jurisprudence française s'est montrée hésitante. (V. Cass., 26 février 1878 et 25 janvier 1888.)

Art. 1060, § 1. — *C. esp.*, art. 50, 3°.

Art. 1060, § 2. — *C. fr.*, art. 509. — *C. ital.*, art. 61, 329.

§ 3. Le mariage contracté par un mineur non émancipé ou par un majeur en tutelle sans le consentement nécessaire est toujours censé contracté sous le régime de la séparation de biens.

Art. 1061. En cas de dissentiment entre le père et la mère au sujet de la permission du mariage, l'avis du père prévaudra. Si l'un ou l'autre des père et mère est mort ou légalement empêché, le consentement du survivant ou de celui des deux qui n'est pas empêché suffira; toutefois, si la mère survivante s'est remariée et n'a point été confirmée dans l'administration des biens de l'enfant, le droit de consentir appartiendra au conseil de famille.

§ 1. Lorsqu'à défaut ou en cas d'empêchement des père et mère, la tutelle est exercée par l'aïeul, c'est à lui qu'appartiendra le droit de consentir ou de s'opposer au mariage.

§ 2. A défaut ou en cas d'empêchement des père et mère et des aïeuls, ce droit appartiendra au conseil de famille.

Art. 1062. La décision de ceux qui ont droit de consentir ou de s'opposer au mariage n'est susceptible d'aucun recours.

Art. 1060, § **3**. — *C. esp.*, art. 50, 1°.

Voir art. 1063 et 1064.

Art. 1061. — *C. fr.*, art. 148-151, 160. — *C. esp.*, art. 46, 47. — *C. ital.*, art. 63-67.

Voir art. 224, § 18.

Art. 1062. — *Sic* : *C. fr.*, art. 148. — *C. esp.*, art. 49. — *Contra* : *C. ital.*, art. 67.

«L'enfant majeur, porte ce dernier Code, peut recourir à la Cour d'appel contre le refus de consentement des ascendants, du conseil de famille ou de tutelle. — Ce recours, dans l'intérêt de la fille et du fils mineurs, peut être exercé soit par les parents, soit par les alliés, soit par le ministère public. —

Art. 1063. Le tuteur ou son descendant qui épouse la personne en tutelle, contrairement à la prohibition de l'article 1058, n° 2, deviendra incapable de rien recevoir de cette personne par donation ou testament, et le mariage sera considéré comme contracté sous le régime de la séparation de biens.

§ unique. Le tuteur sera, en outre, déchu du droit d'administrer les biens du pupille durant la minorité de celui-ci.

Art. 1064. La disposition de l'article précédent s'applique à toutes les personnes mentionnées dans l'article 1058, n°s 3 et 4, qui se marient en contravention aux dispositions de cet article.

Art. 1065. Le mariage à l'étranger entre Portugais ne produit d'effets civils en Portugal que s'il est contracté conformément à la loi portugaise, sans préjudice des dispositions de la deuxième partie de l'article 24, quant à la forme extérieure du contrat.

Art. 1066. Le mariage contracté à l'étranger entre un Portugais et une étrangère, ou entre un étranger et une Portugaise, produit ses effets civils en Portugal, lorsqu'il est justifié, en ce qui

---

La cause se porte à audience fixe, et la Cour statue après avoir entendu les parties et le ministère public à huis clos. — L'intervention de procureurs ou autres défenseurs n'est point admise. — La décision de la Cour ne doit pas être motivée : elle peut seulement faire mention du consentement qui serait donné devant la Cour même.»

Le Code hollandais renferme une disposition analogue (art. 96).

Art. 1063. — *C. esp.*, art. 50, 1°, 2°.

Art. 1063, § unique. — *C. esp.*, art. 50, 4°.

Art. 1064. — *C. esp.*, art. 50.

Art. 1065, 1066. — *C. fr.*, art. 170. — *C. esp.*, art. 55. — *C. ital.*, art. 100.

concerne l'époux portugais, de l'accomplissement des conditions requises par la loi portugaise.

Art. 1067. Le consentement des époux au mariage ne peut être donné irrévocablement que par l'acte même de la célébration. En conséquence sont nuls tous contrats par lesquels les parties s'obligent pour l'avenir, à titre d'épousailles, de fiançailles, ou à tout autre titre, à contracter mariage, sans distinguer s'il y a stipulation de clause pénale, ou non.

§ unique. La disposition du présent article ne s'oppose pas toutefois à ce que la personne, qui, sous promesse et en vue du mariage, a reçu des présents ou autorisé des dépenses, ne soit tenue d'en rembourser la valeur ou le montant à l'autre partie, si celle-ci l'exige.

Art. 1068. Le consentement au mariage peut être donné par procureur, pourvu que la procuration soit spéciale et désigne expressément la personne avec laquelle le mariage doit être contracté.

Art. 1067. — *C. esp.*, art. 43. — *C. ital.*, art. 53.

Art. 1067, § unique. — *C. esp.*, art. 44. — *C. ital.*, art. 54.

Ces deux Codes fixent à une année le délai dans lequel doit être intentée l'action en indemnité : dans le Code espagnol, le délai court à dater du jour du refus de célébration du mariage; dans le Code italien, à partir du jour où la promesse devait recevoir exécution.

Art. 1068. — *Sic : C. esp.*, art. 87. — *Contra : C. fr.*, art. 75. — *C. ital.*, art. 94.

L'ancien droit français admettait que le mariage pût être contracté par procureur. Bien que le Code civil ne s'explique pas sur ce point, on admet généralement que les termes de l'art. 75 tranchent la question dans le sens de la négative.

IMPRIMERIE NATIONALE.

SOUS-SECTION PREMIÈRE.

DISPOSITIONS SPÉCIALES RELATIVES AU MARIAGE CATHOLIQUE.

ART. 1069. Le mariage catholique n'a d'effet civil que lorsqu'il a été contracté conformément aux lois canoniques reçues dans le royaume ou qu'il est autorisé par ces lois, sauf les dispositions ci-après.

ART. 1070. La loi canonique définit et règle les conditions et les effets du mariage sous le rapport spirituel, la loi civile sous le rapport temporel.

ART. 1071. Le ministre de l'église qui célèbre un mariage au mépris des dispositions de l'article 1058 est passible des peines édictées par la loi pénale.

SOUS-SECTION II.

DISPOSITIONS SPÉCIALES RELATIVES AU MARIAGE CONTRACTÉ DANS LA FORME ÉTABLIE PAR LA LOI CIVILE.

ART. 1072. Le mariage entre sujets portugais non catholiques produit tous les effets civils, pourvu qu'aient été observées les conditions essentielles à tout contrat, les dispositions de l'article 1058 et les règles ci-après.

Art. 1069. — *C. esp.*, art. 75-82.
Voir art. 1057.

Art. 1071. — Voir la note sous l'article 1057.

D'après la jurisprudence, cet article a pour santion la peine édictée par l'article 136, § 2, du Code pénal, c'est-à-dire l'emprisonnement correctionnel pendant un an au moins, deux ans au plus, et l'amende (*multa*) d'un mois à un an (soit, en argent, de 17 à 204 francs ou de 334 à 3,016 francs, suivant les distinctions établies dans l'article 67).

Voir le Décret du 2 avril 1862.

Art. 1072. — Voir art. 1057.

Art. 1073. Ne peuvent contracter mariage :

1° Les parents ou alliés en ligne directe, entre eux;

2° Les parents collatéraux du deuxième degré, entre eux;

3° Les parents collatéraux au troisième degré, entre eux, s'ils n'ont obtenu une dispense;

4° L'homme avant quatorze ans, la femme avant douze ans;

5° Les personnes engagées dans les liens d'un mariage non dissous.

§ unique. La dispense dont il s'agit sous le n° 3 sera accordée par le Gouvernement pour des raisons graves.

Art. 1073, 1°. — *C. fr.*, art. 161. — *C. esp.*, art. 84, 1°. — *C. ital.*, art. 58.

Art. 1073, 2°. — *C. fr.*, art. 162. — *C. esp.*, art. 84, 2°. — *C. ital.*, art. 59.

Art. 1073, 3°. — *C. fr.*, art. 163, 164. — *C. esp.*, art. 84, 2°, 3°, art. 85. — *C. ital.*, art. 59, 68, § 1.

Le Code espagnol interdit le mariage entre collatéraux jusqu'au quatrième degré dans la famille légitime et jusqu'au second degré dans la famille naturelle.

Art. 1073, 4°. — *Sic : C. esp.*, art. 83, 1°. — Comp. *C. fr.*, art. 144. — *C. ital.*, art. 55.

Ces deux Codes fixent l'âge du mariage, pour l'homme, à dix-huit ans révolus; pour la femme, à quinze ans.

Art. 1073, 5°. — *C. fr.*, art. 147. — *C. esp.*, art. 83, 5°. — *C. ital.*, art. 56.

La bigamie constitue un crime prévu et puni par les lois pénales (*C. pén. fr.*, art. 340).

Art. 1073, § unique. — *C. fr.*, art. 164. — *C. esp.*, art. 85. — *C. ital.*, art. 68, § 1.

D'après le règlement du 26 décembre 1878 sur le mode de délivrance des dispenses relatives au mariage (*Ann. lég. étr.*, 1879, p. 432), sont réputées circonstances recevables pour la concession de la dispense (art. 5):

Art. 1074. L'infraction aux dispositions de l'article précédent entraîne la nullité du mariage.

Art. 1075. Celui qui veut contracter mariage dans la forme établie par la loi civile présentera à l'officier de l'état civil de son domicile ou de sa résidence une déclaration signée des deux parties et indiquant :

1° Les noms et prénoms, l'âge, la profession, le domicile ou la résidence desdites parties;

2° Les noms et prénoms, la profession et le domicile ou la résidence de leurs pères et mères.

§ 1. Si l'officier de l'état civil du lieu choisi pour la célébration n'est pas celui du domicile des deux parties, la déclaration dont il s'agit sera présentée à l'officier de l'état civil du domicile de chacune d'elles, avec indication du lieu choisi pour la célébration du mariage.

1° L'espoir fondé que le mariage projeté doit être avantageux aux enfants du premier lit, en leur offrant la protection et les soins dont ils ont été privés par la mort du père ou de la mère;

2° L'acquisition par le mariage de moyens d'existence pour les demandeurs ou pour leur père ou leur mère indigent ou malade;

3° La probabilité de mettre fin à des procès ou dissensions de famille;

4° Les raisons de morale et de décence domestique, le désir d'écarter des scandales et autres causes également plausibles, qu'on peut raisonnablement considérer comme intéressantes pour le public ou pour les familles des demandeurs.

La procédure préparatoire à la concession des dispenses de parenté reste secrète et est déposée dans les archives du Ministère de la justice (art. 10).

Art. 1074. — *C. fr.*, art. 184 et suiv. — *C. esp.*, art. 101-103. — *C. ital.*, art. 104.

Art. 1075. — *C. esp.*, art. 86.

Art. 1075, § 1. — *C. esp.*, art. 88.

§ 2. La déclaration doit être accompagnée de l'acte de naissance des parties et des documents justificatifs du consentement de leurs supérieurs légitimes, si ce consentement est nécessaire, ainsi que de la dispense mentionnée dans le n° 3 et le paragraphe unique de l'article 1073, s'il y a lieu.

ART. 1076. Les officiers de l'état civil auxquels la déclaration spécifiée dans l'article qui précède est présentée, feront afficher publiquement, à la porte de leurs bureaux respectifs, un placard énonçant l'intention des parties et les indications mentionnées dans ledit article, et invitant ceux qui auraient connaissance de l'un des empêchements indiqués par les articles 1058 et 1073 à le déclarer dans la quinzaine.

§ UNIQUE. Les empêchements légaux indiqués sous le n° 1 de l'article 1058 ne peuvent être opposés que par les personnes dont le consentement est nécessaire pour la célébration du mariage.

ART. 1077. Après quinze jours écoulés sans qu'aucun empêchement légal ait été révélé, l'officier de l'état civil, s'il n'a d'ailleurs connaissance d'aucun empêchement, célébrera le mariage dans les formes prescrites par l'article 1081.

Art. 1075, § **2**. — *C. fr.*, art. 70-76. — *C. esp.*, art. 86. — *C. ital.*, art. 74, 79-81.

Art. 1076. — *C. esp.*, art. 89. — Comp. *C. fr.*, art. 63, 64, 165-169. — *C. ital.*, art. 70-73.

Art. 1076, § UNIQUE. — *C. fr.*, art. 182. — *C. ital.*, art. 108.

Dans ces deux législations, le mariage peut être attaqué également par celui des époux à qui le consentement était nécessaire.

Voir art. 1057, 1058 et la note sous l'art. 1079.

Art. 1077. — *C. fr.*, art. 64. — *C. esp.*, art. 96, § 1. — *C. ital.*, art. 76.

§ 1. Lorsque des publications auront été faites dans plusieurs arrondissements de l'état civil, l'officier du lieu choisi pour la célébration du mariage exigera la production d'un certificat établissant qu'aucune opposition ne s'est produite devant les autres officiers de l'état civil, et que ceux-ci n'ont par eux-mêmes connaissance d'aucun empêchement.

§ 2. Dans tous les cas, si le mariage n'a pas eu lieu dans l'année de la publication, il ne pourra être célébré qu'après une nouvelle publication.

Art. 1078. Lorsque, durant le délai de la publication ou avant la célébration du mariage, l'existence d'un empêchement légal est révélée ou vient à la connaissance de l'officier de l'état civil, qui, dans ce cas, doit le déclarer par écrit, la célébration du mariage ne pourra pas avoir lieu tant que la nullité de cet empêchement n'aura pas été déclarée par la justice, dans les délais et selon le mode établis par le Code de procédure civile.

Art. 1079. La déclaration dont il est parlé dans les articles

---

Art. 1077, § 2. — *C. fr.*, art. 65. — *C. esp.*, art. 96, § 2. — *C. ital.*, art. 77.

Dans le Code italien, ce délai est réduit à 180 jours.

Art. 1078. — *C. fr.*, art. 68. — *C. esp.*, art. 97. — *C. ital.*, art. 90.

Art. 1079. — *C. fr.*, art. 176. — *C. esp.*, art. 98. — *C. ital.*, art. 88.

Les Codes français et italien énumèrent limitativement les personnes qui, suivant les cas, ont droit de faire opposition au mariage (*C. fr.*, art. 172-175; *C. ital.*, art. 82-87). Le Code portugais confère ce droit à toutes les personnes qui connaîtraient quelqu'un des empêchements légaux prévus par la loi (art. 1076). Le Code espagnol fait une distinction assez heureuse (art. 98). Seuls les particuliers qui ont intérêt à empêcher le mariage peuvent formuler par eux-mêmes leur opposition. Cependant toutes les personnes, même étrangères, qui ont connaissance du projet de mariage, sont tenues de

qui précèdent doit spécifier l'empêchement révélé, indiquer le domicile ou la résidence du déclarant, être datée et signée.

§ UNIQUE. La signature doit être certifiée par un notaire.

ART. 1080. Les déclarations d'empêchement reconnues fausses par jugement rendent les déclarants passibles de dommages-intérêts, sans préjudice des peines qu'ils encourent lorsqu'ils agissent par dol.

ART. 1081. Pour la célébration du mariage, les parties contractantes ou leurs mandataires comparaissent au bureau de l'état civil, où l'officier de l'état civil constate par écrit le consentement des parties, à moins que l'une d'elles ne soit empêchée par maladie de se présenter en personne et n'ait pas constitué de mandataire, auquel cas l'officier de l'état civil se transportera en la demeure de cette partie. En présence des contractants ou de leurs mandataires et des témoins, l'officier donnera lecture des articles 1056 et 1057 du présent Code et demandera ensuite à chacun des contractants s'il persiste dans sa résolution de célébrer le mariage dans la forme de la loi civile, et, sur la réponse affirmative de chacun d'eux, il rédigera l'acte de mariage dans la forme pres-

---

dénoncer les empêchements qu'elles savent exister; mais, alors, leur dénonciation doit être transmise au ministère public, qui, si cette dénonciation a une base légale, formera opposition au mariage.

Art. 1080. — *C. fr.*, art. 179. — *C. esp.*, art. 99. — *C. ital.*, art. 91.

Les ascendants (*C. fr.*, art. 179; *C. ital.*, art. 91) et le ministère public (*C. ital.*, art. 91), lorsqu'ils font opposition au mariage, sont exempts de toute responsabilité.

Art. 1081. — *C. fr.*, art. 75, 76. — *C. esp.*, art. 100. — *C. ital.*, art. 93-97.

Voir art. 1068 et 2455.

crite par le présent Code, sans pouvoir s'enquérir préalablement de la religion des parties contractantes.

§ UNIQUE. Le mariage sera célébré dans le bureau de l'état civil, en présence de deux témoins; ailleurs, en présence de six témoins.

ART. 1082. Les officiers de l'état civil qui célébreraient un mariage sans se conformer, en ce qui les concerne, aux prescriptions de la présente section, seront passibles des peines portées contre les ministres de l'église par l'article 1071.

SECTION III.

DE LA PREUVE DU MARIAGE.

ART. 1083. La célébration du mariage contracté en Portugal ne peut être prouvée qu'au moyen d'un acte extrait du registre spécial, à moins qu'il ne soit justifié de la perte de ce registre, auquel cas tout autre moyen de preuve est admissible.

ART. 1084. Néanmoins nul ne peut contester le mariage des personnes décédées en possession de l'état de conjoints, au préjudice des enfants de ces personnes, en se fondant sur le défaut d'acte de mariage, si les personnes dont il s'agit n'ont pas fait connaître le lieu où elles se sont mariées; à moins, cependant, qu'on ne prouve, au moyen d'actes, que l'une de ces personnes était à la même époque mariée à une autre que celle avec laquelle elle vivait.

Art. 1082. — Comp. *C. fr.*, art. 68, 192, 193. — *C. ital.*, art. 123-126, 128, 129.

Art. 1083. — *C. fr.*, art. 45, 46, 194. — *C. esp.*, art. 53. — *C. ital.*, art. 117-119.

Voir art. 686.

Art. 1084. — *C. fr.*, art. 197. — *C. esp.*, art. 54. — *C. ital.*, art. 120.

ART. 1085. Le mariage contracté à l'étranger, dans un pays où la célébration ne se constate pas au moyen de registres réguliers et authenthiques, peut être prouvé par tous moyens.

SECTION IV.

DE LA NULLITÉ DU MARIAGE ET DE SES EFFETS.

ART. 1086. Le mariage catholique ne peut être déclaré nul que par les tribunaux ecclésiastiques, et dans les cas prévus par les lois de l'église reçues en Portugal.

ART. 1087. Le juge ecclésiastique n'est toutefois compétent que pour connaître des actions en nullité et y statuer; il doit demander au juge civil tous les actes de procédure et d'information nécessaires.

ART. 1088. Les jugements d'annulation de mariage rendus par le juge ecclésiastique seront exécutés par l'autorité civile sur la communication qui lui en sera faite officiellement; l'autorité ecclésiastique n'aura seulement qu'à transmettre au curé devant lequel le mariage a été célébré une expédition du jugement, pour mention en être faite en marge de l'acte de mariage.

Art. 1085. — Comp. *C. fr.*, art. 170, 171. — *C. esp.*, art. 55. — *C. ital.*, art. 101.

Art. 1086, 1087. — *C. esp.*, art. 80.

Le Code espagnol déclare qu'alors même qu'une demande en séparation de corps ou en nullité de mariage serait intentée devant un tribunal ecclésiastique, c'est au tribunal civil seulement qu'il appartient de prendre des mesures provisoires en ce qui concerne l'habitation séparée de la femme, les aliments à lui assigner, la garde des enfants, etc.

Voir art. 1089 et la note sous l'art. 1057.

Art. 1088. — *C. esp.*, art. 82.

Art. 1089. Le mariage contracté entre sujets portugais dans les formes de la loi civile ne peut être annulé que par les tribunaux civils.

Art. 1090. Ce mariage ne peut être annulé par un motif tiré de la religion des époux.

Art. 1091. Tout mariage, même déclaré nul, produira néanmoins ses effets civils du jour de la célébration, tant à l'égard des époux que de leurs enfants, lorsqu'il a été contracté de bonne foi par l'un et l'autre des époux.

Art. 1092. Lorsque l'un seulement des époux a été de bonne foi, le mariage ne produira d'effets civils qu'en faveur de cet époux et des enfants.

Art. 1093. S'il n'intervient entre les époux séparés un accord amiable au sujet des enfants, on convoquera un conseil de famille

---

Art. 1089. — *C. esp.*, art. 103.

Art. 1091. — *C. fr.*, art. 201. — *C. esp.*, art. 69. — *C. ital.*, art. 116, § 1. Voir art. 1168.

Art. 1092. — *C. fr.*, art. 202. — — *C. esp.*, art. 69, § 2. — *C. ital.*, art. 116, § 2.

Le Code espagnol prévoit une troisième hypothèse : celle où les deux époux seraient de mauvaise foi. Dans ce cas, le mariage ne produit ses effets civils qu'en faveur des enfants.

Art. 1093, 1094. — Comp. *C. esp.*, art. 70, 71.

D'après ce Code, lorsque les deux époux sont de mauvaise foi, le tribunal statue sur le sort des enfants, comme en matière de séparation de corps. Si la bonne foi n'existait que chez l'un des époux, on lui confie la garde des enfants des deux sexes. Si les deux époux étaient de bonne foi, les enfants mâles de plus de trois ans sont remis au père, les filles à la mère. Dans les deux der-

composé comme il est dit dans l'article 1206. Ce conseil prendra les mesures nécessaires, ainsi qu'il est dit sous le n° 3 de l'article 1207.

Art. 1094. Si les époux séparés étaient tous deux de bonne foi, le père ne pourra retirer à la mère, contre le gré de celle-ci, la garde des enfants communs.

Art. 1095. L'annulation du mariage produit, quant aux biens des époux, les mêmes effets que sa dissolution par décès.

SECTION V.

DES CONVENTIONS ENTRE ÉPOUX RELATIVEMENT À LEURS BIENS.

SOUS-SECTION PREMIÈRE.

DISPOSITIONS GÉNÉRALES.

Art. 1096. Les époux peuvent faire entre eux, avant la célébration du mariage, telles conventions que bon leur semble, en se conformant aux lois.

---

nières hypothèses, les parents ont le droit de prendre d'un commun accord d'autres dispositions pour assurer aux enfants les soins nécessaires.

Art. 1095. — *C. esp.*, art. 72.

Le Code espagnol punit le conjoint de mauvaise foi en le privant des acquêts. Lorsque la mauvaise foi existe chez les deux époux, ses effets s'annulent.

Titre II, chapitre Ier, section V. — *C. fr.*, l. III, tit. v. — *C. esp.*, l. IV, tit. iii. — *C. ital.*, l. III, tit. v. — *C. autr.*, 2e partie, 2e sect., chap. xxviii. — *C. holl.*, l. I, tit. vii-ix. — *C. Zurich*, l. IV, sect. i, chap. ii, B. — *Projet allemand*, l. IV, sect. i, tit. vi.

Art. 1096. — *C. fr.*, art. 1387. — *C. esp.*, art. 1315. — *C. ital.*, art. 1378.

Voir art. 1103, 1105, 1141, 1166, 1173 et 1239.

Art. 1097. Ces conventions ne seront valables que lorsqu'elles auront été constatées par acte public.

Art. 1098. A défaut de conventions ou d'accord, le mariage est réputé fait selon la coutume du royaume, à moins qu'il n'ait été contracté en contravention aux n°s 1 et 2 de l'article 1058, auquel cas les époux sont réputés mariés sous le régime de la simple communauté d'acquêts.

Art. 1099. Si les époux ont simplement déclaré dans leur contrat de mariage vouloir se marier selon la coutume du royaume, il y a lieu à l'application des articles 1108 à 1124.

Art. 1100. Si les époux ont simplement déclaré vouloir se

Art. 1097. — *C. fr.*, art. 1394. — *C. esp.*, art. 1321. — *C. ital.*, art. 1382.

D'après le Code espagnol (art. 1324), toutes les fois que les biens apportés par les époux ne sont pas des immeubles et que le total des apports du mari et de la femme n'excède pas 2,500 *pesetas*, et qu'il n'y a pas de notaire dans la commune de leur résidence, les conventions peuvent être arrêtées devant le secrétaire de l'*Ayuntamiento* (Conseil de la ville) et deux témoins qui constateront, sous leur responsabilité, s'il y a lieu, l'apport et la délivrance des biens indiqués. Le contrat original est inscrit dans un registre et conservé dans les archives de la municipalité. Les parties peu aisées évitent ainsi les frais d'un acte notarié et des déplacements qui peuvent être onéreux et gênants.

Art. 1098. — *C. fr.*, art. 1393, 1400. — *C. esp.*, art. 1315, § 2.

En France comme au Portugal, le régime légal, à défaut de contrat, est celui de la communauté. En Espagne, c'est le régime de la société légale d'acquêts (art. 1392 et suiv.). Le Code italien ne reconnaît aussi que la communauté réduite aux acquêts (art. 1433).

Art. 1099-1102. — *C. fr.*, art. 1391-1393.

marier sous le régime de la simple communauté d'acquêts, il y a lieu à l'application des articles 1130 à 1133.

Art. 1101. Lorsque les époux ont simplement déclaré vouloir se marier sous le régime de la séparation de biens, il y a lieu à l'application des articles 1125 à 1129.

Art. 1102. Lorsque les époux ont déclaré vouloir se marier sous le régime dotal, il y a lieu à l'application des articles 1134 à 1165.

Art. 1103. Sont réputées non écrites les conventions dont l'objet est de changer l'ordre légal des successions légitimes, ou de modifier les droits et devoirs paternels ou conjugaux, tels qu'ils sont consacrés par la loi.

Art. 1104. La femme ne peut, par convention antérieure au mariage, exclure le mari du droit d'administrer les biens du ménage, mais elle peut se réserver le droit de toucher à titre d'épingles (*alfinetes*) une portion des revenus de ses biens et d'en disposer librement, pourvu que cette portion ne dépasse pas le tiers de ses revenus nets.

Art. 1105. Les conventions matrimoniales ne peuvent être révoquées, ni recevoir aucun changement par conventions nouvelles, après la célébration du mariage.

Art. 1106. Les contrats de mariage passés à l'étranger entre

Art. 1103. — *C. fr.*, art. 1388, 1389. — *C. esp.*, art. 1316. — *C. ital.*, art. 1379, 1380.

Art. 1104. — Voir art. 1117, 1189 et 1194.

Art. 1105. — *C. fr.*, art. 1395. — *C. esp.*, art. 1320. — *C. ital.*, art. 1385.

Art. 1106, 1107. — *C. esp.*, art. 1325.

sujets portugais sont régis par la présente section; ils peuvent cependant être passés, soit en la forme authentique établie dans le pays où ils ont lieu, soit devant les agents consulaires du Gouvernement portugais dans ce pays.

Art. 1107. Le mariage contracté à l'étranger entre un Portugais et une étrangère, ou entre un étranger et une Portugaise, sans déclaration ni stipulation quant aux biens, est censé contracté selon le droit commun du pays du mari, sans préjudice des dispositions du présent Code, touchant les biens immobiliers.

SOUS-SECTION II.

DU MARIAGE CONTRACTÉ SELON LA COUTUME DU ROYAUME.

Art. 1108. Lorsque le mariage est contracté selon la coutume

Art. 1108. — *C. fr.*, art. 1393, 1400.

Les Codes espagnol et italien n'admettent que la communauté réduite aux acquêts.

Voir art. 1183, 1235-1238, 1697-1700, 1993 et 2001.

M. L.-M. Jordão a publié dans la *Revue historique de droit français et étranger*, t. IV (1858), p. 132 et suiv., une intéressante étude historique sur le régime de la communauté dans le mariage portugais.

Le régime dotal, introduit en Portugal par l'influence romaine, modifié plus tard par les idées germaniques, a été peu à peu remplacé vers le XIIe siècle par la communauté universelle comme régime des biens des époux. Quelle a été la cause de cette transformation? M. Seabra, l'auteur du projet de Code civil, dans son remarquable travail sur le droit de propriété en Portugal (*A propriedade*, t. I, p. 305; Coimbra, 1850), pense qu'il faut la chercher dans la nature même de toute société. «Les institutions sociales, dit-il, sont comme les plantes qui croissent spontanément dans de certaines conditions géologiques et atmosphériques; la communauté, c'est le caractère du mariage des classes inférieures et pauvres, dont toute la richesse se réduit au travail commun du mari et de la femme; les conventions dans ce mariage seraient inutiles, et voilà pourquoi la communauté a commencé à se faire remarquer dans la province de l'Estremadure.»

Ce régime, d'abord désigné sous le

du royaume, tous les biens présents et futurs des époux sont communs entre eux, sauf ceux exceptés par la loi.

Art. 1109. Ne tombent point dans la communauté :

1° Les fonds emphytéotiques de libre disposition, en tant qu'ils ne prendront pas le caractère d'emphytéoses héréditaires (*fateosins*), selon ce qui sera dit au titre de l'emphytéose;

2° Les biens donnés ou légués sous la condition qu'ils ne tom-

---

nom de mariage *par charte de moitié* (*casamento por carta de metade*), — expression qui prouve que la communauté universelle résultait, au commencement, d'un contrat écrit, permis par les coutumes afin de déroger au système contraire alors généralement en vigueur, — s'étendit peu à peu à tout le royaume, sous l'influence peut-être de la conception catholique de l'égalité des époux dans le mariage. Il fut érigé par le roi Alphonse V (Ordonn. de 1446) en *droit général du royaume* et maintenu comme tel dans les ordonnances Philippines de 1603.

Les traits caractéristiques de cette communauté universelle se révèlent surtout lorsqu'il s'agit de dettes contractées par les époux postérieurement à la célébration du mariage, et de l'administration des biens communs. Les époux n'ont pas le droit de créer, chacun individuellement, des dettes qui grèvent la communauté. Ainsi le mari qui contracte des dettes sans l'assentiment de sa femme ne grève que sa part éventuelle dans la communauté. De même le mari n'est pas, comme il l'était d'après l'art. 225 de la coutume de Paris, «le seigneur des conquêts immeubles..., en telle manière qu'il les peut vendre, aliéner ou hypothéquer, et en faire et disposer par donation, etc., à son plaisir et volonté, sans le consentement de sa femme.» On peut dire, au contraire, en Portugal, ce que disait Veracius, vieux commentateur des coutumes de Bamberg : «Per communionem sic utriusque conjugis bona confunduntur, ut quivis eorum totius patrimonii in solidum dominus sit, et maritus et uxor dicere potest : Totum patrimonium meum est.»

Consulter également une étude de M. Marcel Guay sur le *Régime de la communauté entre époux dans le nouveau Code civil portugais* (Paris, 1880).

Art. 1109, 1°. — Voir art. 1183, 1235-1238, 1697-1700, 1993 et 2001.

L'emphytéose est dite *fateusin* ou *fateosin* (on trouve aussi les formes *phateusin* et *phatiota*), lorsqu'elle est constituée à perpétuité; elle est dite *de vidas*, quand sa durée est limitée à celle de la vie de plusieurs personnes, le plus souvent de trois. Les emphytéoses *de vidas* sont aujourd'hui supprimées (art. 1654, 1696, 1697). Voir la note sous les art. 1696 et 1697.

beront pas dans la communauté et ceux acquis en remplacement desdits biens;

3° Les biens recueillis par le père veuf ou par la mère veuve dans la succession d'un enfant du premier lit, lorsqu'il existe des frères ou sœurs germains de l'enfant décédé;

4° Les deux tiers des biens de l'époux remarié ou des biens par lui recueillis dans la succession de ses parents, lorsque cet époux a des enfants ou autres descendants d'un premier lit;

5° Les vêtements et hardes à l'usage personnel des époux et les bijoux donnés par l'un des époux à l'autre en présents de noces, avant le mariage.

§ unique. L'exclusion de la communauté ne s'applique pas aux fruits et revenus des biens mentionnés dans le présent article, ni à la valeur des améliorations faites à ces biens, ni au prix du fonds emphytéotique acheté durant le mariage.

Art. 1110. Sont également exclues de la communauté les dettes des époux antérieures au mariage, excepté :

Art. 1109, 2°. — *C. fr.*, art. 1405.

Dans le droit français, la présomption est renversée : les donations d'immeubles ne tombent point en communauté et restent la propriété personnelle de l'époux donataire seul, à moins que le donateur n'ait expressément stipulé que la chose donnée appartiendra à la communauté.

Art. 1109, 5°. — *C. fr.*, art. 1492, § 2. — *C. esp.*, art. 1420.

Art. 1109, § unique. — *C. fr.*, art. 1401, § 2. — Comp. *C. ital.*, art. 1435, 1445.

Art. 1110. — *Contra : C. fr.*, art 1409.

Cette exclusion de la communauté des dettes de chacun des époux antérieures au mariage la rapproche de la communauté réduite aux acquêts. (Voir *C. esp.*, art. 1410; *C. ital.*, art. 1435.)

Voir art. 1129, 1°, 1133 et 1246.

1° Lorsque l'autre époux est personnellement obligé ou lorsqu'il s'oblige par le contrat de mariage à payer ces dettes;

2° Lorsque l'équivalent reçu par l'époux débiteur a tourné au profit commun des deux époux.

ART. 1111. Sont comprises dans les dettes antérieures au mariage celles qui résultent du fait antérieur des époux, lors même que l'obligation de payer n'est devenue effective que durant le mariage.

ART. 1112. Les créanciers antérieurs au mariage, à raison des dettes ci-dessus mentionnées, peuvent cependant poursuivre leur payement, en cas d'insuffisance des biens apportés dans la communauté par l'époux débiteur, sur la moitié des acquêts, mais seulement après la dissolution du mariage ou la séparation.

ART. 1113. Les dettes nées durant le mariage, du fait des deux époux, ou d'un contrat passé par eux; celles contractées par le mari, du consentement de la femme, ou par la femme, avec l'autorisation du mari; celles contractées par la femme seule, dans les cas prévus par l'article 1116, sont à la charge de la communauté.

§ 1. Si les biens de la communauté ne suffisent pas pour

Art. 1112. — Voir art. 1129, 1133 et 1246.

Art. 1113. — *C. fr.*, art. 1409, 2°. — *C. esp.*, art. 1408.

Art. 1113, § 1, 2. — *C. fr.*, art. 1419, 1484, 1486.
Voir art. 1129, 2°-4°, 1193, 1198, 1199, 1230, 1285, 2° et § unique, et 2376.

La question de la responsabilité de la femme pour les dettes contractées par le mari durant le mariage, sous le régime de la communauté, et la discussion des art. 1113 à 1115 du Code civil ont fait l'objet du discours prononcé par le docteur J. J. Tavares de Medeiros à l'ouverture des conférences de l'Association des avocats de Lisbonne pour l'année 1883-1884 (Lisbonne, Typogr. *La Nova Minerva*, 150, rue Nova da Palma, 1884).

IMPRIMERIE NATIONALE.

payer les dettes dont il est parlé dans le présent article, ces dettes grèveront les biens personnels de l'un et l'autre époux.

§ 2. L'époux qui est contraint de payer sur ses biens personnels quelqu'une ou la plus grande partie des dettes dont il s'agit pourra se faire indemniser, sur les biens personnels de l'autre époux, de ce qu'il a payé au delà de la moitié dont il était tenu.

Art. 1114. Les dettes contractées durant le mariage par le mari, sans le consentement de la femme, grèvent les biens propres du mari.

§ 1. A défaut de biens propres du mari, la part de celui-ci dans la communauté répondra desdites dettes; mais, dans ce cas, le payement n'en pourra être poursuivi qu'après la dissolution du mariage, ou s'il y a séparation de biens entre les époux.

§ 2. Mais si les dettes ont tourné au profit de la communauté, ou si elles ont été contractées durant l'absence ou l'incapacité de la femme, et que l'objet en vue duquel elles ont été contractées soit tel qu'on ne puisse attendre son retour ou la cessation de son incapacité, la communauté en est tenue.

Art. 1115. La disposition de l'article qui précède s'applique également, tant à l'égard du mari qu'à l'égard de la femme:

1° Aux dettes qui ont pour cause le crime ou le fait illicite de l'un d'eux;

Art. 1114. — Comp. *C. esp.*, art. 1410, § 3.

Dans le droit français, les dettes contractées par le mari, sans le consentement de la femme, tombent dans la communauté.

L'art. 924 *C. pr. civ.* donne à la femme le droit de former tierce opposition aux poursuites de saisie exercées sur les biens communs, pendant le mariage, pour dettes contractées par le mari sans son autorisation.

Art. 1115, 1°. — *C. esp.*, art. 1410. — *C. fr.*, art. 1424, 1425.

2° Aux dettes qui grèvent des biens exclus de la communauté, à moins qu'il ne s'agisse d'intérêts, de redevances emphytéotiques, de rentes, ou de *quinhões*, échus depuis l'acquisition de ces biens.

Art. 1116. La femme ne peut s'obliger par contrat sans l'autorisation de son mari, à moins que celui-ci ne soit absent ou empêché, et que l'objet en vue duquel elle contracte ne permette pas d'attendre son retour ou la cessation de l'empêchement.

Art. 1117. La propriété et la possession des biens communs appartient aux deux époux, durant le mariage; mais l'administration des biens du ménage, y compris les biens propres de la femme, appartient au mari.

§ unique. La femme ne peut administrer qu'avec le consentement de son mari, ou en cas d'absence ou d'empêchement de celui-ci.

Art. 1118. Le mari dispose, à son gré, des biens meubles du

Le Code français établit ici encore une inégalité entre le mari et la femme : les amendes encourues par le premier peuvent se poursuivre sur les biens de la communauté, sauf la récompense due à la femme; celles encourues par la femme ne peuvent être exécutées, pendant toute la durée de la communauté, que sur la nue propriété de ses biens personnels.

Art. 1115, 2°. — Comp. *C. fr.*, art. 1409, 1° et 4°.

Art. 1116. — *C. fr.*, art. 1427.

Le Code français exige dans ce cas l'autorisation de justice.

Comp. *C. esp.*, art. 1416.

Art. 1117. — *C. fr.*, art. 1421, 1428. — *C. esp.*, art. 1396, 1412. — Comp. *C. ital.*, art. 1438.

Art. 1118. — Comp. *C. fr.*, art. 1422, 1428.

En France, le mari peut librement disposer des effets mobiliers à titre gratuit et particulier, pourvu qu'il ne s'en réserve pas l'usufruit.

Comp. *C. esp.*, art. 1413-1415.

Voir art. 1128, 1148, 1215, 1471-1480.

ménage; mais s'il les aliène ou les grève à titre gratuit sans le consentement de la femme, il en devra récompense sur sa part dans la communauté.

Art. 1119. Les immeubles, soit propres à l'un des époux, soit communs, ne peuvent être aliénés ou grevés, de quelque manière que ce soit, que d'un commun accord entre les époux.

§ unique. En cas de divergence, si l'opposition de l'un des époux est mal fondée, son consentement peut être suppléé par l'autorisation de justice.

Art. 1120. Le mari ne peut répudier une succession sans le consentement de la femme; mais, s'il accepte purement et simplement une succession sans le consentement de sa femme, les conséquences de cet acte tomberont seulement sur ses biens propres et sur sa part des biens communs.

Art. 1121. La communauté cesse par la dissolution du mariage ou par la séparation, conformément à la loi.

Art. 1119. — Comp. *C. fr.*, art. 1421, 1422, 1427, 1428.

Le mari est libre d'aliéner les immeubles de la communauté; il ne peut en disposer à titre gratuit. Il ne peut aliéner les immeubles personnels de la femme sans son consentement.

Comp. *C. esp.*, art. 1413-1415. — *C. ital.*, art. 1438.

Voir art. 1191-1193, 1200, 1201, 1216, 1668.

Art. 1120. — Comp. *C. fr.*, art. 1411, 1412.

En droit français, les dettes des successions purement mobilières sont pour le tout à la charge de la communauté.

Voir art. 2024.

Art. 1121. — *C. fr.*, art. 1441. — *C. esp.*, art. 1417. — *C. ital.*, art. 1441.

Voir art. 1132.

Art. 1122. Après la mort de l'un des époux, le survivant conservera la possession et l'administration du ménage jusqu'à la fin des opérations du partage, excepté :

1° En ce qui concerne les biens propres de l'époux décédé; cependant, si le successeur légitime est mineur, ces biens continueront d'être administrés par le survivant des père et mère;

2° Lorsqu'il y a lieu à l'exercice d'un droit de rétention à raison d'améliorations faites, ou de l'avance d'un prix d'acquisition.

Art. 1123. Les biens de la communauté se partageront, entre les époux ou leurs héritiers, par égale portion, après que les récompenses dues à la communauté auront été fournies de part et d'autre.

Art. 1124. La femme sera payée de ses créances avant le mari; si les biens de la communauté ne suffisent pas pour l'indemniser intégralement, elle pourra poursuivre son payement sur les biens propres du mari, sauf dans le cas où celui-ci n'est pas responsable. Le mari n'aura pas le même recours sur les biens propres de la femme.

SOUS-SECTION III.

DE LA SÉPARATION DE BIENS OU DE LA SIMPLE COMMUNAUTÉ D'ACQUÊTS.

Art. 1125. Lorsque les époux déclarent se marier sous le ré-

Art. 1122. — Comp. *C. esp.*, art. 1430.
Voir art. 2067-2082.

Art. 1123. — *C. fr.*, art. 1467-1491. — *C. esp.*, art. 1419-1431.
Voir art. 1248.

Art. 1124. — *C. fr.*, art. 1471, 1472. — Comp. *C. esp.*, art. 1421-1424. — *C. ital.*, art. 1445, 1446.

Art. 1125. — *Contra : C. fr.*, art. 1536.

gime de la séparation de biens, les acquêts n'en seront pas moins communs, sauf déclaration expresse.

Art. 1126. Ce contrat est régi par les articles 1130, 1131 et 1132 ci-après.

Art. 1127. Sous le régime de la séparation de biens, chacun des époux reste propriétaire de tous ses biens et en conserve la libre disposition sous la restriction établie par l'article suivant.

Art. 1128. La disposition de l'article 1118 relative aux droits du mari sur les meubles de la communauté est applicable à la femme en ce qui regarde ses biens meubles exclus de la communauté et le tiers de ses revenus.

§ unique. Cette disposition ne s'applique pas aux capitaux produisant intérêts, aux deux tiers des revenus, ni aux immeubles, biens à l'égard desquels l'article 1119 doit être observé.

Art. 1129. Relativement aux dettes des époux, on suit les règles ci-après :

1° Les dettes antérieures au mariage seront payées sur les biens de l'époux débiteur;

2° Les dettes contractées durant le mariage seront à la charge des deux époux, s'ils se sont obligés conjointement;

Art. 1127. — Comp. *C. fr.*, art. 1536, 1538.

Le droit français ne permet dans aucun cas à la femme mariée sous la clause de séparation de biens d'aliéner ses immeubles sans le consentement de son mari ou de justice.

Comp. *C. esp.*, art. 1396.

Art. 1129. — *C. esp.*, art. 1408, 1410.

3° Si le mari seul est obligé, ou la femme seule avec l'autorisation du mari, tous les biens propres de l'époux débiteur répondent de sa dette;

4° Si la femme s'est obligée sans l'autorisation du mari, ceux de ses biens propres qu'elle peut aliéner librement, aux termes de l'article 1128, répondent seuls de la dette.

Art. 1130. Lorsque les époux déclarent se marier sous le régime de la simple communauté d'acquêts, les biens qui appartiennent à chacun d'eux lors du mariage, ou qui lui adviennent durant le mariage à titre gratuit, par succession ou autrement, ou en vertu d'un droit propre antérieur au mariage, seront considérés comme propres à cet époux et régis comme le sont les propres sous le régime de la coutume du royaume.

Art. 1131. Les époux qui se marient sous le régime de la simple communauté d'acquêts doivent faire avant le mariage, par leur contrat de mariage ou par un autre écrit ou acte public, inventaire des biens qu'ils apportent, faute de quoi ces biens seraient considérés comme des acquêts.

§ unique. La disposition qui précède s'appliquera aux biens advenus pendant le mariage qui sont mentionnés dans l'article 1130, s'il n'en est fait inventaire dans les six mois à compter du jour où l'époux qu'ils concernent en a pris possession.

Art. 1130. — *C. fr.*, art. 1498. — *C. esp.*, art. 1392 et suiv. — *C. ital.*, art. 1435, 1436.

Art. 1131. — *C. fr.*, art. 1499. — *C. esp.*, art. 1407. — *C. ital.*, art. 1437.

Art. 1131, § unique. — *C. ital.*, art. 1437.

Art. 1132. La communauté d'acquêts finit de la même manière que la communauté universelle.

Art. 1133. Si les dettes des époux mariés avec société d'acquêts, lorsqu'elles sont antérieures au mariage, ont été payées sur les acquêts, le montant en sera déduit sur la part revenant à l'époux débiteur.

SOUS-SECTION IV.

DU RÉGIME DOTAL.

Art. 1134. Lorsque les époux veulent se marier sous le régime dotal et qu'ils le déclarent dans leur contrat de mariage, il y a lieu d'appliquer les règles suivantes.

Art. 1135. La femme peut se constituer en dot ses propres biens, ou être dotée par ses père et mère, ou par toute autre personne, pourvu que tous les intéressés figurent au contrat, soit par eux-mêmes, soit par mandataires.

Art. 1136. Peuvent être constitués en dot tous biens meubles ou immeubles, biens présents de la femme comme ceux qui pourraient lui échoir à l'avenir par testament ou par succession *ab intestat*.

Art. 1132. — *C. fr.*, art. 1441. — *C. esp.*, art. 1394, 1417, 1429. — *C. ital.*, art. 1441.

Art. 1133. — Comp. *C. fr.*, art. 1498. — *C. esp.*, art. 1410, 1419. — *C. ital.*, art. 1435.

Art. 1134. — *C. fr.*, art. 1391, § 1 et 3.

Art. 1135. — *C. fr.*, art. 1540, 1541, 1544. — *C. esp.*, art. 1336, 1338. — *C. ital.*, art. 1388, 1392.

Art. 1136. — *C. fr.*, art. 1542. — *C. esp.*, art. 1336. — *C. ital.*, art. 1389.

Art. 1137. Si la dot consiste en biens présents liquides, ces biens seront spécifiés dans le contrat de mariage ou dans tout autre document ou acte public antérieur à ce contrat; si elle consiste en biens non liquides, le titre en vertu duquel ces biens appartiennent à la femme doit être mentionné dans le contrat, et ces biens seront spécifiés lors de la liquidation, faute de quoi, lesdits biens seraient considérés comme communs.

§ unique. Si la dot comprend des biens à venir, ces biens doivent être dûment spécifiés dans les six mois du jour où l'époux doté en aura été nanti, faute de quoi, ils seraient considérés comme communs.

Art. 1138. Si la dot consiste en biens meubles, la valeur en sera déterminée dans le contrat de constitution sous la sanction édictée par l'article précédent.

Art. 1139. Les époux peuvent convenir par le contrat de mariage d'une caution ou toute autre garantie, ou désigner les biens qui seront grevés de l'hypothèque légale.

Art. 1140. Si la dot constituée par la femme, par le mari ou par un tiers, comprend de l'argent comptant, cet argent doit être employé, dans les trois mois de la célébration du mariage, en immeubles ou rentes consolidées (*de assentamento*), ou en actions de compagnies, ou placé à intérêts par acte public et sur hypothèque. La dot en argent qui n'aura pas été employée conformément au présent article devra être considérée comme non existante et entrera dans la communauté.

Art. 1141. La dot ne peut être constituée pendant le mariage ni augmentée, si ce n'est par voie d'accession naturelle.

Art. 1141. — *C. fr.*, art. 1543. — Comp. *C. esp.*, art. 1320. — *C. ital.*, art. 1391.

Art. 1142. Si la dot a été constituée par les père et mère, ou autres ascendants de la femme, ceux-ci seront responsables de sa valeur en cas d'éviction.

Art. 1143. Si la dot a été constituée par d'autres personnes, celles-ci ne seront garantes de l'éviction que lorsqu'elles auront agi de mauvaise foi, ou que leur responsabilité aura été stipulée.

Art. 1144. La dot stipulée est due, avec tous ses intérêts et revenus, à dater du jour de la célébration du mariage, s'il n'y a convention contraire.

Art. 1145. Si le mariage a duré dix ans depuis l'échéance des termes pris pour le payement de la dot, la femme ou ses héritiers pourront la répéter contre le mari, en cas de dissolution du mariage ou de séparation de biens, sans être tenus de prouver qu'il l'a effectivement reçue, à moins que celui-ci ne justifie de diligences inutilement faites pour en obtenir le payement.

Art. 1146. Si les père et mère constituent conjointement une dot sans indication de la part pour laquelle chacun d'eux y contribue, ils seront réputés s'être obligés chacun pour moitié.

Art. 1142, 1143. — *C. fr.*, art. 1547. — *C. ital.*, art. 1396.

Les Codes français et italien édictent d'une façon générale que ceux qui constituent une dot sont tenus à la garantie des objets constitués.

Voir art. 1468.

Art. 1144. — *C. fr.*, art. 1548. — *C. ital.*, art. 1397.

Art. 1145. — *C. fr.*, art. 1569. — *C. ital.*, art. 1414.

Art. 1146. — *C. fr.*, art. 1544. — *C. esp.*, art. 1343. — *C. ital.*, art. 1392.

Voir art. 2108.

ART. 1147. Si les père et mère n'ont pas déclaré constituer la dot sur la quotité disponible de leurs biens, le montant de la dot s'imputera sur la réserve de la fille dotée, et il n'y aura lieu de déduire de la quotité disponible que ce dont la dot excédera cette réserve.

ART. 1148. Le mari a la libre disposition des meubles dotaux, sauf convention contraire, mais il est débiteur de leur prix.

ART. 1149. Les immeubles dotaux sont inaliénables, excepté :

1° Pour l'établissement, par mariage ou autrement, des enfants communs, avec le consentement des deux époux;

2° Pour fournir des aliments à la famille, lorsqu'il n'y a pas d'autre moyen;

3° Pour payer les dettes de la femme, ou de ceux qui l'ont dotée, lorsque ces dettes sont antérieures au mariage et constatées par acte authentique ou authentiqué, et qu'elles ne peuvent être acquittées sur d'autres biens;

4° Pour faire les réparations indispensables à d'autres biens dotaux;

Art. 1147. — Voir art. 1492-1500, 1789, 1790 et 2107-2111.

Art. 1148. — Comp. *C. fr.*, art. 1551. — *C. esp.*, art. 1346. — *C. ital.*, art. 1401.

Voir art. 1230.

Art. 1149. — *C. fr.*, art. 1554. — *C. ital.*, art. 1405, 1406, § 2. — Comp. *C. esp.*, art. 1346.

Voir art. 1554, n° 2, et 1666.

Art. 1149, 1°. — *C. fr.*, art. 1556.

Art. 1149, 2°. — *C. fr.*, art. 1558, 2°.

Art. 1149, 3°. — *C. fr.*, art. 1558, 3°.

Art. 1149, 4°. — *C. fr.*, art. 1558, 4°.

5° Lorsqu'ils sont par leur nature inséparables d'autres biens non dotaux;

6° Pour être échangés contre d'autres biens de valeur égale ou supérieure, qui sont alors subrogés aux biens aliénés;

7° Dans le cas d'expropriation pour cause d'utilité publique.

§ 1. Les dispositions des n°s 1, 2, 3 et 4 ci-dessus s'appliquent aux immeubles dotaux, et le mari, dans les cas indiqués, est déchargé de toute responsabilité relativement à ces immeubles; il est également exempt de responsabilité, lorsqu'il a appliqué à l'un des objets mentionnés sous les numéros dont il s'agit le prix des meubles dotaux que l'article précédent lui permettait d'aliéner.

§ 2. Dans les cas prévus sous les n°s 1, 2, 3, 4, 5 et 6 ci-dessus, l'aliénation ne pourra avoir lieu qu'avec l'autorisation de justice.

§ 3. La vente des biens dotaux, quand elle aura lieu, sera faite aux enchères publiques.

§ 4. L'aliénation à laquelle se rapporte le n° 1 ci-dessus ne pourra excéder la valeur de la réserve de l'enfant qu'il s'agit de doter ou d'établir, cumulée avec celle de la quotité disponible, le tout estimé en se plaçant à l'époque de l'aliénation et d'après les mêmes règles que si le mariage des père et mère s'était dissous par leur mort à cette époque.

§ 5. Dans les cas indiqués sous les n°s 5 et 7, le prix des biens aliénés devra être employé à l'acquisition d'autres biens d'égale valeur qui leur seront subrogés.

Art. 1149, 5°. — *C. fr.*, art. 1558, 5°.

Art. 1149, 6°. — *C. fr.*, art. 1559. — *C. esp.*, art. 1337, 1°. — *C. ital.*, art. 1406.

Art. 1149, § 2, § 3. — *C. fr.*, art. 1558. — *C. ital.*, art. 1405. — Comp. *C. esp.*, art. 1361.

Art. 1150. Les immeubles dotaux aliénés en violation des dispositions de l'article précédent peuvent être revendiqués par la femme, soit durant le mariage, soit après sa dissolution ou depuis la séparation, lors même qu'elle aurait consenti à l'aliénation.

§ 1. Si les biens aliénés étaient des meubles, la revendication ne sera admise que dans les circonstances suivantes :

1° Si le mari n'a pas de biens qui puissent répondre de la valeur des meubles aliénés;

2° Si les aliénations faites tant par le mari que postérieurement par les tiers ont toutes eu lieu de mauvaise foi ou à titre gratuit.

§ 2. Le droit de revendication se transmet aux héritiers de la femme.

Art. 1151. Le mari qui aliène ou engage un bien dotal, lorsqu'il n'en a pas le droit, est tenu de tous dommages-intérêts tant envers sa femme qu'envers les tiers auxquels il n'a point révélé la nature des biens aliénés.

Art. 1152. Les immeubles dotaux sont imprescriptibles durant le mariage, conformément à l'article 551. Les meubles dotaux sont prescriptibles, mais le mari en doit la valeur.

Art. 1153. Les biens que la femme mariée sous le régime dotal possède à l'époque du mariage ou acquiert depuis lors, et qui ne sont pas dotaux, appartiennent en propre et exclusivement à la

---

Art. 1150. — Comp. *C. fr.*, art. 1560. — *C. ital.*, art. 1407.

Art. 1151. — *C. fr.*, art. 1560, § 2. — *C. ital.*, art. 1407, § 2.

Art. 1152. — *C. fr.*, art. 1561, 1562. — *C. ital.*, art. 1408.

Art. 1153. — Comp. *C. fr.*, art. 1574-1576, 1579. — *C. esp.*, art. 1381, 1382, 1385. — *C. ital.*, art. 1425-1429.

femme; mais les revenus de ces biens seront communs, si le contraire n'a été stipulé.

ART. 1154. La femme n'a d'hypothèque ou de privilège, quant aux biens mentionnés dans l'article précédent, qu'en vertu du droit commun.

ART. 1155. Les biens du mari, marié sous le régime dotal, lui sont propres.

ART. 1156. Après la dissolution du mariage ou la séparation, la dot sera restituée à la femme ou à ses héritiers avec tous les autres biens qui lui appartiennent en propre.

ART. 1157. Le mari ou ses héritiers ne seront pas tenus des restitutions dont il est parlé dans l'article précédent, lorsque les biens de la femme ont péri par cas fortuit, sans aucune faute de leur part.

ART. 1158. Les immeubles compris dans la dot doivent être restitués sans délai; la restitution des meubles dotaux ne peut être exigée qu'un an après la dissolution du mariage ou après la séparation légalement prononcée.

Art. 1156. — *C. fr.*, art. 1564 et suiv. — *C. ital.*, art. 1365 et suiv. — *C. esp.*, art. 1409 et suiv.

Art. 1157. — Comp. *C. fr.*, art. 1566, 1567. — *C. ital.*, art. 1411, 1412.

Voir art. 1165.

Art. 1158. — *C. fr.*, art. 1564, 1565. — *C. esp.*, art. 1369, 1370. — *C. ital.*, art. 1409, 1410.

Les Codes français et italien assimilent aux immeubles les meubles estimés dans le contrat, dont la propriété a passé au mari.

§ unique. Ce délai n'appartient pas au mari, quant aux meubles demeurés entre ses mains.

Art. 1159. Toutefois la femme ou ses héritiers ont droit aux intérêts des sommes pour la restitution desquelles le mari jouit du délai ci-dessus mentionné.

Art. 1160. Si la dot consiste en un usufruit ou en redevances emphytéotiques, rentes ou *quinhões,* la restitution s'opérera par la remise des titres et par la cessation de la jouissance du mari.

§ unique. Le mari ne jouit pas, quant aux biens de cette nature, du délai concédé par la dernière partie de l'article 1158.

Art. 1161. Si la dot consiste en créances, le mari répondra des sommes qu'il a reçues et de celles qu'il a perdues ou laissé prescrire par sa faute ou sa négligence. Il sera quitte, pour le surplus, en restituant les titres qui sont entre ses mains.

Art. 1162. Les fruits non détachés et les revenus de tous biens dotaux seront partagés entre le mari et la femme ou leurs héritiers en proportion du temps qu'a duré le mariage pendant la dernière année.

Art. 1159. — Comp. *C. fr.*, art. 1570. — *C. esp.*, art. 1371, 1379. — *C. ital.*, art. 1415.

Art. 1160. — Comp. *C. fr.*, art. 1568. — *C. esp.*, art. 1375. — *C. ital.*, art. 1413.

Art. 1161. — Comp. *C. fr.*, art. 1567. — *C. esp.*, art. 1375. — *C. ital.*, art. 1412.

Art. 1162. — *C. fr.*, art. 1571. — *C. esp.*, art. 1380. — *C. ital.*, art. 1416.

Art. 1163. Le mari ou ses héritiers ont le droit de se faire rembourser par la femme ou ses héritiers des améliorations nécessaires ou utiles qu'ils ont apportées au bien dotal, mais seulement jusqu'à concurrence de la plus-value acquise au moment de la restitution. Quant aux améliorations voluptuaires, le mari ou ses héritiers n'ont que le droit de les enlever, aux termes de l'article 500.

Art. 1164. Les dépenses et les charges ordinaires des biens dotaux doivent être considérées comme compensées avec les revenus de ces biens.

Art. 1165. Les règles sur la restitution des biens dotaux sont applicables à la restitution des biens propres de la femme.

SOUS-SECTION V.

DES DONATIONS ENTRE FUTURS ÉPOUX.

Art. 1166. Les futurs époux peuvent, par contrat de mariage,

Art. 1163. — Comp. *C. fr.*, art. 1562. — *C. esp.*, art. 1368. — *C. ital.*, art. 1408.

Art. 1165. — Comp. *C. esp.*, art. 1391.

Art. 1166. — *C. fr.*, art. 1091. — *C. esp.*, art. 1321, 1327.

Les ordonnances Philippines, en traitant *des arrhes et de la chambre close*, dans le titre XLVII du livre IV, font mention de deux formes de donations anténuptiales : « Nous ordonnons que (le mari) ne puisse promettre ni donner à sa femme *chambre close;* une telle promesse restera sans valeur..... Mais il pourra, dans le contrat dotal, lui promettre et donner la somme en quantité *certaine*, les biens meubles et immeubles, ainsi qu'il lui semblera, à condition que cette promesse ou donation d'*arrhes* ne dépassera pas le tiers de la dot apportée par la femme. » Dans ces mots perce la différence entre la *chambre close*, donation de somme en quantité *incertaine* et sans taxe, et les *arrhes*, de somme et quantité *certaine*, avec un maximum établi par la loi. Pour la comparaison de la *chambre close* portugaise (*camara cerrada*) avec le *morgengabe* germanique, lire une étude de M. L. M. Jordão, dans la *Revue historique de droit français et étranger*, t. V (1859), p. 101-120.

se faire réciproquement, ou l'un à l'autre, telle donation, même sous condition de survie, que bon leur semble, sauf les restrictions suivantes.

Art. 1167. Si, à l'époque du contrat, le futur époux a des ascendants ou des descendants réservataires, et que l'un d'eux soit vivant lors de la dissolution du mariage, ladite donation ou disposition ne pourra excéder le tiers des biens alors possédés par le donateur.

Art. 1168. Les donations ou dispositions stipulées dans le contrat de mariage n'auront point d'effet, si le mariage n'est pas contracté ou s'il est annulé, sauf ce qui est dit dans l'article 1091.

Art. 1169. Les donations anténuptiales ne peuvent être déclarées nulles :

1° Pour défaut d'acceptation expresse;

Art. 1167. — Comp. *C. fr.*, art. 1094. — *C. esp.*, art. 1331.

D'après le droit français, l'époux peut, soit par contrat de mariage, soit pendant le mariage, pour le cas où il ne laisserait point d'enfants ni de descendants, disposer en faveur de l'autre époux, en propriété, de tout ce dont il pourrait disposer en faveur d'un étranger, et, en outre, de l'usufruit de la totalité de la portion dont la loi prohibe la disposition au préjudice des héritiers. Et pour le cas où l'époux donateur laisserait des enfants ou descendants, il peut donner à l'autre époux, ou un quart en propriété et un autre quart en usufruit, ou la moitié de tous ses biens en usufruit seulement.

D'après le droit espagnol, les époux peuvent se donner, par contrat de mariage, jusqu'au dixième de leurs biens présents, et quant aux biens futurs, ils n'en peuvent disposer qu'en cas de mort, et dans la mesure indiquée par les dispositions relatives à la succession testamentaire.

Voir art. 1774, 1784-1787.

Art. 1168. — *C. fr.*, art. 1088. — *C. esp.*, art. 1333.

Art. 1169. — Voir art. 1482, 1483 et 1489.

Art. 1169, 1°. — *C. fr.*, art. 1087. — *C. esp.*, art. 1330.

Voir art. 1176, 1456, 1465, 1466, 1478 et 2032.

IMPRIMERIE NATIONALE.

2° Pour survenance d'enfants;

3° Pour cause d'ingratitude.

Art. 1170. La donation, lorsqu'elle porte sur des biens présents et déterminés, sera irrévocable, alors même que le donataire viendrait à décéder avant le donateur, s'il n'y a eu convention contraire.

Art. 1171. Lorsque la donation est d'une partie ou de la totalité de la succession, le donateur ne pourra la révoquer ni en diminuer l'effet par des dispositions à titre gratuit.

Art. 1172. Le droit résultant de la donation mentionnée dans l'article précédent, que cette donation soit ou non réciproque, n'est pas transmissible aux héritiers du donataire, si celui-ci meurt avant le donateur.

Art. 1173. Le mineur peut faire des donations par contrat de mariage, avec l'autorisation de ceux dont le consentement est requis, aux termes de l'article 1061 et des paragraphes dudit article, pour la validité de son mariage.

Art. 1174. Les donations entre futurs époux sont soumises aux

---

Art. 1169, 2°. — *C.fr.*, art. 1096, § 3.
Voir art. 1182, 1760, 1814 et 1815.

Art. 1170. — *C.fr.*, art. 1092.

Art. 1171. — *C. fr.*, art. 1082, 1083.

Art. 1172. — *C.fr.*, art. 1093.
Voir art. 1175, 1177, 1453, 1460, 1462 et 1463.

Art. 1173. — *C.fr.*, art. 1095. — *C. esp.*, art. 1329.

Art. 1174. — *Cf. r.*, art. 1091. — *C. esp.*, art. 1328.
Voir art. 1179 et 1457.

règles générales établies dans le chapitre des donations, en tant qu'il n'y est pas dérogé par la présente section.

SECTION VI.

DES DONATIONS FAITES PAR DES TIERS AUX FUTURS ÉPOUX.

Art. 1175. Toute personne peut disposer, en faveur des futurs époux ou de l'un deux, de tout ou partie de ses biens, soit entre vifs, soit à cause de mort, pourvu que la disposition soit faite par le contrat même de mariage ou par acte public séparé, sauf ce qui est ordonné relativement aux donations inofficieuses.

Art. 1176. Lorsque les donations autorisées par l'article qui précède auront été faites par le contrat de mariage, leur validité ne sera pas subordonnée à l'acceptation expresse du donataire; mais l'acceptation expresse sera nécessaire lorsqu'elles auront été faites par acte distinct.

Art. 1177. Les donations dont il s'agit, faites aux futurs époux, ou à l'un deux, profiteront aux enfants issus du mariage, même si le donateur survit aux donataires; elles ne deviendront caduques que si le donateur survit à tous les descendants des donataires.

SECTION VII.

DES DONATIONS ENTRE ÉPOUX.

Art. 1178. Le mari et la femme peuvent se faire, par acte entre vifs ou par testament, donation de leurs biens présents.

Art. 1175. — *C. fr.*, art. 1081. — *C. esp.*, art. 1327.

Art. 1176. — Comp. *C. fr.*, art. 1087. — *C. esp.*, art. 1330.

Art. 1177. — *C. fr.*, art. 1089.

Art. 1178. — Comp. *C. fr.*, art. 1094. — *Contra : C. esp.*, art. 1334. La quotité dont les époux peuvent disposer en faveur l'un de l'autre pen-

Art. 1179. Les donations entre vifs seront régies par les dispositions du chapitre des donations; les donations à cause de mort, par les dispositions du chapitre des testaments.

Art. 1180. Les époux ne peuvent se faire donation mutuelle par un seul et même acte.

Art. 1181. Les donations faites entre époux sont toujours et librement révocables.

§ 1. La femme peut révoquer, sans autorisation de son mari ni de justice, la donation qu'elle a faite.

§ 2. La révocation doit être expresse.

Art. 1182. Les donations entre époux ne sont point révocables pour cause de survenance d'enfants; mais elles peuvent être réduites comme inofficieuses.

Art. 1183. Les biens donnés constitueront des propres du donataire, quel que soit le régime établi par le contrat de mariage.

SECTION VIII.

DES DROITS ET DES DEVOIRS GÉNÉRAUX DES ÉPOUX.

Art. 1184. Les époux sont tenus :

---

dant le mariage est, dans le droit français, la même que celle dont ils peuvent disposer par contrat de mariage. — Voir la note sous l'article 1167.

Le Code espagnol prohibe toute donation entre époux pendant le mariage, à l'exception des cadeaux de peu d'importance.

Voir art. 1181 et 1564.

Art. 1180. — *C. fr.*, art. 968, 1097.

Voir art. 1496, 1753 et 1809.

Art. 1181. — *C. fr.*, art. 1096.

Art. 1182. — *C. fr.*, art. 1096, § 3.

1° De se garder mutuellement la fidélité conjugale;

2° De vivre en commun;

3° De se porter mutuellement secours et assistance.

Art. 1185. Le mari est spécialement tenu de protéger et de défendre la personne et les biens de la femme, et la femme d'obéir à son mari.

Art. 1186. La femme est obligée de suivre son mari partout, sauf en pays étranger.

Art. 1187. La femme auteur ne peut publier ses écrits qu'avec le consentement de son mari, mais elle peut requérir l'autorisation de justice lorsque le mari refuse à tort son consentement.

Art. 1184, 1°. — *C. fr.*, art. 212. — *C. esp.*, art. 56. — *C. ital.*, art. 130.

Art. 1184, 2°. — *C. fr.*, art. 214. — *C. esp.*, art. 58. — *C. ital.*, art. 130, 131.

Art. 1184, 3°. — *C. fr.*, art. 212. — *C. esp.*, art. 56. — *C. ital.*, art. 130.

Art. 1185. — *C. fr.*, art. 213. — *C. esp.*, art. 57. — *C. ital.*, art. 131, 132.

Art. 1186. — Comp. *C. fr.*, art. 214. — *C. ital.*, art. 131. — *C. esp.*, art. 58.

Les Codes français et italien ne prévoient aucune exception à la règle que la femme doit suivre son mari. Toutefois le Code italien autorise la femme à demander la séparation quand le mari, sans juste motif, n'adopte pas une résidence fixe, ou quand, en ayant les moyens, il refuse de la fixer d'une manière qui convienne à sa condition (art. 152). Le droit espagnol permet aux tribunaux de dispenser la femme de l'obligation de suivre son mari quand celui-ci transporte sa résidence au delà des mers ou en pays étranger.

Art. 1187. — Cette disposition tranche d'une façon équitable une question qui a été souvent discutée en France.

Art. 1188. La femme jouit des honneurs du mari, lorsqu'ils ne sont pas exclusivement attachés à la fonction qu'il exerce ou qu'il a exercée; elle les conserve tant qu'elle ne se remarie pas.

Art. 1189. L'administration de tous les biens du ménage appartient au mari; elle n'appartient à la femme qu'à défaut du mari, ou lorsqu'il est empêché.

Art. 1190. La femme qui administre pendant l'absence ou l'empêchement du mari ne peut aliéner les immeubles sans y être autorisée par le conseil de famille, le ministère public entendu; l'aliénation des immeubles, dont la valeur excède 100,000 *reis*, (560 francs), ne pourra avoir lieu que dans les formes établies par les articles 268 et suivants.

§ unique. Les aliénations faites en violation du présent article seront nulles, et les acheteurs ne pourront poursuivre la restitution du prix de la vente que sur les biens propres de la femme venderesse, si elle en a, ou sur ceux du ménage, à la charge de prouver que ce prix a été employé au profit du ménage, et seulement jusqu'à concurrence du profit que le ménage en aurait tiré.

Art. 1191. Le mari ne peut aliéner aucun immeuble ni ester

Art. 1188. — *C. esp.,* art. 64.

Art. 1189. — *C. esp.,* art. 59. — Comp. *C. fr.,* art. 1421. — *C. ital.,* art. 1399, 1438.

Art. 1190. — Comp. *C. fr.,* art. 217, 221, 222, 224, 905. — *C. esp.,* art. 60, 61. — *C. ital.,* art. 134-136.

Art. 1191. — *Contra : C. fr.,* art. 1421. — *C. esp.,* art. 1413. — *C. ital.,* art. 1438.

Le Code hollandais (art. 160) et le Code de Zurich (art. 591) décident également que le mari ne peut aliéner ou hypothéquer les immeubles de la femme, sans son consentement.

en justice dans un procès concernant la propriété ou la possession d'un immeuble, sans le consentement de sa femme.

§ 1. Ce consentement peut être suppléé par l'autorisation de justice, lorsqu'il est refusé à tort par la femme, ou que celle-ci se trouve dans l'impossibilité de le donner.

§ 2. Néanmoins les aliénations de biens propres au mari, faites par lui contrairement au présent article, ne peuvent être déclarées nulles, à la requête de la femme ou de ses héritiers, que si le mari a engagé envers elle ou envers eux sa responsabilité, et s'il n'a pas d'autres biens pour garantir le payement de ce qu'il doit.

§ 3. Si ces aliénations portent sur des biens de communauté, la femme ou ses héritiers ou les héritiers réservataires du mari pourront, dans tous les cas, en poursuivre l'annulation.

Art. 1192. La femme mariée ne peut ester en justice sans l'autorisation de son mari, excepté :

1° Lorsqu'elle est accusée de crime;

2° Lorsqu'elle plaide contre son mari;

3° Lorsqu'elle agit uniquement pour la conservation ou la garantie de ses droits propres et exclusifs;

4° Lorsqu'elle agit dans l'exercice des droits et devoirs inhérents à la puissance paternelle, à l'égard de ses enfants légitimes ou des enfants naturels nés d'un autre que son mari.

Art. 1193. La femme ne peut sans l'autorisation de son mari acquérir, aliéner, s'obliger par contrat, que dans les cas où la loi le permet expressément.

Art. 1192. — Comp. *C. fr.*, art. 215, 216, 218, 221, 222, 224. — *C. esp.*, art. 60, 63, 2°. — *C. ital.*, art. 134-136.

Art. 1193. — *C. fr.*, art. 217. — *C. esp.*, art. 61. — *C. ital.*, art. 134.

§ UNIQUE. Si le mari refuse à tort l'autorisation demandée par la femme, celle-ci pourra s'adresser au juge de droit compétent, qui pourra accorder ou refuser l'autorisation, après avoir entendu le mari.

ART. 1194. L'autorisation du mari doit être donnée spécialement pour chacun des actes que la femme entend faire, à moins qu'il ne s'agisse d'exercer le commerce, auquel cas la femme peut faire, en vertu d'une autorisation générale, tous les actes relatifs à son négoce, même hypothéquer ses immeubles et plaider comme demanderesse pour les besoins de son état.

ART. 1195. L'autorisation maritale peut être donnée verbalement, ou par écrit, ou par des actes du mari qui la supposent nécessairement.

ART. 1196. Toutefois l'autorisation de faire le commerce, d'hypothéquer ou d'aliéner un immeuble, ou de former une demande en justice, ne peut être donnée que par acte authentique ou authentiqué.

ART. 1197. Le mari peut révoquer l'autorisation par lui donnée, tant que les choses sont entières; mais, lorsque l'acte autorisé aura reçu un commencement d'exécution, il ne pourra la révoquer qu'à la condition de réparer le préjudice résultant pour les tiers de cette révocation.

Art. 1193, § UNIQUE. — *C. fr.*, art. 218, 219. — *C. ital.*, art. 136

Art. 1194. — *C. fr.*, art. 220, 223. — *C. ital.*, art. 134, § 2, art. 135, 3°.

Art. 1195. — Comp. *C. fr.*, art. 217. — *C. esp.*, art. 62. — *C. ital.*, art. 134.

Art. 1197. — *C. ital.*, art. 134 *in fine*.

Art. 1198. Le mari répond des dettes contractées avec son autorisation par sa femme, mariée sous le régime de la coutume du royaume ou sous celui de la simple communauté d'acquêts; mais si la femme est mariée sous un autre régime, il n'est pas responsable des engagements qu'elle a pris sur ses biens propres ou relativement à des intérêts exclusivement personnels.

Art. 1199. Lorsque la femme a été autorisée par justice, le mari ne répond des actes de la femme que s'ils ont pour cause des obligations communes ou s'ils ont tourné à l'avantage commun.

Art. 1200. La nullité fondée sur le défaut d'autorisation ne peut être opposée que par le mari ou par ses héritiers ou ayants cause.

Art. 1201. La nullité résultant du défaut d'autorisation est couverte :

1° Par la ratification du mari, tant que l'acte n'a pas été attaqué en justice par un tiers;

2° Lorsqu'elle n'a point été opposée dans l'année qui suit la dissolution du mariage;

3° Lorsqu'il y a prescription, d'après les règles générales de la matière.

Art. 1200. — *Sic : C. esp.*, art. 65. — Comp. *C. fr.*, art. 225. — *C. ital.*, art. 137.

Les Codes français et italien admettent également la femme à se prévaloir de la nullité.

Art. 1201. — La disposition du n° 1 contredit celle de l'art. 1200. Le projet primitif du Code civil admettait les créanciers de la femme à exciper du défaut d'autorisation maritale : le législateur n'a pas pris garde que, dans la rédaction définitive, cette faculté était réservée au seul mari et à ses héritiers ou ayants cause et qu'elle était refusée aux tiers.

Art. 1202. L'action en nullité de la part des époux n'est pas recevable lorsque le mariage contracté en pays étranger n'a point été rendu public en Portugal dans les formes voulues par la loi.

SECTION IX.

DE L'INTERRUPTION DE LA SOCIÉTÉ CONJUGALE.

Art. 1203. La société conjugale peut être interrompue soit quant aux personnes et quant aux biens tout ensemble, soit quant aux biens seulement.

SOUS-SECTION PREMIÈRE.

DE LA SÉPARATION DE CORPS ET DE BIENS.

Art. 1204. La séparation de corps et de biens a pour causes légitimes :

1° L'adultère de la femme;

2° L'adultère du mari, s'il y a scandale public ou abandon com-

---

Titre II, chapitre Ier, section IX. — *C. fr.*, l. I, tit. vi. — *C. esp.*, l. I, tit. iv, sect. iv, et l. IV, tit. iii, ch. vi. — *C. ital.*, l. I, tit. v, chap. x. — *C. holl.*, l. I, tit. x-xii. — *C. Grisons*, 1re partie, sect. I, chap. i, B. iv. — *C. Zurich*, l. IV, sect. i, chap. iii. — *Projet allemand.*, l. IV, sect. i, tit. vii.

Art. 1204. — *C. fr.*, art. 229, 306. — *C. esp.*, art. 105, 1°. — *C. ital.*, art. 150.

Par application de l'art. 8 de la loi de promulgation du Code civil, un décret du 12 mars 1868 a réglementé la procédure des instances en séparation.

Art. 1204, 2°. — *C. fr.*, art. 230, 306, modifiés par la loi du 27 juillet 1884; *C. pén. fr.*, art. 339. — *C. esp.*, art. 105, 1°. — *C. ital.*, art. 150, § 2.

Le Code civil français accorde le divorce pour cause d'adultère du mari, sans qu'il y ait besoin de circonstances aggravantes; le Code pénal ne punit que l'entretien d'une concubine au domicile conjugal. Dans le droit espagnol, l'adultère du mari n'est une cause de séparation que s'il y a eu scandale public ou mépris de la femme. Le Code italien n'admet aussi l'action en sépara-

plet de la femme, ou si la concubine est entretenue et maintenue au domicile conjugal;

3° La condamnation de l'un des époux à une peine perpétuelle;

4° Les sévices et injures graves.

Art. 1205. La séparation ne peut être demandée que par le conjoint non coupable.

Art. 1206. L'époux qui veut obtenir la séparation s'adressera

---

tion pour cause d'adultère du mari que si ce dernier entretient une concubine dans sa maison ou notoirement dans un autre lieu, ou s'il y a un concours de circonstances telles que le fait constitue une injure grave envers la femme.

Art. 1204, 3°. — *C. fr.*, art. 232, modifié par la loi du 27 juillet 1884. — *C. esp.*, art. 105, 6°. — *C. ital.*, art. 151.

Le Code italien excepte le cas où la condamnation à une peine criminelle serait antérieure au mariage et où l'autre époux en aurait eu connaissance.

Art. 1204, 4°. — *C. fr.*, art. 231. — *C. esp.*, art. 105, 2°, 3° et 4°. — *C. ital.*, art. 150.

Peuvent être rangées sous cette rubrique les deux autres causes de séparation prévues par le Code espagnol : la violence exercée par le mari sur la femme pour l'obliger à changer de religion et pour se livrer à la prostitution.

Art. 1205. — *C. esp.*, art. 106.

La séparation étant considérée comme une sorte de pénalité contre l'époux coupable, l'époux innocent doit seul être admis à s'en prévaloir.

Voir art. 1210, § unique.

Art. 1206. — Comp. *C. fr.*, art. 234 et suiv. — *C. esp.*, art. 67, 103, 107. — *C. ital.*, art. 154, 158.

Cette création d'un conseil de famille pour statuer, sous le contrôle du tribunal, sur les cas de séparation est une institution particulière au Code portugais. (Voir art. 1208, 1209.)

Voir art. 1225 et 1227.

Même sous l'ancienne législation, la séparation était toujours prononcée par le juge civil. La Cour de cassation et les cours d'appel de Lisbonne et Porto ont en effet, dans plusieurs arrêts, décidé que les juges ecclésiastiques ou les officiali-

au juge du lieu de son domicile ou de sa résidence, afin de faire convoquer le conseil de famille, qui sera composé des six plus proches parents des deux époux, trois de chaque côté, et du magistrat du ministère public compétent, lequel aura seulement voix consultative.

§ 1. A défaut de parents, on appellera des amis de la famille, et à défaut d'amis, des voisins ayant bonne réputation.

§ 2. En cas de partage, le juge aura voix prépondérante.

§ 3. Après la nomination du conseil de famille, les parties seront entendues sur la constitution de ce conseil; elles pourront demander le remplacement de ceux de ses membres en qui se rencontrerait l'une des incapacités mentionnées sous les n°s 1, 2, 3, 4, 5 et 6 de l'article 234; elles pourront en outre demander le remplacement de tout membre du même conseil, en offrant de prouver :

1° Qu'il a été suborné;

2° Qu'il a un intérêt dans l'instance en séparation.

§ 4. La femme pourra en même temps demander l'indication d'une résidence provisoire, soit qu'elle ait formé la demande en séparation ou qu'elle y défende.

Art. 1207. Le conseil de famille, après avoir entendu le ministère public et les parties, s'il ne réussit point à réconcilier celles-ci,

---

tés ne connaissant, d'après l'art. 192 des lois de procédure, que des causes purement spirituelles, sont incompétents pour décréter la séparation de corps. (Voir L. M. Jordão, *Le droit civil portugais*..., dans la *Revue historique de droit français et étranger*, t. III [1857], p. 372.)

Un décret du 12 mars 1868 a réglé les détails de la procédure de la séparation de corps.

Art. 1207. — Comp. *C. fr.*, art. 238, 240, 302. — *C. esp.*, art. 68-71, 73, 81, 103, 107. — *C. ital.*, art. 154.

examinera les moyens de preuve produits à l'appui de la demande et décidera :

1° S'il autorise ou non la séparation de corps;

2° Quel sera le chiffre de la pension alimentaire, lorsque l'un des époux séparés a besoin d'une pension et que l'autre peut la fournir;

3° Enfin, lorsqu'il y a des enfants, quelles mesures seront prises à leur égard, si les époux ne se sont pas entendus à l'amiable sur ce point.

Art. 1208. Les décisions du conseil de famille seront homologuées par le juge et ne seront susceptibles d'aucun recours, sauf en ce qui touche le chiffre de la pension alimentaire dans le cas du n° 2 de l'article précédent.

Art. 1209. Dans les cas prévus sous les n°s 1 et 2 de l'article 1204, l'époux offensé peut s'adresser au conseil de famille ou intenter contre son conjoint des poursuites criminelles.

§ 1. Toutefois, s'il y a récidive de la part de l'époux coupable, l'époux offensé pourra intenter des poursuites criminelles, même après s'être adressé au conseil de famille.

§ 2. Lorsque, sur les poursuites criminelles intentées contre elle, la femme a été acquittée, elle sera de plein droit réputée séparée de corps et de biens, et elle pourra demander, sans avoir besoin d'un autre titre que le jugement d'acquittement qui a

---

Art. 1209. — Le législateur portugais a pensé que le fait par le mari d'intenter contre sa femme une accusation reconnue injustifiée constitue une injure grave qui compromet irrémédiablement pour l'avenir la bonne harmonie du ménage et qui rend la séparation inévitable.

force exécutoire, sa séparation et la délivrance des biens qui lui appartiennent.

§ 3. Lorsque l'époux intente des poursuites criminelles, il y a lieu d'appliquer l'article 1207, n° 3, et de convoquer à cet effet le conseil de famille, conformément à l'article 1206.

Art. 1210. La séparation de corps emporte nécessairement séparation de biens.

§ unique. Par exception, en cas d'adultère de la femme, celle-ci, quel que soit le régime établi par le contrat de mariage, n'aura pas droit à la séparation de biens, mais seulement à des aliments, à moins qu'elle n'établisse qu'à l'époque de l'adultère, elle pouvait demander la séparation contre son mari pour l'une des causes mentionnées sous le n° 2 de l'article 1204.

Art. 1211. Dans tous les cas où la séparation de biens a lieu, il sera procédé à l'inventaire et au partage comme si le mariage était dissous.

Art. 1210. — *Sic : C. fr.*, art. 311, remplacé par l'art. 3 de la loi du 6 février 1893, § 2. — *C. esp.*, art. 73, 4°. — *Contra : C. ital.*, art. 1418, § 2.

Art. 1210, § unique. — *Sic : C. esp.*, art. 73, 5°.

Il faut voir là, comme dans la disposition de l'article 1205 (*C. esp.*, art. 106) une application de cette idée, que la séparation doit être une punition contre l'époux coupable. De là aussi l'exception mentionnée au texte : lorsque les deux époux sont également coupables, il n'y a pas de raison de favoriser l'un aux dépens de l'autre, et l'on revient au droit commun. (Comp. *C. esp.*, art. 72.) — Voir art. 1213.

Art. 1211. — *C. fr.*, art. 1444, 1449. — *C. esp.*, art. 73, 4°. — *C. ital.*, art. 1419, 1424, 1441.

ART. 1212. Lorsque les enfants ont été confiés aux soins et à la garde de l'un des époux, l'autre ne sera pas pour cela déchargé des devoirs, ni privé des droits paternels, mais seulement tenu de ne point s'opposer à l'accomplissement de la mission spécialement confiée à l'autre époux.

ART. 1213. L'époux contre lequel la séparation a été prononcée perdra tout ce qu'il avait reçu de son conjoint, et tout ce qui lui avait été donné ou promis par des tiers, en considération de celui-ci.

ART. 1214. La séparation de biens ne porte aucune atteinte aux droits antérieurement acquis par les créanciers du ménage.

ART. 1215. Les époux ont la libre disposition des meubles qui leur échoient depuis la séparation, sauf les droits des enfants.

ART. 1216. Aucun des époux ne peut disposer par acte entre vifs des immeubles qui lui échoient depuis la séparation sans le

---

Art. 1212. — *C. fr.*, art. 303. — *C. esp.*, art. 73, 2° et § 3. — *C. ital.*, art. 155.

Voir art. 1226.

Art. 1213. — *C. fr.*, art. 299, modifié par la loi du 27 juillet 1884 ; art. 300. — *C. esp.*, art. 73, 3°.

Voir art. 1210, § unique.

Art. 1214. — Comp. *C. fr.*, art. 1447. — *C. esp.*, art. 1438. — *C. ital.*, art. 1422.

Voir art. 1228.

Art. 1215. — Comp. *C. fr.*, art. 1449. — *C. esp.*, art. 1435 et suiv. — *C. ital.*, art. 1424.

Art. 1216. — Comp. *C. fr.*, art. 1449, § 3. — *C. esp.*, art. 1444. — *C. ital.*, art. 1424.

consentement de l'autre; le consentement refusé sans motif légitime peut être remplacé par l'autorisation de justice.

Art. 1217. La séparation de biens ne permet pas aux époux d'exercer par anticipation les droits subordonnés à la dissolution du mariage.

Art. 1218. De quelque manière que la séparation ait lieu, les époux pourront toujours rétablir la société conjugale dans les termes ou elle avait été constituée, en faisant constater leur convention par un procès-verbal de réconciliation devant le juge de paix compétent.

§ unique. La réconciliation des époux ne portera aucune atteinte aux droits acquis à des tiers durant la séparation.

SOUS-SECTION II.

DE LA SÉPARATION DE BIENS PRONONCÉE EN JUSTICE.

Art. 1219. La femme mariée, commune en biens ou non

Art. 1217. — *C. esp.*, art. 1440.

Art. 1218. — Comp. *C. fr.*, art. 295, modifié par la loi du 27 juillet 1884; art. 1451. — *C. esp.*, art. 74, 1439. — *C. ital.*, art. 157.

Dans le droit français, la communauté ne peut être rétablie que par un acte passé devant notaire, dont une expédition doit être affichée comme l'avait été le jugement de séparation (art. 1445). Le droit espagnol veut que les conjoints séparés fassent connaître leur réconciliation au tribunal qui a jugé leur procès. Au moment de leur réunion, les époux doivent faire constater par acte public les biens qu'ils apportent à nouveau. Le Code italien admet que les époux peuvent d'un commun accord faire cesser les effets du jugement de séparation, soit par une déclaration expresse, soit par le fait de la cohabitation, sans que l'intervention de l'autorité judiciaire soit nécessaire.

Voir art. 1229.

Art. 1219. — *C. fr.*, art. 1443, 1563. — *C. esp.*, art. 1433, 1441. — *C. ital.*, art. 1418.

commune, dont la fortune est manifestement mise en péril par la mauvaise administration du mari, pourra demander la séparation de biens, ainsi qu'il est dit ci-après.

Art. 1220. Lorsque le régime matrimonal est celui de la coutume du royaume, la séparation ne s'appliquera qu'aux biens apportés dans le ménage par la femme, ou qui lui seront échus depuis le mariage, et de la moitié de ceux qu'elle aura acquis conjointement avec son mari.

Art. 1221. Lorsque la femme est mariée sous le régime dotal ou sous un autre régime de séparation des biens, elle ne pourra obtenir la séparation par justice que si les biens dotaux ou séparés sont susceptibles de détérioration, et si la restitution de la dot n'est pas suffisamment garantie par l'un des moyens établis par l'article 1139.

La séparation de biens organisée par les articles 1432 et suivants du Code espagnol diffère essentiellement de celle prévue par les Codes français, italien et portugais. Elle a pour but de pourvoir à l'administration des biens du ménage, lorsque l'un des conjoints est interdit, absent, ou qu'il a donné lieu à la séparation de corps. Elle offre donc à la femme une protection moins efficace. En effet, la femme dont la dot est mise en péril doit faire prononcer judiciairement l'interdiction de son mari pour lui retirer l'administration des biens du ménage (art. 225, 1441). La loi espagnole, favorable surtout aux intérêts des tiers, a considéré la femme comme un créancier ordinaire; c'était à elle, en confiant sa dot à son mari, de prendre ses précautions et d'exiger des hypothèques et des sûretés suffisantes pour en assurer la restitution (art. 1349, 1352). Il peut être intéressant de rappeler qu'il en était de même dans l'ancien droit grec, où l'hypothèque légale ne paraît pas avoir existé. «Les anciens Athéniens, dit le grammairien Harpocration, avaient aussi l'habitude, quand les parents constituaient une dot à l'épouse, de demander au mari un gage (ἀποτίμημα) de valeur égale à la dot, par exemple une maison ou un terrain.» — Voir la note sous l'art. 905.

Art. 1222. Lorsque le régime matrimonial est celui de la coutume du royaume, les époux sont réputés avoir renoncé à la communauté le jour où ils ont formé leur demande en séparation, si cette demande est accueillie.

Art. 1223. Dès que la séparation aura été prononcée par le juge de droit compétent, il sera fait remise à la femme de l'administration de ses biens.

Art. 1224. Après la séparation, les biens dotaux conserveront ce caractère. Tous les autres biens seront réputés propres.

Art. 1225. La demande en séparation et le jugement qui accueille cette demande seront publiés dans la huitaine par insertion dans l'un des journaux de l'arrondissement judiciaire, ou, à défaut de journaux, par affiches dans le lieu du domicile des époux.

§ 1. Le délai de huitaine court, à l'égard de la demande, du jour où elle est présentée au greffe; et, à l'égard du jugement, du jour où il est passé en force de chose jugée.

§ 2. Les dettes contractées par le mari, postérieurement à la première annonce ou affiche, ne grèveront pas les biens pour lesquels la séparation a été prononcée par jugement.

Art. 1222. — *C. fr.*, art. 1445, § 2. — *C. ital.*, art. 1420.
Voir art. 1225, § 2.

Art. 1223. — *C. fr.*, art. 1449. — *C. esp.*, art. 1435, 1436, 1441. — *C. ital.*, art. 1424, § 1.

Art. 1224. — *C. ital.*, art. 1424, § 2.

Art. 1225. — Comp. *C. fr.*, art. 1445. — *C. esp.*, art. 1437.

Art. 1226. La séparation de biens ne dispense pas la femme de contribuer aux dépenses du ménage, sur les revenus de ses biens, proportionnellement à ses facultés et à celles de son mari.

Art. 1227. La séparation de biens ne peut avoir lieu par consentement mutuel.

Art. 1228. Les créanciers personnels de chacun des époux ont le droit d'intervenir dans l'instance, pour s'opposer à la séparation.

Art. 1229. Les effets de la séparation judiciaire peuvent être annulés par convention entre les époux, constatée par écrit ou acte public, et publiée dans les formes prescrites pour la publication de la demande et du jugement.

§ unique. La convention dont il s'agit n'a d'effet à l'égard des tiers qu'à partir du jour des publications légales.

Art. 1230. Lors même qu'elle n'est pas judiciairement séparée de biens, la femme peut toujours, sans l'autorisation maritale, former tierce opposition aux actes d'exécution pratiqués sur les revenus de ses biens dotaux ou de ses propres administrés par le mari, lorsque ces actes d'exécution la privent des aliments nécessaires.

Art. 1226. — *C. fr.*, art. 1448. — *C. esp.*, art. 1434, § 2. — *C. ital.*, art. 1423.

Art. 1227. — *C. fr.*, art. 1443, § 2. — *C. esp.*, art. 1432. — *C. ital.*, art. 1418, § 3.

Art. 1228. — *C. fr.*, art. 1447. — *C. ital.*, art. 1422.

Art. 1229. — *C. fr.*, art. 1451. — *C. esp.*, art. 1439.
Voir la note sous l'art. 1218.

Art. 1230. — Voir art. 1414 et *C. pr. civ.*, art. 924.

SECTION X.

DE L'APANAGE DE L'ÉPOUX SURVIVANT.

Art. 1231. Quel qu'ait été le régime du mariage dissous, celui des époux qui, par la mort de l'autre, se trouve privé de moyens d'existence, a droit à des aliments sur les revenus des biens du prédécédé, de quelque nature qu'ils soient.

§ unique. Le présent article n'a point trait aux biens dont l'époux prédécédé avait seulement l'usufruit.

Art. 1232. Les aliments sont dus tant que l'époux survivant est dans le besoin et n'est pas remarié; le chiffre en sera arbitré par le juge, proportionnellement aux revenus des biens de l'époux prédécédé, et selon les besoins et la condition du survivant, à moins que les parties ne s'accordent à l'amiable.

§ unique. Le présent article s'applique, qu'il y ait ou non des enfants du mariage, et lors même que l'époux prédécédé aurait laissé des enfants d'un premier lit.

SECTION XI.

DES SECONDS MARIAGES.

Art. 1233. La veuve qui veut se remarier avant l'expiration des trois cents jours qui suivent la mort du mari, est tenue de faire vérifier si elle est enceinte, ou non.

Art. 1231. — Comp. la loi française du 9 mars 1891. — *Contra : C. esp.*, art. 150. — *C. ital.*, art. 146.

Voir art. 906, n° 4, et 931.

Art. 1233. — Comp. *C. fr.*, art. 228. — *C. esp.*, art. 45, 2°. — *C. ital.*, art. 57.

Ces trois Codes interdisent à la femme de se remarier dans les dix mois

Art. 1234. La veuve qui se remarie en contravention à l'article précédent perdra, au profit des héritiers légitimes de son premier mari, tous les avantages qu'elle avait reçus ou devait recevoir, en vertu de la loi ou des conventions, du chef de celui-ci, et le second mari ne pourra désavouer l'enfant né plus de cent quatre-vingts jours après le second mariage, sauf le droit qu'a cet enfant de faire déclarer, si bon lui semble, et à la charge de le prouver, qu'il a pour père le premier mari.

Art. 1235. L'homme ou la femme qui se remarie ayant des enfants ou des descendants, ses successibles, d'un premier lit, ne pourra mettre en commun avec son second époux, ni lui donner à quelque titre que ce soit, plus du tiers des biens qu'il ou elle possédait lors du second mariage ou qui lui sont advenus, depuis, par donation ou succession, du chef de ses ascendants ou autres parents.

Art. 1236. Si l'homme ou la femme qui se remarie recueille du chef de l'un de ses enfants du premier ou du second lit des biens échus à cet enfant dans la succession de son père ou de sa mère, les frères ou sœurs germains de cet enfant décédé auront la nue propriété desdits biens, et le père ou la mère en aura seulement l'usufruit.

Art. 1237. La femme qui convole à de seco des noces après l'âge de cinquante ans révolus ne pourra aliéner, à quelque titre

---

qui suivent la dissolution du mariage, sauf, dit le Code italien (art. 57, 107), si le mariage a été annulé pour cause d'impuissance manifeste et permanente du mari, antérieure au mariage; sauf encore, dit le Code espagnol (art. 45, 2°), si la femme vient à accoucher avant les dix mois.

Art. 1235. — Comp. *C. fr.*, art. 1098, 1527.

que ce soit, à dater du jour de son second mariage, la propriété des deux tiers des biens mentionnés dans l'article 1235, si elle a des enfants ou descendants qui puissent recueillir lesdits biens.

Art. 1238. L'homme ou la femme ayant des enfants d'un premier lit, qui épouse une personne sans enfants, sera présumé, s'il n'y a convention contraire, se marier sous le régime de la coutume du royaume, sans préjudice des dispositions de la présente section, qui doivent toujours être observées.

Art. 1239. Sont applicables pour le surplus aux seconds mariages toutes les dispositions relatives aux premiers mariages.

CHAPITRE II.

DU CONTRAT DE SOCIÉTÉ.

SECTION PREMIÈRE

DISPOSITIONS GÉNÉRALES.

Art. 1240. Quiconque est capable de disposer de ses biens ou de son industrie peut s'associer avec autrui par la mise en commun de tout ou partie de ses biens, ou de son industrie, ou de ses biens et de son industrie à la fois, dans le but de partager les profits et les pertes qui pourront résulter de cette communauté. Ce contrat s'appelle société.

Titre II, chapitre II. — *C. fr.*, l. III, tit. IX. — *C. esp.*, l. IV, tit. VIII. — *C. ital.*, l. III, tit. X. — *C. autr.*, 2ᵉ partie, 2ᵉ sect., chap. XXVII. — *C. holl.*, l. III, tit. IX. — *C. féd. des Obligations*, tit. XXIII-XXVIII. — *Projet allemand*, l. II, sect. VII, tit. XIV.

Art. 1240. — *C. fr.*, art. 1832. — *C. esp.*, art. 1665. — *C. ital.*, art. 1697.

La matière des sociétés commerciales est traitée dans le titre II du livre II du Code de commerce portugais (art. 104-223).

Art. 1241. La société peut résulter d'une convention expresse ou de faits qui en impliquent nécessairement l'existence.

Art. 1242. Sera nul le contrat de société qui donne à l'un ou à quelques-uns des associés la totalité des bénéfices et fait supporter toutes les pertes à l'autre ou à quelques-uns des autres.

SECTION II.

DE LA SOCIÉTÉ UNIVERSELLE.

Art. 1243. La société universelle peut s'appliquer à tous les biens meubles et immeubles, présents et à venir, ou seulement aux meubles, aux fruits et revenus des immeubles présents, et à tous les biens à venir.

Art. 1241. — Comp. *C. fr.*, art. 1834. — *C. esp.*, art. 1667-1670.

Le Code français veut que toutes les sociétés dont l'objet a une valeur dépassant 150 francs soient constatées par écrit. Le Code espagnol exige un acte public, toutes les fois que dans les apports de la société figurent des immeubles ou des droits réels. (Comp. *C. port.*, art. 1250). N'ont pas la personnalité civile et sont régies par les dispositions relatives aux biens communs les sociétés dont les conventions restent secrètes et dont chaque associé agit en son propre nom à l'égard des tiers (art. 1669).

Voir art. 1244, 1250.

Art. 1242. — *C. fr.*, art. 1855. — *C. esp.*, art 1691. — *C. ital.*, art. 1719.

Les Codes français et italien déclarent nulle la stipulation qui affranchirait de toute contribution aux pertes les sommes ou effets mis dans les fonds de la société par un ou plusieurs des associés. Le Code espagnol admet que, seul, l'associé qui apporte son industrie peut être exempté de toute responsabilité dans les pertes.

Voir art. 1262 et 1263.

Art. 1243. — *C. fr.*, art. 1836-1840. — *C. esp.*, art. 1672-1677. — *C. ital.*, art. 1700-1704.

Voir art. 1245, 1249 et 2179.

§ unique. Cette seconde espèce de société ne s'applique pas aux biens qui seraient acquis à titre gratuit, sauf convention contraire.

Art. 1244. La société universelle de tous biens présents et à venir ne peut être constituée que par acte public.

Art. 1245. Les biens acquis par les associés dans la société universelle de la seconde espèce sont présumés biens de la société, s'il n'est établi qu'ils ont été acquis en échange ou moyennant le prix de biens exclus de la société.

Art. 1246. Toutes les dettes contractées par les associés avant ou depuis la formation de la société et toutes les dépenses faites par eux, à l'exception de celles qui ont pour cause des délits ou des faits réprouvés par les lois, sont à la charge de la société, si celle-ci porte sur tous les biens présents et à venir.

Art. 1247. La société d'acquêts ne répondra, sauf convention contraire, que :

1° Des dettes contractées par les associés dans l'intérêt de la société;

2° Des frais et dépenses nécessaires à l'entretien des associés et de leurs familles.

§ unique. Les dépenses d'entretien comprennent celles relatives à l'habitation, à la nourriture et à l'habillement, ainsi que les frais de maladie.

Art. 1246. — Comp. *C. fr.*, art. 1862. — *C. esp.*, art. 1698. — *C. ital.*, art. 1726.

Art. 1247, 1°. — *C. fr.*, art. 1852. — *C. esp.*, art. 1688. — *C. ital.*, art. 1716.

Voir art. 1285, 1°.

Art. 1248. Après la dissolution de la société universelle, les biens qui en dépendent se partageront entre les associés par portions égales, s'il n'y a convention contraire.

SECTION III.

DE LA SOCIÉTÉ PARTICULIÈRE.

Art. 1249. La société particulière est celle qui ne s'applique qu'à certaines choses déterminées, aux fruits et revenus de ces choses, ou à telle industrie déterminée.

Art. 1250. La société particulière, dans l'avoir de laquelle entre la propriété d'un immeuble, ne pourra être constituée que par acte public.

SOUS-SECTION PREMIÈRE.

DES DROITS ET DEVOIRS DES ASSOCIÉS ENTRE EUX.

Art. 1251. L'associé est tenu envers la société de toutes les obligations qu'il a contractées envers elle.

Art. 1252. L'associé qui apporte à la société une chose déterminée sera responsable envers la société, si elle est évincée de la chose, comme le vendeur le serait envers l'acheteur.

Art. 1248. — Comp. *C. fr.*, art. 1853. — *C. esp.*, art. 1689. — *C. ital.*, art. 1717.

Cette disposition est une exception à la règle générale posée par l'art. 1262.

Art. 1249. — *C. fr.*, art. 1841, 1842. — *C. esp.*, art. 1678. — *C. ital.*, art. 1705, 1706.

Art. 1251, 1252. — *C. fr.*, art. 1845. — *C. esp.*, art. 1681. — *C. ital.*, art. 1709.

Voir art. 1253, 1254, 1258, 1337, 1340 et 1909.

Art. 1253. L'associé qui n'apporte pas à la société la somme qu'il s'est engagé à y apporter, doit à la société les intérêts de cette somme, à compter du jour où il devait la verser.

Art. 1254. Il en est de même à l'égard des sommes qu'il prend sans autorisation dans la caisse sociale pour son profit particulier.

Art. 1255. Celui qui s'est associé pour exercer en commun une industrie déterminée doit compte à la société de tous les gains qu'il fait par l'exercice de cette même industrie.

Art. 1256. L'associé chargé de l'administration, qui reçoit une somme d'une personne obligée tout à la fois envers lui et envers la société, devra répartir cette somme proportionnellement entre la société et lui-même, lors même qu'il n'en aurait donné quittance qu'en son propre nom.

§ 1. Mais s'il a donné quittance qu'au nom de la société seulement, la totalité de la somme entrera dans la caisse de la société.

§ 2. Les dispositions de l'article 728 ne sont applicables en matière de société que lorsque la créance personnelle de l'associé est plus onéreuse pour le débiteur que celle de la société.

Art. 1253, 1254. — *C. fr.*, art. 1846. — *C. esp.*, art. 1682. — *C. ital.*, art. 1710.

Comp. art. 1340.

Art. 1255. — *C. fr.*, art. 1847. — *C. esp.*, art. 1683. — *C. ital.*, art. 1711.

Art. 1256. — *C. fr.*, art. 1848. — *C. esp.*, art. 1684. — *C. ital.*, art. 1712.

Art. 1256, § 2. — *C. esp.*, art. 1684.

Art. 1257. L'associé qui a reçu sa part intégrale d'une créance de la société est tenu, si le débiteur devient insolvable, de rapporter à la masse sociale ce qu'il a reçu, lors même qu'il en aurait donné quittance en son propre nom.

Art. 1258. Chaque associé est tenu envers la société des dommages qu'il lui a causés par sa faute ou sa négligence, sans pouvoir compenser avec ces dommages les profits que son industrie aurait procurés à la ociété dans d'autres affaires.

Art. 1259. Si l'associé met dans la société, pour l'usage et les fruits seulement, des objets certains et déterminés, non fongibles, il supportera les risques de la perte ou de la détérioration de ces objets; mais s'il met dans la société la propriété de ces objets, ils seront aux risques de la société.

Art. 1260. Si les choses apportées par l'associé sont fongibles, elles seront aux risques de la société.

Art. 1261. La société répond envers l'associé non seulement des sommes qu'il a déboursées pour elle, mais encore des obligations qu'il a contractées de bonne foi, pour les affaires de la

---

Art. 1257. — *C. fr.*, art. 1849. — *C. esp.*, art. 1685. — *C. ital.*, art. 1713.

Art. 1258. — *C. fr.*, art. 1850. — *C. esp.*, art. 1686. — *C. ital.*, art. 1714.

Comp. art. 1337.

Art. 1259, 1260. — *C. fr.*, art. 1851. — *C. esp.*, art. 1687. — *C. ital.*, art. 1715.

Art. 1261. — *C. fr.*, art. 1852. — *C. esp.*, art. 1688. — *C. ital.*, art. 1716.

Voir art. 1344-1347.

société, et aussi des risques inhérents à la gestion dont il était chargé.

Art. 1262. La part de chaque associé dans les bénéfices ou pertes de la société sera en proportion de sa mise dans le fonds social, s'il n'y a convention contraire.

Art. 1263. Si l'un des associés n'a apporté que son industrie et qu'il n'y ait pas eu préalablement estimation de la valeur de cette industrie ni fixation de la part de cet associé, le règlement se fera à l'amiable entre les associés ou, à défaut, par voie d'arbitrage.

Art. 1264. Lorsqu'un associé qui a fait un apport de capital s'est, en outre, engagé à exercer une industrie, la part qui lui revient à raison de cette industrie ne se confondra pas avec celle qui lui revient à raison du capital par lui versé.

Art. 1265. Si les associés sont convenus de s'en rapporter à un tiers pour le règlement des parts, ils ne pourront attaquer la décision de ce tiers, à moins qu'il n'y ait stipulation contraire.

Art. 1262, 1263. — *C. fr.*, art. 1853. — *C. esp.*, art. 1689. — *C. ital.*, art. 1717.

La règle posée par le Code portugais est plus équitable que la solution adoptée par les trois Codes français, espagnol et italien, qui fixent uniformément la part de l'associé n'ayant apporté que son industrie à la part de l'associé le moins prenant.

Art. 1264. — *C. esp.*, art. 1689 *in fine*.

Art. 1265. — *C. fr.*, art. 1854. — *C. esp.*, art. 1690. — *C. ital.*, art. 1718.

Ces trois Codes portent que le règlement ne peut être attaqué que s'il est évidemment contraire à l'équité; il ne peut plus l'être, si l'associé a laissé passer plus de trois mois sans protester ou s'il a commencé à l'exécuter. Le Code espagnol défend que la désignation des parts soit laissée à un associé.

ART. 1266. L'associé chargé de l'administration par une clause expresse du contrat de société peut faire, nonobstant l'opposition des autres associés, tous les actes qui dépendent de cette administration, pourvu que ce soit sans fraude.

§ UNIQUE. Ces pouvoirs dureront autant que la société et ne pourront être révoqués sans cause légitime.

ART. 1267. Les pouvoirs conférés par un acte postérieur à la formation de la société peuvent être révoqués comme un simple mandat.

ART. 1268. Lorsque plusieurs associés sont chargés d'administrer sans que leurs fonctions soient déterminées, ou sans qu'il ait été exprimé que l'un ne pourra agir sans l'autre, ils pourront faire chacun séparément tous les actes d'administration.

ART. 1269. S'il a été stipulé que l'un des associés administrateurs ne pourra rien faire sans l'autre, ou sans les autres, il ne pourra

---

Art. 1266, 1267. — *C. fr.*, art. 1856. — *C. esp.*, art. 1692. — *C. ital.*, art. 1720.

Art. 1268. — *C. fr.*, art. 1857. — *C. esp.*, art. 1693. — *C. ital.*, art. 1721.

Le Code espagnol décide dans ce cas que chacun des administrateurs peut séparément exercer tous les actes d'administration, mais que chacun d'eux peut s'opposer aux opérations de l'autre, tant qu'elles n'ont pas produit d'effet légal. (Comp. *C. port.*, art. 1270, 1°.)

Art. 1269. — *C. fr.*, art. 1858. — *C. esp.*, art. 1694. — *C. ital.*, art. 1722.

Les Codes espagnol et italien ont introduit la même exception que le Code portugais pour les actes urgents, de l'omission desquels il pourrait résulter un grave et irréparable préjudice pour la société. Le Code français ne contient rien de pareil.

agir seul qu'en vertu d'une nouvelle convention, ou s'il y a lieu de craindre un préjudice grave et irréparable.

Art. 1270. A défaut de stipulation spéciale sur le mode d'administration, on suit les règles ci-après:

1° Tous les associés sont investis d'un pouvoir égal pour administrer : les actes faits par l'un d'eux obligent tous les autres, sauf le droit de ceux-ci de former opposition, tant que ces actes n'ont pas produit d'effets légaux;

2° Chaque associé peut se servir des choses appartenant à la société selon leur destination et selon l'usage, et pourvu qu'il ne s'en serve pas contre l'intérêt de la société, ou de manière à empêcher ses associés d'en user aussi selon leur droit;

3° Chaque associé peut obliger les autres à concourir avec lui aux dépenses nécessaires à la conservation des choses de la société ;

4° Aucun des associés ne peut, si les autres n'y consentent, faire d'innovations sur les immeubles de la société, même quand il les jugerait avantageuses, ni engager ou aliéner les biens meubles ou immeubles de la société;

5° En cas de divergence entre les associés, l'avis de la majorité prévaudra, quelle que soit la différence des mises de chaque associé; s'il y a partage des voix, l'affaire restera en suspens jusqu'à nouvelle résolution.

Art. 1271. Chaque associé peut, sans le consentement des

Art. 1270. — *C. fr.*, art. 1859, 1860. — *C. esp.*, art. 1695. — *C. ital.*, art. 1723, 1724.

Art. 1271. — *C. fr.*, art. 1861. — *C. esp.*, art. 1696. — *C. ital.*, art. 1725.

autres, s'associer une tierce personne relativement à la part qu'il a dans la société; il ne peut pas toutefois la faire entrer comme associée dans la société, lors même qu'il en aurait l'administration.

SOUS-SECTION II.

DES ENGAGEMENTS DES ASSOCIÉS À L'ÉGARD DES TIERS.

Art. 1272. Les associés ne sont pas tenus solidairement des dettes sociales; ils ne sont même pas tenus au delà de leur part dans la société, si le contraire n'a été expressément convenu.

Art. 1273. Les associés sont tenus envers leurs créanciers proportionnellement à leur part respective dans la société, si le contraire n'a été expressément convenu.

Art. 1274. Les créanciers de la société priment les créanciers personnels des associés, sur les biens de la société; mais les créanciers personnels d'un associé peuvent saisir et faire vendre la part de leur débiteur dans la société.

§ unique. Dans ce dernier cas, la société sera dissoute, et l'associé poursuivi sera tenu d'indemniser ses coassociés du préjudice résultant de la dissolution, s'il est établi qu'elle a eu lieu à contretemps.

Art. 1272. — *C. fr.*, art. 1862. — *C. esp.*, art. 1698. — *C. ital.*, art. 1726.

Art. 1273. — Comp. *C. fr.*, art. 1863. — *C. ital.*, art. 1727.

Ces deux Codes décident, au contraire, que chacun des associés est tenu pour une somme et part égales, bien que l'un d'eux ait dans la société une part moindre, si le contrat n'a pas spécialement restreint l'obligation de celui-ci sur le pied de cette dernière part.

Art. 1274. — *C. esp.*, art. 1699.

Art. 1274, § unique. — Voir art. 1278, § 3.

SECTION IV.

DE LA DURÉE ET DE LA FIN DE LA SOCIÉTÉ.

Art. 1275. La société commence, dès que le contrat est passé, conformément à l'article 1240, s'il n'y a convention contraire. Toutefois, lorsque l'un des associés a promis la propriété ou la jouissance d'une chose essentielle à l'existence de la société, le contrat reste sans effet, si l'apport n'est pas réalisé par la remise de la propriété ou de la jouissance de la chose.

Art. 1276. La société finit :

1° Par l'expiration du temps pour lequel elle avait été contractée;

2° Par l'extinction de son objet;

3° Par la réalisation du but pour lequel elle avait été créée;

4° Par la mort ou l'interdiction de l'un des associés;

5° Par la renonciation de l'un des associés, et dans le cas prévu par le paragraphe unique de l'article 1274.

Art. 1277. La société continuera toutefois, même après la mort de l'un des associés, lorsqu'il a été stipulé que, dans ce cas, la

---

Art. 1275. — *C. fr.*, art. 1843.

Les Codes français (art. 1867), espagnol (art. 1701) et italien (art. 1731) admettent que la société est non pas inexistante, mais dissoute, lorsque la chose déterminée, qu'un associé avait promis d'apporter à la société, périt avant d'être délivrée.

Art. 1276. — *C. fr.*, art. 1865. — *C. esp.*, art. 1700. — *C. ital.*, art. 1729.

Voir art. 1278 et 1363.

Art. 1277. — *C. fr.*, art. 1868. — *C. esp.*, art. 1704. — *C. ital.*, art. 1732.

société continuerait avec ses héritiers ou seulement entre les associés survivants.

§ UNIQUE. Au second cas, les héritiers du décédé n'auront droit qu'à la part de celui-ci, eu égard à la situation de la société lors du décès; et ils ne participeront aux droits et obligations ultérieurs qu'autant qu'ils dépendront nécessairement des droits acquis par le *de cujus*.

ART. 1278. La dissolution de la société par la renonciation de l'un des associés n'est permise que dans les sociétés dont la durée est illimitée, sauf la disposition de l'article suivant.

§ 1. Cette renonciation n'a d'effet que si elle est faite de bonne foi, en temps opportun, et si elle est notifiée à tous les associés.

§ 2. La renonciation est de mauvaise foi lorsque l'associé renonce pour s'approprier à lui seul le profit que les associés s'étaient proposé de réaliser en commun.

§ 3. La renonciation sera considérée comme faite à contretemps lorsque les choses ne sont plus entières et qu'il importe à la société que sa dissolution soit différée.

ART. 1279. La société contractée pour une durée déterminée

Art. 1278. — *C. fr.*, art. 1869. — *C. esp.*, art. 1705. — *C. ital.*, art. 1733.

Voir art. 1363, 5°, et 1428.

Art. 1278, § 2, 3. — *C. fr.*, art. 1870. — *C. esp.*, art. 1706. — *C. ital.*, art. 1734.

Art. 1279. — *C. fr.*, art. 1871. — *C. esp.*, art. 1707. — *C. ital.*, art. 1735.

L'appréciation des causes légitimes de renonciation est laissée aux tribunaux.

IMPRIMERIE NATIONALE.

ne peut être dissoute par la renonciation de l'un des associés qu'autant qu'il y a de justes motifs à cette renonciation.

§ UNIQUE. Il y a juste motif lorsque l'un des associés est incapable de s'occuper des affaires de la société, ou manque à ses engagements, ou lorsqu'il se produit d'autres faits de nature à porter à la société un préjudice irréparable.

ART. 1280. Les règles générales concernant le partage des successions s'appliquent aux partages entre associés.

SECTION V.

DE LA SOCIÉTÉ FAMILIALE.

ART. 1281. La société familiale est celle qui peut exister entre les frères ou sœurs, ou entre les père et mère et leurs enfants majeurs. Cette société est expresse ou tacite.

Art. 1280. — *C. fr.*, art. 1872. — *C. esp.*, art. 1708. — *C. ital.*, art. 1736.

Art. 1281. — La société de famille est une institution depuis longtemps très répandue en Portugal. Elle était autrefois régie presque exclusivement par la coutume, bien que les Ordonnances (l. IV, tit. 14, § 9) aient tracé quelques règles à ce sujet. — Voir dans la *Réforme sociale* (XIIIe année, n° 72) un article de M. F. Lepelletier sur les *Sociétés de famille dans le droit civil portugais*.

Ces communautés de fait, nées spontanément de l'état d'indivision existant au sein d'une même famille, s'appelaient dans notre ancien droit *communautés taisibles*. Plusieurs coutumes les réduisaient aux acquêts et aux meubles; mais on peut affirmer qu'elles embrassèrent tout d'abord l'universalité des biens. (Comp. Beaumanoir, ch. XXI.)

Ces vieilles communautés, dont on retrouverait l'équivalent à l'origine de tous les peuples, se sont maintenues jusqu'à nos jours dans divers pays, notamment dans l'Inde et en Ossétie. (Consulter M. Kovalewski, *Coutume contemporaine et loi ancienne*, p. 65 et suiv. Paris, 1893. — Le Play, *Les Ouvriers européens*, t. II, p. 365-371. Paris, 1877.)

Art. 1282. La société familiale est expresse lorsqu'elle résulte d'une convention expresse; elle est tacite lorsqu'elle résulte de ce fait, que les parties ont vécu, durant plus d'une année, en communauté pour la table et l'habitation, les revenus et les dépenses, les pertes et les gains.

Art. 1283. A défaut de convention expresse, la société familiale est régie par les dispositions suivantes.

Art. 1284. La société familiale comprend l'usage et la jouissance des biens des associés, le produit de leur travail et de leur industrie, et les biens qu'ils possèdent par indivis.

Art. 1285. Sont à la charge de la société :

1° Les dépenses d'entretien des associés, suivant ce qui est établi dans le paragraphe unique de l'article 1247;

2° Les dettes contractées dans l'intérêt commun;

3° Les améliorations et dépenses ordinaires de culture, ainsi que les dépenses extraordinaires faites sur les immeubles indivis;

4° Les charges inhérentes à l'usufruit des biens dont le revenu entre dans la caisse sociale.

§ unique. L'associé qui contracte une dette est tenu de prouver qu'il l'a contractée dans l'intérêt commun.

Art. 1286. Les acquisitions mobilières faites par l'un des associés sont présumées faites pour son propre compte, à moins qu'elles n'aient été appliquées à l'usage de la société.

Art. 1287. Les acquisitions d'immeubles faites par l'un des associés sont également pour son compte personnel, lors même qu'il déclarerait les avoir faites pour la communauté, s'il n'y a pas été spécialement autorisé par ses coassociés; sauf l'indemnité due à la société dans le cas où ces acquisitions auraient été faites avec les fonds communs.

Art. 1288. Les pertes et détériorations, survenues par cas fortuit, des biens de l'un des associés seront à la charge du propriétaire de ces biens.

Art. 1289. Après la dissolution de la société, le partage des biens se fera, sauf convention contraire, comme il est dit ci-après.

Art. 1290. Les immeubles qui étaient indivis, lorsque la société a commencé, seront partagés, par portions d'égale contenance ou valeur, entre tous les associés, à moins que l'un d'eux n'ait un droit certain à une portion plus forte que celle des autres.

Art. 1291. Les fruits et produits obtenus par la culture des immeubles sur lesquels quelques-uns des associés, et non les autres, ont travaillé, seront répartis en deux masses, dont l'une se partagera entre les propriétaires des immeubles, proportionnellement à leurs droits de propriété, et l'autre par tête entre ceux qui ont travaillé.

Art. 1292. Lorsque l'enfant ou la femme de l'un des associés a aussi travaillé sur l'immeuble, on procédera ainsi qu'il suit : chaque femme recevra une part égale à la moitié de celle d'un homme; chaque enfant recevra la part qu'il aura méritée, et qui lui aura été attribuée, eu égard aux circonstances.

Art. 1290. — Voir art. 1295.

Art. 1291. — Voir art. 1296 et 1297.

Art. 1293. Néanmoins celui des enfants qui n'a pas travaillé à la culture, mais qui a exercé quelque autre industrie au profit du ménage, sera traité comme ceux qui ont travaillé à la culture.

Art. 1294. Lorsque l'un des associés emploie dans la culture des bestiaux qui lui sont propres, il recevra, sur la seconde masse à partager, la part qui lui revient équitablement de ce chef.

Art. 1295. Les biens acquis seront partagés proportionnellement d'après la règle établie par l'article 1290.

Art. 1296. Lorsque les associés ont cultivé le fonds d'autrui, les profits se répartiront, selon les règles ci-dessus prescrites, entre ceux qui auront travaillé à cette culture.

Art. 1297. Si les associés ont cultivé tout à la fois le fonds d'autrui et le fonds de la société, les produits des deux cultures seront séparés, puis partagés d'après les règles ci-dessus établies.

§ unique. Si les produits des deux cultures ont été confondus, il en sera fait une liquidation.

SECTION VI.

DU MÉTAYAGE RURAL.

Art. 1298. Le métayage rural s'applique aux fonds de terre ou au bétail.

Titre II, chapitre II, section VI. — *C. fr.*, l. III, tit. viii, ch. iv. — *C. ital.*, l. III, tit. ix, ch. v. — *C. Zurich.*, l. III, sect. v.

SOUS-SECTION PREMIÈRE.

DU MÉTAYAGE APPLIQUÉ AUX FONDS DE TERRE.

Art. 1299. Le métayage est le contrat par lequel l'une des parties donne à l'autre un héritage rural pour le cultiver, moyennant le payement d'une quote-part des fruits, sous les conditions convenues.

Art. 1300. En cas de décès de l'un des contractants durant le

---

Art. 1299. — *L. fr. 18 juillet 1889*, art. 1. (Cette loi, détachée du projet de code rural dont elle formait le titre IV, traite du bail à colonat partiaire ou métayage.) — *C. ital.*, art. 1647.

Le colonage partiaire, très usité en Italie, est aujourd'hui très peu répandu en Espagne. Là où il existe, la règle de division des produits est assez variable : à Séville, le propriétaire du fonds reçoit d'ordinaire les deux tiers des produits; à Grenade, le quart ou le cinquième; dans l'île Majorque, la part du propriétaire varie entre un quart et un dixième; dans la province de Valence, elle est de la moitié. Il en est également ainsi dans la province de Murcie, si le propriétaire fournit la semence et paye la moitié des dépenses de minage; autrement, il n'a que le tiers ou le quart des produits. (Mac Culloch, *Principes d'économie politique*, I, 122, et II, 12). — Voir Lucien Rerolle, *Du colonage partiaire*. Paris, 1888.

Voir art. 1303.

En Portugal, sur la petite et sur la moyenne propriété, le faire valoir domine; sur la grande, le fermage prévaut. Le colonage est cependant en usage, notamment sur les bords du Douro et du Minho, et dans les régions où l'on ne pratique pas la spécialisation des cultures. (*Enquête agricole française de 1867*, série IV, t. II, 299.) Le propriétaire prend généralement la moitié des céréales, les deux tiers de l'huile, du raisin et des fruits. Si le propriétaire fournit les bestiaux, les bénéfices qu'ils donnent et ceux des prés et des pâturages se divisent par moitié; dans le cas contraire, ils appartiennent exclusivement au cultivateur. (*Enquête agricole française, loc. cit.* 316.)

Art. 1300. — *L. fr. 18 juillet 1889*, art. 6. — *C. ital.*, art. 1653.

Voir art. 1385, 1403, 1404, 1430 et 1619.

cours du bail, ni le survivant ni les héritiers du décédé ne seront tenus d'entretenir et d'exécuter le bail.

§ UNIQUE. Néanmoins, si, lors du décès du propriétaire, le colon a labouré les terres, taillé les vignes ou accompli d'autres travaux de culture, ou fait des améliorations, le contrat subsistera pendant le temps nécessaire au colon pour profiter de ses dépenses et travaux, si mieux n'aime le propriétaire lui en payer la valeur.

ART. 1301. Le colon partiaire d'un héritage rural ne pourra enlever le grain de l'aire, ni tirer le vin de la cuve, ni faire aucune autre récolte, de laquelle il doive une part, sans en avoir averti le propriétaire ou son représentant, s'il se trouve dans la paroisse.

§ 1. Lorsque le propriétaire ou son représentant ne se trouve pas dans la paroisse, le colon pourra faire mesurer la récolte en présence de deux témoins non suspects.

§ 2. Le colon qui enfreint ces dispositions payera le double de la part qu'il devait donner.

§ 3. Les semences seront déduites de la part du colon, s'il n'y a convention contraire.

ART. 1302. Le colon qui laisse le fonds sans culture ou ne le cultive pas selon les conventions ou tout au moins selon les usages, sera tenu de réparer le préjudice qu'il a occasionné.

ART. 1303. Sont applicables aux colons partiaires les disposi-

---

Art. 1301. — *C. ital.*, art. 1660.

Voir art. 1312.

Art. 1302. — *L. fr. 18 juillet 1889*, art. 4. — Comp. *C. ital.*, art. 1652, 1653, § 2, art. 1658, 1659.

Voir art. 1306, 1336 et 1627.

Art. 1303. — *L. fr. 18 juillet 1889*, art. 13. — *C. ital.*, art. 1647, § 2, art. 1654.

tions relatives aux droits et obligations des locataires et fermiers, pour tout ce qui n'est pas réglé par des dispositions spéciales.

SOUS-SECTION II.

DU MÉTAYAGE APPLIQUÉ AU BÉTAIL.

Art. 1304. Le contrat de cheptel est celui par lequel une ou plusieurs personnes remettent à une ou plusieurs autres des bestiaux déterminés, ou un nombre déterminé de bestiaux, pour les nourrir, les soigner et les garder, à condition que les produits seront partagés entre les parties dans une proportion déterminée.

Art. 1305. Les conditions de ce contrat seront réglées au gré des intéressés; à défaut de convention, on suivra les usages locaux, sauf les dispositions ci-après.

Art. 1306. Le preneur est tenu d'apporter à la garde et à l'entretien du cheptel les soins qu'il donne habituellement à sa propre chose, faute de quoi il sera tenu de réparer le préjudice qu'il a causé.

Art. 1307. Le propriétaire est tenu de garantir au preneur la possession et l'usage du cheptel et de remplacer, en cas d'éviction, les animaux dont le preneur est évincé; faute de quoi, il sera tenu de réparer le préjudice qu'il a causé par l'inexécution du contrat.

Art. 1304. — *C. fr.*, art. 1800-1802. — *C. ital.*, art. 1665-1667. Voir art. 1308 et 1309.

Art. 1305. — *C. fr.*, art. 1800, 1803. — *C. ital.*, art. 1665, 1668.

Art. 1306. — *C. fr.*, art. 1806. — *C. ital.*, art. 1671.

Art. 1308. La perte des animaux survenue par cas fortuit sera pour le compte du propriétaire.

Art. 1309. Le profit qu'on peut retirer de la dépouille des animaux morts appartiendra au propriétaire, et le preneur en sera responsable.

Art. 1310. Est nulle la convention par laquelle toutes pertes arrivées par cas fortuit sont mises à la charge du preneur.

Art. 1311. Le preneur ne peut, sans le consentement du propriétaire, disposer d'aucune tête de bétail faisant partie du cheptel originaire ou provenant du croît; le propriétaire ne peut non plus en disposer sans le consentement du preneur.

Art. 1312. Le preneur ne peut tondre les bêtes à laine sans en avertir le propriétaire, sous peine de payer le double de la part qui revenait à celui-ci.

Art. 1313. La durée du cheptel est déterminée par la convention et, à défaut de convention, par l'usage local relatif au cheptel de même nature.

Art. 1314. En tout cas, le propriétaire pourra demander la

Art. 1308. — *C. fr.*, art. 1810. — *C. ital.*, art. 1675.

Art. 1309. — *C. fr.*, art. 1809. — *C. ital.*, art. 1674.

Art. 1310. — *C. fr.*, art. 1811. — *C. ital.*, art. 1677.

Art. 1311. — *C. fr.*, art. 1812. — *C. ital.*, art. 1678.

Art. 1312. — *C. fr.*, art. 1814. — *C. ital.*, art. 1680.

Art. 1313. — Comp. *C. fr.*, art. 1815. — *C. ital.*, art. 1681. Ces deux Codes fixent arbitrairement la durée du cheptel à trois ans.

Art. 1314. — *C. fr.*, art. 1816. — *C. ital.*, art. 1682.

résiliation du contrat, si le bailleur n'exécute pas ses obligations.

Art. 1315. Les créanciers du propriétaire ne peuvent saisir que la part du cheptel à laquelle il a droit, en respectant les obligations qu'il a contractées envers le preneur.

Art. 1316. Les créanciers du preneur ne peuvent saisir le cheptel, mais seulement les droits acquis au preneur ou qu'il peut acquérir en vertu du contrat.

Art. 1317. Le propriétaire dont les bestiaux ont été indûment aliénés par le preneur peut les revendiquer, à moins qu'ils n'aient été adjugés aux enchères publiques, auquel cas il peut réclamer des dommages-intérêts au preneur qui ne l'a pas averti de l'adjudication en temps utile.

CHAPITRE III.

DU MANDAT OU PROCURATION.

SECTION PREMIÈRE.

DISPOSITIONS GÉNÉRALES.

Art. 1318. Il y a contrat de mandat ou procuration lors-

Titre II, chapitre III. — *C. fr.*, l. III, tit. XIII. — *C. esp.*, l. IV, tit. IX. — *C. ital.*, l. III, tit. XI. — *C. autr.*, 2ᵉ partie, 2ᵉ sect., chap. XXII. — *C. holl.*, l. III, tit. XVII. — *C. féd. des Obligations*, tit. XIV. — *Projet allemand*, l. II, sect. VII, tit. X.

Art. 1318. — *C. fr.*, art. 1984, 1985. — *C. esp.*, art. 1709, 1710. — *C. ital.*, art. 1737, 1738.

Voir art. 1330-1333.

Pour le mandat commercial, voir *C. comm. port.*, art. 231-277.

qu'une personne s'oblige à donner ou à faire quelque chose sur l'ordre et au nom d'autrui. Le mandat peut être verbal ou écrit.

Art. 1319. On appelle procuration le document dans lequel le mandant ou constituant exprime son mandat. La procuration peut être authentique ou sous seing privé.

Art. 1320. La procuration authentique est celle qui est dressée par un notaire ou par le greffier de la circonscription et transcrite parmi ses autres actes.

Art. 1321. La procuration sous seing privé est celle qui est écrite et signée par le mandant, ou écrite par un autre que le mandant, mais signée par lui et par deux témoins.

Art. 1322. Est considérée comme authentique la procuration écrite et signée par le mandant, lorsque l'écriture et la signature sont certifiées par un notaire; il en est de même de la procuration écrite par un autre que le mandant, mais signée par celui-ci et par deux témoins, lorsque les signatures ont été apposées devant un notaire et que celui-ci a, sur l'acte même, constaté le fait et certifié les signatures.

Art. 1323. La procuration peut être générale ou spéciale.

Art. 1319. — *C. fr.*, art. 1985. — *C. esp.*, art. 1710. — *C. ital.*, art. 1738.

Art. 1320. — Comp. art. 1322 et 1931.

La seconde espèce de procuration visée par cet article est dite procuration *apud acta* (*Ord*[ce]., l. III, tit. xxix, *pr.*).

Art. 1322. — Voir art. 1931.

Art. 1323, 1324. — *C. fr.*, art. 1987. — *C. esp.*, art. 1712. — *C. ital.*, art. 1740.

Art. 1324. La procuration est générale, lorsqu'elle contient mandat pour tous actes quelconques sans indication limitative; spéciale, lorsqu'elle donne mandat pour certaines affaires déterminées.

Art. 1325. La procuration générale ne permet au mandataire que les actes de pure administration.

Art. 1326. Le mandat verbal se prouve par tous moyens de preuve; le mandat écrit, dans les cas où il est exigé par la loi, ne se prouve que par les moyens indiqués dans les articles 1320, 1321 et 1322.

Art. 1327. Une procuration authentique ou considérée comme authentique est nécessaire pour les actes qui doivent être passés en la forme authentique, ou qui ne peuvent être prouvés qu'au moyen d'un acte authentique.

Art. 1328. Une procuration sous seing privé suffit pour les actes dont la preuve peut être faite par acte sous seing privé.

Art. 1329. Pour les actes autres que ceux indiqués dans les deux articles précédents, la preuve d'un simple mandat verbal est admissible.

Art. 1330. Le mandat peut être donné à un absent, mais le contrat ne devient définitif que par l'acceptation du mandataire.

Art. 1325. — *C. fr.*, art. 1988. — *C. esp.*, art. 1713. — *C. ital.*, art. 1741.

Art. 1326. — Comp. *C. fr.*, art. 1985.

Art. 1330. — Comp. *C. fr.*, art. 1984, § 2.

Art. 1331. Le mandat est présumé gratuit, lorsqu'aucune rémunération n'a été stipulée, à moins qu'il n'ait pour objet un acte de la fonction du mandataire ou de la profession qu'il exerce à titre lucratif.

SECTION II.

DE L'OBJET DU MANDAT ET DES PERSONNES QUI PEUVENT DONNER OU ACCEPTER PROCURATION.

Art. 1332. Chacun peut faire faire par autrui tous actes juridiques qu'il pourrait faire lui-même, et qui ne sont pas essentiellement personnels.

Art. 1333. La procuration peut être acceptée pour tout acte quelconque non prohibé par une disposition de la loi.

Art. 1334. Les femmes mariées et les mineurs non émancipés peuvent être mandataires, sauf la disposition de l'article 1354; mais le mandant n'aura d'action contre le mineur ou la femme mariée que d'après les règles générales relatives à la responsabilité de ces personnes, à moins que le mandat, constaté par écrit, n'ait été accepté avec l'autorisation du mari, du père ou du tuteur du mandataire.

Art. 1331. — Comp. *C. fr.*, art. 1986. — *C. esp.*, art. 1711. — *C. ital.*, art. 1739.

Seul le Code espagnol renferme l'exception admise par le Code portugais, exception qui repose d'ailleurs sur une présomption exacte.

Art. 1334. — *C. fr.*, art. 1990. — *C. esp.*, art. 1716. — *C. ital.*, art. 1743.

Voir art. 1354, 1° et 2°, 1887 et 1888.

SECTION III.

DES OBLIGATIONS DU MANDATAIRE ENVERS LE MANDANT.

Art. 1335. Le mandataire est tenu d'accomplir le mandat dans les termes où il a été donné, et pendant tout le temps pour lequel il a été conféré.

Art. 1336. Le mandataire doit apporter à la gestion dont il est chargé la diligence et le soin dont il est capable pour bien remplir son mandat, faute de quoi, il répondra du préjudice auquel il a donné lieu.

Art. 1337. Le mandataire ne peut compenser les pertes qu'il a causées avec les profits qu'il a, d'un autre côté, procurés à son mandant.

Art. 1338. Le mandataire qui excède ses pouvoirs répond des dommages-intérêts auxquels il donne lieu, tant envers son mandant qu'envers les tiers avec lesquels il a contracté.

Art. 1339. Le mandataire est tenu de rendre un compte exact de sa gestion.

Art. 1335. — *C. fr.*, art. 1991. — *C. esp.*, art. 1718. — *C. ital.*, art. 1745.

Art. 1336. — *C. fr.*, art. 1991, 1992. — *C. esp.*, art. 1718, 1719, 1726. — *C. ital.*, art. 1745, 1746.

Art. 1337. — Comp. art. 1258.

Art. 1338. — Comp. *C. fr.*, art. 1997. — *C. esp.*, art. 1725. — *C. ital.*, art. 1751.

Voir art. 1352.

Art. 1339. — *C. fr.*, art. 1993. — *C. esp.*, art. 1720. — *C. ital.*, art. 1747.

ART. 1340. Si le mandataire emploie à son usage les sommes appartenant à son mandant, il en doit les intérêts à compter du jour où il est mis en demeure, à moins que ces sommes ne portent intérêt à un autre titre.

ART. 1341. Lorsque plusieurs personnes sont chargées conjointement du même mandat, chacune d'elles répond de ses propres actes, s'il n'y a convention contraire.

§ UNIQUE. En cas d'inexécution du mandat, la responsabilité se répartira également entre tous les mandataires.

ART. 1342. Le mandataire ne peut se substituer dans sa gestion une autre personne, s'il n'en a reçu le pouvoir; quand ce pouvoir lui a été conféré sans désignation d'une personne, il répond de celle qu'il s'est substituée, si elle était notoirement incapable ou insolvable.

ART. 1343. La personne que le mandataire s'est substituée a envers le mandant les mêmes droits et les mêmes devoirs que le mandataire lui-même.

Art. 1340. — Comp. *C. fr.*, art. 1996. — *C. esp.*, art. 1724. — *C. ital.*, art. 1750.

Ces trois Codes décident, plus justement, semble-t-il, que le mandataire doit l'intérêt des sommes qu'il a employées à son usage à partir de cet emploi, et de celles dont il est reliquataire, à compter du jour où il est mis en demeure.

Art. 1341. — *C. fr.*, art. 1995. — *C. esp.*, art. 1723. — *C. ital.*, art. 1749.

Voir art. 1348 et 1356.

Art. 1342, 1343. — *C. fr.*, art. 1994. — *C. esp.*, art. 1721, 1722. — *C. ital.*, art. 1748.

SECTION IV.

DES OBLIGATIONS DU MANDANT ENVERS LE MANDATAIRE.

Art. 1344. Le mandant est tenu d'indemniser le mandataire de toutes les dépenses qu'il a faites et de tout le préjudice qu'il a éprouvé par suite de l'accomplissement du mandat, pourvu que le mandataire n'ait pas excédé ses pouvoirs et qu'il ait agi de bonne foi.

Art. 1345. Le mandant ne peut se dispenser d'exécuter toutes les obligations contractées en son nom par le mandataire, dans les limites du mandat.

Art. 1346. Le mandant ne peut se soustraire à l'observation des deux articles qui précèdent, sous prétexte qu'il n'aurait pas retiré du mandat les avantages qu'il en attendait.

Art. 1347. Le mandant est tenu de payer au mandataire le salaire convenu, ou celui qui lui est dû suivant l'article 1331, lors même que l'affaire n'aurait pas été avantageuse pour ledit mandant, à moins que ce résultat ne soit arrivé par la faute ou la négligence du mandataire.

Art. 1348. Lorsque plusieurs personnes ont constitué le même

Art. 1344. — *C. fr.*, art. 1999, 2000. — *C. esp.*, art. 1728, 1729. — *C. ital.*, art. 1753, 1754.

Art. 1345. — *C. fr.*, art. 1998. — *C. esp.*, art. 1727. — *C. ital.*, art. 1752.

Art. 1346, 1347. — *C. fr.*, art. 1799, § 2. — *C. esp.*, art. 1728, § 2, — *C. ital.*, art. 1753, § 2.

Art. 1348. — *C. fr.*, art. 2002. — *C. esp.*, art. 1731. — *C. ital.*, art. 1756.

mandataire pour une affaire commune, chacune d'elles est tenue solidairement envers lui de toutes les obligations qui résultent de l'exécution du mandat, sauf le droit de celle qui a payé de recourir contre les autres pour leurs parts respectives.

Art. 1349. Le mandataire a le droit de retenir l'objet du mandat jusqu'au remboursement intégral de ce qui lui est dû à raison de ce mandat.

SECTION V.

DES DROITS ET DES DEVOIRS DU MANDANT ET DU MANDATAIRE ENVERS LES TIERS.

Art. 1350. Le mandant est responsable à l'égard des tiers, aux termes de l'article 1345, des actes passés avec eux par le mandataire dans les limites de son mandat; mais le mandataire n'a point d'action contre eux pour les contraindre, au nom du mandant, à exécuter leurs obligations; c'est au mandant que le droit d'agir appartient.

Art. 1351. Les actes faits par le mandataire au nom du mandant, mais en dehors des limites expresses du mandat, sont nuls à l'égard du mandant, si celui-ci ne les ratifie tacitement ou expressément.

Art. 1352. Le tiers qui a contracté avec le mandataire n'a point d'action contre celui-ci, lorsque ledit mandataire a donné

Art. 1349. — *C. esp.*, art. 1730.

Art. 1350, 1351. — Comp. *C. fr.*, art. 1988. — *C. esp.*, art. 1727. — *C. ital.*, art. 1752.

Voir art. 1726.

Art. 1352. — *C. fr.*, art. 1997. — *C. esp.*, art. 1725. — *C. ital.*, art. 1751.

IMPRIMERIE NATIONALE.

suffisante connaissance de ses pouvoirs et qu'il ne s'est pas rendu personnellement responsable pour le mandant.

Art. 1353. Les actes qui sont évidemment contraires au but du mandat sont considérés comme non autorisés, lors même qu'ils sont de la nature des actes autorisés.

SECTION VI.

DU MANDAT JUDICIAIRE.

Art. 1354. Ne peuvent être mandataires *ad litem* :

1° Les mineurs non émancipés;

2° Les femmes, si ce n'est dans leur propre cause ou dans les causes de leurs ascendants, de leurs descendants, ou de leur mari, lorsque ceux-ci sont empêchés;

3° Les juges en exercice, dans les limites de leur juridiction;

4° Les greffiers et les officiers de justice dans leurs ressorts respectifs, si ce n'est dans leur propre cause;

5° Les magistrats du ministère public, dans les affaires où ils peuvent intervenir à raison de leurs fonctions, dans les limites de leurs districts;

6° Ceux qui ont été interdits par jugement du droit de représenter autrui en justice, ou d'exercer des fonctions publiques;

7° Les ascendants, les descendants et les frères du juge, dans les affaires dont celui-ci connaît;

8° Les descendants dans les causes contre leurs ascendants et *vice versa*, à moins qu'ils n'y soient personnellement parties.

Art. 1355. Le mandat *ad litem* ne peut être donné que par procuration authentique ou considérée comme authentique.

Art. 1356. Ne peut être admise en justice la procuration donnée à deux ou plusieurs personnes sous la condition que l'une ne pourra rien faire sans les autres; mais les mêmes pouvoirs peuvent être donnés à plusieurs personnes simultanément.

Art. 1357. Si les mandataires judiciaires, par égard pour l'une des parties, refusent le mandat qui leur est donné par l'autre, le juge, à la requête de celle-ci, désignera l'un d'entre eux, qui devra accepter le mandat sous peine d'être suspendu pendant six mois, s'il ne justifie d'une cause d'excuse légitime.

Art. 1358. Sera nul tout contrat entre la partie et son avocat ou son procureur, par laquelle elle attribue à celui-ci une part de l'objet du procès.

§ unique. Les procureurs ou les avocats qui contreviendraient à la disposition du présent article seront suspendus pendant un an de l'exercice de leur profession.

Art. 1359. Les procureurs et avocats recevront l'honoraire fixé par le tarif du tribunal près duquel ils exercent, outre le remboursement des frais qu'ils ont faits dans l'instance.

Art. 1360. Le procureur ou l'avocat qui a accepté le mandat de l'une des parties ne peut plus occuper ni plaider pour l'autre partie dans la même cause, lors même qu'il aurait cessé d'être le mandataire de la première.

§ unique. En cas d'infraction à cette règle, le procureur ou l'avocat sera suspendu pour un an de l'exercice de sa profession.

Art. 1358. — Comp. *C. fr.*, art. 1597. — *C. esp.*, art. 1459 *in fine*. — — *C. ital.*, art. 1458 *in fine*.

Art. 1361. Le procureur ou l'avocat qui révèlera à la partie adverse les secrets de son mandant, ou qui lui fournira des documents ou renseignements quelconques, sera déchu pour toujours du droit d'occuper ou de plaider en justice.

Art. 1362. Le procureur ou l'avocat qui se trouve légitimement empêché de continuer l'exécution de son mandat, ne pourra abandonner l'affaire avant de s'être substitué une autre personne, s'il en a le pouvoir, ou d'avoir averti son mandant, en temps utile, d'avoir à constituer un autre mandataire, faute de quoi, il répondra des dommages-intérêts.

SECTION VII.

DES MANIÈRES DONT LE MANDAT FINIT.

Art. 1363. Le mandat finit :

1° Par la révocation du mandataire;

2° Par la renonciation de celui-ci au mandat;

3° Par la mort ou l'interdiction, soit du mandant, soit du mandataire;

4° Par la déconfiture ou le changement d'état soit du mandant, soit du mandataire, lorsque ce changement rend incapable l'un de donner, l'autre d'accepter le mandat;

5° Par l'expiration du temps pour lequel le mandat a été donné ou par la conclusion de l'affaire.

Art. 1361. — Comp. art. 2511, 5°.

Art. 1362. — Voir art. 1366-1368.

Art. 1363. — Comp. *C. fr.*, art. 2003. — *C. esp.*, art. 1732. — *C. ital.*, art. 1757.

Voir art. 1364 et 1365.

Art. 1364. Le mandant peut révoquer sa procuration, quand et comme bon lui semble, sauf condition ou convention contraire.

§ unique. Si la procuration est écrite, le mandant pourra contraindre le mandataire à lui remettre l'écrit dont il est détenteur.

Art. 1365. La constitution d'un nouveau mandataire pour la même affaire vaut révocation du premier, à compter du jour où elle a été notifiée à celui-ci.

Art. 1366. Lorsque le mandat prend fin par la mort du mandant, le mandataire est tenu de continuer la gestion, tant que les héritiers du mandant n'ont pas pourvu à l'affaire, si l'abandon de la gestion peut leur être préjudiciable.

Art. 1367. Lorsque le mandat prend fin par la mort du mandataire, ses héritiers devront en donner avis au mandant et faire, en attendant, tout leur possible pour sauvegarder les intérêts de celui-ci.

Art. 1364. — *C. fr.*, art. 2004. — *C. esp.*, art. 1733. — *C. ital.*, art. 1758.

Art. 1365. — *C. fr.*, art. 2006. — *C. esp.*, art. 1735. — *C. ital.*, art. 1760.

La révocation notifiée au seul mandataire ne peut être opposée aux tiers qui ont traité dans l'ignorance de cette révocation, sauf au mandant son recours contre le mandataire. (*C. fr.*, art. 2005 ; *C. esp.*, art. 1734 ; *C. ital.*, art. 1759.)

Art. 1366. — *C. fr.*, art. 1991, § 2. — *C. esp.*, art. 1718, § 2. — *C. ital.*, art. 1745, § 2.

Art. 1367. — *C. fr.*, art. 2010. — *C. esp.*, art. 1739. — *C. ital.*, art. 1763.

Art. 1368. En cas de renonciation, le mandataire est tenu de continuer sa gestion, si l'abandon de cette gestion peut nuire au mandant, tant que celui-ci n'a pas été avisé et n'a pas eu le temps nécessaire pour pourvoir à ses intérêts.

Art. 1369. Les actes faits par le mandataire après que le mandat a pris fin n'obligent point le mandant, ni envers le mandataire, ni envers les tiers, excepté :

1° Dans les cas prévus par les articles 1366, 1367 et 1368;

2° Si le mandataire ignore que le mandat a pris fin;

3° Si le mandataire, autorisé à traiter avec une certaine personne déterminée, a, en effet, contracté avec cette personne, laquelle ignorait l'expiration du mandat, connue d'ailleurs du mandataire.

§ unique. Mais dans ce dernier cas, le mandataire répond, envers le mandant, de tout le préjudice qu'il lui a causé.

CHAPITRE IV.

DU CONTRAT DE LOUAGE DE SERVICES.

SECTION PREMIÈRE.

DU SERVICE DOMESTIQUE.

Art. 1370. On appelle service domestique celui qu'une personne rend, pour un temps, à une autre personne avec laquelle elle demeure, moyennant une rétribution déterminée.

Art. 1368. — *C. fr.*, art. 2007. — *C. esp.*, art. 1736, 1737. — *C. ital.*, art. 1761.

Art. 1369. — *C. fr.*, art. 2008, 2009. — *C. esp.*, art. 1738. — *C. ital.*, art. 1762.

Titre II, chapitre IV. — *C. fr.*, l. III, tit. VIII, chap. III. — *C. esp.*,

Art. 1371. Le contrat de louage de service domestique conclu pour la vie des parties ou de l'une d'elles est nul et peut être résilié, à toute époque, par l'une ou par l'autre.

Art. 1372. Le contrat de louage de service sera régi par les conventions des parties, sauf les dispositions ci-après.

Art. 1373. A défaut de convention expresse sur la durée du service, le contrat sera censé fait pour un an, s'il s'agit de service rural, et pour un mois, s'il s'agit de tout autre service, à moins que l'usage de la localité ne soit différent.

Art. 1374. A défaut de convention expresse sur la rétribution que le serviteur doit recevoir, on se conformera à l'usage de la localité, eu égard au sexe, à l'âge et à l'emploi du serviteur.

Art. 1375. Lorsque le serviteur n'est point engagé pour un certain service déterminé, il est censé tenu de tout service compatible avec ses forces et sa condition.

Art. 1376. Le serviteur engagé pour un temps déterminé ne peut s'absenter ni rompre le contrat, sans motif légitime, avant l'expiration du temps convenu.

---

l. IV, tit. VI, chap. III. — *C. ital.*, l. III, tit. VII, chap. III. — *C. autr.*, 2ᵉ partie, 2ᵉ sect., chap. XXVI. — *C. holl.*, l. III, tit. VII, sect. V et VI. — *C. féd. des Obligations*, tit. XI, XII. — *Projet allemand*, l. II, sect. VII, tit. VI et VII.

Art. 1371. — Comp. *C. fr.*, art. 1780, complété par la loi du 27 décembre 1890, art. 1. — *C. esp.*, art. 1583. — *C. ital.*, art. 1628.

Art. 1374. — Voir art. 1390, § 2.

Art. 1376. — Voir art. 1378, 1379, 1380, 1382, 1392, 1394 et 1429.

Art. 1377. Il y a motif légitime, lorsque le serviteur établit :

1° Qu'il est dans la nécessité d'accomplir un devoir légal incompatible avec la continuation de son service;

2° Qu'il est manifestement exposé à un préjudice ou à un mal considérable;

3° Que le maître a manqué aux obligations dont il était tenu envers lui;

4° Qu'il est, par suite de maladie, dans l'impossibilité d'accomplir son service;

5° Que le maître a transporté sa résidence dans un lieu qui ne convient pas au serviteur.

Art. 1378. Le serviteur qui se dégage pour un motif légitime doit être payé de tous ses gages échus.

Art. 1379. Le serviteur qui abandonne capricieusement son maître, avant la fin du temps convenu, perdra tout droit à ses gages échus et non payés pour tout le temps convenu.

Art. 1380. Le maître ne pourra, sans motif légitime, congédier le serviteur engagé pour un temps déterminé avant la fin de ce temps.

Art. 1381. Il y a motif légitime de congédier le serviteur :

1° Lorsqu'il est incapable du service pour lequel il est engagé;

Art. 1377. — Voir art. 1430, 2°.

Art. 1380, 1382. — Comp. *C. esp.*, art. 1584.
Voir art. 1425.

2° Lorsqu'il est vicieux ou malade, ou qu'il a une mauvaise conduite;

3° En cas de faillite du maître, ou lorsque celui-ci n'a plus de ressources suffisantes.

Art. 1382. Le maître qui congédie son serviteur sans motif légitime, avant la fin du temps convenu, sera tenu de lui payer l'intégralité de ses gages.

Art. 1383. Le serviteur est obligé :

1° D'obéir à son maître en tout ce qui n'est pas illicite, ou contraire aux conditions du contrat;

2° D'apporter à l'accomplissement de son service toute la diligence compatible avec ses forces;

3° De veiller sur les biens de son maître et d'empêcher, lorsqu'il le peut, qu'il ne leur arrive aucun dommage;

4° De réparer le préjudice qu'il a, par sa faute, fait éprouver à son maître.

Art. 1384. Le maître est obligé :

1° De corriger son serviteur mineur, comme le ferait un tuteur;

2° De réparer le préjudice éprouvé par son serviteur à cause de lui ou par sa faute;

3° De secourir et de faire traiter son serviteur sur les gages de celui-ci, sinon par charité, lorsqu'il tombe malade et qu'il ne peut lui-même pourvoir à ses besoins, ou n'a pas de famille dans le pays où il est en service, ni d'autres ressources.

Art. 1385. Le contrat de service domestique est résolu par la mort soit du maître, soit du serviteur. Dans le premier cas, le serviteur aura droit au payement de ses gages échus et de quinze jours de gages en plus; dans le second cas, les héritiers du serviteur ne pourront réclamer que les gages échus.

Art. 1386. Le legs fait au serviteur par le maître dans son testament ne s'impute pas sur les gages du serviteur, si le testament ne déclare expressément le contraire.

Art. 1387. Lorsqu'il y a demande en justice de gages dus et non payés, la décision dépend, à défaut d'autre preuve, du serment du maître.

§ unique. La prescription est opposable aux demandes de cette nature dans les termes des articles 538 et 539.

Art. 1388. Le maître peut déduire des gages du serviteur le montant du préjudice que celui-ci lui a causé, sauf le droit pour le serviteur de s'opposer à cette déduction, lorsqu'elle est injuste.

§ unique. Le maître qui n'a pas fait, en payant les gages, la déduction dont il s'agit, n'aura d'action contre le serviteur que pendant un mois à compter de la sortie de celui-ci ou de l'expiration de son temps de service.

Art. 1389. Le contrat de louage de service d'un mineur ne peut être conclu que par la personne chargée de ce mineur.

Art. 1386. — Voir art. 1818 et 1820.

Cette disposition est contraire à l'ancien droit. Une ancienne ordonnance (liv. IV, tit. 31, § 11) portait qu'il fallait présumer, de la part du testateur, l'intention de s'acquitter, plutôt que celle de faire une libéralité.

Art. 1387. — *C. fr.*, art. 1781 (abrogé par la loi du 2 août 1868). — *C. esp.*, art. 1584, § 2.

Art. 1390. Si, par hasard, le mineur n'a personne pour le représenter, on observera les règles suivantes :

1° Lorsque le mineur n'a pas plus de dix ans, si c'est un garçon, ou plus de douze ans, si c'est une fille, le maître ne lui devra que des aliments;

2° Lorsque le mineur a dépassé l'âge ci-dessus indiqué, on se conformera aux usages de la localité touchant les serviteurs de sa condition et de son âge.

SECTION II.

DU SERVICE SALARIÉ.

Art. 1391. Le service salarié est celui qu'une personne rend à une autre, à la journée ou à l'heure, moyennant une rétribution fixe qui se calcule par journée ou par heure et se nomme salaire.

Art. 1392. L'employé salarié est tenu de fournir le travail pour lequel il s'est offert, suivant les ordres et sous la direction de son patron. S'il ne satisfait pas à cette obligation, il peut être congédié avant la fin de la journée, moyennant payement du prix des heures de travail qu'il a faites.

Art. 1393. Le patron est tenu de payer la rétribution con-

Art. 1391. — La loi du 29 avril 1875, abolissant l'esclavage dans tout le territoire portugais, a assujetti à la tutelle publique les personnes qu'elle affranchissait. Dans les articles 5 à 27, elle a soumis à certaines règles les contrats pour prestation de travail des personnes soumises à cette tutelle. (*Ann. lég. étr.*, 1876, p. 619.) Une commission, nommée par décret du 12 juillet 1877, a établi un règlement pour les contrats de prestation de travail et de colonisation dans les provinces de l'Afrique portugaise; ce règlement a été approuvé par décret du 21 novembre 1878. (*Ann. lég. étr.*, 1879, p. 400.)

venue, soit à la fin de la semaine, soit à la fin de chaque journée, suivant les besoins de l'employé.

§ UNIQUE. Le prix du travail est toujours censé payable en argent, si le contraire n'est expressément convenu.

ART. 1394. L'employé engagé pour un jour, ou pour le nombre de jours nécessaires à l'exécution d'un travail déterminé, ne peut, sans motif légitime, abandonner son travail ni être congédié par le patron avant la fin du temps convenu.

§ UNIQUE. En cas de contravention à la présente règle, l'employé perdra son salaire échu et le patron devra payer le prix entier du travail, comme s'il était exécuté.

ART. 1395. Si le travail stipulé pour un nombre déterminé de jours, ou pour le temps que doit durer un ouvrage, est interrompu par cas fortuit ou par force majeure, le patron n'en sera pas moins tenu de payer le prix du travail exécuté.

SECTION III.

DES ENTREPRISES.

ART. 1396. Le contrat d'entreprise est celui par lequel une ou plusieurs personnes s'obligent à exécuter, pour autrui, un ouvrage déterminé avec la matière fournie soit par le maître de l'ouvrage, soit par l'entrepreneur, pour une rétribution proportionnée aux travaux exécutés.

Art. 1393, § UNIQUE. — Cette disposition a pour but de remédier aux abus du truck-système, c'est-à-dire de celui dans lequel les patrons fournissent à crédit à leurs employés des objets de consommation.

Art. 1394. — *C. esp.*, art. 1586.

Art. 1396. — *C. fr.*, art. 1787. — *C. esp.*, art. 1588. — *C. ital.*, art. 1634.

Voir *C. comm. port.*, art. 230.

Art. 1397. Si l'entrepreneur est tenu de fournir le travail et la matière, l'ouvrage sera entièrement à ses risques jusqu'à la livraison effectuée, à moins que le maître de l'ouvrage ne soit en demeure de le recevoir, ou qu'il n'y ait convention contraire.

Art. 1398. Si l'entrepreneur ne fournit que le travail, tout le risque sera pour le compte du maître de l'ouvrage, à moins qu'il n'y ait retard, faute ou impéritie de la part de l'entrepreneur, ou que celui-ci, connaissant la mauvaise qualité des matériaux, n'ait point prévenu le maître de l'ouvrage du risque auquel leur emploi l'exposait.

Art. 1399. Lorsqu'il s'agit de l'entreprise d'un édifice ou d'autres constructions importantes, l'entrepreneur qui fournit le travail et la matière sera responsable pendant cinq ans de la sûreté et de la solidité de l'édifice ou des constructions, sous le rapport tant de la qualité des matériaux que de la résistance du sol, à moins qu'il n'ait, en temps utile, prévenu le maître de l'ouvrage du défaut de résistance du sol.

Art. 1397. — *C. fr.*, art. 1788. — *C. esp.*, art. 1589. — *C. ital.*, art. 1635.

Art. 1398. — *C. fr.*, art. 1789. — *C. esp.*, art. 1590. — *C. ital.*, art. 1636.

Le Code espagnol porte que, dans ce cas, l'entrepreneur ne peut réclamer aucun salaire.

Voir art. 1408.

Art. 1399. — *C. fr.*, art. 1792. — *C. esp.*, art. 1591. — *C. ital.*, art. 1639.

Dans ces trois Codes, la responsabilité de l'entrepreneur et de l'architecte dure dix ans. Si la cause de la ruine est l'inexécution des conditions du contrat, l'action en indemnité contre l'entrepreneur dure, dans le droit espagnol, quinze ans.

Art. 1400. Lorsqu'il n'y a point de délai stipulé pour l'achèvement de l'ouvrage, l'entrepreneur est tenu de l'achever dans un délai raisonnable.

Art. 1401. L'entrepreneur qui s'est chargé, sur plan, dessins ou devis, d'exécuter un ouvrage pour un prix convenu, ne pourra rien exiger de plus que ce prix, quoique la valeur des matériaux ou des journées d'ouvriers ait augmenté, ou qu'on se soit, dans l'exécution de l'ouvrage, écarté du plan, des dessins ou du devis, à moins qu'il n'y ait eu convention écrite entre l'entrepreneur et le maître de l'ouvrage au sujet du changement et de ce qu'il devait coûter.

Art. 1402. Le maître de l'ouvrage peut résilier l'entreprise, quoique l'ouvrage soit déjà commencé, en dédommageant l'entrepreneur de toutes ses dépenses, de tous ses travaux, et de tout ce qu'il aurait pu gagner dans cette entreprise.

Art. 1403. En cas de mort de l'entrepreneur, le contrat pourra être résilié; mais le maître de l'ouvrage devra indemniser sa succession de la valeur des travaux exécutés et des dépenses faites.

§ unique. Il en sera de même dans le cas où l'entrepreneur

Art. 1401. — *C. fr.*, art. 1793. — *C. esp.*, art. 1593. — *C. ital.*, art. 1640.

Art. 1402. — *C. fr.*, art. 1794. — *C. esp.*, art. 1594. — *C. ital.*, art. 1641.

Art. 1403. — *C. fr.*, art. 1795, 1796. — *C. esp.*, art. 1595. — *C. ital.*, art. 1642, 1643.

Ces trois Codes exigent, pour qu'il y ait lieu à indemnité de la part du maître de l'ouvrage, que les travaux exécutés et les dépenses faites puissent lui être utiles.

est empêché de terminer l'ouvrage par une cause indépendante de sa volonté.

Art. 1404. Le contrat d'entreprise n'est pas résilié par la mort du maître de l'ouvrage : les héritiers de celui-ci sont tenus de l'exécuter.

Art. 1405. Ceux qui travaillent pour le compte de l'entrepreneur, ou qui lui fournissent des matériaux pour l'exécution de l'ouvrage, n'auront d'action contre le maître de cet ouvrage que jusqu'à concurrence de ce que celui-ci doit à l'entrepreneur. Si le maître a devancé, en faveur de l'entrepreneur, les époques de payement stipulées au contrat, les vendeurs de matériaux comme les ouvriers auront action contre lui, pour ce qui leur est dû par l'entrepreneur, jusqu'à concurrence des sommes payées par anticipation.

Art. 1406. Le prix convenu doit être payé lors de la livraison de l'ouvrage, s'il n'y a des usages locaux ou des conventions contraires.

Art. 1407. Tout entrepreneur d'un ouvrage sur un meuble a le droit de rétention, tant qu'il n'est pas payé du prix de cet ouvrage.

Art. 1408. Tout entrepreneur d'un travail qui, par impéritie, détériore ou met hors de service les matériaux qui lui sont fournis, ou ne se conforme pas aux plans et mesures qui lui ont été donnés, sera responsable de tout le préjudice qu'il cause, même si l'ouvrage ne lui est pas refusé.

Art. 1405. — *C. fr.*, art. 1798. — *C. esp.*, art. 1597. — *C. ital.*, art. 1645.

Art. 1406. — Comp. *C. esp.*, art. 1599.

Art. 1407. — *C. esp.*, art. 1600.

SECTION IV.

DE LA PRESTATION DE SERVICES DANS L'EXERCICE DES ARTS ET DES PROFESSIONS LIBÉRALES.

Art. 1409. Les honoraires de ceux qui exercent les arts ou les professions libérales seront réglés par convention entre eux et ceux pour lesquels ils travaillent.

§ unique. A défaut de convention, les honoraires seront arbitrés par les tribunaux, selon les usages du pays. Le taux établi par ces usages pourra toutefois être modifié en raison de l'importance spéciale du travail fait, de la réputation de celui qui l'a fait et des personnes pour lesquelles il a été fait.

SECTION V.

DES VOITURIERS, BATELIERS ET MULETIERS.

Art. 1410. Le contrat de transport par voitures, par barques et par mules (*recovagem, barcagem, alquilaria*) est celui par lequel une ou plusieurs personnes s'obligent à transporter, par terre ou par eau, soit des personnes, soit des animaux, effets ou marchandises appartenant à autrui.

Art. 1411. Ce contrat est régi par les lois commerciales et par les règlements administratifs, lorsque les voituriers ont constitué une entreprise ou compagnie régulière et permanente. Dans tous les autres cas, on observera les règles générales des contrats civils, sauf les modifications indiquées dans la présente section.

Art. 1411. — Comp. *C. fr.*, art. 1786. — *C. esp.*, art. 1601, 1603. — *C. ital.*, art. 1633.

Le contrat de transport, lorsqu'il est commercial, est régi par le titre x, livre II du Code de commerce de 1888, sauf les dispositions spéciales aux transports maritimes, qui font l'objet du titre i, livre III du même Code.

Art. 1412. Les voituriers et bateliers seront considérés, sous tous les rapports, comme dépositaires des objets transportés, du moment où ils leur ont été remis.

Art. 1413. Les voituriers et bateliers ont le droit de se faire payer, lors de la remise des effets au destinataire ou dès que le marché est exécuté, le prix convenu ou le prix d'usage, et tous les frais auxquels le transport a donné lieu, si ces frais ne sont compris, en vertu de l'usage ou de la convention, dans le prix du transport.

Art. 1414. Les voituriers et bateliers ont le droit de rétention sur les objets transportés.

Art. 1415. Les voituriers et bateliers sont tenus d'opérer le transport dans le délai convenu, sous peine de dommages-intérêts, à moins que le retard ne soit causé par cas fortuit ou force majeure.

Art. 1416. Le muletier (*alquilador*) doit déclarer les vices et les défauts de ses bêtes de somme; faute de faire cette déclaration, il répond des dommages-intérêts.

Art. 1417. La mort ou la perte des bêtes de somme, survenue au cours du transport, sera à la charge du muletier, si celui-ci n'établit qu'il y a eu faute de la part du locateur.

Art. 1412. — *C. fr.*, art. 1782. — *C. esp.*, art. 1601. — *C. ital.*, art. 1629.

Art. 1413. — Voir art. 1415.

Art. 1414. — *C. fr.*, art. 1782, 1948. — *C. esp.*, art. 1601, 1780. — *C. ital.*, art. 1629, 1863.

IMPRIMERIE NATIONALE.

Art. 1418. Le muletier qui loue pour un service déterminé des bêtes de somme incapables d'accomplir ce service à raison d'un vice préexistant et connu de lui, mais ignoré de celui à qui il les a louées, répondra de tous les dommages causés par sa mauvaise foi.

SECTION VI.

DU CONTRAT D'HÉBERGEMENT (*ALBERGARIA* OU *POUSADA*).

Art. 1419. Le contrat d'hébergement est celui par lequel une personne s'engage à nourrir et loger, ou seulement à loger une autre personne, moyennant une rétribution déterminée par la convention ou par l'usage.

§ unique. Ce contrat résulte des faits, sans qu'une convention expresse soit nécessaire, lorsque celui qui loge est aubergiste de son état.

Art. 1420. L'aubergiste est responsable, comme le serait un dépositaire, des bagages et de tous les effets apportés par les voyageurs dans son hôtel.

§ unique. Néanmoins les objets de peu de valeur et faciles à faire disparaître devront être recommandés par le voyageur aux soins de l'aubergiste, lequel, sans cela, ne répondra pas de leur perte ou détérioration, à moins qu'il ne soit prouvé qu'il est en faute.

Art. 1420. — *C. fr.*, art. 1952, 1953, modifié par la loi du 18 avril 1889. — *C. esp.*, art. 1783. — *C. ital.*, art. 1866.

La loi du 18 avril 1889, en France, a limité à 1,000 francs cette responsabilité pour les espèces monnayées et les valeurs au porteur non déposées réellement entre les mains des aubergistes ou hôteliers.

Voir art. 1435.

Art. 1421. L'aubergiste répond également de tous les dommages causés par ses employés ou domestiques, ou par les étrangers qu'il héberge, sauf son recours contre eux.

Art. 1422. Toutefois l'aubergiste ne répond pas des dommages résultant de la faute du voyageur, d'un cas fortuit, ou de la force majeure, lorsqu'il est entièrement étranger à ces dommages.

Art. 1423. En cas de contestation entre l'aubergiste et la personne hébergée, sur le montant de ce qui est dû à l'aubergiste, la personne hébergée devra déposer, devant l'autorité judiciaire compétente du lieu où est située l'auberge, toute la somme qui lui est réclamée.

§ unique. La contestation sera jugée, eu égard aux prix d'usage dans la localité, aux fournitures faites et aux services rendus par l'aubergiste, et la dette liquidée sera payée sur la somme déposée. L'excédent, s'il y en a, recevra l'affectation indiquée par le déposant, ou, à défaut d'indication de sa part, restera en dépôt jusqu'à ce que le déposant la retire ou la fasse retirer.

SECTION VII.

DE L'APPRENTISSAGE.

Art. 1424. Le contrat de prestation du service d'enseignement ou contrat d'apprentissage est celui par lequel, entre majeurs, ou entre majeurs et mineurs dûment autorisés, l'une des parties s'oblige à enseigner à l'autre une industrie ou une profession.

Art. 1421. — *C. fr.*, art. 1953. — *C. esp.*, art. 1784. — *C. ital.*, art. 1867.

Art. 1422. — *C. fr.*, art. 1954. — *C. esp.*, art. 1784. — *C. ital.*, art. 1868.

Voir art. 2380 et 2381.

Art. 1424. — Comp. la loi française du 22 février 1851.

Art. 1425. Ce contrat ne peut être résilié que dans les cas suivants :

1° Pour inexécution des obligations contractées par l'une ou l'autre des parties;

2° Pour mauvais traitement de la part du maître;

3° Pour mauvaise conduite de la part de l'apprenti.

§ unique. Dans les cas ci-dessus indiqués, des dommages-intérêts pourront être demandés à celui qui donne lieu à la résiliation du contrat.

Art. 1426. Peut être résilié tout contrat d'apprentissage par lequel l'apprenti s'est engagé à travailler pendant un temps assez long pour que la valeur de son travail excède le double de la rétribution qu'il pourrait devoir raisonnablement à son maître, s'il le payait en espèces.

Art. 1427. L'apprenti ne peut, avant l'âge de quatorze ans, être obligé de travailler plus de neuf heures, ni avant dix-huit ans, plus de douze, par journée de vingt-quatre heures.

Art. 1428. Le maître ne pourra retenir son apprenti au delà du temps fixé par la convention ou par l'usage. S'il le retient sans convention nouvelle, il sera tenu de lui payer le prix de son travail.

Art. 1429. Lorsqu'un apprenti quitte son maître, sans motif

Art. 1427. — Comp. les lois françaises du 19 mai 1874 et du 2 novembre 1892 sur le travail des enfants et des filles mineures employés dans l'industrie.

Le décret du 14 avril 1891 rendu en vertu de l'art. 3 du décret du 10 février 1890 a réglé le travail des femmes et des enfants employés dans les fabriques, ateliers ou autres établissements industriels. (*Ann. lég. étr.*, 1892, p. 531.)

légitime, avant l'expiration du temps convenu, le maître pourra se faire indemniser par cet apprenti, ou par la personne qui l'a cautionné, ou par celle qui a contracté pour lui, du préjudice résultant de l'inexécution du contrat.

Art. 1430. Le contrat d'apprentissage prend fin :

1° Par la mort de l'apprenti ou par celle du maître;

2° Lorsque le maître ou l'apprenti est appelé à remplir un service public imposé par la loi et incompatible avec la continuation de l'apprentissage.

SECTION VIII.

DU DÉPÔT.

SOUS-SECTION PREMIÈRE.

DU DÉPÔT EN GÉNÉRAL.

Art. 1431. Le dépôt est le contrat par lequel une personne s'oblige à garder et à restituer, lorsqu'on le lui demandera, un objet mobilier qui lui est remis par autrui.

Titre II, chapitre IV, section VIII. — *C. fr.*, l. III, tit. XI. — *C. esp.*, l. IV, tit. XI. — *C. ital.*, l. III, tit. XVIII. — *C. autr.*, 2ᵉ partie, 2ᵉ sect., chap. XIX. — *C. holl.*, l. III, tit. XII. — *C. féd. des Obligations*, tit. XIX. — *Projet allemand*, l. II, sect. VII, tit. XII.

Art. 1431. — *C. fr.*, art. 1915. — *C. esp.*, art. 1758. — *C. ital.*, art. 1835.

Voir art. 1437.

Il existe en Portugal une Caisse générale de dépôts, créée par la loi du 10 avril 1876; elle a remplacé celles qui fonctionnaient seulement à Lisbonne et à Porto. La nouvelle loi a institué, pour recevoir des dépôts en numéraire à restituer en espèces identiques à celles déposées, les établissements suivants : à Lisbonne, la *Thesouraria central da Caisca;* dans dix-sept districts, y compris Lisbonne, les *Cofres das delegações*.

Les principales attributions de la caisse

Art. 1432. Le dépôt est gratuit de sa nature; le déposant peut néanmoins s'engager à donner une gratification au dépositaire.

Art. 1433. Peut être déposant ou dépositaire quiconque est capable de contracter. Doivent cependant être observées les règles suivantes :

1° L'incapacité de l'une des parties ne dispense pas celle qui reçoit le dépôt des obligations imposées au dépositaire.

2° L'incapable qui a reçu le dépôt peut, s'il est poursuivi en dommages-intérêts, exciper de la nullité du contrat, mais non se prévaloir de sa propre incapacité pour éviter de restituer la chose déposée, lorsqu'elle est encore en son pouvoir, ou de rendre ce dont il s'est enrichi en l'aliénant.

3° L'incapable, s'il n'est dépourvu d'une intelligence suffisante,

---

centrale et des caisses de délégations ou succursales consistent à recevoir les dépôts nécessaires ou volontaires. Les fonds déposés produisent intérêts à 2 p. o/o l'an, à partir du 61e jour du dépôt.

L'administrateur de la Caisse générale des dépôts est soumis au contrôle d'une commission de crédit public (*Junta do credito publico*), qui rend compte chaque année des opérations de cette caisse. Ce compte rendu est transmis au Parlement (art. 12 du règlement approuvé par décret du 6 décembre 1876).

Art. 1432. — *C. fr.*, art. 1917. — *C. esp.*, art. 1760. — *C. ital.*, art. 1837.

Les Codes français et italien font du dépôt un contrat *essentiellement* gratuit. (Voir cependant *C. fr.*, art. 1928, 2°, et *C. ital.*, art. 1844, 2°.) Le Code espagnol admet que les parties conviennent entre elles d'une gratification. En matière commerciale, le dépôt est au contraire rétribué, sauf convention contraire (*C. comm. port.*, art. 404).

Art. 1433, 1°. — *C. fr.*, art. 1925. — *C. esp.*, art. 1764. — *C. ital.*, art. 1841.

Art. 1433, 2°. — *C. fr.*, art. 1926. — *C. esp.*, art. 1765. — *C. ital.*, art. 1842.

pourra être condamné aux dommages-intérêts, lorsqu'il a agi par dol et de mauvaise foi.

Art. 1434. Le dépôt dont la valeur excède 50,000 *reis* (280 francs) ne peut être prouvé qu'au moyen d'un écrit signé par le dépositaire lui-même, ou certifié authentique; celui dont la valeur excède 100,000 *reis* (560 francs) ne peut être prouvé que par acte public.

§ 1. Il est fait exception à cette règle pour le dépôt qui a été rendu nécessaire par quelque accident; ce dépôt, quelle qu'en soit la valeur, pourra être prouvé par tous moyens de preuve.

§ 2. Le dépositaire peut prouver sa libération par tous les moyens admissibles pour faire la preuve du dépôt.

SOUS-SECTION II.

DES DROITS ET DES OBLIGATIONS DU DÉPOSITAIRE ET DU DÉPOSANT.

Art. 1435. Le dépositaire est tenu :

1° D'apporter à la garde et à la conservation de la chose déposée les soins et les diligences nécessaires pour bien remplir ses obligations, autant qu'il en est capable;

2° De restituer le dépôt, lorsque le déposant le lui demande, avec tous les produits et accessoires.

Art. 1434. — Comp. *C. fr.*, art. 1923, 1924.

Art. 1434, § 1. — *C. fr.*, art. 1950.

Art. 1435, 1°. — *C. fr.*, art. 1927. — *C. esp.*, art. 1766. — *C. ital.*, art. 1843.

Art. 1435, 2°. — *C. fr.*, art. 1932, 1936. — *C. esp.*, art. 1766, 1770. — *C. ital.*, art. 1848, 1852.

Art. 1436. Le dépositaire ne répond pas du dommage arrivé au dépôt par cas fortuit ou force majeure, excepté :

1° S'il s'y est formellement obligé;

2° S'il était en demeure lorsque le dommage est arrivé.

Art. 1437. Le dépositaire ne peut se servir de la chose déposée sans permission expresse du déposant, sous peine de tous dommages-intérêts.

Art. 1438. Si les choses déposées ont été remises au dépositaire enfermées et sous scellé, il devra les rendre dans le même état.

Art. 1439. Le dépositaire qui ouvrirait l'enveloppe du dépôt fait dans la forme ci-dessus indiquée sera tenu de rendre le contenu désigné sous serment par le déposant, à moins que l'ouverture n'ait eu lieu sans sa faute.

Art. 1440. L'ouverture dont il s'agit est présumée avoir eu lieu par la faute du dépositaire, si celui-ci ne prouve le contraire.

§ unique. Lorsque le dépositaire a fait cette preuve, le déposant est tenu de prouver la valeur du dépôt.

Art. 1436. — *C. fr.*, art. 1928, 1929. — *C. esp.*, art. 1766. — *C. ital.*, art. 1844, 1845.

Art. 1437. — *C. fr.*, art. 1930. — *C. esp.*, art. 1767. — *C. ital.*, art. 1846.

Art. 1438, 1439. — *C. fr.*, art. 1931. — *C. esp.*, art. 1769. — *C. ital.*, art. 1847.

Art. 1440. — *C. esp.*, art. 1769.

Art. 1441. Le dépôt doit être restitué au déposant ou à son représentant.

Art. 1442. Lorsque le dépositaire vient à savoir que la chose déposée entre ses mains a été volée, il doit en aviser le propriétaire, s'il le connaît, ou, s'il ne le connaît pas, le ministère public. Si, dans la quinzaine de cet avis, la chose déposée n'a pas été frappée d'une opposition judiciaire, ou réclamée par son propriétaire, elle pourra être rendue au déposant, sans que le dépositaire encoure de ce chef aucune responsabilité.

Art. 1443. S'il y a plusieurs déposants, mais non solidaires entre eux, et si la chose déposée est divisible, le dépositaire ne pourra rendre à chacun des déposants que la part qui lui appartient.

Art. 1444. Si les déposants sont solidaires entre eux, ou si la chose est indivisible, les dispositions des articles 750 et 751 doivent être observées.

Art. 1445. Si le dépôt fait au nom d'un incapable par son représentant légal existe encore lors de la cessation de l'incapacité, la chose déposée sera restituée à la personne au nom de laquelle a été fait le dépôt.

Art. 1441. — *C. fr.*, art. 1937. — *C. esp.*, art. 1766. — *C. ital.*, art. 1853.

Voir art. 1445 et 1446.

Art. 1442. — *C. fr.*, art. 1938. — *C. esp.*, art. 1771. — *C. ital.*, art. 1854.

Art. 1443. — *C. esp.*, art. 1772, § 1.

Art. 1444. — *C. esp.*, art. 1772, § 2.

Art. 1445. — *C. fr.*, art. 1941. — *C. ital.*, art. 1857.

Art. 1446. Si le déposant devient incapable, ou si la femme qui a fait le dépôt se marie, la chose déposée sera restituée, dans le premier cas, au représentant légal de l'incapable et, dans le second cas, au mari ou à la femme autorisée du mari.

Art. 1447. La restitution de la chose déposée doit se faire dans le lieu où le dépôt a été fait, s'il n'y a convention contraire.

Art. 1448. Le dépositaire doit restituer le dépôt aussitôt que le déposant ou son représentant légal le réclame, lors même que le contrat aurait fixé un délai déterminé pour la restitution, à moins que la chose déposée n'ait été frappée d'une opposition judiciaire, ou que défense ait été signifiée au dépositaire de la restituer.

Art. 1449. Le dépositaire peut restituer la chose déposée même avant l'expiration du délai convenu, lorsqu'il lui survient un motif légitime; si le déposant n'accepte pas la restitution, le dépositaire pourra faire ordonner le dépôt judiciaire de la chose.

Art. 1446. — *C. fr.*, art. 1940. — *C. esp.*, art. 1773. — *C. ital.*, art. 1856.

Art. 1447. — *C. fr.*, art. 1942, 1943. — *C. esp.*, art. 1774. — *C. ital.*, art. 1859.

Le Code français porte que si le contrat ne désigne pas le lieu de la restitution, elle doit être faite dans le lieu même du dépôt, c'est-à-dire, comme l'indique le Code portugais, dans le lieu où a été fait le dépôt. Les Codes espagnol et italien décident au contraire que la restitution doit se faire dans le lieu où se trouve la chose déposée, «encore que le dépôt ait été effectué ailleurs, ajoute le Code espagnol, pourvu que le déplacement n'ait pas été fait méchamment par le dépositaire».

Art. 1448. — *C. fr.*, art. 1944. — *C. esp.*, art. 1775. — *C. ital.*, art. 1860.

Voir art. 1510 et 1524.

Art. 1449. — *C. esp.*, art. 1776.

Art. 1450. Le déposant est tenu d'indemniser le dépositaire de toutes les dépenses qu'il a faites pour la conservation de la chose déposée, ou à cause d'elle.

§ unique. Le dépositaire peut retenir la chose jusqu'au payement de ce qui lui est dû.

Art. 1451. Le dépositaire qui est troublé dans la possession de la chose déposée, ou dépossédé, doit en avertir sans délai le déposant et prendre la défense des droits de celui-ci jusqu'à ce qu'il y pourvoie lui-même comme il convient; s'il n'avertit pas le déposant ou ne prend pas sa défense, il répondra envers lui de tous dommages-intérêts.

CHAPITRE V.

DES DONATIONS.

SECTION PREMIÈRE.

DES DONATIONS EN GÉNÉRAL.

Art. 1452. La donation est un contrat par lequel l'une des parties transfère à l'autre, gratuitement, tout ou partie de ses biens présents.

Art. 1450. — *C. fr.*, art. 1947. — *C. esp.*, art. 1779. — *C. ital.*, art. 1862.

Art. 1450, § unique. — *C. fr.*, art. 1948. — *C. esp.*, art. 1780. — *C. ital.*, art. 1863.

Art. 1451. — Voir art. 1515, 1608, 4°, 2219 et 2240.

Titre II, chapitre V. — *C. fr.*, l. III, tit. II. — *C. esp.*, l. III, tit. II. — *C. ital.*, l. III, tit. III. — *C. autr.*, 2e partie, 2e sect., chap. XVIII. — *C. holl.*, l. III, tit. XI. — *C. Grisons*, 3e partie, 3. — *C. Zurich*, l. III, sect. II. — *Projet allemand*, l. II, sect. VII, tit. II.

Art. 1452. — *C. fr.*, art. 894. — *C. esp.*, art. 618. — *C. ital.*, art. 1050. Voir art. 1455, 1739 et 1754.

Art. 1453. La donation ne peut avoir pour objet des biens à venir.

§ unique. On entend par biens à venir, ceux qui ne sont pas en la possession du donateur, ou sur lesquels celui-ci n'a point de droit au moment de la donation.

Art. 1454. La donation peut être pure et simple, ou conditionnelle, ou à titre onéreux, ou rémunératoire.

§ 1. La donation est pure et simple, lorsqu'elle est purement de bienfaisance et qu'elle n'est soumise à aucune condition.

§ 2. Elle est conditionnelle, lorsqu'elle dépend d'un événement ou d'une circonstance déterminée.

§ 3. Elle est à titre onéreux, lorsqu'elle entraîne certaines charges.

§ 4. Elle est rémunératoire, lorsqu'elle est faite en considération de services rendus au donateur et qui n'avaient pas le caractère d'une dette exigible.

Art. 1455. La donation à titre onéreux n'est considérée comme donation que pour la part qui excède la valeur des charges qu'elle impose.

Art. 1456. La donation qui doit produire ses effets entre vifs est irrévocable dès qu'elle est acceptée, sauf dans les cas exceptés par la loi.

Art. 1453. — *C. fr.*, art. 943. — *C. esp.*, art. 635. — *C. ital.*, art. 1064.

Art. 1454. — Comp. *C. fr.*, art. 944, 954. — *C. esp.*, art. 619, 622. — *C. ital.*, art. 1051.

Art. 1456. — Comp. *C. fr.*, art. 894, 932. — *C. esp.*, art. 621, 629. — *C. ital.*, art. 1050, 1057.

Art. 1457. La donation qui doit produire ses effets après la mort du donateur a le caractère de disposition de dernière volonté, et elle est réglée par les règles établies au titre des testaments.

§ unique. Le présent article n'est pas applicable aux donations en faveur du mariage, lors même qu'elles ne doivent avoir effet qu'après la mort du donateur.

Art. 1458. La donation peut être faite verbalement ou par écrit.

§ 1. La donation ne peut être faite verbalement qu'avec tradition de la chose donnée, lorsque cette chose est mobilière.

§ 2. La donation de choses mobilières, lorsqu'elle n'est pas accompagnée de la tradition, ne peut être faite que par écrit.

Art. 1459. La donation de biens immobiliers, dont la valeur n'excède pas 50,000 *reis* (280 francs), pourra être faite par acte sous seing privé signé du donateur ou d'une autre personne pour lui, s'il ne sait écrire, et, en outre, de deux témoins qui doivent écrire leurs noms en entier. La donation d'une valeur supérieure ne pourra être faite que par acte public.

Art. 1457. — *C. esp.*, art. 620.

Art. 1458. — *C. fr.*, art. 931. — *C. esp.*, art. 632, 633. — *C. ital.*, art. 1056.

Les Codes français et italien veulent que la donation soit faite par acte public, sous peine de nullité. Le Code espagnol admet que la donation d'un meuble puisse se faire verbalement et contient à ce sujet les mêmes dispositions que le Code portugais.

Art. 1458, § 1, 2. — *C. esp.*, art. 632, § 2.

Art. 1459. — Comp. *C. fr.*, art. 931. — *C. esp.*, art. 633. — *C. ital.*, art. 1056.

Le Code espagnol veut que, quelle que soit l'importance de l'immeuble, la donation n'en puisse être faite que par un acte public.

§ unique. Cette donation n'aura d'effet, à l'égard des tiers, qu'après avoir été inscrite conformément aux dispositions du présent Code.

Art. 1460. Est nulle la donation qui porte sur la totalité des biens du donateur, sans réserve de l'usufruit, ou qui laisse le donateur sans moyens de subsistance.

Art. 1461. La donation de tous les biens meubles et immeubles du donateur comprend celle de ses droits et actions.

Art. 1462. Celui qui fait par contrat de mariage donation à cause de mort de tous ses biens, sans réserve aucune, ou sous réserve de certains biens, sans désignation de ces biens ou de la quote-part réservée, est censé s'être réservé le tiers des biens donnés.

Art. 1463. Le donateur qui, par contrat de mariage, a donné le tiers disponible, est censé s'être réservé le tiers de ce tiers.

Art. 1464. Si le donateur est mort sans disposer de sa réserve légale, cette réserve appartient au donataire.

§ unique. Néanmoins, si la réserve a été faite par clause expresse

---

Art. 1459, § unique. — Comp. *L. fr. 23 mars 1855*, art. 1 et 3; *C. fr.*, art. 939. — *C. esp.*, art. 605, 606. — *C. ital.*, art. 1932, 1943.
Voir art. 1472.

Les formes à suivre pour l'inscription des actes translatifs de propriété immobilière ou autres droits réels sont réglées par les art. 949 à 1004 ci-dessus.

Art. 1460. — *Contra : C. fr.*, art. 916. — *Sic : C. esp.*, art. 634.
Voir art. 1470, § 2, et 1488, 3°.

Art. 1464. — Comp. *C. fr.*, art. 946. — *C. esp.*, art. 639. — *C. ital.*, art. 1069.

de l'acte de donation, et que le donateur décède sans en avoir disposé, cette réserve appartiendra à ses héritiers légitimes jusqu'au quatrième degré inclusivement et n'accroîtra au donataire qu'à défaut d'héritiers de ce rang.

Art. 1465. La donation qui n'est point acceptée du vivant du donateur est caduque, sauf la disposition de l'article 1478.

Art. 1466. Si la donation n'est pas acceptée sur-le-champ, et si l'acceptation n'est pas constatée dans le corps de l'acte qui constate la donation, elle doit être, par la suite, mentionnée sur cet acte.

Art. 1467. La donation faite à plusieurs personnes conjointement ne leur conférera pas le droit d'accroissement à l'égard l'une de l'autre, si le donateur n'a formellement déclaré le contraire.

Art. 1468. Le donateur ne devra la garantie, en cas d'éviction de la chose donnée, que s'il s'y est formellement obligé, sauf les dispositions des articles 1142 et 1143.

Art. 1465. — *C. fr.*, art. 932. — *C. esp.*, art. 633, § 2. — *C. ital.*, art. 1057.

Art. 1466. — Comp. *C. fr.*, art. 932. — *C. esp.*, art. 633. — *C. ital.*, art. 1057.

Art. 1467. — *C. esp.*, art. 637.

Le Code espagnol excepte de cette disposition les donations faites conjointement à un mari et à sa femme.

Voir art. 1823, 1852-1856, 1864, 1907 et 1972.

Art. 1468. — *C. esp.*, art. 638. — *C. ital.*, art. 1077.

Les Codes espagnol et italien obligent encore le donateur à garantir le donataire de l'éviction, lorsque l'éviction dépend du dol ou du fait personnel du donateur et lorsque la donation a été faite avec charges; dans ce cas, le donateur ne répond de l'éviction que jusqu'à concurrence des charges.

§ UNIQUE. Le donataire sera toutefois subrogé dans tous les droits qui peuvent appartenir au donateur, lorsque l'éviction est consommée.

ART. 1469. Si la donation a été faite à la charge de payer les dettes du donateur, elle n'obligera le donataire, sauf déclaration contraire, qu'au payement des dettes qui avaient date certaine ou réputée telle au moment de la donation.

ART. 1470. A défaut de stipulation touchant les dettes du donateur, on observera les règles suivantes :

§ 1. Si la donation porte sur certains biens déterminés, le donataire ne sera tenu des dettes du donateur, que si elles sont hypothécaires, ou s'il y a fraude au préjudice des créanciers.

§ 2. Si la donation porte sur tous les biens du donateur, le donataire sera tenu de toutes les dettes antérieures à la donation, sauf déclaration contraire.

ART. 1471. Les donations de meubles ou de deniers faites par le mari, sans le consentement de sa femme, seront imputées sur la moitié revenant au mari, à moins qu'elles ne soient rémunératoires ou de minime importance.

Art. 1469. — Comp. *C. fr.*, art. 945. — *C. esp.*, art. 642. — *C. ital.*, art. 1067.

Les Codes français et italien annulent la donation lorsqu'elle a été faite sous la condition d'acquitter d'autres dettes ou charges que celles existant à l'époque de la donation ou spécialement désignées dans l'acte de donation.

Art. 1470, § 1. — *C. esp.*, art. 643.

Le Code espagnol présume toujours la donation faite en fraude des créanciers, lorsqu'en la faisant, le donateur ne s'est pas réservé des biens suffisants pour payer ses dettes antérieures.

Art. 1472. La donation régulièrement faite, quelle qu'en soit la valeur, produira tous ses effets juridiques, indépendamment de l'insinuation ou de toute autre formalité postérieure à cette donation, sous réserve de la disposition du paragraphe unique de l'article 1459.

Art. 1473. Le donateur peut stipuler le droit de retour des biens donnés, pourvu que ce soit à son profit et non au profit d'autrui, sauf dans les cas où la substitution testamentaire est autorisée par la loi.

Art. 1474. La stipulation du droit de retour faite par le donateur au profit d'un tiers, contrairement à l'article précédent, est nulle, mais ne rend pas nulle la donation qui la contient.

Art. 1475. Les biens donnés avec stipulation de retour passent à la personne ou aux personnes en faveur de qui le retour est stipulé, francs et quittes de toutes les charges dont ils ont pu être grevés pendant qu'ils étaient en la possession du donataire.

SECTION II.

DE LA CAPACITÉ DE DISPOSER ET DE RECEVOIR PAR DONATION.

Art. 1476. Peuvent faire des donations tous ceux qui peuvent contracter et disposer de leurs biens.

Art. 1472. — Comp. *C. fr.*, art. 938, 939. — *C. ital.*, art. 1062.

Art. 1473. — *C. fr.*, art. 951. — *C. esp.*, art. 641. — *C. ital.*, art. 1071.

Art. 1474. — *C. esp.*, art. 641, § 2.
Voir art. 1867, 1869 et 1874.

Art. 1475. — *C. fr.*, art. 952. — *C. ital.*, art. 1072.
Voir art. 1873.

Art. 1476. — *C. fr.*, art. 902. — *C. esp.*, art. 624. — *C. ital.*, art. 1052.

IMPRIMERIE NATIONALE.

Art. 1477. Peuvent recevoir par donation tous ceux qui n'en sont pas spécialement déclarés incapables par une disposition de la loi.

Art. 1478. Ceux qui ne peuvent contracter ne peuvent, sans l'autorisation des personnes qui ont qualité pour la donner, accepter des donations conditionnelles ou onéreuses. Mais les donations pures et simples qui leur sont faites ont leur effet indépendamment de toute acceptation, en tant qu'elles leur profitent.

Art. 1479. Pour acquérir par donation, il suffit d'être conçu à l'époque de la donation et de naître vivant.

Art. 1480. Sont nulles les donations faites par un homme marié à sa concubine. Néanmoins la nullité n'en peut être prononcée qu'à la requête de la femme du donateur ou des héritiers à réserve de cette femme, et à la condition que la demande soit formée dans les deux ans qui suivent la dissolution du mariage.

Art. 1481. Toute donation faite au profit d'un incapable est nulle et de nul effet, soit qu'on la déguise sous la forme d'un autre contrat, soit qu'on la fasse sous le nom de personnes interposées.

§ unique. Sont réputés personnes interposées : les descendants, les ascendants et l'époux de l'incapable.

Art. 1477. — *C. fr.*, art. 902. — *C. esp.*, art. 625. — *C. ital.*, art. 1053.

Art. 1478. — *C. esp.*, art. 626. — *C. ital.*, art. 1059.
Voir art. 1465.

Art. 1479. — *C. fr.*, art. 906. — *C. esp.*, art. 627. — *C. ital.*, art. 1059, § 4.

Art. 1480. — Voir art. 1771 et 1818.

Art. 1481. — *C. fr.*, art. 911. — *C. esp.*, art. 628. — *C. ital.*, art. 1055.
Comp. art. 1567, 1599 et 1783.

SECTION III.

DE LA RÉVOCATION ET DE LA RÉDUCTION DES DONATIONS.

Art. 1482. La donation consommée ne peut être révoquée, en dehors des cas où tout contrat pourrait l'être, que pour les causes ci-après :

1° Pour survenance d'enfants légitimes, lorsque le donateur était marié à l'époque de la donation;

2° Pour ingratitude du donataire;

3° Pour inofficiosité.

Art. 1483. La donation ne sera pas révoquée pour cause de survenance d'enfants :

1° Lorsque le donateur avait déjà un enfant ou descendant légitime vivant à l'époque de la donation;

2° Lorsque la donation a été faite en faveur du mariage.

Art. 1484. En cas de révocation de la donation pour cause de

Art. 1482. — *C. fr.*, art. 920, 953. — *C. esp.*, art. 644, 654. — *C. ital.*, art. 1078, 1091.

Par application du droit commun, la donation peut être révoquée pour inexécution des charges ou des conditions.

Art. 1483, 1°. — Comp. *C. fr.*, art. 960. — *C. esp.*, art. 1333. — *C. ital.*, art. 1083.

Art. 1483, 2°. — *C. fr.*, art. 1096. — *C. esp.*, art. 644. — *C. ital.*, art. 1087.

Le Code espagnol révoque encore la donation, lorsque l'enfant du donateur, qu'on croyait mort au moment de la donation, revient vivant.

Art. 1484. — Comp. *C. fr.*, art. 963. — *C. esp.*, art. 645. — *C. ital.*, art. 1088, 1089.

L'article 963 du Code français reproduit, en cas de révocation d'une dona-

survenance d'enfants, le donateur reprendra les biens donnés, ou leur valeur s'ils ont été aliénés par le donataire.

§ 1. L'hypothèque constituée par le donataire subsistera, mais le donateur aura le droit de la purger et de recourir contre le donataire pour ce que la purge lui a coûté.

§ 2. Si les biens ne peuvent être restitués en nature, la valeur à restituer sera celle qu'ils avaient à l'époque de la donation.

Art. 1485. Le donataire fait siens les fruits et revenus des biens donnés, jusqu'au jour de la demande en révocation pour cause de survenance d'enfants.

---

tion pour cause de survenance d'enfant, le principe posé par l'art. 1183, à savoir que la condition résolutoire, lorsqu'elle s'accomplit, «remet les choses au même état que si l'obligation n'avait pas existé». En conséquence, les biens compris dans la donation rentrent dans le patrimoine du donateur «libres de toutes charges et hypothèques du chef du donataire» (art. 963). Il n'en est pas de même lorsque la donation a été révoquée pour cause d'ingratitude (art. 958). — Après la résolution de la donation par la survenance d'enfants, le législateur espagnol réserve les droits que les tiers ont pu légitimement acquérir sur les biens donnés (art. 645); en cas de révocation de la donation pour ingratitude, il laisse également subsister les aliénations et les hypothèques antérieures à l'inscription de la demande en révocation sur le registre civil (art. 649). Au contraire, lorsque la donation est révoquée pour inexécution des charges, les aliénations ou hypothèques sont maintenues (art. 647). — Le Code italien décide d'une façon générale que la révocation pour ingratitude ou pour survenance d'enfants ne nuit pas aux tiers qui ont acquis des droits sur les immeubles antérieurement à la transcription de la demande (art. 1088).

Voir art. 1489, 1501, 1502, 1593, § unique.

Art. 1485. — *C. fr.*, art. 962. — *C. esp.*, art. 651. — *C. ital.*, art. 1089. Lorsque la révocation est basée sur le non-accomplissement des conditions imposées au donataire, le Code espagnol oblige ce dernier à rendre, outre les biens, les fruits perçus depuis le jour où les conditions n'ont plus été remplies. (Comp. *C. port.*, art. 1505 et note.)

Voir art. 1489, 1502, 1504, 1505 et 2106.

Art. 1486. Le donateur ne peut renoncer au droit de demander la révocation pour cause de survenance d'enfants.

Art. 1487. Le droit de demander la révocation pour cause de survenance d'enfants n'est transmissible qu'à ces enfants eux-mêmes et à leurs descendants légitimes.

Art. 1488. La donation peut être révoquée pour cause d'ingratitude :

1° Lorsque le donataire a commis un crime contre la personne, les biens ou l'honneur du donateur;

2° Lorsque le donataire a accusé le donateur, devant la justice, d'un crime dont la poursuite appartient au ministère public, à moins que ce crime n'ait été commis contre le donataire lui-même, ou contre sa femme, ou contre les enfants soumis à sa puissance paternelle;

3° Lorsque le donataire refuse au donateur tombé dans l'indigence des secours proportionnés à l'importance de la donation, toutes charges déduites.

Art. 1486. — *C. fr.*, art. 965. — *C. esp.*, art. 646. — *C. ital.*, art. 1084.

Comp. art. 1490.

Art. 1487. — Comp. *C. fr.*, art. 966. — *C. esp.*, art. 646. — *C. ital.*, art. 1090.

D'après le Code français, cette action se prescrit par trente ans à partir du jour de la naissance du dernier enfant du donateur; ce délai a été sagement ramené par les Codes espagnol et italien à cinq années.

Voir art. 1491.

Art. 1488. — *C. fr.*, art. 955. — *C. esp.*, art. 648. — *C. ital.*, art. 1081.

Voir art. 1875-1879.

Art. 1489. Sont applicables à la révocation des donations pour cause d'ingratitude, les dispositions des articles 1483, n° 2, 1484 et 1485.

Art. 1490. On ne peut renoncer par avance à l'action en révocation pour cause d'ingratitude : cette action se prescrit par un an, à compter du fait qui y donne lieu, ou du jour où ce fait a été connu du donateur.

Art. 1491. Cette action ne peut être intentée ni contre les héritiers du donataire ingrat ni par les héritiers du donateur; elle sera cependant transmissible lorsqu'elle se trouvera pendante à la mort du donateur.

Art. 1492. La donation, quel que soit le donataire, peut être révoquée ou réduite pour cause d'inofficiosité, lorsqu'elle porte atteinte aux droits des héritiers réservataires du donateur.

§ 1. Si l'atteinte à la réserve n'égale pas la valeur totale de la donation, celle-ci sera réduite dans la proportion nécessaire pour que ladite réserve soit remplie.

§ 2. Le calcul de la quotité disponible, lorsqu'il s'agit de savoir

---

Art. 1489. — *C. fr.*, art. 958, 959. — *C. esp.*, art. 649, 650. — *C. ital.*, art. 1088.

Voir la note sous l'art. 1484.

Comp. art. 1501, 1502.

Art. 1490, 1491. — *C. fr.*, art. 957. — *C. esp.*, art. 652, 653. — *C. ital.*, art. 1082.

Comp. art. 1486.

Art. 1492. — *C. fr.*, art. 920. — *C. esp.*, art. 636, 654. — *C. ital.*, art. 1091.

Art. 1492, § 2. — *C. fr.*, art. 922 et suiv. — *C. esp.*, art. 820, 821. — *C. ital.*, art. 821 et suiv., 1093 et suiv.

si la donation est inofficieuse ou non, se fera suivant le mode déterminé au titre des successions.

Art. 1493. La réduction des donations inofficieuses se fera en commençant par les donations testamentaires ou legs; elle ne portera sur les donations entre vifs qu'après épuisement de la valeur des biens légués.

Art. 1494. S'il n'y a lieu qu'à réduction partielle des legs, cette réduction sera faite au marc le franc sur tous les legs, à moins que le testateur n'ait expressément déclaré qu'il entendait que tel legs fût réduit de préférence ou que tel autre fût exempt de la réduction.

Art. 1495. S'il y a lieu de réduire les donations entre vifs, cette réduction sera faite en commençant par tout ou partie de la dernière donation, et ainsi de suite, en remontant des plus récentes aux plus anciennes.

Art. 1496. Les donations faites par le même acte ou à la même date seront réduites au marc le franc.

Art. 1497. Lorsque la donation a pour objet des biens meubles, la réduction se fera d'après leur valeur à l'époque de la donation.

Art. 1493. — *C. fr.*, art. 923, 925. — *C. esp.*, art. 820. — *C. ital.*, art. 823, 1093.

Art. 1494. — *C. fr.*, art. 926, 927. — *C. esp.*, art. 820, 2°. — *C. ital.*, art. 824, 825.

Voir art. 1789.

Art. 1495. — *C. fr.*, art. 923. — *C. esp.*, art. 656. — *C. ital.* art. 1093.

Voir art. 2111.

§ unique. La perte ou la détérioration des biens meubles, lorsqu'elle sera arrivée par cas fortuit ou force majeure, ne sera pas au compte du donataire.

Art. 1498. Lorsque les biens donnés sont des immeubles, la réduction s'opérera en nature.

§ 1. La disposition du paragraphe unique de l'article précédent est applicable aux donations de cette espèce.

§ 2. Les immeubles s'estiment d'après leur valeur, à l'époque où il y a lieu à réduction, en ne comprenant, dans l'estimation, ni l'augmentation de valeur due aux améliorations faites par le donataire ni, d'autre part, la diminution de valeur résultant des détériorations imputables au donataire.

Art. 1499. Lorsqu'un immeuble ne peut être divisé commodément et sans perte, on suivra les règles ci-après :

§ 1. Si la réduction porte sur plus de moitié de la valeur de l'immeuble, le donataire recevra en argent le reste de cette valeur.

§ 2. Si la réduction ne porte pas sur plus de moitié, le donataire payera en argent la valeur de la réduction.

Art. 1500. Toutefois, lorsque le donataire est en même temps héritier, il ne pourra retenir l'immeuble donné que si la valeur de cet immeuble n'excède pas celle de sa réserve héréditaire ajoutée à celle de la donation réduite; dans le cas contraire, il rapportera l'immeuble à la masse et recevra la valeur de sa réserve et de la

---

Art. 1499. — Comp. *C. esp.*, art. 821. — *C. ital.*, art. 826.

Art. 1500. — Comp. *C. fr.*, art. 924.

Voir art. 2111.

donation réduite, conformément aux règles générales sur les partages.

Art. 1501. Les dispositions des articles 1483, n° 2, et 1484 sont applicables à la révocation et à la réduction des donations inofficieuses.

Art. 1502. Si les immeubles ne sont plus, à l'époque de la révocation ou de la réduction, au pouvoir du donataire, celui-ci devra leur valeur à l'époque de la donation.

Art. 1503. Cette action se prescrit par deux ans à compter du jour où l'héritier réservataire a accepté la succession.

Art. 1504. Si la donation a pour objet des meubles et que le donataire soit insolvable, les intéressés ne pourront agir que contre l'acquéreur immédiat de ces meubles et pour leur valeur à l'époque de l'acquisition, lorsque cette acquisition a eu lieu à titre gratuit et que la prescription n'est pas opposable.

Art. 1505. Le donataire, soumis à la révocation ou à la ré-

Art. 1501, 1502. — *Contra*: *C. fr.*, art. 929, 930. — *C. ital.*, art. 1095, 1096. — Comp. *C. esp.*, art. 654.

Voir la note sous l'art. 1484.

Comp. art. 1484, 1489.

Art. 1502. — Comp. *C. esp.*, art. 645, § 3, art. 650.

Art. 1505. — Comp. *C. fr.*, art. 928. — *C. esp.*, art. 651. — *C. ital.*, art. 1094.

Les Codes français et italien adoptent une autre distinction. Le donataire doit restituer les fruits de ce qui excède la quotité disponible, à compter du jour du décès du donateur, si la demande en réduction a été faite dans l'année; sinon, du jour de la demande. Le Code espagnol ne fait jamais

duction pour cause d'inofficiosité, ne doit les fruits et revenus qu'à compter du jour de la demande en justice, à moins qu'il ne soit en même temps héritier, auquel cas il les doit à compter de la mort du donateur.

CHAPITRE VI.

DU PRÊT.

SECTION PREMIÈRE.

DISPOSITIONS GÉNÉRALES.

Art. 1506. Le prêt est le contrat par lequel l'une des parties livre gratuitement à l'autre quelque chose pour s'en servir, à la charge de rendre soit la même chose en nature, soit une chose équivalente.

Art. 1507. Le prêt se nomme commodat (*commodato*), lorsque la chose prêtée doit être rendue en nature, et prêt de consommation (*mutuo*), lorsque l'objet du prêt doit être restitué en choses de même espèce, qualité et quantité.

---

rendre les fruits qu'à partir de l'introduction de la demande (art. 651), sauf lorsque la révocation est basée sur le non-accomplissement des conditions. (Comp. *C. port.*, art. 1485 et note.)

Voir art. 2106.

Titre II, chapitre VI. — *C. fr.*, l. III, tit. x. — *C. esp.*, l. IV, tit. x. — *C. ital.*, l. III, tit. xvii. — *C. autr.*, 2e partie, 2e sect., chap. xx et xxi. — *C. holl.*, l. III, tit. xiii et xiv. — *C. féd. des Obligations*, tit. ix et x. — *Projet allemand*, l. II, sect. vii, tit. v.

Art. 1506. — *C. esp.*, art. 1740.

Art. 1507. — *C. fr.*, art. 1874, 1875, 1892. — *C. esp.*, art. 1740. — *C. ital.*, art. 1805, 1819.

Comp. art. 1510, 1523 et 1524.

ART. 1508. Le prêt est essentiellement gratuit. Lorsqu'une rétribution est stipulée, le commodat prend le caractère du louage, et le prêt de consommation le caractère du prêt à intérêt.

ART. 1509. Les droits et les obligations qui résultent du prêt passent aux héritiers et ayants cause du prêteur, comme à ceux de l'emprunteur.

SECTION II.

DU COMMODAT.

ART. 1510. Le commodataire est tenu de rendre la chose prêtée au terme convenu.

ART. 1511. Si l'époque de la restitution n'a pas été convenue, le prêt est censé fait pour le temps indispensable à l'usage de la chose, tel qu'il a été concédé.

ART. 1512. Si l'usage concédé n'a pas été déterminé, le prêteur pourra reprendre la chose quand bon lui semble.

§ UNIQUE. S'il s'élève un doute à cet égard, il sera résolu par la déclaration du prêteur.

Art. 1508. — *C. fr.*, art. 1876, 1905. — *C. esp.*, art. 1740. — *C. ital.*, art. 1806, 1829.

Voir art. 1633 et 1636.

Au contraire, le prêt commercial est toujours rétribué (*C. comm. port.*, art. 395).

Art. 1509. — *C. fr.*, art. 1879. — *C. esp.*, art. 1742. — *C. ital.*, art. 1807.

Art. 1510, 1511. — *C. fr.*, art. 1888. — *C. esp.*, art. 1749. — *C. ital.*, art. 1815.

Voir art. 1525 et suiv.

Art. 1512. — *C. esp.*, art. 1750.

Comp. art. 1528.

Art. 1513. Le prêteur pourra retirer la chose prêtée même avant le terme convenu, s'il lui survient un besoin urgent de cette chose ou si l'emprunteur vient à mourir.

Art. 1514. Le commodataire doit veiller à la conservation de la chose prêtée comme à celle de sa propre chose.

Art. 1515. Le commodataire est en outre soumis, relativement à la chose prêtée, aux obligations dont l'article 1451 charge le dépositaire relativement au dépôt.

Art. 1516. Si la chose périt ou se détériore par l'usage auquel elle est destinée, ou par cas fortuit ou force majeure, sans qu'elle ait été employée à un autre usage que celui pour lequel elle a été empruntée, toute la perte sera pour le propriétaire, à moins de convention contraire.

§ unique. Néanmoins, lorsqu'en cas d'événement imprévu ou de force majeure, l'emprunteur, pouvant sauver la chose prêtée, ne le fait pas ou la laisse périr pour sauver de préférence sa propre chose, il est tenu de toute la perte.

Art. 1517. Si le cas fortuit ou la force majeure est de telle

---

Art. 1513. — *C. fr.*, art. 1879, § 2, art. 1889. — *C. esp.*, art. 1749. — *C. ital.*, art. 1807, § 2, art. 1816.

Art. 1514. — *C. fr.*, art. 1880. — *C. esp.*, art. 1743. — *C. ital.*, art. 1808.

Voir art. 1516 et 1517.

Art. 1516. — *C. fr.*, art. 1884. — *C. esp.*, art. 1746. — *C. ital.*, art. 1812.

Art. 1516, § unique. — *C. fr.*, art. 1882. — *C. ital.*, art. 1810.

Art. 1517, 1518. — Comp. *C. fr.*, art. 1881. — *C. esp.*, art. 1744. — *C. ital.*, art. 1809.

nature qu'il soit évident que rien de pareil ne se serait produit si la chose était restée en la possession de son propriétaire, l'emprunteur sera tenu pour moitié de la perte ou détérioration.

Art. 1518. Le commodataire répond de la perte et de la détérioration de la chose prêtée, dès qu'il est constitué en demeure.

Art. 1519. Le commodataire est tenu des dépenses nécessaires à la conservation de la chose prêtée, suivant sa nature.

Art. 1520. Lorsqu'il y a deux ou plusieurs commodataires, ils seront tenus solidairement des mêmes obligations.

Art. 1521. Le prêteur est tenu :

1° De rembourser au commodataire les dépenses extraordinaires et inévitables qu'il a faites dans l'intérêt de la chose prêtée; mais le commodataire n'a pas pour cela le droit de rétention;

2° De réparer le préjudice éprouvé par le commodataire par suite des défauts cachés de la chose prêtée, lorsque, connaissant ces défauts, il ne l'en a pas averti.

Art. 1522. Les actions résultant des pertes et détériorations de

---

Art. 1519. — *C. fr.*, art. 1886. — *C. esp.*, art. 1743. — *C. ital.*, art. 1813.

Art. 1520. — *C. fr.*, art. 1887. — *C. esp.*, art. 1748. — *C. ital.*, art. 1814.

Art. 1521, 1°. — *C. fr.*, art. 1885, 1890. — *C. esp.*, art. 1751. — *C. ital.*, art. 1817.

Art. 1521, 2°. — *C. fr.*, art. 1891. — *C. esp.*, art. 1752. — *C. ital.*, art. 1818.

Comp. art. 1416, 1418, 1532.

la chose prêtée, ou des dépenses qui s'y rapportent, se prescrivent par un mois à compter de la restitution de cette chose.

SECTION III.

DU PRÊT DE CONSOMMATION (*MUTUO*).

Art. 1523. L'emprunteur (*mutuario*) devient propriétaire de la chose prêtée; il en supportera tous les risques, dès qu'elle lui sera remise.

Art. 1524. L'emprunteur est tenu de rendre les choses prêtées en choses équivalentes comme nombre, quantité et qualité, dans le délai convenu.

Art. 1525. Si l'époque de la restitution n'a point été convenue, on suivra la règle ci-après.

Art. 1526. Le prêt de céréales ou de tous autres produits agricoles, fait à un cultivateur, sera censé fait pour le temps à courir jusqu'à la prochaine récolte des fruits ou produits de même espèce.

§ unique. Il en est de même lorsque l'emprunteur, bien qu'il ne soit pas cultivateur, récolte sur sa propriété des fruits de même espèce.

Art. 1527. Le prêt d'argent ne sera jamais présumé fait pour moins de trente jours.

Art. 1528. La durée du prêt de toute autre chose sera déterminée par la déclaration du prêteur.

Art. 1523. — *C. fr.*, art. 1893. — *C. esp.*, art. 1753. — *C. ital.*, art. 1820.

Art. 1524. — *C. fr.*, art. 1902. — *C. esp.*, art. 1753, 1754. — *C. ital.*, art. 1828.

Art. 1528. — Comp. art. 1512, § unique.

Art. 1529. La chose prêtée doit être rendue au lieu convenu; si ce lieu n'a pas été fixé, la restitution sera faite, pour les objets déterminés quant au genre, dans le lieu où ils ont été reçus par l'emprunteur, et pour l'argent, au domicile du prêteur.

Art. 1530. Le prêteur qui se trouve dans l'impossibilité de restituer en nature, se libérera en rendant la valeur de la chose prêtée à l'échéance et dans le lieu où le prêt a été fait.

Art. 1531. La restitution des sommes prêtées en monnaie métallique sera régie par les dispositions des articles 724 et suivants.

Art. 1532. Le prêteur est responsable du préjudice éprouvé par l'emprunteur dans les termes de l'article 1521, n° 2.

Art. 1533. L'emprunteur doit les intérêts du jour où il est constitué en demeure.

Art. 1534. Le prêt de toute somme supérieure à 200,000 *reis* (1,120 francs) ne peut être prouvé que par écrit signé de l'emprunteur lui-même ou certifié authentique; le prêt de toute somme supérieure à 400,000 *reis* (2,240 francs) ne peut être prouvé que par acte public.

§ unique. La preuve de la libération de l'emprunteur est soumise aux règles ci-dessus établies pour la preuve du prêt de consommation.

Art. 1530. — *C. fr.*, art. 1903. — *C. ital.*, art. 1828. Voir art. 2209.

Art. 1531. — Comp. *C. esp.*, art. 1170, 1754.

Art. 1533. — *C. fr.*, art. 1904.

Art. 1534. — L'art. 1643 rend ces dispositions applicables à la preuve du prêt à intérêt.

SECTION IV.

DU PRÊT FAIT AUX FILS DE FAMILLE.

Art. 1535. Le prêt fait à un mineur sans autorisation régulière ne donne lieu à aucune action, ni contre l'emprunteur, ni contre sa caution, s'il en existe une.

§ unique. Mais si le mineur a payé tout ou partie de la chose réclamée, il ne pourra se faire restituer contre ce payement.

Art. 1536. L'article 1535 ci-dessus ne recevra point d'application :

1° Lorsque l'emprunt a été ratifié par ceux dont l'autorisation était nécessaire pour sa validité, ou par l'emprunteur devenu majeur ou émancipé;

2° Lorsque le mineur a la libre administration de biens suffisants pour garantir la restitution des choses empruntées : l'emprunt est alors valable jusqu'à concurrence desdits biens;

3° Lorsque le mineur, se trouvant éloigné des personnes qui ont qualité pour l'autoriser, est contraint d'emprunter pour sa subsistance.

CHAPITRE VII.

DES CONTRATS ALÉATOIRES.

Art. 1537. Le contrat aléatoire est celui par lequel l'une des

---

Art. 1535. — Comp. *C. fr.*, art. 1124, 1312. — *C. esp.*, art. 1263. — *C. ital.*, art. 1303, 1307.

Art. 1536. — Comp. *C. fr.*, art. 1311, 1338. — *C. esp.*, art. 1311-1313. — *C. ital.*, art. 1309.

Titre II, chapitre VII. — *C. fr.*, l. III, tit. xii. — *C. esp.*, l. IV. tit. xii. — *C. ital.*, l. III, tit. xv. — *C. autr.*, 2e partie, 2e sect., chap. xxix. — *C. holl.*, l. III, tit. xvi. — *C. féd. des Obligations*, tit. xxi. — *C. Gri-*

parties s'oblige envers l'autre, ou les deux parties réciproquement s'obligent l'une envers l'autre, à donner ou à faire quelque chose sous la condition d'un fait ou d'un événement futur et incertain.

Art. 1538. Lorsque la dette de l'une des parties est dans tous les cas certaine et déterminée, et que la dette corrélative de l'autre partie dépend d'un événement incertain, le contrat aléatoire est dit contrat de risque ou d'assurance.

Art. 1539. Lorsque l'obligation de donner ou de faire est commune aux deux parties, mais doit nécessairement retomber sur l'une d'elles, selon l'alternative de l'événement, le contrat aléatoire s'appelle jeu ou pari (*aposta*).

Art. 1540. Le contrat de risque ou d'assurance, lorsqu'il ne s'applique pas à des affaires commerciales, sera soumis aux règles générales établies pour les contrats par le présent Code.

---

sons, 3e partie, 6. — *C. Zurich*, l. III, sect. VII. — *Projet allemand*, l. II, sect. VII, tit. XVII.

Art. 1537. — *C. fr.*, art. 1964. — *C. esp.*, art. 1790. — *C. ital.*, art. 1778 et suiv.

Art. 1538. — *C. esp.*, art. 1791.

Art. 1540. — D'après le Code de commerce de 1833, les contrats d'assurance étaient réputés commerciaux, quelle qu'en fût l'espèce. Le Code civil, au contraire, ne considérait comme commerciaux que les contrats d'assurance concernant des objets commerciaux. Pour remédier aux inconvénients résultant de ce dualisme, le Code de commerce de 1888 s'est préoccupé de fixer la nature juridique du contrat. Toutes les assurances, à l'exception des mutuelles, ont été déclarées commerciales à l'égard de l'assureur, quelle qu'en fût la nature; à l'égard des autres parties, seulement lorsqu'elles se réfèrent à un acte commercial. La matière des assurances fait l'objet du titre XV du livre II (art. 425-462) du nouveau Code. L'assurance contre les risques de mer est traitée au livre III, titre II (art. 595-615). Le contrat à la grosse (*contrato de risco*) est réglé par les art. 626 à 633 du Code de commerce.

IMPRIMERIE NATIONALE.

Art. 1541. Le contrat de jeu n'est point admis comme moyen d'acquérir.

Art. 1542. Il n'y a point d'action en justice pour une dette de jeu, lors même que le contrat serait déguisé sous les apparences d'un autre contrat ou d'une novation. Mais le perdant ne pourra répéter ce qu'il a payé, si ce n'est :

1° Dans le cas de dol ou de fraude du gagnant, ou lorsqu'il se produit quelqu'une des circonstances qui, selon le droit commun, empêchent tout contrat de produire effet;

2° Lorsque la chose ou la somme payée a été perdue au jeu de hasard.

§ 1. On appelle jeu de hasard celui dans lequel la perte ou le gain dépend uniquement du sort et non des combinaisons du calcul ou de l'habiteté du joueur.

§ 2. La loi n'accorde pas non plus d'action pour le payement des sommes prêtées pour un jeu de hasard, au cours de ce jeu.

Art. 1543. Les dispositions des articles qui précèdent sont applicables au pari.

Art. 1542. — *C. fr.*, art. 1965-1967. — *C. esp.*, art. 1798-1801. — *C. ital.*, art. 1802-1804.

D'après les art. 265 et 266 du Code pénal, quiconque est trouvé jouant à un jeu «de fortune ou de hasard» est puni, la première fois, de réprimande, et, en cas de récidive, d'une amende proportionnelle à son revenu, de quinze jours à un mois; celui qui joue un semblable jeu avec un mineur ou qui excite un mineur à jouer, encourt six mois de prison et un mois d'amende.

Est prohibée toute loterie non autorisée par la loi (art. 270-272).

Art. 1543. — *C. fr.*, art. 1965. — *C. esp.*, art. 1799, 1801. — *C. ital.*, art. 1802.

CHAPITRE VIII.

DU CONTRAT D'ACHAT ET VENTE.

SECTION PREMIÈRE.

DE L'ACHAT ET VENTE EN GÉNÉRAL.

Art. 1544. Le contrat d'achat et vente est celui par lequel l'une des parties s'oblige à livrer telle chose et l'autre à payer pour cette chose tel prix en argent.

Art. 1545. Lorsque le prix consiste pour partie en argent et pour partie en autre chose, le contrat sera qualifié de vente si la partie qui consiste en argent est la plus forte, et d'échange si cette partie est la plus faible.

§ unique. Lorsque les deux parties du prix sont égales, la présomption sera qu'il y a vente.

Art. 1546. Les parties peuvent convenir que le prix de la chose

---

Titre II, chapitre VIII. — *C. fr.*, l. III, tit. vi. — *C. esp.*, l. IV, tit. iv. — *C. ital.*, l. III, tit. vi. — *C. autr.*, 2e partie, 2e sect., chap. xxiv. — *C. holl.*, l. III, tit. v. — *C. féd. des Obligations*, tit. vii. — *C. Grisons*, 3e partie, 4, i. — *C. Zurich*, l. III, sect. iv. — *Projet allemand*, l. II, sect. vii, tit. i.

Art. 1544. — *C. fr.*, art. 1582. — *C. esp.*, art. 1445. — *C. ital.*, art. 1447.

Pour les achats et ventes commerciaux, voir *C. com.*, art. 463-476.

Art. 1545. — *C. esp.*, art. 1446.

Le Code espagnol prescrit de qualifier le contrat d'après l'intention manifestée par les parties contractantes. Ce n'est que lorsque cette intention est incertaine, qu'on a recours à la présomption posée au texte.

Comp. art. 1592-1594.

Art. 1546. — *C. esp.*, art. 1448. — *C. ital.*, art. 1454 *in fine*.

sera celui qu'elle vaudra tel jour, ou sur tel marché, ou en tel endroit.

Art. 1547. Les parties peuvent également convenir que la chose vendue sera spécifiée par un choix, et que ce choix sera fait par l'une d'elles ou par un tiers.

§ unique. Lorsque le choix de la chose doit être fait par un tiers et que celui-ci ne peut ou ne veut le faire, le contrat sera sans effet, si les parties n'ont pas fait de stipulation contraire.

Art. 1548. La promesse réciproque de vendre et d'acheter, lorsqu'elle est accompagnée de la fixation d'un prix et de la spécification de la chose, produit simplement une obligation de faire, laquelle sera régie par les règles générales sur les contrats; avec cette différence toutefois que, si des arrhes ont été données, la perte de ces arrhes ou leur restitution au double formeront l'indemnité due à l'ayant droit pour le préjudice causé.

Art. 1549. La chose vendue appartient à l'acheteur dès la passation du contrat; d'autre part, le vendeur a, dès lors, le droit de réclamer son prix; mais, à l'égard des tiers, la vente de biens immeubles n'aura d'effet que lorsqu'elle sera inscrite conformément aux règles énoncées dans le titre des inscriptions.

Art. 1547. — Comp. *C. fr.*, art. 1584, § 2, art. 1592. — *C. ital.*, art. 1449, § 2, art. 1454.

Voir *C. comm. port.*, art. 466.

Art. 1548. — Comp. *C. fr.*, art. 1589, 1590. — *C. esp.*, art. 1451, 1454.

Art. 1549. — *C. fr.*, art. 1583, et *L. fr.* 23 *mars* 1855, art. 1. — *C. esp.*, art. 1450. — *C. ital.*, art. 1448.

ART. 1550. Les dispositions des articles 714 et suivants seront applicables aux risques en matière de vente.

ART. 1551. Les ventes à l'essai, celles de choses qu'il est d'usage de goûter, peser, mesurer ou essayer avant la réception, sont considérées comme contractées sous condition suspensive.

ART. 1552. Les frais d'acte et d'inscription, s'il y a lieu, sont à la charge de l'acheteur, à défaut de convention contraire.

SECTION II.

DE L'OBJET DE LA VENTE.

ART. 1553. Tout ce qui est dans le commerce peut être acheté et vendu, si la loi ou les règlements administratifs ne s'y opposent.

ART. 1554. Ne peuvent être vendus que dans les cas prévus et dans les formes prescrites par la loi :

1° Les biens des mineurs et des interdits, et tous autres biens administrés par autrui;

2° Les biens dotaux;

3° Les biens de l'État, des communes ou des paroisses et ceux de tous établissements publics;

4° Les biens saisis.

Art. 1551. — *C. fr.*, art. 1587, 1588. — *C. esp.*, art. 1453. — *C. ital.*, art. 1452, 1453.

Voir art. 1576, 1577 et *C. comm. port.*, art. 469-471.

Art. 1552. — *C. fr.*, art. 1593. — *C. esp.*, art. 1455. — *C. ital.*, art. 1455.

Art. 1553. — *C. fr.*, art. 1598.

Art. 1555. Nul ne peut vendre que la chose dont il est propriétaire ou sur laquelle il a droit; la vente de la chose d'autrui sera nulle et rendra le vendeur responsable des dommages-intérêts, lorsqu'il aura agi par dol ou de mauvaise foi.

§ unique. Le contrat deviendra néanmoins rétroactivement valable, et le vendeur sera déchargé de la responsabilité pénale encourue par lui, lorsque, avant l'éviction ou la poursuite criminelle (*accusação*), il acquerra légitimement la propriété de la chose vendue.

Art. 1556. On ne peut vendre, ni son droit à la succession d'une personne vivante, même avec le consentement de cette personne, ni la créance d'aliments résultant d'un droit de famille.

Art. 1557. La vente d'un objet ou d'un droit litigieux n'est pas interdite; mais le vendeur qui n'a pas déclaré l'existence du litige sera tenu des dommages-intérêts en cas d'éviction, ou s'il est établi par le procès qu'il n'avait pas le droit vendu.

Art. 1558. La vente d'une chose qui a cessé d'exister ou qui ne peut exister est nulle, et le vendeur sera responsable des dommages-intérêts, s'il y a eu dol ou mauvaise foi de sa part.

§ unique. Toutefois, si la chose vendue n'a péri qu'en partie,

---

Art. 1555. — *C. fr.*, art. 1599. — *C. ital.*, art. 1459.
Comp. art. 1579.

Art. 1556. — *C. fr.*, art. 1600. — *C. ital.*, art. 1460.
Voir *C. comm. port.*, art. 467.

Art. 1557. — Comp. *C. fr.*, art. 1699, 1700. — *C. esp.*, art. 1459, 5°. art. 1535. — *C. ital.*, art. 1546.
Voir *C. comm. port.*, art. 467.

Art. 1558. — *C. fr.*, art. 1601. — *C. esp.*, art. 1460. — *C. ital.*, art. 1461.

l'acheteur aura le choix d'abandonner la vente ou d'accepter la partie conservée, en faisant réduire proportionnellement le prix.

SECTION III.

DES PERSONNES QUI PEUVENT ACHETER ET DE CELLES QUI PEUVENT VENDRE.

Art. 1559. Peuvent vendre, tous ceux que la loi n'empêche pas de disposer de leurs biens à raison, soit de leur état, soit de la nature de leurs biens.

Art. 1560. Peuvent acheter tous ceux qui sont capables de contracter, sauf les exceptions ci-après établies.

Art. 1561. Ne peuvent acheter des biens immeubles les associations ou corporations perpétuelles, si ce n'est dans les cas où la loi le leur permet et dans les formes qu'elle leur impose.

Art. 1562. Ne peuvent se rendre acheteurs, ni directement, ni par personnes interposées :

1° Les mandataires ou procureurs, et les établissements pour les biens qu'ils sont chargés de vendre ou d'administrer;

2° Les tuteurs et les protuteurs pour les biens de leurs pupilles, durant la tutelle ou la protutelle;

3° Les exécuteurs testamentaires pour les biens de la succession, durant leurs fonctions;

Art. 1559. — *C. fr.*, art. 1594. — *C. esp.*, art. 1457. — *C. ital.*, art. 1456.

Art. 1560. — *C. fr.*, art. 1594. — *C. esp.*, art. 1457. — *C. ital.*, art. 1456.

Art. 1562. — *C. fr.*, art. 1596. — *C. esp.*, art. 1459. — *C. ital.*, art. 1457.

Voir art. 1669, 2°.

4° Les fonctionnaires publics pour les biens dans la vente desquels ils interviennent en leur qualité, qu'il s'agisse de biens nationaux, communaux ou paroissiaux, de biens de mineurs ou d'interdits ou de tous autres.

Art. 1563. Ne peuvent acheter un bien litigieux ceux qui ne peuvent en devenir cessionnaires, aux termes du paragraphe unique de l'article 785, à moins qu'il ne s'agisse de droits héréditaires et que les acheteurs ne soient des cohéritiers, ou que les acheteurs ne possèdent des biens hypothéqués pour la garantie du droit litigieux qu'ils acquièrent.

Art. 1564. Le contrat de vente ne peut avoir lieu entre les époux que s'ils sont judiciairement séparés de corps et de biens.

§ unique. Ne sera pas toutefois considérée comme vente interdite entre époux, la cession ou dation en payement que fait l'époux débiteur à son conjoint, pour une dette légitime.

Art. 1565. Les père et mère ne peuvent vendre à leurs enfants, ni les ascendants à leurs descendants, sans le consentement des autres enfants ou descendants.

§ unique. Si l'un des enfants ou descendants refuse son consentement, il pourra être suppléé à ce refus par délibération d'un conseil de famille convoqué à cet effet.

Art. 1566. Le copropriétaire d'une chose indivisible ne peut

Art. 1563. — *C. fr.*, art. 1597. — *C. esp.*, art. 1459, 5°. — *C. ital.*, art. 1458.

Art. 1564. — *C. fr.*, art. 1595. — *C. esp.*, art. 1458.

Art. 1566. — Comp. art. 1598, 1669, 1678-1683, 1703-1708, 2176, 2177, 2191 et 2195.

en vendre sa part à un étranger, si son copropriétaire veut l'acheter aux mêmes conditions. Le copropriétaire qui n'a pas été averti de la vente peut, en déposant le prix, acquérir la part vendue à un étranger, pourvu qu'il le demande dans le délai de six mois.

§ UNIQUE. S'il y a plusieurs copropriétaires, celui qui a la plus forte part exercera le retrait par préférence aux autres. S'ils ont des parts égales, tous les copropriétaires, ou ceux qui le demanderont, auront droit à la part vendue, moyennant dépôt préalable du prix.

ART. 1567. La vente faite directement ou par personnes interposées, en contravention aux dispositions des articles qui précèdent, sera nulle et de nul effet.

§ UNIQUE. La vente est réputée faite par personne interposée :

1° Lorsque l'acheteur est l'époux de l'incapable ou une personne dont l'incapable est l'héritier présomptif;

2° Lorsqu'une tiers a acheté par suite d'un accord avec l'incapable, en vue de transmettre à celui-ci la chose achetée.

SECTION IV.

DES OBLIGATIONS DU VENDEUR.

ART. 1568. Le vendeur est tenu :

1° De délivrer à l'acheteur la chose vendue;

2° De garantir les qualités de la chose;

3° De garantir l'acheteur contre l'éviction.

Art. 1567. — Voir art. 1599.

Art. 1568. — *C. fr.*, art. 1603. — *C. esp.*, art. 1461. — *C. ital.*, art. 1462.

SOUS-SECTION PREMIÈRE.

DE LA DÉLIVRANCE DE LA CHOSE VENDUE.

Art. 1569. La délivrance des objets mobiliers s'opère par la tradition faite à l'acheteur, ou par la mise des objets en la puissance et possession de l'acheteur.

Art. 1570. Les frais de la délivrance seront à la charge du vendeur, s'il n'y a convention contraire.

Art. 1571. La délivrance des choses immobilières et des droits incorporels est réputée faite dès que le vendeur a remis les titres à l'acheteur et lui a abandonné la jouissance de la chose ou du droit, à moins qu'il n'y ait convention contraire.

Art. 1572. Si le vendeur, par son fait, manque à faire la délivrance dans le temps et le lieu convenus, l'acheteur pourra, à son choix, demander sa mise en possession avec dommages-intérêts ou la rescision de la vente.

Art. 1573. Lorsqu'un délai a été stipulé pour le payement du prix, le vendeur, si ce prix n'est pas payé à l'échéance, pourra exiger en outre les intérêts du retard; mais il ne pourra demander la résolution de la vente.

Art. 1569. — *C. fr.*, art. 1606. — *C. esp.*, art. 1463. — *C. ital.*, art. 1465.

Art. 1570. — *C. fr.*, art. 1608. — *C. esp.*, art. 1465. — *C. ital.*, art. 1467.

Art. 1571. — *C. fr.*, art. 1605, 1607. — *C. esp.*, art. 1462, 1464. — *C. ital.*, art. 1464, 1466.

Art. 1572. — *C. fr.*, art. 1610, 1611.

Art. 1574. Le vendeur n'est pas tenu de délivrer la chose, tant que le prix ne lui a pas été payé, s'il n'y a convention contraire.

Art. 1575. Le vendeur doit délivrer la chose dans l'état où elle se trouvait au moment de la vente, ainsi que tous les fruits, revenus et accessoires, et les titres, s'il n'y a convention contraire.

Art. 1576. Quand la vente a été faite au nombre, au poids ou à la mesure, l'acheteur pourra en demander la résiliation, s'il y a dans la livraison un déficit considérable ou un excédent qui ne puisse être retranché sans détérioration de la chose; mais si l'acheteur veut maintenir le contrat, il pourra faire réduire le prix proportionnellement au déficit ou augmenter ce prix proportionnellement à l'excédent.

Art. 1577. Lorsque le contrat est résilié en vertu de l'article précédent, le vendeur sera tenu de restituer le prix, s'il l'a reçu, et de rembourser à l'acheteur tous les frais résultant du contrat.

Art. 1578. Lorsque le même vendeur a vendu la même chose à des personnes différentes, les règles suivantes doivent être ob-

---

Art. 1574. — *C. fr.*, art. 1612. — *C. esp.*, art. 1466. — *C. ital.*, art. 1469.

Voir art. 1583, § 2, et 1585.

Art. 1575. — *C. fr.*, art. 1614, 1615. — *C. esp.*, art. 1468, 1469. — *C. ital.*, art. 1470, 1471.

Art. 1576. — *C. fr.*, art. 1617, 1620. — *C. esp.*, art. 1469, 1470. — *C. ital.*, art. 1473, 1474, 1476.

Art. 1577. — *C. fr.*, art. 1621. — *C. ital.*, art. 1477.

Art. 1578. — *C. fr.*, art. 1141. — *C. esp.*, art. 1473.

servées. Si la chose vendue est mobilière, la vente la plus ancienne sera maintenue; s'il est impossible de reconnaître quelle est la vente la plus ancienne, l'acheteur qui se trouve en possession de la chose sera préféré.

Art. 1579. Dans tous les cas prévus par l'article précédent, le vendeur sera tenu de restituer le prix indûment reçu et de payer les dommages-intérêts, sans préjudice de la responsabilité pénale qu'il peut avoir encourue.

Art. 1580. Lorsque la chose vendue est un immeuble, la vente inscrite la première sera maintenue; si aucune des ventes n'est inscrite, la disposition de l'article 1578 sera appliquée.

SOUS-SECTION II.

DE LA GARANTIE EN CAS D'ÉVICTION.

Art. 1581. Le vendeur est tenu d'assurer à l'acheteur la propriété et la possession paisible de la chose et de la garantir en cas d'éviction, selon ce qui est ordonné par les articles 1046 et suivants.

Art. 1582. La vente ne pourra être résiliée sous prétexte de lé-

---

Art. 1579. — L'art. 450, 2°, *C. pén.*, déclare coupable du délit de *burla* et punit de l'emprisonnement correctionnel pendant 6 mois, avec amende en cas de circonstance aggravante, et de 2 ans de suspension des droits politiques celui qui vend la même chose à deux acheteurs différents.

Art. 1580. — *Sic : C. esp.*, art. 1473. — Comp. *L. fr.* 23 *mars* 1855, art. 1.

Art. 1581. — *C. fr.*, art. 1625-1640. — *C. esp.*, art. 1474-1483. — *C. ital.*, art. 1481-1497.

Art. 1582. — Comp. *C. fr.*, art. 1641-1649, 1674-1685. — *C. esp.*, art. 1484-1499. — *C. ital.*, art. 1498-1506, 1529-1537.

sion, ou à raison de vices dits «rédhibitoires», que si cette lésion ou ces vices supposent l'existence d'une erreur qui rende le consentement nul, aux termes des articles 656 à 668 et 687 à 701, ou si le contraire a été expressément convenu.

SECTION V.

DES OBLIGATIONS DE L'ACHETEUR.

Art. 1583. L'acheteur est tenu de remplir tous les engagements convenus et spécialement de payer le prix de la chose à l'époque, au lieu et de la manière réglés par le contrat.

§ 1. Si l'époque et le lieu du payement ne sont pas réglés par la vente, l'acheteur doit payer au lieu et à l'époque de la délivrance.

§ 2. En cas de doute sur le point de savoir si la délivrance de la chose doit précéder le payement du prix, ou *vice versa*, la chose et le prix doivent être mis en dépôt entre les mains d'un tiers.

Art. 1584. Lorsque l'acheteur, ayant un délai pour payer son prix, est troublé ou a juste sujet de craindre d'être troublé dans son droit ou dans sa possession, de telle sorte qu'il ait ou puisse avoir recours contre le vendeur pour cause d'éviction, il peut déposer judiciairement le prix jusqu'à ce que le vendeur ait fait cesser le trouble ou donné caution, à moins qu'il n'y ait convention contraire.

Art. 1583. — *C. fr.*, art. 1650. — *C. esp.*, art. 1500, § 1. — *C. ital.*, art. 1507.

Art. 1583, § **1.** — *C. fr.*, art. 1651. — *C. esp.*, art. 1500, § 2. — *C. ital.*, art. 1508.

Art. 1584. — *C. fr.*, art. 1653. — *C. esp.*, art. 1502. — *C. ital.*, art. 1510.

Art. 1585. Dès que la chose vendue, qu'elle soit mobilière ou immobilière, a été livrée, le vendeur ne peut plus faire résilier le contrat pour défaut de payement du prix.

SECTION VI.

DE LA VENTE À RÉMÉRÉ.

Art. 1586. La vente à réméré est celle par laquelle il est stipulé que le vendeur pourra résilier le contrat et reprendre la chose vendue, moyennant la restitution du prix.

Art. 1587. Le contrat de vente à réméré est prohibé à l'avenir.

Art. 1588. En ce qui concerne les contrats de vente à réméré passés antérieurement à la promulgation du présent Code et dans lesquels le terme du rachat n'aurait point été fixé, ce terme sera de quatre années à compter de ladite promulgation.

Art. 1585. — *Contra : C. fr.*, art. 1654-1657. — *C. esp.*, art. 1503-1505. — *C. ital.*, art. 1511-1513.

Art. 1586. — *C. fr.*, art. 1659. — *C. esp.*, art. 1507. — *C. ital.*, art. 1515.

Art. 1587. — *Contra : C. fr.*, art. 1659 et suiv. — *C. esp.*, art. 1507 et suiv. — *C. ital.*, art. 1515 et suiv.

Voir art. 1701, 1707 et 2196.

Art. 1588. — Comp. *C. fr.*, art. 1660. — *C. esp.*, art. 1508. — *C. ital.*, art. 1516.

Le Code portugais a préféré le terme plus court du Code espagnol au terme de cinq ans adopté par les Codes français et italien.

SECTION VII.

DE LA FORME DE LA VENTE.

Art. 1589. Le contrat de vente de biens meubles n'est soumis à aucune formalité spéciale.

Art. 1590. Le contrat de vente de biens immeubles doit toujours être rédigé par écrit.

§ 1. Si la valeur des immeubles vendus n'excède pas 50,000 *reis* (280 francs) la vente pourra être faite par écrit sous seing privé signé du vendeur ou d'un tiers pour lui, s'il ne sait écrire, et de deux témoins qui doivent écrire leurs noms en entier.

§ 2. Si la valeur de ces immeubles excède 50,000 *reis* (280 francs), la vente ne pourra être faite que par acte public.

Art. 1591. La vente des biens immeubles sera sans effet à l'égard des tiers, tant qu'elle n'aura point été inscrite dans les formes légales.

CHAPITRE IX.

DE L'ÉCHANGE OU TROC.

Art. 1592. L'échange ou troc est le contrat par lequel on donne une chose pour une autre ou des monnaies d'une certaine espèce pour des monnaies d'une autre espèce.

Art. 1591. — *L. fr.* 23 *mars* 1855, art. 1-3. — *C. esp.*, art. 606.

Titre II, chapitre IX. — *C. fr.*, l. III, tit. VII. — *C. esp.*, l. IV, tit. V. — *C. ital.*, l. III, tit. VII. — *C. autr.*, 2e partie, 2e sect., chap. XXIII. — *C. holl.*, l. III, tit. VI. — *C. féd. des Obligations*, tit. VII, chap. V. — *C. Grisons*, 3e partie, 4, II. — *Projet allemand*, l. II, sect. VII, tit. I, IV.

Art. 1592. — *C. fr.*, art. 1702. — *C. esp.*, art. 1538. — *C. ital.*, art. 1549.

§ UNIQUE. Lorsqu'il est donné de l'argent pour autre chose, le contrat est une vente ou un échange suivant les distinctions établies dans les articles 1544 et 1545.

ART. 1593. Le permutant qui est évincé de la chose qu'il a reçue en échange peut répéter celle qu'il a donnée, si elle se trouve encore en la possession de son copermutant, ou en réclamer la valeur.

§ UNIQUE. Si la chose donnée en échange a été grevée par le copermutant de charges inscrites, ces charges subsisteront; mais le permutant qui revendique cette chose devra être, en outre, indemnisé par son copermutant de la dépréciation qu'elle a subie par l'effet desdites charges.

ART. 1594. Les règles du contrat de vente sont applicables à l'échange, sauf en ce qui concerne le prix.

CHAPITRE X.

DU CONTRAT DE LOUAGE.

SECTION PREMIÈRE.

RÈGLES GÉNÉRALES.

ART. 1595. Le louage est le contrat par lequel l'une des par-

---

Art. 1593. — *C. fr.*, art. 1705. — *C. esp.*, art. 1540. — *C. ital.*, art. 1552.

Comp. art. 1484.

Art. 1594. — *C. fr.*, art. 1707. — *C. esp.*, art. 1541. — *C. ital.*, art. 1555.

Comp. *C. comm. port.*, art. 480.

Titre II, chapitre X. — *C. fr.*, l. III, tit. VIII. — *C. esp.*, l. IV, tit. VI. — *C. ital.*, l. III, tit. IX. — *C. autr.*, 2ᵉ partie, 2ᵉ sect., chap. XXV. —

ties transmet à l'autre, pour un certain temps et moyennant un certain prix, l'usage et la jouissance d'une chose déterminée.

Art. 1596. Le louage s'appelle bail à ferme (*arrendamento*) lorsqu'il s'applique aux immeubles, bail à loyer (*aluguer*) lorsqu'il s'applique aux meubles.

Art. 1597. Peuvent donner une chose à bail tous ceux qui peuvent contracter et disposer de l'usage ou de la jouissance de la chose louée.

Art. 1598. Toutefois le copropriétaire d'une chose indivise ne peut la louer sans le consentement de ses copropriétaires ou de ceux qui les représentent, sauf ce qui est ordonné à l'article 2191 relativement au *quinhão*.

Art. 1599. Peuvent prendre une chose à bail tous ceux qui peuvent contracter, sauf les exceptions suivantes :

1° Il est défendu aux magistrats, juges et autres fonctionnaires publics de se rendre, eux-mêmes ou par personnes interposées, locataires de biens, meubles ou immeubles, mis en location par le tribunal ou l'administration où ils exercent leur magistrature, leur juridiction ou leur emploi;

C. holl., l. III, tit. vii. — *C. féd. des Obligations*, tit. viii. — *Projet allemand*, liv. II, sect. vii, tit. iii.

Art. 1595. — *C. fr.*, art. 1709. — *C. esp.*, art. 1543. — *C. ital.*, art. 1569.

Le contrat de louage commercial est régi par les dispositions du Code civil (*C. comm. port.*, art. 482).

Art. 1596. — Comp. *C. fr.*, art. 1711.

Comp. art. 1600, 1603, 1634, 1654, 1656 et 1658.

IMPRIMERIE NATIONALE.

2° Il est défendu à tous membres d'un établissement public de se rendre, par eux-mêmes ou par personnes interposées, locataires de biens, meubles ou immeubles, appartenant à ces établissements.

§ UNIQUE. Sont réputées personnes interposées, celles désignées dans le paragraphe unique de l'article 1567.

ART. 1600. Le louage peut être contracté pour le temps convenu entre les parties, sauf les dispositions des deux articles qui suivent.

ART. 1601. Les administrateurs de biens dotaux et les usufruitiers à vie ou les fidéicommissaires peuvent louer pour le temps qui leur convient; mais le droit du locataire finit en même temps que l'administration, l'usufruit ou le fidéicommis du bailleur.

§ UNIQUE. L'usufruitier pour un temps limité ne peut louer l'immeuble grevé pour un temps excédant la durée de son usufruit; néanmoins la location par lui faite pour un temps plus long ne sera pas nulle pour le tout, mais seulement pour le temps qui excède la durée de son usufruit.

Art. 1600. — Le Code italien (art. 1571) prohibe les baux d'immeubles faits pour une durée excédant trente ans, à l'exception toutefois des maisons d'habitation, qui peuvent être louées pour la vie entière du locataire et même deux ans après, et des terrains incultes, dont la location, faite sous la condition de les défricher et de les mettre en culture, peut durer cent ans.

Art. 1601, 1602. — Comp. *C. fr.*, art. 595, 1429, 1430, 1718. — *C. esp.*, art. 1548. — *C. ital.*, art. 1572.

Les Codes français et italien fixent à neuf années la durée des baux qui peuvent être consentis par les administrateurs; le Code espagnol ramène cette durée à six années.

Comp. art. 2207 et 2224.

Art. 1602. Les dispositions des articles 243, n° 6, 263, 264, 265 et 266 sont applicables à la location des immeubles des mineurs et des interdits.

Art. 1603. Le prix de location ou loyer (*renda*) peut consister en une somme d'argent ou en toute autre chose ayant une valeur pécuniaire, pourvu qu'elle soit certaine et déterminée.

Art. 1604. Les formes à suivre pour la location des immeubles de l'État et des établissements publics sont réglées par la législation administrative.

Art. 1605. Lorsque le contrat ne contient point de clause qui interdise la sous-location, le preneur a le droit de sous-louer à son gré; mais il est toujours responsable envers le propriétaire du payement du loyer et de l'exécution des autres obligations résultant du bail.

SECTION II.

DU LOUAGE DES IMMEUBLES.

SOUS-SECTION PREMIÈRE.

DES DROITS ET OBLIGATIONS DU PROPRIÉTAIRE ET DU LOCATAIRE.

Art. 1606. Le propriétaire est tenu :

1° De délivrer au locataire le fonds loué, avec ses dépendances, et en état de servir à l'usage auquel il est destiné;

Art. 1604. — *C. fr.*, art. 1712.

Art. 1605. — *C. fr.*, art. 1717. — *C. esp.*, art. 1550. — *C. ital.*, art. 1573.

Voir art. 1608, 2°.

Art. 1606. — *C. fr.*, art. 1719-1727. — *C. esp.*, art. 1554, 1558, 1560. — *C. ital.*, art. 1575-1582.

2° D'entretenir en ce même état l'immeuble loué pendant toute la durée du bail;

3° De n'apporter aucun obstacle ni aucun trouble à l'usage de l'immeuble loué, si ce n'est pour cause de réparations urgentes et indispensables; mais, dans ce cas, le locataire pourra se faire indemniser du préjudice que lui cause la privation de l'usage auquel il avait droit;

4° De garantir au locataire l'usage de la chose contre les troubles et embarras que les tiers prétendant un droit sur la chose y apporteraient, mais non contre les troubles et embarras résultant du simple fait des tiers;

5° D'indemniser le locataire du préjudice qu'il éprouverait par suite des défauts ou vices cachés de la chose louée, qui existeraient avant le contrat.

Art. 1607. Néanmoins le propriétaire pourra congédier le locataire avant la fin du bail, dans les cas suivants :

1° Lorsque le locataire ne paye pas son loyer aux termes convenus;

2° Lorsque le locataire use de la chose louée contre la destination qu'elle a par sa nature ou qui lui a été donnée par le bail.

Art. 1608. Le locataire est tenu :

1° De payer le loyer à l'époque et de la manière convenues, ou, à défaut de convention, suivant l'usage du pays;

Art. 1607, 1°. — *C. fr.*, art. 1741. — *C. esp.*, art. 1569, 2°. — *C. ital.*, art. 1595.

Voir art. 1608, 1°.

Art. 1607, 2°. — *C. fr.*, art. 1729, 1766. — *C. esp.*, art. 1569, 4°. — *C. ital.*, art. 1584, 1615.

Voir art. 1608, 3°.

Art. 1608, 1°. — *C. fr.*, art. 1728, 2°. — *C. esp.*, art. 1555, 1°. — *C. ital.*, art. 1583, 2°.

2° D'indemniser le propriétaire des dégradations ou des pertes qui arrivent par sa faute ou sa négligence, ou par celle des personnes de sa maison ou de ses sous-locataires;

3° De n'employer la chose louée qu'à l'usage auquel elle est destinée par sa nature ou en vertu du bail;

4° De donner avis au propriétaire des usurpations ou tentatives d'usurpation des tiers, et de défendre les droits du propriétaire, en se conformant à l'article 1451, 2e partie;

5° A rendre la chose à la fin du bail sans autres détériorations que celles résultant de l'usage auquel elle est destinée.

Art. 1609. Le locataire n'est pas tenu de payer les charges afférentes à l'immeuble, si ce n'est dans les cas où la loi le prescrit formellement; et même dans ce cas il ne les payera qu'à compte sur le loyer, s'il n'y a convention contraire.

Art. 1610. Le locataire à qui la chose louée n'est pas délivrée dans le délai convenu, ou dans le délai d'usage, aura le choix de forcer le propriétaire à l'exécution du contrat ou d'en demander la résiliation avec dommages-intérêts.

Art. 1608, 2°. — *C. fr.*, art. 1732, 1735. — *C. esp.*, art. 1559, 1563, 1564. — *C. ital.*, art. 1588.

Art. 1608, 3°. — *C. fr.*, art. 1728, 1°. — *C. esp.*, art. 1555, 2°. — *C. ital.*, art. 1583, 1°.

Art. 1608, 4°. — *C. fr.*, art. 1726, 1768. — *C. esp.*, art. 1559. — *C. ital.*, art. 1581, 1587.

Art. 1608, 5°. — *C. fr.*, art. 1730, 1731. — *C. esp.*, art. 1561, 1562. — *C. ital.*, art. 1585, 1586.

Voir art. 1614, 1618, 1626 et 1629.

Art. 1609. — Comp. art. 1675, 2238 et 2239.

Art. 1611. Si le propriétaire requis par le locataire de faire à l'immeuble loué les réparations nécessaires pour l'usage auquel il est destiné s'y refuse, le locataire pourra demander la résiliation du contrat avec dommages-intérêts, ou faire exécuter les réparations aux frais du propriétaire, après avoir, dans ce cas, cité celui-ci à jour fixe.

Art. 1612. Le locataire troublé dans la jouissance de l'immeuble loué, ou privé de cette jouissance par cas fortuit ou force majeure se rapportant à l'immeuble lui-même et non à la personne du locataire, pourra exiger que son loyer soit réduit proportionnellement à la privation de jouissance qu'il a subie, s'il n'y a convention contraire.

Art. 1613. Lorsque la privation de jouissance résulte de l'éviction, la disposition de l'article précédent sera applicable, à moins que le bailleur n'ait agi de mauvaise foi, auquel cas il sera en outre passible de dommages-intérêts.

Art. 1614. Le locataire ne peut refuser de restituer l'immeuble à l'expiration du bail; il n'aura le droit de rétention que s'il a fait des améliorations avec le consentement par écrit du bailleur, ou en vertu de l'article 1611, et seulement jusqu'à concurrence de la valeur, immédiatement prouvée, desdites améliorations.

Art. 1615. Le locataire pour moins de vingt années d'un

Art. 1611. — Comp. *C. fr.*, art. 1719, 2°, art. 1720. — *C. esp.*, art. 1554, 2°. — *C. ital.*, art. 1575, 2°, art. 1576.

Art. 1612. — *C. fr.*, art. 1722. — *C. ital.*, art. 1578.
Comp. art. 1630, 1687 et 1688.

Art. 1613. — *C. fr.*, art. 1726. — *C. ital.*, art. 1581, § 2.

Art. 1614, 1615. — Comp. *C. fr.*, art. 1749. — *C. esp.*, art. 1753.

immeuble rural peut, après avoir évacué cet immeuble, réclamer du propriétaire la valeur des améliorations agricoles nécessaires ou utiles qu'il y a faites, même sans le consentement exprès du propriétaire, s'il n'y a convention contraire.

§ UNIQUE. Mais, dans ce cas, la valeur des améliorations et les intérêts seront payés au moyen du supplément de revenu annuel qui en est résulté pour l'immeuble amélioré.

ART. 1616. Le locataire qui retient indûment l'immeuble loué sera passible de dommages-intérêts.

ART. 1617. Lorsque le loyer consistant en fruits n'est pas payé dans le délai convenu, il devra être payé en argent sur le pied de la valeur desdits fruits à l'époque de l'échéance, avec les intérêts du jour de la mise en demeure.

ART. 1618. Lorsque, après l'expiration du bail, le locataire a continué sans opposition de jouir de l'immeuble, le contrat est censé renouvelé, s'il s'agit d'un immeuble rural, pour un an, et s'il s'agit d'un immeuble urbain, pour un an ou pour six mois, ou même pour un moindre temps, selon l'usage du pays.

ART. 1619. Le contrat de louage d'un immeuble, lorsque la date en est constatée par acte authentique ou authentiqué, n'est pas résolu par la mort du propriétaire, ni par celle du locataire,

---

Art. 1618. — Comp. *C. fr.*, art. 1738, 1759, 1776. — *C. esp.*, art. 1566, 1577, 1581. — *C. ital.*, art. 1592, 1610, 1622, 1624.
Voir art. 1623, 1624, 1628.

Art. 1619. — *C. fr.*, art. 1742, 1743, 1750. — *C. ital.*, art. 1596, 1597, 1598. — Comp. *C. esp.*, art. 1569-1571.

ni par l'aliénation à titre universel ou à titre particulier de l'immeuble loué, sauf ce qui est ordonné par les articles suivants.

Art. 1620. Si l'aliénation résulte de l'expropriation pour cause d'utilité publique, le contrat sera résolu, moyennant indemnité préalable au locataire.

Art. 1621. Si l'aliénation résulte d'une exécution, les règles suivantes doivent être observées :

1° Les locations sujettes à l'inscription subsisteront, pourvu qu'elles aient été inscrites avant l'inscription de l'acte ou du fait duquel résulte l'exécution.

2° Les locations qui ne sont pas sujettes à l'inscription subsisteront, nonobstant l'exécution, pendant tout le temps pour lequel elles ont été faites, s'il n'y a convention contraire.

Art. 1622. Sont sujettes à l'inscription les locations faites pour plus d'une année, lorsque des loyers ont été payés d'avance, et celles faites pour plus de quatre ans, dans le cas contraire.

SOUS-SECTION II.

DISPOSITIONS SPÉCIALES AUX LOCATIONS D'IMMEUBLES URBAINS.

Art. 1623. Lorsque la durée de la location d'un immeuble urbain n'a pas été déterminée par le bail, la location est réputée faite pour six mois ou pour un an, ou pour un moindre temps, suivant l'usage du pays.

Art. 1622. — Comp. *L. fr. 23 mars 1855*, art. 2, 4°, et 3. — *C. esp.*, art. 1549.

Art. 1623. — Comp. *C. fr.*, art. 1736, 1758. — *C. esp.*, art. 1581. — *C. ital.*, art. 1608.

§ UNIQUE. Si l'usage est de louer, soit pour six mois, soit pour un an, la location est réputée faite pour six mois.

ART. 1624. Le bail est censé renouvelé lorsque le locataire n'a pas donné ou reçu congé à l'époque et dans la forme déterminées par l'usage du pays.

ART. 1625. Dans les pays où il est d'usage de placer des écriteaux, le locataire qui en aura placé sera réputé avoir donné ou reçu congé, et sera tenu de laisser visiter, à ceux qui le demanderont, l'intérieur de la maison.

ART. 1626. Dans les pays où il n'est pas d'usage de placer des écriteaux, le locataire est tenu de prévenir son propriétaire de la cessation de la location quarante jours d'avance; il en est de même pour le propriétaire à l'égard de son locataire.

SOUS-SECTION III.

DISPOSITIONS SPÉCIALES AUX LOCATIONS D'IMMEUBLES RURAUX.

ART. 1627. Le locataire d'un immeuble rural est tenu de le cultiver de manière qu'il ne se détériore pas, faute de quoi, il peut être congédié et condamné à des dommages-intérêts.

ART. 1628. Le bail dont la durée n'a pas été déterminée sera réputé fait pour le temps fixé par l'usage du pays, et lorsqu'il y a doute sur l'usage parce qu'il n'est pas uniforme, le bail sera toujours réputé fait au moins pour le temps nécessaire à l'ensemen-

---

Art. 1624. — Comp. *C. fr.*, art. 1759. — *C. esp.*, art. 1581, § 2. — *C. ital.*, art. 1609.

Art. 1627. — *C. fr.*, art. 1766. — *C. ital.*, art. 1615.

Art. 1628. — *C. fr.*, art. 1774. — *C. esp.*, art. 1577. — *C. ital.*, art. 1622.

cement et à la récolte, selon l'espèce de culture pratiquée sur l'immeuble.

Art. 1629. Le locataire dont le bail n'a point de durée déterminée devra, lorsqu'il veut arrêter le bail, en prévenir le propriétaire dans le délai fixé par l'usage du pays ou, s'il n'y a point d'usage à cet égard, soixante jours avant la fin de l'année agricole telle qu'elle est réglée par le genre de culture et l'usage du pays. Le propriétaire devra prévenir de la même manière le locataire de son intention de ne point continuer le bail.

Art. 1630. Le locataire ne peut demander la diminution du prix de la location à raison d'une stérilité extraordinaire, ou de la perte par cas fortuit d'une partie considérable de la récolte pendante, à moins qu'il n'y ait convention contraire.

Art. 1631. Tous les baux d'immeubles ruraux sont régis par les dispositions du présent Code, même dans les districts ou provinces du royaume où ils étaient régis par des lois spéciales avant la promulgation dudit code.

SOUS-SECTION IV.

DU CONGÉ (*DESPEJO*).

Art. 1632. Les instances relatives aux congés sont toujours sommaires.

Art. 1630. — Comp. *C. fr.*, art. 1769-1773. — *C. esp.*, art. 1575, 1576. — *C. ital.*, art. 1617-1621.

Art. 1632. — Voir art. 1685 et 2278, § unique.

La procédure des instances relatives aux congés est réglée par les art. 498-507 du *C. pr. civ.*; ils contiennent, en outre, des dispositions concernant les réclamations des locataires pour améliorations faites à l'immeuble loué.

SECTION III.

DU LOUAGE DES MEUBLES (*ALUGUER*).

ART. 1633. Peut faire l'objet du contrat de louage toute chose mobilière, non fongible, pourvu qu'elle soit dans le commerce.

ART. 1634. Sont applicables au louage des meubles les dispositions de la section précédente dans tout ce qu'elles ont de compatible avec le caractère propre des objets mobiliers.

ART. 1635. La transmission du droit de percevoir, pendant un temps et pour un prix convenus, des loyers ou redevances quelconques, est réglée par les dispositions des articles 785 à 795, sauf ce qui est ordonné par les lois fiscales pour les loyers dus à l'État.

CHAPITRE XI.

DU PRÊT À INTÉRÊT (*USURA*).

ART. 1636. Le contrat de prêt à intérêt est celui par lequel l'une des parties remet à l'autre une somme d'argent ou toute autre chose fongible, à la charge de rendre une somme égale ou une chose équivalente, et moyennant une rétribution déterminée en argent ou en choses d'une autre espèce.

ART. 1637. Lorsque l'objet du contrat est une chose fongible

Art. 1633. — *C. esp.*, art. 1545.

Titre II, chapitre XI. — *C. fr.*, l. III, tit. x, chap. III. — *C. esp.*, l. IV, tit. x, chap. II. — *C. ital.*, l. III, tit. XVII, chap. IV. — *C. holl.*, l. III, tit. XIV, sect. IV. — *Projet allemand*, l. II, sect. VII. t. v.

Art. 1636. — Comp. *C. fr.*, art. 1905. — *C. esp.*, art. 1753. — *C. ital.*, art. 1829.

autre qu'une somme d'argent, le débiteur, s'il ne la rend pas à l'époque convenue, devra payer en argent le prix qu'elle vaut à cette époque.

. . . .

Art. 1638. Si le contrat a pour objet une somme en monnaie spécialement déterminée, la restitution sera faite en monnaie de la même espèce; si cette monnaie n'existe pas, les articles 724 et 725 devront être observés.

. . . .

Art. 1639. Les dispositions des deux articles précédents ne s'opposent pas aux conventions contraires que peuvent faire les parties.

. . . .

Art. 1640. Les parties pourront stipuler telle rétribution qu'il leur plaît.

Art. 1638. — Comp. *C. comm. fr.*, art. 143; *décr. 18 août 1810.* — *C. esp.*, art. 1170.

Art. 1640. — Comp. *C. fr.*, art. 1907; *L. fr. 3 sept. 1807* et *12 janvier 1886.* — *L. esp. 14 mars 1856* sur la liberté du taux de l'intérêt. — *C. ital.*, art. 1831.

Le Code de commerce portugais de 1888 (art. 102) fixe le taux de l'intérêt légal, en matière commerciale, à 5 p. o/o, comme en matière civile. Ce taux, qui est celui fixé par le Code de commerce italien (art. 768, modifiant l'art. 1831 du Code civil), n'a été adopté qu'en seconde lecture, sur la proposition de M. Pereira de Miranda, membre de la Chambre des Pairs, appuyé par la Commission dans son second et dernier rapport. Le projet primitif proposait de fixer le taux de l'intérêt légal, en matière commerciale, à 6 p. o/o; ce taux est celui fixé en France par la loi du 3 septembre 1807 (art. 2), en Autriche par la loi du 14 juin 1868, n° 62 (art. 2), en Hollande par la loi du 22 décembre 1857, n° 171 (art. 2), et en Allemagne par l'article 287, § 2, du Code de commerce. En Espagne, le taux est également de 6 p. o/o, mais le Gouvernement est autorisé à le modifier au début de chaque année, sur l'avis du Conseil d'État (loi du 14 mars 1856, art. 6 et suiv.).

Voir art. 1647.

§ UNIQUE. Lorsqu'il y a lieu de faire une computation ou un calcul d'intérêts, on calculera ces intérêts, à défaut de stipulation, au taux annuel de 5 p. o/o du capital.

ART. 1641. Le débiteur peut dénoncer à son gré le contrat de prêt à intérêt, à moins qu'il n'ait été conclu pour une durée déterminée, auquel cas la convention doit être exécutée. Le créancier a le même droit; mais il ne peut en user qu'après avoir prévenu son débiteur au moins trente jours à l'avance.

ART. 1642. Ne peuvent être exigés les intérêts échus de plus de cinq années, ni les intérêts des intérêts; mais les parties peuvent capitaliser par une nouvelle convention les intérêts échus.

ART. 1643. Les dispositions de l'article 1534 et de son paragraphe s'appliquent à la preuve du prêt à intérêt.

CHAPITRE XII.

DU CONTRAT DE CONSTITUTION DE RENTE OU CENS DÉLÉGUÉ (*RENDA* OU *CENSO CONSIGNATIVO*).

SECTION PREMIÈRE.

DE LA RENTE OU DU CENS DÉLÉGUÉ À L'AVENIR.

ART. 1644. Le contrat de cens délégué ou de constitution de

Art. 1641. — Comp. *C. ital.*, art. 1832.

Titre II, chapitres XII, XIII et XIV. — *L. fr. 18-29 décembre 1790.* — *C. esp.*, l. IV, tit. VII. — *C. ital.*, l. III, tit. VIII, XIII, XIV. — *C. autr.*, 2e partie, 2e sect., chap. XXV. — *C. holl.*, l. II, tit. VII et VIII. — *C. Grisons*, 2e partie, sect. III. — *C. Zurich*, l. II, sect. VI. — *Projet allemand*, l. III, sect. VII.

Art. 1644. — Comp. *C. fr.*, art. 1909. — *C. esp.*, art. 1604, 1606, 1607. — *C. ital.*, art. 1833.

rente est celui par lequel l'une des parties donne pour toujours une somme ou un capital à l'autre partie, qui s'oblige à payer un intérêt annuel en denrées ou en argent, et affecte à son obligation certains immeubles déterminés.

Art. 1645. La cession à perpétuité du capital donné est de la nature de ce contrat; mais l'obligation de payer l'intérêt convenu peut être perpétuelle ou temporaire.

Art. 1646. Ce contrat ne peut être passé que par acte public; il n'a d'effet à l'égard des tiers que lorsqu'il a été inscrit.

Art. 1647. Les dispositions contenues dans les articles 1640 et 1662 sont applicables à ce contrat.

Art. 1648. Lorsque la rente est constituée à perpétuité ou pour plus de vingt ans, le débiteur peut, après vingt ans écoulés, la racheter, s'il le veut, en restituant la somme qu'il a reçue.

Art. 1649. Lorsque le débiteur (*rendeiro* ou *censuario*) de la rente cesse d'en payer les arrérages pendant trois années de suite, le créancier pourra exiger le remboursement du capital.

Art. 1645. — *C. fr.*, art. 1910. — *C. esp.*, art. 1608. Voir art. 1648 et 1706.

Art. 1647. — Comp. *C. esp.*, art. 1613, 1618, 1619.

Art. 1648. — Comp. *C. fr.*, art. 530, 1911. — *C. esp.*, art. 1608.

Art. 1649. — *C. fr.*, art. 1912.

SECTION II.

DE LA RENTE OU DU CENS DÉLÉGUÉ DANS LE PASSÉ.

Art. 1650. Les rentes constituées qui existeront lors de la promulgation du présent Code, pourront être rachetées par les débiteurs dans les conditions suivantes :

1° Si la rente a été constituée pour un temps déterminé n'excédant pas vingt années, elle pourra être rachetée à l'expiration du temps convenu ;

2° Si la rente a été constituée pour plus de vingt années, elle ne pourra être rachetée qu'après vingt années écoulées ;

3° Si la rente a été constituée sans limitation de temps et qu'il se soit écoulé moins de vingt années depuis la constitution, elle ne pourra être rachetée qu'après vingt années écoulées ;

4° Dans le cas du numéro précédent, s'il s'est écoulé, lors de la promulgation du présent Code, vingt années ou davantage depuis la constitution de la rente, le rachat pourra avoir lieu quand le débiteur le voudra.

Art. 1651. Le rachat s'opérera par la restitution du capital ; si le montant de ce capital ne peut être déterminé, le rachat aura lieu au denier vingt.

Art. 1652. La disposition de l'article 1649 est applicable aux rentes constituées dans le passé.

Art. 1650. — Comp. art. 2266 et 2308.

Art. 1651. — Comp. *C. esp.*, art. 1611.

CHAPITRE XIII.

DU CONTRAT D'EMPHYTÉOSE (*EMPRAZAMENTO*).

SECTION PREMIÈRE.

DISPOSITIONS CONCERNANT L'AVENIR.

SOUS-SECTION PREMIÈRE.

DISPOSITIONS GÉNÉRALES.

Art. 1653. Le contrat d'emphytéose (*emprazamento, aforamento,* ou *emphyteuse*) est celui par lequel le propriétaire d'un immeuble transfère son domaine utile à une autre personne, à la charge par celle-ci de lui payer annuellement une redevance déterminée, qu'on appelle *foro* ou *canon*.

Art. 1654. Le contrat d'emphytéose est perpétuel. Tout contrat passé sous le nom et dans la forme de l'emphytéose, mais pour

---

Art. 1653. — *C. esp.*, art. 1604, 1605. — *C. ital.*, art. 1556.

Voir art. 1659, 1673 et 1692.

Ce contrat s'appelle aussi, dans le langage de la pratique, *praso* ou *foro*.

Consulter sur l'emphytéose en droit portugais l'ouvrage de M. Ed. Alvez de Sa, *A emphyteose e o usufructo*.

Parmi les projets de réforme dont le roi Dom Carlos, dans le discours du trône prononcé à la séance d'ouverture de la session ordinaire de 1891, annonçait la mise à l'étude prochaine, figurait la réforme du régime emphytéotique.

Art. 1654. — *Sic : C. esp.*, art. 1608, 1655. — *Contra : C. ital.*, art. 1556.

La loi française des 18-29 décembre 1790, toujours en vigueur, permet de constituer des baux à rente ou emphytéoses non perpétuels, pourvu que leur durée ne dépasse pas 99 ans.

Le Code portugais admet cependant des cas de résiliation (voir art. 1672, 1678. 1687).

un temps limité, sera réputé louage, et régi comme tel par la législation sur la matière.

Art. 1655. Le contrat d'emphytéose doit être passé par acte public, et il n'aura d'effet à l'égard des tiers que lorsqu'il aura été régulièrement inscrit.

Art. 1656. Les parties conviennent à leur gré de la quantité et de la qualité de la redevance, pourvu que celle-ci soit certaine et déterminée.

Art. 1657. On ne pourra stipuler aucune charge extraordinaire ou casuelle à titre de *luctuosa, laudemio,* ou à quelque autre titre que ce soit.

Art. 1655. — *C. esp.*, art. 1628.

Art. 1656. — *C. esp.*, art. 1629, 1630. — *C. ital.*, art. 1557.

La redevance doit être fixe et déterminée; elle ne peut plus consister en une quote-part des fruits du fonds emphytéotique. (Voir, pour les emphytéoses constituées avant le Code, l'art. 1692.)

Art. 1657. — Voir art. 1693.

On appelle *luctuosa* (de *lucto*, deuil) le droit pour le propriétaire direct de recevoir, au décès de l'emphytéote, le meilleur meuble de sa succession. Cette redevance n'est abolie que pour l'avenir.

Le *laudemio* est le droit du propriétaire direct à une partie du prix du fonds emphytéotique en cas de vente. Il était dû par le vendeur et consistait ordinairement dans le quarantième du prix; parfois il s'élevait cependant jusqu'à 30 p. o/o (Ord. IV, 38). Le Code abolit le *laudemio* pour l'avenir et le fixe au quarantième, sauf convention contraire, pour le cas où l'emphytéose est antérieure au Code (art. 1693).

A l'époque romaine, le mot *laudemium* désigna d'assez bonne heure l'autorisation que le *dominus* donnait, en cas d'aliénation de l'emphytéose, et aussi le droit perçu par le *dominus* à l'occasion de cette autorisation. (Cf. François, *Essai sur l'emphytéose*, p. 51. Grenoble, 1883; du Cange, *Glossarium*, édit. Didot, t. IV, p. 42, 43). Cette redevance, qui passa dans notre ancien droit sous le nom de *lods et ventes*, n'était pas spéciale au contrat

IMPRIMERIE NATIONALE.

Art. 1658. Si l'emphytéose est établie sur un immeuble urbain, ou sur un terrain à bâtir, la redevance consistera toujours en une somme d'argent.

Art. 1659. L'immeuble donné en emphytéose doit être désigné, décrit et délimité de manière que les limites n'en puissent être confondues avec celles des immeubles circonvoisins.

Art. 1660. La redevance doit être payée au terme et dans le lieu convenus.

Art. 1661. Lorsque le terme ou le lieu du payement n'est pas réglé par la convention, on observera les règles suivantes :

1° La redevance sera payable au domicile du propriétaire, si celui-ci demeure dans la paroisse où l'immeuble est situé.

2° Si le propriétaire ne réside pas dans la paroisse, ou s'il n'y a pas de mandataire, la redevance sera payable au domicile de l'emphytéote

3° Si la redevance consiste en fruits, elle sera payable après la récolte et, si elle consiste en argent, à l'expiration de l'année qui commence à la date du contrat.

Art. 1662. Les fonds emphytéotiques sont héréditaires comme

---

emphytéotique : elle était perçue à l'occasion des transmissions d'un grand nombre de tenures analogues. (Voir Guyot, *Répertoire*, t. x, p. 594 et suiv.)

Dans le Code de Justinien (IV, LXVI, 3), le propriétaire touchait comme droit le cinquantième ou 2 p. o/o du prix de la vente. Le taux des lods et ventes dans notre ancien droit était généralement plus élevé : en Provence, par exemple, il était ordinairement d'un douzième du prix de vente (Grégoire, *Les Droits seigneuriaux en Provence*, p. 41); de même dans la coutume de Paris, art. 76.

Art. 1658. — L'ordonnance (liv. IV, tit. XL), à laquelle cette disposition est empruntée, autorisait le payement des redevances en volailles.

Art. 1662. — Voir art. 1647, 1694 et 1696.

les biens allodiaux; néanmoins ils ne peuvent être partagés par parcelles sans le consentement du propriétaire.

§ 1. La valeur du fonds se partagera entre les héritiers de l'emphytéote, d'après l'estimation qui en sera faite, et le fonds sera mis au nom de celui d'entre eux qu'ils désigneront d'un commun accord.

§ 2. S'ils ne peuvent s'accorder, fonds sera licité.

§ 3. Si le fonds n'est repris par aucun des héritiers, il sera vendu, et le prix partagé.

§ 4. Si le propriétaire consent au partage par parcelles, chaque parcelle se trouvera constituer un fonds distinct, et le propriétaire ne pourra réclamer de chacun des emphytéotes que sa redevance respective conformément à la répartition faite.

§ 5. Le partage et la répartition ne seront valables qu'à la condition d'être constatés par acte authentique contenant le consentement du propriétaire.

§ 6. Dans ce cas, la redevance incombant à chaque héritier pourra être augmentée de ce que le propriétaire doit recevoir comme indemnité de l'inconvénient d'avoir à recouvrer plusieurs redevances au lieu d'une seule.

Art. 1663. Lorsque le dernier emphytéote décède sans héritiers testamentaires ou légitimes, l'immeuble est dévolu au propriétaire.

En cas d'indivision, le droit portugais exige que l'un des copropriétaires soit investi des droits nécessaires pour traiter avec les tiers dans les limites de l'administration (voir art. 2067 et suiv.). Les obligations résultant de l'emphytéose étant indivisibles doivent, à l'égard du propriétaire, être mises à la charge d'un seul des co-emphytéotes, qu'on appelle *cabecel* ou *cabeceiro*.

Art. 1663. — *C. esp.*, art. 1653. Voir art. 1694 et 1696.

SOUS-SECTION II.

DES BIENS QUI PEUVENT ÊTRE DONNÉS EN EMPHYTÉOSE.

Art. 1664. Peuvent seuls faire l'objet du contrat d'emphytéose les immeubles aliénables, sauf les dispositions suivantes.

Art. 1665. Les dispositions des articles 267 et suivants sont applicables à l'emphytéose des biens des mineurs et des interdits.

Art. 1666. Les dispositions des paragraphes 2 et 3 de l'article 1149 sont applicables à l'emphytéose des biens dotaux.

SOUS-SECTION III.

DE CEUX QUI PEUVENT DONNER OU RECEVOIR EN EMPHYTÉOSE.

Art. 1667. Peuvent donner en emphytéose tous ceux qui sont capables d'aliéner.

Art. 1668. Néanmoins les époux, quel que soit leur contrat de mariage, ne peuvent donner leurs biens en emphytéose sans le consentement l'un de l'autre.

Art. 1669. Peuvent recevoir en emphytéose tous ceux qui sont capables de contracter, excepté :

1° Les personnes morales, si ce n'est aux conditions dans lesquelles elles sont autorisées par l'article 35 à acquérir des biens immobiliers;

2° Ceux qui ne peuvent acheter, d'après les dispositions des articles 1562, 1564, 1565 et 1566.

SOUS-SECTION IV.

DES DROITS ET OBLIGATIONS DES PROPRIÉTAIRES DIRECTS ET DES EMPHYTÉOTES.

Art. 1670. Le propriétaire direct est tenu de faire inscrire la charge de l'emphytéose pour qu'elle soit opposable aux tiers et s'assurer son privilège mobilier pour la garantie des redevances dont il serait créancier, conformément aux articles 880 et 881.

Art. 1671. A défaut de payement des redevances, le propriétaire direct n'a droit, nonobstant toute stipulation contraire, qu'au montant des redevances dues, en principal, et aux intérêts, du jour de la mise en demeure.

Art. 1672. Si l'emphytéote cause à l'immeuble des détériorations qui en réduisent la valeur à une somme moindre que le capital correspondant à la redevance augmentée d'un cinquième, le propriétaire direct aura le droit de reprendre l'immeuble sans payer à l'emphytéote aucune indemnité.

Art. 1673. L'emphytéote a l'usufruit du fonds et le droit d'en disposer comme de son bien propre, sous les restrictions établies par la loi.

Art. 1674. L'emphytéote, troublé dans son droit par un tiers qui conteste le domaine direct et la validité de l'emphytéose, devra appeler en garantie le propriétaire direct, s'il veut pouvoir recourir contre lui pour les dommages-intérêts qui lui seraient dus en cas d'éviction.

Art. 1675. L'emphytéote devra supporter toutes les charges et

---

Art. 1671. — Comp. *C. esp.*, art. 1648, 1°, art. 1649. — *C. ital.*, art. 1565.

Art. 1672. — Comp. *C. esp.*, art. 1648, 2°. — *C. ital.*, art. 1565, 2°.

Art. 1673. — *C. esp.*, art. 1632, 1633. — *C. ital.*, art. 1561, 1562.

Art. 1674. — *C. esp.*, art. 1643.

Art. 1675. — *C. ital.*, art. 1558.

impositions qui pourront être établies sur le fonds, ou sur les personnes à raison du fonds.

§ UNIQUE. Toutefois le propriétaire direct devra tenir compte à l'emphytéote des contributions afférentes à la redevance.

ART. 1676. L'emphytéote peut hypothéquer le fonds et le grever de toutes charges ou servitudes sans le consentement du propriétaire direct, pourvu que l'hypothèque ou la charge établie ne grève pas le fonds pour une partie de sa valeur correspondante à la redevance augmentée d'un cinquième.

ART. 1677. L'emphytéote peut donner ou échanger à son gré le fonds emphytéotique; mais, dans ce cas, il devra en informer le propriétaire direct dans les soixante jours à compter de l'acte d'aliénation. Faute de ce faire, il répondra solidairement avec le cessionnaire du payement des redevances dues.

ART. 1678. L'emphytéote qui veut vendre ou donner en payement le fonds emphytéotique devra en prévenir le propriétaire direct, en lui déclarant le prix définitif qu'il trouve ou qu'il entend demander; il pourra réaliser l'aliénation, si le propriétaire n'a pas, dans les trente jours, exercé son droit de préemption et payé le prix déclaré.

Art. 1676. — Comp. *C. esp.*, art. 1634.

Art. 1677. — *C. esp.*, art. 1635. — *C. ital.*, art. 1562.

Voir art. 1679.

Art. 1678. — *C. esp.*, art. 1636, 1637.

D'après le Code civil, l'emphytéose était héréditaire et perpétuelle, et le rachat était volontaire. Un décret du 30 septembre 1892 oblige le propriétaire à consentir au rachat : 1° s'il s'est écoulé vingt ans depuis la date du contrat; 2° si la valeur de la propriété directe n'excède pas 300,000 *reis* (1,680 francs). Le prix de rachat est de vingt redevances, auxquelles on ajoute les charges éventuelles.

§ 1. Le droit de préemption appartient également à l'emphytéote, lorsque le propriétaire direct veut vendre ses droits ou les donner en payement. A cet effet, le propriétaire sera tenu des mêmes obligations que celles imposées par le présent article à l'emphytéote dans le cas analogue.

§ 2. L'exercice du droit de préemption et le payement du prix par le propriétaire direct, ou par l'emphytéote, mettent fin à l'emphytéose.

§ 3. Ce droit de préemption n'est pas admis dans le cas d'expropriation pour cause d'utilité publique, lorsque l'exproprié traite à l'amiable.

Art. 1679. La disposition de l'article précédent n'est pas applicable aux personnes morales, lesquelles n'auront pas le droit de préemption; mais l'emphytéote doit aviser de l'aliénation le propriétaire direct, sous peine d'encourir la responsabilité dont il est parlé dans l'article 1677.

Art. 1680. Si l'emphytéose est établie sur plusieurs immeubles, le propriétaire direct ne pourra exercer son droit de préemption à l'égard des uns et non des autres.

Art. 1681. Lorsque l'emphytéote ne s'est pas conformé aux prescriptions de l'article 1678, le propriétaire direct peut se prévaloir, à toute époque, de son droit de préemption et retirer l'immeuble des mains de l'acquéreur, en remboursant le prix d'acquisition.

§ 1. L'emphytéote a le même droit dans le cas du paragraphe 1 de l'article 1678.

Art. 1680. — *C. esp.*, art. 1641.

Art. 1681. — *C. esp.*, art. 1638, 1639.

§ 2. Le droit de préemption se prescrit conformément aux règles ordinaires.

Art. 1682. L'immeuble emphytéotique saisi par les créanciers de l'emphytéote ne pourra être mis aux enchères sans que le propriétaire direct soit appelé à la vente; ce propriétaire aura le droit d'acquérir l'immeuble par préférence en payant la plus forte enchère.

Art. 1683. Si l'immeuble, mis en vente publique, ne trouve pas enchérisseur et qu'il soit désiré par le propriétaire direct, il sera adjugé par préférence à ce propriétaire pour le montant de la mise à prix, pourvu que, dans les trois jours à compter du dernier jour des enchères, il déclare vouloir user de son droit et que, de plus, il paye le prix de l'adjudication dans les trois jours qui suivent celui où elle a été prononcée.

§ unique. Cette disposition n'est pas applicable aux personnes qui n'ont pas le droit de préemption.

Art. 1684. Le propriétaire direct ne peut exiger les redevances arriérées de plus de cinq années, si l'emphytéote ne s'en est reconnu débiteur par acte signé de lui et de deux témoins, ou écrit en entier de sa main ou mentionné dans un acte public.

Art. 1685. L'instance en réclamation de redevances emphy-

Art. 1682, 1683. — *C. esp.*, art. 1640.

Art. 1684. — L'art. 1695 accorde un an pour le recouvrement des pensions dues au temps de la promulgation du Code civil.

Art. 1685. — Le Code de procédure civile a tracé (art. 615-621) la procédure des actions en payement des redevances emphytéotiques.

téotiques est sommaire. L'exécution en ce qui concerne les biens emphythéotiques peut être pratiquée sur les revenus ou sur le fonds, au gré du propriétaire.

Art. 1686. La prescription s'applique aux biens emphytéotiques comme à tous les autres immeubles.

Art. 1687. En cas de perte ou d'inutilisation totale du fonds par cas fortuit ou force majeure, le contrat sera anéanti.

Art. 1688. En cas de perte ou d'inutilisation partielle du fonds emphytéotique par cas fortuit ou force majeure, si la valeur de ce fonds se trouve réduite, de telle sorte qu'elle soit inférieure à ce qu'elle était à l'époque du contrat, l'emphytéote pourra demander la réduction de la redevance, et si le propriétaire direct s'y refuse, il pourra déguerpir.

SECTION II.

DISPOSITIONS CONCERNANT LE PASSÉ.

SOUS-SECTION PREMIÈRE.

DISPOSITIONS GÉNÉRALES.

Art. 1689. Les baux emphytéotiques de biens privés, antérieurs à la promulgation du présent Code, qu'ils dérivent d'un contrat ou de tout autre titre, seront maintenus conformément à leurs titres respectifs, sauf les modifications établies dans la présente section.

Art. 1690. La preuve des baux emphytéotiques mentionnés

Art. 1687, 1688. — Comp. *C. esp.*, art. 1631. — *C. ital.*, art. 1560.

Art. 1689, 1690. — Voir art. 1694 et 1702.

dans l'article qui précède peut être faite par tous les moyens de droit commun.

Art. 1691. Lorsque la redevance a été stipulée payable en choses de telle ou telle espèce alternativement, le choix appartiendra à l'emphytéote, s'il n'y a convention contraire.

Art. 1692. Toute redevance consistant en prestations indéterminées pourra être convertie, sur la demande de l'emphytéote, en prestations déterminées.

Art. 1693. Le *laudemio* stipulé par les anciens baux emphytéotiques sera maintenu dans les termes de la convention; il sera du quarantième, lorsqu'il n'aura point été autrement réglé.

§ unique. L'obligation de payer le *laudemio* incombe à l'acquéreur.

Art. 1694. Sont applicables aux anciens baux emphytéotiques les dispositions des articles 1661, 1662 et 1663, ainsi que la sous-section iv de la section précédente.

Art. 1695. Les redevances échues lors de la promulgation du présent Code peuvent être exigées, nonobstant la disposition de l'article 1684, pourvu qu'elles le soient dans le délai d'un an, à compter de cette promulgation.

Art. 1693. — *Laudemio.* Pour l'explication de ce terme, voir art. 1657.

Art. 1695. — Le terme fixé par l'art. 1695 pour le recouvrement des pensions des biens emphytéotiques dues au temps de la promulgation de ce Code (22 mars 1868) a été d'abord prolongé d'une année (décret du 4 mars 1869), puis successivement prorogé jusqu'au 22 mars 1875 (loi du 23 mars 1874), et jusqu'au 30 juin 1876 (loi du 18 mars 1875).

SOUS-SECTION II.

DES BAUX EMPHYTÉOTIQUES *FATEUSINS*.

Art. 1696. Tous les baux emphytéotiques *fateusins* qui existeront à l'époque de la promulgation du présent Code sont déclarés purement héréditaires, et les règles établies par les articles 1662 et 1663 seront applicables à leur transmission.

SOUS-SECTION III.

DES BAUX EMPHYTÉOTIQUES VIAGERS (*DE VIDAS*) ET DE COLLATION (*DE NOMEAÇÃO*).

Art. 1697. Les baux emphytéotiques viagers, ou de collation libre ou restreinte, ou de *pacto e providencia*, revêtiront le caractère de simples emphytéoses (*fateusins*) héréditaires aux mains des emphytéotes qui en seront investis à l'époque de la promulgation du présent Code, sauf les dispositions des articles suivants.

Art. 1698. Les baux emphytéotiques qui seront, à l'époque

Art. 1696, 1697. — L'emphytéose, en usage depuis le commencement de la monarchie, était, soit à perpétuité (*fateusin*), soit limitée à un certain nombre de degrés, ordinairement à trois (*de vidas*. — Voir la note sous l'article 1109, 5°). La succession à l'emphytéose à perpétuité se réglait comme pour les autres biens. Dans l'emphytéose temporaire, le propriétaire du domaine utile avait le droit de nommer son successeur, soit librement (elle était dite alors *de livre nomeação* : c'était le droit commun), soit selon les clauses du contrat (elle était dite alors *de nomeação restricta* ou *de pacto e providencia*). La succession légitime était déférée, à la manière de la succession des majorats, aux descendants, aux ascendants et aux collatéraux. L'héritier du degré le plus proche succédait à l'exclusion du plus éloigné, le mâle à l'exclusion de la femme, l'aîné à l'exclusion du cadet. Les biens qui constituaient l'emphytéose étaient, de leur nature, indivisibles. Le domaine utile ne pouvait reposer que sur une seule tête. L'aliénation et la division pouvaient cependant être autorisées par le propriétaire du domaine direct. Par l'article 1697, le Code civil a donné à tous les biens emphytéotiques la nature d'emphytéoses à perpétuité.

de la promulgation du présent Code, conférés ou transférés irrévocablement et par titre authentique, mais avec réserve de l'usufruit, ne revêtiront le caractère de *fateusins* héréditaires, que lorsqu'ils arriveront en la possession des emphytéotes désignés ou des acquéreurs du droit emphytéotique.

Art. 1699. Lorsque la collation ou la transmission faite, comme il est dit ci-dessus, par acte authentique, était révocable, elle aura le même effet, si l'auteur de la collation ou de l'aliénation ne la révoque pas.

Art. 1700. Les baux emphytéotiques auxquels se réfère l'article 1698, continueront d'être régis par la législation antérieure au présent Code, à moins qu'ils ne revêtent, en vertu du même article, le caractère de *fateusins*.

SECTION III.

DE LA SOUS-EMPHYTÉOSE OU SOUS-LOCATION EMPHYTÉOTIQUE.

Art. 1701. Est prohibé à l'avenir le contrat de sous-emphytéose ou sous-location emphytéotique.

Art. 1702. Les anciens baux sous-emphytéotiques continueront d'être exécutés, et il leur sera fait application des dispositions des articles 1689 à 1695 sur les anciens contrats d'emphytéose, sauf les modifications ci-après exprimées.

Art. 1703. En cas de vente ou de dation en payement d'un fonds sous-emphytéotique, le droit de préemption appartiendra

---

Art. 1701. — *Sic: C. esp.*, art. 1654. — *C. ital.*, art. 1562, § 3.

Le décret du 30 septembre 1892 autorise l'emphytéote, dans les dix ans qui suivront, à transférer à une autre personne la propriété utile. L'emphytéote aura envers le sous-emphytéote les mêmes droits que le propriétaire direct.

au propriétaire direct, et, faute par lui de s'en prévaloir, il appartiendra à l'emphytéote.

§ 1. En cas de vente ou de dation en payement du domaine direct, le droit de préemption appartiendra au sous-emphytéote, et, faute par lui de s'en prévaloir, il appartiendra à l'emphytéote.

§ 2. En cas de vente ou de dation en payement du domaine utile, le droit de préemption appartiendra au propriétaire direct, et, faute par lui de s'en prévaloir, il appartiendra au sous-emphytote.

ART. 1704. Afin que la disposition de l'article précédent puisse recevoir application, le sous-emphytéote qui voudra vendre ou donner en payement l'immeuble sous-emphytéotique, devra non seulement en avertir, comme il y est obligé par l'article 1678, le propriétaire direct, mais encore, si ce propriétaire s'abstient d'user de son droit de préemption, il devra en aviser de la même manière l'emphytéote.

§ UNIQUE. Le propriétaire direct procédera de la même manière, en cas de vente ou de dation en payement du domaine direct, ainsi que l'emphytéote, en cas d'aliénation par l'un ou l'autre mode du domaine emphytéotique.

ART. 1705. En cas d'aliénation du fonds sous-emphytéotique, les clauses du contrat de bail relatives au *laudemio* qui auront été approuvées par le propriétaire direct seront exécutées.

CHAPITRE XIV.

DU CENS RÉSERVÉ (*CENSO RESERVATIVO*).

ART. 1706. Le contrat de cens réservé est celui par lequel l'une

---

Art. 1705. — *Laudemio.* (Voir art. 1657.)

Art. 1706. — *C. esp.*, art. 1607, 1661-1664.

des parties cède à l'autre un immeuble sous la seule réserve d'une redevance ou prestation annuelle déterminée, à payer sur les fruits et revenus de cet immeuble.

Art. 1707. Sont prohibés pour l'avenir les contrats de cens réservé; les contrats passés sous cette dénomination seront tenus pour baux emphytéotiques.

Art. 1708. Les dispositions des articles 1678, 1679, 1680 et 1681 sont applicables aux contrats de cens réservé antérieurs à la promulgation du présent Code.

Art. 1709. Lorsqu'il y aura doute sur le point de savoir si tel contrat est un bail à cens ou un bail emphytéotique, on présumera que c'est un bail à cens, sauf la preuve contraire.

CHAPITRE XV.

DE LA TRANSACTION.

Art. 1710. La transaction est le contrat par lequel les parties préviennent ou terminent une contestation au moyen de l'abandon fait par l'une d'elles, ou par chacune d'elles, d'une partie de ses prétentions, ou de la promesse que fait l'une ou l'autre de quelque chose en échange de la reconnaissance du droit contesté.

Art. 1711. La transaction est judiciaire ou extrajudiciaire, selon que la contestation est ou non pendante devant la justice.

Titre II, chapitre XV. — *C. fr.*, l. III, tit. XV. — *C. esp.*, l. IV, tit. XIII. — *C. ital.*, l. III, tit. XII. — *C. holl.*, l. III, tit. XIX. — *C. Grisons*, 3e partie, 7. — *Projet allemand*, l. II, sect. VII, tit. XIX.

Art. 1710, 1711. — *C. fr.*, art. 2044. — *C. esp.*, art. 1809. — *C. ital.*, art. 1764.

Art. 1712. La transaction extrajudiciaire peut être constatée par écrit sous seing privé, ou par acte public, ou par un procès-verbal de conciliation; toutefois, lorsqu'elle porte sur un droit immobilier, elle ne peut être constatée que par acte public ou par procès-verbal de conciliation.

Art. 1713. La transaction judiciaire doit être constatée par acte public joint à la procédure, ou par procès-verbal dans la procédure elle-même.

Art. 1714. La transaction judiciaire n'aura d'effet qu'après homologation par jugement passé en force de chose jugée.

Art. 1715. Si celui qui avait transigé sur un droit qu'il avait de son chef, acquiert ensuite, par un mode quelconque, un autre droit semblable, il ne sera point, quant au droit nouvellement acquis, lié par la transaction antérieure.

Art. 1716. La transaction faite par l'un des coïntéressés n'engage pas les autres et ne peut être opposée par eux.

Art. 1717. La transaction faite sur l'intérêt civil qui résulte d'un délit n'empêche pas la poursuite du ministère public.

Art. 1712, 1713. — *C. fr.*, art. 2044, § 2.

Art. 1714. — Voir art. 1718.

Art. 1715. — *C. fr.*, art. 2050. — *C. ital.*, art. 1770.

Art. 1716. — *C. fr.*, art. 2051. — *C. ital.*, art. 1771.

Art. 1717. — *C. fr.*, art. 2046. — *C. esp.*, art. 1813. — *C. ital.*, art. 1766.

Art. 1718. Les transactions ont, entre les parties, l'autorité de la chose jugée.

Art. 1719. La transaction ne peut être rescindée pour cause d'erreur de droit; mais elle peut l'être pour cause d'erreur de fait, de dol ou de violence, selon les règles du droit commun.

Art. 1720. La découverte de titres inconnus des parties lors de la transaction ne rend pas ce contrat nul s'il a été passé de bonne foi, à moins qu'il ne soit établi que l'une des parties n'avait aucun droit sur l'objet de la transaction.

Art. 1721. La disposition de la dernière partie de l'article précédent n'est pas applicable à la transaction générale qui se rapporte à plusieurs objets différents, lorsque cette transaction peut subsister relativement à quelqu'un de ces objets.

CHAPITRE XVI.

DE L'INSCRIPTION DES ACTES TRANSLATIFS DE BIENS OU DE DROITS IMMOBILIERS.

Art. 1722. Tout acte translatif de biens ou de droits immo-

Art. 1718. — *C. fr.*, art. 2052. — *C. esp.*, art. 1816. — *C. ital.*, art. 1772.

Le Code espagnol décide pourtant que la transaction ne sera exécutoire que s'il s'agit d'une transaction judiciaire.

Art. 1719. — *C. fr.*, art. 2052, 2053. — *C. esp.*, art. 1817. — *C. ital.*, art. 1772, 1773.

Art. 1720, 1721. — *C. fr.*, art. 2057. — *C. esp.*, art. 1818. — *C. ital.*, art. 1777.

Titre II, chapitre XVI. — *L. fr. 23 mars 1855.* — *C. esp.*, l. II, tit. VIII. — *C. ital.*, l. III, tit. XXII, XXV. — *C. Zurich*, l. II, sect. VIII.

biliers est soumis à l'inscription suivant les règles établies par les articles 949 et suivants.

Art. 1722. — Comp. *L. fr. 23 mars 1855*, art. 1. — *C. esp.*, art. 605. — *C. ital.*, art. 1932.

IMPRIMERIE NATIONALE.

LIVRE III.

DES DROITS QUI S'ACQUIÈRENT PAR LE SEUL FAIT D'AUTRUI, ET DE CEUX QUI S'ACQUIÈRENT PAR L'EFFET DES DISPOSITIONS DE LA LOI.

TITRE PREMIER.

DE LA GESTION D'AFFAIRES.

Art. 1723. Celui qui, sans autorisation et volontairement, s'immisce dans la gestion des affaires d'autrui se rend responsable envers le maître de ces affaires et envers les personnes avec lesquelles il contracte au nom de ce maître.

Art. 1724. Si le propriétaire ou le maître de l'affaire ratifie la gestion et veut s'approprier les avantages et les profits qui en résultent, il sera tenu de rembourser au gérant les dépenses nécessaires qu'il a faites et de l'indemniser de tous les dommages qu'il a éprouvés par suite de sa gestion.

Art. 1723. — *C. fr.*, art. 1372. — *C. esp.*, art. 1888. — *C. ital.*, art. 1141.

Voir art. 1730 et 1733.

Art. 1724. — *C. fr.*, art. 1375. — *C. esp.*, art. 1893. — *C. ital.*, art. 1144.

Voir art. 1731.

Art. 1725. Si le propriétaire ne ratifie pas la gestion, alors que cette gestion a eu pour but, non de réaliser un gain, mais d'éviter un préjudice imminent et manifeste, il devra dans tous les cas indemniser le gérant de toutes les dépenses faites par lui dans ce but.

Art. 1726. La ratification de la gestion d'affaires produira les mêmes effets qu'aurait produits le mandat exprès.

Art. 1727. Le gérant, dont la gestion n'est point ratifiée par le maître de l'affaire, sera tenu de remettre les choses en leur ancien état, à ses frais, et d'indemniser le maître du préjudice résultant de la différence entre l'état ancien et l'état nouveau.

Art. 1728. Si les choses ne peuvent être remises en leur ancien état, mais que les profits excèdent les pertes, le maître de l'affaire prendra pour lui les uns et les autres.

Art. 1729. Si les profits n'excèdent point les pertes, le maître pourra contraindre le gérant à prendre pour lui toute l'affaire et lui demander des dommages-intérêts.

Art. 1730. Lorsque le maître de l'affaire a connu la gestion et l'a laissée sans opposition conduire à son terme, il sera réputé y avoir consenti; mais il ne sera obligé envers le gérant que s'il est résulté de la gestion un bénéfice effectif.

Art. 1731. Celui qui s'immisce dans la gestion de l'affaire

Art. 1725. — *C. esp.*, art. 1893, § 2.
Voir art. 1727-1729.

Art. 1726. — *C. fr.*, art. 1372. — *C. esp.*, art. 1892. — *C. ital.*, art. 1141.

d'autrui, malgré la défense du propriétaire, répondra de tous dommages, même accidentels, à moins qu'il n'établisse que ces dommages se seraient également produits, s'il ne s'était pas immiscé; mais si le maître veut profiter de la gestion, la disposition de l'article 1724 recevra son application.

Art. 1732. Le gérant d'affaires devra rendre un compte exact et fidèle de sa gestion et des recettes et dépenses auxquelles elle a donné lieu.

Art. 1733. Le gérant d'affaires sera obligé de mener à fin sa gestion, à moins que le propriétaire ne s'y oppose.

Art. 1734. Si quelqu'un s'immisce dans la gestion des affaires d'autrui, en raison d'une connexité telle entre ces affaires et les siennes propres, que la gestion des unes soit inséparable de celle des autres, il sera considéré comme l'associé de celui dont il gère les affaires conjointement avec les siennes propres.

§ unique. Dans ce cas, le maître de l'affaire n'est obligé que proportionnellement aux avantages qu'il retire de la gestion.

TITRE II.

DES SUCCESSIONS.

CHAPITRE PREMIER.

DISPOSITIONS PRÉLIMINAIRES.

Art. 1735. Lorsqu'une personne décède, on peut lui succéder

Art. 1733. — *C. fr.*, art. 1372, 1373. — *C. esp.*, art. 1888. — *C. ital.*, art. 1141, 1142.

Art. 1735. — Comp. *C. fr.*, art. 711. — *C. esp.*, art. 658. — *C. ital.*, art. 720.

Voir art. 1968.

dans tout ou partie de ses biens, en vertu d'une disposition de dernière volonté ou en vertu de la loi. Dans le premier cas, il y a succession testamentaire; dans le second, succession légitime.

Art. 1736. On appelle héritier celui qui succède à autrui pour la totalité de la succession, ou pour une quote-part, sans détermination de valeur ou d'objet. On appelle légataire celui en faveur duquel un testateur dispose d'une valeur ou d'objets déterminés, ou d'une part déterminée de cette valeur ou de ces objets.

Art. 1737. La succession comprend tous les biens, droits et obligations du *de cujus,* sauf ceux qui lui étaient exclusivement personnels, ou qui sont exceptés par une disposition du *de cujus* ou par la loi.

Art. 1738. Si le *de cujus* et ses héritiers ou légataires périssent dans un même événement, ou le même jour, sans qu'on puisse reconnaître lesquels sont décédés les premiers, ils sont réputés avoir péri tous en même temps, et la transmission de la succession ou du legs ne pourra s'opérer des uns aux autres.

Art. 1736. — *C. esp.,* art. 660, 768. — Comp. *C. fr.,* art. 723, 724, 1002.

Voir art. 1791, 1796, 1805, 1817, 1844, 1845 et 1885.

Art. 1737. — *C. esp.,* art. 659. — Comp. *C. fr.,* art. 724.

Comp. art. 2014.

Art. 1738. — *Sic : C. esp.,* art. 33. — *C. ital.,* art. 924. — Comp. *C. fr.,* art. 720-722.

La théorie des *Commorientes,* rejetée par les Codes espagnol, italien et portugais, offre dans le droit français actuel un intérêt plus doctrinal que pratique.

CHAPITRE II.

DE LA SUCCESSION TESTAMENTAIRE.

SECTION PREMIÈRE.

DES TESTAMENTS EN GÉNÉRAL.

Art. 1739. Le testament est l'acte par lequel une personne dispose, pour le temps où elle n'existera plus, de tout ou partie de ses biens.

Art. 1740. Le testament est un acte personnel, qui ne peut être fait par mandataire, ni dépendre de la volonté d'autrui, soit quant à l'institution des héritiers ou des légataires, soit quant à l'objet de la succession, soit enfin quant à l'exécution ou à l'inexécution dudit testament.

§ unique. Le testateur peut néanmoins confier à un tiers le soin de partager la succession, lorsqu'il institue un ensemble déterminé de personnes.

Art. 1741. Sera de nul effet la disposition qui dépend d'instructions ou de recommandations secrètement données à autrui, ou

---

Livre III, titre II, chapitre II. — *C. fr.*, l. III, tit. II. — *C. esp.*, l. III, tit. III, chap. I et II. — *C. ital.*, l. III, tit. II, chap. II. — *C. autr.*, 2e partie, 1re sect., chap. IX-XII. — *C. holl.*, l. II, tit. XII. — *C. Grisons*, 4e partie, sect. III. — *C. Zurich*, l. V, sect. II. — *Projet allemand*, l. V, sect. III.

Art. 1739. — *C. fr.*, art. 895. — *C. esp.*, art. 667. — *C. ital.*, art. 759.

Art. 1740. — *C. esp.*, art. 670, 671. — *C. ital.*, art. 834, 835.

Art. 1741. — *Sic : C. esp.*, art. 672, 750. — Comp. *C. fr.*, art. 911. — *C. ital.*, art. 773, 830.

qui se rattache à des actes non authentiques ou non écrits et signés par le testateur, ou qui enfin est faite en faveur de personnes incertaines, qui ne peuvent absolument pas devenir certaines.

Art. 1742. La disposition faite en faveur des parents du testateur ou des parents d'une autre personne, sans autre désignation, est réputée faite en faveur des plus proches parents du testateur ou de la personne désignée, dans l'ordre légal des successions.

Art. 1743. Les dispositions testamentaires peuvent être pures et simples ou conditionnelles, pourvu que les conditions dont elles dépendent ne soient pas impossibles, relativement ou absolument, ou contraires aux lois.

§ unique. Les conditions impossibles, absolument ou relativement, ou contraires aux lois sont réputées non écrites et ne font aucun préjudice aux héritiers ou légataires, lors même que le testateur en aurait autrement ordonné.

Art. 1744. La condition, dont l'accomplissement est empêché par une personne intéressée à ce qu'elle ne soit pas accomplie, doit être réputée accomplie.

Art. 1745. L'énonciation d'une cause fausse sera réputée non écrite, à moins qu'il ne résulte du testament même que le testateur

---

Art. 1742. — *C. esp.*, art. 751.
Voir art. 1798.

Art. 1743. — *C. fr.*, art. 900. — *C. esp.*, art. 790-792. — *C. ital.*, art. 848, 849.

Art. 1744. — *C. esp.*, art. 798, § 2.

Art. 1745. — *C. esp.*, art. 767. — *C. ital.*, art. 828.

n'aurait pas disposé comme il l'a fait, s'il eût connu la fausseté de la cause énoncée par lui.

Art. 1746. L'énonciation d'une cause fausse ou vraie, mais contraire aux lois, rend toujours nulle la disposition qu'elle concerne.

Art. 1747. La détermination d'un terme auquel devra commencer ou cesser d'avoir effet l'institution d'hériter, doit être réputée non écrite.

Art. 1748. Est nul le testament extorqué par violence ou capté par dol ou par fraude.

Art. 1749. Quiconque par dol, fraude ou violence, empêche une personne de faire ses dernières dispositions sera passible des peines établies par la loi pénale; s'il est héritier *ab intestat*, il sera en outre déchu de ses droits héréditaires, et la succession sera dévolue aux personnes qui la recueilleraient, s'il n'existait pas.

Art. 1750. L'autorité administrative, qui apprend qu'une personne empêche une autre de faire son testament, doit se transporter sans délai dans la demeure de celle-ci, avec un notaire et les témoins nécessaires; l'état de violence une fois vérifié, elle fera dresser procès-verbal, lequel sera transmis au ministère public, et assurera à la personne empêchée la liberté de faire ses dispositions.

Art. 1747. — *Sic : C. ital.*, art. 851. — *Contra : C. esp.*, art. 805. Voir art. 1759, 2°, 1810, 1822, 1823 et 1849.

Art. 1748. — *C. esp.*, art. 673, 756, 6°. — *C. ital.*, art. 725, 3°.

Art. 1749. — *C. esp.*, art. 674, 756, 7°. — *C. ital.*, art. 725, 4°. Voir art. 1782.

Art. 1751. Est nul le testament par lequel le testateur a exprimé sa volonté, non pas clairement et directement, mais seulement par signes ou par monosyllabes en réponse aux questions qui lui étaient faites.

Art. 1752. Le testateur ne peut interdire de demander la nullité de son testament dans les cas où cette nullité résulterait d'une disposition de la loi.

Art. 1753. Un testament ne peut être fait dans le même acte, par deux ou plusieurs personnes, soit à titre de disposition mutuelle, soit en faveur d'un tiers.

§ unique. Cette disposition n'est pas applicable aux testaments faits en commun (*de mão commun*), qui auraient date authentique lors de la promulgation du présent Code et qui n'auraient pas été révoqués.

Art. 1754. Le testateur peut révoquer à son gré son testament, en tout ou en partie; il ne peut renoncer à ce droit.

Art. 1755. Toutefois le testament ne peut être révoqué pour le tout ou pour partie que par un autre testament revêtu des formes légales, ou par acte public, ou par l'aliénation que le testateur fait, de son vivant, des biens légués.

Art. 1753. — *C. fr.*, art. 968. — *C. esp.*, art. 669. — *C. ital.*, art. 761.

Art. 1753, § unique. — Le testament de *mão commun* est celui que font par un seul et même acte deux personnes qui le signent l'une et l'autre et se gratifient mutuellement. Il était usité principalement entre époux (Mello Freire, III, 5, § 18).

Art. 1754, 1755. — *C. fr.*, art. 1035-1038. — *C. esp.*, art. 737-740. — *C. ital.*, art. 888-892.

Voir art. 1811, 1°, et 1819, § unique.

§ UNIQUE. Si le testament révocatoire contient en outre des dispositions, et qu'il soit annulé de ce chef pour inobservation des formes légales, il n'en produira pas moins son effet révocatoire, pourvu qu'il soit valable comme acte public.

ART. 1756. La confection d'un second testament qui ne fait point mention du premier n'emportera révocation de celui-ci que pour les dispositions inconciliables.

§ UNIQUE. S'il est représenté deux testaments de même date, sans qu'on puisse établir que l'un est postérieur à l'autre, et si ces testaments sont inconciliables, les dispositions contradictoires doivent être réputées non écrites de part et d'autre.

ART. 1757. La révocation produira son effet lors même que le second testament deviendrait caduc par l'incapacité de l'héritier ou des légataires qu'il institue, ou par leur renonciation.

ART. 1758. Toutefois le premier testament redeviendra efficace, si le testateur, en révoquant le second testament, déclare qu'il entend que le premier subsiste.

ART. 1759. Les dispositions testamentaires deviennent caduques et sont de nul effet, relativement aux héritiers ou légataires :

1° Lorsque les héritiers ou légataires décédent avant le testateur;

Art. 1756. — *Sic : C. fr.*, art. 1036. — *Contra : C. esp.*, art. 739.

Art. 1757. — *C. fr.*, art. 1037. — *C. esp.*, art. 740.

Art. 1758. — *C. esp.*, art. 739, § 2.

Art. 1759, 1°. — *C. fr.*, art. 1039. — *C. esp.*, art. 743, 766. — *C. ital.*, art. 890.

2° Lorsque, l'institution d'héritier ou le legs dépendant d'une condition, les héritiers ou légataires décèdent avant que cette condition s'accomplisse;

3° Lorsque les héritiers ou légataires deviennent incapables d'acquérir la succession ou les legs;

4° Lorsque les héritiers ou légataires renoncent à leurs droits.

Art. 1760. Lorsqu'il existe des enfants ou descendants du testateur que celui-ci ne connaissait pas ou qu'il supposait décédés, ou lorsqu'il lui naît des enfants, après sa mort ou de son vivant, mais depuis la confection de son testament, ledit testament ne vaudra que jusqu'à concurrence du tiers des biens.

Art. 1761. En cas de doute sur l'interprétation d'une disposition testamentaire, on doit s'en tenir à ce qui paraît le plus conforme à l'intention du testateur, eu égard à l'ensemble du testament.

Art. 1762. Les testaments qui auront date authentique avant

1759, 2°. — *C. fr.*, art. 1040.

1759, 3°, 4°. — *C. fr.*, art. 1043. — *C. esp.*, art. 766. — *C. ital.*, art. 890, 891.

Voir art. 1778.

Art. 1760. — Comp. *C. esp.*, art. 814. — *C. ital.*, art. 888.

Dans le droit italien, le testament, en pareil cas, est révoqué de plein droit.

Art. 1761. — *C. esp.*, art. 773. — *C. ital.*, art. 836.

Comp. art. 1837.

Art. 1762. — Voir art. 1765.

Les solennités extérieures, auxquelles cet article fait allusion, se réfèrent au mode de rédiger et de signer le testament, à sa présentation au notaire, au nombre des témoins, et à l'acte d'approbation, lorsqu'il s'agit d'un testament mystique.

la promulgation du présent Code, lors même qu'ils ne seraient pas conformes aux règles dudit Code sur les formes et solennités extérieures, produiront leur effet, s'ils ne sont pas révoqués, pourvu qu'ils réunissent les conditions requises par les lois en vigueur à l'époque de leur confection.

SECTION II.

DE CEUX QUI PEUVENT TESTER ET DE CEUX QUI PEUVENT ACQUÉRIR PAR TESTAMENT.

ART. 1763. Toutes personnes peuvent disposer par testament, excepté celles que la loi en déclare incapables.

ART. 1764. Sont incapables de tester :

1° Ceux qui n'ont pas l'esprit parfaitement sain;

2° Les condamnés dans les conditions de l'article 355;

3° Les individus de l'un et de l'autre sexe, âgés de moins de quatorze ans;

4° Les religieuses professes, tant qu'elles ne se sont pas dégagées de leurs vœux ou que leurs communautés n'ont pas été supprimées.

§ UNIQUE. Les aveugles et les personnes qui ne peuvent ou ne savent pas lire ne peuvent tester dans la forme mystique (*em testamento cerrado*).

Art. 1763. — *C. fr.*, art. 902. — *C. esp.*, art. 662. — *C. ital.*, art. 762.

Art. 1764, 1°. — *C. fr.*, art. 901. — *C. esp.*, art. 663, 2°. — *C. ital.*, art. 763, 3°.

1764, 3°. — *C. fr.*, art. 903 (16 ans). — *C. esp.*, art. 663, 1° (14 ans). — *C. ital.*, art. 763, 1° (18 ans).

1764, § UNIQUE. — *C. fr.*, art. 978. — *C. esp.*, art. 708. — *C. ital.*, art. 785.

Voir art. 1779.

Le testament mystique (*cerrado*) fait l'objet des art. 1920 et suiv.

Art. 1765. La capacité du testateur se détermine d'après l'état dans lequel il se trouve au moment de la confection du testament.

Art. 1766. Les époux mariés sous le régime de la coutume du royaume ne peuvent disposer à titre particulier des biens du ménage, que si ces biens leur sont échus en partage ou sont restés en dehors de la communauté.

Art. 1767. Le mineur ne peut tester au profit de son tuteur qu'après son émancipation et après la reddition du compte de tutelle.

§ unique. Cette prohibition ne s'applique pas aux testaments faits au profit des ascendants ou des frères et sœurs des mineurs.

Art. 1768. Il est également interdit au mineur de tester au profit de ses maîtres ou pédagogues ou de toutes autres personnes aux soins desquelles il a été confié.

Art. 1769. Seront de nul effet les dispositions faites par le malade au profit des médecins qui l'ont traité ou des confesseurs qui l'ont confessé durant la maladie dont il est mort.

Art. 1770. Les prohibitions établies par les deux articles précédents ne sont pas applicables :

1° Aux legs rémunératoires des services rendus au mineur ou au malade;

Art. 1765. — *C. esp.*, art. 666. — *C. ital.*, art. 763 *in fine*. — Comp. *C. fr.*, art. 901.

Art. 1767. — *C. fr.*, art. 907. — *C. esp.*, art. 753. — *C. ital.*, art. 769.

Art. 1769. — *C. fr.*, art. 909. — *C. esp.*, art. 752.

Art. 1770. — *C. fr.*, art. 909.

2° Aux dispositions faites à titre universel ou à titre particulier au profit des parents du testateur, jusqu'au quatrième degré inclusivement, s'il n'y a pas d'héritiers réservataires.

ART. 1771. L'époux adultère ne peut disposer par testament en faveur de son complice, lorsque la preuve de l'adultère a été faite en justice du vivant du testateur.

ART. 1772. Le testateur ne peut disposer en faveur du notaire qui dresse l'acte de son testament public, ou l'acte d'approbation de son testament mystique, ni de la personne qui écrit son testament mystique, ni enfin des témoins qui concourent à l'acte de son testament public, ou à l'acte d'approbation de son testament mystique.

ART. 1773. Les dispositions des articles 1767, 1768, 1769, 1771 et 1772 n'entraînent nullité que de la partie du testament à laquelle sont applicables lesdits articles.

ART. 1774. Ceux qui doivent la réserve héréditaire ne peuvent disposer par testament que de la quotité déterminée par la loi.

ART. 1775. Nul ne peut ordonner l'emploi en prières pour le repos de son âme (*suffragios*) de plus du tiers de la quotité disponible des biens qu'il laisse à son décès.

Art. 1771. — *C. esp.*, art. 756, 5°.

Art. 1772. — *C. esp.*, art. 754.

Voir art. 1978.

Art. 1774. — *C. fr.*, art. 920. — *C. esp.*, art. 806, 813-815.

Art. 1775. — Comp. *C. esp.*, art. 747. — *C. ital.*, art. 831.

Art. 1776. Les personnes existantes peuvent seules acquérir par testament; l'enfant conçu est considéré comme tel.

§ unique. Doit être réputé existant à l'époque du testament, l'enfant qui naît vivant et avec figure humaine dans les trois cents jours à compter de la mort du testateur.

Art. 1777. Seront néanmoins valables les dispositions faites en faveur des enfants à naître, au premier degré seulement, de personnes déterminées, pourvu que ces personnes soient vivantes lors du décès du testateur, lors même que l'héritier ou légataire ne naîtrait qu'après l'expiration des trois cents jours.

Art. 1778. La capacité d'acquérir par testament se détermine en se plaçant à l'époque de la mort du testateur et, dans le cas d'institution d'héritier ou de legs sous condition, en se plaçant à l'époque de l'accomplissement de la condition.

Art. 1779. Sont incapables de recevoir par testament, si ce n'est à titre d'aliments ou par legs d'argent ou d'autres objets mobiliers :

Art. 1776. — *C. fr.*, art. 906. — Comp. *C. esp.*, art. 745, 1°. — *C. ital.*, art. 724.

Art. 1777. — *C. ital.*, art. 764, § 2.

Art. 1778. — Comp. *C. fr.*, art. 906. — *C. esp.*, art. 758. — *C. ital.*, art. 764.

Art. 1779. — Voir art. 1764, 2° et 4°.

La disposition du n° 2 ne peut plus recevoir application. L'art. 355 se réfère à la loi pénale qui seule, à l'exclusion du juge, édicte les incapacités résultant de condamnations pour crimes ou délits. Or l'incapacité de tester ne résultait que des condamnations à mort, et la peine capitale ayant été abolie en 1867, il n'y a plus de condamnés incapables de tester.

1° Les religieuses professes, tant qu'elles ne se sont pas dégagées de leurs vœux ou que leurs communautés n'ont pas été supprimées;

2° Les condamnés, dans les conditions de l'article 355.

Art. 1780. Perdront tout droit à ce qui leur est laissé par le testateur, l'exécuteur testamentaire et le tuteur testamentaire qui se feront excuser, ou seront révoqués pour l'un des motifs spécifiés dans le n° 3 de l'article 235.

Art. 1781. Les personnes morales peuvent recevoir par testament, tant à titre d'héritiers qu'à titre de légataires.

§ unique. Il est fait exception à cette règle en ce qui concerne les corporations d'institution ecclésiastique, lesquelles ne pourront succéder que jusqu'à concurrence du tiers de la quotité disponible du testateur.

Art. 1782. Ne pourront profiter des dispositions testamentaires faites en leur faveur ceux qui auront été condamnés pour avoir attenté à la vie du testateur, ou concouru de quelque manière que ce soit à un attentat de cette nature, et ceux qui se seront opposés, par violences, menaces ou fraudes, à la révocation du testament.

§ unique. Néanmoins, dans le cas d'un attentat à la vie du testateur, si celui-ci y a survécu, la disposition faite par lui posté-

---

Art. 1780. — *C. esp.*, art. 900.
Comp. art. 1889.

Art. 1781. — *C. esp.*, art. 746, 748. — Comp. *C. fr.*, art. 910, et lois spéciales. — *C. ital.*, art. 833.

Art. 1782. — *C. fr.*, art. 727. — *C. esp.*, art. 756, 2°, 6° et 7°. — *C. ital.*, art. 725, 764.

Art. 1782, § unique. — *C. esp.*, art. 757. — *C. ital.*, art. 726.

IMPRIMERIE NATIONALE.

rieurement au crime duquel il avait connaissance sera valable; il en sera de même de la disposition par lui faite antérieurement au crime, s'il a déclaré, d'une manière authentique, y persister.

Art. 1783. Est applicable aux dispositions testamentaires la règle établie par l'article 1481.

SECTION III.

DE LA RÉSERVE ET DES DISPOSITIONS INOFFICIEUSES.

Art. 1784. La réserve est la portion de biens dont le testateur ne peut disposer et qui est attribuée par la loi à ses héritiers en ligne directe, ascendante ou descendante.

§ unique. Cette portion est des deux tiers des biens du testateur, sauf ce qui est ordonné par l'article 1787.

Art. 1785. Lorsque le testateur a tout à la fois des enfants légitimes ou légitimés et des enfants naturels reconnus, on observera les règles ci-après exprimées :

1° Si les enfants naturels étaient déjà reconnus lorsque le tes-

---

Art. 1783. — *C. fr.*, art. 911. — *C. esp.*, art. 755. — *C. ital.*, art. 773.

Art. 1784. — *C. esp.*, art. 806.

Art. 1784, § unique. — Comp. *C. fr.*, art. 913. — *C. esp.*, art. 808. — *C. ital.*, art. 805.

La quotité disponible est du tiers dans le droit espagnol, de la moitié dans le droit italien; elle varie en France, suivant le nombre des enfants, de la moitié au quart.

Lire dans la *Revue historique de droit français et étranger*, t. III (1857), une étude historique sur la quotité disponible en Portugal, par M. L.-M. Jordão (p. 497-508).

Art. 1785. — Comp. *C. fr.*, art. 757. — *C. esp.*, art. 840 et suiv. — *C. ital.*, art. 815.

Voir art. 1989-1992.

tateur a contracté le mariage duquel sont issus les enfants légitimes, la part des enfants naturels sera égale à la réserve des enfants légitimes diminuée d'un tiers;

2° Si les enfants naturels n'ont été reconnus que depuis la célébration du mariage, leur part ne pourra excéder la réserve des autres enfants diminuée d'un tiers et ne pourra être prise que sur le tiers disponible.

Art. 1786. Si le testateur, à l'époque de son décès, n'a pas d'enfants, mais laisse son père ou sa mère, la réserve des père et mère sera des deux tiers de la succession.

Art. 1787. Si le testateur, à l'époque de son décès, ne laisse que des ascendants autres que son père ou sa mère, la réserve de ces ascendants sera de la moitié de la succession.

Art. 1788. Lorsque la disposition testamentaire est d'un usufruit ou d'une rente viagère dont la valeur excède la quotité disponible, les héritiers réservataires auront le choix, ou d'exécuter cette disposition, ou de faire au légataire abandon de la quotité disponible seulement.

Art. 1789. Lorsque les donations ou les legs excédent la quotité disponible, les héritiers réservataires pourront, lors de l'ouver-

---

Art. 1786, 1787. — Comp. *C. fr.*, art. 915. — *C. esp.*, art. 809. — *C. ital.*, art. 807.

Art. 1788. — *C. fr.*, art. 917. — *C. esp.*, art. 820, 3°. — *C. ital.*, art. 810.

Voir art. 2148-2150.

Art. 1789. — *C. fr.*, art. 920, 921. — *C. esp.*, art. 817. — *C. ital.*, art. 821.

ture de la succession, demander qu'ils soient réduits conformément aux articles 1493 et 1494.

Art. 1790. Le calcul de la quotité disponible, en vue de la réduction, se fera de la manière suivante.

§ 1. Il sera fait masse de tous les biens qui composent la succession du *de cujus,* après déduction des dettes; on y réunira fictivement la valeur des biens dont le *de cujus* a disposé par donation, et l'on calculera la quotité disponible sur le total ainsi obtenu.

§ 2. La valeur des biens donnés se déterminera en se plaçant à l'époque où les donations ont produit leurs effets.

§ 3. Les biens donnés qui ont péri sans le concours direct du donataire ne seront point compris dans la masse de la succession pour le calcul de la réserve.

SECTION IV.

DE L'INSTITUTION D'HÉRITIER ET DE LA DÉSIGNATION DES LÉGATAIRES ET DES DROITS ET OBLIGATIONS QUI EN RÉSULTENT.

Art. 1791. L'institution d'héritier peut être faite au profit d'une ou de plusieurs personnes, lesquelles seront toutes considérées comme héritiers, lors même que des quote-parts déterminées leur seraient assignées.

Art. 1792. L'héritier est tenu, même sur ses propres biens, de toutes les dettes contractées et de tous les legs faits par son

---

Art. 1790. — *C. fr.,* art. 922. — *C. esp.,* art. 818. — *C. ital.,* art. 822.

Art. 1791, 1792. — Comp. *C. fr.,* art. 1009. — *C. esp.,* art. 660, 661, 858. — *C. ital.,* art. 827, 968, 1029.

Voir art. 2018, 2019, 2051, 2053.

auteur, à moins qu'il n'accepte la succession sous bénéfice d'inventaire.

Art. 1793. Le légataire n'est tenu des charges du legs que jusqu'à concurrence de la valeur de ce legs.

Art. 1794. Lorsque la succession est tout entière distribuée en legs, les dettes et charges héréditaires se diviseront entre tous les légataires au marc le franc de la valeur des legs, si le testateur n'en a autrement ordonné.

Art. 1795. Si les biens de la succession ne suffisent pas pour payer tous les legs, ceux-ci seront payés au marc le franc, à l'exception de ceux qui sont faits à titre de rémunération, lesquels seront considérés comme dettes de la succession.

Art. 1796. Lorsque le testateur n'a disposé que d'une portion déterminée de sa succession, cette disposition sera considérée comme un legs.

Art. 1793. — Comp. *C. fr.*, art. 1024. — *C. esp.*, art. 858. — *C. ital.*, art. 1033.

Voir art. 1800, 2231-2233.

Art. 1794. — *C. esp.*, art. 891.

Art. 1795. — Comp. *C. fr.*, art. 926. — *C. esp.*, art. 887. — *C. ital.*, art. 824.

Le Code espagnol détermine l'ordre, suivant lequel le payement des legs doit se faire : 1° les legs rémunératoires ; 2° les legs d'une chose certaine et déterminée ; 3° les legs que le testateur a déclaré préférer ; 4° les legs d'aliments ; 5° les legs d'éducation ; 6° les autres au prorata.

Voir art. 1839 et 1893.

Art. 1796. — *C. esp.*, art. 768.

Comp. art. 1736.

Art. 1797. Lorsque le testateur a désigné certains héritiers individuellement et d'autres collectivement, comme par exemple lorsqu'il a dit : « J'institue pour mes héritiers Pierre et Paul et les enfants de François », ceux qui sont désignés collectivement seront considérés comme désignés individuellement.

Art. 1798. Lorsque le testateur a institué ses frères et sœurs en termes généraux et qu'il en laisse de germains, de consanguins et d'utérins, la succession se partagera comme si elle était *ab intestat*.

Art. 1799. Lorsque le testateur a institué telle personne et ses enfants, l'institution sera réputée faite au profit de tous simultanément et non successivement.

Art. 1800. L'héritier qui a administré la succession ne pourra, lorsque celle-ci est absorbée par les legs, se faire indemniser par les légataires que des dépenses qu'il aurait faites, s'il avait accepté la succession sous bénéfice d'inventaire.

Art. 1801. Le legs de la chose d'autrui est nul; mais s'il résulte du testament que le testateur ignorait qu'il ne fût pas pro-

---

Art. 1797. — *C. esp.*, art. 769.
Voir art. 1799.

Art. 1798. — *C. esp.*, art. 770.
Comp. art. 1742.

Art. 1799. — *C. esp.*, art. 771.

Art. 1800. — Comp. art. 1908.

Art. 1801, 1802. — *C. esp.*, art. 861, 862. — *C. ital.*, art. 837. — Comp. *C. fr.*, art. 1021.

Le Code français considère le legs comme nul, que le testateur ait connu ou non que la chose léguée appartenait à autrui.

Voir art. 1804.

priétaire de la chose, l'héritier sera tenu d'acquérir cette chose pour exécuter le legs et, s'il ne peut l'acquérir, d'en payer la valeur au légataire.

Art. 1802. Si la chose léguée, qui n'appartenait pas au testateur lors de la confection du testament, est ensuite devenue sienne à quelque titre que ce soit, le legs de cette chose aura son effet, comme si elle avait appartenu au testateur à l'époque du testament.

Art. 1803. Lorsque le testateur a ordonné à l'héritier ou au légataire de donner à autrui sa propre chose, l'héritier ou le légataire sera obligé de se conformer à cette disposition du testament ou de donner la valeur de la chose, si mieux il n'aime renoncer à la succession ou au legs.

Art. 1804. Lorsque le testateur, l'héritier ou le légataire n'est propriétaire que d'une partie de la chose léguée, ou n'a qu'un droit sur cette chose, le legs ne sera valable que pour cette partie ou pour ce droit; toutefois, s'il est établi que le testateur croyait que la chose appartenait pour le tout, soit à lui-même, soit à l'héritier ou au légataire, il y aura lieu d'observer la disposition de l'article 1801.

Art. 1805. Le legs d'un meuble indéterminé, mais désigné par le genre ou l'espèce, sera valable, encore qu'il n'y ait point de

---

Art. 1803. — *C. esp.*, art. 863. — *C. ital.*, art. 838.
Voir art. 1847.

Art. 1804. — *C. esp.*, art. 864. — *C. ital.*, art. 839.

Art. 1805. — *C. fr.*, art. 1022. — *C. esp.*, art. 875. — *C. ital.*, art. 840.

meuble semblable dans les biens du testateur lors du décès de celui-ci.

Art. 1806. Lorsque le testateur a légué sa propre chose en la désignant nommément, le legs sera nul, si la chose ne se trouve plus dans sa succession lors de son décès.

Art. 1807. Si la chose dont il s'agit à l'article précédent se trouve dans la succession du testateur, mais non la quantité ou la partie de cette chose désignée par le testament, le légataire aura ce qui se trouvera de cette chose, ni plus ni moins.

Art. 1808. La clause du testament qui défend à l'héritier ou au légataire de se marier ou de ne point se marier sera réputée non écrite, à moins que cette défense ne soit faite par l'époux prémourant ou par ses ascendants ou descendants à l'époux veuf avec enfants. La clause qui ordonne d'embrasser ou de ne point embrasser l'état ecclésiastique ou une profession déterminée sera, de même, réputée non écrite.

Art. 1809. Est nulle la disposition faite sous la condition que l'héritier ou le légataire fera également, par son testament, quelque disposition en faveur du testateur ou d'un tiers.

Art. 1810. La condition qui suspend seulement pour un cer-

Art. 1806, 1807. — *C. ital.*, art. 841.
Voir art. 1828.

Art. 1808. — *C. esp.*, art. 793. — *C. ital.*, art. 850. — Comp. *C. fr.*, art. 900.
Voir art. 1848.

Art. 1809. — *C. esp.*, art. 794. — *C. ital.*, art. 852.

Art. 1810. — *C. fr.*, art. 1041. — *C. esp.*, art. 799. — *C. ital.*, art. 854.

tain temps l'exécution de la disposition n'empêchera pas l'héritier ou le légataire d'avoir droit acquis à la succession ou au legs et de transmettre ce droit à ses héritiers.

Art. 1811. Le legs sera sans effet :

1° Lorsque le testateur aliène par un mode quelconque la chose léguée ;

2° Lorsque la chose léguée n'est pas dans le commerce ;

3° Lorsque le testateur transforme la chose léguée de manière à lui faire perdre la forme et le nom qu'elle avait lors du testament ;

4° En cas de perte totale ou d'éviction de la chose léguée survenue du vivant du testateur, ou après sa mort, sans le concours de l'héritier.

§ unique. Toutefois celui qui est obligé de délivrer la chose léguée répondra de l'éviction, lorsque la chose délivrée n'était pas déterminée quant à l'espèce.

Art. 1812. Lorsque de deux choses léguées alternativement l'une vient à périr, le legs subsistera à l'égard de l'autre. Lorsqu'une partie seulement de la chose périt, le reste sera dû.

Art. 1811, 1°. — *C. fr.*, art. 1038. — *C. esp.*, art. 869, 2°. — *C. ital.*, art. 892, § 1.

Art. 1811, 2°. — *C. esp.*, art. 865.

Art. 1811, 3°. — *C. esp.*, art. 869, 1°. — *C. ital.*, art. 892, § 2.

Art. 1811, 4°. — *C. fr.*, art. 1042. — *C. esp.*, art. 869, 3°. — *C. ital.*, art. 893.

Art. 1811, § unique. — *C. esp.*, art. 860, 869, 3°.

Art. 1812. — *C. esp.*, art. 874. — *C. ital.*, art. 894.

Art. 1813. Le légataire ne peut accepter un legs pour partie et le répudier pour le reste, ni répudier un legs onéreux et en accepter un autre sans charges; mais celui qui est en même temps héritier et légataire peut renoncer à la succession et accepter le legs, et *vice versa*.

Art. 1814. L'institution d'héritier faite par une personne qui n'avait pas d'enfants lorsqu'elle a testé ou qui ne savait pas qu'elle en eût, est caduque, de droit, par la survenance à cette personne d'enfants ou autres descendants légitimes, même posthumes, ou par la légitimation de ses enfants illégitimes en vertu d'un mariage subséquent.

§ 1. La reconnaissance, postérieure au testament, d'enfants illégitimes, nés avant ou depuis ce testament, ne rend pas nulle l'institution d'héritier, mais en réduit les effets à la quotité disponible.

§ 2. Le legs n'est pas caduc dans les cas sus-énoncés, mais il est réductible pour cause d'inofficiosité.

Art. 1815. Lorsque les enfants survenus au testateur décèdent avant lui, la disposition produira ses effets, si elle n'a pas été révoquée par le testateur.

Art. 1816. Lorsque la chose léguée est engagée, elle devra être dégagée aux dépens de la succession.

Art. 1813. — *C. esp.*, art. 889, 890.
Voir art. 1972, 2020-2022, 2033-2043.

Art. 1814. — *C. ital.*, art. 888.

Art. 1815. — *C. ital.*, art. 889.

Art. 1816. — Comp. *C. fr.*, art. 1020. — *C. esp.*, art. 867. — *C. ital.*, art. 878.
Voir art. 2234.

Art. 1817. Le legs d'une chose ou d'une quantité dont le légataire doit recevoir délivrance dans un lieu déterminé ne vaudra que jusqu'à concurrence de la portion qui se trouve dans ce lieu.

Art. 1818. Lorsque le testateur lègue une chose ou une somme déterminée, comme en étant débiteur envers le légataire, le legs sera valable, bien que la chose ou la somme ne fût en réalité pas due, à moins que le légataire ne soit incapable de la recevoir à titre gratuit.

Art. 1819. Lorsque la créance léguée est à terme, le légataire ne sera pas obligé d'attendre l'échéance du terme pour exiger le payement.

§ unique. Néanmoins le legs sera sans effet, si le testateur, débiteur à l'époque de la confection du testament, a, depuis lors, payé sa dette.

Art. 1820. Le legs fait au créancier, sans que la dette du testateur soit mentionnée dans le testament, ne sera pas réputé fait en compensation de la créance du légataire.

Art. 1821. Lorsque le testateur lègue une créance qu'il a contre un tiers ou contre le légataire lui-même, ou donne quittance à son débiteur, l'héritier se libérera en remettant au légataire les titres de la créance.

§ unique. Si la créance léguée se trouve compensée, en tout

Art. 1817. — *C. ital.*, art. 842.

Art. 1818. — Comp. *C. esp.*, art. 870.

Art. 1820. — *C. fr.*, art. 1023. — *C. esp.*, art. 873.

Art. 1821. — *C. esp.*, art. 870.

ou en partie, le légataire pourra exiger de l'héritier l'équivalent de la créance ou de la partie compensée, mais il ne pourra rien exiger lorsque l'extinction de la créance provient d'une autre cause.

Art. 1822. Lorsque l'institution d'héritier est faite sous condition suspensive, la succession sera confiée à un administrateur jusqu'à l'accomplissement de la condition ou jusqu'à ce qu'il soit certain qu'elle ne s'accomplira pas.

§ unique. L'administration sera remise au cohéritier institué purement et simplement, si l'accroissement peut avoir lieu entre ce cohéritier et celui que le même testament institue sous condition.

Art. 1823. Si l'héritier institué sous condition n'a pas de cohéritier ou s'il n'y a pas droit d'accroissement entre ses cohéritiers et lui, la succession sera administrée par l'héritier légitime présomptif, à moins que l'héritier conditionnel n'ait de justes motifs pour s'y opposer.

§ unique. L'héritier conditionnel pourra être mis en possession de l'héritage, en donnant caution.

Art. 1824. Les dispositions des deux articles précédents sont applicables en cas d'institution d'enfants à naître.

Art. 1825. Les administrateurs mentionnés dans les articles précédents auront les mêmes droits et les mêmes devoirs que les curateurs provisoires des biens de l'absent.

Art. 1822. — *C. esp.*, art. 801, 802.

Art. 1823. — *C. esp.*, art. 803.

Art. 1824. — Comp. *C. fr.*, art. 393. — *C. esp.*, art. 965. — *C. ital.*, art. 236.

Art. 1825. — *C. esp.*, art. 804.

Art. 1826. Le legs pur et simple confère au légataire un droit transmissible à compter du jour du décès du testateur.

Art. 1827. Lorsque le legs est d'une chose indéterminée à prendre parmi celles d'une certaine espèce, le choix appartiendra au débiteur de cette chose, qui doit l'exercer en se tenant dans un juste milieu sous le rapport de la qualité.

Art. 1828. Si le choix est attribué au légataire, par une clause expresse du testament, le légataire choisira à son gré parmi les choses de l'espèce indiquée; s'il n'y a point de choses de cette espèce, il appartiendra à l'héritier de choisir la chose qu'il doit donner, sans être tenu de l'offrir de la meilleure qualité ni pouvoir l'offrir de la plus mauvaise.

Art. 1829. Lorsque le legs est fait sous alternative, le choix appartiendra à l'héritier, s'il n'est expressément conféré au légataire.

Art. 1830. Si l'héritier ou le légataire ne peut faire son choix, dans les cas où il en a le droit, ce droit passera à ses héritiers; mais, dès que le choix est fait, il sera irrévocable.

Art. 1831. Le legs d'aliments comprend la nourriture, les vêtements, le logement et, lorsque le légataire est mineur, l'éducation.

Art. 1826. — *C. fr.*, art. 1014. — *C. esp.*, art. 881. — *C. ital.*, art. 862.

Art. 1827. — *C. fr.*, art. 1022. — *C. esp.*, art. 875. — *C. ital.*, art. 870.

Art. 1828. — *C. esp.*, art. 876. — *C. ital.*, art. 873.

Art. 1829. — *C. esp.*, art. 874. — *C. ital.*, art. 874.

Art. 1830. — *C. esp.*, art. 877. — *C. ital.*, art. 875.

Art. 1831. — Comp. *C. esp.*, art. 879. — *C. ital.*, art. 846.

§ 1. Cette obligation de subvenir à l'éducation du légataire dure jusqu'à ce que celui-ci ait acquis l'habileté, ou les titres nécessaires pour l'exercice du métier ou de la profession dont il a fait choix. Elle cessera, si le légataire ne fait choix d'aucun métier ni d'aucune profession.

§ 2. Les dispositions de l'article 181 s'appliquent à l'obligation dont il s'agit.

§ 3. Les paragraphes qui précèdent sont applicables par analogie au legs dont l'objet unique est de pourvoir à l'éducation du légataire.

Art. 1832. Le legs d'une maison avec tout ce qui s'y trouve ne comprendra pas les créances, lors même que les titres de ces créances seraient trouvés dans la maison.

Art. 1833. Le legs d'un usufruit, sans détermination de durée, est réputé fait pour toute la vie du légataire.

Art. 1834. Si le legs d'un usufruit, sans détermination de durée, est en faveur d'une corporation perpétuelle, il est réputé fait pour trente ans, et pas plus.

Art. 1835. Le legs fait à un mineur pour le temps où il atteindra sa majorité ne pourra être réclamé plus tôt par ce mineur, même s'il est émancipé.

Art. 1836. Le legs fait pour œuvres pies, sans autre indication, doit être appliqué à des œuvres de bienfaisance et de charité.

Art. 1834. — Voir art. 2244.

Art. 1836. — Comp. *C. esp.*, art. 747-749. — *C. ital.*, art. 832.

Art. 1837. L'équivoque existant du fait du testateur, à l'égard de la personne du légataire ou de la chose léguée, n'entraînera pas la nullité du legs, lorsqu'on peut établir clairement quelle a été l'intention du testateur.

Art. 1838. Le légataire doit demander à l'héritier l'exécution du legs, à moins qu'il ne soit en possession de la chose léguée.

§ 1. Les héritiers qui tardent à prendre possession de la succession pourront être assignés pour déclarer s'ils l'acceptent ou s'ils y renoncent.

§ 2. Si les héritiers renoncent, les légataires pourront requérir la nomination d'un curateur à la succession vacante et demander à ce curateur la délivrance du legs.

§ 3. La délivrance du legs mis à la charge d'un autre légataire doit être demandée à celui-ci.

Art. 1839. Si la succession tout entière est distribuée en plusieurs legs et que le testateur n'ait point nommé d'exécuteur testamentaire, cette fonction sera remplie par le légataire le plus gratifié. En cas d'égalité, l'exécuteur du testament sera désigné par les légataires, et s'ils ne peuvent s'accorder, ou si l'un deux est mineur, absent ou interdit, l'exécuteur sera nommé par justice.

Art. 1840. Le légataire a droit, du jour du décès du testateur,

---

Art. 1837. — *C. esp.*, art. 773. — *C. ital.*, art. 836.

Art. 1838. — *C. fr.*, art. 1004, 1011, 1014. — *C. esp.*, art. 885. — *C. ital.*, art. 863.

Voir art. 2041.

Art. 1839. — Comp. art. 1893.

Art. 1840. — *C. fr.*, art. 1014, 1015. — *C. esp.*, art. 882, 884. — *C. ital.*, art. 864, 865, 866.

Les Codes français et italien ne font courir les intérêts ou fruits au profit

aux fruits et revenus de la chose léguée, si le testateur n'en a autrement ordonné.

Art. 1841. En cas de legs d'une prestation périodique, la première période courra du jour du décès du testateur, et le légataire aura droit à la prestation dès le commencement de la période suivante, lors même qu'il mourrait avant la fin de cette période.

§ unique. Le legs ne sera toutefois exigible qu'à l'expiration de chaque période, à moins qu'il ne soit fait à titre d'aliments, comme il est dit en l'article 184.

Art. 1842. Les frais de la délivrance de la chose léguée seront à la charge de la succession, si le testateur n'en a autrement ordonné.

Art. 1843. La chose léguée doit être délivrée, avec ses accessoires, dans le lieu et dans l'état où elle se trouve au décès du testateur.

---

du légataire qu'à compter du jour de sa demande en délivrance ou du jour où cette délivrance lui aurait été volontairement consentie. Il faut, pour que le légataire puisse prétendre aux intérêts et fruits de la chose léguée à partir du jour de la mort du testateur, que ce dernier l'ait expressément ordonné, ou que le legs consiste en une rente viagère ou une pension octroyée à titre d'aliments, ou encore (d'après le Code italien) que le legs soit d'un fonds ou d'un capital ou d'une chose productive de fruits.

Lorsque le legs consiste en une chose qui n'est spécifiée et déterminée que par son genre et sa quantité, les fruits et les intérêts n'appartiennent au légataire à partir du décès du testateur que lorsque ce dernier l'a expressément ordonné.

Art. 1841. — *C. esp.*, art. 880. — *C. ital.*, art. 867.

Art. 1842. — *C. fr.*, art. 1016. — *C. esp.*, art. 886, § 3. — *C. ital.*, art. 877.

Art. 1843. — *C. fr.*, art. 1018. — *C. esp.*, art. 883. — *C. ital.*, art. 876.

§ unique. Le legs consistant en argent, en bijoux ou autres valeurs représentées par des titres, de quelque nature que soient ceux-ci, doit être délivré dans le lieu de l'ouverture de la succession, s'il n'en est autrement ordonné par le testateur ou convenu entre les parties.

Art. 1844. Lorsque le testateur, après avoir légué une propriété, y réunit, par des acquisitions, d'autres biens, ceux-ci, même s'ils sont contigus, ne seront pas compris dans le legs, à moins que le testateur ne le déclare par une nouvelle disposition.

§ unique. Cela ne s'entendra pas toutefois des impenses nécessaires, utiles ou voluptuaires faites par le testateur lui-même sur l'immeuble légué.

Art. 1845. Lorsque la chose léguée se trouve grevée de redevance emphytéotique, de *quinhão*, de servitude ou autre charge inhérente à la chose, elle passera en cet état au légataire.

§ unique. Toutefois l'arriéré des redevances, *quinhões* ou autres charges sera payé par la succession.

Art. 1846. Les immeubles que les héritiers tiennent du testateur seront, conformément au n° 8 de l'article 906, grevés d'hypothèque pour la garantie du payement du legs.

§ unique. Toutefois, si l'un des héritiers est spécialement tenu du payement des legs, les légataires ne pourront exercer leur droit hypothécaire que sur les immeubles échus en partage à cet héritier.

Art. 1844. — *C. fr.*, art. 1019. — *C. ital.*, art. 847.

Art. 1845. — *C. fr.*, art. 1020. — *C. esp.*, art. 867, 868. — *C. ital.*, art. 878.

Art. 1846. — *C. fr.*, art. 1017, 1024. — *C. esp.*, art. 858, 859. — *C. ital.*, art. 868, 869.

IMPRIMERIE NATIONALE.

Art. 1847. Lorsque le testateur a légué la chose de l'un des cohéritiers, les autres seront tenus d'indemniser celui-ci proportionnellement à leurs parts, si le testateur n'en a autrement ordonné.

Art. 1848. Lorsque la succession ou le legs est laissé sous la condition imposée à l'héritier ou au légataire de ne point donner ou de ne point faire quelque chose, l'héritier ou le légataire pourra être obligé, sur la demande des intéressés, à donner caution de se conformer à la condition, sans préjudice des dispositions de l'article 1808.

Art. 1849. Lorsque le legs est fait sous condition ou pour n'avoir effet que dans un temps déterminé, le légataire pourra exiger de la personne obligée à la délivrance qu'elle donne caution pour la garantie de sa dette.

Art. 1850. Si le testament est déclaré nul après le payement du legs, l'héritier apparent, pourvu qu'il ait payé de bonne foi, se libérera envers le véritable héritier par la restitution du reste de la succession, sauf le recours de celui-ci contre le légataire.

§ unique. Cette disposition est applicable aux legs faits sous certaines charges.

Art. 1851. Si le légataire à qui des charges sont imposées manque, par sa faute, de recevoir la totalité du legs, les charges seront réduites en proportion de ce qu'il n'a pas reçu, et, en cas d'éviction, le légataire pourra répéter ce qu'il a payé.

Art. 1847. — *C. ital.*, art. 869, § 2. — Comp. *C. esp.*, art. 863.

Art. 1848. — *C. esp.*, art. 800. — *C. ital.*, art. 855.

Art. 1849. — *C. esp.*, art. 805. — *C. ital.*, art. 856.

Art. 1852. Lorsque l'un des cohéritiers institués décède avant le testateur, répudie la succession, ou devient incapable de la recueillir, sa part accroîtra à ses cohéritiers, si le testateur n'en a autrement ordonné.

Art. 1853. Le droit d'accroissement appartiendra de même aux héritiers, lorsque les légataires ne peuvent ou ne veulent profiter des legs faits en leur faveur.

Art. 1854. Le droit d'accroissement n'aura pas lieu entre les légataires; mais si la chose léguée est indivisible ou ne peut être divisée sans perte, le colégataire aura le choix, ou de la conserver tout entière en payant aux héritiers la valeur de la part caduque, ou de réclamer d'eux la valeur de la part qui lui est directement échue en leur restituant la chose.

§ unique. Toutefois, si le legs est grevé d'une charge et que cette charge disparaisse comme caduque, le légataire profitera de l'avantage qui en résulte, si le testateur n'en a autrement ordonné.

Art. 1855. Les héritiers qui profitent du droit d'accroissement succéderont aux droits et obligations que celui qui n'a pu ou voulu recevoir sa part aurait eus, s'il l'avait recueillie.

Art. 1856. Les héritiers auxquels une part échoit par droit d'accroissement pourront répudier cette part lorsqu'elle a été grevée par le testateur de charges spéciales; mais, dans ce cas, cette

---

Art. 1852, 1853. — *C. fr.*, art. 1044. — *C. esp.*, art. 888, 981 et suiv. — *C. ital.*, art. 879, 886.

Art. 1854. — *Contra* : *C. fr.*, art. 1044. — *C. esp.*, art. 888, 987. — *C. ital.*, art. 884.

Art. 1855. — *C. esp.*, art. 984. — *C. ital.*, art. 882, 883.

part sera recueillie par la personne ou les personnes en faveur de qui ces charges avaient été établies.

ART. 1857. Le légataire peut revendiquer contre les tiers la chose léguée, mobilière ou immobilière, pourvu qu'elle soit certaine et déterminée.

SECTION V.

DES SUBSTITUTIONS.

ART. 1858. Le testateur peut substituer une ou plusieurs personnes à l'héritier ou aux héritiers institués, ou aux légataires, pour le cas où ces héritiers ou légataires ne pourraient ou ne voudraient accepter la succession ou le legs. Cette substitution est dite *vulgaire* ou *directe*.

§ UNIQUE. Cette substitution cesse dès que l'héritier a accepté la succession.

ART. 1859. Le testateur qui a des enfants ou autres descendants sous sa puissance paternelle et ne devant pas se trouver, par sa mort, sous la puissance paternelle d'un autre ascendant, pourra leur substituer tels héritiers ou légataires qu'il lui plaît pour le cas où ces enfants ou descendants décéderaient avant l'âge de quatorze ans révolus, sans distinction de sexe. Cette substitution est dite *pupillaire*.

ART. 1860. La substitution pupillaire cesse dès que le substitué atteint l'âge indiqué dans l'article précédent, ou meurt laissant des descendants aptes à lui succéder.

Art. 1858. — *C. fr.*, art. 898. — *C. esp.*, art. 774. — *C. ital.*, art. 895.

Art. 1859. — *C. esp.*, art. 775.

Art. 1861. La disposition de l'article 1859 s'applique, sans distinction d'âge, lorsque l'enfant ou autre descendant est en démence, pourvu que la démence ait été déclarée judiciairement; la substitution est alors dite *quasi-pupillaire.*

Art. 1862. La substitution dont il s'agit dans l'article précédent cessera, si l'aliéné redevient sain d'esprit.

Art. 1863. La substitution dont il s'agit dans les articles 1859 et 1861 ne s'applique qu'aux biens dont le substitué pourrait disposer, s'il n'était incapable à l'époque de son décès, et qu'il a recueillis du chef du testateur.

Art. 1864. Les appelés à la substitution recueillent la succession ou le legs avec les mêmes charges qui incomberaient aux héritiers ou légataires substitués, à l'exception de celles qui auraient un caractère purement personnel, sauf s'il en a été autrement ordonné.

Art. 1865. Lorsque les cohéritiers ou les légataires gratifiés de parts égales sont substitués les uns aux autres, ils sont réputés l'être avec des droits égaux.

§ unique. Néanmoins, lorsque les appelés sont plus nombreux que les institués, et que rien n'a été spécifié, la substitution est réputée faite pour des parts égales.

Art. 1861, 1862. — *C. esp.*, art. 776.

Art. 1863. — Comp. *C. esp.*, art. 777, 782.

Art. 1864. — *C. esp.*, art. 780. — *C. ital.*, art. 897.

Art. 1865. — *C. esp.*, art. 779. — *C. ital.*, art. 898.

Art. 1866. La disposition testamentaire par laquelle un héritier ou un légataire est chargé de conserver et de rendre à son décès à un tiers la succession ou le legs s'appelle substitution fidéicommissaire ou fidéicommis.

Art. 1867. Sont interdites à l'avenir les substitutions fidéicommissaires, excepté :

1° Lorsqu'elles sont faites par le père ou la mère, sur leurs biens disponibles, au profit de leurs petits-enfants nés ou à naître ;

2° Lorsqu'elles sont faites en faveur des descendants, au premier degré, des frères ou sœurs du testateur.

Art. 1868. Le fidéicommissaire a droit acquis à la succession dès le moment du décès du testateur, lors même qu'il ne survivrait pas au fiduciaire. Ce droit passe à ses héritiers.

Art. 1869. La nullité de la substitution fidéicommissaire n'entraînera pas celle de l'institution ou du legs; la clause de fidéicommis sera seulement réputée non écrite.

Art. 1870. Ne sera pas considérée comme un fidéicommis la

Art. 1866, 1867. — *C. fr.*, art. 896, 897, 1048 et suiv. — *C. esp.*, art. 781. — *C. ital.*, art. 899.

Le Code espagnol autorise les substitutions fidéicommissaires, à moins qu'elles ne dépassent le second degré et qu'elles ne soient faites en faveur de personnes vivantes au moment de la mort du testateur. Le Code français permet les substitutions fidéicommissaires dans les deux cas admis par le Code portugais (voir les lois du 17 mai 1826 et du 7 mai 1849). Le Code italien les prohibe d'une façon absolue.

Art. 1868. — *C. fr.*, art. 1051. — *C. esp.*, art. 784.

Art. 1869. — *C. esp.*, art. 786. — *C. ital.*, art. 900.

Art. 1870. — *C. fr.*, art. 899. — *C. esp.*, art. 787. — Comp. *C. ital.*, art. 901.

disposition par laquelle le testateur laisse à l'un l'usufruit et à l'autre la nue propriété d'une chose déterminée, lorsqu'il ne charge pas l'usufruitier ou le propriétaire de rendre, à son décès, à une autre personne cet usufruit ou cette nue propriété.

Art. 1871. Seront considérées comme des fidéicommis et, comme telles, sont interdites :

1° Les dispositions faites avec défense d'aliéner;

2° Les dispositions par lesquelles un tiers est appelé à recueillir ce qui restera de la succession ou du legs, à la mort de l'héritier ou du légataire;

3° Les dispositions par lesquelles l'héritier ou le légataire est chargé de servir à deux ou plusieurs personnes successivement une rente ou pension déterminée.

Art. 1872. La prohibition résultant de l'article précédent ne concerne pas les dispositions qui obligent les héritiers ou les légataires à donner une somme déterminée pour les indigents, pour doter des jeunes filles pauvres, ou pour soutenir un établissement ou une fondation de pure utilité publique.

§ 1. Toutefois, dans ce cas, la charge devra être assignée sur des immeubles déterminés, et il sera toujours permis à l'héritier ou au légataire grevé de racheter la prestation par le payement en argent du capital correspondant.

§ 2. Les héritiers ou les légataires grevés de charges de cette nature ne pourront d'ailleurs être assujettis à aucun ordre spécial de succession autre que l'ordre établi par le droit commun.

Art. 1871. — *C. esp.*, art. 785.
Voir art. 2199 et 2250.

Art. 1872. — *C. esp.*, art. 788. — *C. ital.*, art. 902.

Art. 1873. L'héritier ou le légataire, lorsque la succession ou le legs est grevé de substitution fidéicommissaire, est réputé simplement usufruitier.

Art. 1874. Les fidéicommis temporaires, antérieurs à la promulgation du présent Code, n'auront d'effet qu'en ce qui concerne le premier degré de substitution, si le droit à ces fidéicommis est acquis, par le décès du testateur, avant ladite promulgation.

SECTION VI.

DE L'EXHÉRÉDATION.

Art. 1875. Les héritiers réservataires peuvent être privés par le testateur de leur réserve ou déshérités dans les cas où la loi le permet expressément.

Art. 1876. Peut être déshérité par ses père et mère :

1° L'enfant qui a commis contre leur personne un délit passible d'une peine supérieure à six mois d'emprisonnement;

2° L'enfant qui a, devant la justice, accusé ou dénoncé ses père et mère comme coupables d'un délit commis contre la personne d'un autre que lui-même, son conjoint, ses ascendants, ses descendants, ou ses frères ou sœurs;

3° L'enfant qui, sans motif légitime, a refusé à ses père et mère les aliments qu'il leur devait.

Art. 1877. Les descendants de l'enfant déshérité, lorsqu'ils

Art. 1873. — Comp. *C. fr.*, art. 1058 et suiv. — *C. esp.*, art. 783.

Art. 1875. — *C. esp.*, art. 848 et suiv.

Art. 1876. — Comp. *C. fr.*, art. 727. — *C. esp.*, art. 756, 852, 853. — *C. ital.*, art. 725, 726, 764-766.

Art. 1877. — Comp. *C. fr.*, art. 730. — *C. esp.*, art. 857. — *C. ital.*, art. 765.

survivent au testateur, recueilleront la réserve dont leur ascendant a été privé; mais celui-ci n'aura pas l'usufruit de cette réserve.

Art. 1878. Les père et mère peuvent être déshérités par leur enfant, lorsqu'ils ont commis contre lui l'un des actes mentionnés dans l'article 1876, en appliquant aux parents les termes de cet article. Il en est de même du père, lorsqu'il a attenté à la vie de la mère, et de la mère, lorsqu'elle a attenté à la vie du père, s'il n'y a pas eu réconciliation.

Art. 1879. Les dispositions des articles 1876 et 1878 sont applicables à l'égard de tous ascendants, même autres que les père et mère, et de tous descendants, même autres que les enfants.

Art. 1880. L'exhérédation ne peut avoir lieu que par testament, et le motif doit en être expressément énoncé.

Art. 1881. Si l'exactitude du motif d'exhérédation est contestée, la preuve doit être faite par les personnes intéressées à ce que l'exhérédation se réalise.

Art. 1882. L'exhérédation dont le motif n'est pas exprimé, ou n'est pas prouvé, ou n'est pas légitime, ne rendra caduques que les

---

Le Code français veut que les enfants de l'indigne viennent à la succession de leur chef et sans le secours de la représentation.

Art. 1878. — *C. esp.*, art. 756, 852, 854.

Art. 1879. — *C. esp.*, art. 853, 854.

Art. 1880. — *C. esp.*, art. 849. — Comp. *C. fr.*, art. 727. — *C. ital.*, art. 726.

Voir toutefois art. 1782.

Art. 1881. — *C. esp.*, art. 850.

Art. 1882. — *C. esp.*, art. 851.

dispositions du testament qui porteraient atteinte à la réserve de la personne exhérédée.

Art. 1883. Celui qui recueille les biens dont la personne déshéritée est exclue est tenu de fournir à celle-ci des aliments, lorsqu'elle n'a pas d'autres moyens de subsistance; mais il n'en est tenu que jusqu'à concurrence du revenu des biens recueillis par lui, à moins qu'il ne lui doive des aliments à un autre titre.

Art. 1884. L'action qui appartient à la personne exhérédée pour contester l'exhérédation se prescrit par deux ans à compter de l'ouverture du testament.

SECTION VII.

DES EXÉCUTEURS TESTAMENTAIRES (*TESTAMENTEIROS*).

Art. 1885. Le testateur peut désigner une ou plusieurs personnes qu'il charge de faire exécuter son testament en tout ou en partie; ces personnes s'appellent des exécuteurs testamentaires.

Art. 1886. Ne peuvent être exécuteurs testamentaires que les personnes capables de s'obliger par contrat.

Art. 1887. La femme mariée ne peut être exécutrice testamentaire sans l'autorisation de son mari, sauf si elle est séparée judiciairement de corps et de biens. L'autorisation peut être ac-

---

Art. 1885. — *C. fr.*, art. 1025. — *C. esp.*, art. 892. — *C. ital.*, art. 903.

Art. 1886. — *C. fr.*, art. 1028. — *C. esp.*, art. 893. — *C. ital.*, art. 904.

Art. 1887. — *C. fr.*, art. 1029. — *C. esp.*, art. 893, § 2.

cordée par justice à la femme qui est mariée sous le régime de la séparation de biens.

Art. 1888. Le mineur non émancipé ne peut être exécuteur testamentaire même avec l'autorisation de ses père et mère ou de son tuteur.

Art. 1889. L'exécuteur testamentaire désigné peut refuser la mission; mais en ce cas, s'il lui est laissé quelque legs à cause de cette mission, il ne pourra le réclamer.

Art. 1890. L'exécuteur testamentaire qui veut s'excuser doit le faire dans les trois jours qui suivent immédiatement celui où il a eu connaissance du testament et devant l'autorité compétente pour inscrire le testament, le tout sous peine de dommages-intérêts.

Art. 1891. L'exécuteur testamentaire qui a accepté sa mission ne peut s'en démettre que pour un motif justifié, et sur ordonnance rendue par le juge compétent, contradictoirement avec les intéressés; le tout, sous peine de dommages-intérêts.

Art. 1892. La mission de l'exécuteur testamentaire est gratuite, à moins que le testateur ne lui ait alloué une rétribution.

Art. 1888. — *C. fr.*, art. 1030. — *C. esp.*, art. 893, § 3. — *C. ital.*, art. 905.

Art. 1889. — *C. esp.*, art. 900, 908.

Comp. art. 1780 et 1892.

Art. 1890. — *C. esp.*, art. 898.

Art. 1891. — *C. esp.*, art. 899.

Art. 1892. — *C. esp.*, art. 908.

Comp. art. 1780, 1889 et 1907.

Art. 1893. En cas d'empêchement ou d'excuse de l'exécuteur testamentaire, le soin d'exécuter le testament incombe aux héritiers, d'après les distinctions suivantes :

1° Si les parts héréditaires sont inégales, le plus avantagé sera chargé de l'exécution ;

2° Si les parts sont égales, la personne chargée de l'exécution sera désignée par les intéressés, et s'ils ne peuvent s'accorder, ou si l'un des héritiers est mineur, interdit ou absent, l'exécuteur sera pris parmi eux par le juge compétent.

Art. 1894. Les attributions de l'exécuteur testamentaire seront celles que lui assigne le testament, dans les limites légales.

Art. 1895. Si le testateur laisse des héritiers à réserve, il ne pourra autoriser l'exécuteur testamentaire à se mettre en possession de la succession; il pourra seulement ordonner que les héritiers ne puissent se saisir de la succession, si ce n'est pour faire inventaire, en présence de l'exécuteur testamentaire ou lui appelé.

Art. 1896. Si le testateur laisse des héritiers non réservataires, il pourra autoriser l'exécuteur testamentaire à se mettre en possession de la succession, mais non le dispenser de faire inventaire.

Art. 1897. Les héritiers mentionnés à l'article précédent peuvent éviter la détention par l'exécuteur testamentaire des biens

---

Art. 1893. — *C. esp.*, art. 911.
Comp. art. 1839, 1904, § unique.

Art. 1894. — *C. esp.*, art. 901.

Art. 1895, 1896. — *C. fr.*, art. 1206. — *C. ital.*, art. 906.

Art. 1897. — *C. fr.*, art. 1027. — *C. ital.*, art. 907.

légués, en lui remettant les sommes nécessaires pour l'acquittement des dépenses qui sont à sa charge.

Art. 1898. S'il n'y a pas dans la succession somme suffisante pour subvenir aux frais qui sont à la charge de l'exécuteur testamentaire et que les héritiers ne puissent ou ne veuillent avancer les deniers nécessaires, l'exécuteur testamentaire pourra provoquer la vente du mobilier et, si le produit de cette vente est insuffisant, la vente d'un ou de plusieurs immeubles, les héritiers, dans tous les cas, préalablement entendus.

§ unique. Si l'un des héritiers est mineur, absent ou interdit, la vente tant des meubles que des immeubles doit être faite aux enchères publiques.

Art. 1899. Les devoirs de l'exécuteur testamentaire, lorsque le testateur ne les a pas spécifiés, seront les suivants :

1° Il pourvoit à l'inhumation et aux obsèques du testateur; il en paye les frais ainsi que ceux des prières funèbres (*suffragios*), en se conformant aux volontés du testateur ou, dans le silence du testament, à l'usage du pays.

2° Il fait inscrire au bureau compétent le testament, s'il est en son pouvoir, dans les huit jours à compter de celui où il a eu connaissance du décès du testateur.

3° Il veille à l'exécution des dispositions du testament et en soutient, au besoin, la validité devant la justice ou ailleurs.

Art. 1898. — *C. fr.*, art. 1031, § 3. — *C. esp.*, art. 903. — *C. ital.*, art. 908, § 3.

Comp. art. 1902.

Art. 1899. — Comp. *C. fr.*, art. 1031. — *C. esp.*, art. 902. — *C. ital.*, art. 908.

Voir art. 1894 et 2116.

4° Il facilite aux intéressés l'étude du testament, s'il est en son pouvoir, et en laisse prendre des expéditions régulières, lorsqu'elles sont demandées.

Art. 1900. Lorsque les héritiers sont majeurs, l'exécuteur testamentaire ne fera pas faire inventaire en justice, à moins qu'il n'en soit requis par l'un des intéressés.

§ unique. L'exécuteur testamentaire ne pourra, toutefois, se mettre en possession des biens du testateur avant d'en faire dresser état par un greffier ou un notaire, en présence des intéressés, ou eux appelés.

Art. 1901. Lorsqu'il y a des héritiers ou légataires mineurs, interdits ou absents, l'exécuteur testamentaire donnera connaissance de l'ouverture de la succession ou de l'existence du legs au juge compétent.

Art. 1902. Lorsque l'exécuteur testamentaire est chargé par le testament d'appliquer le produit d'une certaine portion de la succession à quelque fondation ou destination pieuse ou d'utilité publique, il sera également tenu de faire procéder à l'inventaire et à la vente aux enchères publiques des biens dont il s'agit, en présence du ministère public et après avoir appelé les intéressés ou leurs représentants légaux.

Art. 1903. Lorsque le testament ne fixe point le délai dans lequel il doit être exécuté, l'exécuteur testamentaire doit en as-

---

Art. 1900. — Comp. *C. fr.*, art. 1031, § 2. — *C. esp.*, art. 902, 4°. — *C. ital.*, art. 908, § 2.

Art. 1903. — *C. esp.*, art. 904. — Comp. *C. fr.*, art. 1026. — *C. ital.*, art. 906.

surer l'exécution dans le délai d'une année, à compter du jour où sa gestion a commencé, ou du jour où s'est terminé le litige qui peut avoir été suivi sur la validité ou la nullité de ce testament.

§ 1. L'exécuteur testamentaire conserve d'ailleurs toujours le droit de veiller à l'exécution des dispositions non observées et de requérir les mesures conservatoires qui paraissent nécessaires.

§ 2. L'exécuteur testamentaire peut, en outre, dans le cas prévu par l'article 1902, continuer l'exécution du testament pendant tout le temps nécessaire pour atteindre l'objet du legs ou des legs, si le testateur en a ainsi ordonné.

§ 3. L'exécuteur testamentaire qui, pouvant remplir sa mission dans le délai fixé, ne le fait pas, perdra la rétribution qui lui a été laissée par le testateur, et le testament sera exécuté par ceux qui auraient dû en assurer l'exécution, s'il n'y avait pas eu d'exécuteur testamentaire.

Art. 1904. S'il y a plusieurs exécuteurs testamentaires qui aient accepté, et que l'un ou quelques-uns d'entre eux se soient depuis abstenus de participer à l'exécution du testament, ce que les autres auront fait sera valable; mais tous seront solidairement responsables des biens de la succession qui leur ont été confiés.

§ unique. Si les exécuteurs testamentaires qui ont accepté ne peuvent s'accorder sur la manière d'exécuter le testament, la disposition qui les aura nommés sera comme non avenue, et l'exécution du testament sera assurée par ceux qui en auraient été chargés à défaut d'exécuteurs testamentaires.

Art. 1903, § 1, 2, 3. — Comp. *C. esp.*, art. 905, 906, 910, 911.

Art. 1904. — Comp. *C. fr.*, art. 1033. — *C. esp.*, art. 895-897. — *C. ital.*, art. 910.

Comp. art. 1893.

Art. 1905. Les exécuteurs testamentaires doivent rendre compte de leur gestion aux héritiers ou à leurs représentants légaux.

§ unique. Dans le cas prévu par l'article 1902, ils doivent rendre leurs comptes à l'autorité administrative compétente.

Art. 1906. Les fonctions de l'exécuteur testamentaire ne passent point à ses héritiers et ne peuvent être déléguées.

Art. 1907. Lorsque le testateur a légué aux exécuteurs testamentaires conjointement une rétribution, la part de celui qui refuse ou ne peut accepter sa mission accroîtra à celle des autres.

Art. 1908. Les dépenses faites par l'exécuteur testamentaire pour l'accomplissement de sa mission seront à la charge de la succession.

§ unique. Les menues dépenses, dont il n'est pas d'usage de retirer quittance, seront remboursées à l'exécuteur testamentaire sur sa déclaration faite sous serment.

Art. 1909. L'exécuteur testamentaire coupable de dol ou de

Art. 1905. — *C. fr.*, art. 1031, § 5. — *C. esp.*, art. 907, § 1. — *C. ital.*, art. 908, § 5.

Art. 1905, § unique. — *C. esp.*, art. 907, § 2.

Le Code espagnol ajoute que toute disposition du testateur contraire à cet article est nulle.

Art. 1906. — *C. fr.*, art. 1032. — *C. esp.*, art. 909, 910. — *C. ital.*, art. 909.

Art. 1907. — *C. esp.*, art. 908.

Art. 1908. — *C. fr.*, art. 1034. — *C. esp.*, art. 908. — *C. ital.*, art. 911.

Comp art. 2063, 2086 et 2157.

mauvaise foi dans l'accomplissement de sa mission répondra des dommages-intérêts et pourra être révoqué par jugement, à la requête des intéressés.

SECTION VIII.

DE LA FORME DES TESTAMENTS.

SOUS-SECTION PREMIÈRE.

DISPOSITIONS PRÉLIMINAIRES.

Art. 1910. Le testament, quant à sa forme, peut être :

1° Public;

2° Mystique (*cerrado*);

3° Militaire;

4° Maritime;

5° Externe, ou fait en pays étranger.

SOUS-SECTION II.

DU TESTAMENT PUBLIC.

Art. 1911. Le testament public est celui qui est écrit par un notaire sur son livre de notes.

Art. 1910. — On remarquera que, contrairement aux Codes français, espagnol et italien, le Code portugais ne reconnaît pas le testament olographe

Art. 1911-1912. — Comp. *C. fr.*, art. 971, 972. — *C. esp.*, art. 694 695. — *C. ital.*, art. 777, 778.

L'institution du notariat est très ancienne en Portugal. Sans remonter au droit romain et au code des Visigoths, on voit que déjà au XIIIe siècle, sous le règne d'Alphonse II (1270-1279), le notaire est revêtu d'un caractère officiel, comme fonctionnaire chargé de donner l'authenticité aux actes. Sous le règne de Dom Denis, les 12 et 13 janvier 1305, ont été promulgués les premiers règlements du notariat portugais. Dans les *Ordenações Alfonsinas* (code d'Alphonse V, 1446), *Manuelinas* (code du roi Dom Manuel, 1521) et *Philippinas* (code de

IMPRIMERIE NATIONALE.

Art. 1912. La personne qui veut faire son testament dans cette forme doit déclarer ses dernières volontés devant un notaire et cinq témoins capables.

Art. 1913. Le notaire et les témoins doivent connaître le testateur ou s'assurer par les moyens en leur pouvoir de son identité, et vérifier si ce testateur est parfaitement sain d'esprit et libre de toute contrainte quelconque.

Art. 1914. L'acte de disposition doit être daté du lieu, du jour, du mois et de l'année, écrit et lu à haute voix, en présence des mêmes témoins, par le notaire ou par le testateur, si celui-ci le veut, et signé par tous.

Art. 1915. Si l'un des témoins ne sait écrire, il apposera sa

---

Philippe II de Portugal, III d'Espagne, 1603), sont insérés les règlements du notariat. Quelques dispositions du règlement contenu dans les titres 78, 80 et 84 du livre 1er des *Ordenações Philippinas* sont encore en vigueur, bien que ces ordonnances aient été abrogées par les nouveaux codes.

Le notaire en Portugal s'appelle tabellion (*tabellião*); c'est un officier public dont les principales fonctions sont de rédiger et de recevoir les actes et contrats auxquels les parties doivent ou veulent donner le caractère d'authenticité attaché aux actes de l'autorité publique, d'en assurer la date, d'en conserver le dépôt et d'en délivrer des copies et extraits; de reconnaître et de vérifier les signatures des actes sous-seing privé; de faire les testaments authentiques et de dresser l'acte d'approbation du testament mystique ou secret.

Les notaires, comme tous les officiers de justice, d'après le décret du 20 septembre 1849, sont nommés à vie par le Gouvernement, après concours.

Voir, dans le *Bulletin de la Société de législation comparée* (1891, p. 634), une étude de M. Pappafava sur le *Notariat en Portugal.*

Art. 1913. — *C. esp.*, art. 695, § 3.

Comp. art. 1922, 5° et 6°.

Art. 1914. — *C. fr.*, art. 972-974. — *C. esp.*, art. 695. — *C. ital.*, art. 778-781.

Art. 1915. — *C. fr.*, art. 974. — *C. esp.*, art. 695, § 2.

marque; mais il est indispensable que trois témoins signent de leur nom tout entier.

Art. 1916. Si le testateur ne sait ou ne peut écrire, le notaire en fera mention; dans ce cas, doivent être présents au testament six témoins dont l'un signera pour le testateur.

Art. 1917. La personne qui est complètement sourde, si elle sait lire, devra donner lecture de son testament et, si elle ne sait pas lire, désigner quelqu'un pour en donner lecture à sa place, toujours en présence des témoins.

Art. 1918. Toutes ces formalités doivent être remplies sans désemparer et le notaire doit certifier qu'elles ont toutes été remplies.

Art. 1919. Lorsque l'une des formalités ci-dessus indiquées n'aura pas été remplie, le testament sera nul, et le notaire sera passible de tous dommages-intérêts et destitué de son office.

SOUS-SECTION III.

DU TESTAMENT MYSTIQUE (*CERRADO*).

Art. 1920. Le testament mystique peut être écrit et signé par

---

Art. 1916. — Comp. *C. fr.*, art. 973. — *C. esp.*, art. 695, § 2. — *C. ital.*, art. 779.

Art. 1917. — *C. esp.*, art. 697. — *C. ital.*, art. 787.

Art. 1918. — *C. esp.*, art. 699.

Comp. art. 1922.

Art. 1919. — *C. esp.*, art. 705.

Comp. art. 1925, 1947 et 1960.

Art. 1920. — *C. fr.*, art. 976. — *C. esp.*, art. 706. — *C. ital.*, art. 782.

le testateur ou par une autre personne pour lui, ou être écrit par une autre personne que le testateur, pour celui-ci, et signé par lui.

§ UNIQUE. Celui qui signe le testament doit en parapher tous les feuillets. Le testateur ne peut se dispenser de signer le testament que s'il ne sait ou ne peut signer, et cette circonstance doit être mentionnée dans le testament même.

ART. 1921. Le testateur présentera le testament ainsi fait à un notaire, en présence de cinq témoins, et déclarera que ce testament est l'expression de ses dernières volontés.

ART. 1922. De suite, et toujours en présence des mêmes témoins, le notaire, au vu du testament et sans le lire, dressera un acte d'approbation (*approvação*) qu'il écrira immédiatement après la signature du testament en continuant, sans interruption, sur la même page et celles qui suivent. Dans cet acte, le tabellion énoncera :

1° Si le testament est écrit et signé par le testateur;

2° Quel est le nombre de ses pages;

3° S'il est paraphé par celui qui l'a signé;

4° S'il y existe ou non des ratures, interlignes, corrections ou notes en marge;

5° Que le testateur est connu de lui et des témoins et que son identité a été vérifiée;

6° Que le testateur est parfaitement sain d'esprit et libre de toute contrainte quelconque;

Art. 1921. — *C. fr.*, art. 976. — *C. esp.*, art. 707. — *C. ital.*, art. 783.

Art. 1922. — Comp. *C. fr.*, art. 976, 979. — *C. esp.*, art. 707. — *C. ital.*, art. 783.

7° Enfin, que le testament lui a été présenté par le testateur dans les termes prescrits par la loi.

§ 1. L'acte sera lu, daté et signé, dans les formes prescrites par les dispositions de la sous-section précédente.

§ 2. De suite, et toujours en présence des mêmes témoins, le notaire clora et cachètera le testament et écrira, sur la face extérieure de la feuille qui lui sert d'enveloppe, une note indiquant de quelle personne émane ce testament. Le testateur peut faire omettre ces formalités extérieures; mais, dans ce cas, il doit être mentionné, dans l'acte d'approbation, qu'elles ont été omises par la volonté du testateur.

Art. 1923. Celui qui ne sait ou ne peut lire est incapable de tester dans la forme mystique.

Art. 1924. Le sourd-muet peut faire un testament mystique, pourvu qu'il l'écrive en entier, le signe et le date de sa main, et qu'en le présentant au notaire devant cinq témoins, il écrive, en présence de tous, sur la face extérieure du testament, que cet acte contient ses dernières volontés, et qu'il est écrit et signé de lui.

§ unique. Le notaire devra déclarer dans l'acte d'approbation que le testateur a écrit lui-même; et les autres formalités prescrites par l'article 1922 seront aussi observées.

Art. 1925. Le testament mystique sera nul en cas d'omission

Art. 1923. — *C. fr.*, art. 978. — *C. esp.*, art. 708. — *C. ital.*, art. 785.

Art. 1924. — *C. fr.*, art. 979. — *C. esp.*, art. 709. — *C. ital.*, art. 786.

Art. 1925. — *C. esp.*, art. 715.

de l'une des formalités ci-dessus énoncées, et le notaire sera responsable dans les termes de l'article 1919.

Art. 1926. Le testament, une fois approuvé et scellé, sera remis au testateur, et le notaire mentionnera, sur son registre de notes, le lieu, le jour, le mois et l'année de l'approbation et de la remise de ce testament.

Art. 1927. Le testateur peut conserver le testament par devers lui, le remettre aux soins d'une personne de confiance, ou le déposer dans les archives testamentaires d'un district administratif quelconque.

Art. 1928. Il devra y avoir, en vue des dépôts de cette espèce, au secrétariat de chaque gouvernement civil, un coffre-fort à deux clefs, dont l'une sera conservée par le gouverneur civil et l'autre par le secrétaire général.

Art. 1929. Le testateur qui veut déposer son testament dans les archives testamentaires se présentera, avec ce testament, devant le gouverneur civil, qui fera inscrire sur un registre à ce destiné procès-verbal de la remise et du dépôt, lequel procès-verbal sera signé par le gouverneur, son secrétaire général et le testateur lui-même.

§ unique. Cette présentation et ce dépôt s'opèrent valablement par mandataire; dans ce cas, la procuration sera annexée au testament.

Art. 1930. Le testateur peut reprendre, à son gré, son testa-

---

Art. 1926. — *C. esp.*, art. 710, 711.

Art. 1927. — *C. esp.*, art. 711.

ment déposé; mais le retrait comporte les mêmes formalités que le dépôt.

Art. 1931. La procuration pour retirer un testament doit être notariée, signée de quatre témoins et mentionnée sur le registre à ce destiné.

Art. 1932. Le testament mystique sera ouvert ou publié dans les formes suivantes.

Art. 1933. Après le décès du testateur ou dans le cas de l'article 66, le testament mystique qui se trouve entre les mains d'un particulier, ou parmi les papiers du défunt, sera présenté à l'administrateur de la commune, lequel, devant la personne qui fait cette présentation et devant deux témoins, fera dresser un acte d'ouverture ou de publication contenant description de l'état où se trouve le testament présenté et indiquant s'il est ou non conforme à l'état décrit par le procès-verbal de clôture.

§ unique. Lorsqu'à raison des circonstances, on ne peut trouver promptement l'administrateur de la commune, le testament pourra être présenté au chef (*regedor*) de la paroisse, qui, dans ce cas, suppléera l'administrateur.

Art. 1934. L'acte dont il est question dans l'article précédent sera inscrit sur un registre spécial, coté, paraphé et clos par le gouverneur civil.

§ unique. Lorsque le testament est ouvert par le chef de la pa-

---

Art. 1932. — Comp. *C. esp.*, art. 714.

Comparer encore les règles posées par le Code espagnol pour l'ouverture du testament olographe (art. 691-693).

roisse, celui-ci doit inscrire l'acte d'ouverture sur la feuille extérieure du testament ou, s'il n'y a pas de place en cet endroit, sur une feuille annexée; le testament sera ensuite remis avec l'acte, dans les vingt-quatre heures, à l'administrateur de la commune, qui fera opérer l'inscription sur le registre à ce destiné et pourvoira à l'accomplissement des autres formalités prescrites par l'article 1935.

Art. 1935. Après inscription sur le registre de l'acte d'ouverture ou de publication du testament, le testament lui-même sera, par les soins de l'administrateur de la commune, inscrit sur un registre spécial et remis aux intéressés avec une note signée de l'administrateur relatant l'ouverture et l'inscription au registre, et indiquant s'il a été ou non remarqué quelque chose de douteux.

§ unique. Le testament qui n'est réclamé par aucune personne intéressée sera conservé dans les archives de l'administration de la commune, avec les précautions convenables et sous la responsabilité de l'administrateur.

Art. 1936. Si le testament a été déposé dans les archives du gouvernement civil, c'est là qu'après le décès vérifié du testateur, il sera ouvert, en présence du gouverneur civil, requis pour cette opération, et de deux témoins au moins, les autres formalités relatives à l'ouverture étant d'ailleurs observées.

Art. 1937. Quiconque, ayant en sa possession un testament mystique, néglige, dans le cas prévu par l'article 66, de le présenter ou, dans le cas du décès du testateur, de le présenter dans les trois jours à dater de celui où il a eu connaissance de ce

---

Art. 1937. — *C. esp.*, art. 712, 713.

décès, répondra des dommages-intérêts. Si c'est par dol qu'il omet de faire cette présentation, il sera, en outre, déchu de tous les droits qu'il pouvait avoir à la succession du testateur, sans préjudice des peines encourues par lui, en vertu de la loi pénale.

Art. 1938. Sera également passible de dommages-intérêts, privé de tout droit de succession et soumis aux mêmes pénalités, celui qui soustrait frauduleusement le testament trouvé dans les papiers du testateur, ou possédé en dépôt par un tiers.

Art. 1939. Le testament trouvé tout ouvert, soit dans les papiers du testateur, soit entre les mains d'un tiers, ne pourra, s'il n'est vicié d'autre part, être annulé pour ce seul motif.

§ unique. Il sera, dans ce cas, présenté dans l'état où il se trouve à l'administrateur de la commune du lieu, qui fera dresser acte de la présentation, et toutes les autres dispositions des articles 1933, 1934 et 1935 seront observées.

Art. 1940. Lorsque le testament est trouvé ouvert et, en outre, altéré ou déchiré, il y a lieu de faire les distinctions suivantes : si le testament est trouvé dans les papiers du testateur ou entre les mains d'un tiers, raturé et oblitéré, ou déchiré, de telle manière que la première écriture soit devenue illisible, il sera réputé non écrit; mais s'il est prouvé que l'altération provient du fait d'une personne autre que le testateur, il sera fait application à cette personne des dispositions de l'article 1937, relatives à la dissimulation ou soustraction frauduleuse des testaments.

Art. 1941. L'altération doit être présumée provenir du fait

Art. 1938. — *C. esp.*, art. 713, § 2.

Art. 1940. — Voir art. 1943.

de la personne à qui la garde du testament a été confiée, sauf la preuve contraire.

Art. 1942. Le testament qui est seulement modifié ou corrigé en partie par une contre-lettre écrite de la main du testateur et signée de lui ne sera point nul; et les corrections ainsi faites seront valables comme si elles faisaient partie de ce testament.

Art. 1943. Si le testament est trouvé déchiré ou en morceaux dans les papiers du testateur, il sera réputé non écrit, encore que les fragments en puissent être rassemblés et les dispositions lues, à moins qu'il ne soit complètement prouvé que cette lacération est postérieure au décès du testateur, ou qu'elle a été faite par lui dans un accès de démence.

SOUS-SECTION IV.

DU TESTAMENT MILITAIRE.

Art. 1944. Le testament militaire est celui que peuvent faire les militaires et les fonctionnaires civils de l'armée, lorsqu'ils font campagne hors du royaume, ou que, même à l'intérieur du royaume, ils sont enfermés dans une place investie ou se trouvent dans un pays coupé de toute communication avec les autres, s'il n'y a point de notaire dans cette place ou ce pays.

Art. 1945. Le militaire ou le fonctionnaire civil de l'armée,

---

Art. 1943. — Voir art. 1940.

Art. 1944, 1945. — *C. fr.*, art. 981 et suivants, modifiés par la loi du 8 juin 1893. — *C. esp.*, art. 716. — *C. ital.*, art. 799, 802.

Le Code espagnol (art. 720) permet, pendant une bataille, un assaut, et généralement en cas de péril imminent, de faire un testament de vive voix, devant deux témoins.

qui veut tester, exprimera ses dernières volontés en présence de trois témoins capables et de l'auditeur attaché à la division dont il fait partie ou, à défaut de l'auditeur, d'un officier breveté. La disposition testamentaire sera écrite par l'auditeur ou, à son défaut, par l'officier qui le supplée.

§ 1. Si le testateur est blessé ou malade, l'aumônier ou le médecin de l'hôpital où il est soigné pourra suppléer l'auditeur ou l'officier absent.

§ 2. Le testament sera lu, daté et signé, conformément aux dispositions des articles 1914 et 1915.

§ 3. Le testament sera remis, dans le plus bref délai, au quartier général et, de là, transmis au ministre de la guerre, qui le fera déposer dans les archives testamentaires du district administratif où il doit produire effet.

§ 4. Si le testateur meurt, le Gouvernement fera annoncer son décès par la voie du journal officiel, en indiquant les archives où le testament se trouve déposé.

§ 5. Le testament militaire sera annulé par l'expiration du délai d'un mois depuis le retour du testateur dans le royaume, ou depuis la fin de l'investissement, ou le rétablissement des communications.

Art. 1945, § 1. — *C. fr.*, art. 982. — *C. esp.*, art. 716, § 3. — *C. ital.*, art. 800.

Voir art. 1949-1951.

Art. 1945, § 3. — *C. fr.*, art. 983. — *C. esp.*, art. 718. — *C. ital.*, art. 801.

Voir art. 1957 et 1963.

Art. 1945, § 5. — *C. fr.*, art. 984. — *C. esp.*, art. 719. — *C. ital.*, art. 803.

Voir art. 1958 et 1959.

Art. 1946. Si le militaire ou fonctionnaire civil de l'armée sait écrire, il pourra écrire son testament de sa propre main, pourvu qu'il le date et le signe en toutes lettres et le présente ouvert ou cacheté, en présence de deux témoins, à l'auditeur ou à l'officier breveté qui le supplée.

§ 1. L'auditeur ou l'officier auquel est présenté le testament y inscrira, à une place quelconque, une note indiquant le lieu et les jour, mois et année de la présentation; cette note sera signée de lui et des témoins dont il est parlé ci-dessus, et le testament recevra la destination indiquée dans le paragraphe 3 de l'article précédent.

§ 2. Si le testateur est blessé ou malade, l'auditeur ou l'officier pourra être suppléé par l'aumônier ou le médecin de l'hôpital.

§ 3. Les dispositions des paragraphes 4 et 5 de l'article précédent sont applicables au testament dont il s'agit.

Art. 1947. Le testament militaire sera de nul effet, lorsque les formalités prescrites par les articles 1945 et ses paragraphes 1 et 2, et 1946, paragraphes 1 et 2, n'ont pas été observées.

SOUS-SECTION V.

DU TESTAMENT MARITIME.

Art. 1948. Le testament maritime est celui que font en

Art. 1947. — *C. fr.*, art. 1001. — *C. ital.*, art. 804.

Art. 1948, 1949. — *C. fr.*, art. 988. — *C. esp.*, art. 722. — *C. ital.*, art. 791.

Le Code espagnol (art. 731) admet que, s'il y a danger de naufrage, l'équipage et les passagers des navires de guerre et de commerce peuvent tester de vive voix, devant deux témoins.

pleine mer, à bord des navires de l'État, les militaires ou les fonctionnaires civils remplissant un service public.

Art. 1949. Le testament sera écrit par le greffier du bord, ou par celui qui le remplace, en présence de trois témoins capables et du commandant du bord. Il sera lu, daté et signé conformément aux prescriptions de l'article 1914.

Art. 1950. Lorsque le commandant ou le greffier veut faire son testament, ceux qui les suppléent dans leur fonction prendront leur place.

Art. 1951. Si le militaire ou l'employé civil sait écrire, il pourra écrire son testament de sa propre main, pourvu qu'il le date et le signe en toutes lettres et le présente, ouvert ou cacheté, en présence de deux témoins et du commandant du bord, au greffier ou à celui qui en fait les fonctions.

§ unique. Le greffier du bord inscrira sur le testament, à une place quelconque, une note indiquant le lieu et les jour, mois et année de la présentation ; cette note sera signée de lui et des témoins et paraphée par le commandant.

Art. 1952. Le testament maritime devra être fait en double, conservé avec les papiers du bord et mentionné sur le journal du navire.

Art. 1950. — *C. fr.*, art. 989. — *C. esp.*, art. 723. — *C. ital.*, art. 792.

Art. 1951. — *C. fr.*, art. 997, 998. — *C. esp.*, art. 722. — *C. ital.*, art. 794.

Art. 1952. — *C. fr.*, art. 990. — *C. esp.*, art. 724. — *C. ital.*, art. 795.

Art. 1953. Si le navire aborde dans un port étranger où réside un consul ou vice-consul portugais, le commandant du bord fera déposer entre les mains du consul ou vice-consul l'un des doubles du testament, sous enveloppe cachetée, avec une copie de la note inscrite sur le journal du bord.

Art. 1954. Lorsque le navire aborde en territoire portugais, l'autre double du testament ou les deux doubles, s'il n'en a pas été laissé en pays étranger, seront remis à l'autorité maritime du lieu dans les formes prescrites par l'article précédent.

Art. 1955. Dans tous les cas mentionnés aux deux articles précédents, le commandant du navire retirera un reçu du testament par lui déposé et en fera mention sommaire sur le registre du bord.

Art. 1956. Les consuls, vice-consuls ou autorités maritimes dont il s'agit ci-dessus, dresseront sur-le-champ acte de la remise des exemplaires ci-dessus mentionnés et l'adresseront, dans le plus bref délai, avec le testament lui-même, au ministre de la marine.

Art. 1957. Le ministre fera opérer le dépôt du testament dans

---

Art. 1953. — *C. fr.*, art. 991. — *C. esp.*, art. 725. — *C. ital.*, art. 796.

Art. 1954. — *C. fr.*, art. 992. — *C. esp.*, art. 726. — *C. ital.*, art. 796, § 2.

Art. 1955. — *C. fr.*, art. 993. — *C. esp.*, art. 725 *in fine*. — *C. ital.*, art. 796 *in fine*.

Art. 1956. — *C. fr.*, art. 991, 992. — *C. esp.*, art. 725, § 3, art. 726, § 2. — *C. ital.*, art. 797.

Comp. art. 2471-2473.

Art. 1957. — *C. fr.*, art. 983 *in fine*, 991, 992. — *C. esp.*, art. 725, § 3. — *C. ital.*, art. 797.

les formes prescrites par la dernière partie du paragraphe 3 de l'article 1945.

ART. 1958. Le testament maritime n'aura d'effet que si le testateur meurt en mer, ou pendant le mois qui suit son débarquement en territoire portugais.

ART. 1959. Lorsque le testateur meurt en mer, on observera les dispositions du paragraphe 4 de l'article 1945.

ART. 1960. Le testament maritime sera nul et de nul effet en cas d'inobservation des solennités requises par les articles 1949, 1950 et 1951.

SOUS-SECTION VI.

DU TESTAMENT EXTERNE OU FAIT EN PAYS ÉTRANGER.

ART. 1961. Les testaments faits par les Portugais en pays étranger produiront leurs effets légaux en Portugal, lorsqu'ils auront été rédigés en forme authentique d'après les lois du pays où ils ont été faits.

ART. 1962. Les consuls ou vice-consuls portugais pourront servir de notaires pour recevoir et approuver les testaments des sujets portugais, à condition de se conformer à la loi portugaise,

---

Art. 1958. — *C. fr.*, art. 994. — *C. esp.*, art. 730. — *C. ital.*, art. 798.

Art. 1960. — *C. fr.*, art. 1001. — *C. ital.*, art. 804.

Art. 1961. — *C. fr.*, art. 999. — *C. esp.*, art. 732.

Art. 1962. — *C. esp.*, art. 734.

La convention conclue le 11 juillet 1866 entre le Portugal et la France accorde aux consuls de ces deux puissances le droit de rédiger les testaments faits dans chacun de ces pays par leurs nationaux (art. 7).

sauf en ce qui regarde la nationalité des témoins, lesquels, en ce cas, pourront être étrangers.

Art. 1963. Les consuls ou vice-consuls, qui ont reçu un testament en la forme authentique (*em nota publica*), en transmettront sur-le-champ une expédition au ministre des affaires étrangères, qui lui donnera la destination indiquée par le paragraphe 3 de l'article 1945.

Art. 1964. Lorsqu'il s'agit d'un testament mystique, le consul ou vice-consul transcrira dans la note l'acte d'approbation et en donnera communication au Gouvernement par le ministère des affaires étrangères.

§ unique. Si le testament est confié à la garde du consul ou vice-consul, ce fonctionnaire fera mention de cette circonstance et donnera reçu de la remise qui lui est faite.

Art. 1965. Le testament fait à l'étranger, par un sujet étranger, produira ses effets légaux en Portugal, même relativement aux biens situés dans le royaume, pourvu que le testateur se soit conformé aux lois du pays où il a testé.

SOUS-SECTION VII.

DISPOSITIONS COMMUNES AUX DIVERSES ESPÈCES DE TESTAMENTS.

Art. 1966. Ne peuvent être témoins aux testaments :

1° Les étrangers;

Art. 1963. — *C. esp.*, art. 735.

Art. 1964. — *C. esp.*, art. 736.

Art. 1965. — Comp. *C. fr.*, art. 1000.

Art. 1966. — *C. fr.*, art. 975, 980. — *C. esp.*, art. 681. — *C. ital.* art. 788.

Voir art. 2492.

2° Les femmes;

3° Ceux qui ne sont pas sains d'esprit;

4° Les mineurs non émancipés;

5° Les sourds, les muets, les aveugles et les personnes qui ne comprennent pas la langue dans laquelle est écrit le testament, s'il est public, ou l'acte d'approbation, s'il s'agit d'un testament mystique;

6° Les enfants et les clercs du notaire qui écrit ou approuve le testament;

7° Ceux qui ont été déclarés par jugement incapables d'être témoins instrumentaires.

§ unique. L'âge légal pour être témoin d'un testament ou d'un acte d'approbation doit être atteint au moment de la confection ou de l'approbation du testament.

Art. 1967. L'action en nullité de testament pour défaut de formes ou pour inobservation des solennités extérieures se prescrit par trois ans, à compter du jour où le testament a été inscrit, conformément à l'article 1935, ou a commencé à s'exécuter, s'il s'agit d'un testament non soumis à l'inscription.

Une loi italienne du 9 décembre 1877 a permis aux femmes d'être témoins dans les actes de l'état civil et dans les testaments. L'île Maurice a réalisé la même réforme dans son Code civil. Plusieurs projets en ce sens ont été déposés devant les Chambres françaises.

Le Code civil du Bas-Canada (art. 851) admet les femmes à servir de témoins aux testaments sous seing privé, attestés par au moins deux témoins, présents en même temps et attestant en présence et à la demande des testateurs.

En cas d'épidémie seulement, le Code espagnol (art. 701) permet de faire un testament sans l'intervention d'un notaire devant trois témoins majeurs de 16 ans, *hommes ou femmes*.

IMPRIMERIE NATIONALE.

CHAPITRE III.

DES SUCCESSIONS LÉGITIMES.

SECTION PREMIÈRE.

DISPOSITIONS GÉNÉRALES.

Art. 1968. Lorsqu'une personne meurt sans avoir disposé de ses biens, ou n'en ayant disposé que pour partie, ou lorsque son testament est annulé ou se trouve caduc, ses héritiers légitimes recueilleront ses biens ou la partie de ses biens dont elle n'a point disposé par son testament.

Art. 1969. La succession légitime est déférée dans l'ordre suivant :

1° Aux descendants;

2° Aux ascendants, sauf dans le cas de l'article 1236;

3° Aux frères et sœurs et descendants d'eux;

4° Au conjoint survivant;

5° Aux collatéraux autres que ceux désignés sous le n° 3, jusqu'au dixième degré;

6° Au Trésor public.

Titre II, chapitre III. — *C. fr.*, l. III, tit. I. — *C. esp.*, l. III, tit. III, chap. III, IV. — *C. ital.*, l. III, tit. II, chap. I. — *C. autr.*, 2ᵉ partie, 1ʳᵉ sect., chap. XIII. — *C. holl.*, l. II, tit. XI. — *C. Grisons*, 4ᵉ partie, sect. II. — *C. Zurich*, l. V, sect. I. — *Projet allemand*, l. V, sect. I et II.

Art. 1968. — Comp. *C. esp.*, art. 912. — *C. ital.*, art. 720.

Art. 1969. — *C. fr.*, art. 731, 767, 768. — *C. esp.*, art. 913, 930, 931, 935, 939, 946, 956. — *C. ital.*, art. 721.

Voir art. 1985, 1993 et 1996.

Art. 1970. Le parent du degré le plus proche exclura celui du degré le plus éloigné, sauf le droit de représentation, dans les cas où elle est admise.

Art. 1971. Les parents du même degré succéderont par tête ou par portions égales.

Art. 1972. Si les parents les plus proches répudient la succession, ou sont incapables de la recueillir, cette succession écherra aux parents du degré suivant; mais si quelqu'un des cohéritiers seulement répudie sa part de la succession, cette part écherra, par accroissement, à ses cohéritiers.

Art. 1973. Chaque génération forme un degré; la suite des degrés constitue la ligne de parenté.

Art. 1974. La ligne est directe ou collatérale : la ligne directe est la suite des degrés entre personnes qui descendent les unes des autres; la ligne collatérale est la suite des degrés entre personnes qui ne descendent pas les unes des autres, mais qui descendent d'un auteur ou tronc commun.

Art. 1975. La ligne directe est descendante ou ascendante :

Art. 1970. — *C. esp.*, art. 921. — Comp. *C. fr.*, art. 734, 741. — *C. ital.*, art. 731, 739, 740, 742.

Art. 1971. — *C. fr.*, art. 753. — *C. esp.*, art. 921.
Voir art. 1973, 1980-1984, 1986, 1987, 1997 et 1998.

Art. 1972. — *C. esp.*, art. 922, 923.

Art. 1973. — *C. fr.*, art. 735, 736. — *C. esp.*, art. 915, 916, 917. — *C. ital.*, art. 49, 50.

Art. 1974. — *C. fr.*, art. 736. — *C. esp.*, art. 916. — *C. ital.*, art. 50.

Art. 1975. — *C. fr.*, art. 736. — *C. esp.*, art. 917. — *C. ital.*, art. 50.

descendante, lorsque l'on considère le lien de l'auteur avec ceux qui sont issus de lui; ascendante, lorsque l'on considère le lien d'une personne avec ceux de qui elle est issue.

Art. 1976. En ligne directe, on compte autant de degrés qu'il y a de générations entre les personnes, non compris le premier auteur.

Art. 1977. En ligne collatérale, les degrés se comptent par les générations, depuis l'un des parents jusqu'à l'auteur commun, et depuis celui-ci jusqu'à l'autre parent, sans compter l'auteur commun.

Art. 1978. Ceux qui sont incapables d'acquérir par testament sont également incapables d'acquérir par succession légitime.

Art. 1979. L'incapacité d'un héritier se borne à sa personne. Ses enfants et descendants, lorsqu'il en a, succèdent comme s'il était décédé sans avoir été incapable.

SECTION II.

DU DROIT DE REPRÉSENTATION.

Art. 1980. La représentation a lieu lorsque la loi appelle cer-

---

Art. 1976. — *C. fr.*, art. 737. — *C. esp.*, art. 918. — *C. ital.*, art. 51.

Art. 1977. — *C. fr.*, art. 738. — *C. esp.*, art. 918. — *C. ital.*, art. 51.

Art. 1978. — Comp. *C. fr.*, art. 725, 727, 902. — *C. esp.*, art. 745, 756, 914. — *C. ital.*, art. 723-725, 764.

Art. 1979. — *C. fr.*, art. 730. — *C. esp.*, art. 761. — *C. ital.*, art. 728.

Art. 1980. — *C. fr.*, art. 739. — *C. esp.*, art. 924. — *C. ital.*, art. 729.

tains parents d'une personne défunte à succéder à tous les droits auxquels elle succéderait, si elle était vivante.

Art. 1981. La représentation est toujours admise dans la ligne directe descendante; elle n'a jamais lieu dans la ligne ascendante.

Art. 1982. En ligne collatérale, la représentation n'est admise qu'en faveur des enfants des frères ou sœurs du défunt, lorsqu'ils viennent à sa succession concurremment avec d'autres frères ou sœurs du défunt.

Art. 1983. Les représentants ne succèdent, en cette qualité, qu'aux biens auxquels succéderait le représenté, s'il était vivant.

Art. 1984. Lorsqu'il y a plusieurs représentants d'une même personne, la succession qui serait échue à cette personne, si elle eût vécu, se partagera entre eux par têtes.

SECTION III.

DE LA SUCCESSION DES DESCENDANTS.

SOUS-SECTION PREMIÈRE.

DE LA SUCCESSION DES DESCENDANTS LÉGITIMES.

Art. 1985. Les enfants légitimes et leurs descendants suc-

Art. 1981. — *C. fr.*, art. 740, 741. — *C. esp.*, art. 925. — *C. ital.*, art. 730, 731.

Art. 1982. — *C. fr.*, art. 742. — *C. esp.*, art. 925, § 2, art. 927. — *C. ital.*, art. 732.

Art. 1983. — Comp. *C. fr.*, art. 739, 743. — *C. esp.*, art. 924, 926. — *C. ital.*, art. 729, 733.

Art. 1984. — Comp. *C. fr.*, art. 743. — *C. esp.*, art. 926. — *C. ital.*, art. 733.

Art. 1985. — *C. fr.*, art. 745. — *C. esp.*, art. 931. — *C. ital.*, art. 736.

cèdent à leurs père et mère et autres ascendants, sans distinction de sexe ni d'âge, encore qu'ils soient issus de lits différents.

Art. 1986. Si les descendants sont tous du premier degré, ils succéderont par têtes, la succession se partageant en autant de parts égales qu'il y a d'héritiers.

Art. 1987. Lorsque tous les héritiers ou quelques-uns d'entre eux viennent par représentation, ils succéderont par souches; si une même souche a produit plusieurs branches, la subdivision se fera aussi par souches dans chaque branche qui compte plusieurs héritiers, et les membres de la même souche succéderont pour des parts égales.

Art. 1988. Sont comptés au nombre des enfants légitimes les enfants légitimés par mariage subséquent, conformément aux dispositions de l'article 119.

SOUS-SECTION II.

DE LA SUCCESSION DES ENFANTS NATURELS.

Art. 1989. Les enfants naturels ne succèdent *ab intestat* à leurs père et mère, que s'ils ont été légalement reconnus.

Art. 1990. L'enfant naturel légalement reconnu, lorsqu'il n'est pas en concours avec des enfants légitimes, succédera à la totalité des biens de ses père et mère.

Art. 1986, 1987. — *C. fr.*, art. 745. — *C. esp.*, art. 932-934. — *C. ital.*, art. 736.

Art. 1988. — *C. fr.*, art. 333. — *C. esp.*, art. 122. — *C. ital.*, art. 737.

Art. 1989. — *C. fr.*, art. 756. — *C. esp.*, art. 939. — *C. ital.*, art. 743.

Art. 1990. — *C. fr.*, art. 758. — *C. esp.*, art. 939. — *C. ital.*, art. 747.

ART. 1991. L'enfant naturel qui concourt avec un ou plusieurs enfants légitimes succédera pour la part et suivant les règles déterminées par l'article 1785.

ART. 1992. Si, en raison du nombre des enfants naturels, la quotité disponible ne suffit pas pour les remplir des parts qui leur reviennent en vertu du paragraphe 2 de l'article 1785, ils n'auront pas pour cela droit à rien de plus que cette quotité disponible, qu'ils partageront entre eux également.

SECTION IV.

DE LA SUCCESSION DES ASCENDANTS.

SOUS-SECTION PREMIÈRE.

DE LA SUCCESSION DES PÈRE ET MÈRE LÉGITIMES.

ART. 1993. Si l'enfant légitime n'a pas laissé de descendants, sa succession échoit à ses père et mère chacun pour moitié, ou au survivant d'eux pour le tout.

§ UNIQUE. Il est fait exception à cette règle dans le cas prévu par l'article 1236.

SOUS-SECTION II.

DE LA SUCCESSION DES PÈRE ET MÈRE NATURELS.

ART. 1994. Si l'enfant naturel ne laisse ni postérité, ni con-

---

Art. 1991. — Comp. *C. fr.*, art. 757. — *C. esp.*, art. 942. — *C. ital.*, art. 744.

Art. 1993. — Comp. *C. fr.*, art. 746, 748. — *C. esp.*, art. 935, 936. — *C. ital.*, art. 738, 740.

Art. 1994. — *C. fr.*, art. 765. — *C. esp.*, art. 944. — *C. ital.*, art. 750.

joint survivant, sa succession échoit tout entière à ses père et mère qui l'ont reconnu.

Art. 1995. Si toutefois, l'enfant naturel décédé sans postérité laisse un conjoint survivant, celui-ci aura, sa vie durant, l'usufruit de moitié des biens de sa succession.

SOUS-SECTION III.

DE LA SUCCESSION DES ASCENDANTS DU SECOND DEGRÉ ET DES DEGRÉS PLUS ÉLOIGNÉS.

Art. 1996. A défaut des père et mère du défunt, la succession sera déférée à ses ascendants du second degré et des degrés plus éloignés.

Art. 1997. Si les ascendants survivants sont tous au même degré, ils succéderont par tête, quelle que soit la ligne à laquelle ils appartiennent.

Art. 1998. L'ascendant qui se trouve au degré le plus proche recueillera la succession tout entière, à quelque ligne qu'il appartienne.

Art. 1999. Les dispositions de la présente section sont applicables à la succession des enfants naturels reconnus, sauf la restriction de l'article 1995.

Art. 1995. — *C. ital.*, art. 751. — Comp. *C. fr.*, art. 767, modifié par la loi du 9 mars 1891.

Art. 1996. — *C. fr.*, art. 746. — *C. esp.*, art. 937. — *C. ital.*, art. 739.

Art. 1997, 1998. — *C. fr.*, art. 746. — *C. esp.*, art. 937. — *C. ital.*, art. 739.

SECTION IV.

DE LA SUCCESSION DES FRÈRES ET SOEURS OU DESCENDANTS D'EUX.

ART. 2000. Si le défunt n'a laissé ni descendants ni ascendants et n'a pas disposé de ses biens, ses frères et sœurs légitimes et leurs descendants lui succéderont.

ART. 2001. Si le défunt laisse à la fois des frères ou sœurs germains et des frères ou sœurs consanguins ou utérins, les germains prendront double part dans la succession.

§ UNIQUE. Il en sera de même en cas de concours entre descendants de frères ou sœurs germains, et descendants de frères ou sœurs consanguins ou utérins.

ART. 2002. A défaut de frères ou sœurs légitimes et de descendants d'eux, la succession écherra de la même manière aux frères ou sœurs naturels reconnus.

SECTION V.

DE LA SUCCESSION DE L'ÉPOUX SURVIVANT ET DES PARENTS COLLATÉRAUX.

ART. 2003. Lorsque le défunt ne laisse ni descendants, ni ascendants, ni frères, ni sœurs ou descendants d'eux, sa succession appartiendra au conjoint qui lui survit, s'il n'est, par sa faute, judiciairement séparé de corps et de biens.

Art. 2000. — *C. fr.*, art. 750. — *C. esp.*, art. 946. — *C. ital.*, art. 741.

Art. 2001. — *C. fr.*, art. 752. — *C. esp.*, art. 949. — *C. ital.*, art. 741, § 2.

Art. 2003. — *C. esp.*, art. 952. — Comp. *C. fr.*, art. 767, modifié par la loi du 9 mars 1891. — *C. ital.*, art. 751, 753 et suiv.

Art. 2004. A défaut de tous les parents et du conjoint mentionnés dans l'article précédent, la succession sera dévolue aux collatéraux autres que ceux désignés ci-dessus, jusqu'au dixième degré.

Art. 2005. Les enfants naturels, même reconnus, ne succèdent pas *ab intestat* aux parents collatéraux de leurs père et mère, ni ces parents aux enfants naturels, à moins, dans les deux cas, qu'il n'y ait point d'autres parents jusqu'au dixième degré.

SECTION VI.

DE LA SUCCESSION DU TRÉSOR PUBLIC.

Art. 2006. A défaut de tous héritiers testamentaires ou légitimes, la succession appartiendra à l'État.

Art. 2007. Les droits et obligations de l'État, en matière de succession, seront les mêmes que ceux de tout autre héritier.

Art. 2008. L'État ne pourra entrer en possession de la succes-

---

Art. 2004. — Comp. *C. fr.*, art. 753, 755. — *C. esp.*, art. 954, 955. — *C. ital.*, art. 742.

La limite du droit successoral, en ligne collatérale, est fixée au douzième degré par le Code français, au dixième degré par le Code italien, au sixième seulement par le Code espagnol.

Art. 2005. — *C. fr.*, art. 756. — *C. esp.*, art. 943. — *C. ital.*, art. 749.

Art. 2006. — *C. fr.*, art. 768. — *C. esp.*, art. 956. — *C. ital.*, art. 758.

Le Code espagnol oblige l'État à distribuer les biens ainsi reçus à des établissements de bienfaisance et d'instruction.

Voir art. 591.

Art. 2007. — *C. esp.*, art. 957.

Art. 2008. — *C. fr.*, art. 770. — *C. esp.*, art. 958.

Les formes à observer pour l'attribution des successions vacantes à l'État sont réglées par les art. 689-694 du Code de procédure civile.

sion sans qu'un jugement préalable ait reconnu ses droits, conformément aux dispositions du Code de procédure civile.

CHAPITRE IV.

DISPOSITIONS COMMUNES AUX SUCCESSIONS TESTAMENTAIRES ET AUX SUCCESSIONS LÉGITIMES.

SECTION PREMIÈRE.

DE L'OUVERTURE ET DE LA DÉVOLUTION DES SUCCESSIONS.

Art. 2009. La succession s'ouvre par le décès du *de cujus;* le lieu de l'ouverture de la succession se détermine d'après les règles suivantes :

1° Si le défunt était domicilié, sa succession s'ouvre dans le lieu de son domicile;

2° Si le défunt n'avait pas de domicile, sa succession s'ouvre dans le lieu où il avait des biens immobiliers;

3° Si le défunt avait des immeubles en plusieurs lieux différents, sa succession s'ouvre dans le lieu où il avait la plus grande partie de ses immeubles, c'est-à-dire celle pour laquelle il payait le plus de contributions directes;

4° Si le défunt n'avait pas de domicile et n'a pas laissé d'immeubles, sa succession s'ouvre dans le lieu de son décès.

Titre II, chapitre IV. — *C. fr.,* l. III, tit. I, chap. I, V, VI. — *C. esp.,* l. III, tit. III, chap. V, VI. — *C. ital.,* l. III, tit. II, chap. III. — *C. autr.,* 2e partie, 1re sect., chap. VIII, XV. — *C. holl.,* l. II, tit. XIV-XVI. — *C. Grisons,* 4e partie, sect. I. — *C. Zurich,* l. V, sect. I, chap. IV et V.

Art. 2009. — *C. fr.,* art. 718. — *C. esp.,* art. 657. — *C. ital.,* art. 923.

Art. 2010. Lorsqu'il y a juste sujet de craindre le détournement des valeurs mobilières de la succession, toute autorité judiciaire pourra, à la requête de l'un des intéressés ou du curateur général, ou même d'office, ordonner l'apposition des scellés, conformément aux dispositions du Code de procédure civile.

Art. 2011. La propriété et la possession de la succession sont dévolues aux héritiers, soit légitimes, soit testamentaires, dès le moment du décès du *de cujus*.

Art. 2012. Lorsque l'héritier est absent, mineur ou interdit, il doit être procédé judiciairement à l'inventaire et, s'il y a lieu, au partage.

Art. 2013. Lorsque les héritiers sont tous majeurs, et qu'aucun d'eux n'est absent ou interdit, ils pourront faire le partage à l'amiable, mais à la condition de constater leurs conventions par écriture publique ou par acte public.

Art. 2014. Les héritiers succèdent à tous les droits et à toutes les obligations de leur auteur, qui ne lui étaient pas exclusivement

---

Art. 2010. — Comp. *C. ital.*, art. 928.

Le Code de procédure civile (art. 22 et 34) confie le soin d'apposer les scellés au juge ordinaire du lieu de l'ouverture de la succession ou à celui du lieu de la situation des biens; les formalités sont réglées par les art. 675-679.

Art. 2011. — Comp. *C. fr.*, art. 724. — *C. esp.*, art. 661. — *C. ital.*, art. 925.

Art. 2012, 2013. — Comp. *C. fr.*, art. 819. — *C. esp.*, art. 1058, 1060. — *C. ital.*, art. 988, § 2.

Art. 2014. — *C. esp.*, art. 659. — Comp. *C. fr.*, art. 724.
Comp. art. 1737.

personnels, et sauf les exceptions établies par la loi ou par le *de cujus*.

Art. 2015. Lorsque plusieurs personnes sont appelées ensemble à une même succession, elles auront un droit indivisible à l'égard tant de la propriété que de la possession, jusqu'au partage consommé.

Art. 2016. Chacun des cohéritiers peut réclamer la totalité de la succession à laquelle il est appelé conjointement avec d'autres, sans que le défendeur puisse lui opposer que la succession ne lui appartient pas pour le tout.

Art. 2017. Le droit de pétition d'hérédité se prescrit par le même laps de temps et aux mêmes conditions que se prescrivent les droits immobiliers.

SECTION II.

DE L'ACCEPTATION ET DE LA RÉPUDIATION DE LA SUCCESSION.

Art. 2018. La succession peut être acceptée purement et simplement ou sous bénéfice d'inventaire.

Art. 2019. L'héritier n'est pas tenu des charges au delà des forces de la succession.

§ unique. En cas d'acceptation pure et simple, l'héritier est tenu

---

Art. 2016. — Voir art. 2158.

Art. 2017. — Comp. *C. fr.*, art. 789. — *C. ital.*, art. 943.

Art. 2018. — *C. fr.*, art. 774. — *C. esp.*, art. 998. — *C. ital.*, art. 929.

Art. 2019. — *Contra : C. fr.*, art. 870, 873. — *C. esp.*, art. 1003. — *C. ital.*, art. 1027, 1029.

Ces trois Codes ont conservé l'idée romaine, que l'héritier, à la différence du légataire, représente la personne du défunt et est tenu personnellement.

de prouver que les biens qui composent la succession ne sont pas suffisants pour en acquitter les charges. En cas d'acceptation sous bénéfice d'inventaire, et lorsque l'inventaire a été fait, c'est aux créanciers de prouver que la succession comprend d'autres biens que les biens inventoriés.

Art. 2020. Celui qui répudie la succession qui lui échoit d'une part, n'en demeure pas moins capable d'accepter celle qui lui échoit d'autre part.

SOUS-SECTION PREMIÈRE.

DE L'ACCEPTATION PURE ET SIMPLE ET DE LA RÉPUDIATION.

Art. 2021. L'acceptation ou la répudiation d'une succession est un acte essentiellement volontaire et libre.

Art. 2022. Nul ne peut accepter ou répudier une succession pour partie, ou pour un temps, ou sous condition.

Art. 2023. Peuvent accepter ou répudier une succession tous ceux qui ont la libre administration de leurs biens.

Art. 2024. La femme mariée ne peut valablement accepter ou répudier une succession sans l'autorisation de son mari, ni le

---

Art. 2020. — Comp. *C. esp.*, art. 1009.

Art. 2021. — *C. fr.*, art. 775. — *C. esp.*, art. 988.

Art. 2022. — *C. esp.*, art. 990.

Les Codes français (art. 774) et italien (art. 929), en exprimant que les successions sont acceptées *purement et simplement*, excluent la possibilité d'une acceptation ou d'une répudiation faite pour partie, à terme ou sous condition.

Art. 2023-2025. — *C. fr.*, art. 776. — *C. esp.*, art. 992, 995. — *C. ital.*, art. 930.

mari sans le consentement de sa femme. L'autorisation du mari et le consentement de la femme peuvent être supplés par l'autorisation de justice.

Art. 2025. La succession dévolue aux mineurs ou aux interdits ne peut être acceptée par leurs représentants que sous bénéfice d'inventaire.

Art. 2026. Les sourds-muets qui ne sont pas en tutelle et qui savent écrire pourront accepter ou répudier une succession par eux-mêmes ou par un procureur fondé; s'ils ne savent pas écrire, la succession devra être acceptée sous bénéfice d'inventaire par un curateur nommé à cet effet par un conseil de famille.

Art. 2027. L'acceptation peut être expresse ou tacite.

§ 1. Elle est expresse, quand on prend le titre ou la qualité d'héritier dans un acte public ou privé.

§ 2. Elle est tacite, quand l'héritier fait un acte qui suppose nécessairement son intention d'accepter ou qu'il n'aurait droit de faire qu'en qualité d'héritier.

Art. 2028. Les actes purement conservatoires, ceux d'administration et de garde provisoire de la succession, n'impliquent pas acceptation de cette succession.

Art. 2026. — *C. esp.*, art. 996.

Art. 2027. — *C. fr.*, art. 778. — *C. esp.*, art. 999. — *C. ital.*, art. 934.

Art. 2028. — *C. fr.*, art. 779. — *C. esp.*, art. 999 *in fine*. — *C. ital.*, art. 935.

Voir art. 2034.

Art. 2029. La cession par l'un des héritiers de ses droits à la succession n'implique pas acceptation, lorsqu'elle est faite à titre gratuit en faveur de tous les cohéritiers qui recueilleraient la succession à défaut du cédant.

Art. 2030. Celui qu'un jugement passé en force de chose jugée déclare héritier ou condamne en cette qualité expressément, sera réputé héritier, tant à l'égard des créanciers ou légataires qui ont été parties au procès qu'à l'égard de toutes les autres personnes.

Art. 2031. Si les héritiers ne sont point d'accord pour accepter ou pour répudier la succession, cette succession pourra être acceptée par les uns et répudiée par les autres; mais si les uns veulent l'accepter purement et simplement et les autres sous bénéfice d'inventaire, elle doit être acceptée bénéficiairement.

Art. 2032. Lorsque l'héritier décède sans avoir accepté ni ré-

---

Art. 2029. — *Contra : C. fr.*, art. 780. — *C. esp.*, art. 1000. — *C. ital.*, art. 936, 937.

La cession faite dans les conditions prévues au texte revêt presque le caractère d'une renonciation pure et simple, faite gratuitement au profit de tous les cohéritiers indistinctement; de là la décision du Code portugais, conforme à ce que décident, en pareil cas, le Code français (art. 780, 2°), le Code espagnol (art. 1000, 3°) et le Code italien (art. 938).

Art. 2030. — Voir art. 2124, 2502 et 2503.

Art. 2031. — *Sic : C. fr.*, art. 782. — Comp. *C. esp.*, art. 1007. — *C. ital.*, art. 940.

Le Code espagnol autorise chacun des héritiers à accepter purement et simplement ou sous bénéfice d'inventaire.

Voir art. 2047.

Art. 2032. — *C. fr.*, art. 781. — *C. esp.*, art. 1006. — *C. ital.*, art. 939.

pudié la succession, le droit d'accepter ou de répudier passera à ses héritiers.

Art. 2033. L'héritier qui a accepté la succession du défunt peut répudier la succession que celui-ci n'avait pas encore acceptée lors de son décès; mais la répudiation de la succession du défunt emportera répudiation de toute succession qui pouvait lui être échue.

Art. 2034. La répudiation doit être faite par acte, signé de celui qui répudie ou de son mandataire, devant le juge du lieu de l'ouverture de la succession.

§ 1. L'acte de répudiation sera écrit sur un registre coté, paraphé et clos par le juge.

§ 2. Lorsque la répudiation est faite par mandataire, la procuration sera conservée au greffe.

Art. 2035. L'héritier qui renonce est censé n'avoir jamais été héritier; il n'y a pas lieu, dans ce cas, à représentation; mais la renonciation ne prive pas l'héritier renonçant des droits qu'il peut avoir comme légataire du *de cujus*.

Art. 2036. Nul ne peut attaquer l'acceptation qu'il a faite, excepté :

1° En cas de violence;

2° Lorsque l'acceptation a été la suite d'un dol;

Art. 2034. — Comp. *C. fr.*, art. 784. — *C. esp.*, art. 1008. — *C. ital.*, art. 944.

Art. 2035. — *C. fr.*, art. 785, 787. — *C. esp.*, art. 989. — *C. ital.*, art. 945, 947.

Art. 2036, 2037. — *C. fr.*, art. 783. — *C. esp.*, art. 997. — *C. ital.*, art. 942.

Comp. art. 2040.

IMPRIMERIE NATIONALE.

3° Lorsque la succession se trouve diminuée de plus de moitié par l'effet d'un testament inconnu au moment de l'acceptation.

Art. 2037. Les dispositions de l'article précédent, hormis celle du n° 3, sont applicables en cas de répudiation.

Art. 2038. Lorsque l'héritier appelé à la succession tant *ab intestat* que par testament la répudie comme héritier testamentaire, il est présumé la répudier aussi comme héritier *ab intestat;* mais lorsqu'il l'a répudiée comme héritier *ab intestat,* sans avoir connaissance du testament, il peut encore l'accepter comme héritier testamentaire.

Art. 2039. La renonciation à la succession du défunt, qui a disposé par testament de la quotité disponible, n'implique pas renonciation à la réserve légale; la renonciation à cette réserve doit être expresse.

Art. 2040. Les créanciers de celui qui renonce au préjudice de leurs droits peuvent se faire autoriser par justice à accepter la succession au lieu et place de leur débiteur; mais, dans ce cas, ce qui reste de la succession, après le payement des créanciers, appartiendra non pas au renonçant, mais aux héritiers qui viennent après lui.

Art. 2041. Ceux qui ont intérêt à ce que l'héritier déclare s'il

---

Art. 2038. — *C. esp.*, art. 1009.

Art. 2040. — *C. fr.*, art. 788. — *C. esp.*, art. 1001. — *C. ital.*, art. 949.

Art. 2041. — *Sic: C. esp.*, art. 1004, 1005. — Comp. *C. fr.*, art. 797, 798. — *C. ital.*, art. 964.

accepte ou s'il répudie la succession, pourront demander, après les neuf jours qui suivront l'ouverture de cette succession, qu'il soit imparti à l'héritier, par le juge de son domicile, un délai raisonnable, qui ne pourra excéder trente jours, pour faire sa déclaration, sous peine d'être réputé acceptant.

Art. 2042. On ne peut, même par contrat de mariage, renoncer à la succession d'une personne vivante, ni aliéner ou engager les droits éventuels qu'on peut avoir à cette succession.

Art. 2043. Les effets de l'acceptation ou de la renonciation remontent au jour de l'ouverture de la succession.

SOUS-SECTION II.

DE L'ACCEPTATION SOUS BÉNÉFICE D'INVENTAIRE.

Art. 2044. Lorsque l'héritier majeur ou émancipé se trouve en possession de tout ou partie de la succession et qu'il entend l'accepter sous bénéfice d'inventaire, il doit, dans les dix jours du décès du *de cujus,* s'il y était présent, ou dans les vingt jours qui suivent celui où il a eu connaissance de son décès, s'il n'habitait pas avec lui, requérir le juge compétent d'ordonner qu'il soit procédé à l'inventaire.

§ unique. S'il s'agit d'un héritier testamentaire, le délai court du jour où il a eu connaissance du testament.

Art. 2042. — *C. fr.*, art. 791. — *C. esp.*, art. 991. — *C. ital.*, art. 954.

Art. 2043. — *C. fr.*, art. 777, 785. — *C. esp.*, art. 989. — *C. ital.*, art. 933, 945.

Art. 2044. — Comp. *C. fr.*, art. 793. — *C. esp.*, art. 1014. — *C. ital.*, art. 955.

Art. 2045. Lorsque l'héritier n'est pas en possession de tout ou partie de la succession, il conserve le droit d'accepter sous bénéfice d'inventaire tant qu'il n'a pas été contraint, en vertu de l'article 2041, à prendre parti, ou qu'il ne s'est pas écoulé vingt jours depuis sa mise en possession de tout ou partie de la succession, ou que la prescription n'est pas acquise contre lui, conformément à l'article 2017.

Art. 2046. Lorsque les héritiers, ou l'un d'eux, sont mineurs ou interdits, la disposition de l'article 2025 doit être observée.

Art. 2047. Lorsque l'un ou quelques-uns des héritiers veulent accepter la succession sous bénéfice d'inventaire, et que les autres ne le veulent pas, la disposition de l'article 2031 doit être observée.

Art. 2048. Le juge de l'inventaire fera sommer, par annonces publiées pendant trente jours, les créanciers du défunt et ses légataires inconnus ou domiciliés hors du ressort du tribunal, et, par actes notifiés à leurs personnes, les créanciers et les légataires connus et domiciliés dans le ressort, d'assister, s'ils le veulent, à la confection de l'inventaire.

Art. 2049. L'inventaire doit être commencé dans les trente

Art. 2045. — Comp. *C. fr.*, art. 795, 797. — *C. esp.*, art. 1015. — *C. ital.*, art. 959.

Voir art. 2066.

Art. 2046. — *C. fr.*, art. 776. — *C. esp.*, art. 992. — *C. ital.*, art. 930.

Art. 2047. — *C. ital.*, art. 958.

Art. 2048. — *C. esp.*, art. 1014. — Comp. *C. fr.*, art. 794, et *C. pr. civ.*, art. 941-944. — *C. ital.*, art. 957.

Art. 2049. — *C. fr.*, art. 795. — *C. esp.*, art. 1017. — *C. ital.*, art. 959.

jours, à compter du jour de l'expiration du délai imparti aux créanciers et légataires; il doit être achevé dans les soixante jours qui suivent celui où il a été commencé.

Art. 2050. Lorsqu'en raison de la grande distance où se trouvent les biens de la succession, ou du nombre de ces biens, ou pour tout autre motif légitime, le délai de soixante jours paraîtra insuffisant, le juge pourra étendre ce délai dans la mesure du nécessaire.

Art. 2051. Lorsque, par la faute de l'héritier bénéficiaire, l'inventaire n'a pas été commencé et achevé dans les délais prescrits, cet héritier sera réputé avoir accepté purement et simplement.

Art. 2052. L'héritier bénéficiaire qui se trouve en possession effective de la succession sera maintenu dans cette possession; mais il pourra être astreint à donner caution, s'il y a lieu de craindre des détournements; faute par lui de fournir cette caution, l'administration de la succession sera confiée par le juge à un tiers, les intéressés entendus.

Art. 2050. — *C. fr.*, art. 798. — *C. esp.*, art. 1017, § 2. — *C. ital.*, art. 959.

Art. 2051. — *C. esp.*, art. 1018. — Comp. *C. fr.*, art. 794. — *C. ital.*, art. 957.

Art. 2052. — Comp. *C. fr.*, art. 807. — *C. esp.*, art. 1020. — *C. ital.*, art. 975.

Lorsque l'héritier refuse de donner caution, le Code français ordonne que les meubles soient vendus et leur prix déposé, ainsi que la portion non déléguée du prix des immeubles. Le Code italien laisse à l'autorité judiciaire le soin de pourvoir à la sûreté des intéressés. Le Code espagnol permet au juge, à la requête de la partie intéressée, de pourvoir à l'administration et à la garde des biens héréditaires; l'administrateur désigné peut être un autre que l'héritier.

§ UNIQUE. Si l'héritier bénéficiaire n'est pas en possession effective de la succession, le juge pourvoira, sur la demande des intéressés, à la garde et à l'administration de la succession.

ART. 2053. L'héritier qui dissimulerait, lors de l'inventaire, des effets de la succession, sera déchu du bénéfice d'inventaire.

ART. 2054. L'administrateur de la succession, que ce soit l'héritier lui-même ou une autre personne, ne pourra faire, sans autorisation de justice, d'autres actes que ceux de pure administration.

ART. 2055. S'il y a lieu de vendre les biens de la succession, la vente sera faite aux enchères publiques, à moins que tous les héritiers, créanciers et légataires n'en soient convenus autrement.

ART. 2056. Durant la confection de l'inventaire, l'administrateur de la succession pourra payer les légataires et les créanciers, s'il y est autorisé par l'unanimité des héritiers, créanciers et légataires.

§ 1. Si l'un des intéressés refuse d'autoriser le payement, les créanciers et les légataires pourront agir en justice contre les héri-

---

Art. 2053. — *C. fr.*, art. 801. — *C. esp.*, art. 1024. — *C. ital.*, art. 967.

Art. 2054. — Comp. *C. fr.*, art. 805, 806. — *C. esp.*, art. 1024, 2°, art. 1026. — *C. ital.*, art. 973, 974.

Art. 2055. — Comp. *C. fr.*, art. 805, 806. — *C. esp.*, art. 1030. — *C. ital.*, art. 973, 974.

Art. 2056, 2057, 2058. — Comp. *C. fr.*, art. 808-809. — *C. esp.*, art. 1026-1028. — *C. ital.*, art. 976, 977.

Voir art. 2058, 2061 et 2125.

tiers; et si, lorsque le jugement rendu en leur faveur est passé en force de chose jugée, l'inventaire n'est pas encore terminé, ils pourront être payés, mais à la charge, par les légataires, de fournir caution.

§ 2. Le payement fait aux créanciers et la délivrance faite aux légataires, autrement que de la manière indiquée dans le présent article et le paragraphe 1 ci-dessus, sont nuls, et l'administrateur de la succession sera responsable de la réduction que subiraient les créances ou les legs, si les biens de la succession ne suffisaient pas pour acquitter intégralement les dettes et les legs.

Art. 2057. En cas d'exécution, tout créancier pourra intervenir par voie d'opposition ou demander sa collocation par préférence, et les payements se feront dans l'ordre des collocations.

Art. 2058. S'il ne se présente pas de créancier muni d'un jugement exécutoire sur les biens de la succession et que ces biens suffisent pour payer tous les créanciers, ceux-ci seront payés dans l'ordre où ils se présentent, et ce n'est qu'après l'acquittement intégral de toutes les dettes que la délivrance des legs aura lieu et que les cautions fournies par les légataires antérieurement payés seront déchargées.

Art. 2059. Si les biens de la succession ne suffisent pas pour payer les dettes et les legs, l'administrateur devra compte de son administration aux créanciers et aux légataires, et il répondra du préjudice causé à la succession par sa faute ou sa négligence.

§ 1. Dans ce cas, le juge ordonnera le payement des dettes,

Art. 2059. — Comp. *C. pr. civ. fr.*, art. 995. — *C. esp.*, art. 1031. — *C. ital.*, art. 971.

après rapport fait à la masse, de tous les legs, ou d'une quote-part de chacun d'eux proportionnelle au déficit.

§ 2. Si, même après ce rapport, le total ne suffit pas pour payer les créanciers, ceux-ci, s'ils ne s'accordent pas pour être payés au marc le franc, pourront recourir aux voies ordinaires pour obtenir payement.

Art. 2060. Après payement des dettes et des legs, l'héritier bénéficiaire pourra jouir librement du surplus de la succession; si la succession a été administrée par un tiers, celui-ci rendra compte à l'héritier, envers lequel il est soumis à la responsabilité définie par l'article 2059.

Art. 2061. Lorsqu'après le payement des legs de nouveaux créanciers se présentent, ils n'auront de recours que contre les légataires, si ce qui reste des biens de la succession ne suffit pas pour les payer.

Art. 2062. L'inventaire fait par l'héritier appelé en première ligne qui a, depuis, renoncé à la succession, profitera aux substitués et aux héritiers *ab intestat;* mais ceux-ci auront un mois pour délibérer, à compter du jour où ils ont eu connaissance de la renonciation.

Art. 2063. Les frais de l'inventaire, de la reddition des

Art. 2060. — *C. esp.*, art. 1032.

Art. 2061. — *C. fr.*, art. 809. — *C. esp.*, art. 1029. — *C. ital.*, art. 977.

Art. 2062. — *C. esp.*, art. 1022.

Art. 2063. — *C. fr.*, art. 810. — *C. esp.*, art. 1033. — *C. ital.*, art. 978, 979.

comptes et des instances suivies par l'héritier ou contre lui à raison de la succession seront à la charge de cette succession, à moins que l'héritier n'ait été condamné personnellement à raison de son dol ou de sa mauvaise foi.

SECTION III.

DE L'INVENTAIRE.

Art. 2064. Il est toujours fait inventaire, lorsque l'un des héritiers est mineur, interdit, absent ou inconnu.

§ 1. Dans tous ces cas, l'inventaire devra être terminé dans les soixante jours qui suivent celui où il a été commencé, sauf les dispositions de l'article 2050.

§ 2. Si la cause pour laquelle il est procédé à l'inventaire vient à disparaître, l'inventaire ne sera pas continué, à moins que l'un des cohéritiers n'en requière la continuation.

Art. 2065. Lorsque les héritiers sont majeurs et ont la libre administration de leurs biens, ou ne sont pas compris dans l'énumération de l'article précédent, il ne pourra être fait inventaire en justice que si l'un d'eux le requiert.

Art. 2066. Lorsque cet inventaire doit assurer en outre aux héritiers les effets de l'acceptation bénéficiaire de la succession, il est régi par les dispositions des articles 2044, 2048, 2049, 2050 et 2051.

Art. 2064. — Comp. *C. fr.*, art. 819. — *C. esp.*, art. 1057, § 2.

SOUS-SECTION PREMIÈRE.

DU CHEF DE MAISON (*CABEÇA DE CASAL*) ET DE LA DÉSIGNATION ET DESCRIPTION DES BIENS.

Art. 2067. Le chef de maison est la personne chargée de dresser l'état et de faire opérer la description et le partage des biens de la succession.

Art. 2068. Cette charge incombe :

1° Au conjoint survivant, pour tous les biens du ménage si le régime était celui de la communauté, et dans les autres cas, pour la partie seulement de ces biens au partage de laquelle il peut venir;

2° A défaut du conjoint survivant et dans les cas où il ne peut être chef de maison, à l'enfant ou au cohéritier qui vivait avec le conjoint prédécédé, à moins qu'il ne soit incapable;

3° Si aucun des enfants ou héritiers du *de cujus* ne vivait avec lui, ou si, au contraire, tous vivaient avec lui, à l'aîné des enfants ou héritiers mâles, ou, à défaut, à l'aînée des sœurs ou héritières, sauf incapacité;

4° Si quelques-uns seulement des enfants ou héritiers vivaient avec le *de cujus*, et non les autres, à celui d'entre les premiers qui se trouve désigné par application du numéro précédent.

Art. 2069. S'il n'y a ni frères, ni sœurs, ni héritiers majeurs, ou s'ils sont tous incapables, le tuteur sera chef de maison.

Art. 2067, 2068. — Comp. *C. pr. civ. fr.*, art. 941.

D'après l'ancien droit portugais, la communauté finissant par la mort d'un des époux, le survivant administrait tous les biens jusqu'au partage, ce qu'on appelait rester *la tête de la maison* (*ficar cabeça de cazal*). (Ordonn., liv. IV, tit. XCV, pr.).

Consulter Coelho da Rocha, *Instituições de Direito civil Portuguez*, t. I, § 249.

Art. 2070. Les cohéritiers se trouvant en possession de certains biens de la succession seront réputés chefs de maison, relativement à ces biens.

Art. 2071. Le chef de maison qui a des cohéritiers mineurs ou incapables devra faire inventaire, conformément aux articles 157 et 189.

Art. 2072. Le chef de maison devra déclarer :

1° Le nom et l'état civil du *de cujus*, les jour, mois et an et le lieu du décès;

2° Le nom, l'état civil, l'âge et la capacité des héritiers testamentaires ou légitimes, y compris ceux qui peuvent être conçus, si la grossesse de la mère est connue;

3° Si le *de cujus* a fait un testament, et, dans ce cas, il devra représenter l'original ou l'expédition authentique de ce testament;

4° Si le *de cujus* a fait avant de se marier un contrat de mariage, et, dans ce cas, il devra représenter l'expédition ou la copie authentique de ce contrat.

Art. 2073. Le chef de maison fera comprendre dans la description, fidèlement et sous la foi du serment, tous les biens de la succession.

Art. 2074. Les biens mobiliers seront désignés par leurs signes caractéristiques et de telle sorte qu'ils ne puissent être changés ou confondus avec d'autres.

Art. 2075. Les biens immobiliers seront décrits avec indica-

Art. 2072 et suiv. — Comp. *C. pr. civ. fr.*, art. 943.

Art. 2075. — Voir art. 2097, 2113 et 2114.

tion des tenants et aboutissants, des noms et numéros, des dépendances et servitudes, et, s'ils font l'objet d'un préciput, avec description des additions ou améliorations partageables qui y ont été faites.

Art. 2076. Les fonds consolidés seront décrits avec indication de leur nature et des numéros qu'ils portent.

Art. 2077. La description des dettes et des créances sera accompagnée de l'énonciation des titres qui les constatent.

Art. 2078. Lorsqu'il y a dans la succession des biens qui appartiennent à un tiers, ou qui sont destinés par préciput à l'un des héritiers, ces biens seront décrits séparément, avec indication des titres qui s'y rapportent.

§ unique. Les biens qui appartiennent à un tiers ne lui seront remis, en cas de doute, qu'après qu'il aura justifié de son droit.

Art. 2079. Le chef de maison qui aura diverti ou recélé des biens de la succession sera déchu, au profit de ses cohéritiers, du droit qu'il peut avoir à une part de ces biens, et, s'il n'est pas lui-même héritier, il sera passible des peines du vol.

Art. 2080. Le chef de maison qui frauduleusement comprend, dans la description, des créances, droits ou charges ayant pour fondement des titres simulés, faux ou falsifiés, sera responsable du préjudice par lui causé et passible, en outre, des peines du vol ou du faux, suivant les circonstances.

Art. 2079. — Comp. *C. fr.*, art. 792, 801. — *C. esp.*, art. 1002. — *C. ital.*, art. 953.

Art. 2081. Le chef de maison qui dissimule frauduleusement des titres sans lesquels on ne peut connaître la nature de quelque bien partageable ou les charges qui le grèvent, répondra du préjudice résultant de cette omission.

Art. 2082. Le chef de maison conservera l'administration de la succession jusqu'à la consommation du partage, sauf en ce qui regarde les biens non partageables qui sont destinés par préciput à d'autres héritiers ou successeurs.

Art. 2083. Le chef de maison exercera toutes les actions conservatoires et poursuivra le recouvrement et la rentrée des créances héréditaires, lorsqu'il peut y avoir péril en la demeure.

§ unique. Lorsque, pour obtenir payement des créances dont il s'agit, le chef de maison intente une poursuite ou requiert exécution, chacun des cohéritiers pourra intervenir dans la procédure.

Art. 2084. Les créanciers de la succession pourront également prendre des mesures conservatoires contre le chef de maison; mais ils ne pourront l'actionner en justice pour des questions de propriété ou pour des dettes héréditaires, sans mettre en cause tous les cohéritiers.

Art. 2085. Le chef de maison, comme administrateur de la succession, percevra tous les fruits et revenus des biens dont il est en possession et supportera les charges ordinaires, avec obligation de rendre compte si l'usufruit desdits biens ne lui appartient pas. Il ne pourra aliéner les biens de la succession, sauf les fruits et autres objets susceptibles de dépérissement.

Art. 2086. Le chef de maison a le droit de se faire indemniser des dépenses faites par lui, à ses frais, pour le compte de la succession, et pourra même exiger les intérêts de ses débours; mais il ne sera débiteur des intérêts des sommes qu'il a reçues pour le compte de la succession que lorsqu'il aura été mis en demeure.

Art. 2087. Les difficultés qui viendraient à s'élever au sujet de la capacité des héritiers indiqués par le chef de maison, ou de ceux qui concourent à l'inventaire, ou au sujet de la propriété des biens héréditaires ou de la possibilité de les partager, si elles ne peuvent se résoudre par le seul examen de titres authentiques, doivent être vidées par les voies ordinaires, sans qu'il y ait lieu de surseoir à la continuation de l'inventaire et au partage.

Art. 2088. Le chef de maison qui, par son dol, retarde la marche de l'inventaire pourra être privé, sur la demande des intéressés, de l'administration provisoire de la succession, qui sera alors remise de préférence au cohéritier le plus capable.

SOUS-SECTION II.

DES ESTIMATIONS.

Art. 2089. Les biens compris dans l'inventaire fait entre majeurs seront estimés par des arbitres (*louvados*) choisis d'accord entre les parties.

§ unique. Si les héritiers ne s'accordent pas sur le choix des arbitres ou de quelques-uns d'entre eux, le juge désignera ceux qui manqueront, en s'abstenant de choisir parmi les personnes qui lui sont indiquées par les héritiers.

Art. 2087. — Comp. *C. pr. civ. fr.*, art. 944.
Voir art. 2112.

Art. 2089. — Comp. *C. fr.*, art. 824; *C. pr. civ.*, art. 971.

Art. 2090. Lorsque les biens inventoriés appartiennent à des mineurs seulement, les arbitres seront nommés par le conseil de famille.

Art. 2091. Lorsque l'inventaire se fait entre majeurs et mineurs, l'un des arbitres sera nommé par le conseil de famille, l'autre par les majeurs et le troisième par le juge, pour départager au besoin les deux premiers.

§ unique. L'arbitre appelé en cas de partage sera tenu de se mettre d'accord avec l'un des deux autres.

Art. 2092. Les bijoux et les objets d'or et d'argent seront estimés, par des vérificateurs et des essayeurs, à leur valeur intrinsèque, à laquelle on ajoutera, si les objets méritent d'être conservés, moitié du prix de la façon.

Art. 2093. Les objets spéciaux dont les arbitres choisis ne pourraient faire l'estimation seront évalués par des experts (*peritos*) ou des personnes compétentes, désignées par le juge, sauf opposition légitime des intéressés ou de leurs représentants.

Art. 2094. Les immeubles ruraux et urbains seront estimés par les arbitres, eu égard à leur produit ou revenu moyen, au temps durant lequel ils peuvent continuer de fournir le même produit ou la même rente, aux circonstances locales, aux charges, aux frais de culture et d'entretien; les bases de l'estimation devant être, dans tous les cas, indiquées.

Art. 2095. La valeur du domaine utile des fonds emphytéotiques

---

Art. 2092, 2093. — Comp. *C. fr.*, art. 825.

se calculera suivant les règles établies par l'article précédent, en déduisant la valeur du domaine direct.

Art. 2096. La valeur du domaine direct sera réputée égale à vingt années de redevances, en y ajoutant, dans le cas où quelques prestations éventuelles sont dues outre les redevances annuelles, la valeur de l'une de ces prestations.

§ unique. Si la valeur des prestations n'est pas connue ni déterminée par la loi, elle sera évaluée d'après les usages locaux.

Art. 2097. Les améliorations dont il est parlé dans l'article 2075 comprendront seulement celles qui auront réellement augmenté la valeur de l'immeuble; elles seront estimées par rapport à cette augmentation de valeur.

SOUS-SECTION III.

DES RAPPORTS.

DIVISION PREMIÈRE.

DES RAPPORTS, EN CE QUI CONCERNE LES BIENS PARTAGEABLES.

Art. 2098. Le rapport est la remise que les héritiers réservataires qui veulent prendre part à la succession doivent faire, à la masse de cette succession, des valeurs qui leur ont été données par le *de cujus*, pour permettre le calcul de la quotité disponible et l'égalité du partage.

Art. 2099. Il pourra y avoir dispense de rapport entre héri-

Art. 2098. — *C. fr.*, art. 843. — *C. esp.*, art. 1035. — *C. ital.*, art. 1001.

Art. 2099. — *C. fr.*, art. 844, 845. — *C. esp.*, art. 1036. — *C. ital.*, art. 1002, 1003.

Voir art. 2102.

tiers réservataires, si le donateur en a ainsi ordonné ou si le donataire renonce à la succession, sauf le droit de réduction dans le cas d'inofficiosité.

Art. 2100. Les petits-enfants qui succèdent à leurs aïeuls par représentation de leurs père et mère devront le rapport de tous les biens que leurs père et mère auraient dû rapporter, lors même qu'ils n'auraient pas recueilli ces biens dans la succession de ceux-ci.

Art. 2101. Les père et mère ne sont pas tenus de rapporter à la succession de leurs ascendants ce que ceux-ci ont donné à leurs enfants, ni les enfants ce qu'ils ont reçu de leurs ascendants, lorsqu'ils succèdent à ceux-ci par représentation.

Art. 2102. Les ascendants venant à la succession du descendant donateur ne doivent pas le rapport.

Art. 2103. Les donations faites au conjoint de l'enfant ne sont pas sujettes à rapport; mais, si la donation a été faite conjointement aux deux époux, l'enfant devra rapporter la moitié de la chose ou de la valeur donnée.

Art. 2104. Le rapport sera dû des sommes dépensées par le

Art. 2100. — *C. fr.*, art. 848. — *C. esp.*, art 1038. — *C. ital.*, art. 1005.

Art. 2101. — *C. fr.*, art. 847. — *C. esp.*, art. 1039. — *C. ital.*, art. 1004, 1005.

Art. 2102. — Comp. *C. ital.*, art. 1001, 1014.

Art. 2103. — *C. fr.*, art. 849. — *C. esp.*, art. 1040. — *C. ital.*, art. 1006.

Art. 2104. — *C. fr.*, art. 851, 852. — *C. esp.*, art. 1041-1045. — *C. ital.*, art. 1607, 1609.

IMPRIMERIE NATIONALE.

de cujus dans l'intérêt de ses enfants pour leur donner une dot et un trousseau ou un patrimoine à leur entrée dans les ordres, pour leur faire faire des études supérieures ou les équiper comme militaires, pour les établir ou payer leurs dettes.

§. 1. Mais, dans le calcul des sommes rapportables, on devra déduire des dépenses faites les dépenses ordinaires auxquelles les père et mère sont par ailleurs tenus, et les père et mère pourront dispenser les enfants du rapport, dans les limites de la quotité disponible.

§ 2. Il y a lieu de déduire aussi des sommes rapportables ce que les père et mère auraient reçu de leurs enfants à un autre titre que par donation.

Art. 2105. Les dépenses de nourriture et les donations faites en vue de récompenser des services ou d'indemniser l'enfant de la perte de biens divertis par ses père et mère ne seront pas sujettes à rapport.

Art. 2106. Les fruits et produits des choses données seront comptés en vue du rapport, à partir du jour de l'ouverture de la succession.

Art. 2107. Le rapport sera dû, non pas de la chose en nature, mais de la valeur que la chose constituée en dot ou donnée avait à l'époque de la constitution de dot ou de la donation, lors même qu'elle n'aurait pas été évaluée à cette époque, à moins que les

---

Art. 2106. — *C. fr.*, art. 856. — *C. esp.*, art. 1049. — *C. ital.*, art. 1013.

Comp. art. 1505.

Art. 2107. — *C. esp.*, art. 1045. — Comp. *C. fr.*, art. 858-860. — *C. ital.*, art. 1015-1017.

intéressés, lorsqu'ils sont majeurs, ne conviennent que le rapport sera fait en nature.

§ UNIQUE. Les améliorations ou les dégradations faites à la chose constituée en dot ou donnée, postérieurement à la constitution ou à la donation, même la perte totale, seront pour le compte du donataire, à moins que la détérioration ou la perte ne résulte d'un cas fortuit ou de la force majeure ou de l'usage régulier de la chose.

ART. 2108. Si la donation a été faite par les deux époux, le rapport se fera par moitié à la succession de chacun d'eux; si la donation a été faite par l'un des époux seulement, le rapport ne se fera qu'à la succession de cet époux.

ART. 2109. Les cohéritiers du donataire seront remplis de leurs droits en biens de même espèce et de même nature, si faire se peut.

ART. 2110. Lorsque les cohéritiers ne peuvent être indemnisés de cette manière, si les biens donnés sont des immeubles, ils auront le droit de se faire indemniser en argent; et s'il n'y a pas d'argent dans la succession, il sera vendu aux enchères publiques autant de biens qu'il en faudra pour réaliser les sommes nécessaires. Mais, si les biens donnés sont des meubles, les cohéritiers pourront pré-

---

Art. 2107, § UNIQUE. — Comp. *C. fr.*, art. 855, 862, 863. — *C. ital.*, art. 1012.

Art. 2108. — *C. esp.*, art. 1046. — Comp. *C. fr.*, art. 1544. — *C. ital.*, art. 1392, 1395.

Art. 2109. — *C. fr.*, art. 830. — *C. esp.*, art. 1047. — *C. ital.*, art. 992.

Art. 2110. — *C. fr.*, art. 866, 868, 869. — *C. esp.*, art. 1048. — *C. ital.*, art. 1022, 1024, 1025.

Voir art. 2139, 2142, 2182 et 2183.

lever, à titre d'indemnité, d'autres meubles de la succession pour leur juste prix.

Art. 2111. Si la valeur des biens donnés excède la réserve du donataire, l'excédent devra être imputé sur la quotité disponible; et si, même après cette imputation, les biens donnés excèdent les valeurs réunies de la réserve et de la quotité disponible, le donataire devra faire rapport de cet excédent.

§ 1. S'il y a plusieurs donataires et que la quotité disponible ne suffise point pour les remplir tous du montant de leurs donations, les dispositions des articles 1495 et 1496 doivent être appliquées.

§ 2. Dans ce cas, la disposition faite, par le testateur, de la quotité disponible, au profit d'autres personnes, sera nulle.

Art. 2112. Lorsqu'il y a contestation entre les cohéritiers sur le point de savoir si le rapport est dû ou de quels biens il est dû, il sera néanmoins procédé au partage, après que le cohéritier qui doit le rapport aura donné caution.

DIVISION II.

DES RAPPORTS EN CE QUI CONCERNE LES BIENS NON PARTAGEABLES.

Art. 2113. Le successeur qui recueille un bien par préciput doit le rapport de ce dont la valeur de l'immeuble se trouve augmentée par les impenses d'amélioration.

Art. 2114. Si les biens recueillis par préciput ont été acquis à titre onéreux, le rapport sera dû de leur prix d'achat ou de leur valeur estimative, au choix du successeur.

Art. 2112. — *C. esp.*, art. 1050.

SOUS-SECTION IV.

DU PAYEMENT DES DETTES.

Art. 2115. La succession est tenue solidairement de payer les dettes du *de cujus;* mais, après le partage consommé, les héritiers ne sont tenus de ces dettes que proportionnellement à la part qui leur est échue dans la succession.

Art. 2116. Les frais funéraires seront à la charge de la succession, même durant l'indivision, et qu'il y ait ou non des héritiers à réserve. Aucune autre dépense de messes ou prières pour le repos de l'âme du *de cujus* (*suffragios*) n'est à la charge de la succession ou de la quotité disponible, si le *de cujus* ne l'a ordonné par son testament en se conformant à l'article 1775.

Art. 2117. Dans les inventaires entre majeurs, il sera pourvu au payement des dettes, lorsque tous les intéressés sont d'accord.

Art. 2118. Si l'inventaire intéresse des mineurs, des interdits ou des absents, les dettes dont le conseil de famille a autorisé le payement, sans opposition de la part d'aucun des cohéritiers majeurs, seront seules payées.

§ unique. Les créanciers qui prendraient part à l'inventaire pour réclamer le payement de leurs créances devront produire les titres qui servent de fondement à leurs droits.

Art. 2119. Le payement, lorsqu'il sera admissible, sera fait, si l'inventaire est entre majeurs, en espèces ou en biens mis à part pour cet objet.

Art. 2115. — *C. fr.*, art. 870. — *C. esp.*, art. 1084. — *C. ital.*, art. 1027.

§ unique. Si le créancier refuse de recevoir ces biens en payement, la vente en sera faite aux enchères publiques et le créancier payé sur le prix.

Art. 2120. Dans les inventaires entre mineurs ou autres incapables, le payement se fera en espèces ou, s'il n'y en a pas dans la succession, en meubles ou en immeubles; mais, dans ce cas, les biens seront mis aux enchères et, s'il n'y a pas d'enchérisseur, ils seront adjugés au créancier, si celui-ci veut les prendre sur le pied de la mise à prix.

Art. 2121. Lorsque les immeubles de la succession sont grevés d'hypothèques ou de redevances rachetables, tout cohéritier pourra exiger, s'il y a dans la succession des deniers comptants, que les charges soient rachetées préalablement au partage.

Art. 2122. Si les immeubles sont partagés sans être libérés des charges sus-énoncées ou de toutes autres, ils doivent être estimés comme s'ils étaient libres; il sera ensuite fait déduction du capital correspondant à la charge existante, et le cohéritier auquel échoit l'immeuble sera seul tenu de supporter cette charge.

Art. 2123. Le cohéritier qui, par l'effet de l'hypothèque dont la valeur n'a pas été déduite, paye une part supérieure à celle qui lui incombe dans la dette commune, n'aura recours contre ses cohéritiers que pour la part dont chacun d'eux est débiteur, à raison de

---

Art. 2120. — Voir art. 2151 et 2152.

Art. 2121, 2122. — *C. fr.*, art. 872. — *C. esp.*, art. 1086. — *C. ital.*, art. 1028.

Art. 2123. — *C. fr.*, art. 875. — *C. esp.*, art. 1085. — *C. ital.*, art. 1030.

son émolument; il en serait ainsi, lors même que le cohéritier qui a payé se serait fait subroger aux droits du créancier.

§ UNIQUE. En cas d'insolvabilité de l'un des cohéritiers, sa part de la dette sera répartie entre tous proportionnellement, si, lors du partage, l'existence de la dette était inconnue ou douteuse.

ART. 2124. Les titres emportant exécution parée contre le *de cujus* auront la même force contre ses héritiers; mais les créanciers ne peuvent poursuivre l'exécution que lorsque les héritiers sont habilités et qu'ils ont été cités de nouveau avec un délai de dix jours pour payer ou voir continuer les actes d'exécution.

ART. 2125. Si les dettes susceptibles d'entrer en compte excèdent l'actif de la succession, les conventions faites entre les créanciers relativement à la répartition et à l'ordre de priorité doivent être observées; faute par les créanciers de s'entendre, il sera procédé par les voies de droit.

SOUS-SECTION V.

DE LA LICITATION ET DU PARTAGE.

ART. 2126. Lorsque la description et l'estimation auront été faites conformément aux dispositions ci-dessus, les intéressés seront

---

Art. 2123, § UNIQUE. — *C. fr.*, art. 876. — *C. ital.*, art. 1031.

Art. 2124. — *C. fr.*, art. 877.

Art. 2126. — Comp. *C. fr.*, art. 815, 826, 827. — *C. esp.*, art. 1051. — *C. ital.*, art. 984.

L'art. 970 du Code de procédure civile français laisse au tribunal, soit qu'il ordonne le partage, soit qu'il ordonne la licitation, la faculté de déclarer qu'il y sera immédiatement procédé sans expertise préalable, même lorsqu'il y aura des mineurs en cause; dans le cas de licitation, le tribunal détermine la mise à prix.

Comp. *C. ital.*, art. 989.

consultés sur le mode à employer pour le partage, et si l'un deux veut liciter un immeuble ou autre bien, il doit le déclarer dans sa réponse.

Art. 2127. La licitation précédera le partage; les intéressés y seront tous appelés; ils y figureront seuls et il sera procédé comme pour les ventes aux enchères (*arrematação*).

Art. 2128. Lorsque la déclaration dont il est parlé dans l'article 2126 porte sur une chose impartageable de sa nature ou qui ne pourrait être partagée sans dommage, et dont la plus grande partie appartient à l'un des cohéritiers, ou lorsqu'elle porte sur une chose dont l'un des cohéritiers doit nécessairement être investi, ce cohéritier pourra s'opposer à la licitation et requérir la rectification de l'estimation.

Art. 2129. Lorsque la déclaration porte sur des objets dont la valeur excède celle de la part du déclarant dans les biens à partager, si ce déclarant ne s'oblige pas à déposer sur-le-champ cet excédent, les objets licités seront mis aux enchères publiques et adjugés pour le prix le plus élevé au delà du prix d'estimation.

§ unique. S'il n'y a pas d'enchère qui couvre le prix d'estimation, la déclaration de licitation sera réputée non avenue, et la procédure du partage sera suivie, comme s'il n'y avait pas eu de déclaration.

Art. 2127. — Voir art. 2129 et 2132-2137.

Si tous les cohéritiers ne sont pas présents, ou s'il y a parmi eux des interdits ou des mineurs même émancipés, le Code français prescrit que la licitation, lorsqu'elle a lieu, ne peut être faite qu'en justice, avec les formalités prescrites pour l'aliénation des biens des mineurs. Les étrangers y sont toujours admis (art. 839).

Comp. *C. ital.*, art. 988, § 2.

Art. 2130. Dans les inventaires entre mineurs ou autres incapables, ceux-ci seront admis à la licitation, pourvu qu'ils soient représentés par leurs tuteurs ou curateurs dûment autorisés par le conseil de famille, s'il en existe un.

Art. 2131. La licitation régulièrement faite ne peut être rescindée.

Art. 2132. Si l'un des intéressés considère l'estimation d'un bien comme exagérée, il devra le déclarer dans sa réponse concernant le mode de partage et indiquer en même temps le prix le plus élevé qu'il attribue à ce bien.

Art. 2133. Si tous les intéressés sont majeurs et s'accordent pour accepter le prix indiqué par le déclarant, le bien figurera dans le partage pour ce prix, et non pour le prix d'estimation.

Art. 2134. Si l'un des intéressés est mineur, ou s'ils sont tous majeurs, mais ne s'accordent pas sur le prix déclaré, le bien qui fait l'objet de la déclaration sera mis aux enchères publiques pour le prix déclaré et adjugé moyennant l'enchère la plus forte, pourvu qu'elle excède ce prix, lors même qu'elle serait inférieure au prix d'estimation.

Art. 2135. Si l'un des intéressés, étant majeur, déclare accepter pour le prix de l'estimation la chose qui fait l'objet de la déclaration, et si cette chose tombe dans son lot, ou, à défaut de cette dernière condition, s'il s'oblige à déposer la valeur dont elle

---

Art. 2130. — Comp. *C. fr.*, art. 817. — *C. esp.*, art. 1052.

Art. 2135. — Comp. *C. fr.*, art. 819, 826, 827; *C. pr. civ.*, art. 985. — *C. esp.*, art. 1058, 1059. — *C. ital.*, art. 986, 987.

excède son lot, il ne sera point ouvert d'enchères publiques, et il sera procédé au partage comme s'il n'y avait pas eu de déclaration. Il en sera de même lorsque l'inventaire ayant lieu entre majeurs, ceux-ci s'accordent pour attribuer la chose à leur cohéritier en le dispensant de tout dépôt.

Art. 2136. Dans les cas des articles 2129 et 2134, tous les intéressés seront admis aux enchères, y compris les mineurs ou autres incapables, représentés comme il est dit dans l'article 2130.

Art. 2137. Si l'adjudicataire est un étranger, il déposera sur-le-champ le prix de l'adjudication ou donnera caution de payer à bref délai; si l'adjudicataire est l'un des intéressés, il ne sera tenu de déposer ou de donner caution que pour la somme dont le prix d'adjudication excède la part qui doit vraisemblablement lui revenir dans les biens à partager.

§ unique. Le prix de l'adjudication, qu'il soit ou non déposé, entrera dans la masse à partager.

Art. 2138. Les licitations terminées, il sera procédé au partage, en mettant d'abord à part les biens nécessaires à l'acquit des dettes comptées dans l'inventaire, puis, s'il y a lieu, les biens nécessaires pour remplir le conjoint survivant de sa moitié ou l'héritier réservataire de sa réserve.

Art. 2139. Les licitations et les rapports terminés entre les cohéritiers, ceux qui n'ont pas pris part aux licitations ou qui n'ont pas rapporté seront remplis de leurs droits par des attributions équivalentes, conformément aux articles 2109 et 2110.

Art. 2138. — Voir art. 2140-2142 et 2144.

Art. 2139. — Comp. *C. fr.*, art. 830. — *C. ital.*, art. 992.

Art. 2140. Les biens qui restent seront répartis par la voie du sort entre les cohéritiers, par lots égaux.

Art. 2141. Si les héritiers, ou l'un d'eux, n'ont pas droit à la même quotité, il sera composé autant de lots qu'il en faut pour que chaque héritier soit rempli de sa part.

Art. 2142. Les lots seront composés le plus également possible, et l'on fera entrer, s'il se peut, dans chacun d'eux, une quantité égale de biens de même genre ou de même espèce.

Art. 2143. Si le partage des immeubles entraîne nécessairement la création de servitudes nouvelles, il en sera fait déclaration régulière.

Art. 2144. Après la formation des lots, les intéressés pourront proposer leurs réclamations en vue de s'assurer l'égalité qui leur est due.

Art. 2145. S'il se trouve parmi les biens à partager un objet qui n'ait pas été licité et qui ne puisse entrer dans les lots, ni se

---

Art. 2140. — *C. fr.*, art. 831; *C. pr. civ.*, art. 975. — *C. ital.*, art. 996.

Art. 2141. — Comp. *C. fr.*, art. 831, 836. — *C. ital.*, art. 993, 996, 998.

Art. 2142. — *C. fr.*, art. 832. — *C. esp.*, art. 1061. — *C. ital.*, art. 994.

Art. 2143. — Comp. art. 2311.

Art. 2144. — *C. fr.*, art. 835. — *C. ital.*, art. 997.

Art. 2145. — Comp. *C. fr.*, art. 827, 833. — *C. esp.*, art. 1062. — *C. ital.*, art. 988, 995.

partager sans perte, ou qui soit indivisible de sa nature, les intéressés ou leurs représentants décideront s'il y a lieu de le vendre, et comment, ou s'il doit être attribué à l'un des héritiers moyennant une soulte, ou enfin si la jouissance en doit être mise en commun.

Art. 2146. Si l'un des intéressés déclare qu'il entend ne pas devenir débiteur d'une soulte, il ne pourra y être contraint, si cette soulte excède le tiers de son lot, et l'objet dont il s'agit sera vendu aux enchères publiques.

§ unique. Les dispositions de l'article 2137 seront applicables à cette adjudication.

Art. 2147. Si l'objet ne trouve pas acheteur et si l'inventaire a lieu entre majeurs, il en sera fait ce que les parties décideront et, si l'inventaire a lieu entre mineurs, ce que décidera le conseil de famille.

Art. 2148. Si le défunt dont la succession est à partager entre des héritiers à réserve mineurs ou autrement incapables a grevé d'une pension annuelle et viagère la quotité disponible, sans en mettre le service à la charge de l'un des héritiers ou légataires spécialement, on prélévera un capital égal à vingt fois les arrérages de cette pension, et ce capital sera remis au légataire qui sera soumis à toutes les obligations d'un usufruitier pur et simple; on fera toutefois, dès cet instant, le partage de ce capital entre les intéressés.

Art. 2149. Si la pension léguée grève une succession à par-

Art. 2147. — Comp. art. 2179 et 2183.

tager entre plusieurs héritiers majeurs, et que ceux-ci ne s'accordent pas pour désigner celui d'entre eux qui sera chargé du service de cette pension, on doit se conformer aux dispositions de l'article précédent.

Art. 2150. Si, dans le cas de l'article 2148, les biens composant la quotité disponible ne suffisent pas pour procurer le capital dont il est parlé dans cet article, la quotité disponible sera délivrée au légataire pour en jouir comme usufruitier, et la pension se composera définitivement des revenus de cette quotité.

Art. 2151. Lorsqu'il y a lieu de prélever des biens pour le payement des dettes, en cas d'inventaire entre mineurs, on commencera toujours par les meubles, et, de préférence, par les moins précieux ou les plus difficiles à conserver.

Art. 2152. En cas d'inventaire entre majeurs, si les parties ne se mettent pas d'accord sur les biens à prélever pour le payement des dettes, on suivra la même règle.

Art. 2153. Après le partage, remise doit être faite à chacun des copartageants des titres particuliers aux objets qui lui sont échus, s'il en existe.

Art. 2154. Les titres des propriétés qui ont été divisées seront remis à celui qui en a la plus grande part, à la charge de les communiquer, en cas de besoin, à son copartageant.

Art. 2155. Les titres des propriétés divisées en parts égales

---

Art. 2153-2155. — *C. fr.*, art. 842. — *C. esp.*, art. 1065, 1066. — *C. ital.*, art. 999.

Voir art. 2186.

et les titres communs à toute l'hérédité seront remis à celui des cohéritiers que les intéressés choisiront, ou que le juge désignera, si les parties ne s'entendent pas.

Art. 2156. La remise des titres sera constatée, dans l'inventaire, par une mention signée du juge et de l'héritier à qui les titres sont remis.

Art. 2157. Les frais de l'inventaire seront avancés par le chef de maison ou la personne chargée de faire inventaire, et déduits lors de la délivrance des lots aux cohéritiers, ou recouvrés contre eux, par voie d'exécution.

SOUS-SECTION VI.

DES EFFETS DU PARTAGE.

Art. 2158. Le partage légalement fait rend les héritiers propriétaires exclusifs des biens partagés entre eux.

Art. 2159. Les cohéritiers sont respectivement garants de l'éviction des biens partagés.

Art. 2160. La garantie n'a pas lieu, s'il y a convention contraire, ou si l'éviction du cohéritier arrive par sa faute ou procède d'une cause postérieure au partage.

Art. 2161. Les cohéritiers devront indemniser, chacun en pro-

---

Art. 2158. — *C. fr.*, art. 883. — *C. esp.*, art. 1068. — *C. ital.*, art. 1034.

Art. 2159, 2160. — *C. fr.*, art. 884. — *C. esp.*, art. 1069, 1070. — *C. ital.*, art. 1035.

Art. 2161. — *C. fr.*, art. 885. — *C. esp.*, art. 1071. — *C. ital.*, art. 1036.

portion de sa part héréditaire, leur cohéritier évincé; si l'un d'eux se trouve insolvable, les autres cohéritiers seront tenus de sa part dans la même proportion, mais déduction faite de la quote-part de l'héritier évincé.

Art. 2162. L'action en garantie dont il est parlé dans les articles précédents se prescrit, d'après les règles du droit commun, et le délai se compte du jour de l'éviction.

SOUS-SECTION VII.

DE LA RESCISION DU PARTAGE.

Art. 2163. Le partage fait extrajudiciairement ne peut être rescindé que dans les cas où les contrats peuvent l'être.

Art. 2164. Le partage fait en justice et homologué par jugement passé en force de chose jugée ne peut être rescindé, sauf en cas d'annulation de la procédure.

Art. 2165. Le partage dans lequel l'un des cohéritiers a été omis ne sera pas rescindé, s'il n'est justifié du dol ou de la mauvaise foi des autres intéressés; mais ceux-ci seront tenus de fournir à l'héritier omis la part qui lui est due.

Le Code espagnol réserve aux cohéritiers qui payent pour l'insolvable une action contre lui, s'il revient à meilleure fortune.

Art. 2163. — *C. fr.*, art. 887. — *C. esp.*, art. 1073. — *C. ital.*, art. 1038.

Art. 2164. — Comp. *C. fr.*, art. 840.

Art. 2165. — *C. esp.*, art. 1080.

Art. 2166. La simple omission de certains objets de la succession ne donne pas lieu à la rescision du partage, mais seulement à un partage supplémentaire de ces objets.

Art. 2166. — *C. fr.*, art. 887. — *C. esp.*, art. 1079. — *C. ital.*, art. 1046.

PARTIE III.

DU DROIT DE PROPRIÉTÉ.

LIVRE UNIQUE.

TITRE PREMIER.

DISPOSITIONS PRÉLIMINAIRES.

Art. 2167. Le droit de propriété est la faculté pour l'homme d'employer à la conservation de son existence et à l'amélioration de sa condition tout ce qu'il acquiert légitimement dans ce but et dont il peut, par suite, disposer librement.

Art. 2168. La propriété est absolue ou résoluble, individuelle ou commune, parfaite ou imparfaite.

Art. 2169. Le droit de propriété comprend :

1° Le droit de jouissance;

2° Le droit de transformation;

3° Le droit d'exclusion et de défense;

4° Le droit de restitution et d'indemnité, dans le cas de violation, de dommage ou d'usurpation;

5° Le droit d'aliénation.

Art. 2167. — Comp. *C. fr.*, art. 544. — *C. esp.*, art. 348. — *C. ital.*, art. 436.

IMPRIMERIE NATIONALE.

Art. 2170. Le droit de propriété et chacun des droits particuliers dont il se compose n'ont d'autres limites que celles qui leur sont assignées par la nature des choses, par la volonté du propriétaire ou par une disposition expresse de la loi.

TITRE II.

DE LA PROPRIÉTÉ ABSOLUE ET DE LA PROPRIÉTÉ RÉSOLUBLE.

Art. 2171. La propriété est absolue, lorsqu'en vertu du titre qui l'a constituée, elle ne peut être perdue sans le consentement du propriétaire, hors le cas d'expropriation pour cause d'utilité publique; elle est résoluble, lorsqu'en vertu du titre qui l'a constituée, elle peut être perdue contre le gré du propriétaire.

Art. 2172. La propriété est présumée absolue jusqu'à preuve du contraire.

Art. 2173. La propriété des droits acquis se manifeste par l'exercice ou la possession de ces droits dans les conditions établies par la loi.

Art. 2174. Les effets de la résolution de la propriété sont déterminés dans les titres relatifs à sa constitution.

TITRE III.

DE LA PROPRIÉTÉ INDIVIDUELLE ET DE LA PROPRIÉTÉ COMMUNE.

Art. 2175. La propriété individuelle est celle qui n'appartient qu'à une seule personne; la propriété commune est celle qui appartient à deux ou plusieurs personnes à la fois.

Art. 2175. — Comp. *C. esp.*, art. 392. — *C. ital.*, art. 673.

Art. 2176. Le propriétaire à titre individuel exerce exclusivement ses droits dans les conditions définies par les titres qui précèdent; le propriétaire par indivis ou copropriétaire exerce conjointement avec les autres communistes, en proportion de la part qu'il a dans la propriété commune, tous les droits qui appartiennent au propriétaire à titre individuel.

Art. 2177. Toutefois le copropriétaire ne peut disposer spécialement d'aucune portion de la chose commune, à moins qu'elle ne lui ait été attribuée par l'effet d'un partage, et il ne peut céder son droit à la portion qui doit lui revenir que dans les limites tracées par la loi.

Art. 2178. Tout copropriétaire a le roit de contraindre ses copropriétaires à contribuer aux dépenses de conservation de la chose ou du droit indivis, tant que ceux-ci n'ont point renoncé à leur part.

Art. 2179. L'usage et l'administration de la chose ou du droit indivis seront réglés conformément aux dispositions des articles 1249 et suivants.

Art. 2180. Nul ne sera tenu de rester dans l'indivision : tout

---

Art. 2176. — Comp. *C. fr.*, art. 1859, 2°. — *C. esp.*, art. 394. — *C. ital.*, art. 675.

Art. 2177. — Comp. *C. fr.*, art. 1860. — *C. esp.*, art. 399. — *C. ital.*, art. 679.

Art. 2178. — *C. esp.*, art. 395. — Comp. *C. fr.*, art. 655, 658, 1859, 3°. — *C. ital.*, art. 676, 1723, 3°.

Voir art. 2320, § 3, 2334, 2335, 2350 et 2352.

Art. 2180. — *C. fr.*, art. 815. — *C. esp.*, art. 400, 1051. — *C. ital.*, art. 681.

Voir art. 2185.

copropriétaire pourra, à toute époque, demander le partage, excepté :

1° Dans le cas de mariage ou de société, suivant les règles établies par le présent Code;

2° Lorsque la chose ou le droit indivis est impartageable de sa nature.

Art. 2181. Le partage de la chose indivise peut se faire à l'amiable ou par des arbitres désignés d'accord entre les parties, lorsque celles-ci ne sont pas incapables.

Art. 2182. Lorsque le partage est fait par des arbitres, ceux-ci doivent former des lots parfaitement égaux, tant en quantité qu'en qualité, en évitant, autant que possible, les soultes en argent.

Art. 2183. Si la chose indivise ne peut se partager en nature, et que les copropriétaires ne s'accordent pas pour l'attribuer à l'un d'eux et pour remplir les autres en deniers, cette chose doit être vendue et le prix de vente partagé.

Art. 2184. Le partage de biens immeubles est nul, s'il n'est fait par écrit ou acte public.

Art. 2185. Les copropriétaires ne peuvent renoncer au droit

Art. 2181. — *C. fr.*, art. 834. — *C. ital.*, art. 684, 986 et suiv. — *C. esp.*, art. 402, § 1.

Art. 2182. — Comp. *C. fr.*, art. 832, 1872. — *C. ital.*, art. 684, 994. — *C. esp.*, art. 402, § 2.

Art. 2183. — Comp. *C. fr.*, art. 827. — *C. esp.*, art. 404. — *C. ital.*, art. 986-988.

Art. 2185. — *C. fr.*, art. 815, § 2. — *C. esp.*, art. 400, § 2. — *C. ital.*, art. 681, § 2.

Les Codes espagnol et italien portent jusqu'à dix années la durée du

de demander le partage, mais ils peuvent convenir de rester dans l'indivision pendant un temps limité qui ne peut excéder cinq ans; cette convention pourra d'ailleurs être renouvelée pour le même temps.

Art. 2186. Le copropriétaire auquel est attribuée la chose commune, ou partie de cette chose, jouira des droits qui appartiennent aux héritiers après le partage de la succession.

TITRE IV.

DE LA PROPRIÉTÉ PARFAITE ET DE LA PROPRIÉTÉ IMPARFAITE.

CHAPITRE PREMIER.

DISPOSITIONS GÉNÉRALES.

Art. 2187. La propriété parfaite est celle qui consiste dans la jouissance de tous les droits compris dans le droit de propriété; la propriété imparfaite est celle qui consiste dans la jouissance d'une partie de ces droits.

Art. 2188. La personne à laquelle appartient une fraction de la propriété jouit, en ce qui concerne cette fraction, du droit complet de propriété, sauf les restrictions établies par la loi ou par le titre constitutif de sa propriété partielle.

---

temps pendant lequel on peut s'engager à rester dans l'indivision. Le Code italien prévoit cependant (art. 681, § 3) que l'autorité judiciaire pourra, si des circonstances graves et urgentes l'exigent, ordonner la cessation de la communauté même avant le terme convenu.

Art. 2186. — Comp. *C. fr.*, art. 883, 1872. — *C. esp.*, art. 406, 1068. — *C. ital.*, art. 684, 1034.

ART. 2189. On appelle propriétés imparfaites :

1° L'emphytéose et la sous-emphytéose;

2° La rente (*censo*);

3° Le *quinhão ;*

4° L'usufruit, l'usage et l'habitation;

5° Le droit de vaine pâture (*compascuo*);

6° Les servitudes.

§ UNIQUE. Les règles qui concernent chacune de ces propriétés ou chacun de ces droits feront l'objet des chapitres ci-après, sauf celles relatives à l'emphytéose et à la rente, dont il est traité dans les articles 1644 et suivants.

CHAPITRE II.

DU *QUINHÃO.*

ART. 2190. Le droit qu'on a de recevoir une quote-part du revenu d'un immeuble indivis dont l'un des copropriétaires est investi et qu'il possède, s'appelle *quinhão.*

§ 1. Le copropriétaire investi de l'immeuble prend le nom de possesseur (*posseiro*), et les autres copropriétaires sont appelés *quinhoeiros.*

§ 2. Les parts de revenu peuvent être égales pour chacun des *quinhoeiros*, ou plus fortes pour les uns que pour les autres, selon le droit de chacun d'eux dans l'immeuble indivis.

ART. 2191. Le possesseur a seul qualité pour administrer et

Art. 2190. — Le *quinhão* (portion) est d'origine coutumière. En cas de licitation d'un immeuble indivis entre cohéritiers, l'adjudicataire qui ne pouvait payer en espèces la partie du prix due à son copartageant, constituait à celui-ci, jusqu'au payement, sur l'immeuble licité, un droit réel à une quote-part des fruits; ce droit réel s'appelait le *quinhão.*

affermer l'immeuble indivis, mais chacun des *quinhoeiros* peut exiger que l'immeuble soit loué, quand le possesseur l'exploite pour son compte, ou qu'il soit loué aux enchères publiques, lorsqu'il est loué de gré à gré, s'il croit devoir obtenir ainsi l'augmentation de sa part de revenu.

§ UNIQUE. En cas de dissentiment entre les *quinhoeiros*, l'avis de la majorité prévaut. En cas de partage des voix, les choses resteront en l'état jusqu'à ce qu'une nouvelle délibération ait eu lieu.

ART. 2192. L'augmentation de revenu résultant des impenses faites par le possesseur de l'immeuble indivis profite à celui-ci; mais si les impenses ont été faites par quelque locataire, l'augmentation de revenu profitera à tous les *quinhoeiros*.

ART. 2193. Les actions qui concernent la propriété de l'immeuble indivis, ou qui peuvent avoir pour effet de diminuer la valeur des *quinhões*, doivent être intentées contre tous les *quinhoeiros*.

ART. 2194. Chacun des *quinhoeiros* peut engager son propre droit; mais l'immeuble indivis ne peut être grevé que du consentement de tous les *quinhoeiros*.

ART. 2195. Chacun des *quinhoeiros* peut aliéner tout ou partie de son propre droit, et le possesseur sa possession, en se conformant toutefois aux règles suivantes :

§ 1. Si l'un des *quinhoeiros* veut vendre ou donner en payement tout ou partie de son droit, le possesseur ou, à son défaut, les autres *quinhoeiros* auront un droit de préférence. Si plusieurs de ceux-ci veulent exercer le droit de préférence, le vendeur pourra choisir à son gré l'un d'entre eux.

§ 2. Les *quinhoeiros* auront tous également le droit de préférence, lorsque c'est le possesseur qui veut vendre ou donner en payement sa possession ou son droit de *quinhão*, en tout ou en partie.

§ 3. Ce droit de préférence s'exerce de la manière prescrite à l'égard de l'emphytéose par les articles 1678 et ses paragraphes.

Art. 2196. Il est interdit à l'avenir de constituer des *quinhões*. La propriété dont la jouissance serait soumise par un moyen quelconque à ce régime sera régie par les dispositions des articles 2210 et suivants, relatives à la propriété indivise.

CHAPITRE III.

DE L'USUFRUIT, DE L'USAGE ET DE L'HABITATION.

SECTION PREMIÈRE.

DE L'USUFRUIT.

SOUS-SECTION PREMIÈRE.

DISPOSITIONS GÉNÉRALES.

Art. 2197. L'usufruit est le droit de s'approprier l'usage ou les produits de la chose d'autrui, mobilière ou immobilière.

Titre IV, chapitre III. — *C. fr.*, l. II, tit. III. — *C. esp.*, l. II, tit. VI. — *C. ital.*, l. II, tit. III. — *C. autr.*, 2e partie, 1re sect., chap. VII. — *C. holl.*, l. II, tit. IX et X. — *C. Grisons*, 2e partie, sect. II, chap. II, B, IV, V. — *C. Zurich*, l. II, sect. V, chap. II et III. — *Projet allemand*, l. III, sect., tit. II et III.

Art. 2197. — Comp. *C. fr.*, art. 578. — *C. esp.*, art. 467. — *C. ital.*, art. 477.

Voir art. 2206, 2254, 2257-2261 et 2290.

Art. 2198. L'usufruit peut être constitué par acte entre vifs, par disposition de dernière volonté ou par la loi.

Art. 2199. L'usufruit peut être attribué à une ou à plusieurs personnes, simultanément ou successivement, pourvu qu'elles existent à l'époque où le droit du premier usufruitier devient effectif.

Art. 2200. L'usufruit peut être constitué sous condition, ou purement et simplement.

Art. 2201. Les droits et les obligations de l'usufruitier seront déterminés par le titre constitutif de l'usufruit; faute de titre, ou si le titre n'a pas d'effet, on observera les dispositions suivantes.

SOUS-SECTION II.

DES DROITS DE L'USUFRUITIER.

Art. 2202. L'usufruitier a le droit de percevoir tous les fruits, soit naturels, soit industriels, soit civils, produits par la chose dont il a l'usufruit.

§ unique. Les fruits naturels, industriels et civils seront définis dans le paragraphe 3 de l'article 495.

Art. 2198. — *C. fr.*, art. 579. — *C. esp.*, art. 468. — *C. ital.*, art. 478.

D'après le Code espagnol, l'usufruit peut être encore constitué par la prescription.

Voir art. 2200, 2201, 2255, 2271 et 2275.

Art. 2199. — *C. esp.*, art. 469.

Art. 2200. — *C. fr.*, art. 580. — *C. esp.*, art. 469. — *C. ital.*, art. 478.

Art. 2201. — *C. esp.*, art. 470. — *C. ital.*, art. 476.

Art. 2202. — *C. fr.*, art. 582. — *C. esp.*, art. 471. — *C. ital.*, art. 479.

ART. 2203. Les fruits naturels ou industriels de la terre, pendants au moment où l'usufruit est ouvert, appartiennent à l'usufruitier; ceux qui sont pendants au moment où finit l'usufruit appartiennent au propriétaire.

§ 1. L'usufruitier, lorsque des fruits sont pendants au commencement de l'usufruit, n'est tenu de rembourser au propriétaire aucune des dépenses faites par lui; mais le propriétaire est tenu de rembourser à l'usufruitier, à la fin de l'usufruit, les frais des labours et semences, et autres de même nature, faits par lui pour la production des fruits pendants.

§ 2. La disposition du paragraphe précédent ne préjudicie pas aux droits des tiers acquis au commencement ou à la fin de l'usufruit.

ART. 2204. Les produits industriels manufacturiers, qui ne sont pas terminés lorsque l'usufruit commence, appartiennent à l'usufruitier sans obligation de rembourser les frais déjà faits; ceux qui ne sont pas terminés, lorsque finit l'usufruit, appartiennent au propriétaire, à la charge de rembourser à l'usufruitier ou à ses héritiers ou ayants cause les frais déjà faits à l'occasion de ces produits.

§ UNIQUE. La disposition du paragraphe 2 de l'article précédent est applicable aux cas prévus par le présent article.

ART. 2205. Les fruits civils sont acquis à l'usufruitier jour par jour, en proportion de la durée de son usufruit.

Art. 2203. — *C. fr.*, art. 585. — *C. esp.*, art. 472. — *C. ital.*, art. 480.

Ni le Code français ni le Code italien n'obligent le propriétaire, à la fin de l'usufruit, à indemniser l'usufruitier de ses frais de culture, semences, etc.

Art. 2205. — *C. fr.*, art. 586. — *C. esp.*, art. 474. — *C. ital.*, art. 481.

Art. 2206. L'usufruitier jouit de l'accroissement, des servitudes et généralement de tous les droits inhérents à la chose dont il a l'usufruit.

Art. 2207. L'usufruitier peut jouir par lui-même de la chose dont il a l'usufruit, la prêter, l'affermer ou la louer, et même aliéner son droit d'usufruit; mais les conventions qu'il fait ne seront valables que pour la durée de son usufruit.

Art. 2208. Si l'usufruit comprend des choses de nature à se détériorer par l'usage, l'usufruitier ne sera tenu que de les rendre, à la fin de l'usufruit, dans l'état où elles se trouvent, à moins qu'elles ne soient détériorées par un usage auquel elles n'étaient pas destinées, ou par la faute ou la négligence de l'usufruitier.

§ unique. Si l'usufruitier ne représente pas ces objets, il devra la valeur qu'elles avaient au commencement de l'usufruit, à moins qu'il ne prouve qu'elles ont été consommées par un usage régulier.

Art. 2209. Si l'usufruit comprend des choses fongibles, l'usufruitier peut les consommer; mais il est tenu d'en rendre la valeur à la fin de l'usufruit, lorsqu'elles ont été estimées; lorsqu'elles n'ont pas été estimées, il pourra rendre des choses de même espèce, qualité ou quantité, ou leur valeur au moment où finit l'usufruit.

Art. 2206. — *C. fr.*, art. 596, 597. — *C. esp.*, art. 479. — *C. ital.*, art. 494.

Art. 2207. — *C. esp.*, art. 480. — Comp. *C. fr.*, art. 595. — *C. ital.*, art. 492, 493.

Art. 2208. — *C. fr.*, art. 589. — *C. esp.*, art. 481. — *C. ital.*, art. 484.

Art. 2209. — *C. fr.*, art. 587. — *C. esp.*, art. 482. — *C. ital.*, art. 483.

Art. 2210. L'usufruitier de vignes, d'oliviers ou autres arbres ou arbustes, fruitiers ou non, aura droit aux pieds qui meurent naturellement; mais les pieds morts, arrachés ou brisés par accident, appartiendront au propriétaire, et l'usufruitier n'aura que le droit de les employer pour faire les réparations dont il est tenu, ou d'exiger que le propriétaire les enlève et en débarrasse le terrain.

Art. 2211. L'usufruitier d'une forêt mise en coupes réglées, ou de bois taillis, est tenu d'observer l'ordre et la quotité des coupes conformément à l'usage des propriétaires; mais s'il ne fait aucune coupe, il ne pourra réclamer de ce chef aucune indemnité à la fin de l'usufruit.

Art. 2212. L'usufruitier d'une pépinière est également tenu de se conformer, lorsqu'il en veut tirer des arbres, à l'usage des lieux touchant les époques et le mode d'enlèvement; il en est de même pour la replantation de la pépinière.

Art. 2213. L'usufruitier ne peut ouvrir de nouvelles mines ou carrières.

§ unique. La disposition du présent article ne s'applique pas à

Art. 2210. — Comp. *C. fr.*, art. 594. — *C. esp.*, art. 483, 484. — *C. ital.*, art. 490.

Voir art. 2225 et 2226.

Art. 2211. — *C. fr.*, art. 590. — *C. esp.*, art. 485. — *C. ital.*, art. 485.

Art. 2212. — *C. fr.*, art. 590, § 2. — *C. esp.*, art. 485, § 4. — *C. ital.*, art. 491.

Art. 2213. — *C. fr.*, art. 598. — *C. esp.*, art. 476. — *C. ital.*, art. 494.

Art. 2213, § unique. — *C. esp.*, art. 476.

la recherche des eaux ou des substances minérales destinées à l'amendement du fond grevé d'usufruit, ni à l'ouverture de carrières pour faire les réparations ou travaux qui sont à la charge de l'usufruitier ou deviennent nécessaires durant l'usufruit.

Art. 2214. Si l'usufruitier d'un établissement industriel en fonde un autre du même genre, il ne peut employer dans son nouvel établissement les marques, modèles et dessins de fabrique, les emblèmes, étiquettes, enseignes, ni la raison sociale qui étaient la propriété exclusive de l'ancien, à moins qu'une convention expresse n'ait décidé le contraire.

Art. 2215. Le brevet d'addition, demandé par l'usufruitier du brevet primitif avant la vente de l'usufruit, mais obtenu seulement depuis cette vente, profitera de plein droit à l'acheteur.

Art. 2216. Si l'usufruitier découvre un trésor dans le fonds dont il a l'usufruit, on appliquera les dispositions du présent Code relatives à ceux qui découvrent un trésor dans le fonds d'autrui.

Art. 2217. L'usufruitier peut faire sur la chose dont il a l'usufruit toute impense utile ou de pur agrément, à la condition de ne point altérer la forme ou la substance de la chose, et sans pouvoir réclamer aucune indemnité de ce chef; il pourra toutefois enlever les ouvrages qu'il a faits, pourvu qu'il ne détériore pas la chose.

Art. 2218. L'usufruitier d'une invention brevetée qui obtient

---

Art. 2216. — Comp. *C. fr.*, art. 598, § 2. — *C. esp.*, art. 471. — *C. ital.*, art. 494, § 3.

Art. 2217. — *C. fr.*, art. 599. — *C. esp.*, art. 487. — *C. ital.*, art. 495.

un brevet d'addition ne pourra empêcher le propriétaire d'utiliser, s'il le veut, ce brevet d'addition après l'extinction de l'usufruit; mais il aura droit, dans ce cas, à une indemnité préalable.

Art. 2219. L'usufruitier peut user, pour se faire maintenir dans son usufruit, de tous les moyens qui appartiennent au propriétaire.

§ 1. Les frais des procès soutenus dans ce but ne seront à la charge de l'usufruitier que si l'usufruit a été constitué à titre gratuit.

§ 2. Si l'usufruit a été constitué à titre onéreux, lesdis positions relatives à l'éviction sont applicables.

Art. 2220. L'usufruitier peut compenser les détériorations à sa charge avec les améliorations qu'il a faites.

SOUS-SECTION III.

DES OBLIGATIONS DE L'USUFRUITIER.

Art. 2221. L'usufruitier doit, avant d'entrer en jouissance :

1° Faire dresser en présence du propriétaire, ou lui dûment appelé, inventaire de tous les biens sujets à l'usufruit, avec indication de l'état où ils se trouvent et de la valeur des meubles, s'il y en a. Cet inventaire peut être fait à l'amiable; il doit être fait en justice, si les intéressés sont mineurs, interdits ou absents;

2° Donner caution, s'il en est requis, tant pour la restitution

---

Art. 2219. — Comp. *C. fr.*, art. 613, 614. — *C. esp.*, art. 511, 512. — *C. ital.*, art. 510, 511.

Art. 2220. — *C. esp.*, art. 488. — *C. ital.*, art. 495, § 2.

Art. 2221, 1°. — *C. fr.*, art. 600. — *C. esp.*, art. 491, 1°. — *C. ital.*, art. 496.

Art. 2221, 2°. — *C. fr.*, art. 601. — *C. esp.*, art. 491, 2°. — *C. ital.*, art. 497.

des biens ou de leur valeur, s'ils sont fongibles, que pour la réparation des détériorations qui surviendraient par sa faute.

§ 1. La disposition du n° 2 n'est pas applicable au vendeur ou au donateur sous réserve d'usufruit, ni aux père et mère usufruitiers des biens de leurs enfants, sauf la disposition de l'article 148, ni au mari usufruitier des biens de sa femme, sauf ce qui est ordonné relativement à l'hypothèque des biens dotaux.

§ 2. L'usufruitier, en vertu d'une donation ou d'un testament, peut être dispensé par le donateur ou le testateur de faire inventaire et de donner caution, mais sans préjudice des droits des tiers.

Art. 2222. Si l'usufruitier ne donne pas caution, dans les cas où l'article précédent l'exige, le propriétaire pourra demander que les immeubles soient baillés à ferme ou mis en séquestre, que les meubles soient vendus, et les capitaux et prix de vente placés à intérêt ou employés à l'achat de fonds publics ou d'actions dans des compagnies donnant des garanties; dans ce cas, les loyers, intérêts ou fruits des biens en séquestre appartiendront à l'usufruitier.

Art. 2223. L'usufruitier doit jouir de la chose comme le ferait un propriétaire prudent.

Art. 2224. L'usufruitier qui aliène son droit, à quelque titre

---

Art. 2221, § 1, § 2. — *C. fr.*, art. 601. — *C. esp.*, art. 492, 493. — *C. ital.*, art. 497.

Art. 2222. — *C. fr.*, art. 602, 603. — *C. esp.*, art. 494. — *C. ital.*, art. 498.

Art. 2223. — *C. fr.*, art. 601. — *C. esp.*, art. 497. — *C. ital.*, art. 497.

Art. 2224. — *C. esp.*, art. 498.

que ce soit, répondra du dommage arrivé aux biens par la faute de celui qu'il s'est substitué.

Art. 2225. L'usufruitier d'un troupeau ou d'une universalité d'animaux sera tenu de remplacer, jusqu'à concurrence du croît, les animaux qui viendront à manquer pour une cause quelconque.

§ 1. Si les animaux périssent en totalité ou en partie par cas fortuit, et s'il n'y a pas de croît pour les remplacer, l'usufruitier ne sera tenu de rendre que ceux qui subsisteront.

§ 2. L'usufruitier doit toutefois rendre compte des dépouilles, lorsqu'il en aura tiré profit.

Art. 2226. L'usufruitier de vignes, d'oliviers ou autres arbres ou arbustes fruitiers est tenu de remplacer les pieds qui viennent à mourir naturellement ou de substituer à cette culture une autre culture de la même utilité pour le propriétaire, s'il est impossible ou préjudiciable de replanter des arbres ou arbustes de même espèce.

Art. 2227. L'usufruitier est tenu de laisser faire par le propriétaire les ouvrages ou améliorations dont la chose est susceptible, y compris les plantations nouvelles, s'il s'agit d'un immeuble rural, pourvu que la valeur de l'usufruit n'en soit pas diminuée.

Art. 2228. L'usufruitier doit faire les réparations ordinaires indispensables à la conservation de la chose.

Art. 2225. — *C. fr.*, art. 616. — *C. esp.*, art. 499. — *C. ital.*, art. 513.

Art. 2227. — *C. esp.*, art. 503.

Art. 2228. — *C. fr.*, art. 605. — *C. esp.*, art. 500. — *C. ital.*, art. 501.

§ 1. Les réparations ordinaires sont celles dont le coût n'excède pas les deux tiers du revenu net de l'année où elles deviennent nécessaires.

§ 2. L'usufruitier peut s'exempter de ces réparations en renonçant à l'usufruit.

Art. 2229. En ce qui touche les réparations extraordinaires, l'usufruitier n'est tenu que d'avertir, en temps utile, le propriétaire qui pourra les faire exécuter, s'il le désire.

§ 1. Si le propriétaire ne fait pas ces réparations et qu'elles soient réellement utiles, l'usufruitier pourra les faire faire à ses propres frais et réclamer la valeur qu'elles se trouveront avoir à la fin de l'usufruit.

§ 2. Mais, dans ce cas, l'usufruitier sera tenu de conserver à l'ouvrage réparé sa forme et son plan primitifs.

Art. 2230. Lorsque le propriétaire fait les réparations dont il est parlé dans l'article précédent, l'usufruitier en aura la jouissance, sans être tenu de payer l'intérêt des sommes déboursées par le propriétaire. Dans le cas, cependant, où, par suite de ces réparations, le revenu net de la chose soumise à l'usufruit aurait augmenté, cette augmentation appartiendra au propriétaire.

Art. 2231. L'usufruitier universel d'une succession est tenu de payer entièrement le legs d'aliments ou de rente viagère.

Art. 2229. — Comp. *C. fr.*, art. 605, 606. — *C. esp.*, art. 501. — *C. ital.*, art. 502, 503.

Art. 2230. — Comp. *C. fr.*, art. 612. — *C. esp.*, art. 502. — *C. ital.*, art. 503.

Voir art. 2259 et 2260.

Art. 2231, 2232. — *C. fr.*, art. 610. — *C. esp.*, art. 508. — *C. ital.* art. 509.

IMPRIMERIE NATIONALE.

Art. 2232. L'usufruitier d'une quote-part de la succession est tenu de contribuer au payement desdits legs, en proportion de sa part.

Art. 2233. L'usufruitier d'un ou de plusieurs biens déterminés n'est point tenu de contribuer au payement desdits aliments ou pensions viagères, à moins qu'il n'en ait été chargé expressément.

Art. 2234. L'usufruitier à titre particulier d'un immeuble antérieurement hypothéqué n'est pas tenu de payer le créancier hypothécaire.

§ unique. Si l'immeuble hypothéqué est saisi ou vendu en justice, le propriétaire devra indemniser l'usufruitier de la perte qu'il subit.

Art. 2235. Si l'usufruit porte sur la totalité ou sur une quote-part de la succession, l'usufruitier pourra avancer, en proportion des biens dont il a l'usufruit, les sommes nécessaires pour payer les dettes héréditaires et réclamer du propriétaire, à la fin de l'usufruit, le remboursement du capital avancé, sans intérêts.

Art. 2236. Si l'usufruitier ne veut pas faire l'avance dont il est parlé dans l'article précédent, le propriétaire pourra faire vendre, jusqu'à concurrence de ce qui est nécessaire pour payer les dettes, les biens soumis à l'usufruit, ou payer de ses deniers et, dans ce cas, se faire tenir compte, par l'usufruitier, des intérêts de ses avances.

Art. 2234. — *C. fr.*, art. 611. — *C. esp.*, art. 509. — *C. ital.*, art. 508.

Art. 2235, 2236. — *C. fr.*, art. 612. — *C. esp.*, art. 510. — *C. ital.*, art. 509.

Art. 2237. L'usufruitier d'un capital placé à intérêt ou moyennant rémunération d'autre nature, ou en fonds publics, ou en actions de sociétés, ne peut le réaliser que pour le replacer.

§ 1. L'usufruitier peut modifier le placement des capitaux soumis à son usufruit :

1° Lorsque ces capitaux ont été placés pour un temps, ou pour être employés à une affaire déterminée et que cette affaire est achevée ou ne peut se continuer, faute d'accomplissement des obligations contractées;

2° Lorsque ces capitaux sont en danger d'être perdus.

§ 2. Toutefois dans tous ces cas, l'usufruitier ne pourra réaliser ces capitaux sans le consentement préalable du propriétaire. Si ce consentement est refusé, il pourra être suppléé par l'autorisation de justice, mais la réalisation n'aura lieu, dans ce cas, qu'après que l'usufruitier aura donné caution, s'il n'y a déjà caution suffisante.

§ 3. Le droit accordé à l'usufruitier par les deux paragraphes précédents est dévolu au propriétaire, lorsque l'usufruitier ne veut pas l'exercer.

§ 4. L'usufruitier peut conserver, s'il le veut, les capitaux réalisés pour en jouir à son gré, en donnant caution.

§ 5. Si l'usufruitier ne veut pas conserver ces capitaux, le propriétaire pourra les prendre en donnant caution, pourvu que l'usufruitier n'en éprouve aucun préjudice; si le propriétaire ne veut les prendre, ils seront placés, soit en prêts avec garanties, soit en fonds publics ou en actions de sociétés solidement établies.

Art. 2238. Les impôts ordinaires, généraux et spéciaux, et

Art. 2238. — *C. fr.*, art. 608. — *C. esp.*, art. 504. — *C. ital.*, art. 506.

toutes autres charges annuelles grevant le produit ou revenu des biens soumis à l'usufruit seront à la charge de l'usufruitier, pendant la durée de l'usufruit.

Art. 2239. A l'égard des contributions qui seraient imposées directement sur le capital ou la propriété, le propriétaire et l'usufruitier y contribueront, pendant la durée de l'usufruit, ainsi qu'il suit :

§ 1. Le propriétaire sera obligé de les payer, et l'usufruitier devra lui tenir compte, pendant la durée de l'usufruit, des intérêts des sommes qu'il aura déboursées.

§ 2. Si ces sommes sont avancées par l'usufruitier, celui-ci pourra se les faire rembourser par le propriétaire, à la fin de l'usufruit, mais sans intérêts.

Art. 2240. L'usufruitier est tenu de dénoncer au propriétaire tout fait d'un tiers qui porte atteinte aux droits de celui-ci, pourvu qu'il en ait connaissance; faute de ce faire, il répondra des dommages-intérêts.

SOUS-SECTION IV.

DE L'EXTINCTION DE L'USUFRUIT.

Art. 2241. L'usufruit s'éteint :

1° Par la mort de l'usufruitier, ou par l'expiration du temps pour lequel il a été constitué, lorsqu'il n'est pas viager;

2° Par la résolution du droit de celui qui a constitué l'usufruit, ou du droit de l'usufruitier;

Art. 2239. — *C. fr.*, art. 609. — *C. esp.*, art. 505. — *C. ital.*, art. 507.

Art. 2240. — *C. fr.*, art. 614. — *C. esp.*, art. 511. — *C. ital.*, art. 511.

Art. 2241. — *C. fr.*, art. 617. — *C. esp.*, art. 513. — *C. ital.*, art. 515.

3° Par la confusion de l'usufruit avec la propriété;

4° Par la prescription;

5° Par la renonciation de l'usufruitier;

6° Par la perte totale de la chose sur laquelle l'usufruit est établi, sauf dans le cas prévu par le n° 1 de l'article 2246.

Art. 2242. Les créanciers de l'usufruitier peuvent faire annuler la renonciation qu'il aurait faite à leur préjudice.

Art. 2243. Si une partie seulement de la chose est détruite, l'usufruit continuera sur ce qui reste.

Art. 2244. L'usufruit ne peut être constitué au profit d'aucun établissement, corporation ou société, pour plus de trente ans; mais si, avant l'expiration de ce temps, l'établissement, la corporation ou la société cesse d'exister, l'usufruit s'éteindra aussi au profi du nu propriétaire.

Art. 2245. L'usufruit accordé jusqu'à ce qu'un tiers ait atteint un âge déterminé dure pendant le temps ainsi fixé, encore que ce tiers décède auparavant, à moins que cet usufruit n'ait été formellement accordé qu'en considération de l'existence de ce tiers.

Art. 2246. Si l'usufruit est établi sur un bâtiment, et que ce bâtiment soit détruit par une cause quelconque, l'usufruitier n'aura le droit de jouir ni du sol ni des matériaux.

Art. 2242. — *C. fr.*, art. 622. — Comp. *C. ital.*, art. 516, § 3.

Art. 2243. — *C. fr.*, art. 623. — *C. esp.*, art. 514. — *C. ital.*, art. 519.

Art. 2244. — *C. fr.*, art. 619. — *C. esp.*, art. 515. — *C. ital.*, art. 518.

Art. 2245. — *C. fr.*, art. 620. — *C. esp.*, art. 516. — *C. ital.*, art. 517.

Art. 2246. — *Sic : C. fr.*, art. 624. — *Contra : C. esp.*, art. 517. — *C. ital.*, art. 520.

§ 1. Si, néanmoins, l'usufruitier a contribué avec le propriétaire à l'assurance de l'immeuble, l'usufruit subsistera, en cas de sinistre, ou sur l'immeuble reconstruit, ou sur l'indemnité d'assurance, si le propriétaire ne veut pas reconstruire l'immeuble.

§ 2. Si le propriétaire, invité par l'usufruitier à contribuer à l'assurance, s'y est refusé, et que l'usufruitier ait contracté l'assurance, ce dernier aura droit, en cas de sinistre, à la totalité de la somme assurée.

§ 3. Si l'usufruitier, invité par le propriétaire à contribuer à l'assurance, s'y est refusé, et que le propriétaire ait contracté l'assurance, ce dernier aura droit, en cas de sinistre, à la totalité de la somme assurée.

Art. 2247. Si l'usufruit était établi sur un domaine rural dont le bâtiment détruit faisait partie, l'usufruitier aura le droit de jouir du sol et des matériaux.

Art. 2248. Si la chose soumise à l'usufruit est expropriée pour cause d'utilité publique, en tout ou en partie, l'indemnité devra, à défaut de convention entre les intéressés, être employée à l'achat de titres de la dette publique consolidée, ou placée à intérêt sur hypothèque, au gré du propriétaire, après toutefois, dans le second cas, que l'usufruitier, qui a droit aux intérêts pendant la durée de son usufruit, aura donné son avis sur la valeur de l'hypothèque.

Art. 2249. L'usufruit ne cesse pas par l'abus que l'usufruitier

---

Art. 2246, § 1, 2, 3. — *C. esp.*, art. 518.

Art. 2247. — *C. fr.*, art. 624, § 2. — *C. esp.*, art. 517. — *C. ital.*, art. 520.

Art. 2248. — *C. esp.*, art. 519.

Art. 2249. — *C. esp.*, art. 520. — Comp. *C. fr.*, art. 618. — *C. ital.*, art. 516.

fait de sa jouissance; mais si l'abus cause un préjudice considérable au propriétaire, celui-ci pourra demander que la chose lui soit remise, en s'obligeant à en payer annuellement à l'usufruitier le revenu net, déduction faite des dépenses et des frais d'administration qui lui auront été alloués.

Art. 2250. L'usufruit constitué au profit de plusieurs personnes vivantes à l'époque de sa constitution ne s'éteint que par la mort du dernier survivant.

Art. 2251. Lors de l'extinction de l'usufruit, la chose fait retour au propriétaire, sauf le droit de rétention qui appartient à l'usufruitier ou à ses héritiers en raison des dépenses qui doivent leur être remboursées.

Art. 2252. Si l'usufruitier vend les fruits à l'approche de leur maturité et meurt avant la récolte, la vente sera maintenue, mais le prix appartiendra au propriétaire, sous déduction des frais de culture. Si la récolte n'est faite qu'en partie, le prix en sera partagé entre le propriétaire et les héritiers de l'usufruitier, proportionnellement à la portion récoltée et à la portion non encore récoltée.

Art. 2253. L'usufruitier sera débiteur des fruits qu'il a, par dol, récoltés prématurément; mais lorsqu'il en a récolté de la sorte une partie, et qu'il n'a point récolté le reste, quoique mûr, il y aura lieu à compensation, en raison de la valeur relative des deux récoltes.

Art. 2250. — *C. esp.*, art. 521.

Art. 2251. — *C. esp.*, art. 522.

SECTION II.

DE L'USAGE ET DE L'HABITATION.

Art. 2254. Le droit d'usage consiste dans la faculté donnée à une ou plusieurs personnes de se servir de la chose d'autrui, dans la mesure seulement de leurs besoins personnels et quotidiens.

§ unique. Lorsque ce droit s'applique à des maisons d'habitation, il prend le nom de droit d'habitation.

Art. 2255. Les droits d'usage et d'habitation s'établissent et s'éteignent de la même manière que l'usufruit: ils se règlent également par le titre qui les a établis; si le titre manque ou n'a pas d'effet, on observe les règles suivantes.

Art. 2256. L'usager et celui qui a un droit d'habitation sont tenus de faire inventaire et de donner caution, de la même manière que l'usufruitier.

Art. 2257. L'usager des fruits d'un immeuble ne peut en prendre qu'autant qu'il lui en faut pour ses besoins et ceux de sa famille, sans distinguer selon que celle-ci est plus ou moins nombreuse.

Art. 2258. L'usager et celui qui a un droit d'habitation ne

Art. 2255. — *C. fr.*, art. 625, 628. — *C. esp.*, art. 523, 529. — *C. ital.*, art. 529.

Art. 2256. — *C. fr.*, art. 626. — *C. esp.*, art. 528. — *C. ital.*, art. 525.

Art. 2257. — *C. fr.*, art. 630. — *C. esp.*, art. 524. — *C. ital.*, art. 521.

Art. 2258. — *C. fr.*, art. 631, 634. — *C. esp.*, art. 525. — *C. ital.*, art. 528.

peuvent vendre, louer ni céder, de quelque manière que ce soit, leur droit.

Art. 2259. Si l'usager consomme tous les fruits du fonds, ou s'il occupe la totalité de la maison, il sera assujetti aux frais de culture, aux réparations d'entretien et au payement des contributions, de la même manière que l'usufruitier.

Art. 2260. Si l'usager ne prend qu'une partie des fruits, ou s'il n'occupe qu'une partie de la maison, il contribuera aux dépenses mentionnées dans l'article précédent, en proportion de sa jouissance.

Art. 2261. Sont applicables au droit d'usage les dispositions des articles 2203, 2217, 2240 à 2247 inclusivement, et 2253.

CHAPITRE IV.

DU DROIT DE VAINE PÂTURE (*COMPASCUO*)

Art. 2262. Le droit de vaine pâture consiste dans la mise en commun du pâturage sur des fonds appartenant à différents propriétaires.

Art. 2263. La communauté de pâturage sur des terrains publics, paroissiaux, communaux ou nationaux, est exclusivement régie par les lois administratives.

Art. 2259, 2260. — *C. fr.*, art. 635. — *C. esp.*, art. 527. — *C. ital.*, art. 527.

Art. 2261. — *C. esp.*, art. 528.

Art. 2262. — Comp. *L. fr. 28 sept.-6 oct. 1791*, tit. I, sect. IV; *L. 9 juillet 1889; L. 22 juin 1890.*

Le parcours et la vaine pâture sont régis par le droit administratif et par les lois de désamortisation.

Art. 2264. Est aboli le droit de vaine pâture établi sur des immeubles privés, par concession tacite, antérieurement à la promulgation du présent Code. A l'avenir, ce droit ne pourra être établi que par concession expresse des propriétaires.

§ unique. La concession expresse est celle qui résulte d'un contrat ou d'un acte de dernière volonté.

Art. 2265. Est également aboli le droit de vaine pâture établi antérieurement à la promulgation du présent Code entre une universalité de personnes sur une universalité de biens, encore que ce soit par convention expresse. À l'avenir, ce droit ne pourra être établi que sur des immeubles déterminés et par convention expresse entre personnes également déterminées.

§ unique. Le droit de vaine pâture établi conformément au présent article est entièrement régi par le titre constitutif de ce droit.

Art. 2266. Les propriétés grevées d'une charge perpétuelle de pâture, en vertu d'un titre privé, pourront être libérées de cette charge moyennant le payement d'une somme égale à sa juste valeur.

CHAPITRE V.

DES SERVITUDES.

SECTION PREMIÈRE.

DISPOSITIONS GÉNÉRALES.

Art. 2267. Une servitude est une charge imposée sur un fonds pour le service ou l'utilité d'un autre fonds appartenant à un pro-

---

Titre IV, chapitre V. — *C. fr.*, l. II, tit. iv. — *C. esp.*, l. II, tit. vii. — *C. ital.*, l. II, tit. iii, chap. ii. — *C. autr.*, 2e partie, 1re sect., chap. vii.

priétaire différent; le fonds assujetti à la servitude est appelé *servant,* celui qui en profite est appelé *dominant.*

Art. 2268. Les servitudes sont inséparables des fonds auxquels elles appartiennent, activement ou passivement.

Art. 2269. Les servitudes sont indivisibles; lorsque le fonds servant est divisé entre plusieurs propriétaires, chaque partie de ce fonds demeure assujettie à la part de servitude qui le grevait; et lorsque le fonds dominant est divisé, chacun des copartageants peut user de la servitude sans modification ni changement.

Art. 2270. Les servitudes peuvent être continues ou discontinues, apparentes ou non apparentes.

§ 1. Les servitudes continues sont celles dont l'usage est ou peut être continuel, indépendammeut du fait de l'homme.

§ 2. Les servitudes discontinues sont celles qui dépendent du fait de l'homme.

§ 3. Les servitudes apparentes sont celles qui se révèlent par des ouvrages ou signes extérieurs.

§ 4. Les servitudes non apparentes sont celles qui n'ont pas de signes extérieurs de leur existence.

— *C. holl.*, l. II, tit. v. — *C. Grisons,* 2e partie, sect. II, chap. II. — *C. Zurich,* l. II, sect. v, chap. I. — *Projet allemand,* l. III, sect. v, tit. I.

Art. 2267. — *C. fr.*, art. 637. — *C. esp.*, art. 530. — *C. ital.*, art. 531.

Art. 2268. — *C. esp.*, art. 534.

Art. 2269. — *C. fr.*, art. 700. — *C. esp.*, art. 535. — *C. ital.*, art. 644.

Art. 2270. — *C. fr.*, art. 688, 689. — *C. esp.*, art. 532. — *C. ital.*, art. 617, 618.

Art. 2271. Les servitudes peuvent être établies par le fait de l'homme ou par la nature des choses ou par la loi.

SECTION II.

DES SERVITUDES ÉTABLIES PAR LE FAIT DE L'HOMME.

Art. 2272. Les servitudes continues, apparentes, peuvent être établies par tout mode d'acquérir reconnu par le présent Code.

Art. 2273. Les servitudes continues, non apparentes, et les servitudes discontinues, apparentes ou non apparentes, peuvent aussi s'acquérir par tous les moyens, excepté par la prescription.

§ unique. La disposition du présent article laisse subsister les servitudes acquises antérieurement à la promulgation du présent Code, en conformité des usages locaux.

Art. 2274. Lorsqu'il existe entre deux héritages, appartenant au même propriétaire, un signe ou des signes apparents et permanents établis par ce propriétaire sur l'un de ces héritages ou sur tous les deux, qui annoncent une servitude au profit de l'un sur l'autre, ces signes feront preuve de la servitude, si la propriété des héritages est divisée, à moins qu'à l'époque de cette division, le contraire n'ait été formellement déclaré dans le titre qui s'y rapporte.

Art. 2271. — *C. fr.*, art. 639. — *C. esp.*, art. 536. — *C. ital.*, art. 532.

Art. 2272. — Comp. *C. fr.*, art. 690. — *C. esp.*, art. 537. — *C. ital.*, art. 629.

Art. 2273. — *C. fr.*, art. 691. — *C. esp.*, art. 539. — *C. ital.*, art. 630.

Art. 2274. — *C. fr.*, art. 694. — *C. esp.*, art. 541. — *C. ital.*, art. 633.

Art. 2275. Les servitudes établies par contrat ou par testament seront réglées par leur titre constitutif et, dans le silence du titre, par les règles suivantes.

Art. 2276. Le propriétaire du fonds dominant a le droit de faire sur le fonds servant tous les ouvrages nécessaires pour l'usage et la conservation de la servitude, mais sans pouvoir modifier la servitude ni la rendre plus onéreuse.

§ 1. Lorsqu'il y a plusieurs fonds dominants, tous les propriétaires de ces fonds seront tenus de contribuer, proportionnellement au profit qu'ils tirent de la servitude, aux dépenses dont il s'agit au présent article; ils ne pourront s'en exempter qu'en abandonnant la servitude au profit des autres propriétaires.

§ 2. Si le propriétaire du fonds servant retire également quelque utilité de la chose qui fait l'objet de la servitude, il sera tenu de contribuer aux dépenses de la manière indiquée dans le paragraphe précédent.

Art. 2277. Lorsque le propriétaire du fonds servant se trouve obligé par le titre constitutif à faire les frais des ouvrages nécessaires, il pourra s'affranchir de cette charge en abandonnant son fonds au propriétaire du fonds dominant.

Art. 2278. Le propriétaire du fonds servant ne pourra mettre

Art. 2276. — *C. fr.*, art. 697, 698, 702. — *C. esp.*, art. 543. — *C. ital.*, art. 640, 641, 645 *in fine*.

Art. 2276, § 1, 2. — *C. esp.*, art. 544, § 1, 2.

Art. 2277. — *C. fr.*, art. 699. — *C. ital.*, art. 643.

Art. 2278. — *C. fr.*, art. 701. — *C. esp.*, art. 545. — *C. ital.*, art. 645.

Voir art. 459.

La procédure des instances relatives à l'extinction ou au changement d'assiette des servitudes est réglée par les art. 551-554, *C. pr. civ.*

aucun obstacle à l'exercice de la servitude établie; mais lorsque cette servitude, dans l'endroit qui a été indiqué primitivement pour son exercice, lui devient onéreuse ou l'empêche de faire sur son fonds des réparations ou des améliorations importantes, il pourra transporter l'exercice de la servitude dans un autre endroit aussi commode pour le propriétaire du fonds dominant.

§ UNIQUE. Les contestations relatives à ces déplacements seront instruites sommairement dans les formes prescrites par le Code de procédure civile.

ART. 2279. Les servitudes s'éteignent :

1° Par la réunion dans la même main du fonds dominant et du fonds servant;

2° Par le non-usage pendant le temps nécessaire pour prescrire;

3° Par la renonciation ou la cession que fait le propriétaire du fonds dominant.

ART. 2280. La prescription courra, pour les servitudes discontinues, du jour où l'usage en a cessé, et pour les servitudes continues, du jour où l'exercice en a été interrompu.

§ UNIQUE. La prescription courra de la même manière pour le mode de la servitude.

Art. 2279. — *C. fr.*, art. 705, 706. — *C. esp.*, art. 546. — *C. ital.*, art. 664, 666.

Art. 2280. — *C. fr.*, art. 707. — *C. esp.*, art. 546, 2°. — *C. ital.*, art. 667.

Art. 2280, § unique. — *C. fr.*, art. 708. — *C. esp.*, art. 547. — *C. ital.*, art. 668.

Art. 2281. Lorsque le fonds dominant est indivis entre plusieurs propriétaires, l'usage que l'un d'entre eux fait de la servitude empêchera la prescription de s'accomplir à l'égard des autres.

§ unique. Si, par l'effet d'une exception légale, la servitude est imprescriptible au profit de l'un des propriétaires du fonds dominant, cette circonstance profitera à tous ses copropriétaires.

SECTION III.

DES SERVITUDES ÉTABLIES PAR LA NATURE DES CHOSES OU PAR LA LOI.

Art. 2282. Les fonds inférieurs sont assujettis à recevoir les eaux qui découlent naturellement, et sans que la main de l'homme y ait contribué, des fonds plus élevés, ainsi que les débris du sol entraînés par ces eaux dans leur cours. Le propriétaire du fonds inférieur ne peut construire d'ouvrage qui mette obstacle à l'exercice de cette servitude, ni le propriétaire du fonds supérieur d'ouvrage qui la rende plus onéreuse.

Art. 2283. Le propriétaire du fonds sur lequel il existe des ouvrages défensifs pour retenir les eaux, ou sur lequel il devient nécessaire, par suite d'un changement dans le cours de ces eaux, d'élever de nouveaux ouvrages, est tenu de faire les réparations nécessaires ou de les laisser faire, pourvu qu'il n'en éprouve aucun préjudice, par les propriétaires des fonds endommagés ou en danger imminent de l'être.

Art. 2281. — *C. fr.*, art. 709. — *C. esp.*, art. 548. — *C. ital.*, art. 671.

Art. 2281, § unique. — *C. fr.*, art. 710. — *C. ital.*, art. 672.

Art. 2282. — *C. fr.*, art. 640. — *C. esp.*, art. 552. — *C. ital.*, art. 536.

Art. 2283. — *C. ital.*, art. 537.

Art. 2284. La disposition de l'article précédent s'applique dans les cas où il est nécessaire de déblayer un fonds des matières dont l'accumulation ou la chute, en arrêtant le cours des eaux, cause ou peut causer préjudice aux tiers.

Art. 2285. Tous les propriétaires qui participent aux avantages résultant des ouvrages mentionnés dans les articles précédents sont tenus de contribuer aux frais de ces ouvrages, en proportion de leurs intérêts, sans préjudice de la responsabilité qui peut être encourue par l'auteur du dommage, en cas de faute ou de dol.

Art. 2286. Toutes les autres servitudes dites «d'intérêt public» ou «d'intérêt privé» sont de véritables restrictions au droit de propriété; elles font l'objet, comme telles, de dispositions écrites en leur lieu.

TITRE V.

DU DROIT DE JOUISSANCE.

CHAPITRE PREMIER.

DISPOSITIONS GÉNÉRALES.

Art. 2287. Le droit de jouissance comprend :

1° Le droit de percevoir tous les fruits, naturels, industriels ou civils, de la chose dont on est propriétaire;

Art. 2284. — *C. ital.*, art. 538.

Art. 2285. — *C. ital.*, art. 539.

Art. 2287, 1°. — Comp. *C. fr.*, art. 547. — *C. esp.*, art. 354. — *C. ital.*, art. 444.

Voir art. 2289-2308, 2309-2314.

2° Le droit d'accession;

3° Le droit d'accès.

Art. 2288. Le droit de jouissance du sol s'applique non seulement au sol lui-même dans toute sa profondeur, sauf les dispositions de la loi relatives aux mines, mais encore à l'espace aérien qui surmonte ce sol, jusqu'à la hauteur où cet espace est susceptible d'être occupé.

CHAPITRE II.

DE L'ACCESSION.

SECTION PREMIÈRE.

DISPOSITIONS GÉNÉRALES.

Art. 2289. Il y a accession, lorsqu'à la chose dont quelqu'un est propriétaire s'unit et s'incorpore une autre chose qui ne lui appartient pas.

§ unique. L'accession peut se produire naturellement ou par l'industrie de l'homme.

Art. 2288. — Comp. *C. fr.*, art. 552. — *C. esp.*, art. 350. — *C. ital.*, art. 440.

Titre V, chapitre II. — *C. fr.*, l. II, tit. II. — *C. esp.*, l. II, tit. II, chap. II. — *C. ital.*, l. II, tit. II. — *C. autr.*, 2e partie, 1re sect., chap. IV. — *C. Zurich*, l. II, sect. III, chap. II, A, III-V. — *Projet allemand*, l. III, sect. III, tit. III.

Art. 2289, 2290. — Comp. *C. fr.*, art. 546, 551. — *C. esp.*, art. 353. — *C. ital.*, art. 443, 446.

Voir art. 2298.

IMPRIMERIE NATIONALE.

SECTION II.

DE L'ACCESSION NATURELLE.

ART. 2290. Appartient au propriétaire de la chose ou du fonds tout ce qui, par l'effet de la nature ou du hasard, accroît à cette chose ou à ce fonds.

ART. 2291. Le propriétaire d'un fonds riverain d'un ruisseau, d'une rivière ou autre cours d'eau, est aussi propriétaire de tout ce qui, par l'action des eaux, se réunit à ce fonds ou s'y dépose.

ART. 2292. Mais lorsque le courant arrache des arbres, ou entraîne des objets ou une portion reconnaissable de terrain, et porte ces choses sur le fonds d'autrui, leur propriétaire en conservera la propriété et pourra en réclamer la délivrance, pourvu qu'il le fasse dans les trois mois, à moins qu'avant l'expiration de ce temps, il n'ait été sommé d'enlever ce qui lui appartient dans un délai déterminé par justice.

ART. 2293. Si le courant change de direction, les propriétaires

---

Art. 2291. — *C. fr.*, art. 556. — *C. esp.*, art. 366. — *C. ital.*, art. 453.

Art. 2292. — *C. fr.*, art. 559. — *C. esp.*, art. 368, 369. — *C. ital.*, art. 456.

Le délai pour la réclamation est fixé à un an par les Codes français et italien, à un mois seulement par le Code espagnol. Les Codes français et italien permettent même de réclamer après l'année écoulée, si le propriétaire du fonds auquel la partie détachée s'est unie n'en a pas encore pris possession.

Art. 2293. — *C. fr.*, art. 563. — Comp. *C. esp.*, art. 370, 372. — *C. ital.*, art. 461.

Ces deux derniers Codes attribuent le terrain qu'occupait l'ancien lit aux propriétaires riverains.

des fonds envahis auront droit au terrain qu'occupait l'ancien lit, chacun dans la proportion du terrain qui lui a été enlevé.

Art. 2294. Les îles et atterrissements qui se forment dans les mers adjacentes au territoire portugais, ou dans les rivières navigables ou flottables, appartiendront à l'État et ne pourront être acquis par les particuliers qu'en vertu d'une concession régulière ou par la prescription.

§ unique. Toutefois, lorsque, par suite de la formation d'îlots ou d'atterrissements dans le lit des rivières, un ou plusieurs des fonds riverains se trouvent diminués, les îlots ou atterrissements appartiendront aux propriétaires de ces fonds en proportion de la diminution qu'ils ont subie.

Art. 2295. Les îlots et atterrissements qui se forment dans les rivières non navigables et non flottables appartiendront aux propriétaires riverains, du côté où ils se sont formés, à partir de la ligne qu'on suppose tracée au milieu du lit de la rivière.

§ unique. La disposition du paragraphe unique de l'article précédent est applicable à ces îlots et atterrissements.

Art. 2296. Lorsqu'un cours d'eau se divise en deux bras ou branches sans abandonner son lit primitif, le propriétaire ou les propriétaires des fonds envahis conserveront leurs droits sur leurs terrains envahis.

Art. 2294. — *C. fr.*, art. 560. — *C. esp.*, art. 371. — *C. ital.*, art. 457.

Art. 2295. — *C. fr.*, art. 561. — *C. esp.*, art. 373. — *C. ital.*, art. 458.

Art. 2296. — *C. fr.*, art. 562. — *C. esp.*, art. 374. — *C. ital.*, art. 460.

Art. 2297. Les dispositions des articles précédents sont également applicables aux lacs et étangs dans les circonstances analogues qui peuvent se produire.

SECTION III.

DE L'ACCESSION ARTIFICIELLE OU PRODUITE PAR LE FAIT DE L'HOMME.

Art. 2298. L'accession artificielle a lieu quand, par le fait de l'homme, des objets appartenant à des propriétaires différents sont confondus, ou quand une personne applique son propre travail à une matière appartenant à autrui, de manière que le résultat de ce travail, qui est sa propriété, soit confondu avec la propriété d'autrui.

§ unique. Cette accession est mobilière ou immobilière, selon la nature des objets.

SOUS-SECTION PREMIÈRE.

DE L'ACCESSION MOBILIÈRE.

Art. 2299. Si quelqu'un, de bonne foi, réunit ou confond sa chose avec la chose d'autrui, de manière que la séparation soit impossible ou du moins ne puisse avoir lieu sans dommage pour l'une des parties, le tout appartiendra au maître de la chose qui a le plus de valeur, à la charge d'indemniser le propriétaire de l'autre ou de lui donner une chose équivalente.

§ 1. L'auteur de la confusion sera toutefois obligé de garder la chose incorporée, lors même qu'elle serait la plus importante,

---

Art. 2298. — Comp. *C. fr.*, art. 546. — *C. esp.*, art. 353. — *C. ital.*, art. 443.

Art. 2299. — *C. fr.*, art. 566. — *C. esp.*, art. 375. — *C. ital.*, art. 464.

si le propriétaire de cette chose préfère être indemnisé comme il est dit ci-dessus.

§ 2. Si les deux choses confondues sont d'égale valeur, et que les propriétaires ne s'accordent pas pour la prendre l'un ou l'autre, il y aura lieu à licitation entre eux, l'objet licité devant être adjugé à celui qui offre le prix le plus élevé; l'adjudicataire sera tenu de payer la somme qui sera estimée devoir appartenir à l'autre dans ce prix.

§ 3. Si les intéressés ne veulent pas liciter la chose, celle-ci sera vendue, et chacun recevra la partie du prix à laquelle il a droit.

Art. 2300. Lorsque la confusion a été faite de mauvaise foi et si la chose incorporée peut être séparée sans dommage, elle sera restituée à son propriétaire avec dommages-intérêts.

§ unique. Si la chose incorporée ne peut être séparée sans dommage, l'auteur de la confusion devra en restituer la valeur, avec dommages-intérêts, si mieux n'aime le propriétaire de la chose incorporée conserver le tout, formé des deux choses, en payant à l'auteur de la confusion la valeur de celle qui lui appartenait.

Art. 2301. Si la réunion ou la confusion s'est opérée par l'effet du hasard, et si les choses ainsi réunies ou confondues ne peuvent être séparées sans dommage pour l'une d'elles, le tout appartiendra au maître de la chose qui avait le plus de valeur, à la charge de payer la valeur de l'autre; s'il s'y refuse, le même droit appartiendra au propriétaire de la chose qui avait le moins de valeur.

Art. 2300. — *C. esp.*, art. 379.

Art. 2301. — *C. fr.*, art. 566. — *C. esp.*, art. 375. — *C. ital.*, art. 464.

§ 1. S'ils ne veulent, ni l'un ni l'autre, de l'objet formé par réunion, cet objet sera vendu, et le prix réparti entre eux en proportion de leurs droits.

§ 2. Si les deux choses réunies sont d'égale valeur, les dispositions des paragraphes 2 et 3 de l'article 2299 reçoivent leur application.

Art. 2302. Si quelqu'un, de bonne foi, donne par son travail et son industrie une nouvelle forme à un objet mobilier appartenant à autrui, il fera sien l'objet transformé, lorsque la chose ne peut être rendue à sa première forme, ou ne le peut sans que la valeur résultant de la spécification soit perdue ou diminuée.

§ 1. Toutefois, dans ce dernier cas, le maître de la matière aura le droit de prendre l'objet, si la valeur de la main-d'œuvre n'excède pas celle de la matière.

§ 2. Dans les deux cas ci-dessus énoncés, celui qui prend la chose travaillée devra indemniser l'autre de la valeur qui lui appartient.

Art. 2303. Lorsque la spécification a été faite de mauvaise foi, la chose travaillée sera rendue à son propriétaire dans l'état où elle se trouve, avec dommages-intérêts, sans que celui-ci soit tenu d'indemniser le spécificateur, si la spécification n'a pas augmenté de plus d'un tiers la valeur de la chose travaillée; dans le cas contraire, il devra payer ce qui excède ce tiers.

Art. 2302. — *C. fr.*, art. 570, 571. — *C. esp.*, art. 383. — *C. ital.*, art. 468, 470.

Art. 2303. — Comp. *C. fr.*, art. 577. — *C. esp.*, art. 383, § 3. — *C. ital.*, art. 475.

SOUS-SECTION II.

DE L'ACCESSION IMMOBILIÈRE.

ART. 2304. Le propriétaire d'un terrain, qui y construit un ouvrage avec les matériaux d'autrui, acquiert ces matériaux, en en payant la valeur, outre les dommages-intérêts.

ART. 2305. Le propriétaire d'un terrain, qui l'ensemence ou y fait des plantations avec les semences ou les arbres d'autrui, acquiert ces semences ou ces arbres, aux conditions indiquées dans l'article précédent; toutefois le propriétaire des arbres pourra en exiger la restitution, mais sans réclamer, dans ce cas, aucune autre indemnité, sans préjudice des poursuites criminelles qu'il peut avoir le droit d'intenter.

ART. 2306. Si quelqu'un fait avec ses matériaux, semences ou plantes, des ouvrages, ensemencements ou plantations sur le terrain d'autrui, qu'il possède en son propre nom, de bonne foi et avec juste titre, les règles suivantes seront observées.

§ 1. Si la valeur procurée par les ouvrages, ensemencements ou plantations, à l'ensemble du fonds sur lequel ils ont été faits, excède la valeur que ce fonds avait antérieurement, le propriétaire n'aura droit qu'à la valeur du fonds telle qu'elle était avant les ouvrages, ensemencements ou plantations, ou telle qu'elle est à l'époque de l'éviction, à son choix.

Art. 2304. — *C. fr.*, art. 554. — *C. esp.*, art. 360. — *C. ital.*, art. 449.

Art. 2305. — *C. fr.*, art. 554. — *C. esp.*, art. 360. — *C. ital.*, art. 449.

Art. 2306. — Comp. *C. fr.*, art. 555. — *C. esp.*, art. 361. — *C. ital.*, art. 450.

§ 2. Si la valeur résultant des travaux est égale à celle qu'avait antérieurement le fonds, les ouvrages, ensemencements ou plantations seront licités entre celui qui les a faits et le propriétaire du fonds, de la manière prescrite par l'article 2301.

§ 3. Si la valeur résultant des travaux est moindre, le propriétaire du fonds conservera les ouvrages, ensemencements ou plantations, en remboursant à celui qui les a faits leur valeur à l'époque de l'éviction.

Art. 2307. Lorsqu'un tiers de mauvaise foi fait des ouvrages, ensemencements ou plantations sur le fonds d'autrui, le propriétaire du fonds pourra obliger ce tiers à les enlever et à remettre à ses frais le fonds dans son état primitif. Il pourra aussi, s'il le préfère, retenir les ouvrages, ensemencements ou plantations en remboursant, à son choix, leur valeur actuelle ou la valeur des matériaux et le prix de la main-d'œuvre.

Art. 2308. Le propriétaire d'un fonds où se trouvent des arbres appartenant à autrui pourra les acquérir en en payant la valeur, à moins qu'il ne soit obligé par contrat à en laisser la propriété à autrui pendant un certain temps, qui ne pourra excéder trente années.

CHAPITRE III.

DU DROIT D'ACCÈS OU DE PASSAGE.

Art. 2309. Le propriétaire d'un fonds enclavé, c'est-à-dire n'ayant aucune issue sur la voie publique, peut réclamer un che-

---

Art. 2307. — Comp. *C. fr.*, art. 555. — *C. esp.*, art. 362-365. — *C. ital.*, art. 450, 451.

Art. 2309. — *C. fr.*, art. 682, modifié par la loi du 20 août 1881. — *C. esp.*, art. 564. — *C. ital.*, art. 593, 594.

min ou passage sur les fonds voisins, à la charge de réparer le préjudice que peut causer ce passage.

Art. 2310. Le passage doit être accordé du côté où il sera le moins dommageable aux propriétaires des fonds assujettis.

Art. 2311. Lorsque le fonds enclavé a été acquis de l'un des propriétaires des fonds contigus sur lesquels pouvait s'exercer le passage, la servitude devra grever de préférence le fonds ou les fonds de ce propriétaire.

§ unique. Si l'enclave provient d'un partage, dans lequel on ne s'est pas conformé aux prescriptions de l'article 2143, la servitude devra être imposée sur le fonds ou les fonds dont faisait partie le fonds enclavé.

Art. 2312. Celui qui acquiert le droit de passage ne devient pas propriétaire du terrain où il s'exerce; il n'a qu'un droit de servitude, régi par les dispositions des articles 2267 à 2285.

Art. 2313. L'obligation de livrer passage cesse, sur la demande du propriétaire du fonds servant, lorsque cesse la nécessité de la servitude, ou lorsque le propriétaire du fonds dominant vient, de manière ou d'autre, à pouvoir accéder aussi commodé-

---

Art. 2310. — *C. fr.*, art. 683, modifié par la loi du 20 août 1881. — *C. esp.*, art. 565. — *C. ital.*, art. 593, § 2.

Voir art. 2312 et 2313.

Art. 2311. — *C. fr.*, art. 684, modifié par la loi du 20 août 1881. — *C. esp.*, art. 567. — *C. ital.*, art. 595.

Art. 2313. — *C. esp.*, art. 568. — *C. ital.*, art. 596.

Voir la note sous l'art. 2278.

ment, par son propre terrain, à la voie publique; mais le propriétaire affranchi doit restituer l'indemnité qu'il a reçue.

Art. 2314. Lorsqu'il est indispensable, pour réparer un bâtiment, d'élever des échafaudages, de placer des objets sur le fonds d'autrui, ou d'y faire passer des matériaux destinés à la réparation, le propriétaire de ce fonds sera tenu d'y consentir, à la condition d'être indemnisé pour tout le préjudice qui peut en résulter.

TITRE VI.

DU DROIT DE TRANSFORMATION.

CHAPITRE PREMIER.

DISPOSITIONS GÉNÉRALES.

Art. 2315. Le droit de transformation comprend la faculté de modifier ou changer d'une manière quelconque, en tout ou en partie, la chose dont on est propriétaire, et même d'en détruire la substance.

§ unique. Ce droit appartient au propriétaire de toute chose, mobilière ou immobilière.

Art. 2316. Le droit de transformation n'est limité que par la volonté du maître de la chose ou par les dispositions de la loi.

Art. 2314. — *C. esp.*, art. 569.

Titre VI. — *C. fr.*, l. II, tit. IV, chap. II. — *C. esp.*, l. II, tit. VII, chap. II. — *C. ital.*, l. II, tit. III, chap. II, sect. I. — *C. holl.*, l. II, tit. IV. — *C. Grisons*, 2e partie, sect. II. — *C. Zurich*, l. II, sect. III, G.

CHAPITRE II.

DES RESTRICTIONS IMPOSÉES À LA PROPRIÉTÉ POUR LA PROTECTION DE LA PROPRIÉTÉ D'AUTRUI.

SECTION PREMIÈRE.

DES PLANTATIONS D'ARBRES OU D'ARBUSTES.

Art. 2317. Il est permis de planter des arbres ou arbustes à une distance quelconque de la ligne qui sépare du fonds d'autrui celui sur lequel on plante; mais le propriétaire du fonds voisin pourra arracher ou couper les racines qui pénètrent et les branches qui avancent sur son terrain, à la condition de ne point dépasser le plan perpendiculaire où se trouve la ligne séparative, et seulement dans le cas où le maître des arbres n'a pas coupé lui-même les racines ou branches dans les trois jours de la demande qui lui en a été faite.

Art. 2318. Le propriétaire d'un arbre ou arbuste confinant ou contigu au fonds d'autrui peut exiger que le propriétaire de ce fonds le laisse ramasser les fruits, lorsqu'il ne peut les récolter de son côté; mais il répond de tout le préjudice qu'il peut ainsi causer.

Art. 2319. En cas de contestation sur la propriété des arbres ou arbustes placés sur la ligne séparative, ils seront présumés communs jusqu'à preuve du contraire.

Art. 2317. — *C. fr.*, art. 671-673, modifiés par la loi du 20 août 1881. — *C. esp.*, art. 591, 592. — *C. ital.*, art. 582.

Comp. art. 2353.

Art. 2319, 2320. — *C. fr.*, art. 670, modifié par la loi du 20 août 1881. — *C. esp.*, art. 593. — *C. ital.*, art. 568, 569.

Art. 2320. Si l'un des propriétaires de l'arbre ou arbuste commun veut l'arracher, l'autre ne pourra s'y opposer, mais il aura droit, à son choix, à la moitié de la valeur de cet arbre ou arbuste, ou à la moitié du bois de chauffage ou de charpente qu'il fournit.

§ 1. Toutefois l'arbre ou arbuste qui sert de limite séparative ne pourra être arraché que du consentement des deux propriétaires.

§ 2. L'arbre ou arbuste arraché ne pourra être remplacé que du consentement des deux propriétaires.

§ 3. Les fruits de l'arbre ou arbuste commun et les frais de culture seront répartis conformément aux dispositions des articles 2175 et suivants.

SECTION II.

DES FOUILLES.

Art. 2321. Le propriétaire peut ouvrir des mines, creuser des puits et pratiquer des fouilles sur son immeuble, comme bon lui semble, sauf les dispositions suivantes.

Art. 2322. Le propriétaire ne peut, sans le consentement de son voisin, étendre ses travaux de mine ou ses fouilles au delà de la ligne séparative des héritages.

Art. 2323. Nul ne peut, sur son propre héritage, creuser des puits, des fosses, des tranchées ou des rigoles d'écoulement près d'un mur commun ou appartenant à autrui, sans observer les distances ou faire les ouvrages nécessaires pour que ce mur n'en soit pas endommagé.

Art. 2323. — *C. fr.*, art. 674. — *C. esp.*, art. 590. — *C. ital.*, art. 575.

§ 1. On doit se conformer, à cet égard, aux règlements municipaux ou administratifs.

§ 2. Toutes les fois, au surplus, que le voisin souffre un préjudice par suite de travaux de cette nature, il en doit être indemnisé par celui qui les a faits, à moins qu'il n'y ait eu entre eux une convention expresse en sens contraire.

SECTION III.

DES CONSTRUCTIONS ET BÂTISSES.

Art. 2324. Il est permis à tout propriétaire de faire sur son terrain toutes constructions et d'y élever tous bâtiments, en se conformant aux règlements municipaux ou administratifs, et sous réserve des dispositions suivantes.

Art. 2325. Le propriétaire qui élève un mur, une muraille ou toute autre construction sur la limite de son terrain, ne pourra y ouvrir de fenêtres, ni y faire de terrasse ou balcon donnant une vue droite sur le fonds voisin, qu'en laissant un intervalle d'un mètre et cinq décimètres entre les deux héritages.

§ 1. La disposition du présent article ne concerne pas les lucarnes, meurtrières ou œils-de-bœuf destinés à éclairer le bâtiment.

§ 2. Les ouvertures ou jours dont il est parlé dans le paragraphe précédent ne se prescrivent pas contre le voisin, qui pourra toujours, à toute époque, élever sa maison ou un contre-mur, même en interceptant le jour reçu par ces ouvertures.

Art. 2324. — Voir art. 2338.

Art. 2325. — *C. fr.*, art. 675-680. — *C. esp.*, art. 580-585. — *C. ital.*, art. 583-590.

Art. 2326. Les dispositions de l'article précédent ne sont pas applicables aux immeubles séparés par un chemin, route, rue, ruelle, venelle, ou autre passage public.

Art. 2327. Tout propriétaire est tenu de bâtir de manière que le bord de son toit n'égoutte pas les eaux sur l'héritage voisin; il doit laisser une distance de cinq décimètres au moins entre le bord de son toit et l'héritage voisin, s'il ne peut autrement éviter l'égout du toit.

SECTION IV.

DE LA MITOYENNETÉ DES MURS ET MURAILLES.

Art. 2328. Tout propriétaire joignant le mur ou la muraille d'autrui peut en acquérir la mitoyenneté, en tout ou en partie, en payant moitié de sa valeur et moitié de la valeur du sol sur lequel le mur est bâti.

§ unique. Cependant, s'il existe dans le mur un balcon, ou des fenêtres, ou autres ouvertures que le propriétaire ait le droit d'avoir, la mitoyenneté ne pourra être acquise que du consentement de ce propriétaire.

Art. 2329. Le propriétaire d'un mur mitoyen ne pourra y pratiquer de lucarne, fenêtre ou autre ouverture, ni le modifier autrement, sans le consentement de son copropriétaire.

Art. 2326. — *C. esp.*, art. 584. — *C. ital.*, art. 587, § 2.

Art. 2327. — *C. fr.*, art. 681. — *C. esp.*, art. 586. — *C. ital.*, art. 591.

Art. 2328. — *C. fr.*, art. 661. — *C. ital.*, art. 556.
Voir art. 2333.

Art. 2329. — *C. fr.*, art. 662. — *C. esp.*, art. 579. — *C. ital.*, art. 557.

Art. 2330. Chacun des copropriétaires peut toutefois bâtir sur le mur mitoyen et y faire placer des poutres ou solives, comme il l'entend, à condition de ne pas dépasser la moitié du mur.

Art. 2331. Le copropriétaire peut aussi faire exhausser le mur mitoyen, mais à ses frais, et à condition de ne construire, et de ne placer des poutres ou solives que jusqu'à la moitié du mur, lors même qu'en l'exhaussant il en aurait fait faire l'autre moitié.

Art. 2332. Si le mur mitoyen n'est pas en état de supporter l'exhaussement, celui qui veut l'exhausser devra le faire reconstruire en entier à ses frais, et, s'il veut en augmenter l'épaisseur, il devra prendre de son côté le terrain nécessaire.

Art. 2333. Le copropriétaire qui n'a pas contribué à l'exhaussement peut acquérir la mitoyenneté de la partie exhaussée, en payant la moitié de ce qu'elle a coûté et, en cas d'augmentation de l'épaisseur du mur, la valeur de la moitié du sol fourni.

Art. 2334. La réparation et la reconstruction du mur mitoyen sont à la charge de tous les copropriétaires, proportionnellement au droit de chacun.

Art. 2330. — Comp. *C. esp.*, art. 579.

Art. 2331. — *C. fr.*, art. 658. — *C. esp.*, art. 577. — *C. ital.*, art. 553.

Art. 2332. — *C. fr.*, art. 659. — *C. esp.*, art. 557, § 3. — *C. ital.*, art. 554.

Art. 2333. — *C. fr.*, art. 660. — *C. esp.*, art. 578. — *C. ital.*, art. 555.

Art. 2334. — *C. fr.*, art. 655. — *C. esp.*, art. 575. — *C. ital.*, art. 548.

§ 1. S'il s'agit d'un simple mur de clôture, la dépense sera répartie entre les copropriétaires, par portions égales.

§ 2. Si, en plus de la clôture, l'un des copropriétaires retire du mur quelque autre avantage dont l'autre ou les autres ne profitent pas, la dépense sera répartie entre tous proportionnellement à l'avantage retiré par chacun.

§ 3. Si la ruine du mur provient exclusivement d'un fait dont l'un des copropriétaires retire un profit, celui-ci sera seul tenu de reconstruire ou réparer le mur.

Art. 2335. Lorsque les différents étages d'un bâtiment appartiennent à divers propriétaires, si les titres de propriété ne règlent pas le mode de réparation et de reconstruction, on observera les règles suivantes :

§ 1. Les gros murs communs et le toit seront réparés aux frais de tous les propriétaires, en proportion de la valeur qui appartient à chacun.

§ 2. Le propriétaire de chaque étage en réparera le plancher et le plafond.

§ 3. Le propriétaire du premier étage réparera l'escalier qui y conduit; le propriétaire du second étage réparera, à partir du palier du premier étage, l'escalier qui conduit chez lui, et ainsi de suite.

Art. 2336. Lorsqu'il y a doute sur la mitoyenneté d'un mur servant de séparation entre deux bâtiments, ce mur sera présumé mitoyen dans toute sa hauteur, si les bâtiments sont également

---

Art. 2335. — *C. fr.*, art. 664. — *C. ital.*, art. 562.

Art. 2336. — *C. fr.*, art. 653. — *C. esp.*, art. 572, 1°. — *C. ital.*, art. 546.

élevés, ou, dans le cas contraire, jusqu'à la hauteur du bâtiment le moins élevé, à moins qu'il n'y ait preuve ou marque du contraire.

Art. 2337. Tous murs entre deux héritages ruraux, ou entre deux cours ou jardins d'héritages urbains, sont présumés mitoyens, s'il n'y a preuve ou marque du contraire.

§ 1. Il y a marque de non-mitoyenneté :

1° Lorsque le faîte du mur est en pente d'un côté seulement;

2° Lorsque le mur dans toute son épaisseur soutient un bâtiment ou une construction qui s'étend d'un côté seulement;

3° Lorsqu'il n'y a que d'un côté du mur des corbeaux de pierre engagés dans toute l'épaisseur de ce mur;

4° Lorsque le fonds voisin n'est pas également clos de murs sur ses autres côtés.

§ 2. Dans le cas prévu par le n° 1, le mur est présumé appartenir exclusivement au propriétaire du côté duquel le faîte est en pente, et, dans les autres cas, à celui du côté duquel se trouvent les constructions ou les marques ci-dessus mentionnées.

SECTION V.

DE LA CONSTRUCTION DE DÉPÔTS DE MATIÈRES NUISIBLES ET DES AUTRES CONSTRUCTIONS ANALOGUES.

Art. 2338. Celui qui veut creuser une fosse d'aisances, un

Art. 2337. — *C. fr.*, art. 653. — *C. esp.*, art. 572, 2°, 3°. — *C. ital.*, art. 546.

Art. 2337, § 1, 2. — Comp. *C. fr.*, art. 654. — *C. esp.*, art. 573. — *C. ital.*, art. 547.

Voir art. 2348, 2349 et 2351.

Art. 2338. — Comp. *C. fr.*, art. 674. — *C. esp.*, art. 590. — *C. ital.*, art. 573, 574.

IMPRIMERIE NATIONALE.

égout ou un canal d'écoulement près d'un mur, soit mitoyen, soit appartenant pour le tout à autrui; celui qui veut construire, en l'adossant à ce mur, une cheminée, un âtre, un four ou un fourneau, ou établir contre ce mur un dépôt de sel ou autres matières corrosives ou donnant lieu à des infiltrations nuisibles, sera tenu de laisser les distances et de prendre les précautions déterminées par les règlements administratifs locaux; s'il n'existe pas de règlements, les intéressés pourront requérir que toutes les précautions déclarées nécessaires par avis des gens de l'art soient prises.

TITRE VII.

DU DROIT D'EXCLUSION ET DE DÉFENSE.

Art. 2339. Le propriétaire a le droit de jouir de sa chose, à l'exclusion de toute autre personne, et d'employer à cet effet tous les moyens que la loi ne prohibe pas. Ce droit comprend ceux de bornage, de clôture et de défense.

CHAPITRE PREMIER.

DU DROIT DE BORNAGE.

Art. 2340. Tout propriétaire et tout usufruitier ou possesseur non précaire a le droit d'obliger les propriétaires des héritages contigus à concourir au bornage de leurs héritages et du sien.

Art. 2341. Le bornage sera fait conformément aux titres de

Art. 2339. — Comp. *C. fr.*, art. 544, 545. — *C. esp.*, art. 348, 349. — *C. ital.*, art. 436, 438.

Art. 2340. — *C. fr.*, art. 646. — *C. esp.*, art. 384. — *C. ital.*, art. 441.

Art. 2341. — *C. esp.*, art. 385.

chacun des voisins et, faute de titres suffisants, conformément à leur possession.

Art. 2342. Si les titres ne déterminent pas les limites ni la surface de chaque propriété, et que la question ne puisse se résoudre à l'aide de la possession ou par d'autres modes de preuve, devant le juge saisi de l'affaire, le bornage sera fait par la répartition du terrain litigieux en parties égales.

Art. 2343. Si les titres réunis des propriétaires contigus énoncent une surface plus ou moins grande que celle du terrain, l'excédent ou le déficit sera distribué entre tous ces propriétaires, en proportion du droit de chacun.

Art. 2344. Lorsque des bornes ont été placées en vertu d'un titre commun non contesté et qu'une erreur a été commise en les plaçant, cette erreur sera rectifiée, sans que la prescription soit opposable.

Art. 2345. Le droit de demander le bornage est imprescriptible, sauf le droit de prescription en ce qui concerne la propriété.

CHAPITRE II.

DU DROIT DE CLÔTURE.

Art. 2346. Tout propriétaire peut entourer de murs, de fossés ou de haies sa propriété, ou la clore de toute autre manière, en se conformant aux dispositions du présent chapitre.

Art. 2342. — *C. esp.*, art. 386.

Art. 2343. — *C. esp.*, art. 387.

Art. 2346. — *C. fr.*, art. 647. — *C. esp.*, art. 388. — *C. ital.*, art. 442.

Art. 2347. Le propriétaire qui veut creuser un fossé autour de sa propriété sera tenu de laisser de l'autre côté une bande de terre d'une largeur égale à la profondeur du fossé; celui qui veut faire une levée (*vallado*) devra laisser de l'autre côté une rigole ou tranchée (*alcorca* ou *regueira*), sauf, dans l'un et l'autre cas, l'usage contraire du lieu.

Art. 2348. Les levées et les rigoles qui séparent les héritages de divers propriétaires et qui ne satisfont pas aux conditions requises par l'article précédent sont présumées mitoyennes, s'il n'y a preuve ou marque du contraire.

Art. 2349. Il y a marque de non-mitoyenneté du fossé ou de la rigole, même s'il n'a pas été laissé de marge du côté du fonds voisin, lorsque la terre provenant de la fouille ou du curage a été rejetée d'un seul côté durant plus d'un an; le fossé est, dans ce cas, présumé appartenir à celui du côté duquel se trouve le rejet.

Art. 2350. L'entretien et le curage du fossé ou de la rigole se fait, en cas de mitoyenneté, conformément aux dispositions de l'article 2178.

Art. 2351. Lorsque deux fonds sont séparés par une haie vive, cette haie sera présumée appartenir à celui qui en a le plus besoin; s'ils en ont tous deux également besoin, la haie sera présumée mi-

---

Art. 2348, 2349. — *C. fr.*, art. 666, modifié par la loi du 20 août 1881. — *C. esp.*, art. 572, 3°, et 574. — *C. ital.*, art. 565, 567.

Art. 2350. — *C. fr.*, art. 667, modifié par la loi du 20 août 1881. — *C. esp.*, art. 575. — *C. ital.*, art. 565.

Art. 2351. — *C. fr.*, art. 666, modifié par la loi du 20 août 1881. — *C. esp.*, art. 572, 3°, et 573, 7°. — *C. ital.*, art. 568.

toyenne, à moins que l'usage local relatif à la propriété des haies vives n'en décide autrement.

Art. 2352. La haie mitoyenne doit être entretenue et replantée à frais communs, conformément aux dispositions de l'article 2178.

Art. 2353. Les haies sèches ou palissades peuvent être placées à la limite des héritages, à condition de ne point s'écarter de la perpendiculaire du côté du voisin.

CHAPITRE III.

DU DROIT DE DÉFENSE.

Art. 2354. Tout propriétaire a le droit de défendre sa propriété, soit en repoussant la force par la force, soit en recourant aux autorités compétentes.

Art. 2355. Si la violation de propriété résulte d'un ouvrage nouveau, commencé par un tiers, le propriétaire lésé pourra se défendre et sauvegarder son droit au moyen d'une opposition.

TITRE VIII.

DU DROIT À RESTITUTION ET À INDEMNITÉ EN CAS DE VIOLATION DES DROITS.

Art. 2356. Toute personne dont la propriété est violée, ou les

---

Art. 2352. — *C. fr.*, art. 667, modifié par la loi du 20 août 1881. — *C. esp.*, art. 575. — *C. ital.*, art. 568.

Art. 2354. — Comp. art. 12, 367, 486 et 2367.

Art. 2355. — Le *C. pr. civ.* a réglé dans ses art. 380-385 la procédure de cette opposition ou dénonciation de nouvel œuvre, et dans ses art. 487-491 celle des oppositions préventives qu'il autorise en cas d'entreprise imminente.

Art. 2356. — Comp. *C. esp.*, art. 348, § 2. — *C. ital.*, art. 439. Voir art. 2361-2403.

droits usurpés, doit être réintégrée et indemnisée, conformément aux dispositions du présent Code et du Code de procédure civile.

TITRE IX.

DU DROIT D'ALIÉNATION.

Art. 2357. Le propriétaire peut aliéner sa propriété par l'un quelconque des modes suivant lesquels elle peut être acquise.

Art. 2358. L'aliénation ne se présume pas, sauf dans les cas où la loi établit formellement cette présomption.

Art. 2359. Le droit d'aliénation est de l'essence de la propriété; nul ne peut être contraint ou empêché d'aliéner, sauf dans les cas et de la manière indiqués par la loi.

Art. 2360. Le propriétaire peut être privé de sa propriété en exécution des obligations par lui contractées envers autrui, ou être exproprié pour cause d'utilité publique.

§ unique. Les cas dans lesquels l'expropriation pour cause d'utilité publique peut avoir lieu, et les moyens par lesquels elle se réalise, sont réglés par des lois spéciales.

Les actions possessoires en complainte et réintégrande font l'objet des art. 492-497, *C. pr. civ.*

Art. 2359, 2360. — *C. fr.*, art. 545. — *C. esp.*, art. 349. — *C. ital.*, art. 438.

PARTIE IV.

DE LA VIOLATION DES DROITS

ET DE SA RÉPARATION.

LIVRE PREMIER.

DE LA RESPONSABILITÉ CIVILE.

TITRE PREMIER.

DISPOSITIONS PRÉLIMINAIRES.

Art. 2361. Quiconque viole ou lèse le droit d'autrui se soumet à l'obligation d'indemniser la personne lésée de tout le dommage qu'il lui a causé.

Art. 2362. On peut léser le droit d'autrui, soit par action, soit par omission.

Art. 2363. Ces actions ou omissions peuvent engendrer une

Art. 2361. — *C. fr.*, art. 1382. — *C. esp.*, art. 1902. — *C. ital.*, art. 1151.

Comp. *C. pén. port.*, art. 75.

Art. 2362. — *C. fr.*, art. 1383. — *C. esp.*, art. 1902. — *C. ital.*, art. 1152.

Le Code pénal (art. 2 et 3) déclare que la simple négligence peut être punissable quand elle est l'omission volontaire d'un devoir ou quand elle engendre une contravention.

responsabilité pénale, ou seulement une responsabilité civile, ou l'une et l'autre à la fois.

Art. 2364. La responsabilité pénale consiste dans l'obligation qu'assume l'auteur du fait ou de l'omission de se soumettre aux peines édictées par la loi, à titre de réparation du dommage causé à la société dans l'ordre moral. La responsabilité civile consiste dans l'obligation assumée par l'auteur du fait ou de l'omission de rétablir la personne lésée dans le même état qu'avant la lésion et de réparer les pertes et dommages qu'il lui a causés.

Art. 2365. La responsabilité pénale est toujours accompagnée de responsabilité civile; mais la responsabilité civile n'est pas toujours accompagnée de responsabilité pénale. Les cas où la responsabilité pénale est accompagnée de responsabilité civile sont déterminés par la loi.

Art. 2366. Le droit d'exiger une réparation, comme l'obligation de la fournir, se transmet aux héritiers, excepté dans les cas où la loi décide expressément le contraire.

TITRE II.

DE LA RESPONSABILITÉ CIVILE JOINTE À LA RESPONSABILITÉ PÉNALE.

CHAPITRE PREMIER.

DE L'IMPUTATION DE LA RESPONSABILITÉ.

Art. 2367. La personne attaquée par autrui, avec des violences

---

Art. 2367. — Comp. *C. pén. fr.*, art. 328.

Comp. art. 12, 367, 486 et 2354.

Le chap. IV du liv. Ier du Code pénal de 1886 pose les règles de la responsabilité criminelle (voir surtout art. 41-52).

de nature à la léser dans ses droits primordiaux, ou à la priver de la jouissance de ses droits acquis, ou à la troubler en quelque façon dans cette jouissance, est autorisée à repousser la force par la force, à la condition de ne pas excéder les limites de la légitime défense.

ART. 2368. Il incombe à ceux qui sont témoins d'agressions de cette nature, de prendre la défense de la personne attaquée, sans excéder les limites d'une légitime défense; celui qui, ne courant pas de danger, s'abstient de s'opposer au délit, répondra subsidiairement des dommages-intérêts.

ART. 2369. Il appartient aux tribunaux d'apprécier et de déclarer si la personne attaquée ou ses défenseurs ont ou n'ont pas excédé les limites de la légitime défense.

ART. 2370. Les dispositions des articles 2367 et 2368 ne sont applicables que lorsqu'il n'est pas possible à la personne attaquée, ou à celles qui la défendent, de recourir à la force publique pour éviter le dommage actuel ou prévenir le dommage imminent.

ART. 2371. Ceux qui sont chargés de veiller à la sûreté publique

---

L'article 127 renvoie aux dispositions du Code civil pour la détermination et la graduation de la responsabilité civile connexe à un fait délictueux.

Art. 2368. — Les dispositions de cet article et des trois articles suivants ont rendu inutile l'art. 111 du *C. pén.* de 1852, en vigueur lors de la promulgation du *C. civ.*, qui déclarait civilement responsable des conséquences dommageables d'un délit celui qui, pouvant et devant l'empêcher, l'avait laissé commettre. Aussi le *C. pén.* de 1886 (art. 44, 5°, 46 et 51) ne règle-t-il plus que les conditions de la responsabilité pénale et les cas d'exemption de cette responsabilité.

Les dispositions des art. 2376, 2380, 2381 ont aussi motivé la suppression, en 1886, des art. 109, 115 et 116 du *C. pén.* de 1852.

et qui, ayant été avertis, laissent se consommer les attentats dont il s'agit ci-dessus, seront responsables des dommages-intérêts, solidairement avec les auteurs du délit, sauf leur recours contre ceux-ci.

Art. 2372. Si la violation des droits a été commise par plusieurs personnes, celles-ci seront toutes solidairement responsables, sauf le droit de celle qui a payé pour les autres de recourir contre elles pour leurs parts respectives.

§ 1. Ces parts seront proportionnelles à la responsabilité pénale de chaque délinquant, lorsque cette responsabilité n'a pas été également répartie.

§ 2. La part de responsabilité civile sera déterminée par les tribunaux dans la décision même qui répartit la responsabilité pénale, lorsque la personne lésée réclame l'indemnité qui lui est due.

Art. 2372. — Comp. *C. pén. fr.*, art. 55. — *C. ital.*, art. 1156.

Le Code pénal de 1852 considérait comme auteurs tous ceux qui, par dons, promesses, violences, menaces, abus d'autorité et de pouvoir, provoquent à l'exécution du crime, et comme complices ceux qui y poussent par quelque autre moyen, ou qui, sans prendre part à l'exécution, font un acte qui la prépare ou la facilite. Ces dispositions avaient été l'objet de nombreuses critiques. Ainsi que le disait l'*Exposé des motifs* de la loi de 1884, après avoir analysé et critiqué les règles françaises, belges, brésiliennes et italiennes sur la matière, «ce qui crée une différence entre l'auteur et le complice, ce n'est pas seulement la part (*quantitativo*) de participation matérielle de chacun d'eux au crime, mais bien la relation de nécessité rationnelle ou de simple accessoire dans laquelle cette participation se trouve, par rapport au fait punissable. Les faits d'exécution entraînent une responsabilité de partie exécutante (*executor*) et, par conséquent, d'auteur; les actes préparatoires entraînent cette responsabilité ou ne l'entraînent pas, suivant que, sans eux, l'exécution était possible ou non.» Ces principes, empruntés au Code espagnol, ont guidé le législateur portugais dans sa classification des agents du crime en auteurs, complices ou receleurs, et dans la définition qu'il en donne. (*C. pén.*, art. 19-25.)

Consulter E. Lehr, *Le nouveau droit pénal portugais*, dans la *Revue de droit international et de législation comparée*, t. XX (1888), p. 313.

Art. 2373. L'indemnité civile, jointe à la responsabilité pénale, peut être réglée par convention entre les parties; mais elle ne pourra être poursuivie judiciairement, tant que le fait délictueux n'a pas été constaté par les moyens légaux dans les cas où l'action publique doit être exercée.

Art. 2374. Si la personne lésée n'a point figuré comme partie au procès criminel, elle ne perdra pas pour cela son droit à l'indemnité civile; mais, dans ce cas, elle ne pourra l'obtenir que par les voies civiles ordinaires.

Art. 2375. Le délinquant répond sur ses biens de l'exécution de son obligation de réparer le dommage.

Art. 2376. Lorsque le délinquant est marié, les biens de son conjoint, communs ou non communs, ne répondent pas des indemnités dues à raison du délit.

Art. 2377. Lorsque l'auteur du dommage a été exempté de

Art. 2373, 2374. — Voir art. 2505.

Art. 2375. — Comp. *C. pén. fr.*, art. 52.

Art. 2376. — Comp. *C. fr.*, art. 1424, 1425.

Art. 2377. — Comp. *C. fr.*, art. 1384. — *C. esp.*, art. 1903. — *C. ital.*, art. 1155.

D'après le Code pénal, la privation volontaire et temporaire des facultés intellectuelles, y compris l'ivresse volontaire et complète, au moment de la perpétration du délit, ne détruit nullement la responsabilité criminelle, encore qu'elle n'ait pas été provoquée en vue de le perpétrer. Mais elle constitue une circonstance atténuante de nature spéciale dans les deux cas suivants : 1° si la privation ou l'ivresse est complète et imprévue, qu'elle soit, d'ailleurs, postérieure ou non à la formation du projet criminel; 2° si elle est complète, procurée sans dessein criminel et non postérieure à la formation du projet (art. 50).

L'exemption de responsabilité criminelle n'implique pas celle de responsabilité civile, s'il y a lieu (art. 51).

la responsabilité pénale en raison de son état d'ivresse complète ou de démence, il ne sera pas pour cela déchargé de la responsabilité civile, à moins qu'il ne soit sous la tutelle ou sous la surveillance légale d'autrui. Dans ce cas, la responsabilité civile incombera au tuteur ou curateur, sauf s'il prouve qu'il n'y a eu, de sa part, ni faute ni négligence.

§ UNIQUE. Si le tuteur ou le curateur prouve qu'il n'est point responsable, la responsabilité de l'auteur du délit subsistera.

ART. 2378. Dans tous les cas où la dette d'indemnité grève les biens d'un aliéné, il y aura lieu de réserver ce qui est nécessaire pour lui fournir des aliments selon son état et sa condition.

ART. 2379. La minorité n'exempte pas de la responsabilité civile; mais lorsque l'auteur du dommage ne peut, en raison de son âge, encourir de responsabilité pénale, ses père et mère, ou les personnes sous la garde et l'autorité desquelles il se trouve, seront civilement responsables de son fait, à moins de prouver qu'il n'y a eu ni faute, ni négligence de leur part.

§ UNIQUE. Les dispositions de l'article 2377 et de son paragraphe sont applicables aux mineurs.

ART. 2380. La responsabilité du dommage causé par le domestique ou par la personne chargée d'un service ou d'un emploi, dans l'exercice de cet emploi ou dans l'accomplissement de ce service, incombera à ce domestique ou préposé et à son maître ou commettant, solidairement, sauf le recours du maître ou commettant contre son domestique ou préposé, si celui-ci a excédé les ordres ou instructions qu'il avait reçus.

Art. 2379, 2380. — *C. fr.*, art. 1384. — *C. esp.*, art. 1903. — *C. ital.*, art. 1155.

Art. 2381. Lorsque le délit est commis dans une auberge ou dans toute autre maison où l'on est logé pour de l'argent, le maître de l'établissement sera responsable solidairement avec le délinquant, s'il a reçu et logé celui-ci sans se conformer aux règlements de police.

CHAPITRE II.

DES DEGRÉS DE LA RESPONSABILITÉ RÉSULTANT DES FAITS DÉLICTUEUX.

Art. 2382. Le dommage causé par un délit peut concerner les droits primordiaux ou les droits acquis.

Art. 2383. Le dommage qui résulte de la violation des droits primordiaux peut se rapporter à la personnalité physique ou à la personnalité morale; le dommage qui concerne les droits acquis ne touche que les intérêts matériels et extérieurs.

Art. 2384. La réparation du préjudice causé, dans le cas d'un homicide volontaire, consistera :

1° Dans le payement de toutes les dépenses faites pour sauver la victime, et des frais de ses obsèques;

2° Dans le service d'une pension alimentaire à la veuve du défunt, pendant sa vie, tant qu'elle est dans le besoin et qu'elle n'est pas remariée, sauf le cas où elle a été complice du meurtre;

3° Dans le service d'une pension alimentaire aux descendants ou ascendants du défunt qui auraient pu lui réclamer des aliments, sauf le cas où ils ont été complices du meurtre.

§ unique. Hors les cas ci-dessus indiqués, aucun parent ou héri-

---

Art. 2381. — Comp. *C. pén. fr.*, art. 73.

Art. 2382. — Pour la distinction des droits primordiaux et des droits acquis, voir plus haut, art. 359 et suiv.

tier du défunt ne pourra réclamer d'indemnité pour le meurtre de celui-ci.

Art. 2385. Lorsque l'homicide a été commis involontairement, mais dans des circonstances telles qu'il soit néanmoins punissable, en vertu de la loi pénale, des aliments ne seront dus, à titre d'indemnité, qu'aux enfants mineurs ou aux ascendants invalides du défunt et s'ils sont dans le besoin.

Art. 2386. En cas de blessures volontaires, le délinquant devra indemniser la victime des dépenses qu'elle a faites pour sa guérison, et du gain dont elle a été privée par suite de ses blessures; si les coups ont occasionné quelque mutilation ou autre infirmité, la victime devra être indemnisée de tout le préjudice qui en résulte.

Art. 2387. En cas de coups ou blessures involontaires, mais punissables, l'indemnité ne comprendra que les frais de maladie et le gain dont la victime a été privée par suite de ses blessures; s'il en est résulté quelque mutilation ou autre infirmité permanente, la victime aura droit, lorsqu'elle sera dans le besoin, à la moitié de l'indemnité fixée par l'article précédent.

Art. 2388. L'indemnité due en raison d'attentats à la liberté de la personne consistera dans la réparation des pertes et dommages résultant de ces attentats.

Art. 2389. L'indemnité due pour injures ou pour toute autre atteinte portée à la considération ou à la réputation d'autrui consistera dans la réparation du préjudice réellement éprouvé par l'offensé, et dans la condamnation de l'offenseur par la justice.

Art. 2388. — Comp. *C. pén. fr.*, art. 117.

Art. 2390. Si l'offense résulte d'une imputation ou d'une accusation de crime portée devant la justice, celui qui l'a portée, s'il est établi qu'il a agi par dol, sera tenu de tous dommages-intérêts; il ne sera tenu, lorsqu'il n'a point agi par dol, que de payer les frais du procès.

§ unique. Le Code de procédure déterminera les formes à suivre pour l'application de la présente disposition.

Art. 2391. L'indemnité due pour attentat à l'honneur et à la virginité d'une femme consistera dans la dot que l'auteur de cet attentat devra constituer à l'offensée, selon l'état et la condition de celle-ci, s'il ne l'épouse pas.

Art. 2392. L'indemnité due pour violation de droits acquis consistera, en cas d'usurpation ou de dépossession, dans la restitution du droit usurpé, outre les dommages-intérêts, ou, s'il y a seulement préjudice ou détérioration, dans les dommages-intérêts.

§ 1. Si la restitution n'est pas possible, le délinquant doit la valeur de la chose.

§ 2. Si la valeur de la chose ne peut être déterminée, la personne lésée l'indiquera par déclaration faite sous serment.

Art. 2390. — Comp. *C. pén. fr.*, art. 373.

Le Code de procédure civile ne contient pas de disposition spéciale à ce sujet; mais les éléments du délit de dénonciation calomnieuse sont déterminés par les art. 244 et 245 du Code pénal revisé en 1886.

TITRE III.

DE LA RESPONSABILITÉ PUREMENT CIVILE.

CHAPITRE PREMIER.

DE LA RESPONSABILITÉ QUI RÉSULTE DE L'INEXÉCUTION DES OBLIGATIONS.

Art. 2393. La responsabilité qui résulte de l'inexécution des contrats est réglée par les dispositions des articles 702 et suivants; la responsabilité qui dérive de toutes autres obligations est réglée d'après les mêmes principes, autant qu'il est possible de les appliquer.

CHAPITRE II.

DE LA RESPONSABILITÉ DU DOMMAGE CAUSÉ PAR LES ANIMAUX OU PAR D'AUTRES CHOSES FAISANT PARTIE DU DOMAINE PRIVÉ.

Art. 2394. Le propriétaire d'un animal ou autre objet répondra du dommage causé par cet animal ou par cet objet, s'il ne prouve qu'il est exempt de faute ou de négligence.

Art. 2395. Lorsqu'un bâtiment qui menace ruine cause un dommage en s'écroulant, le propriétaire sera responsable de ce dommage, s'il est établi qu'il a négligé de faire les réparations ou de prendre les précautions nécessaires pour éviter l'écroulement.

Art. 2394. — *C. fr.*, art. 1385. — *C. esp.*, art. 1905, 1906. — *C. ital.*, art. 1154.

Art. 2395. — *C. fr.*, art. 1386. — *C. esp.*, art. 1907. — *C. ital.*, art. 1155.

CHAPITRE III.

DE LA RESPONSABILITÉ DU DOMMAGE CAUSÉ DANS LE BUT D'ÉVITER UN AUTRE DOMMAGE.

Art. 2396. Si, pour éviter un préjudice imminent qu'on ne peut autrement conjurer, on cause un dommage à la propriété d'autrui, ce dommage devra être réparé par la personne dans l'intérêt de laquelle il a été causé.

§ unique. Si le dommage a été causé dans l'intérêt de plusieurs personnes, l'indemnité devra être payée par chacune d'elles en proportion de l'avantage qu'elles ont obtenu.

Art. 2397. Si l'avantage est obtenu par une population entière, ou si le dommage a été causé sur l'ordre de l'autorité publique dans l'exercice de ses attributions, l'indemnité devra être payée par ceux dans l'intérêt de qui le dommage a été causé, et la dette répartie conformément aux règlements administratifs.

TITRE IV.

DE LA RESPONSABILITÉ DES DOMMAGES CAUSÉS PAR INOBSERVATION DES RÈGLEMENTS, OU PAR NÉGLIGENCE OU IMPRUDENCE.

Art. 2398. Les propriétaires ou entrepreneurs qui font des constructions, soit pour leur propre compte, soit pour le compte d'autrui, les chefs d'établissements industriels, commerciaux ou agricoles, et les compagnies ou individus qui construisent des routes ou des chemins de fer, ou exécutent d'autres travaux publics, les

---

Art. 2398. — Comp. *C. fr.*, art. 1384. — *C. esp.*, art. 1903, 1908, 1909. — *C. ital.*, art. 1153.

entrepreneurs de transports de voyageurs, par machines à vapeur ou tout autre moyen, répondront non seulement des dommages causés à la propriété d'autrui, mais aussi des accidents qui peuvent arriver aux personnes par leur faute ou par celle de leurs agents, soit par suite d'actes contraires aux règlements généraux ou aux règlements particuliers sur les ouvrages, industries, travaux ou entreprises du même genre, soit par l'omission d'actes prescrits par ces règlements.

§ 1. La même responsabilité incombera à ceux qui, dans l'exécution des travaux ou dans l'exercice des entreprises, professions, ou métiers indiqués au présent article, causeraient des dommages à la propriété d'autrui ou aux personnes, lorsqu'il est établi qu'ils se sont volontairement abstenus d'observer ou de faire observer les précautions ordinairement usitées dans la pratique pour obvier à de semblables inconvénients.

§ 2. Lorsque les personnes lésées ou des tiers ont contribué par leur faute ou leur négligence à causer le dommage, l'indemnité devra être, dans le premier cas, réduite et, dans le second cas, répartie proportionnellement à cette faute ou négligence, ainsi qu'il est dit dans les paragraphes 1 et 2 de l'article 2372.

TITRE V.

DE LA RESPONSABILITÉ DES DOMMAGES CAUSÉS PAR LES FONCTIONNAIRES PUBLICS DANS L'EXERCICE DE LEURS FONCTIONS.

Art. 2399. Les fonctionnaires publics de tout ordre et de tout grade ne sont pas responsables des dommages par eux causés dans

Art. 2399, 2400. — Cette disposition, qui touche au droit public, a dérogé à l'art. 357 du Code administratif de 1842, qui ne permettait pas de traduire en justice, sans autorisation préalable du Gouvernement, les magis-

l'accomplissement des devoirs qui leur sont imposés par la loi, à moins qu'ils n'excèdent ou ne méconnaissent en quelque façon les prescriptions de la loi.

Art. 2400. Le fonctionnaire qui fait, en dehors de ses attributions légales, un acte préjudiciable à autrui, en répondra de la même manière que le simple citoyen.

Art. 2401. Les juges ne seront pas responsables à raison de leurs jugements, hormis les cas où, sur recours réguliers, leurs décisions seraient annulées ou réformées comme illégales, et où les parties seraient expressément autorisées à se pourvoir en dommages-intérêts, ou bien lesdits juges condamnés à l'amende ou aux frais en vertu du Code de procédure civile.

---

trats ou fonctionnaires de l'ordre administratif pour faits relatifs à leurs fonctions. Depuis la promulgation du Code civil, la nécessité de cette autorisation n'a pas été rétablie. Le Code administratif du 21 juillet 1870 (art. 331), celui du 6 mai 1878 (art. 376) en dispensent expressément les demandeurs tant au civil qu'au criminel; il en est de même de celui du 17 juillet 1886, lequel, toutefois, énumère, dans son art. 395, les fonctionnaires qui peuvent être poursuivis sans autorisation.

Art. 2401. — Le Code de procédure civile a tracé les règles à suivre pour l'instruction et le jugement des actions en responsabilité intentées contre les magistrats de l'ordre judiciaire. Les art. 1093-1106, concernant les actions dirigées contre les juges de droit, sont déclarés applicables, par les art. 1173 et 1174, à celles qui concernent les juges des tribunaux d'appel (*relações*).

L'art. 2401 modifie gravement le droit antérieur qui ne permettait de poursuivre les juges qu'en cas de forfaiture, de dol, de déni de justice, ou à raison d'une permission spéciale de la loi, pour une faute expressément prévue. Pour le surplus, le Code civil n'a guère fait que reproduire les règles édictées par le décret du 21 mai 1841 (*Novissima Reforma*), art. 771, 787, 1236, 1241 et suiv.

Aux garanties données aux juges par le Code civil contre les poursuites inconsidérées, le Code de procédure civile (art. 1103) ajoute une amende infligée au demandeur débouté.

Art. 2402. La disposition de l'article qui précède ne fait pas obstacle aux poursuites qui peuvent être intentées contre les juges pour les crimes ou délits, abus ou fautes de charge, qu'ils commettraient dans l'exercice de leurs fonctions.

Art. 2403. En outre, lorsqu'une sentence criminelle a été

Art. 2403. — Lorsque la réhabilitation a été prononcée à la suite du procès en revision, le condamné, par une conséquence immédiate, est replacé dans la situation où il se trouvait auparavant (*C. pén.*, art. 126, 5°). En outre, le jugement accorde au réhabilité, sur sa demande, une indemnité pécuniaire en réparation du préjudice souffert; cette indemnité varie d'après la durée de la peine. Lorsque la peine prononcée consistait en une amende, elle est remboursée, mais sans intérêts. Le remboursement, de même que le payement de l'indemnité, sont à la charge de l'État (art. 126, 6°). Le jugement de revision qui prononce l'acquittement doit être publié pendant trois jours consécutifs dans le *Journal officiel*. Un extrait est affiché à la porte du tribunal, à la porte du domicile ou de la résidence du réhabilité, ainsi qu'à la porte du tribunal où la condamnation a été prononcée. (Consulter en outre les articles 263, 264, 265 et 268 du Code de procédure criminelle, et la nouvelle loi portugaise du 27 février 1895.)

Le Portugal a devancé la plupart des autres pays en inscrivant dans ses lois le «droit à l'indemnité» pour les innocents condamnés. Ce principe, qui est aujourd'hui communément admis, figure notamment dans le Code de procédure pénale du canton de Vaud, du 1er février 1850 (art. 539), et dans le Code d'instruction pénale du canton de Genève, du 25 octobre 1884 (art. 474). Les cantons de Bâle-Ville (loi du 9 décembre 1889), de Berne (art. 235, *C. pr. pén.*, 1854), de Fribourg (art. 348, 350, *C. pr. pén.*, 1873), de Neuchâtel (art. 204, *C. pr. pén.*, 1875) autorisent le juge à accorder une indemnité, même en cas de simple non-lieu ou d'acquittement.

La Suède, par une loi du 12 mars 1886, accorde une indemnité sur les fonds de l'État aux innocents condamnés ou aux prévenus qui, arrêtés sans aucune faute de leur part, ont été l'objet d'une ordonnance de non-lieu ou d'un acquittement. L'État a un recours contre tous ceux qui sont responsables de l'erreur commise. (*Ann. lég. étr.*, 1887, p. 591.) Le Danemark accepte le même principe (loi du 5 avril 1888). Mais, tandis qu'en Suède, la requête à fin d'indemnité doit être adressée au roi, par l'intermédiaire du ministre de la justice, en Danemark, la demande est directement portée devant les tribunaux ordinaires. Le recours du Trésor est limité au juge coupable d'abus d'autorité,

exécutée, si l'injustice de la condamnation vient à être prouvée par la suite, à l'aide de moyens légaux, le condamné ou ses héri-

---

de négligence ou de faute inexcusable. (*Ann. lég. étr.*, 1880, p. 752.)

En Autriche, à la suite d'erreurs judiciaires nombreuses (148 de 1861 à 1883) qui avaient péniblement impressionné l'opinion publique, M. Roser, dans la séance de la Chambre des députés du 22 février 1882, émit le vœu que l'État payât une indemnité aux innocents injustement condamnés et assurât une large publicité à la décision constatant l'erreur. L'année suivante, le ministre de la justice déposa un projet en ce sens. La discussion s'ouvrit le 12 février 1884; le principe de la loi ne rencontra pas de contradicteurs. Le projet, adopté par la Chambre des députés, échoua devant la Chambre des seigneurs. Repris par M. Roser, en 1885, puis en 1886, il n'a été converti en loi et promulgué que le 16 mars 1892.

En Hongrie, le projet de Code de procédure criminelle, présenté le 4 mai 1895 à la Chambre des députés par le ministre de la justice, contient tout un chapitre (XXXI, art. 576-589) sur la réparation des erreurs judiciaires.

En Angleterre, les victimes d'erreurs judiciaires sont indemnisées sur un vote du Parlement, en vertu de lois spéciales. (Voir toutefois le *Criminal Evidence Act* de 1896.)

Le royaume des Deux-Siciles s'appropria, dans son Code de 1819, l'institution, créée en Toscane par la loi du 30 novembre 1670, d'une caisse spéciale alimentée par les amendes et destinée à faire face au payement des réparations accordées par les tribunaux aux condamnés innocents. Le Code pénal italien de 1889, malgré les efforts du garde des sceaux de Falco, en 1868, et de quelques députés, en 1886, ne contient aucune disposition à cet égard.

Le Code pénal du Wurtemberg, de 1862, proclamait le droit à l'indemnité. La législation allemande n'en contient plus trace. En 1883, les députés Phillips et Lenzmann déposèrent un projet attribuant des réparations pécuniaires aux individus injustement condamnés ou détenus. Pour lui donner chance d'aboutir, ses auteurs durent consentir, dans la session suivante, à le restreindre aux seuls condamnés dont l'innocence serait reconnue. Dans le discours du trône lu, à l'ouverture du Reichstag, le 5 décembre 1894, l'empereur d'Allemagne annonce la présentation d'un projet de loi tendant à allouer des indemnités aux personnes condamnées injustement.

En Belgique et en Hollande, la question est encore pendante.

Mentionnons enfin pour la France la loi toute récente du 8 juin 1895, sur la revision des procès criminels et correctionnels et les indemnités aux victimes d'erreurs judiciaires.

Consulter sur cette question les études de M. P. Giacobbi (*Bull. Soc. lég. comp.*, 1890, p. 614), de M. Camoin de Vence (*Revue pénitentiaire*, 1894, p. 324) et

tiers auront droit à des dommages-intérêts, payables par le Trésor public, après jugement rendu dans les formes du droit commun, et contradictoirement avec le ministère public.

---

de M. Le Poittevin (*Revue pénitentiaire*, 1895, p. 940). Lire également les ouvrages de M. Maxime Legendre, *De la réparation des erreurs judiciaires* (Paris, 1893) et de M. G. Péan, *L'erreur judiciaire* (Paris, 1895).

LIVRE SECOND.

DE LA PREUVE DES DROITS ET DE LEUR RÉTABLISSEMENT.

TITRE PREMIER.

DES PREUVES.

CHAPITRE PREMIER.

DES PREUVES EN GÉNÉRAL.

Art. 2404. La preuve est la démonstration de la vérité des faits allégués en justice.

Art. 2405. La charge de la preuve incombe à la partie qui allègue le fait, à moins que cette partie ne puisse invoquer une présomption légale.

Titre I. — *C. fr.*, l. III, tit. III, chap. VI. — *C. esp.*, l. IV, tit. I, chap. V. — *C. ital.*, l. III, tit. IV, chap. V. — *C. holl.*, l. IV, tit. I-V.

Art. 2404. — Le législateur portugais a pensé que la théorie des preuves, s'appliquant aussi bien aux droits de famille qu'aux obligations proprement dites, serait mieux à sa place dans un livre particulier, à la fin du Code. M. Boissonade, dans la rédaction de son projet de Code civil pour l'empire du Japon, a suivi la même méthode. On sait qu'au contraire, les législateurs français, espagnol et italien ont rangé les preuves dans la matière des obligations.

Art. 2405. — *C. fr.*, art. 1315. — *C. esp.*, art. 1214. — *C. ital.*, art. 1312.

Art. 2406. Celui qui invoque un statut ou une ordonnance municipale portugaise, ou une loi étrangère, sera tenu d'en prouver l'existence, lorsqu'elle sera contestée.

Art. 2407. Les seuls moyens de preuve admis par le présent Code sont :

1° L'aveu des parties;
2° Les expertises et visites;
3° Les titres;
4° La chose jugée;
5° Les témoignages;
6° Le serment;
7° Les présomptions.

CHAPITRE II.

DE L'AVEU DES PARTIES.

Art. 2408. L'aveu est la reconnaissance expresse que fait l'une des parties du droit de la partie adverse ou de la vérité du fait allégué par celle-ci.

Art. 2409. L'aveu peut être judiciaire ou extrajudiciaire.

Art. 2410. L'aveu judiciaire est celui que fait devant le juge

---

Art. 2407. — Comp. *C. fr.*, art. 1316. — *C. esp.*, art. 1215.

Art. 2409. — *C. fr.*, art. 1354. — *C. esp.*, art. 1231. — *C. ital.*, art. 1355.

Comp. art. 2412.

Art. 2410. — *C. fr.*, 1356. — *C. esp.*, art. 1235. — *C. ital.*, art. 1356.

D'après la législation espagnole, l'aveu judiciaire doit se faire sous serment devant le juge compétent.

compétent, par un acte de la procédure ou par déclaration verbale, la partie elle-même, ou son mandataire muni d'un pouvoir spécial.

ART. 2411. L'aveu judiciaire peut être fait spontanément, ou par déclaration donnée à la requête de la partie adverse; cette déclaration ne peut être exigée :

1° Que des personnes capables d'ester en justice;

2° Et seulement sur des faits personnels déterminés, relatifs à l'objet du litige, ou desquels le déclarant peut avoir connaissance.

§ UNIQUE. La partie dont la déclaration est requise, sous peine d'être réputée avouer, sera considérée comme ayant avoué, lorsqu'elle refuse sans motif légitime de faire sa déclaration.

ART. 2412. L'aveu judiciaire fait preuve complète contre la partie qui avoue, excepté :

1° Lorsque l'aveu est déclaré insuffisant par la loi, ou lorsqu'il porte sur un fait dont la loi prohibe la reconnaissance ou la recherche;

2° Lorsqu'il entraînerait la perte de droits auxquels la partie qui avoue ne peut renoncer, ou sur lesquels elle ne peut transiger.

ART. 2413. L'aveu judiciaire ne peut être révoqué que pour cause d'erreur de fait.

Art. 2411. — *C. esp.*, art. 1231. — *C. ital.*, art. 1361.

Art. 2411, § UNIQUE. — *C. esp.*, art. 1236. — Comp. *C. fr.*, art. 1361. — *C. ital.*, art. 1367.

Comp. art. 2415, 2520 et 2526.

Art. 2412. — *C. fr.*, art. 1356. — *C. esp.*, art. 1232, 1237. — *C. ital.*, art. 1356, § 2.

Comp. art. 2523.

Art. 2413. — *C. fr.*, art. 1356 *in fine*. — *C. esp.*, art. 1234. — *C. ital.*, art. 1360.

ART. 2414. L'aveu extrajudiciaire est celui qui se fait par un autre mode que ceux mentionnés dans l'article 2410.

ART. 2415. L'aveu extrajudiciaire peut être en forme authentique ou privée. Il est en forme authentique, lorsqu'il est fait par écriture publique ou par acte public; il est en forme privée, lorsqu'il est fait verbalement ou par acte sous seing privé.

ART. 2416. L'aveu extrajudiciaire fait verbalement est non recevable dans les cas où la preuve par témoins ne peut être reçue; dans les cas où cette preuve est recevable, l'appréciation des effets de l'aveu est abandonnée à la prudence du juge, qui doit tenir compte des circonstances de la cause et des autres preuves résultant des actes. La valeur de l'aveu fait par acte sous seing privé s'appréciera conformément aux dispositions des articles 2431 à 2440.

ART. 2417. L'aveu est indivisible; par suite, la partie qui veut en profiter ne pourra accepter ce qui lui est favorable et rejeter ce qui peut lui nuire, à moins que, parmi les faits avoués, il ne s'en trouve dont la fausseté soit démontrée par ailleurs.

CHAPITRE III.

DES EXPERTISES ET VISITES.

ART. 2418. La preuve par expertises ou visites s'applique à

Art. 2416. — Comp. *C. fr.*, art. 1355. — *C. esp.*, art. 1239. — *C. ital.*, art. 1359.

Art. 2417. — *C. fr.*, art. 1356. — *C. esp.*, art. 1233. — *C. ital.*, art. 1360.

Art. 2418. — *C. esp.*, art. 1240, 1242. — Comp. *C. pr. civ. fr.*, art. 41, 42, 295, 302 et suiv.

la vérification des faits qui ont laissé des traces ou qui sont matériellement susceptibles d'inspection ou d'examen oculaire.

Art. 2419. La preuve résultant des expertises ou visites sera appréciée par le juge, eu égard aux circonstances de la cause et aux autres preuves fournies.

CHAPITRE IV.

DE LA PREUVE PAR TITRES.

Art. 2420. La preuve par titres est celle qui résulte des actes écrits.

Art. 2421. Les actes, en tant que moyens de preuve, peuvent être authentiques ou privés.

SECTION PREMIÈRE.

DES ACTES AUTHENTIQUES.

Art. 2422. L'acte authentique est l'acte dressé par un officier public, ou avec son concours, dans les cas où la loi l'exige.

Art. 2423. Les actes authentiques sont officiels ou non officiels.

D'après le décret du 29 juillet 1886 réformant l'organisation judiciaire (art. 37), les experts chargés, d'après la loi, des visites de lieux, vérifications ou estimations, doivent être choisis parmi les personnes nommées par le Gouvernement, au concours. Sont exceptées les personnes commissionnées pour donner leur avis sur une matière qui exige la connaissance d'un art ou d'une science spéciale.

Art. 2419. — *C. esp.*, art. 1241, 1243.

Art. 2422. — *C. fr.*, art. 1317. — *C. esp.*, art. 1216, 1217. — *C. ital.*, art. 1315.

Voir art. 2431.

Sur l'institution du notariat en Portugal, voir la note sous l'art. 1911.

§ 1. Sont officiels ceux qui sont dressés ou expédiés par les administrations publiques, les chambres municipales ou les autorités ecclésiastiques préposées à l'administration des diocèses, et aussi les actes judiciaires et les actes inscrits sur les registres d'une administration publique quelconque ayant existé ou existant encore actuellement.

§ 2. Sont considérés comme registres publics, au point de vue de l'authenticité des actes, les terriers des corporations ecclésiastiques éteintes, conservés dans un dépôt public, lorsqu'ils ont été composés en vertu d'ordonnances royales et dans les formes prescrites par ces ordonnances.

§ 3. Les actes authentiques non officiels sont les documents, actes ou écrits rédigés par des officiers publics ou avec leur concours dans les cas où la loi l'exige, et destinés à la constatation des contrats ou à la conservation ou à la transmission des droits.

Art. 2424. Les documents détachés qui sont conservés dans le dépôt des archives générales du royaume, dénommé *Torre do tombo,* ou dans les archives des autres administrations publiques, ne peuvent être qualifiés authentiques que s'ils réunissent les conditions indiquées dans le paragraphe 1 de l'article précédent.

Art. 2425. Les actes authentiques officiels font généralement preuve complète.

Art. 2426. Les actes authentiques non officiels font preuve

Art. 2424. — Voir art. 2497.

Art. 2426. — Comp. *C. fr.*, art. 1319. — *C. esp.*, art. 1218. — *C. ital.*, art. 1317.

Voir art. 2507 et 2508.

complète de l'existence des actes qui y sont mentionnés, sauf en ce qui pourrait nuire aux droits des tiers qui n'ont pas été parties à ces actes.

Art. 2427. La preuve qui résulte des actes authentiques ne concerne pas les déclarations énonciatives qui ne se rapportent pas directement à l'objet de ces actes.

Art. 2428. A défaut d'actes authentiques, il n'y peut être suppléé par des preuves d'une autre espèce que dans les cas où la loi le permet expressément.

Art. 2429. Les actes égarés ou perdus pourront être reconstitués judiciairement

Art. 2430. Les actes authentiques passés en pays étranger dans les formes prescrites par les lois de ce pays feront preuve en Portugal, comme les actes de même nature qui y sont dressés ou expédiés.

SECTION II.

DES ACTES PRIVÉS.

Art. 2431. Les actes privés sont ceux qui sont écrits ou signés par des particuliers, sans le concours d'un officier public.

Art. 2432. Les actes privés, écrits et signés par la personne au

---

Art. 2427. — *C. fr.*, art. 1320. — *C. ital.*, art. 1318. — Comp. *C. esp.*, art. 1218.

Art. 2429. — Comp. *C. esp.*, art. 1221, 1222.

Art. 2432. — *C. fr.*, art. 1322. — *C. esp.*, art. 1225. — *C. ital.*, art. 1320.

nom de laquelle ils sont faits et reconnus par les parties, ou tenus pour reconnus en vertu d'une décision de justice, auront entre les signataires et leurs héritiers ou ayants cause la même force probante que les actes authentiques, hors les cas où la loi décide expressément le contraire.

Art. 2433. Les actes privés qui sont seulement signés ou approuvés par la personne au nom de laquelle ils sont faits, ne feront preuve que contre cette personne, lorsqu'ils sont reconnus par elle ou par ses héritiers ou ayants cause; mais s'ils sont en outre signés par deux témoins dont les noms ont été indiqués dans le texte, il en résultera un commencement de preuve, laquelle pourra être complétée par la déclaration des deux témoins, faite en justice.

Art. 2434. Les actes privés signés par un tiers à la demande de la partie et en son lieu et place (*a rogo*), ou certifiés par une croix, sont régis par les dispositions de l'article précédent.

Art. 2435. La personne à laquelle on oppose en justice un acte paraissant écrit ou signé d'elle, est tenue, lorsque celui qui oppose l'acte le requiert, de déclarer si l'écriture ou la signature est bien la sienne.

Art. 2436. Les actes privés sont considérés, à l'égard des tiers, comme datés du jour où s'est produit l'un des faits suivants :

1° La reconnaissance authentique de l'acte;

Art. 2434. — Comp. art. 2508.

Art. 2435. — *C. fr.*, art. 1323. — *C. esp.*, art. 1226. — *C. ital.*, art. 1321.

Art. 2436. — *C. fr.*, art. 1328. — *C. esp.*, art. 1227. — *C. ital.*, art. 1327.

2° La mort de l'un des signataires;

3° La production de l'acte en justice ou devant une administration publique.

§ UNIQUE. La reconnaissance authentique est celle que fait un notaire en présence des parties et de deux témoins.

ART. 2437. L'acte privé ne fait pas preuve contre la personne qui l'a écrit et signé, lorsqu'il est toujours resté en la possession de cette personne.

ART. 2438. La note écrite par le créancier à la suite, en marge ou au dos d'un écrit ou d'une obligation, fait preuve, quoique non datée ni approuvée, en faveur du débiteur.

ART. 2439. Les notes, registres ou autres écrits domestiques ne font point preuve en faveur de celui de qui ils émanent; mais ils feront preuve contre lui, lorsqu'ils énoncent formellement un payement reçu.

ART. 2440. Dans le cas de l'article précédent, celui qui veut tirer avantage de notes, registres ou autres écrits domestiques, est tenu de les accepter également en ce qu'ils ont de contraire à sa prétention.

Art. 2438. — *C. fr.*, art. 1332. — *C. esp.*, art. 1229. — *C. ital.*, art. 1331.

Art. 2439. — *C. fr.*, art. 1331. — *C. esp.*, art. 1228. — *C. ital.*, art. 1330.

Art. 2440. — *C. fr.*, art. 1330. — *C. esp.*, art. 1228. — *C. ital.*, art. 1329.

SECTION III.

DE LA PREUVE DES NAISSANCES, MARIAGES ET DÉCÈS.

Art. 2441. Les naissances, mariages et décès se prouvent au moyen des registres publics tenus à cet effet.

Art. 2442. Lorsqu'il n'existe pas de registres, ou lorsque les actes indiqués n'ont pas été inscrits, ou ne l'ont pas été régulièrement, tout autre moyen de preuve sera admissible, sauf les dispositions des articles 114 à 118.

Art. 2443. Les naissances, mariages et décès, antérieurs à la

---

Titre I, chapitre IV, section III. — *C. fr.*, l. I, tit. II. — *C. esp.*, l. I, tit. XII, et *L. du 17 juin 1870*. — *C. ital.*, l. I, tit. XII, et *Ordonn. du 10 novembre 1865*. — *C. holl.*, l. I, tit. III.

Art. 2441. — Comp. *C. fr.*, art. 40. — *C. esp.*, art. 325. — *C. ital.*, art. 356.

Une lettre du roi Alphonse IV, adressée le 7 décembre 1352 aux évêques du royaume pour ordonner que tous les mariages soient célébrés à l'église en présence du curé et que le notaire en fasse l'acte sur le registre civil, prouve l'existence du registre d'état civil en Portugal dès le XIVe siècle. On le pratiquait encore à la fin du siècle suivant, comme on le voit par un contrat de mariage du 3 juin 1483, transcrit par M. Gomes de Lima Bezerra, dans ses *Estrangeiros no Lima* (Coïmbre, 1785), t. 1er, p. 247.

Le registre d'état civil tomba en désuétude dans les siècles suivants et, malgré les dispositions du Code administratif de 1842 (art. 255 et suiv.), instituant les maires (*administradores de concelhos*) comme officiers de l'état civil, n'était pas encore rétabli au moment de la promulgation du Code civil.

Un décret du 2 avril 1862 a maintenu aux curés la mission de dresser les actes de l'état civil.

Un décret du 28 novembre 1878 a réglementé la tenue des registres de l'état civil, qu'il a rendus obligatoires à partir du 1er janvier 1879, mais seulement à l'égard des Portugais non catholiques; les actes de l'état civil qui concernent les catholiques sont restés entre les mains des curés. Dans son titre III (art. 22 à 28), il traite de la reconstitution des livres détruits ou perdus.

Art. 2442. — Comp. *C. fr.*, art. 46. — *C. esp.*, art. 327. — *C. ital.*, art. 364.

promulgation du présent Code et à la tenue des registres qu'il prescrit, pourront être prouvés par les actes qui jusqu'alors en faisaient preuve.

Art. 2444. Les extraits des registres de l'état civil qui seront délivrés devront toujours contenir les mentions en renvoi ou notes marginales.

SOUS-SECTION PREMIÈRE.

DES REGISTRES DE L'ÉTAT CIVIL.

DIVISION PREMIÈRE.

DISPOSITIONS GÉNÉRALES.

Art. 2445. Les registres de l'état civil comprennent :

1° Le registre des naissances;

2° Le registre des mariages;

3° Le registre des décès;

4° Le registre des reconnaissances et légitimations d'enfants.

Art. 2446. Dans chacun de ces registres, les actes auront un numéro d'ordre. La série des numéros d'ordre recommencera tous les ans.

Art. 2447. L'acte, avant d'être signé, sera toujours lu en pré-

---

Art. 2444. — *C. fr.*, art. 45. — *C. ital.*, art. 362, § 2.

Art. 2445. — Comp. *C. fr.*, art. 40. — *C. esp.*, art. 325, 326. — *C. ital.*, art. 350, 356.

Voir art. 2451 et 2481.

Art. 2447. — *C. fr.*, art. 38. — *C. ital.*, art. 352, § 2.

sence des parties qui auront à le signer; il sera fait mention expresse de cette lecture dans l'acte.

Art. 2448. Tout acte de l'état civil énoncera :

1° Le lieu où il aura été dressé, l'heure, le jour, le mois et l'année où il aura été écrit;

2° Les noms, prénoms, état, profession, nationalité et résidence des parties et des témoins instrumentaires;

3° Toutes les autres mentions exigées par la loi, selon la nature de l'acte.

Art. 2449. L'acte ne pourra contenir que les mentions exigées par la loi, ni plus ni moins. Ces mentions seront faites conformément aux déclarations des personnes intéressées à l'acte, aux documents par elles produits, ou aux constations faites par l'officier de l'état civil, toutes les fois que la loi n'aura pas décidé le contraire.

Art. 2450. Aucune explication, correction, rectification, addition ou modification, de quelque nature qu'elle soit, ne pourra être faite dans un acte de l'état civil qu'en vertu d'une sentence passée en force de chose jugée, rendue par les tribunaux de l'ordre judiciaire, sauf dans le cas dont il est parlé dans l'article 1088.

§ unique. Le dispositif du jugement sera mentionné, en marge des actes qu'il concernera, dans une note sommaire contenant le

---

Art. 2448. — *C. fr.*, art. 34. — *C. ital.*, art. 352.
Voir art. 2464, 2478, 2483 et 2495.

Art. 2449. — Comp. *C. fr.*, art. 35. — *C. esp.*, art. 328. — *C. ital.*, art. 355.

Art. 2450. — *C. fr.*, art. 51, 52. — Comp. *C. ital.*, art. 359.

résumé du jugement, sa date et l'indication du tribunal qui l'aura rendu et du greffe où la procédure aura été suivie.

Art. 2451. Tous les documents produits seront paraphés par l'officier de l'état civil et mis en liasse sous un numéro d'ordre correspondant à celui du registre qu'ils concerneront.

Art. 2452. Le registre sera tenu en double.

Art. 2453. Dès qu'un registre sera clos, l'un des doubles sera déposé entre les mains de la chambre municipale de la commune qui le conservera dans ses archives.

Art. 2454. Tout acte de l'état civil dressé ailleurs qu'au lieu du domicile des parties intéressées pourra, sur la demande desdites parties, être transcrit sur les registres du lieu du domicile de chacune d'elles, sur la production de certificats authentiques délivrés par l'autorité compétente.

Art. 2455. Les actes de l'état civil pourront être dressés dans le lieu de la résidence des parties intéressées, sur la demande qu'elles en feront aux officiers de l'état civil.

Art. 2456. Les actes de l'état civil concernant les étrangers résidant en Portugal pourront être inscrits sur les registres portugais, si les intéressés le demandent, conformément aux dispositions du présent Code, en tant qu'elles pourront leur être applicables.

Art. 2451. — *C. fr.*, art. 44. — *C. ital.*, art. 361.

Art. 2452. — *C. fr.*, art. 41. — *C. ital.*, art. 356.

Art. 2453. — *C. fr.*, art. 43. — *C. ital.*, art. 360.

Art. 2454. — Comp. *C. ital.*, art. 379.

Voir art. 2462, 2470, 2474-2476, 2482 et 2484.

ART. 2457. L'organisation des bureaux de l'état civil, les obligations des fonctionnaires chargés de la tenue des registres et la forme des actes feront l'objet de règlements particuliers.

ART. 2458. Les peines applicables aux fonctionnaires publics ou autres citoyens qui contreviendraient aux prescriptions relatives à l'état civil seront celles édictées par les lois pénales.

DIVISION II.

DES ACTES DE NAISSANCE.

ART. 2459. Lorsqu'une naissance a lieu sur le territoire portugais, le nouveau-né sera présenté, dans le délai fixé par le règlement de l'état civil, à l'officier compétent, qui en dressera l'acte.

§ UNIQUE. En cas de maladie du nouveau-né, ou dans toute autre circonstance grave dans laquelle il y aurait danger à le porter à l'officier de l'état civil, celui-ci sera tenu de se transporter dans l'endroit où sera le nouveau-né et d'y dresser l'acte de naissance.

Art. 2457. — Voir la note sous l'art. 2441.

Art. 2458. — Le décret réglementaire du 28 novembre 1878 punit d'une amende de 10,000 *reis* (56 francs), portée au double en cas de récidive, l'officier de l'état civil qui contrevient à ses dispositions. Mais ce règlement ne concerne que l'état civil des non-catholiques; il ne s'applique pas au clergé qui demeure chargé de l'état civil des catholiques. (Voir la note sous l'art. 2441.)

Art. 2459. — *C. fr.*, art. 55. — *C. ital.*, art. 371.

Le Code espagnol (article 328) déclare que la présentation du nouveau-né au fonctionnaire chargé du registre n'est pas nécessaire pour son inscription : la déclaration de la personne à qui incombe l'obligation de la faire suffit.

Le décret réglementaire du 28 novembre 1878 a fixé ce délai à trente jours, à compter de la date de la naissance (art. 32).

Art. 2460. Sont tenus de déclarer la naissance : en premier lieu, le père; à défaut du père, ou s'il est empêché, la mère; à défaut du père et de la mère, ou s'ils sont empêchés, le plus proche parent du nouveau-né, s'il est majeur et réside dans le lieu de la naissance; à son défaut ou s'il est empêché, le médecin ou la sage-femme qui aura assisté à l'accouchement; en dernier lieu, la personne chez qui la naissance aura eu lieu, si elle est survenue ailleurs qu'au domicile de la mère.

§ unique. Si la naissance a lieu dans un établissement ou édifice public, ou appartenant à une corporation, le directeur de l'établissement est aussi, mais subsidiairement et en dernier lieu, tenu de l'obligation imposée par le présent article.

Art. 2461. Les enfants exposés seront déclarés par l'administration de l'établissement dans lequel ils auront été exposés; les nouveau-nés abandonnés seront déclarés par les personnes qui les auront trouvés, lesquelles seront tenues de les présenter à l'officier de l'état civil avec les vêtements et autres signes quelconques avec lesquels elles les auront trouvés.

Art. 2462. Est compétent, pour recevoir la déclaration de naissance, l'officier de l'état civil du lieu où l'enfant est venu au monde ou a été exposé ou trouvé, ou du lieu du domicile de ses père et mère, lorsque ceux-ci sont connus.

Art. 2460. — *C. fr.*, art. 56. — *C. ital.*, art. 373.

Le décret du 28 novembre 1878 a puni d'une amende de 2,000 à 10,000 *reis* (11 fr. 20 à 56 francs) les personnes qui, obligées à déclarer une naissance ou un décès, omettent cette déclaration; en cas de récidive, cette amende peu être portée au double (art. 51).

Art. 2461. — *C. fr.*, art. 58. — *C. ital.*, art. 377.

Art. 2462. — Comp. *C. fr.*, art. 55. — *C. ital.*, art. 371.

Art. 2463. L'acte de naissance sera signé sur le registre par l'officier public, par le déclarant et par deux témoins. Si le déclarant ne sait signer, l'acte sera signé pour lui par un troisième témoin.

Art. 2464. Les actes de naissance contiendront, outre les mentions prescrites par l'article 2448, les indications suivantes :

1° L'heure, le jour, le mois, l'année et le lieu de la naissance;

2° Le sexe du nouveau-né;

3° Le nom qui lui a été ou devra lui être donné;

4° Les noms, prénoms, profession, nationalité et domicile des père et mère et aïeuls, lorsque ces noms devront être déclarés, et ceux des témoins;

5° Si le nouveau-né est enfant légitime ou naturel.

§ 1. En cas de naissance d'enfants jumeaux, il sera dressé un acte séparé pour chacun d'eux, en observant l'ordre des naissances.

§ 2. Si le nouveau-né a, ou s'il a eu des frères ou sœurs du même nom, on indiquera leur ordre de filiation.

Art. 2465. Dans les actes de naissance des enfants exposés, on mentionnera :

1° Le jour, l'heure et le lieu de la découverte de l'enfant;

2° Son âge apparent;

3° Les marques ou défauts physiques qui le distinguent;

Art. 2463. — Comp. *C. fr.*, art. 37, 39, 56. — *C. ital.*, art. 351, 353. Voir art. 2477, 2483, § 1, et 2492.

Art. 2464. — *C. fr.*, art. 57. — *C. ital.*, art. 374, 375, 376.

Art. 2465. — *C. fr.*, art. 58. — *C. ital.*, art. 377. Voir art. 2485.

4° Les indications qui l'accompagnent;

5° Les vêtements ou linges dont il est ou était enveloppé;

6° Enfin tous les indices qui pourront être recueillis.

ART. 2466. Lorsque le corps d'un enfant nouveau-né est présenté, et l'enfant déclaré être mort depuis sa naissance, l'officier de l'état civil fera dresser l'acte de naissance avec toutes les mentions prescrites par le présent Code, en indiquant en outre que l'enfant lui a été présenté sans vie.

§ UNIQUE. Il dressera, sans désemparer, l'acte de décès sur le registre à ce destiné.

ART. 2467. La paternité, la maternité ou la descendance des enfants naturels ne sera indiquée dans l'acte de l'état civil que si le père ou la mère en personne, ou par mandataire dûment constitué, en fait la déclaration et la signe.

ART. 2468. A l'égard de l'enfant né durant le mariage, l'acte de l'état civil ne pourra l'indiquer comme né hors mariage, lors même que la mère prétendrait que l'enfant n'est pas de son mari, ou que celui-ci soutiendrait que l'enfant n'est pas de lui, sauf le cas d'une séparation antérieure de trois cents jours au moins à la naissance.

ART. 2469. La légitimation par mariage subséquent, et la reconnaissance des enfants naturels faite par acte public, par tes-

---

Art. 2467. — *C. ital.*, art. 376.

Art. 2468. — Comp. *C. ital.*, art. 375.

Art. 2469. — *C. fr.*, art. 62, modifié par la loi du 8 juin 1893. — *C. ital.*, art. 382.

tament ou par tout autre acte solennel, seront mentionnés en marge des actes de naissance, en vertu toutefois d'ordonnances du juge.

§ 1. Seront mentionnés de la même manière tous jugements rendus sur les actions en réclamation d'état, en observant les dispositions du paragraphe unique de l'article 2450.

§ 2. L'obligation de requérir ces mentions incombe :

1° En cas de légitimation par mariage subséquent, au mari;

2° En cas de reconnaissance par acte public ou autre acte solennel, au légitimant;

3° En cas de reconnaissance par testament, à l'enfant reconnu, s'il est majeur, et, s'il est mineur, à son tuteur;

4° En cas de réclamation d'état, au demandeur ou à son tuteur.

DIVISION III.

DES ACTES DE NAISSANCE DANS CERTAINS CAS PARTICULIERS.

Art. 2470. Si une naissance a lieu dans un lazaret, les inspecteurs ou directeurs de l'établissement dresseront l'acte dans les vingt-quatre heures, en se conformant, dans tout ce qu'elles ont d'applicable, aux prescriptions du présent Code.

§ unique. L'acte sera inscrit sur un registre spécial et une copie authenthique en sera remise officiellement, dans les vingt-quatre heures, à l'officier de l'état civil du lieu où sera situé le lazaret, pour être immédiatement transcrite sur le registre des naissances.

Art. 2471. S'il naît un enfant pendant un voyage en mer, le

Art. 2469, § 2. — *C. fr.*, art. 49. — *C. ital.*, art. 359.

Art. 2471. — *C. fr.*, art. 59, modifié par la loi du 8 juin 1893. — *C. ital.*, art. 380.

greffier (*escrivão*), sur les navires de guerre, et le capitaine ou patron, sur les navires marchands, dresseront dans les vingt-quatre heures de l'accouchement, en présence du père, s'il se trouve à bord, l'acte de naissance en double, dans les formes et avec les indications prescrites par le présent Code, en ajoutant sous quelle latitude la naissance a eu lieu et les autres circonstances qu'il pourra y avoir lieu de mentionner.

Art. 2472. Lorsque le navire entre dans un port étranger où réside un agent diplomatique ou consulaire du Portugal, le commandant du navire lui remettra l'un des originaux, et il remettra l'autre à l'officier de l'état civil du premier port où il entrera en Portugal.

§ unique. Si le navire entre d'abord dans un port portugais, ou s'il n'y a pas dans le port étranger où il relâche d'agent diplomatique ou consulaire du Portugal, les deux originaux seront remis à l'officier de l'état civil, conformément au présent article.

Art. 2473. L'officier de l'état civil, auquel a été remis l'original ou l'expédition d'un acte de naissance en fera immédiatement la transcription sur le registre des naissances et le dépôt dans les archives sous le numéro d'ordre correspondant.

Art. 2474. Si la naissance a lieu dans un voyage par terre, l'acte de naissance sera dressé par l'officier de l'état civil du premier endroit où la mère séjournera pendant vingt-quatre heures.

Art. 2472. — *C. fr.*, art. 60, 61, modifiés par la loi du 8 juin 1893. — *C. ital.*, art. 381.

Art. 2473. — *C. fr.*, art. 60, 61. — *C. ital.*, art. 368, 381.

Art. 2474. — Comp. *C. ital.*, art. 379.

DIVISION IV.

DES ACTES DE MARIAGE.

Art. 2475. L'acte de mariage sera inscrit sur le registre du lieu où a été célébré le mariage.

Art. 2476. Lorsqu'un mariage est célébré devant le curé, celui-ci en transmettra l'acte, d'office et dans les quarante-huit heures, à l'officier de l'état civil, qui l'enregistrera et le conservera dans ses archives.

§ unique. Lorsqu'en vertu d'une décision de l'autorité ecclésiatique, le mariage religieux est célébré par un prêtre autre que le curé, l'acte sera dressé et transmis, conformément au présent article, par le curé de l'un des époux.

Art. 2477. Lorsque le mariage est célébré devant l'officier de l'état civil, celui-ci en dressera l'acte, qui sera signé par les parties et les témoins, et par l'officier public.

§ unique. Si les parties ou l'une d'elles ne savent pas écrire, on appellera, pour chacune d'elles, un témoin de plus, qui signera pour elle.

Art. 2478. L'acte de mariage, outre les indications prescrites par l'article 2448, doit mentionner les circonstances suivantes :

1° L'heure, le jour, le mois, l'année et le lieu du mariage;

Art. 2475. — Comp. *C. fr.*, art. 75.

Art. 2476. — Comp. *C. esp.*, art. 329.
Voir art. 2487.

Art. 2477. — *C. fr.*, art. 39. — *C. ital.*, art. 353.

Art. 2478. — Comp. *C. fr.*, art. 76. — *C. ital.*, art. 383.

2° S'il a été célébré dans un édifice public ou privé, et dans lequel;

3° Si les contractants sont enfants légitimes, naturels ou abandonnés, et quel est leur état civil antérieur;

4° Les noms, prénoms et nationalités des père et mère, aïeuls et aïeules des contractants, s'ils sont connus.

§ 1. En cas de dispense de publication ou de dispense d'âge, il sera fait mention de la production des lettres patentes.

§ 2. Il sera également fait mention de l'acte de consentement en cas de minorité de l'un des contractants.

§ 3. Si l'un des contractants est veuf, on indiquera le nom du conjoint décédé et le lieu de son décès.

Art. 2479. Tout Portugais qui contracte mariage à l'étranger devra, dans les trois mois de son retour en Portugal, faire inscrire, sur le registre de l'état civil du lieu de son domicile, son acte de mariage, en présentant à l'officier de l'état civil un titre authentique établissant que le mariage a été légalement célébré.

Art. 2480. Si le mariage est annulé, le jugement d'annulation sera mentionné en marge de l'acte, avec l'indication de sa date, du tribunal qui l'a rendu, et du greffe où la procédure a été suivie.

DIVISION V.

DES ACTES DE DÉCÈS.

Art. 2481. Aucune inhumation ne sera faite avant que l'acte de décès du défunt ait été dressé sur le registre de l'état civil.

Art. 2480. — Comp. *C. fr.*, art. 251, 252, modifiés par la loi du 18 avril 1886, art. 1er. — *C. ital.*, art. 384.

Art. 2481. — *C. fr.*, art. 77. — *C. ital.*, art. 385.

Art. 2482. Aussitôt après le décès, le plus proche parent du défunt ou, à défaut de parents ou en leur absence, ses domestiques, ou, à défaut de ceux-ci et en dernier lieu, ses voisins, feront la déclaration du décès à l'officier de l'état civil du lieu où la mort s'est produite, ou du lieu où se trouve le corps.

§ unique. La manière de donner l'authenticité à ces déclarations sera déterminée par un règlement particulier.

Art. 2483. L'acte de décès, outre les indications prescrites par l'article 2448, s'il est possible de les recueillir toutes, mentionnera :

1° Le jour, l'heure et le lieu du décès;

2° Les noms, sexe, prénoms, âge, profession et domicile du défunt;

3° Les noms, domiciles, nationalités et professions des père et mère et des aïeuls et aïeules du défunt, s'ils sont connus;

4° Le nom de l'époux, si le défunt était marié ou veuf;

5° La maladie ou la cause de la mort, si on la connaît.

§ 1. L'acte sera signé par ceux qui auront déclaré le décès ou, à leur défaut ou en cas d'empêchement, par deux témoins, pris de préférence parmi les parents ou les voisins du défunt.

§ 2. Lorsque le défunt a fait un testament, l'acte de décès fera mention de cette circonstance, en indiquant en outre la personne en la possession de qui se trouve le testament.

Art. 2482. — *C. fr.*, art. 78. — *C. ital.*, art. 386.

Voir la note sous l'art. 2460.

Le décret du 28 novembre 1878 (art. 45) exige la production d'un certificat de décès dressé par un médecin ou, à son défaut, par le *regedor* de la paroisse.

Art. 2483. — Comp. *C. fr.*, art. 79. — *C. ital.*, art. 387.

Art. 2484. En cas de décès dans un hôpital civil ou militaire, dans une prison, un hospice d'enfants trouvés, ou un lazaret, les directeurs ou administrateurs de ces établissements feront dresser l'acte sur les registres qu'ils devront tenir à cet effet, en y insérant celles des indications prescrites par le présent Code qu'il leur sera possible de recueillir, et, dans les vingt-quatre heures de la rédaction de cet acte, ils en adresseront copie authentique à l'officier de l'état civil du lieu dans lequel sera situé l'hôpital, la prison, l'hospice ou le lazaret; cette copie sera transcrite sur le registre des décès dudit lieu.

§ unique. Les copies ainsi transmises seront déposées dans les archives avec leur numéro d'ordre.

Art. 2485. En cas de découverte d'un cadavre dont l'identité ne puisse être constatée, l'acte de décès indiquera :

1° Le lieu de la découverte du cadavre;

2° L'état dans lequel il a été trouvé;

3° Le sexe et l'âge apparent du défunt;

4° Les vêtements dont le corps était couvert, et toutes autres circonstances ou indices s'y rapportant.

§ unique. Si l'identité du défunt vient à être constatée dans la suite, l'acte de décès sera complété par la mention, en marge de cet acte, des nouveaux renseignements obtenus.

Art. 2486. En cas de décès pendant un voyage en mer, il sera

Art. 2484. — *C. fr.*, art. 80, modifié par la loi du 8 juin 1893, et 84. — *C. ital.*, art. 388, 393.

Art. 2486. — *C. fr.*, art. 86, 87, modifiés par la loi du 8 juin 1893. — *C. ital.*, art. 396.

procédé comme il est dit dans les articles 2471, 2472 et 2473, en tant que ces dispositions seront applicables.

Art. 2487. En cas de décès pendant un voyage par terre, l'acte sera dressé par l'officier de l'état civil du lieu du décès ou par celui du lieu de l'inhumation, si ce lieu n'est pas le même que celui du décès.

DIVISION VI.

DES ACTES DE RECONNAISSANCE ET DE LÉGITIMATION.

Art. 2488. Il sera tenu un registre spécial pour les actes de reconnaissance et de légitimation.

Art. 2489. Il sera dressé acte sur ce registre de toutes les reconnaissances et légitimations d'enfants résultant soit d'un mariage subséquent, soit d'une déclaration contenue dans un écrit, un testament ou un acte public, autre que l'acte de naissance des enfants reconnus.

Art. 2490. Ces actes devront contenir, outre ce qui est ordonné par l'article 2448 :

1° Les noms, prénoms, état civil, nationalité et domicile des personnes qui reconnaissent ou légitiment l'enfant;

2° Les noms, prénoms, état civil, nationalité et domicile, s'il est connu, de l'enfant reconnu ou légitimé;

3° L'indication de l'acte en vertu duquel la légitimation ou la reconnaissance a eu lieu.

Art. 2487. — *C. ital.*, art. 397.

Art. 2488. — Comp. *C. fr.*, art. 62, modifié par la loi du 8 juin 1893. — *C. esp.*, art. 326. — *C. ital.*, art. 382.

§ 1. En cas de légitimation par mariage subséquent, l'acte indiquera le registre sur lequel aura été inscrit l'acte de mariage et le numéro d'ordre de cet acte. Si cet acte se trouve dans un autre bureau de l'état civil, ou dans un dépôt antérieur à la création de ce bureau, ce bureau ou ce dépôt sera indiqué. Ces indications seront faites au vu d'un certificat qui sera déposé dans les archives.

§ 2. Si la reconnaissance ou la légitimation a été faite par testament, on indiquera le lieu où ce testament a été enregistré; si elle a été faite par écrit, l'étude du notaire devant lequel l'écrit a été passé; si elle résulte d'un autre acte public, le tribunal ou l'administration publique où cet acte a été fait.

Art. 2491. Mention de ces actes sera faite dans les formes prescrites par l'article 2469.

SECTION IV.

DES TÉMOINS INSTRUMENTAIRES.

Art. 2492. Ne peuvent être témoins dans les actes entre vifs ceux qui ne peuvent être témoins dans les actes de dernière volonté d'après l'article 1966.

SECTION V.

DES VICES QUI PEUVENT DÉTRUIRE LA FORCE PROBANTE DES ACTES.

Art. 2493. La force probante d'un acte authentique peut être détruite par l'absence d'une des conditions requises par la loi, ou par la fausseté de l'acte.

Art. 2494. Les documents officiels sont nuls, lorsqu'ils ne sont

---

Art. 2492. — Comp. *C. fr.*, art. 37.
Voir la note sous l'art. 1966.

pas conformes aux dispositions des lois et règlements qui déterminent le mode suivant lequel ils doivent être dressés et expédiés.

Art. 2495. Sont des causes de nullité pour les actes non officiels :

1° L'incompétence de l'officier public, à raison de la matière ou du lieu;

2° L'intérêt qu'a dans l'acte l'officier public lui-même, ou ses descendants, ascendants, frères ou sœurs, conjoint, ou l'un d'eux;

3° Le défaut de date indiquant les jour, mois, an et lieu;

4° Le défaut de signature par les parties ou d'autres personnes à leur place, si les parties ne savent ou ne peuvent signer;

5° Le défaut de signature par deux témoins capables au moins, quand la loi n'en exige pas un plus grand nombre;

6° Le défaut de constatation de l'identité de ceux qui donnent leur autorisation;

7° Le défaut de mention des procurations, lorsque l'acte est passé par mandataire;

8° Le défaut d'approbation des corrections, interlignes ou ratures;

9° L'absence de la signature et du sceau de l'officier public.

§ unique. Les dispositions du présent article ne préjudicient pas aux prescriptions légales édictées pour des cas spéciaux sur la forme des actes.

Art. 2496. Les actes sont faux :

1° Lorsqu'ils sont supposés;

2° Lorsqu'il y a supposition des personnes qui y sont mentionnées comme parties ou comme témoins;

3° Lorsqu'il y est fait mention, comme s'étant passé lors de leur célébration, d'un fait qui, réellement, n'a pas eu lieu;

4° Lorsque la date, le texte ou les signatures sont irrégulières.

Art. 2497. Les actes antérieurs au XVIe siècle dont l'authenticité est contestée en justice ne pourront être admis comme moyens de preuve qu'après examen diplomatique préalablement fait aux archives nationales (*Torre do tombo*), et duquel résulte la constatation de leur authenticité.

§ unique. Cet examen sera ordonné par le conservateur en chef des archives, sur la réquisition du tribunal devant lequel l'acte a été produit.

SECTION VI.

DES EXPÉDITIONS ET EXTRAITS.

Art. 2498. Les expéditions et extraits en due forme des actes authentiques, officiels ou non officiels, auront la même force probante que les actes originaux eux-mêmes.

Art. 2499. Lorsque l'original de l'acte fait mention de procurations, conformément au n° 7 de l'article 2495, des copies de ces procurations devront être écrites à la suite de l'expédition, faute de quoi l'expédition ne fera pas foi.

Art. 2500. Lorsque la sincérité d'une expédition ou d'un extrait est suspectée, les parties pourront demander que la pièce soit comparée et collationnée en leur présence avec l'original de l'acte.

Art. 2497. — Voir, pour l'explication du mot « *Torre do tombo* », l'art. 2424.

Art. 2498. — *C. fr.*, art. 1334. — *C. esp.*, art. 1220. — *C. ital.*, art. 1333.

Voir art. 2500 et 2501.

IMPRIMERIE NATIONALE.

ART. 2501. Les expéditions et extraits des actes authentiques originaux ne feront foi que sous les conditions suivantes :

1° S'il s'agit d'actes officiels, les expéditions ou extraits doivent avoir été délivrés par l'officier public compétent, conformément aux lois et règlements sur la matière;

2° S'il s'agit d'actes non officiels, les expéditions ou extraits doivent avoir été délivrés par l'officier public devant lequel ou avec le concours duquel les actes originaux ont été dressés, ou par son successeur et dans les formes prescrites par les lois de l'époque où ils ont été délivrés.

§ UNIQUE. Les copies (*publicas formas*) ne feront preuve que si elles ont été prises en présence de la partie à laquelle elles sont opposées, ou elle dûment appelée, ou si celui qui les oppose offre de représenter les actes originaux sur lesquels elles ont été prises, dès qu'elle en sera requise, conformément à l'article 2500.

CHAPITRE V.

DE LA CHOSE JUGÉE.

ART. 2502. La chose jugée est le fait ou le droit devenu certain par l'effet d'un jugement contre lequel il n'y a plus de recours.

ART. 2503. La chose jugée ne peut être invoquée comme preuve qu'à la charge d'établir :

1° L'identité de l'objet auquel s'applique le jugement;

2° L'identité du droit ou de la cause du litige;

3° L'identité des parties en cause et de leur qualité juridique.

Art. 2501. — Comp. *C. fr.*, art. 1335, 1336. — *C. esp.*, art. 1221. — *C. ital.*, art. 1333-1339.

Art. 2503. — *C. fr.*, art. 1351. — *C. esp.*, art. 1252. — *C. ital.*, art. 1351.

§ UNIQUE. Néanmoins la chose jugée sur une question de capacité, de filiation ou de mariage, contradictoirement avec la partie légalement intéressée, fera preuve à l'égard de tout le monde.

ART. 2504. La chose jugée au criminel, lorsqu'elle est exécutoire, constitue au civil une présomption légale, sauf la preuve contraire.

ART. 2505. L'acquittement du prévenu par les tribunaux criminels ou correctionnels ne s'oppose pas à l'action en dommages-intérêts, sauf les dispositions des articles 2368 et suivants.

CHAPITRE VI.

DE LA PREUVE TESTIMONIALE.

ART. 2506. La preuve par témoins est admissible dans tous les cas où la loi ne la défend pas expressément.

ART. 2507. La preuve par témoins n'est pas admise contre et outre le contenu aux actes authentiques, à moins qu'ils ne soient argués de faux.

ART. 2508. La preuve par témoins n'est pas admise contre et outre le contenu aux actes sous seings privés, légalisés conformément aux articles 2432 et 2433, à moins qu'ils ne soient argués de faux, d'erreur, de dol ou de violence.

ART. 2509. Peuvent être entendues comme témoins, toutes

Art. 2506. — Comp. *C. fr.*, art. 1341 et suiv. — *C. esp.*, art. 1244. — *C. ital.*, art. 1341 et suiv.

Art. 2507, 2508. — *C. fr.*, art. 1341. — *C. ital.*, art. 1341.

Art. 2509. — *C. esp.*, art. 1245.

personnes de l'un ou de l'autre sexe qui ne sont point incapables physiquement ou en vertu de la loi.

ART. 2510. Sont physiquement incapables de témoigner :

1° Les aliénés;

2° Les aveugles et les sourds à l'égard de ce qui se perçoit par le sens dont ils sont privés;

3° Les mineurs âgés de moins de quatorze ans.

ART. 2511. Sont légalement incapables de témoigner :

1° Les personnes intéressées directement au procès;

2° Les ascendants dans la cause de leurs descendants, et *vice versa;*

3° Le beau-père et la belle-mère dans la cause de leur gendre ou de leur bru, et *vice versa;*

4° Le mari dans la cause de sa femme, et *vice versa;*

5° Ceux qui, par leur état ou leur profession, sont obligés au secret dans les affaires de leur état ou profession;

6° Ceux auxquels il est spécialement interdit de témoigner de certains faits.

§ UNIQUE. Les dispositions des n°s 2, 3 et 4 ne sont pas applicables aux procès dans lesquels il s'agit de prouver la naissance ou le décès des enfants.

ART. 2512. La déposition d'un seul et unique témoin, si elle

Art. 2510. — *C. esp.*, art. 1246.

Art. 2511. — *C. esp.*, art. 1247.
Voir art. 2514.

Art. 2512. — L'ancien droit (Ord^es^ III, 52, pr.) n'accordait au témoignage unique, sauf exceptions (voir Ord^es^ I, 21, § 6; 24, § 17; 66, 27; — III, 55, § 10) que la valeur d'une demi-preuve.

n'est appuyée d'aucune autre preuve, ne fera pas foi en justice, hors les cas où la loi décide expressément le contraire.

Art. 2513. Si des dépositions isolées ou relatives à des faits différents tendent à prouver la même allégation, l'appréciation de la preuve qui peut résulter de leur ensemble est abandonnée à la prudence du juge.

Art. 2514. La force probante des dépositions s'appréciera en raison, tant de la connaissance que les témoins paraissent avoir eue des faits, que de la confiance qu'ils méritent d'après leur état, leur conduite et leurs habitudes, ou de l'intérêt qu'ils peuvent avoir dans le procès, ou enfin de leur parenté ou de leurs relations avec les parties.

Art. 2515. Si la preuve testimoniale a la même force des deux côtés, la preuve produite par le défendeur doit l'emporter.

CHAPITRE VII.

DES PRÉSOMPTIONS.

Art. 2516. Les présomptions sont les conséquences ou déductions que la loi ou le juge tire d'un fait connu pour démontrer un fait inconnu.

Art. 2517. Celui qui peut invoquer une présomption légale est dispensé de prouver le fait qu'elle établit.

Art. 2515. — C'est une application de la règle posée par l'art. 2405. (Comp. *C. fr.*, art. 1315.)

Art. 2516. — *C. fr.*, art. 1349. — *C. ital.*, art. 1349. — Comp. *C. esp.*, art. 1249, 1253.

Art. 2517. — *C. fr.*, art. 1352. — *C. esp.*, art. 1250. — *C. ital.*, art. 1352.

Art. 2518. Les présomptions légales peuvent néanmoins être détruites par la preuve contraire, hors les cas où la loi le défend absolument.

Art. 2519. Les présomptions qui ne sont point établies par la loi sont abandonnées à la prudence du juge; mais elles ne peuvent être admises que dans les cas où la preuve testimoniale est recevable.

CHAPITRE VIII.

DU SERMENT.

SECTION PREMIÈRE.

DISPOSITIONS GÉNÉRALES.

Art. 2520. Le serment, en tant que moyen de preuve, ne peut être prêté par procureur, ni porter sur des faits qui ne soient pas personnels à la partie à laquelle on le défère.

Art. 2521. Le serment peut être décisoire ou supplétoire.

Art. 2522. Le serment décisoire est celui qu'une partie défère ou réfère à l'autre pour en faire dépendre le jugement de la cause;

Art. 2518. — Comp. *C. fr.*, art. 1352, § 2. — *C. esp.*, art. 1251. — *C. ital.*, art. 1353.

Art. 2519. — *C. fr.*, art. 1353. — *C. esp.*, art. 1253. — *C. ital.*, art. 1354.

Art. 2520. — *C. ital.*, art. 1362.

Art. 2521., 2522. — *C. fr.*, art. 1357. — *C. ital.*, art. 1363. — Comp. *C. esp.*, art. 1236.

Le Code espagnol n'établit pas de distinction entre le serment et l'aveu judiciaire qui, ainsi que nous l'avons vu dans la note, sous l'article 2410, doit être fait sous serment devant le juge compétent.

le serment supplétoire est celui que le juge défère à l'une ou à l'autre des parties pour compléter la preuve.

SECTION II.

DU SERMENT DÉCISOIRE.

Art. 2523. Le serment décisoire peut être prêté dans toute instance civile, mais non sur des faits qualifiés délictueux par la loi, ni sur des conventions qui ne peuvent être prouvées que par acte public, ni enfin sur des contestations à l'égard desquelles les parties ne peuvent transiger.

Art. 2524. Le serment décisoire peut être déféré en tout état de cause et encore qu'il n'existe aucun commencement de preuve.

Art. 2525. Celui qui refuse de prêter le serment qui lui est déféré ou de le référer à son adversaire, ne peut plus produire aucune autre preuve.

Art. 2526. Le serment ne peut être référé quand le fait auquel il se rapporte est purement personnel à celui auquel il a été déféré.

Art. 2527. Lorsque le serment déféré ou référé a été prêté, la partie adverse ne sera point recevable à en prouver la fausseté.

Art. 2523. — Comp. *C. fr.*, art. 1358. — *C. esp.*, art. 1237. — *C. ital.*, art. 1364.

Art. 2524. — *C. fr.*, art. 1360. — *C. ital.*, art. 1366.

Art. 2525. — *C. fr.*, art. 1361. — *C. ital.*, art. 1367. — Comp. *C. esp.*, art. 1236.

Art. 2526. — *C. fr.*, art. 1362. — *C. ital.*, art. 1369.

Art. 2527. — *C. fr.*, art. 1363. — *C. esp.*, art. 1238, § 2. — *C. ital.* art. 1370.

§ unique. Mais si la fausseté du serment est établie par un procès criminel, la partie lésée pourra réclamer des dommages-intérêts.

Art. 2528. La partie qui a déféré ou référé le serment ne peut plus se rétracter, lorsque l'adversaire s'est déclaré prêt à prêter ce serment.

Art. 2529. Le serment prêté ne fait preuve que pour ou contre les parties qui l'ont déféré, référé ou prêté, ou leurs héritiers et ayants cause.

Art. 2530. Le serment déféré par l'un des créanciers solidaires au débiteur ne libérera celui-ci que pour la part de ce créancier.

Art. 2531. Sont exceptés de la disposition de l'article 2529 :

1° Le serment déféré au débiteur principal, lequel libère également les cautions;

2° Le serment déféré à l'un des débiteurs solidaires, lequel profite à ses codébiteurs;

3° Le serment déféré à la caution, lequel profite au débiteur principal.

Art. 2528. — *C. fr.*, art. 1364. — Comp. *C. ital.*, art. 1371, 1372.

Le Code italien déclare que la partie qui a déféré le serment peut se rétracter tant que la partie adverse n'a pas déclaré l'accepter ou le référer, ou tant qu'il n'est pas intervenu de sentence irrévocable sur l'admission du serment, ou encore si la formule proposée a été changée dans la sentence.

Art. 2529. — *C. fr.*, art. 1365. — *C. esp.*, art. 1238, § 1. — *C. ital.*, art. 1273.

Art. 2530. — *C. fr.*, art. 1365, § 2. — *C. ital.*, art. 1373, § 2.

Art. 2531. — *C. fr.*, art. 1365. — *C. ital.*, art. 1373.

ART. 2532. Dans les cas mentionnés sous les nos 2 et 3 de l'article précédent, le serment du codébiteur solidaire ou de la caution ne profitera aux autres codébiteurs ou au débiteur principal que lorsqu'il a été déféré sur la dette et non sur le fait de la solidarité ou du cautionnement.

SECTION III.

DU SERMENT SUPPLÉTOIRE.

ART. 2533. Le serment supplétoire, tant sur la demande que sur l'exception, qu'il soit déféré d'office par le juge, ou à la requête de l'une des parties, n'est admissible que si les conditions suivantes sont réunies :

1° Si la demande ou l'exception est prouvée, et qu'il n'y ait doute que sur le montant de la contestation;

2° Si ce montant ne peut être établi d'une autre manière;

3° Si la partie à laquelle le serment est déféré n'est pas indigne de toute confiance;

4° Si le montant n'excède pas 50,000 *reis* (280 francs), à moins que la dette ne résulte d'un délit, d'une faute ou d'un dol.

§ UNIQUE. Mais, dans ce dernier cas, le juge pourra réduire la somme qui a fait l'objet du serment, si elle lui paraît excessive, après avoir entendu les parties.

ART. 2534. Le serment déféré d'office par le juge à l'une des parties ne peut être référé par elle à son adversaire.

Art. 2532. — *C. fr.*, art. 1365 *in fine*. — *C. ital.*, art. 1373 *in fine*.

Art. 2533. — Comp. *C. fr.*, art. 1367, 1369. — *C. ital.*, art. 1375, 1377.

Art. 2534. — *C. fr.*, art. 1368. — *C. ital.*, art. 1376.

TITRE II.

DES ACTIONS.

Art. 2535. Nul ne peut se faire rétablir dans l'exercice de ses droits de sa propre autorité, si ce n'est dans les cas permis par la loi.

Art. 2536. La loi détermine les moyens par lesquels les personnes lésées ou menacées dans la jouissance de leurs droits peuvent être réintégrées, indemnisées ou garanties.

Art. 2537. Ces moyens sont les tribunaux et les actions en justice.

Art. 2538. L'organisation et la compétence des tribunaux sont réglées par des lois spéciales. Les règles relatives aux actions en justice font l'objet du Code de procédure civile.

APPENDICE.

DÉCRET DU 30 SEPTEMBRE 1892 [1].

Article premier. Il est permis, pendant dix ans à compter de la promulgation du présent décret, aux preneurs emphytéotiques de biens privés, de racheter leurs redevances suivant le mode ci-après établi.

Art. 2. Le rachat ne pourra s'effectuer qu'après vingt ans écoulés depuis la date du contrat d'emphytéose, et moyennant valeur égale à celle du domaine direct du fonds emphytéotique, à la condition que la valeur de ce domaine direct n'excède pas 300,000 *reis* [2].

§ 1. Le domaine direct sera réputé, en vue du rachat, valoir vingt fois la redevance.

§ 2. Lorsque dans les emphytéoses déjà constituées des charges éventuelles auront été ajoutées à la redevance annuelle, le prix de rachat sera augmenté de la valeur d'une de ces charges.

§ 3. La valeur des redevances en nature sera fixée d'après les prix moyens des mercuriales (*preço medio camerario*) des dix dernières années, à moins qu'elle n'ait été déterminée par les titres.

[1] Ce décret dictatorial a été rendu sous le ministère Jose Dias Ferreira, en vertu des autorisations données au Gouvernement par la loi du 26 février 1892. (Voir Introduction, p. xc.)

[2] Soit 1,680 francs, somme correspondant, d'après le paragraphe 1er, à une redevance annuelle de 84 francs.

ART. 3. Le bailleur (*senhorio directo*) et l'emphytéote auront également le droit d'exiger le rachat des redevances dans les termes du présent décret. Un règlement déterminera le mode d'exercice de ce droit [1].

§ 1. Dans les emphytéoses de biens privés antérieures à la promulgation du présent décret, le bailleur ne pourra user de ce droit qu'après deux ans écoulés depuis cette promulgation.

§ 2. Si l'emphytéote, mis en demeure par le bailleur de racheter la redevance, ne le fait pas, il perdra le droit d'exiger le rachat dans les termes du présent article.

ART. 4. Le rachat des redevances sera fait en deniers, ou en parcelles de la propriété ou des propriétés emphytéotiques.

§ 1. Si l'emphytéote offre, pour prix du rachat, au lieu de deniers, une parcelle de la propriété ou des propriétés emphytéotiques, ces propriétés seront préalablement divisées en lots de valeur égale à celle du domaine direct; un de ces lots sera attribué au bailleur.

§ 2. Si les parties ne s'accordent pas à l'amiable sur la formation des lots et sur la désignation de celui que recevra le bailleur, selon le paragraphe qui précède, la contestation sera définitivement jugée par trois experts nommés, l'un par le bailleur, l'autre par l'emphytéote et le troisième par le contrôleur des contributions directes (*escrivão de fazenda*) du lieu.

ART. 5. Est permis, pendant dix ans à compter de la promulgation du présent décret, le contrat de sous-emphytéose (*subemprazamento*), c'est-à-dire le contrat par lequel l'emphytéote transmet à une autre personne le domaine utile de tout ou partie du fonds emphytéotique.

§ 1. Le contrat de sous-emphytéose est perpétuel; l'acte indiquera le nom du bailleur et déterminera le montant de la nouvelle

[1] Voir art. 15.

redevance convenue entre les parties, ainsi que le temps, le mode et le lieu du payement de cette redevance.

§ 2. La nouvelle redevance sera toujours de qualité et de quantité certaines et déterminées.

§ 3. La redevance sous-emphytéotique ne pourra être, relativement à l'étendue du fonds donné en sous-emphytéose comparée à celle du fonds emphytéotique, proportionnellement inférieure à la redevance emphytéotique.

Art. 6. Avant la réalisation du contrat de sous-emphytéose, le bailleur sera sommé d'avoir à déclarer dans les trente jours si la nouvelle redevance lui garantit, en cas de rachat, la valeur proportionnelle du domaine direct, suivant le mode de calcul établi par le paragraphe 1er de l'article 2; en cas de désaccord, il pourra proposer la fixation de la redevance sous-emphytéotique par la voie de l'expertise, dans les termes du paragraphe 2 de l'article 4.

§ 1. Faute de déclaration, le bailleur sera réputé n'avoir pas d'objection à faire.

Art. 7. Il ne pourra être ajouté à la redevance, par le contrat de sous-emphytéose, aucune charge casuelle ou extraordinaire, à quelque titre que ce soit.

Art. 8. Le contrat de sous-emphytéose sera fait par acte authentique (*escriptura publica*) et n'aura d'effet à l'égard des tiers qu'après avoir été régulièrement inscrit.

Art. 9. Ne pourront à l'avenir faire l'objet de sous-emphytéoses les propriétés de moins de cinq hectares; après le bail sous-emphytéotique, l'emphytéote ne pourra jamais posséder de parcelles de moindre étendue.

Art. 10. Sont applicables aux contrats de sous-emphytéose, à l'avenir, les dispositions des articles 1702, 1703, 1704 du Code civil relatives aux sous-emphytéoses existant à l'époque de la promulgation de ce code (*de preterito*).

ART. 11. Le rachat des redevances dans la sous-emphytéose sera réglé de la même manière que dans l'emphytéose; les dispositions des articles 2, 3 et 4 du présent décret seront applicables à ce rachat.

ART. 12. La valeur proportionnelle attribuée au bailleur, d'après l'article 6, sera déterminée par convention entre lui et l'emphytéote, ou, en cas de désaccord, par la voie de l'expertise, dans la forme établie par le paragraphe 2 de l'article 4 du présent décret.

ART. 13. Le Gouvernement est autorisé à prolonger même indéfiniment le délai de dix ans dont il est parlé aux articles 1er et 2, s'il le juge utile aux intérêts de l'agriculture.

ART. 14[1]. Les corporations de mainmorte sont autorisées à diviser en parcelles d'au moins un hectare les immeubles ruraux qu'elles possèdent actuellement ou qu'elles viendront à posséder, et à vendre ces parcelles ou à les bailler à emphytéose, aux enchères publiques, devant l'administrateur de la commune (*concelho*), quand elles en seront requises par un groupe de propriétaires prenant l'engagement d'acquérir toutes les parcelles ainsi créées.

§ 1. L'acheteur pourra conserver son prix d'achat, à charge d'en payer l'intérêt au taux légal; le vendeur aura, pour sûreté de sa créance, hypothèque sur le fonds vendu et, au besoin, une garantie accessoire.

§ 2. La garantie accessoire sera fournie soit au moyen du payement par l'acheteur, au moment de l'enchère, d'une partie du prix d'adjudication égale au moins au quart de ce prix, soit par la con-

[1] Cet article, dont les dispositions complètent les lois dites «de désamortisation» des 13 juillet 1863, 22 juillet 1866 et 28 août 1869, ne concerne pas l'emphytéose ni la sous-emphytéose; on a cru toutefois devoir en traduire le texte, à cause de son importance.

stitution d'une hypothèque sur un autre fonds rural ou urbain situé dans la même paroisse que le fonds adjugé.

Art. 15. Le Gouvernement fera les règlements nécessaires pour l'exécution du présent décret [1].

Art. 16. Toute législation contraire est abrogée.

[1] Un règlement a été publié par décret du 14 décembre 1892; il a pour objet principal de déterminer le mode d'exercice du droit de rachat.

TABLE ALPHABÉTIQUE DES MATIÈRES.

A

IMPRIMERIE NATIONALE.

B

C

F

G

H

I

J

L

M

N

O

P

Q

R

S

T

U

V

ADDENDA ET ERRATA.

I. Pendant l'impression de cet ouvrage, le projet de Code civil allemand, auquel il est fait dans les notes quelques renvois, a été discuté au Reichstag et définitivement voté; il doit entrer en vigueur en 1900. Les renvois s'appliquent au texte du Code devenu définitif, sauf dans les passages suivants qui doivent être ainsi modifiés :

Page 5, notes, 4e ligne, *lire :* Projet allemand, l. I, sect. I et III.
24, notes, 2e ligne, *lire :* Projet allemand, l. I, sect. I.
43, notes, 4e ligne, *lire :* Projet allemand, l. I, sect. I et III; l. IV, sect. III, tit. I.
131, notes, 5e ligne, *lire :* Projet allemand, l. I, sect. II.
138, notes, 2e et 3e lignes, *lire :* Projet allemand, l. III, sect. I, tit. III.
166, notes, 5e ligne, *lire :* Projet allemand, l. I, sect. V; l. III, sect. I.

II. Dans tous les passages de la traduction où il est fait mention de sommes en *reis*, la conversion en francs est indiquée entre parenthèses, sauf dans les passages suivants qui doivent être ainsi complétés :

Page XLVIII, avant-dernière ligne, *lire :* 50,000 *reis* (280 francs).
XLIX, 5e ligne, *lire :* 50,000 *reis* (280 francs).
LXXII, 16e ligne, *lire :* 200,000 *reis* (1,120 francs).
LXXV, 15e ligne, *lire :* 100,000 *reis* (560 francs).
LXXVIII, 4e ligne, *lire :* 50,000 *reis* (280 francs).
71, texte, art. 189, 6e ligne, *lire :* 5,000 à 100,000 *reis* (28 à 560 francs).
79, texte, art. 214, 3e ligne, *lire :* 500 à 5,000 *reis* (2 fr. 80 à 28 francs).
140, notes, 1re col., 4e ligne, *lire :* 100 *reis* (0 fr. 56); 2,000 *reis* (11 fr. 20).
146, texte, art. 408, § 3, 4e ligne, *lire :* 6,000 *reis* (33 fr. 60).
146, texte, art. 408, § 4, 2e ligne, *lire :* 6,000 *reis* (33 fr. 60).
148, texte, art. 416, 1re ligne, *lire :* 3,000 *reis* (16 fr. 80).
149, texte, art. 419, § 1, 1re ligne, *lire :* 3,000 *reis* (16 fr. 80).

Page 149, texte, art. 419, $ 2, 1re ligne, *lire :* 3,000 *reis* (16 fr. 80).
149, texte, art. 419, $ 2, 2e ligne, *lire :* 6,000 *reis* (33 fr. 60).
149, texte, art. 419, $ 3, 1re ligne, *lire :* 6,000 *reis* (33 fr. 60).
149, texte, art. 419, $ 3, 2e ligne, *lire :* 12,000 *reis* (67 fr. 20).
149, texte, art. 419, $ 4, 1re ligne, *lire :* 12,000 *reis* (67 fr. 20).
169, texte, art. 485, 4e ligne, *lire :* 10,000 *reis* (56 francs); 30,000 *reis* (168 francs).